家藏文库

大唐西域记 上

〔唐〕玄奘 撰　　周松 注译

中州古籍出版社
·郑州·

图书在版编目（CIP）数据

大唐西域记 /（唐）玄奘撰；周松注译. —郑州：中州古籍出版社，2019.3
（家藏文库）
ISBN 978-7-5348-8460-3

Ⅰ.①大… Ⅱ.①玄… ②周… Ⅲ.①西域–历史地理–唐代 Ⅳ.①K928.6 ②K935.06

中国版本图书馆CIP数据核字（2019）第027231号

家藏文库：大唐西域记

选题策划　卢欣欣　赵发杰
约稿统筹　卢欣欣
责任编辑　何慧婷
责任校对　岳秀霞
封面设计　王　歌
版式设计　曾晶晶

出　　版　中州古籍出版社
　　　　　地址：郑州市郑东新区金水东路39号C座
　　　　　邮编：450016
　　　　　电话：0371-65788693
经　　销　新华书店
印　　刷　郑州市毛庄印刷厂
版　　次　2019年3月第1版
印　　次　2019年3月第1次印刷
开　　本　640毫米×960毫米　1/16
印　　张　42.25印张
字　　数　480千字
定　　价　79.00元

导　言

中国古代涌现出许多历经长途跋涉，游历了今天新疆、中亚、南亚等地区的旅行家，其中多数属于著名的佛教僧侣，他们中的部分人还留下了自己的旅行记录，成为我们了解不同时代西域、南亚地区社会、民族、政治、宗教、文化等方面的第一手资料，具有不可估量的价值。《大唐西域记》一书则是这一系列作品中的杰出代表。

《大唐西域记》的作者是玄奘。提到玄奘，我们脑海中往往浮现出的形象是来自小说《西游记》和相关影视作品的塑造：一位身世坎坷、佛教信仰坚定，却又心慈面软、性格软弱的取经人。那么，历史上真实的玄奘又是个什么样的人，他当时为什么要西行取经，取经之路的实情到底如何，下面让我们共同了解一下。

玄奘，俗姓陈，原名祎（yī），"玄奘"是他出家后的名字。陈氏世代为官，到玄奘的爷爷陈康时，陈家移居洛阳附近，所以后来玄奘就成为缑（gōu）氏（今河南省偃师市缑氏镇）人。玄奘的父亲陈惠（一说慧）做过县令，隋大业（605—618）中辞官引退。他有四个儿子，老二陈素出家后改名长捷，老四就是玄奘。玄奘的出生地在缑氏县凤凰谷陈村，也就是现在的偃师市缑氏镇陈河村。玄奘的年龄和出生时间有不同的说法，这里认为他享年65岁，出生于隋开皇二十年（600）。

玄奘在年纪很小时不仅表现出超乎常人的聪慧，而且勤奋好学，在父亲的教诲下学习了《孝经》等著作。他9岁、10岁的时候，父母先后离世，只能跟随二哥长捷法师在洛阳净土寺生活。《西游记》里讲到的"江流儿"传说与玄奘没有关系。长捷的僧人身份和净土寺的环境，使得玄奘自幼就浸染在浓厚的佛教氛围之中。二哥在照顾他生活的同时，向他灌输了大量的佛学知识。玄奘在这一时期研读了《维摩诘所说经》《妙法莲华经》等许多经典。大业八年（612），玄奘正式出家为僧。

玄奘早年正处于隋末混乱的时期，他不得不与长捷一道由洛阳避居长安和成都，其间，又聆听了多位法师讲授经典，熟悉了各个佛教流派的学说。唐武德六年（623），玄奘离开留居成都的兄长，顺江而下。在两年的时间内，他到过荆州、扬州、赵州（治今河北省赵县）、相州（治今河南省安阳市），最后回到长安。根据记载，教授过玄奘的名师有十三人，他们代表了当时中国佛学的最高水平。玄奘想要在佛学研究上取得进一步发展，中国国内显然已经无法满足他精进的愿望了。

在长期的佛教学习过程中，随着玄奘佛学素养的提高，思考逐步深入，于是产生了越来越多的疑问。造成疑问难以解决的原因，一是佛教传入中国的经典并不完整，对佛教教义的理解不如印度本土透彻，二是佛教原本就有部派区分，教义差异，再加上中国南北朝分裂，这几种因素的叠加，造成了众说纷纭、莫衷一是的混乱局面。解决的办法只有一个，就是必须亲身前往佛教的发源地——印度搜集经文原本，向印度佛学大师当面请教。于是，玄奘下定决心，西去求法。

玄奘西行实际上并没有得到当时唐朝政府的支持，因为立国不久的唐朝西北边境局势并不稳定，突厥等政权的威胁也很大。玄奘只好在贞观元年（627）混杂在向西方躲避饥荒的灾民中离开长安，踏上取经之旅。他沿途经过了秦州（治今甘肃省天水市）、兰州（治今甘肃省兰州市）、凉州（治今甘肃省武威市）、瓜州（治今甘肃省瓜州县），再向西历尽艰辛，走过绵延几百里的莫贺延碛（大约是今甘新交界处的星星峡到哈密市东南方长流水之间的沙漠戈壁）。玄奘到达伊吾（今新疆维吾尔自治区哈密市）后不久，就受邀前往高昌国（今新疆维吾尔自治区吐鲁番市东约30千米的胜金口以南之亦都护故城）。高昌王麴文泰与玄奘相处得很好，并一度挽留。后来在玄奘的极力坚持下，高昌王不得不放其西行。行前，麴文泰与玄奘结为兄弟，所以传说中"御弟三藏"的结拜兄长不是皇帝李世民，而是高昌王麴文泰。不仅如此，麴文泰还为玄奘准备了丰厚的行资，包括：侍伴小沙弥4人，30套法衣和各种御寒衣物，黄金100两、银钱1万，各种丝织品500匹；另有马30匹、役仆25人以及给西域24国的书信、礼物（《西游记》中的通关文牒实际来源于此）。可以说，玄奘一行自高昌国浩浩荡荡出发了。他们西行路经西突厥、中亚，进入印度。他在印度最初进入那烂陀寺追随戒贤学习佛法，后来游学印度各地，参加辩论，在五印度声名鹊起。贞观十七年（643），玄奘启程回国，贞观十九年（645）初回到阔别已久的长安，完成了西行壮举。玄奘回国带来了经、像、舍利等，佛经梵文原典520箧657部。

　　与当年离开长安西行时的窘迫形成鲜明对比的是，玄奘回国受到君臣朝野、僧俗大众的热烈欢迎。此后玄奘一直得到太宗、高宗父子的尊崇，被赐号为"三藏法师"，设译经院，主持佛经翻译。在回到长安后直到圆寂的19年间，玄奘"专务翻译，无弃寸阴"，倾尽后半生的心血致力于译经事业。需要强调的是，由于精通梵文，加之对佛学造诣高深，玄奘的翻译方法不同于前人。他是采取了一种在对梵文原本深刻理解的基础上，直接译成汉语的方式，也就是"出语成章，词人随写"。很明显，玄奘在整个译经任务中承担了最主要的工作，这样艰辛的劳动也势必损害他的健康。即便如此，玄奘近二十年如一日，孜孜不倦，终于译出佛经 75 部 1335 卷。如果加上《大唐西域记》12 卷，则总量还要上升到 1347 卷。正因为如此，玄奘被称为中国古代三大翻译家之一。

玄奘修撰《大唐西域记》一书是秉承了唐太宗的旨意。《大慈恩寺三藏法师传》记载，玄奘返回长安，在洛阳宫拜见唐太宗时，李世民对他所讲到的国外情况极感兴趣，当即命令"佛国遐远，灵迹法教，前史不能委详。师既察睹，宜修一传，以示未闻"。这就是《大唐西域记》每卷卷首都有"奉诏"两字的原因。另外，这部书的编写，除了玄奘之外，还有一位重要的协助人——辩机。

辩机原在长安城内的大总持寺和会昌寺。贞观十九年玄奘回国开始翻译佛经时，他就前来协助，执笔编写了《大唐西域记》，贞观二十年成书，所以每卷卷首会有"辩机撰"的题名。辩机年轻又富于才华，除了编写《大唐西域记》外，还参加了《瑜伽师地论》等经典的翻译工作。可惜，由于他和唐太宗之女高阳公主保持不正当男女关系，事发，被腰斩处决，死的时候还不到 30 岁。但不可否认的是，《大唐西域记》的文句秀美，叙事清晰，层次分明，得益于辩机的润饰。

《大唐西域记》所记载的"国"比较复杂，既包括国家，也还有城邦，共计 138 个，如果算上连带述及的则有 150 个。敬播在其为《大唐西域记》所作序言中说玄奘"亲践者一百一十国，传闻者二十八国"，而《大慈恩寺三藏法师传》则说玄奘"所闻所履百有二十八国"，记载并不一致。据现代学者考证，玄奘亲自经过的"国"有 105 个，得自传闻的有 33 个。具体看这部书的内容：

第一卷从高昌故地开始，到迦毕试国为止，有34国，范围涉及中国新疆、中亚吉尔吉斯斯坦、乌兹别克斯坦和阿富汗。这一卷先记载玄奘离开高昌西行，拜谒西突厥汗国的统叶护可汗的经过。他离开素叶水城（也就唐代著名的碎叶城）后进入窣（sū）利地区。窣利人善于经商，中国历史上称为粟特，也是隋唐时的昭武九姓胡人。玄奘在经过铁门关之后，就离开了窣利地区，进入睹货逻国故地。这个铁门关在今天乌兹别克斯坦南部的达尔本脱以西约13千米处，在历史上也很有名。睹货逻也译作吐火罗，古称大夏。玄奘所说的"睹货逻国故地"倒不是讲大夏，而是指2世纪活跃在这一地区的贵霜帝国，后来国势衰微，四处分裂，小国林立，此时都被西突厥汗国控制。玄奘的记载在很大程度上补充了我们对贵霜历史的认识。此后，玄奘还到了梵衍那国和迦毕试国。前者在今阿富汗东北山区，玄奘在这里目睹了著名的巴米扬大佛；后者在今阿富汗贝格拉姆。在越过兴都库什山脉以后，玄奘进入了印度地区。

从第二卷开始，《大唐西域记》主要记述印度各国。

第二卷内容包括印度总述和3个国家，涉及地区从阿富汗到北印度，换句话说介绍了中、东、南、西、北五印度70多个国家的概况。从中可以看出，所谓的印度并不是一个国家概念，而是一个文化区，在政治上它是割据分裂的状况。

第三卷记述了乌仗那国等8国，多数位于今巴基斯坦北部和克什米尔地区。玄奘特别强调上述国家与印度区别较大，只是印度的边缘地区。

第四卷记述了磔迦国等15国，大体位于今巴基斯坦旁遮普省到印度北方邦一带。

第五卷重点记述了曲女城国（故地在今印度北方邦的卡瑙季），详细叙述了他耳闻目睹的戒日王史实，以及他与戒日王的对话、曲女城法会等情形。此后,则讲述了阿逾陀国等中印度5国。

第六卷涉及的是佛教史上极为重要的4个地方:室罗伐悉底国是佛祖生前活动时间最长的地方;劫比罗伐窣堵国是佛祖的家乡;蓝摩国是佛祖出家之地;拘尸那揭罗国是佛祖涅槃之处。这四个地方贯穿了释迦牟尼的一生。

第七卷记述了婆罗疤斯国等5国,其中前3个玄奘亲自到过,后2个只是传闻。

第八卷、第九卷记述了摩揭陀国,涉及了佛教史的纪年问题,讲述了各种佛教圣迹和传说。玄奘在其中的那烂陀寺停留的时间最长,因为这里是五印度的文化中心。就是在这里他聆听戒贤讲解经典,学习梵文,钻研苦读,历时5年。正因为如此,玄奘对那烂陀寺周边的记载最为详细。

第十卷记述了玄奘游历印度半岛东部和东南部的各个国家,有17国。

第十一卷记述了印度半岛西南部和西部的各国。

第十二卷记述了从漕矩吒国到瞿萨旦那国等22国,涉及玄奘返程途经的帕米尔高原到新疆塔里木盆地南缘的地区。

总的来看,《大唐西域记》是一部极为重要的历史和地理文献,书中包含了许多重要的宗教史史料,具有很高的文学价值。

对于《大唐西域记》的作用、价值和意义,已经有不少学者进行了充分的探讨和揭示,在这里笔者另外想强调一点。

作为一个身处异域的高僧兼学者,玄奘始终怀有深厚的家国情怀。他在途经之处,时时留意与中国有关的人、事、物,认认真真加以记述,例如:第一卷提到由中国人建造居住的小孤城和河西质子寺;第四卷提到至那仆底国与中国的某种渊源关系;第五卷与戒日王对话中谈及的中国名称和印度对此时中国的了解；第十二卷记载了波利斯国王所娶汉公主的传说；等等。通过玄奘的记述，我们能深切地感受到自悠远的历史时期开始，中国内地与中亚、南亚之间早已存在人员的往来和文化的交流，同样的情形也发生在中亚、南亚来到中国的人士身上，这种双向互动交流在当时的历史条件下可以说已经达到了密切的程度。这些历史遗迹和传说故事反映了中国与中亚、南亚不同文明区域相互认知的渴望和憧憬，称得上是中外文化交流的佳话。尽管有些传说已经很难在内地历史记载中找到可以呼应的印证，但是我们仍然能从这些域外传说中感受到中华文明的影响力以及域外人士对中华文化的认可度。它更多地体现了非政府层面文化交流的广度和深度，在某种程度上，更反映出中国人民和中亚、南亚人民交往的真实图景。

这部书的书名也很有意思，"西域"的概念寄予了丰富的内涵。玄奘作为虔诚的佛教徒，西行朝圣的性质毋庸置疑，自然要详细讲述佛国圣境的林林总总，可是这一切都被他归于"大唐西域"的题名之下，正体现了印度佛教文化影响力和中国政治影响力两个不同范围内容的自然结合和有机统一。尽管"奉诏"编纂这部书不可避免地要带有为中华帝王歌功颂德的色彩，但是通过玄奘与戒日王等域外国家领袖的对话，可以明显地看到统一的华夏国家的影响力事实上早已超出了传统中华文明的区域，成为域外国家渴望深切了解的对象。从这个意义上说，汉文史书里常常提到外国"慕华"，并不是中国人的自我标榜，而是域外国家实实在在的美人之美。《大唐西域记》里值得我们思考和认识的内容还有很多，这都有赖于读者们的慧眼卓思慢慢发掘。

令人惭愧的是，国外对《大唐西域记》的研究要领先于中国，不仅起步早，而且水平也高。它先后被翻译成法文、英文出版，日本学者对这部书的研究取得的成就最多。国内研究开始得较晚，先后有丁谦、梁启超、陈垣、吕澂、周连宽等学者进行了探讨。1977年，上海人民出版社出版由章巽先生校点的《大唐西域记》。1981年，中华书局影印向达先生所辑《大唐西域记古本三种》（敦煌本、福州藏本和金藏本）。1985年中华书局出版了季羡林先生等的《大唐西域记校注》，是一部集大成的研究著作。

至于面向大众的作品主要有：季羡林等先生的《大唐西域记今译》（陕西人民出版社，1985年）、芮传明先生的《大唐西域记全译》（贵州人民出版社，1995年）、余全有先生的《大唐西域记（白话全译图本）》（重庆出版社，2008年）、董志翘先生的《大唐西域记（文白对照）》（中华书局，2014年）。本次受中州古籍出版社委托，对《大唐西域记》再次今译，参考了诸位前贤的译文成果，特别是芮传明先生的译本，译文尽可能贴近现行口语，个别难懂之处进行意译。推出这一译本的原意并不是靠这一区区浅陋的小册子，使读者了解玄奘和他所处的时代，而是抛砖引玉，希望更多的人能够在此基础上结合钱文忠等学者的解读，深入原文，进一步思考认识文明鼎盛时期的中国人、中国文化、中国和世界的关系。

周　松
2018年5月

目　录

序 ……………………………………………………………… 1

《大唐西域记》序 ……………………………………………… 1

大唐西域记卷第一（三十四国）

阿耆尼国 ……………………………………………………… 3

屈支国 ………………………………………………………… 4

跋禄迦国 ……………………………………………………… 10

窣利地区总述 ………………………………………………… 13

笯赤建国 ……………………………………………………… 16

赭时国 ………………………………………………………… 17

怖捍国 ………………………………………………………… 18

窣堵利瑟那国 ………………………………………………… 19

飒秣建国 ……………………………………………………… 20

弭秣贺至货利习弥伽七国 …………………………………… 21

羯霜那国 ……………………………………………………… 23

睹货逻国故地	24
呾蜜至忽懔十一国	26
缚喝国	29
锐秣陀国 胡实健国	35
呾剌健国	35
揭职国	36
梵衍那国	37
迦毕试国	41

大唐西域记卷第二（三国）

印度总述	57
滥波国	82
那揭罗曷国	83
健驮逻国	90

大唐西域记卷第三（八国）

乌仗那国	113
钵露罗国	129
呾叉始罗国	130
僧诃补罗国	138
乌剌尸国	142
迦湿弥罗国	143
半笯嗟国	158

曷逻阇补罗国 ... 159

大唐西域记卷第四（十五国）

磔迦国 ... 163

至那仆底国 ... 170

阇烂达罗国 ... 173

屈露多国 ... 174

设多图卢国 ... 176

波理夜呾罗国 ... 177

秣菟罗国 ... 178

萨他泥湿伐罗国 ... 182

窣禄勤那国 ... 186

秣底补罗国 ... 189

婆罗吸摩补罗国 ... 197

瞿毗霜那国 ... 199

恶醯掣呾罗国 ... 200

毗罗删拿国 ... 201

劫比他国 ... 202

大唐西域记卷第五（六国）

羯若鞠阇国 ... 209

阿逾陀国 ... 227

阿耶穆佉国 ... 232

钵逻耶伽国 234
憍赏弥国 240
鞞索迦国 246

大唐西域记卷第六（四国）
室罗伐悉底国 251
劫比罗伐窣堵国 265
蓝摩国 277
拘尸那揭罗国 284

大唐西域记卷第七（五国）
婆罗疨斯国 301
战主国 317
吠舍厘国 323
弗栗恃国 336
尼波罗国 340

大唐西域记卷第八（一国）
摩揭陀国上 345

大唐西域记卷第九（一国）
摩揭陀国下 407

大唐西域记卷第十（十七国）

- 伊烂拿钵伐多国 … 461
- 瞻波国 … 466
- 羯朱嗢祇罗国 … 468
- 奔那伐弹那国 … 469
- 迦摩缕波国 … 471
- 三摩呾吒国 … 475
- 耽摩栗底国 … 477
- 羯罗拿苏伐剌那国 … 478
- 乌荼国 … 481
- 恭御陀国 … 483
- 羯䩉伽国 … 485
- 憍萨罗国 … 487
- 案达罗国 … 495
- 驮那羯磔迦国 … 499
- 珠利耶国 … 504
- 达罗毗荼国 … 506
- 秣罗矩吒国 … 508

大唐西域记卷第十一（二十三国）

- 僧伽罗国 … 515
- 恭建那补罗国 … 531
- 摩诃剌侘国 … 533

跋禄羯呫婆国	537
摩腊婆国	538
阿吒厘国	543
契吒国	544
伐腊毗国	545
阿难陀补罗国	547
苏剌侘国	548
瞿折罗国	549
邬阇衍那国	550
掷枳陀国	551
摩醯湿伐罗补罗国	552
信度国	553
茂罗三部卢国	555
钵伐多国	557
阿点婆翅罗国	558
狼揭罗国	559
波剌斯国	561
臂多势罗国	563
阿軬荼国	564
伐剌拏国	566

大唐西域记卷第十二（二十二国）

漕矩吒国	571

弗栗恃萨傥那国·················573

安呾罗缚国···················574

阔悉多国····················575

活国······················576

瞢健国至钵利曷国五国·············577

呬摩呾罗国···················579

钵铎创那国···················580

淫薄健国····················581

屈浪拿国····················582

达摩悉铁帝国··················583

尸弃尼国····················586

商弥国·····················587

朅盘陀国····················590

乌铩国·····················595

佉沙国·····················598

斫句迦国····················599

瞿萨旦那国···················601

大流沙以东行程·················619

跋文······················621

记赞······················623

序

尚书左仆射燕国公于志宁制

若夫①玉毫②流照,甘露③洒于大千④;金镜⑤扬辉,薰风⑥被于有截⑦。故知示现三界⑧,粤⑨称天下之尊;光宅⑩四表,式标⑪域中之大。是以慧日⑫沦影,像化⑬之迹东归;帝猷⑭宏阐,《大章》⑮之步西极。

[注释]

①若夫:发语词。 ②玉毫:佛眉间的白毫,这里是佛的象征。 ③甘露:佛教中的不死药,这里比喻如来的教法。 ④大千:三千大千世界的略称,这里泛指天下。 ⑤金镜:镜子,借喻为月亮,这里引申为明道。 ⑥薰风:和风,这里比喻德政。 ⑦有截:这里代指海外。 ⑧三界:佛教把一切生死往来的世界分为三个部分,即欲界、色界、无色界。 ⑨粤:发语词。 ⑩光宅:充满,覆盖。 ⑪式标:式,发语词。标,称扬。 ⑫慧日:比喻佛或者佛的智慧像太阳一样普照大地。 ⑬像化:佛灭后500年到1000年中像法时期的教化,这里泛指佛法。 ⑭帝猷:帝王的教化、谋略。 ⑮《大章》:古乐名,这里指中国的声教。

[译文]

佛光普照,大放光明,佛法犹如甘露,洒遍大千世界;大唐的王道如明月般光芒四射,大唐的圣德如和风般吹遍四海。可见神妙佛法展示于三界之中,堪称天下的至尊;唐皇的德政光照海外,成为屹立于世界的伟人。因此佛祖涅槃之后,如同智慧的太阳沉落,才有了像法时期佛法东传中国;唐皇的教化广为传扬,中华的声教也散布到了遥远的西方。

有慈恩道场①三藏法师,讳玄奘,俗姓陈氏,其先颍川②人也。帝轩③提象,控华渚而开源;大舜宾门④,基历山⑤而耸构。三恪⑥照于姬载,六奇光于汉祀⑦。书奏而承朗月⑧,游道而聚德星⑨。纵壑骈鳞⑩,培风齐翼⑪。世济之美⑫,郁为景胄⑬。

[注释]

①道场:原指佛陀成道的地方,后来指供养佛、菩萨以及学道的地方。 ②颍川:治今河南省禹州市。 ③帝轩:黄帝,轩辕氏。这里将陈氏的起源追溯到黄帝。 ④大舜宾门:指舜帝亲自迎接诸侯的一段佳话。出自《史记·五帝本纪》:"(舜)宾于四门,四门穆穆,诸侯远方宾客皆敬。" ⑤基历山:舜帝曾经在历山耕种。这里将陈氏的起源追溯到舜。 ⑥三恪:据说,周武王曾经封黄帝之后于蓟,封尧帝之后于祝,封舜帝之后于陈,称为"三恪"。这里指玄奘的祖先显贵于姬周时代。 ⑦六奇光于汉祀:这里是追述陈氏祖先在西汉的功绩。六奇,指陈平六出奇计辅佐汉朝。 ⑧书奏而承朗月:这里指陈氏父子发扬光大了陈氏的门风。书奏,指东汉时期陈宠、陈忠父子的事迹。朗月,明月,出自《文选·魏文帝与吴质书》:"白日既匿,继以朗月。" ⑨游道而聚德星:出自檀道鸾《续晋阳秋》:"陈仲弓(实)从诸子侄共造荀父子,于时德星聚,太史奏五百里贤人聚。"古人认为德星出现在有道之国。 ⑩纵壑骈鳞:这里是说陈氏家族中贤臣遇到明主的现象层出不穷。纵壑,畅游在大壑之间的鱼,比喻贤臣遇到明主。骈鳞,鳞次栉比。 ⑪培风齐翼:这里是说陈氏

家族鹏程万里，世代官宦。培风，乘风。齐，快。翼，大鹏的翅膀。 ⑫世济之美：出自《左传》，这里是说世世代代成就的美德。 ⑬郁为景胄：这里是说陈氏形成了兴盛的大族。郁，丰盛的样子。景，大。

[译文]

　　大慈恩寺的三藏法师，法名玄奘，俗家姓陈，祖先是颍川人。黄帝时上天出现瑞象，大星坠落在华渚，陈氏起源于此；舜帝亲自迎接诸侯，在历山辛苦耕作之时，奠定了陈氏的基业。陈国在周朝是三恪之一，地位显赫，陈平在汉朝呈献六条奇计，声名光耀。陈宠父子屡次进谏的忠言就像明月承继白日般彰显门风，陈实一家结交贤士时吉星高照。陈氏先贤都生在贤君当政之时，如同大鱼畅游于大壑之间，陈氏先祖世代仕宦，好似大鹏乘风而起。陈家的美德代代积累，家族繁荣昌盛，门第兴盛。

　　法师籍庆①诞生，含和②降德③，结根深而蕤茂④，道源浚⑤而灵长⑥。奇开之岁，霞轩月举⑦；聚沙之年⑧，兰薰桂馥⑨。洎乎成立⑩，艺殚坟素⑪。九皋载响⑫，五府交辟⑬。以夫早悟真假，夙照慈慧⑭，镜⑮真筌⑯而延伫⑰，顾生涯⑱而永⑲息。而朱绂紫缨⑳，诚有界之徽网㉑；宝车㉒丹枕㉓，实出世之津途。由是摈落㉔尘滓㉕，言归闲旷。

[注释]

　　①庆：庆云、瑞云，吉祥之兆。　②含和：内藏温和的气质。　③降德：天降德星，吉祥之兆。　④结根深而蕤（ruí）茂：这里是说玄奘家族源远流长，贤人辈出，玄奘自幼聪明异常，才华横溢。蕤，初生的草。　⑤浚：深。　⑥灵长：运祚绵延。这里是说陈氏家族的声望隆盛不衰。

⑦霞轩月举：这里比喻玄奘自幼出类拔萃。轩，举。 ⑧聚沙之年：比喻童年。 ⑨兰薰桂馥：比喻子弟佳胜，后嗣蕃昌。 ⑩成立：成人。 ⑪坟素：圣贤所著的书。 ⑫九皋载响：出自《诗经·小雅·鹤鸣》："鹤鸣九皋，声闻于野。"这里指玄奘闻名遐迩。 ⑬五府交辟：这里指各级官府争相延聘玄奘。五府，太傅、太尉、司空、司徒、大将军。辟，征召贤人。 ⑭慈慧：慈悲和慧。通晓了无为的空理就是慧。 ⑮镜：镜考，镜戒。 ⑯真筌：显示真理的文句。 ⑰延伫：长久站立等待。 ⑱生涯：人生有止境。 ⑲永：同"咏"。 ⑳朱绂（fú）紫缨：这里比喻高官厚禄，荣华富贵。朱绂，红色的绂。紫缨，紫色的系冠带子。 ㉑徽网：绳索和罗网，引申为束缚。 ㉒宝车：以众宝装饰的大白牛车，比喻佛教的一乘教法。 ㉓丹枕：比喻佛智、佛法。 ㉔摈落：排斥，不取。 ㉕尘滓（zǐ）：世俗的污秽。

[译文]

　　法师出生的时候，吉兆显现，天含和气，德星降临，陈氏家族繁荣如老树般根深叶茂，源远流长，俊才辈出。法师幼年仪表不凡，光彩照人如皓月当空；童年才华横溢如兰桂飘香。待到成年，通晓前贤典籍。他声名远扬，官府争相邀请他做官。然而法师早已领悟了"真""假"的真谛，始终怀有慈悲之心、佛性的智慧，胸中洞悉佛法的真理而眷恋不舍；因了解生命的局限而感慨不已。在他看来，功名仕宦只不过是束缚人生的罗网绳索；只有一乘教法、光枕佛智才是脱俗出世的桥梁道路。因此，法师对尘世的烦扰不屑一顾，一心谈论闲静高远的佛学真理。

　　令兄长捷法师①，释门之栋干者也。擅龙象②于身世，挺③鹓鹭④于当年。朝野挹⑤其风猷⑥，中外羡其声彩。既而情深友爱，道睦天伦。法师服勤请益，分阴⑦靡弃。业光上首⑧，擢秀⑨檀林⑩；德契中庸⑪，腾芬兰室⑫。抗策平道⑬，包九部⑭而吞梦；鼓枻玄津⑮，俯四韦⑯而小鲁⑰。自兹遍游谈肆⑱，载移凉燠⑲。功既成矣，能亦毕矣。至于泰初日月⑳，烛耀灵台㉑；子云肇悦㉒，发挥㉓神府㉔。于是金文㉕暂启，伫秋驾㉖而云趋㉗；玉柄㉘才扨㉙，披雾市而波属㉚。若会斫轮之旨㉛，犹知拜瑟之微㉜。以泻瓶之多闻㉝，泛虚舟而独远。乃于辕辕㉞之地，先摧鲽腹㉟之夸；井络㊱之乡，遽表浮杯㊲之异。远迩宗挹，为之语曰：昔闻荀氏八龙㊳，今见陈门双骥㊴。汝、颍多奇士，诚哉此言。

[注释]

①长捷法师：玄奘的二兄陈素，早年出家，住东都净土寺。　②龙象：佛教中修行勇猛精进，有大能力的教徒。这里是对佛僧的敬称。　③挺：出类拔萃。　④鹙鹭：即舍利弗，佛的重要弟子之一。　⑤挹（yì）：推重。　⑥风猷：风教道德。　⑦分阴：极短的时间。　⑧上首：佛教寺院中僧侣的主位，即首座、主席。这里泛指有道高僧阶层。　⑨擢（zhuó）秀：形容人才出众。　⑩檀林：旃檀之林的略称，佛寺的尊称。　⑪中庸：此处不是儒家的中庸之道，是指佛教的中道观，引申为佛教的最高真理。　⑫兰室：梵语阿兰若的略称，佛寺的异名。　⑬抗策平道：这里是说玄奘犹如策马驰骋一样，阅读了所有的佛典。抗策，原意是扬鞭驱马前行。平道，一切众生平等成佛的法。　⑭九部：九部经。根据佛经的内容和体裁分类，有大小乘之别。　⑮鼓枻（yì）玄津：这里是比喻玄奘游弋于浩如烟海的佛学典籍中。鼓枻，敲击船帮歌唱。玄津，指佛法。　⑯四韦：婆罗门教的根本经典四吠陀。即《梨俱吠陀》《耶柔吠陀》

《婆摩吠陀》《阿闼婆吠陀》。　⑰小鲁：语出《孟子·尽心上》："孔子登东山而小鲁。"这里是说玄奘通晓了博大精深的佛教典籍后，就觉得婆罗门教的圣典相形见绌了。　⑱谈肆：僧徒的学习场所。　⑲凉燠（yù）：凉热，指冷暖、寒暑。　⑳泰初日月：语出《世说新语·容止》："时人目夏侯泰初，朗朗如日月之入怀。"比喻容貌俊美悦目。　㉑灵台：指心。语出《庄子·庚桑楚》："不可内于灵台。"成玄英疏："灵台，心也。"　㉒子云鞶（pán）帨（shuì）：语出扬雄《法言》："今之学也，非独为之华藻，又从而绣其鞶帨。"这里是批评文章的琐碎。扬雄字子云。鞶，盛帨的小囊。帨，佩巾。　㉓发挥：反复推敲。　㉔神府：即灵台，精神的宅邸，指心。　㉕金文：金言，佛陀所说的教法。　㉖秋驾：原指御马的技艺，语出《吕氏春秋·博志》。这里称誉玄奘佛教修为。　㉗云趋：像云一般相随。　㉘玉柄：用玉装饰的拂尘柄。　㉙㧑（huī）：同"挥"。　㉚波属：连续，相继。　㉛会斫轮之旨：这里的意思是玄奘深深地领会佛经的要旨。斫（zhuó）轮，语出《庄子·天道》，原指车工斫木制造车轮，后借喻技艺精熟，富于经验。　㉜知拜瑟之微：这里比喻玄奘洞悉佛法的奥妙。拜瑟，可能是"琴瑟"之讹。　㉝多闻：佛的十大弟子之一阿难的特长。这里比喻玄奘博闻强记，得到了佛法的全部真髓。　㉞辗（huàn）辕（yuán）：指辗辕山，在今河南省偃师市东南，山道险峻。　㉟鍱（yè）腹：以铜铁薄片包裹腹部，以防智慧外溢。　㊱井络：星座名，喻指蜀地。　㊲浮杯：语出《高僧传·杯度传》。南朝宋有僧人杯度，常以木杯渡河，后比喻僧人云游。　㊳荀氏八龙：东汉荀淑的八个儿子。　㊴陈门双骥：指玄奘和他的兄长长捷法师。

[译文]

　　法师的兄长长捷法师是佛教界的栋梁之材。他遁入空门，一生事佛，出类拔萃，宛如当年的圣者鹙鹭子。朝廷上下对他的风度品格大加推崇，国内外都对他的声望神采仰慕不已。他们兄弟情深意长，和睦相处，深合天伦之道。法师对兄长殷勤侍奉，虚心求教，一心学习，从不虚度一寸光阴。他的学问在高僧中都光显突出，在寺院僧众里更是出类拔萃；他的品行合乎中道的原则，在佛教界声名鹊起。在对平等佛法的学习上犹如乘着骏马纵横驰骋，遍览佛学典籍，学识广博就像胸藏云梦大泽般广袤无边；又似在浩渺如海的佛学研究中乘风破浪，他认为自己研习的佛教圣典与四吠陀相比，好似登东山俯瞰鲁城一般，高下悬殊。从此以后，遍游天下佛寺，探讨辩论，历经寒暑。于是，功德圆满，学业已成。法师外表有如夏侯泰初那样容姿俊朗，内心的智慧光芒闪耀；虽然佛典像扬雄形容的那样卷帙浩繁，法师却能心领神会，通达晓畅。于是，佛法的深意顿时明了领悟，各地求教的僧徒风云聚会般齐集法师面前；法师的讲论如同挥动的拂尘，驱散人们心中的迷雾，获得他指点迷津的人像波浪涌动般源源不断。法师就像工艺绝伦的巨匠那样稔熟佛学精髓，像深谙音律的大师那样洞悉佛法的微妙。他的学识渊博如同瓶中泄水般滔滔不绝，此后他乘一叶扁舟，远游他乡。他在辕辕之地击败了反对佛法的狂妄论敌；他在蜀地表现了云游求法的意愿。远近之人都对法师推崇备至，称颂他说：听说过去有荀家八龙，如今则看到了陈门双骥。汝、颍地区有很多奇人俊才，这话可是千真万确。

  法师自幼迄长，游心玄籍^①。名流先达，部执^②交驰，趋末忘本，摭华捐实，遂有南北异学^③，是非纷纠。永言^④于此，良用怃然。或恐传译蹖驳^⑤，未能筌究，欲穷香象之文^⑥，将罄龙宫^⑦之目。以绝伦之德，属会昌之期，杖锡拂衣，第如遐境。于是背玄灞⑧而延望，指葱山而矫迹⑨。川陆绵长，备尝艰险。陋博望之非远，嗤法显⑩之为局。游践之处，毕究方言，镌求幽赜⑪，妙穷津会⑫。于是词发雌黄⑬，飞英天竺；文传贝叶⑭，聿归振旦⑮。

[注释]

①玄籍：玄妙的典籍，通常指佛经。　②部执：各佛教部派的执见。　③南北异学：指玄奘西行前中国南北方佛教学说的分歧。　④永言：长相思念。这里的意思是玄奘始终念及这类南北争论。　⑤踳（chuǎn）驳：错乱，驳杂。　⑥香象之文：这里是佛典的通称。　⑦龙宫：比喻收藏一切佛经和佛法的地方。　⑧玄灞：指灞水，流经长安。故常用来代指长安。　⑨矫迹：举步。　⑩法显：东晋时期赴西域求法的高僧。399年出发，走陆路到达印度，后由海路，于412年返归山东崂山。中国古代伟大的佛僧和旅行家。　⑪赜（zé）：深幽难见。　⑫津会：这里指佛学要旨。　⑬雌黄：这里的意思是对前人著作的纠谬、批评。古人写字用黄纸，有误时，用雌黄涂抹后改写。　⑭贝叶：贝多罗树叶的略称。喻指一切佛经。　⑮振旦：也作震旦、真旦、神丹，意为秦地，是古印度对中国的称呼。

[译文]

　　法师从小到大，一心钻研佛典。佛教界的名僧前辈们各执己见，讲求枝节忘记根本，采撷浮华丢弃本质，于是就有了南北方学派差异，争辩是非，纷乱不清。法师常常念及这一现象，胸中感慨万千。他担心前人翻译的佛经错误太多，无法彻底理解原意，所以想遍览佛经原文，亲自尽观佛教的圣迹。凭着卓越的德行，适逢国运昌盛的时代，法师手持锡杖，撩衣迈步，前往远方。法师背对长安，眼望西方，朝着葱岭，迈上险途。路途遥远，历尽千辛万苦。与他的西行相比，张骞走过的路近得令人鄙视；法显获得的见闻少得为人嗤笑。法师经过的地方，都要尽力学习当地的语言，刻苦探求佛法的精妙，细心领悟佛法的要旨。于是，他不断论说前人的谬误，声名远扬，早已传到天竺；最终取得真经，携带返回中国。

太宗文皇帝金轮①纂御，宝位居尊。载伫②风徽③，召见青蒲④之上；乃眷通识⑤，前膝黄屋⑥之间。手诏绸缪⑦，中使⑧继路。俯摘⑨睿思⑩，乃制《三藏圣教序》，凡七百八十言。今上⑪昔在春闱⑫，裁《述圣记》⑬，凡五百七十九言。启玄妙之津，尽揄扬之旨。盖非道映鸡林⑭，誉光鹫岳，岂能缅降神藻，以旌时秀。奉诏翻译梵本，凡六百五十七部。具览遐方异俗，绝壤殊风，土著之宜，人伦之序，正朔⑮所暨⑯，声教所覃⑰，著《大唐西域记》，勒成一十二卷。编录典奥⑱，综核明审，立言不朽，其在兹焉。

[注释]

①金轮：金轮王的略称。佛教徒认为拥有金轮宝的圣王比其他三王地位崇高。　②载伫：停留。　③风徽：风范，美德。　④青蒲：皇帝的内廷。　⑤通识：学识渊博的人。　⑥黄屋：天子乘坐的车。　⑦绸（chóu）缪（móu）：缠绵，情意深厚。　⑧中使：指宦官。　⑨摛（chī）：铺陈，（文章）详细地叙述。　⑩睿思：天子的思念。　⑪今上：指唐高宗。　⑫春闱：春宫，对太子宫的称呼。　⑬《述圣记》：唐高宗做太子时所写《述三藏圣教序记》的简称。　⑭鸡林：鸡林寺，又作鸡园寺，是阿育王在摩揭陀国波吒厘子城边所建的佛寺。　⑮正朔：原指帝王颁布新历法。这里引申为政权。正，一年的开始。朔，一月的开始。

⑯暨：及，至。 ⑰覃（tán）：蔓延，延伸。 ⑱典奥：博大精深。

[译文]

　　我金轮圣主太宗皇帝继位登极，君临天下。圣上向来具有礼贤下士之风，在皇宫内院召见了法师；一直眷顾博学通达的贤者，在内廷与法师亲切交谈。多次亲自撰写诏书褒奖法师，传诏的内使络绎不绝。皇上亲自抒发圣明思绪，写下了《三藏圣教序》，共七百八十字。当今皇帝还在做太子时，撰写了《述圣记》，共五百七十九字。揭示了佛法的要旨，彰显了称颂的深意。如果不是法师的修为光照天竺鸡林寺，声誉映耀西方灵鹫峰，如何能使圣主心向往之而亲撰神圣辞章，来表彰我们这位当代贤士俊杰呢？法师奉皇帝的诏令翻译梵文佛经，共有六百五十七部。此外，将他观察到的外国别样风俗、他乡不同的气候、当地独特的物产、别国的道德礼教、中华正统的政治影响、中华声教的文化浸染加以详细记载，写成了《大唐西域记》，分为十二卷。这部书的文辞典雅奥妙，内容经过了全面审核、明了周密，要说传世不朽之作，就是这部书了。

《大唐西域记》序

三藏沙门玄奘奉敕撰

历选①皇猷,遐观帝录,庖羲②出震之初,轩辕垂衣之始,所以司牧黎元,所以疆画分野。暨乎唐尧之受天运③,光格四表,虞舜之纳地图④,德流九土⑤。自兹已降,空传书事之册,逖听⑥前修⑦,徒闻记言之史。岂若时逢有道⑧,运属无为⑨者欤。我大唐御极则天,乘时握纪,一六合⑩而光宅,四三皇⑪而照临。玄化⑫滂流,祥风⑬遐扇,同乾坤之覆载,齐风雨之鼓润⑭。与夫东夷入贡,西戎即叙,创业垂统,拨乱反正⑮,固以跨越前王,囊括先代。同文共轨⑯,至治神功,非载记无以赞大猷,非昭宣何以光盛业!玄奘辄随游至,举其风土,虽未考方辨俗,信已越五逾三⑰。含生之俦,咸被凯泽;能言之类,莫不称功。越自天府⑱,暨诸天竺,幽荒异俗,绝域殊邦,咸承正朔,俱沾声教。赞武功之绩,讽成口实;美文德之盛,郁为称首。详观载籍,所未尝闻;缅惟图牒,诚无与二。不有所叙,何记化洽?今据闻见,于是载述。

[注释]

①历选:历数。选,数。　②庖羲:伏羲氏,中国古代神话传说中的始祖,东方的天帝。　③天运:天命。　④虞舜之纳地图:指西王母向舜献上地图的传说。意思是遥远的异域臣服于中国。　⑤九土:九州,引申为整个天下。　⑥逖(tì)听:远听。　⑦前修:前贤。　⑧有道:天下

太平。 ⑨无为：古人认为圣人的圣德可以使庶民自然化洽，不必有所作为。 ⑩一六合：一统天下。六合，天、地、四方。 ⑪四三皇：意思是三皇之外的第四皇，这是颂扬唐太宗的话。 ⑫玄化：德化。 ⑬祥风：瑞风。 ⑭鼓润：滋润万物生长。 ⑮拨乱反正：消除混乱局面，恢复正常秩序。 ⑯同文共轨：比喻王者一统天下。 ⑰越五逾三：唐皇的业绩声望已经超过了三皇五帝。 ⑱天府：原指富庶的秦地。本文代指唐朝。

[译文]

　　回顾三皇的教化事业，通读五帝的文字记录，伏羲创制八卦开启东方文明，黄帝安静无为形成治国之道，从而管理了百姓，划分疆土。待到唐尧秉承天命为君，教化的光辉照临四方，虞舜接受贡图，恩德的惠泽遍及九州。从此以后，只流传着记载史实的书籍，想了解传说中的前代贤人，只能翻阅记载其言论的史书。再也没有身处天下太平、无为而治好时代的幸运了。我大唐朝遵循天命，建立王统，顺应时代，掌握纲纪，一统天下，圣德远布，比肩三皇，光照寰宇。德化流布四海，祥风吹遍远方，恰似天地孕育了众生，又像风雨润泽了万物。东夷前来朝贡，西戎归顺听命，创立基业，传承皇统，拨乱反正，本来就已经超过了古代的圣王，囊括了前代的功绩。书同文，车同轨，这样超越古今的神圣功绩不记载下来怎能颂扬德政的伟大，不加以大力宣扬怎能彰显功业的雄伟！玄奘我依据旅行线路，分别叙述各地的风土人情，虽然做不到详细考证方位，分析辨别习俗，但是自信已经超过了三皇五帝以来对世界的认识。天下苍生，都受惠于大唐的恩泽；凡是人类，都赞颂着大唐的功业。我从大唐首都地区出发，到达天竺，所经过的风俗不同的边远地区，国情特异的遥远外国，都向大唐表示归顺，接受中华教化。赞颂大唐赫赫武功的话语，口耳相传；赞美大唐文德的昌盛，公认天下第一。仔细检查前代的书籍，这都是没有记载过的；阅读传世的图籍谱牒，也没有见到同样的事迹。如果不加以记述，怎能展示大唐教化影响的广大深远呢？现根据我的亲身见闻，在这里记载下来。

然则索诃世界①（旧曰裟婆世界，又曰裟诃世界，皆讹也）三千大千国土，为一佛之化摄也。今一日月所照临四天下者，据三千大千世界之中，诸佛世尊皆此垂化②，现生现灭，导圣导凡。苏迷卢山③（唐言妙高山。旧曰须弥，又曰须弥娄，皆讹略也）四宝④合成，在大海中，据金轮⑤上，日月之所照回，诸天⑥之所游舍。七山七海⑦，环峙环列；山间海水，具八功德⑧。七金山外，乃咸海也。海中可居者，大略有四洲焉。东毗提诃洲⑨（旧曰弗婆提，又曰弗于逮，讹也），南赡部洲⑩（旧曰阎浮提洲，又曰剡浮洲，讹也），西瞿陀尼洲⑪（旧曰瞿耶尼，又曰劬伽尼，讹也），北拘卢洲⑫（旧曰郁单越，又曰鸠楼，讹也），金轮王乃化被四天下，银轮王则政隔北拘卢，铜轮王除北拘卢及西瞿陀尼，铁轮王则唯赡部洲。夫轮王⑬者，将即大位，随福所感，有大轮宝，浮空来应，感有金、银、铜、铁之异，境乃四、三、二、一之差，因其先瑞，即以为号。

其赡部洲之中地者，阿那婆答多池⑭也（唐言无热恼。旧曰阿耨达池，讹也）。在香山⑮之南，大雪山⑯之北，周八百里矣。金、银、琉璃、颇胝⑰，饰其岸焉。金沙弥漫，清波皎镜。八地菩萨⑱以愿力⑲故，化为龙王，于中潜宅。出清冷水⑳，给赡部洲。是以池东面银牛口流出殑（巨胜反）伽河㉑（旧曰恒河，又曰恒伽，讹也），绕池一匝，入东南海；池南面金象口流出信度河㉒（旧曰辛头河，讹也），绕池一匝，入西南海；池西面琉璃马口流出缚刍河㉓（旧曰博叉河，讹也），绕池一匝，入西北海；池北面颇胝师子口流出徙多河㉔（旧曰私陀河，讹也），绕池一匝，入东北海，或曰潜流地下，出积石山㉕，即徙多河之流，为中国之河源云。

[注释]

①索诃世界：世俗世界，按佛教的说法，这是释迦牟尼主宰和教化的区域。　②垂化：垂迹。佛菩萨的本体显示出种种化身，济度众生，称为垂迹。　③苏迷卢山：又译为须弥、须弥娄等。意译妙高、妙光、安明、善高等。佛教徒以其为南赡部洲的中心。　④四宝：《俱舍论》："妙高山王四宝为体，谓如次四面北东南西，金、银、吠琉璃、颇胝迦宝。"　⑤金轮：支撑世界的载体之一。佛教认为世界的最下层是风轮，依止虚空，风轮上有水轮，水轮上有金轮。金轮形似金刚，故名。金轮之上又有九山八海。　⑥天：受人间以上胜妙果报的地方，也指居住在这类地方的神祇。　⑦七山七海：古印度世界构成说中山与海的总数。另有九山八海之说。　⑧八功德：指海水和极乐浴池水的八种性质。一澄净，二清冷，三甘美，四轻软，五润泽，六安和，七饮时除饥渴等无量过患，八饮已定能长养诸根四大增益。　⑨东毗提诃洲：即东胜身洲，佛教传说中的四方咸海中四大洲之一。　⑩南赡部洲：佛教传说中的四方咸海中四大洲之一。　⑪西瞿陀尼洲：即西牛货洲，佛教传说中的四方咸海中四大洲之一。　⑫北拘卢洲：即北俱卢洲，佛教传说中的四方咸海中四大洲之一。　⑬轮王：又称转轮王，因手持轮宝而得名，印度神话认为有金、银、铜、铁四轮王，佛教沿袭了这种说法。　⑭阿那婆答多池：可能是喜马拉雅山的玛纳萨洛瓦湖（Marasorowar），位于北纬31°，东经81°3′。　⑮香山：香醉山，

指昆仑山。　⑯大雪山：指兴都库什山脉。　⑰颇（pō）胝（zhī）：也作颇胝迦、颇梨、玻璃等，指状如水晶的宝石。　⑱八地菩萨：也作菩提萨埵。菩提，觉悟。萨埵，众生。　⑲愿力：誓愿之力。　⑳清冷水：八功德水之一。　㉑殑伽河：意为从天堂而来，即恒河，发源于喜马拉雅山南麓，注入孟加拉湾。　㉒信度河：即印度河，发源于中国西藏冈底斯山，注入阿拉伯海。　㉓缚刍河：意为河水保护神，即源自帕米尔高原，流入咸海的阿姆河。　㉔徙多河：意为冷河，今中国新疆维吾尔自治区境内的叶尔羌河和塔里木河。　㉕积石山：今青海省西宁市西南的山脉。

[译文]

在称为索诃的世俗世界（过去称作娑婆世界，也叫娑诃世界，都错了）中的三千大千国土，都是佛祖教化的区域。就像现在处于同一日月照临的四个天下，在三千大千世界之中，诸佛世尊都在这里显示出各种化身，度化众生，表现生灭关系，引导圣贤凡人。苏迷卢山（大唐叫妙高山。过去称作须弥，也叫须弥娄，都是错的或省略的说法）由四种宝物构成，位于大海之中，坐落在金轮之上，日月回转轮番照耀，诸神在此遨游居处。有七座山、七个海环绕联结，鼎峙而立；山与山之间的海水具备八种优良品质。七座金山之外，就是咸海。海里可以住人的地方，大致有四片大洲。东方是毗提诃洲（过去称作弗婆提，也叫弗于逮，错了），南方是赡部洲（过去称作阎浮提洲，也叫剡浮洲，错了），西方是瞿陀尼洲（过去称作瞿耶尼，也叫劬伽尼，错了），北方是拘卢洲（过去称作郁单越，也叫鸠楼，错了），金轮王的统治区遍及四洲，银轮王的统治区不包括北方的拘卢洲，铜轮王的统治区不包括北方拘卢和西方瞿陀尼两洲，铁轮王只统治着赡部洲。所谓轮王的说法，就是在他们将要登极称帝的时候，受到福德的感应，有巨大的轮宝从天空中飘来加以呼应，由于感应的轮宝有金、银、铜、铁的不同，相应的统治范围也会有四、三、二、一洲的数量差距，根据事先表现出的祥瑞，确定了诸王的称号。

在赡部洲的中央，就是阿那婆答多池（大唐称为无热恼。过去称作阿耨达池，错了）。它位于香山以南，大雪山以北，方圆八百里。湖边装饰着金、银、琉璃、水晶。岸边金色的沙滩一望无际，湖水清澈，皎洁如镜。八地菩萨以虔诚誓愿的缘故，化身为龙王，潜入湖中居住。湖中流出的水清澈冰凉，供给整个赡部洲。所以，湖东面的银牛口流出的是殑伽河（过去称作恒河，也叫恒伽，错了），绕湖一周，流入东南方的大海；湖南面的金象口流出的是信度河（过去称作辛头河，错了），绕湖一周，流入西南方的大海；湖西面的琉璃马口流出的是缚刍河（过去称作博叉河，错了），绕湖一周，流入西北方的大海；湖北面的水晶狮子口流出的是徙多河（过去称作私陀河，错了），绕湖一周，流入东北方的大海，还有人说它流入地下潜行，从积石山流出，也就是说徙多河的河水，成为中国黄河的源头。

时无轮王应运，赡部洲地有四主焉。南象主则暑湿宜象，西宝主乃临海盈宝，北马主寒劲宜马，东人主和畅多人。故象主之国躁烈笃学，特闲异术，服则横巾右袒，首则中髻四垂，族类邑居①，室宇重阁。宝主之乡②，无礼义，重财贿，短制左衽，断发长髭，有城郭之居，务殖货之利。马主之俗③，天资犷暴，情忍杀戮，毳帐穹庐，鸟居逐牧。人主之地，风俗机惠，仁义照明，冠带右衽，车服有序，安土重迁，务资有类。三主之俗，东方为上④，其居室则东辟其户，旦日则东向以拜。人主之地，南面为尊。方俗殊风，斯其大概。至于君臣上下之礼，宪章文轨之仪，人主之地，无以加也。清心释累⑤之训，出离生死⑥之教，象主之国，其理优矣。斯皆著之经诰，问诸土俗，博关今古，详考见闻。然则佛兴西方，法流东国，通译音讹，方言语谬，音讹则义失，语谬则理乖。故曰："必也正名乎⑦。"贵无乖谬矣。

[注释]

①族类邑居：按种姓分类聚居。 ②宝主之乡：说的是拂菻（大秦）的特征。 ③马主之俗：指突厥和其他游牧民族。 ④东方为上：尚东的习俗，以东方为尊贵，作为前方。 ⑤清心释累：不空不有，虚实两忘。出自《后汉书·西域传论》："详其清心释累之训，空有兼遣之宗，道书之流也。" ⑥出离生死：达到不生不死，入于涅槃。 ⑦必也正名乎：出自《论语·子路》。

[译文]

　　在没有轮王上承天命降生世间的时候，赡部洲有四大君主。南方象主的统治区暑热潮湿，适宜大象生存。西方宝主的统治区濒临大海，盛产珍宝。北方马主的统治区寒风强劲，适宜马匹畜牧。东方人主的统治区气候温和，人口繁多。所以，象主国家的人民性情暴烈却热爱学习，尤其擅长奇门异术；他们的服饰是横披巾布，裸露右臂，头顶扎着发髻，头发四面下垂；根据族姓的不同分别居住，房屋建筑为多层楼阁。宝主国家的人民不讲礼义，重视金钱；身穿短装，衣襟左开，剪短头发，留长胡子；居住在城郭里，从事商业牟利。马主国家的人民天生犷野粗暴，性情残忍，喜好杀戮；住在毡帐穹庐之中，居无定所，四处游牧。人主国家的人民机敏聪慧，讲求仁义，光明磊落；戴冠系带，衣襟朝右，车辆服饰，等级森严，安居本土，不愿迁徙，有的人一心聚集财货。北、西、南三个地方的风俗都以东方为上方，房间的门向东敞开，日出时分向东叩拜。人主地方以南方为尊。地方不同，风俗各异，这是总的表现。至于君臣上下的礼仪，典章制度的规定，没有能超越人主之国的完善。内心清静，排忧解烦的训示，脱离生死轮回的道理，象主之国的理论最为卓越。这都是根据经典记载，又询问了当地土著，广泛涉猎古今，详细考察见闻的结果。然则佛法自西方兴起，后又流传到东方，译音难免出现差错，方言也有出入，译音差错导致含义失误，语言错误最终背离原意。所以孔子说："必须先正名。"重要的是不要出现荒谬反常的地方。

夫人有刚柔异性，言音不同，斯则系风土之气，亦习俗之致也。若其山川物产之异，风俗性类之差，则人主之地，国史详焉；马主之俗，宝主之乡，史诰备载，可略言矣。至于象主之国，前古未详，或书地多暑湿，或载俗好仁慈，颇存方志，莫能详举，岂道有行藏①之致，固世有推移②之运乎？是知候律③以归化，饮泽④而来宾，越重险而款玉门，贡方奇而拜绛阙⑤者，盖难得而言焉。由是之故，访道远游，请益之隙，存记风土。黑岭⑥已来，莫非胡俗⑦。虽戎人同贯，而族类群分，画界封疆，大率土著。建城郭，务殖田畜，性重财贿，俗轻仁义；嫁娶无礼，尊卑无次；妇言是用，男位居下。死则焚骸，丧期无数；剺面截耳⑧，断发裂裳，屠杀群畜，祀祭幽魂。吉乃素服，凶则皂衣。同风类俗，略举条贯；异政殊制，随地别叙。印度风俗，语在后记。

[注释]

①行藏：行道及隐退。　②推移：转变、更易。　③候律：比喻中国

的声教和王化。　④饮泽：深沐大唐的恩德。　⑤绛阙：指宫阙。　⑥黑岭：指兴都库什山脉。　⑦胡俗：泛指一切非汉族的风俗。　⑧劙（lí）面截耳：这是普遍存在于世界各民族中的一个丧俗。用刀割破脸，划破耳朵，有表明坚定意志、发誓等作用。劙，割、划开。

[译文]

　　人有刚强、柔弱的个性差异，语言发音也不相同，这与水土气候有关，也是习俗导致的结果。说到山川物产的不同，风俗习性的差异，对于人主的国家来说，已经详细记载在本国史书上了；马主国家的习俗，宝主国家的乡情，史书典籍里也是记载周详，就可以省略不说了。至于象主国家的情况，古代没有详细记载，有的说那里多数暑热潮湿，也有的说他们的风俗喜好仁慈，都存在于方志里面，无法详细列举，难道说是国运有时昌盛、有时不济所导致的吗？本来气运就常常变化不定，由此可知，仰慕声教，归化中国，沐浴皇恩，前来宾服，越过重重险阻来到玉门关臣服，进贡奇异物品拜倒在阙庭之下的域外人士，也很少提及那里的情况。正是由于这样的原因，我访求佛法，远行各国，利用学习的空闲，记下了当地的风土人情。黑岭以东，都是胡人的风俗。虽然胡人种族相同，但分作不同的部族集团，各自划定疆界独立存在，各国居民多是土著。建造城郭，从事农业生产，本性贪图钱财，习俗轻视仁义；婚嫁不讲究礼仪，尊卑上下混乱无序；一切听从妇女的意见，男人的地位却低下。人死火葬，守丧时间没有定数，划破脸颊，割断耳朵，截取头发，撕破衣裳，宰杀牲畜，祭祀鬼魂。有喜事穿白色衣服，有丧事穿黑色衣服。在此只简略地列举相似的风俗习惯，各式各样的政治制度，在具体谈及该国时另外加以叙述。印度的风俗记在下面。

大唐西域记卷第一 (三十四国)

三藏法师玄奘奉诏 译
大总持寺沙门辩机 撰

阿耆尼国

出高昌故地①，自近者始，曰阿耆尼国②（旧曰焉耆）。

阿耆尼国，东西六百余里，南北四百余里。国大都城周六七里。四面据山，道险易守。泉流交带，引水为田。土宜穈、黍、宿麦、香枣、蒲萄、梨、柰诸果。气序和畅，风俗质直。文字取则印度，微有增损。服饰毡毼。断发无巾。货用金钱、银钱、小铜钱。王，其国人也，勇而寡略，好自称伐，国无纲纪，法不整肃。伽蓝十余所，僧徒二千余人，习学小乘教说一切有部。经教律仪，既遵印度，诸习学者，即其文而玩③之。戒行律仪，洁清勤励。然食杂三净④，滞于渐教⑤矣。

从此西南行二百余里，逾一小山，越二大河，西得平川，行七百余里，至屈（居勿反）支国（旧曰龟兹）。

[注释]

①高昌故地：高昌为西域古国，辖境约为今新疆维吾尔自治区吐鲁番盆地。　②阿耆（qí）尼国：又称乌耆、焉耆。故址在今新疆维吾尔自治区焉耆回族自治区县西南约20千米的城子镇附近。　③玩：意思是研习。　④三净：就是三种净肉，是小乘佛教允许食用的肉类。以"不见、不闻、不疑"为三净。　⑤渐教：指小乘佛教。

[译文]

离开过去的高昌国国境,首先叙述距离它最近的国家,即阿耆尼国(以前称作焉耆)。

阿耆尼国的幅员东西有六百多里,南北有四百多里。大都城方圆六七里。该国四面环山,道路艰险,容易防守。境内泉水溪流纵横交错,可以引水浇灌农田。当地土质适宜种植糜子、黍子、冬小麦、香枣、葡萄、梨、沙果等各种农作物和水果。气候温和舒适,民风质朴淳厚。使用的文字源自印度,稍加增减而已。服饰用毛料制成。剪短头发,不戴头巾。通用的货币种类有金钱、银钱、小铜钱。国王是本地人,虽然勇敢但缺少谋略,喜欢炫耀自夸,国家缺少纲常法纪,政令也不完整严格。该国有佛寺十多座,僧人二千多人,学习的是小乘佛教说一切有部的教法。佛经教义、戒律仪轨都遵循印度,所有研习佛法的人都根据印度原文探索揣摩。僧侣们严格遵守戒律仪轨,洁身自好,刻苦勤奋。但是允许在食物中夹杂三净肉,因此,还是停留在小乘佛教的粗浅阶段。

从这里向西南方向行进二百多里,翻过一座山,渡过两条大河,往西到达平原,再走七百多里,来到屈支国(以前称作龟兹)。

屈 支 国

屈支国[①],东西千余里,南北六百余里。国大都城周十七八里,宜糜、麦,有粳稻,出蒲萄、石榴,多梨、柰、桃、杏。土产黄金、铜、铁、铅、锡。气序和,风俗质。文字取则印度,粗有改变。管弦伎乐,特善诸国。服饰锦褐,断发巾帽。货用金钱、银钱、小铜钱。王，屈支种也，智谋寡昧，迫于强臣。其俗生子以木押头，欲其匾㔸②也。伽蓝百余所，僧徒五千余人，习学小乘教说一切有部。经教律仪，取则印度，其习读者，即本文矣。尚拘渐教，食杂三净。洁清耽玩，人以功竞。

[注释]

①屈支国：故址在今新疆维吾尔自治区库车县城东约3千米的皮朗旧城。　②匾㔸（tī）：意思是薄或者不圆。本书卷十二佉沙国亦载有此俗。

[译文]

屈支国的幅员东西有一千多里，南北有六百多里。它的大都城方圆有十七八里。土地适宜种植糜子、麦子，还有粳稻，出产葡萄、石榴，盛产梨、沙果、桃、杏。矿产有黄金、铜、铁、铅、锡。气候温和，民风质朴。所用文字源自印度，稍有改变。在管弦乐器、歌舞音乐方面远远超出其他国家。服饰杂用丝、毛织物，剪短头发，头戴巾帽。货币使用金钱、银钱、小铜钱。国王是屈支土著人，才智不高，谋略不足，受制于手下权臣。当地风俗，生了男孩后用木板箍住孩子的头，想要孩子的头型变得扁薄不圆。有一百多座佛寺，僧人五千多名，研习的是小乘佛教说一切有部的教法。佛经教义、戒律仪轨都遵循印度，所研读的都是印度原文经典。停滞在小乘佛教的阶段，在食物中夹杂三净肉。僧侣们都洁身自好，钻研佛典，人人以修行的水平高低相比较。

一、大龙池及金花王

国东境城北天祠①前，有大龙池。诸龙易形，交合牝马，遂生龙驹，㦬戾②难驭。龙驹之子，方乃驯驾，所以此国多出善马。闻诸先志曰：近代有王，号曰金花，政教明察，感龙驭乘。王欲终没，鞭触其耳，因即潜隐，以至于今。城中无井，取彼池水。龙变为人，与诸妇会，生子骁勇，走及奔马；如是渐染，人皆龙种，恃力作威，不恭王命。王乃引构突厥，杀此城人，少长俱戮，略无噍类③。城今荒芜，人烟断绝。

[注释]

①天祠：非佛教的寺院。　②儱（lǒng）戾：暴戾凶恶，难以调伏。
③噍（jiào）类：指活着的或活下来的人。

[译文]

屈支国的东部有一座城，城北的天祠前面有一个大龙池。池中居住的龙经常改变外形，与雌马交配，生下龙驹，龙驹生性暴躁，很难驯服。到了龙驹的下一代，才能驯养驾驭，这是该国盛产良马的原因。听这里的年长者说：近代有位国王，号称金花王，执政清正廉明，池中的龙受到感动，甘愿为他驾车。国王临死之前，用鞭子触碰了龙的耳朵，龙随即潜入池中隐藏了起来，到现在再也没有出现。这座城里没有水井，居民必须汲取池水使用。于是，龙就变成人形，和妇女们幽会。生下的儿子勇敢剽悍，奔跑迅速，赶得上驰骋的骏马；这样龙的血统逐渐扩散，当地人都成了龙的后代，他们依仗自己超凡的体力，施展威风，拒不服从国王的号令。国王因此勾结突厥人前来，屠杀当地人，不分老幼，一概杀死，少长俱戮，不留活口。该城如今荒废，渺无人烟。

二、昭怙厘二伽蓝

荒城北四十余里，接山阿，隔一河水，有二伽蓝，同名昭怙厘^①，而东西随称。佛像庄饰，殆越人工。僧徒清肃，诚为勤励。东昭怙厘佛堂中有玉石，面广二尺余，色带黄白，状如海蛤。其上有佛足履之迹，长尺有八寸，广余六寸矣。或有斋日，照烛光明。

[注释]

①昭怙（hù）厘：寺院名，遗址在今新疆维吾尔自治区库车县以北约20千米的苏巴什地方铜厂河两岸。

[译文]

在这座废城北方四十多里，和山凹相连接的地方，隔着一条河，有两座佛寺，都叫昭怙厘，位置东西相对。寺内的佛像装饰极其精美，几乎超越了人世间技艺的极限。寺里的僧人清净严肃，称得上勤勉自律，尽心事佛。东昭怙厘寺的佛堂里有一块玉石，表面有二尺多宽，色泽黄白，形状如同海蛤。在它上面有佛足踏过的印记，长一尺八寸，宽六寸多。如果遇到斋日，玉石便发出明亮的光芒。

三、大会场

大城西门外，路左右各有立佛像，高九十余尺。于此像前，建五年一大会^①处。每岁秋分数十日间，举国僧徒皆来会集。上自君王，下至士庶。捐废俗务，奉持斋戒，受经听法，渴日忘疲。诸僧伽蓝庄严佛像，莹以珍宝，饰之锦绮，载诸辇舆，谓之行像，动以千数，云集会所。常以月十五日、晦日，国王大臣谋议国事，访及高僧，然后宣布。

[注释]

①五年一大会：即无遮大会。

[译文]

大都城西门以外的道路两侧，塑造了佛的立像，高度有九十多尺。在这些佛像的前面，设立了五年一次无遮大会的会场。每年秋分前后的几十天中，全国的僧人都汇聚在这里。上自国君，下至士人百姓。全都抛开世俗事务，沐浴更衣，虔诚持斋，聆听高僧讲经说法，天天如此，忘记疲劳。各个寺院都要重新装饰佛像，佛像上挂着奇珍异宝，披着锦绣罗绮，安放在车上游行，这一仪式被称为行像，车载的佛像，数以千计，聚集在会场上。通常在每月的十五日和最后一天，国王与大臣商讨国家大事，在征求了有道高僧的意见后，再公开宣布施行。

四、阿奢理贰伽蓝及其传说

会场西北渡河，至阿奢理贰伽蓝①（唐言奇特）。庭宇显敞，佛像工饰。僧徒肃穆，精勤匪怠，并是耆艾宿德，硕学高才，远方俊彦，慕义至止。国王、大臣、士庶、豪右，四事供养，久而弥敬。闻诸先志曰：昔此国先王，崇敬三宝，将欲游方，观礼圣迹，乃命母弟，摄知留事。其弟受命，窃自割势，防未萌也。封之金函，持以上王。王曰："斯何谓也？"对曰："回驾之日，乃可开发。"即付执事，随军掌护。王之还也，果有构祸者，曰："王令监国，淫乱中宫。"王闻震怒，欲置严刑。弟曰："不敢逃责，愿开金函。"王遂发而视之，乃断势也。曰："斯何异物？欲何发明？"对曰："王昔游方，命知留事，惧有逸祸，割势自明。今果有征，愿垂照览。"王深惊异,情爱弥隆,出入后庭,无所禁碍。王弟于后,行遇一夫,拥五百牛,欲事刑腐。见而惟念,引类增怀:"我今形亏,岂非宿业?"即以财宝,赎此群牛。以慈善力,男形渐具。以形具故,遂不入宫。王怪而问之,乃陈其始末。王以为奇特也,遂建伽蓝,式旌美迹,传芳后叶。

从此西行六百余里,经小沙碛[②],至跋禄迦国(旧谓姑墨,又曰亟默)。

[注释]

①阿奢理贰伽蓝:故址在今新疆维吾尔自治区库车县西库木吐拉村北的千佛洞。 ②沙碛(qì):沙漠,沙洲。

[译文]

从大会场西北方向渡河,就到了阿奢理贰寺(大唐称为奇特)。庭院佛堂明亮宽敞,佛像精巧绝伦。僧人严肃认真,勤奋不懈,都是年长有德、博学多才的人物,吸引了远方的杰出人士仰慕不已,前来受教。国王、大臣、士大夫、老百姓、豪门大族对他们奉上饮食、服装、卧具、药品的供养,虔敬之心,与日俱增。听年长者说:以前,这个国家的已故国王尊奉佛教,想云游四方,瞻仰礼拜佛祖圣迹,就命令自己的同胞弟弟,代替他管理国事。他弟弟接受了委托,暗地里把自己阉割了,为的是谗言祸起之前预先防范。他把割下的器官用金盒封好,拿着盒子交给了王兄。国王说:"这是什么意思?"王弟回答说:"陛下回驾的时候,请先打开盒子看看。"国王随即将盒子交给了管事的官员,命他随军掌管保护。国王回来的时候,果然有造谣的人陷害王弟,说:"国王命令王弟监国,他却淫乱内宫。"国王听了大怒,要将王弟处以极刑。王弟说:"我不敢逃避罪责，只是希望您先打开金盒看看。"国王打开盒子一看，是被切断的阴茎。国王说道："这是什么怪物？你想说明什么？"王弟回答说："王兄当初游方之前，命我摄政，我害怕日后有人进谗言加害，事先自行阉割以表清白。今天果然应验了我的担心，还望陛下明察秋毫。"国王极度震惊，此后兄弟之情更加深厚，王弟任意出入后庭，没有丝毫限制。以后，王弟外出，路上遇到一个男子，赶着五百头牛，准备去骟牛。王弟看见心中思忖，对这些与他有相同遭遇的生灵深感伤怀："我如今身体不全，难道不是前世罪孽造成的吗？"于是他立即支付了财宝，赎买了牛群。正是因为他慈善心产生的力量，王弟的阳具逐渐长出。也正因为重新长了出来，王弟再也不进后宫。国王感到奇怪就问他原因，王弟原原本本告之事情的前因后果。国王认为确是奇事一桩，就建造了佛寺，来表彰这一动人的事迹，希望流芳后世。

从这里往西走六百多里，经过小沙碛，就到了跋禄迦国（过去称作姑墨，又称亟默）。

跋禄迦国

跋禄迦国①东西六百余里，南北三百余里。国大都城周五六里。土宜气序、人性风俗、文字法则同屈支国，语言少异。细毡细褐，邻国所重。伽蓝数十所，僧徒千余人，习学小乘教说一切有部。

[注释]

①跋禄迦国：故址在今新疆维吾尔自治区温宿县。

[译文]

跋禄迦国的疆域东西长六百多里,南北宽三百多里。该国大都城方圆五六里。土壤、气候、人情、风俗、书面文字、法律规章和屈支国相同,语言稍有差异。本地特产细毡、细褐,深受邻近地区珍视。有几十座寺院,一千多名僧人,研习的还是小乘佛教说一切有部的教法。

凌山及大清池

国西北行三百余里,度石碛,至凌山①。此则葱岭北原,水多东流矣。山谷积雪,春夏合冻,虽时消泮,寻复结冰。经途险阻,寒风惨烈。多暴龙②难,凌犯行人。由此路者,不得赭③衣持瓠④,大声叫唤。微有违犯,灾祸目睹。暴风奋发,飞沙雨石,遇者丧没,难以全生。

山行四百余里,至大清池⑤(或名热海,又谓咸海),周千余里,东西长,南北狭。四面负山,众流交凑,色带青黑,味兼咸苦,洪涛浩汗,惊波汩淴⑥。龙鱼杂处,灵怪间起,所以往来行旅,祷以祈福,水族虽多,莫敢渔捕。

[注释]

①凌山:今新疆维吾尔自治区温宿县西北的巴达里山口。 ②暴龙:此处应指大雪崩现象。 ③赭(zhě):红褐色。④瓠(hù):瓠子或者葫芦。 ⑤大清池:今吉尔吉斯斯坦境内伊塞克湖。 ⑥汩(yù)淴(hū):形容水流湍急的样子。

[译文]

由跋禄迦国向西北方行走三百多里,穿越戈壁,就抵达凌山。这里是葱岭的北部，河水大多向东流。山谷常年积雪，春夏季节依旧封冻，虽然偶尔融化，很快又重新冻结。所行经的道路异常艰险，寒风凛冽。经常发生暴龙灾害，严重危害过往的行人。凡是走这条路的人，遵守不能穿红色的衣服、不能携带瓢子或者葫芦、不能大声呼唤的规矩。如果稍稍违犯了规矩，灾祸顿时出现在眼前。狂风大作，飞沙走石，遭遇灾难的人送了性命，很难幸免。

在山中行走四百多里后，来到大清池（也叫热海，或者咸海），方圆一千多里，东西长，南北窄。四面环山，河流汇聚，池水呈现青黑色，味道既咸又苦，波涛浩渺，浪高流急。龙、鱼混杂共处，还有灵怪不时出没，因此过往的行人客旅，都要向它们祈祷，希望得到庇佑赐福，池中水产虽然很多，却没有人敢去捕捞。

素叶水城

清池西北行五百余里，至素叶水城①。城周六七里，诸国商胡杂居也。土宜糜、麦、蒲萄，林树稀疏。气序风寒，人衣毡褐。

素叶以西数十孤城，城皆立长，虽不相禀命，然皆役属突厥。

[注释]

①素叶水城：就是著名的碎叶城，故址在今吉尔吉斯斯坦托克马克城西南约5千米处楚河南岸的阿克·贝希姆。

[译文]

从大清池往西北方走五百多里，到达素叶水城。该城方圆六七里，各国经商的胡人杂居于此。土质适宜种植糜子、麦子和葡萄，树木稀少。气候寒冷多风，居民的衣服用毛毡、毛布制成。

素叶水城以西有几十座城池，相互独立，各有首领，虽然各城之间没有隶属关系，但都被突厥统治。

窣利地区总述

自素叶水城，至羯霜那国①，地名窣利②，人亦谓焉。文字语言，即随称矣。字源简略，本二十余言，转而相生，其流浸广，粗有书记，竖读其文，递相传授，师资无替。服毡褐，衣皮氎③，裳服褊急。齐发露顶，或总剪剃，缯彩络额。形容伟大，志性恇怯，风俗浇讹，多行诡诈，大抵贪求，父子计利，财多为贵，良贱无差。虽富巨万，服食粗弊。力田逐利者杂半矣。

[注释]

①羯霜那国：位于今乌兹别克斯坦东部撒马尔罕西南约 75 千米处的沙赫里－夏勃兹。 ②窣（sū）利：也就是粟特。其范围大致处于阿姆河与锡尔河之间的地区，还被称为河中。 ③氎（dié）：细毛布。

[译文]

从素叶水城到羯霜那国之间的地区，名叫窣利，这里的居民也被称为窣利人。他们所使用的文字语言也以窣利为名。窣利文的字母很简单，只有二十几个，字母排列组合，衍生增加，所产生的词汇越来越多，也使用文字记录，文字的顺序是竖行排列，文字知识由师徒依次传授，一脉相承。衣服用毛毡、粗毛布、毛皮以及细毛布制成，上衣裤子都是束身的款式。头发剪得又短又齐，露出头顶，或者完全剃光，前额用彩色丝带加以装饰。窣利人身材高大但是秉性怯懦，人情淡漠，行为诡诈，大多数人贪图财物，父子之间也要计较利益，有钱人地位尊贵，不讲究门第高低。虽然家财万贯，但吃穿都很简单粗陋。农民和商人在居民中比例各占一半的样子。

千泉

素叶城西行四百余里，至千泉①。千泉者，地方二百余里，南面雪山②，三陲平陆。水土沃润，林树扶疏，暮春之月，杂花若绮。泉池千所，故以名焉。突厥可汗每来避暑。中有群鹿，多饰铃环，驯狎于人，不甚惊走。可汗爱赏，下命群属，敢加杀害，有诛无赦。故此群鹿，得终其寿。

[注释]

①千泉：又名屏聿。故址在今吉尔吉斯斯坦北部比什凯克以西约120千米处吉尔吉斯山脉北麓、库腊加特河上游一带，既是东西交通要冲，又是避暑胜地。　②雪山：这里的雪山指吉尔吉斯山脉。

[译文]

素叶水城向西，走四百多里，就到了千泉。千泉地区方圆二百多里，南面有大雪山，其余三面都是平原。水源充沛，土地肥沃，树木繁茂，晚春时节，繁花似锦。有一千多眼泉水池沼，所以地名叫千泉。突厥可汗经常前来避暑。这里驯养着鹿群，身上佩戴着铃铛、环饰，非常温顺，喜欢和人接近，不会受惊逃跑。可汗喜爱鹿群，命令属下，有敢杀鹿者，定斩不饶。于是千泉的鹿群，能够寿终正寝，自然死亡。

呾逻私城

千泉西行百四五十里,至呾逻私城①。城周八九里,诸国商胡杂居也。土宜气序,大同素叶。

[注释]

①呾(dá)逻私城:故址在今哈萨克斯坦江布尔古城。

[译文]

由千泉出发,向西走一百四五十里,到达呾逻私城。该城方圆八九里,各国经商的胡人杂居于此。土壤、物产、风俗、气候,与素叶水城大体一致。

小孤城

南行十余里,有小孤城,三百余户,本中国人也,昔为突厥所掠,后遂鸠集同国,共保此城,于中宅居。衣服去就,遂同突厥;言辞仪范,犹存本国。

[译文]

呾逻私城向南走十多里,有座小孤城,城中居民三百多户,原本是中原汉人,以前被突厥掳掠来到此处,后来就召集同胞,共同占据此城,建造房屋,安居于此。他们的服饰举止,已经和突厥相同;但是言语谈吐、礼仪风范,仍然保留着中原的特点。

白水城　恭御城

从此西南行二百余里,至白水城①。城周六七里。土地所产,风气所宜,逾胜呾逻私。

西南行二百余里,至恭御城②。城周五六里。原隰③膏腴,树林蓊郁。

从此南行四五十里,至笯(奴故反)赤建国。

[注释]

①白水城:故址在今哈萨克斯坦南部奇姆肯特以东约15千米处。②恭御城:研究者认为恭御城的名字以突厥语来看,就是泉城,实际上就是白水城。今存疑。　③原隰(xí):地势低湿的平原,也泛指原野。

[译文]

从这里向西南走二百多里,到达白水城。该城方圆六七里。土地的出产,气候条件都要比呾逻私优越。

向西南走二百多里,到达恭御城。该城方圆五六里。原野沼泽都非常肥沃,森林密布,郁郁葱葱。

从这里向南走四五十里,就到了笯赤建国。

笯赤建国

笯赤建国①,周千余里。地沃壤,备稼穑②,草木郁茂,花果繁盛,多蒲萄,亦所贵也。城邑百数,各别君长,进止往来,不相禀命。虽则画野区分，总称笯赤建国。

从此西行二百余里，至赭时国（唐言石国）。

[注释]

①笯（nú）赤建国：故址在今哈萨克斯坦南部奇姆肯特。　②稼穑（sè）：农事的总称。稼，耕种。穑，收获。

[译文]

笯赤建国方圆一千多里。土地肥壤，农业完备，草木茂盛，花果繁多，虽然葡萄较多，仍很珍贵。城池有一百多座，各有各的首领，虽然各城之间互动频繁，但没有隶属关系。尽管各城之间划定了边界，但总的名称仍叫笯赤建国。

从这里向西走二百多里，抵达赭时国（大唐称为石国）。

赭 时 国

赭时国①，周千余里。西临叶河②，东西狭，南北长。土宜气序，同笯赤建国。城邑数十，各别君长，既无总主，役属突厥。

从此东南千余里，至怖（敷发反）捍国。

[注释]

①赭（zhě）时国：故址在今乌兹别克斯坦的塔什干附近。　②叶河：今锡尔河。

[译文]

赭时国方圆一千多里。西界濒临叶河,国土东西窄,南北长。土壤物产、气候状况,与笯赤建国相同。有几十座城池,各有自己的首领,没有共同的君主,隶属于突厥。

从这里向东南走一千多里,抵达怖捍国。

怖捍国

怖捍国①,周四千余里,山周四境。土地膏腴,稼穑滋盛,多花果,宜羊马。气序风寒,人性刚勇,语异诸国,形貌丑弊。自数十年,无大君长,酋豪力竞,不相宾伏,依川据险,画野分都。

从此西行千余里,至窣堵利瑟那国。

[注释]

①怖(pèi)捍国:故址在今中亚的费尔干纳盆地。

[译文]

怖捍国方圆有四千多里,四周群山环绕。土地肥沃,农作物茁壮成长,花果众多,适宜放羊牧马。气候风大寒冷,居民性格坚毅勇敢,语言和各国都不一样,形体面貌丑陋。几十年来,都没有强大的君主,地方豪强争雄,互不臣服,依据河流和山川险要,来划分疆土,霸占城池。

从这里向西走一千多里,到达窣堵利瑟那国。

窣堵利瑟那国

窣堵利瑟那国①,周千四五百里。东临叶河。叶河出葱岭北原,西北而流,浩汗浑浊,汩淴漂急。土宜风俗,同赭时国。自有王,附突厥。

[注释]

①窣堵利瑟那国:故址在今塔吉克斯坦西北部乌拉秋别西南约35千米处的沙赫里斯坦。

[译文]

窣堵利瑟那国方圆一千四五百里。东界濒临叶河。叶河发源于葱岭北端,河向西北方流淌,河水浩荡,浑浊不堪,水流迅疾。土壤气候、风俗习惯,与赭时国相同。有自己的国王,但依附于突厥。

大沙碛

从此西北入大沙碛,绝无水草。途路弥漫,疆境难测,望大山,寻遗骨,以知所指,以记经途。行五百余里,至飒秣建国(唐言康国)。

[译文]

从这里西北行,进入大沙漠,完全没有水源和植物。路途所经一望无际，四方疆界难以确定，只能遥望高山，寻觅死去旅行者的遗骨，才能知道方向，辨别道路。走五百多里，到达飒秣建国（大唐称为康国）。

飒秣建国

飒秣建国[①]，周千六七百里，东西长，南北狭。国大都城周二十余里，极险固，多居人。异方宝货，多聚此国。土地沃壤，稼穑备植，林树蓊郁，花果滋茂，多出善马。机巧之技，特工诸国。气序和畅，风俗猛烈。凡诸胡国，此为其中。进止威仪，近远取则。其王豪勇，邻国承命。兵马强盛，多诸赭羯[②]。赭羯之人，其性勇烈，视死如归，战无前敌。

从此东南至弭秣贺国（唐言米国）。

[注释]

①飒秣建国：故址在今乌兹别克斯坦撒马尔罕以北约3.5千米处的阿佛拉西亚布。　②赭羯：意思是战士、卫士。这里可能指的是外族雇佣兵。

[译文]

飒秣建国方圆一千六七百里，东西长，南北窄。该国大都城方圆有二十多里，地势险要，防守坚固，居民众多。来自各地的奇珍异宝，都汇集在此交易。土地肥沃，农业发达，树木繁密苍翠，鲜花盛开，水果丰富，出产大量好马。手工业水平高，工艺超过各国。气候温暖舒适，风俗刚强暴烈。周边所有胡人国家都把飒秣建作为中心。它的社会体制、行为规范，成为远近各国效法的对象。它的国王豪迈勇武，邻国都臣服听命。该国兵强马壮，招募的赭羯众多。赭羯战士本性勇武刚烈，视死如归，所向无敌。

从这里往东南，就是弭秣贺国（大唐称为米国）。

弭秣贺至货利习弥伽七国

弭秣贺国①，周四五百里。据川中，东西狭，南北长，土宜风俗，同飒秣建国。从此北至劫布呾那国（唐言曹国）。

劫布呾那国②，周千四五百里，东西长，南北狭。土宜风俗，同飒秣建国。从此国西三百余里，至屈（居勿反）霜（去声）你迦国（唐言何国）。

屈霜你迦国③，周千四五百里，东西狭，南北长。土宜风俗，同飒秣建国。从此国西二百余里，至喝捍国（唐言东安国）。

喝捍国④，周千余里。土宜风俗，同飒秣建国。从此国西四百余里，至捕喝国（唐言中安国）。

捕喝国⑤，周千六七百里，东西长，南北狭。土宜风俗，同飒秣建国。从此国西四百余里，至伐地国（唐言西安国）。

伐地国⑥，周四百余里。土宜风俗，同飒秣建国。从此西南五百余里，至货利习弥伽国。

货利习弥伽国⑦，顺缚刍河两岸，东西二三十里，南北五百余里。土宜风俗，同伐地国，语言少异。

从飒秣建国西南行三百余里，至羯霜（去声）那国（唐言史国）。

[注释]

①弭秣贺国：故址在今撒马尔罕西南。　②劫布呾那国：故址在今距撒马尔罕约10千米处的泽拉夫善河北岸。　③屈霜你迦国：故址在今撒马尔罕西北约100千米处。　④喝捍国：故址在今泽拉夫善河北岸。　⑤捕喝国：故址在今乌兹别克斯坦布哈拉。　⑥伐地国：故址在今乌兹别克斯坦布哈拉西南阿姆河右岸。　⑦货利习弥伽国：故址在今中亚阿姆河下游两岸。

[译文]

弭秣贺国方圆四五百里。坐落在山谷之中，东西窄，南北长，土壤物产、风俗习惯，与飒秣建国相同。从弭秣贺国向北，到达劫布呾那国（大唐称为曹国）。

劫布呾那国方圆一千四五百里，东西长，南北窄。土壤物产、风俗习惯，与飒秣建国相同。从劫布呾那国向西三百多里，到达屈霜你迦国（大唐称为何国）。

屈霜你迦国方圆一千四五百里，东西窄，南北长。土壤物产、风俗习惯，与飒秣建国相同。从屈霜你迦国向西二百多里，到达喝捍国（大唐称为东安国）。

喝捍国方圆一千多里。土壤物产、风俗习惯，与飒秣建国相同。从喝捍国向西四百多里，到达捕喝国（大唐称为中安国）。

捕喝国方圆一千六七百里，东西长，南北窄。土壤物产、风俗习惯，与飒秣建国相同。从捕喝国向西四百多里，到达伐地国（大唐称为西安国)。

伐地国方圆四百多里。土壤物产、风俗习惯，与飒秣建国相同。从伐地国向西南走五百多里，到达货利习弥伽国。

货利习弥伽国的疆域沿着缚刍河两岸分布，东西长二三十里，南北宽五百多里。土壤物产、风俗习惯，与伐地国相同，语言稍有差异。

从飒秣建国向西南走三百多里，到达羯霜那国（大唐称为史国）。

羯霜那国

羯霜那国[①]，周千四五百里。土宜风俗，同飒秣建国。

从此西南行二百余里，入山。山路崎岖，溪径危险，既绝人里，又少水草。东南山行三百余里，入铁门[②]。

[注释]

①羯霜那国：故址在今撒马尔罕西南。　②铁门：古代著名隘口。故址在今乌兹别克斯坦南部达尔本特西约13千米处。

[译文]

羯霜那国方圆一千四五百里。土壤物产、风俗习惯，与飒秣建国相同。

从羯霜那国向西南走二百多里，进入山区。山路崎岖，山间小路危险难行，既没有人烟，又缺少水源草树。在山里向东南方向走三百多里，进入铁门。

铁门

铁门者，左右带山，山极峭峻，虽有狭径，加之险阻，两傍石壁，其色如铁。既设门扉，又以铁锔①，多有铁铃，悬诸户扇，因其险固，遂以为名。

[注释]

①锔（jú）：用铜、铁等制成的两头有钩，可以连合器物裂缝的方法。

[译文]

铁门两侧都是山崖，山势极为险峻，虽然有这条羊肠小道，但是行走非常困难，小道两旁石壁高耸，颜色像铁一般青黑。山口建有大门，又用铁锔加固，还有很多铁质的铃铛，悬挂在大门上，由于这里地势险要坚固，就用"铁门"作为名称。

睹货逻国故地

出铁门，至睹货逻国（旧曰吐火罗国，讹也）故地①。南北千余里，东西三千余里。东厄葱岭，西接波剌斯②，南大雪山，北据铁门，缚刍大河中境西流。自数百年，王族绝嗣，酋豪力竞，各擅君长，依川据险，分为二十七国。虽画野区分，总役属突厥。气序既温，疾疫亦众。冬末春初，霖雨相继。故此境已南，滥波③已北，其国风土，并多温疾。而诸僧徒以十二月十六日入安居④，三月十五日解安居，斯乃据其多雨，亦是设教随时也。其俗则志性恇怯，容貌鄙陋，粗知信义，不甚欺诈。语言去就，稍异诸国。字源二十五言，转而相生，用之备物，书以横读，自左向右，文记渐多，逾广窣利。多衣氎，少服褐。货用金、银等钱，模样异于诸国。

顺缚刍河北下流至呾蜜国。

[注释]

①睹货逻国故地：大致相当于今塔吉克斯坦西部和阿富汗东北部的阿姆河两岸一带。　②波剌斯：即波斯，大致相当于今伊朗的范围。　③滥波：故址在今阿富汗喀布尔与印度北境之间的拉古蒙。　④安居：佛教所承袭的婆罗门教惯例，即每年雨季的三个月禁止僧尼外出，避免伤害草木昆虫，在寺内坐禅修行，接受供养，称为安居期。

[译文]

走出铁门后，到达睹货逻国（过去称为吐火罗国，错了）境内。该地区南北长一千多里，东西宽三千多里。东面连接葱岭，西部和波剌斯接壤，南面是大雪山，北面背靠铁门，缚刍大河横贯其中，向西流淌。几百年来，原来的王族已经没有了后代继承王位，所以地方首领豪强纷纷崛起，各自称孤道寡，依据河流和山脉的险阻为界，划分为二十七个国家。虽然都有自己的疆域领土，但全部隶属于突厥。由于气候温暖湿热，所以疾病增多。冬末春初的时节，雨水不断。因此在这一地区以南，直到滥波以北，整个睹货逻地方疾病流行。当地的僧人在每年十二月十六日开始进入安居期，三月十五日解安居，这主要是根据当地雨季的时间，因地制宜变通了教规。本地居民向来怯懦胆小，长相丑陋，懂得一点信义，不是非常欺骗诡诈。他们的语言行为举止，与其他国家略有不同。他们的文字有二十五个字母，辗转结合，不断衍生，用来表述记载一切事物，书写方式是从左到右，横向排列，文字的使用更加普遍，远远超过窣利地区。这里的人多数穿着棉布衣服，少部分穿毛布衣。货币使用金、银铸成的钱，钱币式样和其他国家大不相同。

沿着缚刍河北岸顺流而下，到达呾蜜国。

呾蜜至忽懔十一国

呾蜜国①，东西六百余里，南北四百余里。国大都城周二十余里。东西长，南北狭。伽蓝十余所，僧徒千余人，诸窣堵波②（即旧所谓浮图也。又曰鍮婆，又曰塔婆，又曰私鍮簸，又曰薮斗波，皆讹也）及佛尊像，多神异，有灵鉴。东至赤鄂衍那国。

赤鄂衍那国③，东西四百余里，南北五百余里。国大都城周十余里。伽蓝五所，僧徒鲜少。东至忽露摩国。

忽露摩国④，东西百余里，南北三百余里。国大都城周十余里。其王奕素突厥也。伽蓝二所，僧徒百余人。东至愉（朔俱反）漫国。

愉漫国⑤，东西四百余里，南北百余里。国大都城周十六七里。其王奕素突厥也。伽蓝二所，僧徒寡少。西南临缚刍河，至鞠和衍那国。

鞠和衍那国⑥，东西二百余里，南北三百余里。国大都城周十余里。伽蓝三所，僧徒百余人。东至镬沙国。

镬沙国⑦，东西三百余里，南北五百余里。国大都城周十六七里。东至珂咄罗国。

珂咄罗国⑧，东西千余里，南北千余里。国大都城周二十余里。东接葱岭，至拘谜（莫闭反）陀国。

拘谜陀国⑨，东西二千余里，南北二百余里，据大葱岭中。国大都城周二十余里。西南邻缚刍河，南接尸弃尼国。南渡缚刍河，至达摩悉铁帝国、钵铎创那国、淫薄健国、屈浪拿国、呬（火利反）摩呾罗国、钵利曷国、讫栗瑟摩国、曷逻胡国、阿利尼国、瞢健国，自活国东南至阔悉多国、安呾逻缚国，事在回记。⑩活国西南至缚伽浪国。

缚伽浪国⑪，东西五十余里，南北二百余里。国大都城周十余里。南至纥露悉泯健国。

纥露悉泯健国⑫，周千余里。国大都城周十四五里。西北至忽懔国。

忽懔国⑬，周八百余里。国大都城周五六里。伽蓝十余所，僧徒五百余人。西至缚喝国。

[注释]

①呾蜜国：故址在今乌兹别克斯坦南部阿姆河北岸的铁尔梅兹南。②窣堵波：即佛塔。　③赤鄂衍那国：故址在今乌兹别克斯坦南部捷尔梅兹东北的迷瑙，意为新村。　④忽露摩国：故址在今塔吉克斯坦杜尚别略西。　⑤愉漫国：故址在今塔吉克斯坦杜尚别附近。　⑥鞠和衍那国：故址在今塔吉克斯坦西部卡菲尼甘河下游西岸的卡巴第安。　⑦镬沙国：故址在今塔吉克斯坦西部瓦赫什河下游东岸库尔干秋别附近。　⑧珂咄罗国：故址在今塔吉克斯坦西部库尔干秋别东北的库利亚布。　⑨拘谜陀

国:故址在今塔吉克斯坦西部瓦赫什河上游苏尔霍勃河流域一带。 ⑩尸弃尼到安呾逻缚等十四国,在本书卷十二中有记载。 ⑪缚伽浪国:故址在今阿富汗东北部昆都士以南的巴格兰。 ⑫纥露悉泯健国:故址在今阿富汗巴格兰以西的艾巴克。 ⑬忽懔国:故址在今阿富汗艾巴克以北的塔什库尔干略北。

[译文]

呾蜜国,东西长六百多里,南北宽四百多里。该国大都城方圆二十多里。该国东西长,南北窄。境内有十多座寺院,僧人一千多人,各地的窣堵波(就是以前所称的浮图。又叫鍮婆、塔婆、私鍮簸、薮斗波,都错了)和佛祖的塑像很多表现出神异的景象,非常灵验。向东到达赤鄂衍那国。

赤鄂衍那国,东西长四百多里,南北宽五百多里。该国大都城方圆十多里。境内有五座寺院,僧人很少。向东到达忽露摩国。

忽露摩国,东西长一百多里,南北宽三百多里。该国大都城方圆十多里。他们的国王是奚素突厥人。境内有两座寺院,僧人一百多人。向东到达愉漫国。

愉漫国,东西长四百多里,南北宽一百多里。该国大都城方圆十六七里。他们的国王是奚素突厥人。境内有两座寺院,僧人极少。向西南方向走到缚刍河边,就到了鞠和衍那国。

鞠和衍那国,东西长二百多里,南北宽三百多里。该国大都城方圆十多里。境内有三座寺院,僧人一百多人。向东到达镬沙国。

镬沙国,东西长三百多里,南北宽五百多里。该国大都城方圆十六七里。向东到达珂咄罗国。

珂咄罗国,东西长一千多里,南北宽一千多里。该国大都城方圆二十多里。东面连接葱岭，到达拘谜陀国。

拘谜陀国，东西长二千多里，南北宽二百多里，全部处于葱岭山区之中。该国大都城方圆二十多里。该国西南濒临缚刍河，南面与尸弃尼国接壤。往南渡过缚刍河，就到了达摩悉铁帝国、钵铎创那国、淫薄健国、屈浪拿国、呬摩呾罗国、钵利曷国、讫栗瑟摩国、曷逻胡国、阿利尼国、瞢健国等国家，从活国向东南方向行走，到达阔悉多国、安呾逻缚国，这些国家的情况记录在归途部分。自活国向西南方向行走，到达缚伽浪国。

缚伽浪国，东西长五十多里，南北宽二百多里。该国大都城方圆十多里。从此向南行，到达纥露悉泯健国。

纥露悉泯健国方圆一千多里。该国大都城方圆十四五里。由此向西北行，到达忽懔国。

忽懔国方圆八百多里。该国大都城方圆五六里。境内有十多座寺院，僧人有五百多人。由此向西，到达缚喝国。

缚 喝 国

缚喝国①，东西八百余里，南北四百余里，北临缚刍河。国大都城周二十余里，人皆谓之小王舍城也。其城虽固，居人甚少。土地所产，物类尤多，水陆诸花，难以备举。伽蓝百有余所，僧徒三千余人，并皆习学小乘法教。

[注释]

①缚喝国：故址在今阿富汗北部马扎里沙里夫西北约19千米处的巴

里赫旧城。贵霜王朝时代的佛教中心之一。

[译文]

缚喝国，东西长八百多里，南北宽四百多里，北部濒临缚刍河。该国大都城方圆二十多里，人们都把它称作小王舍城。城池虽然坚固，但是居民很少。当地物产，种类繁多，水生、陆生的花卉品种，多得很难一一列举。境内有一百多座佛寺，僧人有三千多人，所学的都是小乘教法。

一、纳缚僧伽蓝

城外西南有纳缚（唐言新）僧伽蓝①，此国先王之所建也。大雪山北作论诸师，唯此伽蓝美业不替。其佛像则莹以名珍，堂宇乃饰之奇宝。故诸国君长，利之以攻劫。此伽蓝素有毗沙门天②像，灵鉴可恃，冥加守卫。近突厥叶护可汗③子肆叶护可汗，倾其部落，率其戎旅，奄袭伽蓝，欲图珍宝，去此不远，屯军野次。其夜梦见毗沙门天曰："汝有何力，敢坏伽蓝？"因以长戟，贯彻胸背。可汗惊悟，便苦心痛，遂告群属所梦咎征，驰请众僧，方申忏谢，未及返命，已从殒殁。

伽蓝内南佛堂中有佛澡罐，量可斗余；杂色炫耀，金石难名。又有佛牙④，其长寸余，广八九分，色黄白，质光净。又有佛扫帚，迦奢草⑤作也，长余二尺，围可七寸，其把以杂宝饰之。凡此三物，每至六斋⑥，法俗咸会，陈设供养，至诚所感，或放光明。

伽蓝北有窣堵波，高二百余尺，金刚泥涂⑦，众宝厕饰。中有舍利⑧，时烛灵光。

伽蓝西南有一精庐⑨，建立已来，多历年所。远方辐凑，高才类聚，证四果⑩者，难以详举。故诸罗汉⑪将入涅槃⑫，示现神通⑬，众所知识，乃有建立诸窣堵波，基迹相邻，数百余矣。虽证圣果，终无神变，盖亦千计，不树封记。今僧徒百余人，夙夜匪懈，凡圣难测。

[注释]

①纳缚僧伽蓝：意译新寺，是小乘佛教寺院。　②毗沙门天：佛教护法神，为四大天王之一。　③叶护可汗：即西突厥的统治者叶护可汗。玄奘记载可能只是传闻。　④佛牙：就是佛牙舍利。佛祖圆寂火化之后，只有牙齿保持原形不变。　⑤迦奢草：印度海滨地区生长的一种多年生草本植物。　⑥六斋：即六个斋日，分别是每月的初八、十四、十五、二十三、二十九、三十这六个日子。　⑦金刚泥涂：意思是用金刚石的粉末涂抹装饰。　⑧舍利：此处指佛教徒遗体经火化之后形成的粒状物。　⑨精庐：泛指佛教寺院。　⑩四果：指佛教徒修行到大彻大悟境界之前的四个阶段。这四果是：一、须陀洹果，意译预流果、入流果，指凡夫初入圣道，断尽三界的见惑；二、斯陀含果，意译一来果，指进而断绝欲界九地中的前六品；三、阿那含果，意译不还果，指已断绝欲界九地思惑的后三品；四、阿罗汉果，意译无学果，是断尽一切思二惑后的果位，从此永入涅槃，不再生死轮回。　⑪罗汉：是小乘佛教修行达到的最高果位，也指取得这一果位的修行者。　⑫涅槃：是指佛教修行所要达到的最高境界，一般指超越生死轮回之后的精神境界。也作为佛教徒死亡的代称。　⑬神通：意思是深不可测，又随心所欲的威力。

[译文]

小王舍城外西南方有纳缚（大唐称为新）寺，是这个国家已故国君建造的。大雪山以北的地区中，只有这座佛寺里，解释佛经的高僧层出不穷，功业从未间断。寺中佛像用名贵的珍宝制作，佛堂大殿也装饰了奇珍异宝。所以，其他国家的君主，贪图这里的珍宝前来劫掠。佛寺中原本塑有毗沙门天王的造像，可以凭借他的灵异，暗中守护佛宝。最近，突厥叶护可汗的儿子肆叶护可汗，倾巢而出，率领他的军队，突然偷袭佛寺，想要获取珍宝，在距离佛寺不远的地方，肆叶护大军在野外扎营。那天夜里，肆叶护梦见毗沙门天王对他说："你有什么能力，竟敢破坏佛寺？"随即用长戟刺穿了肆叶护的前胸后背。肆叶护可汗惊醒，马上感到心口疼痛，就告诉了属下他做的梦主何吉凶，立即飞马急速请来各位僧人，准备表达忏悔之意，但是还没有等到使者返回，肆叶护已经一命呜呼了。

佛寺里南面的佛堂中保存有一只佛澡罐，容量大概一斗多；色彩纷呈，光鲜炫目，不知道到底是用金属还是石料制成的。还保存了佛牙，长度一寸多，宽有八九分，颜色黄中有白，质地晶莹光洁。还有一只佛扫帚，用迦奢草扎成，两尺多长，周长七寸，扫帚把用各种珍宝装饰。每逢六斋的时候，僧俗人等聚会寺中，这三件宝物就会被展示供养，它们有时被崇拜者的诚心感动，放出光芒。

佛寺以北有座塔，高度有二百多尺，用金刚粉末涂抹修饰，点缀着各种珍宝。塔内珍藏着舍利，不时发出奇异的光芒。

佛寺西南有一座精舍，从建造完成之后到现在，已经经过了很多年。远方的僧人纷纷赶赴此处，道行高深的人才汇聚在这里，其中证得四果的人，多得难以详细列举。为此，各位罗汉将要圆寂的时候，表现出神通，了解他们修成正果的人们就为他们建立了佛塔安葬，众多佛塔的基座彼此相邻，超过了一百多座。有的人虽然证得圣果，但是最终没有表现神变，这类人则有一千多,他们没有被建塔纪念。现在这里有一百多人,不分昼夜,刻苦修行,从不懈怠,他们中谁是凡僧,谁是圣僧罗汉则难以分辨了。

二、提谓城及波利城

大城西北五十余里,至提谓城①,城北四十余里有波利城②。城中各有一窣堵波,高余三丈。昔者如来③初证佛果,起菩提树④,方诣鹿园。时二长者⑤遇彼威光,随其行路之资,遂献麨⑥蜜。世尊⑦为说人天之福,最初得闻五戒十善⑧也。既闻法诲,请所供养,如来遂授其发、爪焉。二长者将还本国,请礼敬之仪式。如来以僧伽胝⑨(旧曰僧祇梨,讹也)方叠布下,次下郁多罗僧⑩,次僧却崎⑪(旧曰僧祇支,讹也),又覆钵,竖锡杖,如是次第,为窣堵波。二人承命,各还其城,拟仪圣旨,式修崇建,斯则释迦法中最初窣堵波也。

城西七十余里有窣堵波,高余二丈,昔迦叶波佛⑫时之所建也。

从大城西南入雪山阿,至锐秣陀国。

[注释]

①提谓城:意译胡瓜。 ②波利城:意译金挺。此与提谓城原来都是人名。 ③如来:佛的十号之一。十号包括:如来、应供、正遍知、明行足、善逝、世间解无上士、调御大夫、天人师、佛、世尊。 ④菩提树:贝多树,意译道树、觉树。佛祖在此树下成佛。 ⑤长者:积财具德者。
⑥麨(chǎo):炒面。 ⑦世尊:佛的尊号。 ⑧五戒十善:五戒指不

杀生、不偷盗、不淫邪、不妄语、不饮酒；十善指不杀生、不偷盗、不淫邪、不妄语、不两舌、不恶口、不绮语、不贪欲、不嗔恚、不邪见。 ⑨僧伽胝（zhī）：意译重、合。这里指比丘所穿的三衣中的大衣，由许多布条缝成。在出入王宫、聚落、说法和乞食时穿着。 ⑩郁多罗僧：意译七条衣，上衣。比丘所穿三衣之一。在礼诵、听讲、布萨（专诵戒律的集会）时穿。 ⑪僧却崎：长方形的衣片，也就是袈裟下挂。 ⑫迦叶波佛：过去七佛之一。

[译文]

都城西北方向五十多里，就到了提谓城，提谓城北四十多里的地方有波利城。两座城中各有一座佛塔，高三丈多。以前，如来悟道成佛之后，立即来到菩提树下，然后再去鹿园。当时，有两位忠厚长者被佛祖的神威灵光所感化，跟随他登上旅途，献上炒面和蜂蜜作为供养。世尊为他们讲说了带给凡人和天神厚福的道理，他们是最早听到五戒十善的人。在聆听了佛法教诲之后，请求佛祖赐予他们可以供奉的物品，如来就把自己的头发、指甲赐予他们。二位长者将要返回自己的国家，向佛祖请教了礼拜敬奉的仪轨。如来将僧伽胝衣（过去称为僧祇梨，错了）叠成四方形，铺在地上，然后脱下郁多罗僧衣，再脱下僧却崎衣（过去称为僧祇支，错了），都叠好铺平，在衣服上面倒扣了乞食钵，竖起锡杖，按照这样的顺序，构成了佛塔。二人遵从佛祖的教令，各自回到城内，根据神圣的指示，修建了两座佛塔，这就是佛教中最初的佛塔。

都城向西七十多里也有座佛塔，高二丈多，是以前迦叶波佛时代建造的古塔。

从都城向西南方向进入雪山的山坳，就到了锐秣陀国。

锐秣陀国　胡实健国

锐秣陀国[①]，东西五六十里，南北百余里。国大都城周十余里，西南至胡实健国。

胡实健国[②]，东西五百余里，南北千余里。国大都城周二十余里，多山川，出善马。西北至呾剌健国。

[注释]

①锐秣陀国：故址在今阿富汗西北部的迈马纳。　②胡实健国：故址在今阿富汗西北部席巴尔甘以南地区。

[译文]

锐秣陀国，东西长五六十里，南北宽一百多里。该国大都城方圆十多里，由此向西南方向，抵达胡实健国。

胡实健国，东西长五百多里，南北宽一千多里。该国大都城方圆二十多里，山脉河流众多，出产良马。从这里向西北行，到达呾剌健国。

呾剌健国

呾剌健国[①]，东西五百余里，南北五六十里。国大都城周十余里。西接波剌斯国界。

从缚喝国南行百余里，至揭职国。

[注释]

①呾剌健国：故址在今阿富汗昆都士以东约 65 千米处。

[译文]

呾剌健国，东西长五百多里，南北宽五六十里。该国大都城方圆十多里。西面接壤波剌斯国界。

从缚喝国向南走一百多里，就到了揭职国。

揭 职 国

揭职国①，东西五百余里，南北三百余里。国大都城周四五里，土地硗确②，陵阜连属。少花果，多菽、麦。气序寒烈，风俗刚猛。伽蓝十余所，僧徒三百余人，并学小乘教说一切有部。

东南入大雪山，山谷高深，峰岩危险，风雪相继，盛夏合冻，积雪弥谷，蹊径难涉。山神鬼魅，暴纵妖祟，群盗横行，杀害为务。

行六百余里，出睹货逻国境，至梵衍那国。

[注释]

①揭职国：故址在今阿富汗巴尔赫古城南约 30 多千米的加兹谷。

②硗（qiāo）确：指地多沙石，不宜耕种，贫瘠。

[译文]

揭职国，东西长五百多里，南北宽三百多里。该国大都城方圆四五里，境内土地多沙石，不宜耕种，山岭高岗连绵不绝。花草水果种类稀少，豆类和麦子较多。气候寒冷，民风刚烈。有十余座佛寺，三百多僧人，研习的都是小乘佛教说一切有部教法。

从揭职国向东南行，进入大雪山中，山高谷深，山势陡峭险峻，风雪交加，在盛夏时节仍然封冻，积雪填满山谷，狭窄的山道难以通行。山里的神怪鬼魂，肆虐作怪，盗匪众多，横行不法，专门杀人越货。

在山中走六百多里，就离开了睹货逻国境，抵达梵衍那国。

梵衍那国

梵衍那国[①]，东西二千余里，南北三百余里，在雪山之中也。人依山谷，逐势邑居。国大都城据崖跨谷，长六七里，北背高岩。有宿麦，少花果，宜畜牧，多羊马。气序寒烈，风俗刚犷，多衣皮褐，亦其所宜[②]。文字、风教、货币之用，同睹货逻国。语言少异，仪貌大同。淳信之心，特甚邻国。上自三宝，下至百神，莫不输诚，竭心宗敬。商估往来者，天神现征祥，示崇变，求福德[③]。伽蓝数十所，僧徒数千人，宗学小乘说出世部[④]。

[注释]

①梵衍那国：故址在今阿富汗喀布尔以西偏北约150千米处兴都库什

山西端的巴米安。　②宜：这里作风俗、习惯讲。　③福德：指一切善行以及行善之后获得的福利。　④说出世部：小乘佛教十八部派之一，观点与说一切有部相反。

[译文]

梵衍那国，东西长二千多里，南北宽三百多里，位于雪山之中。居民借助山势高低，依次建造居住地。该国大都城建筑在山崖之上，跨越山谷，绵延六七里，北面背靠高大的山岩。出产冬小麦，花草水果稀少，适宜放牧，羊马众多。气候寒冷，民风强悍粗野，经常穿着皮衣毛布，这也是当地自然环境导致的结果。文字、风俗、教化以及使用的货币，与睹货逻国相同。语言略有差异，仪表相貌大体一致。信仰的诚笃程度，远远超过邻国。上自佛教三宝，下至各类神祇，当地人无不诚心诚意，尽心礼拜尊奉。对往来此地经商的人们，天神展现出吉兆，表现灾祸，非常灵验，他们都诚恳祈求福德。境内有几十座佛寺，几千名僧人，全都信奉小乘佛教说出世部的教法。

一、大立佛及卧佛像

王城东北山阿，有立佛石像，高百四五十尺，金色晃耀，宝饰焕烂。东有伽蓝，此国先王之所建也。伽蓝东有鍮石①释迦佛立像，高百余尺，分身别铸，总合成立。

城东二三里伽蓝中有佛入涅槃卧像，长千余尺。其王每此设无遮大会，上自妻子，下至国珍，府库既倾，复以身施。群官僚佐，就僧酬赎。若此者以为所务矣。

[注释]

①鍮石：即黄铜。

[译文]

在都城东北方的山曲处有一尊立佛的石像，高度有一百四五十尺，佛像金光闪闪，装饰的宝物辉煌灿烂。佛像东面有一座佛寺，是这个国家已故的国王所建。佛寺东面还有用鍮石制作的释迦佛立像，高有一百多尺，佛像各部位分别铸造，然后组装而成。

都城东面二三里的佛寺中还有一尊佛祖涅槃状态的卧像，长有一千多尺。每当该国国王在这里设立无遮大会的时候，上自国王的妻子儿子，下至国家的奇珍异宝，都用来布施。国库所藏的物品被施舍完毕后，国王又以自己的身体作为施舍。文武百官再从僧人那里赎回国王。这么做已经成为常态了。

二、小川泽僧伽蓝

卧像伽蓝东南行二百余里，度大雪山，东至小川泽，泉池澄镜，林树青葱。有僧伽蓝，中有佛齿及劫①初时独觉齿，长余五寸，广减四寸。复有金轮王齿，长三寸，广二寸。商诺迦缚娑②（旧曰商那和修，讹也）大阿罗汉所持铁钵，量可八九升。凡三贤圣③遗物，并以黄金缄封④。又有商诺迦缚娑九条僧伽胝衣，绛赤色，设诺迦草皮之所绩成也。商诺迦缚娑者，阿难⑤弟子也，在先身中，以设诺迦⑥草衣于解安居日持施众僧。承兹福力，于五百身⑦中阴⑧、生阴⑨恒服此衣。以最后身，从胎俱出，身既渐长，衣亦随广。及阿难之度出家也，其衣变为法服，及受具戒⑩，更变为九条僧伽胝。将证寂灭，入边际定，发智愿力，留此袈裟⑪，尽释迦遗法。法尽之后，方乃变坏，今已少损，信有征矣。

从此东行入雪山，逾越黑岭，至迦毕试国。

[注释]

①劫：是指宇宙从形成到毁灭的整个时期。　②商诺迦缚娑：阿难的弟子。　③三贤圣：大乘佛教的十住、十行、十回向三类菩萨。　④缄(jiān)封：意为封闭。　⑤阿难：佛祖的堂弟和十大弟子之一，以"多闻第一"著称。　⑥设诺迦：植物名，麻类，其纤维可以制衣。　⑦五百身：五百次轮回转生，泛指漫长的时间。　⑧中阴：又称中有，指死后未转生之前的中间状态。　⑨生阴：又称生有，指于诸趣结生的一刹那，即诞生。　⑩具戒：即具足戒。指比丘、比丘尼应受的戒律。　⑪袈裟：比丘的法衣。因其避青、黄、赤、白、黑五种正色，而用其他杂色，故从色曰袈裟。

[译文]

从卧像寺向东南方走二百多里，越过大雪山，向东到达小川泽，这里泉流池水清澈如镜，树林郁郁葱葱。有一座佛寺珍藏有佛牙以及宇宙刚刚形成时候的独觉佛佛牙，长五寸多，宽不到四寸。还有金轮王的牙齿，长三寸，宽二寸。商诺迦缚娑（过去叫商那和修，错了）大罗汉使用过的铁钵，容量有八九升。凡是三贤菩萨的遗物，都用黄金包裹封藏。还有商诺迦缚娑的一件九条法衣，暗红色，使用设诺迦草的纤维织造的。商诺迦缚娑是阿难的弟子，他的前世曾在解安居的日子，把设诺迦草法衣施舍给众僧。由于这一善行的福力，在他五百世的中阴、生阴期间始终穿着这件法衣。在他最后一世，法衣与生俱来，随着身体的成长，法衣也不断变宽。到了阿难度化他出家之时，这件衣服变成法服，待到他领受具足戒时，又变成了九条法衣。在他即将圆寂的时候，进入禅定境界，基于智慧的愿力，才留下这件袈裟，与佛法共存。直到佛法灭尽以后，方会毁坏。现在这件袈裟已经稍微损坏，看起来这种说法很有道理啊。

从这里向东走，进入雪山，翻越黑岭以后，抵达迦毕试国。

迦毕试国

迦毕试国①，周四千余里，北背雪山，三陲黑岭。国大都城周十余里。宜谷、麦，多果、木，出善马、郁金香。异方奇货，多聚此国。气序风寒，人性暴犷，言辞鄙亵，婚姻杂乱。文字大同睹货逻国，习俗、语言、风教颇异。服用毛氎，衣兼皮褐。货用金钱、银钱及小铜钱，规矩模样异于诸国。王，刹利种②也，有智略，性勇烈，威慑邻境，统十余国。爱育百姓，敬崇三宝，岁造丈八尺银佛像，兼设无遮大会，周给贫窭③，惠施鳏寡。伽蓝百余所，僧徒六千余人，并多习学大乘法教。窣堵波、僧伽蓝崇高弘敞，广博严净。天祠数十所，异道千余人，或露形④，或涂灰⑤，连络髑髅，以为冠鬘。

[注释]

①迦毕试国：故址在今阿富汗喀布尔以北约60多千米处的贝格拉姆。

②刹利种：又作刹帝利，印度种姓制度中的第二等级，通常为王侯、武士。　③贫窭（jù）：指贫穷的人。　④露形：露形外道。系耆那教派别，

特点是赤身露体，因而得名。 ⑤涂灰：涂灰外道。系印度教湿婆派或大自在天派，该派教徒全身涂灰，修苦行，希望升天。

[译文]

迦毕试国方圆四千多里，北靠雪山，三面被黑岭所环绕。该国大都城方圆十多里。适宜种植谷、麦，水果、树木众多，出产良马、郁金香。各地的奇珍异宝大多聚集在这个国家。气候多风严寒，居民性格暴躁粗犷，说话粗俗下流，婚姻关系纷杂混乱。文字与睹货逻国大体相同，风俗习惯、语言、文化教育则有很大差别。居民的衣服材质一般是细毛布，也有毛皮和粗毛布。货币使用金钱、银钱和小铜钱，形状样式和各国都不相同。国王出自刹利种姓，富于智慧谋略，性格英勇猛烈，武力、威势使邻国感到害怕，统治着十多个附属国。爱护照顾老百姓，礼敬崇奉佛教，每年都要建造一尊一丈八尺高的银制佛像，同时召开无遮大会，救济穷人，布施鳏寡。境内有佛寺一百多座，僧人有六千多名，研习的都是大乘法教。佛塔、寺庙高大宽敞，肃穆洁净。还有几十座天祠，外道教徒有一千多人，有的是露形派，有的是涂灰派，把人髑髅串联起来，戴在头上作为装饰。

一、质子伽蓝

大城东三四里北山下有大伽蓝，僧徒三百余人，并学小乘法教。闻诸先志曰：昔健驮逻国迦腻色迦王①威被邻国，化洽远方，治兵广地，至葱岭东，河西蕃维②畏威送质。迦腻色迦王既得质子③，特加礼命，寒暑改馆，冬居印度诸国，夏还迦毕试国，春、秋止健驮逻国。故质子三时住处，各建伽蓝；今此伽蓝，即夏居之所建也。故诸屋壁，图画质子，容貌服饰，颇同中夏。其后得还本国,心存故居,虽阻山川,不替供养。故今僧众,每至入安居、解安居,大兴法会,为诸质子祈福树善,相继不绝,以至于今。

伽蓝佛院东门南大神王像右足下,坎地藏宝,质子之所藏也。故其铭曰:"伽蓝朽坏,取以修治。"近有边王,贪婪凶暴,闻此伽蓝多藏珍宝,驱逐僧徒。方事发掘,神王冠中鹦鹉鸟像乃奋羽惊鸣,地为震动,王及军人辟易④僵仆,久而得起,谢咎以归。

伽蓝北岭上有数石室,质子习定之处也。其中多藏杂宝,其侧有铭,药叉⑤守卫。有欲开发取中宝者,此药叉神变现异形,或作师子,或作蟒蛇、猛兽、毒虫,殊形震怒,以故无人敢得攻发。

石室西二三里大山岭上有观自在菩萨⑥像,有人至诚愿见者,菩萨从其像中出妙色身⑦,安慰行者。

[注释]

①健驮逻国迦腻色迦王:健驮逻位于今阿富汗境内的库纳尔河与今巴基斯坦境内的印度河之间的地区,在古代亚洲非常著名。迦腻色迦王是贵霜王朝著名君主之一,在位时间有争议,一般认为在2世纪早期。 ②河西蕃维:中国河西地区的羁縻属国。 ③质子:古代派往他国去的人质,多为王子或世子等出身贵族的人。 ④辟易:惊恐退缩。 ⑤药叉:又作夜叉,印度神话中的恶鬼,勇健轻捷,食人,为八部众之一。此处指佛教的护法神。 ⑥观自在菩萨:观世音菩萨,意思是能自由地达到无上智慧,在中原演变为女性。 ⑦妙色身:美妙的色身。佛教认为身有三种:色身、法门身、实相身。

[译文]

大都城东面三四里的北山脚下有一座大佛寺,僧人有三百多名,全部学习小乘法教。听年长者说：以前，健驮逻国的迦腻色迦王声威慑服邻国，教化遍布远方，强化军队，拓展疆土，疆域扩张到葱岭以东，原来隶属中原王朝的河西地区羁縻小国的首领害怕他的威势，不得不送上人质，表示臣服。迦腻色迦王对于得到的质子，特别给予很高的礼遇，一年四季让他们住在不同的馆舍，冬季居住在印度诸国，夏季返回迦毕试国，春秋两季又驻留健驮逻国。所以在质子三个时期的住处附近，分别建立佛寺。现在的这座佛寺，就是在夏天居住地建造的佛寺。因此在每间殿堂的墙壁上，都绘制了质子的形象，容貌服饰非常接近中国。以后，质子被放归本国，心中还怀念故居，虽然远隔山川，道路遥远，但是对佛寺的供养从未间断。因此现在的寺内僧人，每年到了入安居、解安居的时候，都要举办大型法会，为质子们祈福求善，这一做法从未间断，沿袭到现在。

在寺庙的佛院东门南面的大神王像右脚下面，有一个藏有珍宝的地窖，是当年质子埋藏的。上面的铭文说："一旦佛寺受到破坏，就把珍宝取出用来修缮佛寺。"近年，边远地方有位国王，贪婪凶暴，听说佛寺中藏有大量珍宝，率兵前来赶走了僧人。当他准备发掘珍宝的时候，神王像王冠里的鹦鹉鸟像突然扇动了翅膀，大声鸣叫，大地都为之震动，国王和他的军队惊恐倒地，无法活动，过了很久才能站起来，于是低头谢罪，退回本国。

佛寺北山上有好几个石屋，是质子修习禅定的地方。这里面也藏着各种珍宝，石屋旁边有铭文，有药叉神像守护。一旦碰到想要窃取屋中珍宝的人，这尊药叉神像就会幻化出各种形象，或者变成狮子，或者变成蟒蛇、猛兽、毒虫，这些奇形怪状的动物都非常愤怒，令人恐惧，因此没有人胆敢发掘石屋中的宝藏。

石屋往西二三里的大山岭上有一尊观自在菩萨像，如果有人诚心诚意希望见到菩萨，菩萨就会从他的像中展示出美妙的色身，安慰前来发愿的人。

二、曷逻怙罗僧伽蓝

大城东南三十余里，至曷逻怙罗①僧伽蓝。傍有窣堵波，高百余尺，或至斋日，时烛光明。覆钵②势上石隙间，流出黑香油。静夜中时闻音乐之声。闻诸先志曰：昔此国大臣曷逻怙逻之所建也。功既成已，于夜梦中有人告曰："汝所建立窣堵波，未有舍利。明旦有献上者，宜从王请。"旦入朝进请曰："不量庸昧，敢有愿求。"王曰："夫何所欲？"对曰："今有先献者，愿垂恩赐。"王曰："然。"曷逻怙罗伫立宫门，瞻望所至。俄有一人持舍利瓶，大臣问曰："欲何献上？"曰："佛舍利。"大臣曰："吾为尔守，宜先白王。"曷逻怙罗恐王珍贵舍利，追悔前恩，疾往伽蓝，登窣堵波，至诚所感，其石覆钵自开，安置舍利，已而疾出，尚拘③衣襟。王使逐之，石已掩矣。故其隙间流黑香油。

[注释]

①曷逻怙罗：人名，也译作罗睺罗，与佛祖的嫡子同名。　②覆钵：形容塔顶的形状，像倒扣的食钵一样。　③拘：束缚。

[译文]

从大都城往东南行三十多里，就到了曷逻怙罗寺，寺旁有一座佛塔，高度有一百多尺，在斋日的时候，常常放射光芒。覆钵形塔顶的石缝间，流出黑色香油。夜静时分，能听到音乐响起。听年长者说：这座塔是以前该国大臣曷逻怙罗建造的。在建塔工程完工以后，曷逻怙罗夜间做梦，梦到有人告诉他说："你所修造的佛塔没有舍利。明天早上有人会将舍利献给圣上，应该请求国王把它赐给你。"曷逻怙罗一大早入朝，请求国王说："臣自知资质愚钝，才能平庸，冒昧向君上提出请求。"国王说："你想要什么呢？"回答说："今天第一个献给君上的物品，请您开恩赏赐给臣下。"国王说："可以。"曷逻怙罗站在宫门口守候，翘首等待来人。不一会儿，有人拿着舍利瓶来了，曷逻怙罗问他说："你想把什么东西献给圣上？"那人回答："佛舍利。"曷逻怙罗说："我替你守护舍利，你先进宫上奏国王。"曷逻怙罗担心国王珍爱舍利而反悔先前恩赐的许诺，于是拿着舍利迅速跑进佛寺，登上佛塔，受到他的诚意感动，塔顶的石覆钵自动打开，曷逻怙罗安放好了舍利以后，马上跑出来，但是衣襟仍被石缝夹住。此时国王派人追回舍利，石缝已经关闭了，因此石缝中流出黑色的黑香油。

三、䨲蔽多伐剌祠城及阿路猱山

城南四十余里至䨲（苏立反）蔽多伐剌祠①城，凡地大震，山崖崩坠，周此城界，无所动摇。

䨲蔽多伐剌祠城南三十余里，至阿路猱②（奴高反）山，崖岭峭峻，岩谷杳冥。其峰每岁增高数百尺，与漕矩吒③国穧（士句反，下同）那呬罗山④仿佛相望，便即崩坠。闻诸土俗曰：初，穧那天神自远而至，欲止此山。山神震怒，摇荡溪谷。天神曰："不欲相舍，故此倾动。少垂宾主，当盈财宝。吾今往漕矩吒国穧那呬罗山，每岁至我受国王、大臣祀献之时，宜相属望。"故阿路猱山增高既已，寻即崩坠。

[注释]

①翳（xí）蔽多伐剌祠：因陀罗神寺。翳蔽多伐是印度神话中因陀罗神的称号，意为乘白象者。　②阿路猱：指日出时分的红色。　③漕矩吒：故址在今阿富汗东部的加兹尼。　④稠（chú）那呬（xì）罗山：意为太阳神山。

[译文]

从大都城向南走四十多里，就到了翳蔽多伐剌祠城，每每遇到大地震，都会山崖崩塌，但是环绕城池的地方，却没有丝毫晃动。

翳蔽多伐剌祠城以南三十多里，抵达阿路猱山，山势陡峭，峡谷幽深。山峰每年增高几百尺，当和漕矩吒国的稠那呬罗山的高度接近时，便会自行崩塌。听当地人讲：起初，稠那天神从远方而来，想要留居于这座山上。山神愤怒，震荡山谷。天神说："你不肯让我居住，故此摇动山岭。你只要略微表示一下地主之谊，就会获得大量的财宝。我现在到漕矩吒国的稠那呬罗山去，每年到了我领受国王、大臣祭祀奉献的时候，你来亲眼看看。"所以，阿路猱山的高度增加到一定程度时，就会立即崩塌。

四、大雪山龙池及其传说

王城西北二百余里至大雪山。山顶有池，请雨祈晴，随求果愿。闻诸先志曰：昔健驮逻国有阿罗汉，常受此池龙王供养。每至中食①，以神通力，并坐绳床②，凌虚而往。侍者沙弥③密于绳床之下，攀援潜隐，而阿罗汉时至便往，至龙宫，乃见沙弥，龙王因请留食。龙王以天甘露饭阿罗汉，以人间味而馔沙弥。阿罗汉饭食已讫，便为龙王说诸法要。沙弥如常为师涤器，器有余粒，骇其香味，即起恶愿，恨师忿龙："愿诸福力，于今悉现，断此龙命，我自为王。"沙弥发是愿时，龙王已觉头痛矣。罗汉说法诲喻，龙王谢咎责躬；沙弥怀忿，未从诲谢。既还伽蓝，至诚发愿，福力所致，是夜命终，为大龙王，威猛奋发，遂来入池，杀龙王，居龙宫，有其部属，总其统命。以宿愿故，兴暴风雨，摧拔树木，欲坏伽蓝。时迦腻色迦王怪而发问，其阿罗汉具以白王。王即为龙于雪山下立僧伽蓝，建窣堵波，高百余尺。龙怀宿忿，遂发风雨。王以弘济为心，龙乘瞋毒④作暴，僧伽蓝、窣堵波六坏七成。迦腻色迦王耻功不成，欲填龙池，毁其居室，即兴兵众，至雪山下。时彼龙王深怀震惧，变作老婆罗门⑤，叩王象而谏曰："大王宿殖善本，多种胜因，得为人王，无思不服。今日何故与龙交争？夫龙者，畜也，卑下恶类，然有大威，不可力竞。乘云驭风，蹈虚履水，非人力所制，岂王心所怒哉？王今举国兴兵，与一龙斗，胜则王无伏远之威，败则王有非敌之耻。为王计者，宜可归兵。"迦腻色迦王未之从也。龙即还池，声震雷动，暴风拔木，沙石如雨，云雾晦冥，军马惊骇。王乃归命三宝，请求加护。曰："宿殖多福，得为人王，威慑强敌，统赡部洲。今为龙畜所屈，诚乃我之薄福也。愿诸福力，于今现前。"即于两肩起大烟焰，龙退风静，雾卷云开。王令军众人担一石，用填龙池。龙王还作婆罗门，重请王曰："我是彼池龙王，惧威归命，唯王悲愍，赦其前过。王以含育⑥，覆焘⑦生灵，如何于我独加恶害？王若杀我，我之与王俱堕恶道⑧，王有断命之罪，我怀怨雠之心，业报皎然，善恶明矣。"王遂与龙明设要契，后更有犯，必不相赦。龙曰："我以恶业，受身为龙，龙性猛恶,不能自持,瞋心或起,当忘所制。王今更立伽蓝,不敢摧毁。每遣一人候望山岭,黑云若起,急击揵槌⑨,我闻其声,恶心当息。"其王于是更修伽蓝,建窣堵波,候望云气,于今不绝。

闻诸先志曰:窣堵波中有如来骨肉舍利,可一升余,神变之事,难以详述。一时中窣堵波内忽有烟起,少间便出猛焰,时人谓窣堵波已从火烬,瞻仰良久,火灭烟消,乃见舍利如白珠璠,循环表柱,宛转而上,升高云际,萦旋而下。

[注释]

①中食:斋日的另一种说法。 ②绳床:胡床,可折叠的交椅。 ③沙弥:指已受十戒,未受具足戒的出家男子,地位低于比丘。 ④瞋毒:三毒之一,是其中最恶的一种。三毒,贪毒、瞋毒、痴毒。 ⑤婆罗门:印度四大种姓的第一等级。 ⑥含育:保护化育。 ⑦覆焘:即覆载,有覆盖、护育的意思。 ⑧恶道:即恶趣,意思是因为恶行而去的道路,如地狱道、畜生道等。 ⑨揵槌:又作揵椎、犍椎,通常指佛寺的钟、木板之类,敲击来召集法众。

[译文]

从都城向西北走二百多里到达大雪山。山顶有个水池,在那里请求下雨放晴,有求必应。听年长者说:以前,健驮逻国有位阿罗汉,经常享受这个水池中龙王的供养。每到斋日午饭时节,施展神通,坐在绳床上,从空中飞往龙池。阿罗汉的侍者是一位小沙弥,他悄悄藏在绳床下面,抓着绳床,隐蔽了自己,阿罗汉到了吃饭的时间就乘床飞赴,抵达龙宫,才发现沙弥,龙王于是也邀请沙弥一起用餐。龙王用天上的甘露招待阿罗汉,以人间的食物款待沙弥。阿罗汉用餐完毕,就为龙王讲说佛法要旨。沙弥还像平时一样为师父洗刷食器，食器上剩下一点残饭，奇香无比，沙弥当即生起恶念，怨恨师父，恼怒龙王："希望各种福力，现在全部显现，结束龙王的性命，我自己做王。"沙弥发愿的时候，龙王已经感到头痛了。阿罗汉说法教诲，龙王谢罪自责；沙弥心怀愤恨，不愿悔过。回到寺中之后，沙弥诚心立下誓愿，由于福力的缘故，当天晚上，沙弥死去，变为大龙王，勇猛威风，就来到水池里，杀死龙王，占据龙宫，拥有了龙王的部属，所有池中之物都归他统领。因先前他发过重誓的原因，狂风暴雨大作，摧毁树木，还要破坏佛寺。当时，迦腻色迦王感到非常奇怪，询问原因，阿罗汉把事情原原本本地告诉了国王。国王立即在大雪山为龙建造了佛寺，修起了佛塔，塔高一百多尺。龙王心怀宿怨，就鼓风下雨。国王意在普救众生，龙王因愤怒而逞凶作恶，佛寺、宝塔被摧毁了六次，到第七次方才建成。迦腻色迦王因为他的善功没有成功深怀羞耻，就想填平龙池，毁掉龙的住处，随即发兵前来，军队到了雪山脚下。那时，龙王心中甚为恐惧，于是变成一个老婆罗门，截住国王乘坐的大象，劝说道："大王前世积下许多善本胜因，才能成为人间帝王，没有人敢不服从您。今天又何必与一条龙争高比低？所谓龙，就是畜生，卑微丑陋的物种，但是却威猛至极，不能和它争斗勇力。龙能够驾云鼓风，上天入地，都不是人力能够控制得了的，大王何必为它发怒呢？大王如今调动全国兵马，和一条龙斗争，就算赢了，大王也得不到镇服远方的威名；输了，大王则有败于敌手的耻辱。替大王您考虑，还是收兵回国的好。"迦腻色迦王并没有听从这一劝告。龙王随即返回龙池施法，一时间声音震天，雷鸣动地，狂风拔倒树木，沙石像雨点般落下，云雾密布，昏天黑地，军士马匹惊恐不已。国王于是命令军队皈依三宝，请求佛法的保护。他说："我前世有多种福德，现世才做了人王，威势慑服了强大的敌人，统治整个赡部洲。现在被这个畜生所挟制，确是因为我福德浅薄的缘故。但愿各种福力，现在就显示出来。"随即，从国王的两肩上升起浓烟烈焰，龙王被逼退，风平浪静，云开雾散。国王命令军士每人扛起一块石头，拿来填平龙池。龙王再次化作婆罗门，重新向国王请求说："我就是那个水池里的龙王，现在害怕您的威势，前来归顺，请大王心怀慈悲，饶恕我以前的罪过。大王爱护众生，庇护天下生灵，为什么唯独对我忍心加害？大王如果杀了我，我和大王都要坠入恶道之中，大王有杀生的重罪，我则有怨恨愤怒之心，冤孽报应明明白白，善恶好坏，一清二楚。"国王于是和与龙王当众订约，以后如有侵犯，必定不再饶恕。龙王说："我因为前世的恶业，今世转生为龙，龙的性情凶猛恶毒，不能自我控制，一旦瞋心生起，一定忘记誓约。大王如今再建佛寺，我一定不敢摧毁。请您派遣一个人在山岭之上守候瞭望，如果发现黑云升起，赶快敲击揵槌，我听到敲击声，邪恶的念头自然打消。"国王于是重新修建佛寺，筑造佛塔，派人守候，观察云气变化，到现在从未间断。

听当地长者说：佛塔里供奉着如来的骨肉舍利，有一升多，舍利产生的神通变化的传说，难以详细记录。有一次，佛塔里忽然冒出烟来，很快就燃起熊熊大火，当时人们都说佛塔被大火烧成灰烬了，抬头仰望很久，烈火熄灭，浓烟消散，就看见舍利像洁白的珠玉，环绕表柱，宛转上升，高达云端，又缓缓盘旋而下。

五、旧王及旧王妃伽蓝

王城西北大河南岸旧王伽蓝内，有释迦[①]菩萨弱龄龇齿[②]，长余一寸。其伽蓝东南有一伽蓝，亦名旧王，有如来顶骨一片，面广寸余，其色黄白，发孔分明。又有如来发，发色青绀[③]，螺旋右萦，引长尺余,卷可半寸。凡此三事,每至六斋,王及大臣散花④供养。顶骨伽蓝西南有旧王妃伽蓝,中有金铜窣堵波,高百余尺。闻诸土俗曰:其窣堵波中有佛舍利升余,每月十五日,其夜便放圆光,烛耀露盘⑤,联辉达曙,其光渐敛,入窣堵波。

[注释]

①释迦:佛祖的种族名。 ②弱龄龀(chèn)齿:释迦年尼幼年时换下的乳牙。弱龄,少年。龀,儿童换牙。 ③绀(gàn):微红带深青色。 ④散花:为供佛而散布花朵。 ⑤露盘:宝塔上的轮盖,也叫轮相或相轮。

[译文]

都城西北方大河南岸的旧王寺内,保存着释迦菩萨年少时的乳牙,长一寸多。这座寺的东南方还有一座佛寺,也叫旧王寺,保存着如来的一片顶骨,宽一寸多,色泽黄白,发孔清晰可见。还有如来的头发,呈天青色,向右盘旋,拉长有一尺多,卷曲后约有半寸。每到六斋的时候,这三件圣物都由国王和大臣们散花供养。顶骨寺西南方有座旧王妃寺,寺中建造了金铜佛塔,高一百多尺。听当地人说:佛塔里有佛舍利一升多,每月十五日夜间,舍利放射出圆光,照耀着佛塔上的露盘,佛光与月光交相辉映,通宵达旦,黎明时分,光芒逐渐暗淡,收入佛塔之中。

六、比罗娑洛山及龙泉

城西南有比罗娑洛山(唐言象坚),山神作象形,故曰象坚也。昔如来在世,象坚神奉请世尊及千二百大阿罗汉,山巅有大磐石,如来即之,受神供养。其后无忧王①即磐石上起窣堵波,高百余尺,今人谓之象坚窣堵波也。亦云中有如来舍利,可一升余。

象坚窣堵波北山岩下有一龙泉,是如来受神饭已,及阿罗汉于中漱口嚼杨枝,因即植根,今为茂林。后人于此建立伽蓝,名鞞铎佉[②](唐言嚼杨枝)。

自此东行六百余里,山谷接连,峰岩峭峻,越黑岭,入北印度境,至滥波国(北印度境)。

[注释]

①无忧王:阿育王,印度孔雀王朝国王,在位期间定佛教为国教,进行过佛教第三次集结。　②鞞(bì)铎(duó)佉(qū):意思是树丛、茂林。

[译文]

都城西南有座比罗娑洛山(大唐称为象坚),这座山的山神外形如同大象,所以叫作象坚山。过去,如来在世的时候,象坚神恭敬地请求世尊和一千二百位大阿罗汉前来,山顶有一块大磐石,如来坐在上面,接受象坚山神的供养。后来,无忧王就在磐石上建造了佛塔,高一百多尺,现在的人把它称作象坚塔。还有人说,塔里藏有如来舍利,有一升多。

象坚塔北面山岩之下有一眼龙泉,是如来吃完山神敬奉的饭食后,与阿罗汉们一起漱口、嚼杨枝的地方;因当时把杨枝插进土里,现已成为茂密的森林。后人在这里建造佛寺,名叫鞞铎佉(大唐称为嚼杨枝)。

从这里向东走六百多里,高山深谷连绵不绝,峰峦陡峭,翻过黑岭,就进入了北印度境内,到达滥波国(在北印度境内)。

大唐西域记卷第二

(三国)

三藏法师玄奘奉诏　译
大总持寺沙门辩机　撰

印度总述

一、释名

详夫天竺之称,异议纠纷:旧云身毒,或曰贤豆,今从正音,宜云印度。印度之人,随地称国,殊方异俗,遥举总名,语其所美,谓之印度。印度者,唐言月。月有多名,斯其一称。言诸群生轮回不息,无明长夜,莫有司晨。其犹白日既隐,宵烛①斯继,虽有星光之照,岂如朗月之明!苟缘斯致,因而譬月。良以其土圣贤继轨,导凡御物,如月照临。由是义故,谓之印度。印度种姓,族类群分,而婆罗门特为清贵,从其雅称,传以成俗,无云经界之别,总谓婆罗门国焉。

[注释]

①宵烛:萤火虫的别名。这里比喻为夜晚。

[译文]

仔细探究天竺名称的来历,会看到各种说法纷繁杂乱:古代称为身毒,也有称为贤豆的,现在根据正确的发音,应当叫作印度。印度人依据他们各自的居住地冠以各自的国名,各国环境不同,风俗各异,把他们作为一个整体来命名,表现出当地人对自己家乡的赞美,于是采用印度这一称谓。印度的含义,用大唐的话说就是月亮。月亮有很多不同的名称,印度是其中之一。它的意思是说所有的生命生生死死,永远处于轮回之中,就像笼罩在不见光明的漫漫长夜之中，没有报晓唤来黎明的希望。就如同太阳已经落山，夜晚随即降临，虽然有繁星闪烁，但是哪里比得上月光皎洁呢？正是由于这一缘故，所以把印度比喻为月亮。完全是因为该国圣人贤士层出不穷，教导世人，抚育万物，如同夜间有月亮光照大地一般。所以，才称为印度。印度盛行种姓，家族部族分作不同的类别，其中婆罗门种姓尤其清高尊贵，于是人们根据这一华美的名称，流传久远，约定俗成，不再考虑地域上的差别，就总称为婆罗门国。

二、疆域

若其封疆之域，可得而言。五印度之境，周九万余里。三垂大海，北背雪山，北广南狭，形如半月。画野区分，七十余国。时特暑热，地多泉湿。北乃山阜隐轸①，丘陵舄卤②；东则川野沃润，畴垄膏腴；南方草木荣茂；西方土地硗确。斯大概也，可略言焉。

[注释]

①隐轸：繁盛丰富的样子。　②舄（xì）卤：富含盐碱的土地，不适于耕种。

[译文]

要讲印度的疆域情况，我们有材料加以说明。五印度的疆域方圆有九万多里。三面濒临大海，北方背靠雪山，北方宽广，南方狭窄，形状好似半月。全国范围划分区域，有七十多个国家。气候特别炎热，大地到处都很湿润。北部地区山阜连绵，丘陵地带盐碱遍布；东部地区多是河川平原，肥沃湿润，农田肥饶；南部地区草木茂盛；西部地区土地贫瘠。这是大概情况，在此简单谈谈。

三、数量

夫数量之称,谓逾缮那（旧曰由旬,又曰逾阇那,又曰由延,皆讹略也）。逾缮那者,自古圣王一日军行也。旧传一逾缮那四十里矣;印度国俗乃三十里;圣教所载唯十六里。穷微之数,分一逾缮那为八拘卢舍。拘卢舍者,谓大牛鸣声所极闻,称拘卢舍。分一拘卢舍为五百弓,分一弓为四肘,分一肘为二十四指,分一指节为七宿麦,乃至虱、虮、隙尘、牛毛、羊毛、兔毫、金、水。次第七分,以至细尘,细尘七分为极细尘。极细尘者,不可复析,析即归空,故曰极微也。

[译文]

他们把数量称作逾缮那（过去译作由旬,或者逾阇那,或者由延,都是错的或省略的说法）。所谓逾缮那,指的是古代圣王的军队行军一天的行程长度。从前传说一个逾缮那是四十里;按印度的习惯计算是三十里;根据佛教经典的记载只有十六里。若将这一单位进一步细分,那么一个逾缮那可分为八个拘卢舍。所谓拘卢舍,指的是大牛的叫声所能传播的最远距离,这个长度就是拘卢舍。一个拘卢舍又分为五百弓,一弓又分为四肘,一肘再分作二十四指节,一指节再分为七宿麦,以下还有虱、虮、隙尘、牛毛、羊毛、兔毫、金、水等单位。按照顺序不断分为七等分,直到细尘,细尘再次被一分为七,就是极细尘。到了极细尘,就不再分下去了,分的话则一无所有,所以叫作极微。

四、岁时

若乃阴阳历运，日月次舍，称谓虽殊，时候无异，随其星建，以标月名。时极短者，谓刹那也。百二十刹那为一呾刹那，六十呾刹那为一腊缚，三十腊缚为一牟呼栗多，五牟呼栗多为一时，六时合成一日一夜（昼三夜三），居俗日夜，分为八时（昼四夜四，于一一时各有四分）。月盈至满，谓之白分；月亏至晦，谓之黑分。黑分或十四日、十五日，月有小大故也。黑前白后，合为一月，六月合为一行。日游在内，北行也；日游在外，南行也。①总此二行，合为一岁，又分一岁以为六时：正月十六日至三月十五日，渐热也；三月十六日至五月十五日，盛热也；五月十六日至七月十五日，雨时也；七月十六日至九月十五日，茂时也；九月十六日至十一月十五日，渐寒也；十一月十六日至正月十五日，盛寒也。如来圣教，岁为三时：正月十六日至五月十五日，热时也；五月十六日至九月十五日，雨时也；九月十六日至正月十五日，寒时也。或为四时，春夏秋冬也。春三月，谓制呾逻月、吠舍佉月、逝瑟吒月，当此从正月十六日至四月十五日。夏三月，谓颂沙荼月、室罗伐拿月、婆达罗钵陀月，当此从四月十六日至七月十五日。秋三月，谓颂湿缚庚阇月、迦剌底迦月、末伽始罗月，当此从七月十六日至十月十五日。冬三月，谓报沙月、磨祛月、颇勒窭拿月，当此从十月十六日至正月十五日。故印度僧徒依佛圣教，坐两安居，或前三月，或后三月。前三月，当此从五月十六日至八月十五日；后三月，当此从六月十六日至九月十五日。前代译经律者，或云坐夏，或云坐腊，斯皆边裔殊俗，不达中国②正音，或方言未融而传译有谬。又推如来入胎、初生、出家、成佛、涅槃日月，皆有参差，语在后记。

[注释]

①文中"日游在内，北行也"是说冬至到夏至；"日游在外，南行也"是指夏至到冬至。　②中国：此处中国指中印度。

[译文]

要说阴阳历数的变化，日月四季的循环往复，名称虽然与大唐不同，但是时令本身却没有差别。他们按照星辰的位置，标明月份的名称。极短的时间单位，称作刹那。一百二十刹那组成一个呾刹那，六十呾刹那组成一个腊缚，三十腊缚组成一个牟呼栗多，五个牟呼栗多构成一时，六时构成一个昼夜（白天占三时，夜晚占三时），世俗之人另将一昼夜分为八时（白天占四时，夜晚占四时，合起来是一天，每一时又有四分）。月相从盈到满，叫作白分；月相从亏到晦，叫作黑分。一个黑分有十四天或十五天，因为月有小月大月的区别。黑分在前，白分在后，合起来就是一月，六个月合成一行。太阳在内运动时，叫作北行；太阳在外运动时，叫作南行。把太阳的南北行两个时间段合起来就是一年，又把一年分为六时：正月十六日至三月十五日，是渐热的季节；三月十六日至五月十五日，是盛热的季节；五月十六日至七月十五日，是雨季；七月十六日至九月十五日，是茂盛的季节；九月十六日至十一月十五日，是渐寒的季节；十一月十六日至正月十五日，是盛寒的季节。如来的佛教，则将一年分为三个季节：正月十六日至五月十五日，是热季；五月十六日至九月十五日，是雨季；九月十六日至正月十五日，是寒季。也分为四季，就是春、夏、秋、冬。春季有三个月，分别叫作制呾逻月、吠舍佉月、逝瑟吒月，相当于大唐从正月十六日至四月十五日。夏季有三个月，分别叫作頞沙荼月、室罗伐拿月、婆达罗钵陀月，相当于大唐从四月十六日至七月十五日。秋季有三个月，分别叫作頞湿缚庚阇月、迦剌底迦月、末伽始罗月，相当于大唐从七月十六日至十月十五日。冬季有三个月，分别叫作报沙月、磨袪月、颇勒窭拿月，相当于大唐从十月十六日至正月十五日。所以印度的僧人遵照佛祖的教谕在雨季坐两安居，或者在前三个月，或者在后三个月。前三个月，相当于大唐从五月十六日至八月十五日；后三个月，相当于大唐从六月十六日至九月十五日。以前翻译经律的人，有的译为"坐夏"，有的译为"坐腊"，这都是因为居住在印度边远地区的人，不懂中印度的标准发音，或者是因为对于方言不很熟悉，导致翻译的时候出现了错误。再比如说，推算佛祖的投胎、诞生、出家、成佛、涅槃的时间，都存在不同的说法，这在后面具体谈谈。

五、宫室

若夫邑里间阎①，方城广峙，街衢巷陌，曲径盘迂，阛阓②当涂，旗亭③夹路。屠、钓、倡、优、魁脍④、除粪，旌厥宅居，斥之邑外，行里往来，僻于路左。至于宅居之制，垣郭之作，地势卑湿，城多垒砖，暨诸墙壁，或编竹木，室宇台观，板屋平头，泥以石灰，覆以砖墼⑤。诸异崇构，制同中夏。苫茅苫草，或砖或板，壁以石灰为饰，地涂牛粪为净，时花散布，斯其异也。诸僧伽蓝，颇极奇制。隅楼四起，重阁三层，榱栭⑥栋梁，奇形雕镂，户牖垣墙，图画众彩。黎庶之居，内侈外俭。隩室⑦中堂，高广有异，层台重阁，形制不拘。门辟东户，朝座东面。至于坐止，咸用绳床。王族大人、士庶豪右，庄饰有殊，规矩无异。君王朝座，弥复高广，珠玑间错，谓师子床，敷以细氎，蹈以宝机。凡百庶僚，随其所好，刻雕异类，莹饰奇珍。

[注释]

①闾（lú）阎（yán）：泛指民居。 ②阛（huán）阓（huì）：指市肆、市井。 ③旗亭：市楼。 ④魁脍：指行刑者。 ⑤墼（jī）：未烧的砖坯。 ⑥榱（cuī）栺（lǔ）：屋椽与屋檐。 ⑦隩室：内室。隩，通"奥"。

[译文]

说到人们居住的地方，建有方形的城墙，又宽又高，大街小巷，曲折环绕，路口遍布市场，道旁店阁密布。屠夫、渔夫、倡伎、戏子、刽子手、淘粪工们的居住地有特殊标记，他们被驱逐到城外，如果在城中走动，只能躲在道路的左边。房屋的结构和城垣的建造情况是这样的：因为当地的地势较低，空气潮湿，城墙多用砖块砌成，至于住房的墙壁，还有用竹木编扎起来的，厅堂楼台等建筑则用木板铺设屋顶，涂抹石灰，再砌上砖坯。有些建得非常高大，外形与中国的一样。房顶铺设了茅草，盖上砖块或木板，墙上涂了石灰作为装饰，地面抹上牛粪表示洁净，还撒了当季的鲜花，这是和中国风俗的明显不同。各地的佛寺，建筑风格很特别。四角建有高楼，楼高三层，椽子、屋檐、房梁镂刻着奇妙的图案，大门、窗户、墙壁上描画了各色纹样。普通民众的房屋内部华丽，外表简朴。内室和中堂的高低宽窄并不相同，层层叠叠的楼台，风格迥异。大门朝东开，君王的座位也面朝东方。至于坐具都使用绳床。王族成员、朝廷贵臣、士人百姓、豪门大族虽然所用绳床的装饰物差别很大，但是基本样式却没有区别。君王的宝座形制更加高大宽广，其间交错镶嵌着珠宝，被称为狮子床，床面上铺设了细毛布，脚下设有供搁脚的镶宝平凳。普通的官员们根据各自喜好的不同，在绳床上雕刻了各种图案，装饰了奇珍异宝。

六、衣饰

衣裳服玩，无所裁制，贵鲜白，轻杂彩。男则绕腰络腋，横巾右袒，女乃襜衣①下垂，通肩总覆。顶为小髻，余发垂下。或有剪髭，别为诡俗。首冠花鬘，身佩璎珞②。其所服者，谓憍奢耶衣③及氎布等。憍奢耶者，野蚕丝也；芻摩衣④，麻之类也。钦（墟严反）钵罗衣，织细羊毛也；褐剌缡衣，织野兽毛也。兽毛细耎，可得缉绩，故以见珍，而充服用。其北印度，风土寒烈，短制褊衣，颇同胡服。外道服饰，纷杂异制，或衣孔雀羽尾，或饰髑髅璎珞，或无服露形，或草板掩体，或拔发断髭，或蓬鬓椎髻，裳衣无定，赤白不恒。沙门⑤法服，唯有三衣及僧却崎、泥缚些（桑个反）那。三衣裁制，部执不同，或缘有宽狭，或叶有小大。僧却崎（唐言掩腋。旧曰僧祇支，讹也）覆左肩，掩两腋，左开右合，长裁过腰。泥缚些那（唐言裙。旧曰涅槃僧，讹也）既无带襻⑥，其将服也，集衣为褶，束带以绦，褶则诸部各异，色乃黄赤不同。刹帝利、婆罗门清素居简，洁白俭约。国王、大臣服玩良异，花鬘宝冠以为首饰，环钏璎珞而作身佩。其有富商、大贾，唯钏而已。人多徒跣，少有所履。染其牙齿，或赤或黑，齐发穿耳，修鼻大眼，斯其貌也。

[注释]

①襜(chān)衣：指系在衣服前面的围裙。　②璎珞：印度贵族男女佩戴的以珠玉穿成的颈饰。　③憍(jiāo)奢耶衣：以野蚕丝所做的衣服。　④芻摩衣：麻质的衣服。　⑤沙门：出家人的通称。　⑥襻(pàn)：扣住纽扣的套。

[译文]

习惯上，内外装束都不加剪裁，崇尚洁白色，轻视杂色。男子的装束是将布围在腰间，向上绕经腋下，再横搭在左肩，裸露右肩；女子的装束是着盖住膝盖的长围裙，双肩都被上衣覆盖。头顶束扎着小髻，其余的头发披散下来。有的人剪剃胡须，还有另外的奇风异俗。头上戴着花环，身上佩有璎珞。他们所穿的衣服，包括被称为憍奢耶衣以及细毛布衣等。憍奢耶，就是野蚕丝；芻摩衣，是用麻制成的。颁𦥑钵罗衣，是用细羊毛织成的；褐刺缡衣，是用野兽毛织成的。这些兽毛又细又软，完全可以拿来纺织，因此深受人们的珍视，作为制衣的材料来使用。在北印度，气候寒冷，人们穿着短款的紧身衣，类似于胡人的服装。那些外道人士的服饰纷繁复杂，各式各样：有的身着孔雀尾羽；有的戴着头骨璎珞；有的不穿衣服，赤身露体；有的用草和板子遮蔽身体；有的拔掉头发，剪短胡须；有的鬈发散乱，头顶扎髻。衣服并没有固定样式，也没有红色、白色的色彩偏好。僧人的法衣只有三衣和僧却崎、泥缚些那。三衣的具体裁制方式，各个部派都有区别，或者镶边有宽有窄，或者褶子有大有小。僧却崎（大唐叫作掩腋。过去译为僧祇支，错了）衣覆盖左肩，遮掩两腋，向左边打开，从右边合上，衣长刚好过腰。泥缚些那（大唐叫作裙。过去译为涅槃僧，错了）衣没有衣带扣襻，所以在穿的时候，要将衣服收拢折叠，再拿丝带束扎；各部派的折叠方法不同，颜色也有黄色、白色的差别。刹帝利、婆罗门种姓的服饰崇尚干净整洁，简单大方，衣色素白，节俭方便。国王和大臣们的服饰则有很大的不同，他们顶戴花环宝冠，作为头上的装饰，用环镯、璎珞作为身上的配饰。那些富商大贾仅仅戴着镯子。人们大多光着脚，很少穿鞋。牙齿染上颜色，有红有黑，头发剪齐，耳朵穿孔，高鼻子，大眼睛，这就是他们的相貌特点。

七、馔食

夫其洁清自守，非矫其志。凡有馔食，必先盥洗，残宿不再，食器不传；瓦木之器，经用必弃；金、银、铜、铁，每加摩莹。馔食既讫，嚼杨枝而为净。澡漱未终，无相执触。每有溲溺，必事澡灌。身涂诸香，所谓栴檀、郁金也。君王将浴，鼓奏弦歌，祭祀拜祠，沐浴盥洗。

[译文]

他们天性喜爱洁净，自觉遵守教规，并不是外力强迫的结果。每到吃饭的时候，一定先要盥洗，不会食用隔夜的剩饭，也不互相借用饮食器具；陶制和木制的器皿，一经使用，则要丢弃；金、银、铜、铁的金属器皿往往擦拭得锃明瓦亮。进食完毕，通过咀嚼杨枝来清洁口腔。没有经过洗澡漱口，相互之间绝不接触。每当大小便之后，一定要清洗干净。身体涂抹诸如栴檀香、郁金香之类的各种香料。君主要沐浴的时候，鼓乐齐鸣。举行祭祀礼拜的典礼时，先要沐浴盥洗。

八、文字

详其文字，梵天所制，原始垂则，四十七言[①]。寓物合成，随事转用。流演枝派,其源浸广,因地随人,微有改变,语其大较,未异本源。而中印度特为详正,辞调和雅,与天同音,气韵清亮,为人轨则。邻境异国,习谬成训,竞趋浇俗,莫守淳风。

至于记言书事,各有司存。史诰总称谓尼罗蔽荼^②(唐言青藏),善恶具举,灾祥备著。

[注释]

①四十七言:是指梵文的十四个元音加上三十三个辅音。 ②尼罗蔽荼:意思是"青色文藏",泛指古印度的史册、官方文书。

[译文]

具体讨论印度的文字,它是由梵天创制的,根据最初的创字原则,有四十七个字母。字母组合成词汇表达意思,随着涉及事物的不同运用逐渐广泛。在流传的过程中不断演变,分化出各种分支流派,词汇更加丰富,使用更加普遍;由于地域、居民的不同,文字也出现了微小的变化,但是总的来讲,并没脱离最初的创字原则。中印度地区的语言尤其详备纯正,发音和谐雅致,和天神的语言一样,发音吐字清晰洪亮,是人们学习的典范。中印度相邻地区和其他国家对于语言中的谬误已经习以为常,甚至作为正确的解释,于是竞相效仿这一流俗,不再遵循传统。

至于言行历史的记载,各有专门的机构掌管。史书文献总称为尼罗蔽荼(大唐叫作青藏)。人们的善恶言行都被记载下来,灾祸吉祥的现象也有完备的著录。

九、教育

而开蒙诱进,先导十二章^①。七岁之后,授五明^②大论:一曰声明，释诂训字，诠目疏别；二工巧明，伎术机关，阴阳历数；三医方明，禁咒闲邪，药石针艾；四谓因明，考定正邪，研核真伪；五曰内明，究畅五乘，因果妙理。

其婆罗门学四吠陀论③（旧曰毗陀，讹也）：一曰寿，谓养生缮性；二曰祠，谓享祭祈祷；三曰平，谓礼仪、占卜、兵法、军阵；四曰术，谓异能、伎数、禁咒、医方。

师必博究精微，贯穷玄奥，示之大义，导以微言，提撕④善诱，雕朽励薄。若乃识量通敏，志怀逋逸，则拘縶反关，业成后已。

年方三十，志立学成，既居禄位，先酬师德。其有博古好雅，肥遁⑤居贞，沉浮物外，逍遥事表，宠辱不惊，声问已远，君王雅尚，莫能屈迹。然而国重聪睿，俗贵高明，褒赞既隆，礼命亦重。故能强志笃学，忘疲游艺，访道依仁，不远千里。家虽豪富，志均羁旅，口腹之资，巡丐以济，有贵知道，无耻匮财。娱游、堕业、偷食、靡衣，既无令德，又非时习，耻辱俱至，丑声载扬。

[注释]

①十二章：《悉昙十二章》，儿童的初学课本。　②五明：佛教教授学徒的五种学问。　③四吠陀论：四吠陀的论著。吠陀是印度最古老的经典。　④提撕：教导弟子，使其警悟。　⑤肥遁：乐于隐居。

[译文]

启蒙儿童，引导学习的方法首先是教给他们《悉昙十二章》。七岁以后，再逐步教授五明大论：第一是声明论，主要内容是解释字义，梳理条目，分辨类别；第二是工巧明，主要内容是技术制造、天文历算；第三是医方明，主要内容是运用咒语压制邪魔以及医术药物；第四是因明，主要内容是研究认定正见邪说，判别理论真伪；第五是内明，主要内容是通晓五乘学说，领悟因果的微妙道理。

婆罗门种姓学习的是四吠陀论（过去译作毗陀，错了）：一是寿，讲的是修身养性；二是祠，讲的是祈祷祭祀；三是平，讲的是礼仪、占卜、兵法、军阵；四是术，讲的是特异功能、技艺方术、驱邪咒语、医药处方。

做老师的一定要广泛研究各种精妙细微的道理，通达玄秘深奥的含义，用精微的言语引导学生，循循善诱，使他们能领略正道要义，如同将朽木雕琢成器，将薄铁片磨成利刃。如果有的人见识高远，智量通达，胸怀大志想要逃避遁世，他们就把自己反锁在屋中，直到学成为止。

学生年过三十岁后，志向确立，学业有成，已经身居官位，往往先要感谢老师的恩德。有的学生崇尚古风，喜好清雅，向往隐遁生活，保持坚贞品性，他们置身于俗事之外不受其影响，忘却了世间琐碎而逍遥自在，荣辱不惊，声名远扬，即使君主们极为欣赏，也不能够迫使他们出仕为官。然而国家向来重视聪明睿智之人，世间尊重博识饱学之士，对于他们交口称颂，礼遇有加。所以人们能够志向坚定，刻苦学习，不怕辛劳，四处访学，寻访得道高人，依从仁爱大师，不惧路途遥远。家里虽然富有，却都立志远行，日常饮食，满足于沿途乞讨所得而已，他们追求的是获取知识，并不以贫穷困顿为耻。至于那些只知游玩娱乐、荒废学业、苟且度日、衣着华丽的人，既没有高尚的品德，又没有过人的技能，便会遭遇各种耻辱，从而臭名远扬。

十、佛教

如来理教,随类得解,去圣悠远,正法醇醨①,任其见解之心,俱获闻智之悟。部执峰峙,净论波涛,异学专门,殊途同致。十有八部②,各擅锋锐;大小二乘,居止区别。其有宴默思惟,经行住立,定慧悠隔,喧静良殊,随其众居,各制科防。无云律论,缉是佛经,讲宣一部,乃免僧知事;二部,加上房资具;三部,差侍者祗承③;四部,给净人役使;五部,则行乘象舆;六部,又导从周卫。道德既高,旌命亦异。时集讲论,考其优劣,彰别善恶,黜陟幽明。其有商榷微言,抑扬妙理,雅辞赡美,妙辩敏捷,于是驭乘宝象,导从如林。至乃义门虚辟,辞锋挫锐,理寡而辞繁,义乖而言顺,遂即面涂赭垩④,身坌尘土,斥于旷野,弃之沟壑。既旌淑慝,亦表贤愚。人知乐道,家勤志学。出家归俗,从其所好。罹咎犯律,僧中科罚,轻则众命诃责,次又众不与语,重乃众不共住。不共住者,斥摈不齿,出一住处,措身无所,羁旅艰辛,或返初服⑤。

[注释]

①醇醨:原指酒味的厚薄,这里比喻为佛法的深浅。 ②十有八部:佛祖圆寂后,逐渐形成的教团派别。 ③祗承:敬奉的意思。 ④赭垩:红土和白土。 ⑤初服:这里指出家前的衣服,就是世俗的服饰。

[译文]

如来宣说的佛教义理,因人们的根性不同产生理解差异,现在距离圣贤的时代已经极为久远了,对于真正佛法理解的深浅,完全凭借各自内心的认识程度，以及对所学知识体悟的高低。如今各派坚守门户之见，争论激烈，犹如狂涛，同一教理，解释纷繁，学习方法各不相同，但追求的目标却能一致。十八大部派都想在争辩中脱颖而出；大乘、小乘的教义差异非常显著。有人在修行时安安静静，冥思苦想，有的人靠散步或站立修行，禅定与智慧的途径差距很大，喧嚣与静默的方式相去很远，于是不同的僧团各自制定相应的条规法度。不论律藏、论藏，归根到底都是佛经，能宣讲其中一部的僧人，就可以免除劳役杂务；能宣讲其中两部的僧人，就能得到房屋用具等奖励；能宣讲其中三部的僧人，会得到派遣的侍者听候使用；能宣讲其中四部的僧人，则有专门的净人供其差使；能宣讲其中五部的僧人，就能乘坐象车出行；能宣讲其中六部的僧人，除了象车之外，还有护卫随从。道行高深的僧人，获得褒奖也不同。僧众们经常聚会演讲辩论，研究理论的好坏，鉴别行为举止的善恶，贬黜愚昧，褒扬贤明。如果有的人能够深入分析微妙词句，评价判别深奥的义理，遣词造句高雅瑰丽，论辩敏锐，思路清晰，就可以乘坐宝象，前呼后拥。至于有些人理论空泛，荒诞不经，辩论败北，讲不清道理还废话连篇，不明白经义还巧言令色，他们的脸上则会被人涂上红土、白土，身上被撒满灰尘，赶到荒野之中，丢进沟谷之内。这种做法表彰的是贤者，斥逐的是蠢人，也起到了惩恶扬善的作用。所以人们都愿意修行，在家中勤学佛法。不论出家在家，听凭每个人的喜好。一旦违反戒律，僧团必然对其施以惩罚，轻的遭到僧众集体呵斥，进而众人不同他讲话，重的则是大家不和他待在一起。要是没有人和他共处，必然被众人排斥，令人不齿，要是被驱逐出寺院，他就失去了栖身之所，浪迹天涯，备尝艰辛，有人为此被迫还俗。

十一、族姓

若夫族姓①殊者,有四流焉:一曰婆罗门,净行②也,守道居贞,洁白其操;二曰刹帝利,王种也(旧曰刹利,略也),奕世君临,仁恕为志;三曰吠奢(旧曰毗舍,讹也),商贾也,贸迁有无,逐利远近;四曰戍陀罗(旧曰首陀,讹也),农人也,肆力畴垄,勤身稼穑。凡兹四姓,清浊殊流,婚娶通亲,飞伏③异路,内外宗枝,姻媾不杂。妇人一嫁,终无再醮。自余杂姓,实繁种族,各随类聚,难以详载。

[注释]

①族姓:即印度的种姓制度。 ②净行:修婆罗门行者的通称,又作梵志。梵,净也。本书净行多指外道修行者。 ③飞伏:汉代的易学用语,这里比喻不同种姓之间互不通婚的隔绝程度犹如未来和以往那样绝不混淆。

[译文]

关于种姓的类别,共有四种:第一称为婆罗门,即修行外道的人,他们恪守教规,节制禁欲,品行端正;第二称为刹帝利,是王室种族(过去称为刹利,是略称),世代为王,君临天下,以仁慈宽厚治理国家;第三称为吠奢(过去称为毗舍,错了),是商人,贸易贩运,互通有无,不惧远近,唯利是图;第四称为戍陀罗(过去称为首陀,错了),是农民,尽力耕作,辛苦田间。这四个种姓的高贵低贱,区别显著,正如飞伏般互不通婚,即使同一种姓之内,父系母系的亲属也不通婚破坏血统。女人一旦出嫁,终生不得再婚。上述四者之外的其他种姓众多,名目纷繁,各自同类共居,难以一一叙述。

十二、兵术

君王奕世，唯刹帝利。篡弑时起，异姓称尊。国之战士，骁雄毕选，子父传业，遂穷兵术。居则宫庐周卫，征则奋旅前锋。凡有四兵，步、马、车、象。象则被以坚甲，牙施利距①，一将安乘，授其节度，两卒左右，为之驾驭。车乃驾以驷马，兵帅居其乘，列卒周卫，扶轮挟毂。马军散御，逐北奔命。步军轻捍，敢勇充选，负大橹②，执长戟，或持刀剑，前奋行阵。凡诸戎器，莫不锋锐，所谓矛、楯、弓、矢、刀、剑、钺、斧、戈、殳、长矟、轮索之属，皆世习矣。

[注释]

①利距：锋利的弯钩。　②橹：大盾牌。

[译文]

世代统治国家的只有刹帝利种姓。弑君篡位，异姓称王的事情经常发生。国家的战士都是经过挑选的勇猛善战之人，父子世袭，因此非常精通军事技术。他们平时守卫在王宫周边，战时充当军队的前锋。共分为四大兵种：步军、马军、车军、象军。战象身披坚实的甲胄，象牙安装锋利的曲钩，象身上坐着一员大将，下令指挥作战，左右两边有士卒为将军驾驭战象。战车由四匹马拉动，指挥官坐在车上，士兵围绕着战车，紧靠车轮加以护卫。马军分散抗敌，负责追逐战败逃命的敌人。步军轻装战斗，都是挑选出的勇士，扛着大盾，手持长戟，或者持刀剑，奋勇向前，直冲敌阵。所使用的各种兵器，都极为锋利，诸如矛、盾、弓、矢、刀、剑、钺、斧、戈、杖、长矛、飞索之类，都经过世代传承学习。

十三、刑法

夫其俗也,性虽狷急,志甚贞质,于财无苟得,于义有余让,惧冥运之罪,轻生事之业,诡谲不行,盟誓为信,政教尚质,风俗犹和。凶悖群小,时亏国宪,谋危君上,事迹彰明,则常幽囹圄①,无所刑戮,任其生死,不齿人伦。犯伤礼义,悖逆忠孝,则劓鼻、截耳、断手、刖足,或驱出国,或放荒裔。自余咎犯,输财赎罪。理狱占辞②,不加荆朴,随问款对,据事平科③。拒违所犯,耻过饰非,欲究情实,事须案者,凡有四条:水、火、称、毒。水则罪人与石,盛以连囊,沉之深流,校其真伪;人沉石浮则有犯,人浮石沉则无隐。火乃烧铁,罪人踞上,复使足蹈,既遣掌案,又令舌舐;虚无所损,实有所伤。懦弱之人,不堪炎炽,捧未开花,散之向焰;虚则花发,实则花焦。称则人石平衡,轻重取验;虚则人低石举,实则石重人轻。毒则以一羖羊④,剖其右髀,随被讼人所食之分,杂诸毒药置右髀中;实则毒发而死,虚则毒歇而稣。举四条之例,防百非⑤之路。

[注释]

①囹(líng)圄(yǔ):监狱。 ②占辞:口供。 ③平科:公平的定罪。 ④羖(gǔ)羊:黑公羊。 ⑤百非:各种邪恶的事情。

[译文]

说到印度的习俗,虽然居民性格急躁,但是品质非常忠贞淳朴,不会蝇营狗苟谋取不义之财,讲求信义,谦让礼敬,害怕因罪恶遭到阴间的惩罚，不看重人世间的俗事，不搞阴谋诡计，信守盟约誓言，政治宗教都崇尚朴实，百姓和睦相处。凶恶顽劣的小人，有时会违犯国法，阴谋危害君主，罪行暴露之后，常常被关在监狱里，并不加以杀戮，听其自生自灭，没有人会把他们当人看待。如果有人不遵礼法，违背忠孝之道，就会被处以割鼻、截耳、断手、砍脚的刑罚，或者驱逐出国，或者流放边远地区。其他违法犯罪之人，通过罚款来赎罪。审理案件，听取词讼时，不会严刑逼供，官府问案，涉案人慢慢申诉，根据掌握的事实，公正判决。一旦拒不认罪，巧言掩盖罪行，要追查到真相，对事实必须加以验证，共有四种方法：水判、火判、称判、毒判。水判是将嫌犯和石头分别装在相连的口袋里，沉入深水，来检验是否有罪。如果人沉下去，石头浮上来则表明有罪；石头沉下去，人浮上来则说明没有说谎。火判是将铁块烧红，嫌犯蹲在上面，又让他用脚踩，用手掌按，用舌头舔，无罪之人不会受伤，有罪之人定被烫伤。身体柔弱的人无法承受铁块的炽热，就让他用手捧着未开的花蕾，撒在火焰上；无罪花朵开放，有罪花蕾枯焦。称判是将嫌犯和石头一起称量，用分量的轻重来判断；人比石头重无罪，石头比人重有罪。毒判是将一只黑公羊的右腿割下，按照被告人吃的那份，将各种毒药放在右腿中；有罪之人会毒发身亡，无罪之人在毒性消散后会苏醒过来。运用这四种判罪方式，可以有效防止各种为非作歹的事。

十四、敬仪

致敬之式，其仪九等：一发言慰问，二俯首示敬，三举手高揖，四合掌平拱，五屈膝，六长跽，七手膝踞地，八五轮俱屈[①]，九五体投地。凡斯九等，极唯一拜。跪而赞德，谓之尽敬。远则稽颡[②]拜手[③]，近则舐足摩踵。凡其致辞受命，褰裳长跪。尊贤受拜，必有慰辞，或摩其顶，或拊其背，善言诲导，以示亲厚。出家沙门，既受敬礼，唯加善愿，无止跪拜。随所宗事，多有旋绕，或唯一周，或复三匝，宿心别请，数则从欲。

[注释]

①五轮俱屈：是指以两肘、两膝、额头着地的礼敬方式。　②稽颡（sǎng）：跪拜时以头触地。　③拜手：拜的时候，头碰到手，但没有着地。

[译文]

表示礼敬的方式，共分九等：一是好话慰问，二是低头致敬，三是高举双手到头，四是双手合十鞠躬，五是单膝下跪，六是双膝下跪，七是双手双膝着地，八是双手双膝和额头着地，九是全身趴在地上。上面九种致敬的礼仪，只做一遍，不必重复。跪在地上，口中称颂功德，被看作最高的敬意。相距较远就屈膝下跪，以头触碰着地的手，离得近就用舌头舔对方的脚，用手摸他的脚后跟。凡遇传达旨意，接受命令，都要撩起衣服长跪在地，尊长贤者接受跪拜，必定说些抚慰的话，或者摸摸头顶，或者轻拍后背，用善言加以教诲引导，来表示关系的密切。出家的僧人接受礼敬之后，只需回报良好的祝愿，不必劝阻别人的跪拜。每个人根据他崇拜对象的不同，一般以绕行的方式表示敬意，有的只绕一圈，有的重复绕三圈，如果心中有特殊的愿求，可随意增减绕行的圈数。

十五、病死

凡遭疾病，绝粒七日。期限之中，多有痊愈；必未瘳差，方乃饵药。药之性类，名种不同；医之工伎，占候有异。终没临丧，哀号相泣，裂裳、拔发、拍额、椎胸。服制无闻，丧期无数。送终殡葬，其仪有三：一曰火葬，积薪焚燎；二曰水葬，沉流漂散；三曰野葬，弃林饲兽。国王殂落，先立嗣君，以主丧祭，以定上下。生立德号，死无谥议。丧祸之家，人莫就食；殡葬之后，复常无讳。诸有送死，以为不洁，咸于郭外，浴而后入。至于年耆寿耄①，死期将至，婴累②沉痾，生涯恐极，厌离尘俗，愿弃人间，轻鄙生死，希远世路。于是亲故知友，奏乐饯会，泛舟鼓棹，济殑伽河，中流自溺，谓得生天。十有其一，未尽鄙见。出家僧众，制无号哭，父母亡丧，诵念酬恩，追远慎终③，实资冥福④。

[注释]

①年耆寿耄（mào）：这里是说人的年纪很大了。耆，六十或者七十岁。耄，八九十岁。　②婴累：遭遇罪累。　③追远慎终：出自《论语·学而》："曾子曰：'慎终追远，民德归厚矣。'"朱熹云："慎终者，丧尽其礼；追远者，祭尽其诚。"　④冥福：亡人的资福。

[译文]

凡是得了病的人都要绝食七天。绝食期间，很多人都会康复；确实没有病愈的，才开始吃药。药的性质、名称各有不同；医生的医术、诊断的本领互有差异。人死以后举办丧礼时，亲友们悲痛地叫喊哭泣，撕裂衣裳、自拔头发、拍打额头、捶击前胸。没有听说有什么丧服规定，丧期长短也不一定。送终殡葬的方式有三种：一是火葬，聚集木柴，焚烧尸体；二是水葬，沉入水中，任其漂流；三是野葬，弃尸林间，野兽啃食。国君死后，首先太子继位，让他主持丧礼，决定尊卑位次。生前立有歌功颂德的名号，死后却没有谥号。死了人的家里，别人不去他家吃饭；安葬完毕，就不再有忌讳。所有参加葬礼的人被认为不洁，都得在城外沐浴以后才能进城。那些年迈之人死期快到了，得了重病，生命垂危，已经厌倦了人世生活，希望离开人间，他们把生死看得很轻，就想远离世间。于是亲戚朋友奏响音乐，举办宴会为其饯行，把他载在船上，划船游弋在殑伽河上，船行到河中央投水自杀，据说是升天了。大概有十分之一的人这样做，但是我没有亲眼看见。出家的僧人被禁止号哭，父母亲死后，念诵经文来报答厚恩，追念逝去的先人，认认真真办完丧事，为的是让他们在阴间增添德福。

十六、赋税

政教既宽，机务亦简，户不籍书，人无徭课。王田之内，大分为四：一充国用，祭祀粢盛①；二以封建辅佐宰臣；三赏聪睿硕学高才；四树福田②，给诸异道。所以赋敛轻薄，徭税俭省，各安世业，俱佃口分。假种王田，六税其一。商贾逐利，来往贸迁，津路关防，轻税后过。国家营建，不虚劳役，据其成功，酬之价直。镇戍征行，宫庐营卫，量事招募，悬赏待人。宰牧辅臣，庶官僚佐，各有分地，自食封邑。

[注释]

①粢（cī）盛：祭品。黍稷曰粢。 ②福田：佛教术语。这里是指农田，用以供养宗教人士，也是旨在求福，与福德之田本意相近。

[译文]

由于政治教化宽松，行政事务就很精简，户口不用登记，百姓也没有劳役赋税。王室的田地收入大体分为四类：一是用来作为国家费用和提供祭祀的祭品；二是分赐给朝廷的辅佐重臣；三是奖赏聪明博学的杰出人才；四是作为福田，布施给各个教派。因此赋税很轻，徭役不多，人们都从事着祖传的职业，按人口佃种土地。租种王室的田地田租是六分之一。商人追逐利润，往返贩运货物，经过关卡、渡口，只需缴纳很少的税额就可通过。国家的工程不会无偿使用劳力，而是根据工程进度，给予相应的报酬。驻军镇守、出征远行、保卫宫廷，都根据实际需要招募士兵，标明赏格等待应募之人。宰相、朝臣、普通官员、幕僚辅佐，都分有土地，靠自己的封地生活。

十七、物产

风壤既别，地利亦殊，花草果木，杂种异名。所谓庵没罗果、庵弭罗果、末杜迦果、跋达罗果、劫比他果、阿末罗果、镇杜迦果、乌昙跋罗果、茂遮果、那利蓟罗果、般橠娑果，凡厥此类，难以备载。见珍人世者，略举言焉。至于枣、栗、椑、柿，印度无闻；梨、柰、桃、杏、蒲萄等果，迦湿弥罗国已来，往往间植；石榴、甘橘，诸国皆树。

垦田农务，稼穑耕耘，播植随时，各从劳逸。土宜所出，稻、麦尤多。

蔬菜则有姜、芥、瓜、瓠、荤陀菜等；葱、蒜虽少，啖食亦希，家有食者，驱令出郭。

至于乳酪、膏酥、秒糖、石蜜①、芥子油、诸饼麨，常所膳也。鱼、羊、獐、鹿，时荐肴胾。牛、驴、象、马、豕、犬、狐、狼、师子、猴、猿，凡此毛群，例无味啖。啖者鄙耻，众所秽恶，屏居郭外，希迹人间。

若其酒醴之差，滋味流别：蒲萄、甘蔗，刹帝利饮也；曲蘖醇醪，吠奢等饮也；沙门、婆罗门饮蒲萄、甘蔗浆，非酒醴之谓也。杂姓卑族，无所流别。

然其资用之器，功质有殊；什物之具，随时无阙。虽釜镬斯用，而炊甑莫知。多器坯土，少用赤铜。食以一器，众味相调，手指斟酌，略无匙箸，至于老病，乃用铜匙。

若其金、银、鍮石、白玉、火珠，风土所产，弥复盈积。奇珍杂宝，异类殊名，出自海隅，易以求贸。然其货用，交迁有无，金钱、银钱、贝珠、小珠。

印度之境，疆界具举，风壤之差，大略斯在，同条共贯，粗陈梗概，异政殊俗，据国而叙。

[注释]

①石蜜：通常指白砂糖或冰糖。

[译文]

印度各地环境不同，各处的物产也各具特色，花草果木，种类繁多，名称各异。有庵没罗果、庵弭罗果、末杜迦果、跋达罗果、劫比他果、阿末罗果、镇杜迦果、乌昙跋罗果、茂遮果、那利蓟罗果、般橠娑果，诸如此类，难以仔细记载。此处只是将受到人们珍视的，举出几种罢了。至于枣子、栗子、青柿、红柿，印度人不知道；梨、沙果、桃、杏、葡萄等水果，从迦湿弥罗国向南，不断见到有种植；石榴、柑橘，各国都有种植。

耕地务农，种植、收获、犁地、除草，按时播种，有人辛劳，有人怠惰。出产的农产品以稻子、麦子为主。

蔬菜有姜、芥、瓜、葫芦、荤陀菜等；葱、蒜种的少，吃的人也不多，家里一旦有人吃了，就会被驱赶出城。

至于乳酪、膏酥、秒糖、石蜜、芥子油、各种面饼炒面，是经常吃的食物。鱼、羊、獐、鹿，时不时做成肉菜来吃。牛、驴、象、马、豕、犬、狐、狼、狮子、猴、猿，这些兽类，向来是不会食用的。吃的人遭受鄙视，被大家视为秽恶，赶出城外，众人不和他往来。

至于酒和饮料的滋味是根据饮用者来区别的：葡萄酒、甘蔗酒，刹帝利种姓饮用；品质优劣不等的烈酒，吠奢等种姓饮用；沙门、婆罗门只喝葡萄浆、甘蔗浆，这可不是酒。其他低级种姓，喝什么酒没有一定之规了。

家用器具的用途和质地都不一样。各种器物随时可用，并不缺乏。他们虽然使用锅，但不知道用甑蒸饭。器具多数用黏土制成，很少使用红铜。只用一件器皿进食，各种调料都混在一起，用手指抓着吃，不用勺子筷子，人得病以后，才用铜匙进食。

至于金、银、鍮石、白玉、火珠，都是当地土产，数量很多。奇珍杂宝，种类繁多，名目各异，来自海边，用来交换商品。但是平常做生意，互通有无时，用的是金钱、银钱、贝珠、小珠。

对于印度地区，已经谈到了它的疆域国界，气候土壤的区别，大体情况就是这样。相同的内容归纳在一起，贯穿下来，大概地讲讲基本情况，至于政治的不同、特殊的风俗，则按照国别一一加以叙述。

滥波国

滥波国周千余里，北背雪山，三垂黑岭。国大都城周十余里。自数百年，王族绝嗣，豪杰力竞，无大君长。近始附属迦毕试国，宜粳稻，多甘蔗，林树虽众，果实乃少。气序渐温，微霜无雪。国俗丰乐，人尚歌咏，志性怯弱，情怀诡诈，更相欺诮，未有推先①。体貌卑小，动止轻躁。多衣白氎，所服鲜饰。伽蓝十余所，僧徒寡少，并多习学大乘法教。天祠数十，异道甚多。

从此东南行百余里，逾大岭，济大河，至那揭罗曷国（北印度境）。

[注释]

①未有推先：意思是滥波国人互不服气，不肯遵奉他人为首领。

[译文]

滥波国方圆一千多里，北面背靠雪山，三面被黑岭环绕。该国大都城方圆十多里。几百年来，王族后嗣断绝，当地豪强争权夺利，没有最高统治者，近年来开始附属于迦毕试国。该国适宜种植粳稻，盛产甘蔗，树木尽管很多，水果出产很少。气候较为温暖，降一些霜，不下雪。这里物产丰富，百姓安居乐业，人们喜好歌唱，但是生性怯懦，心怀狡诈，相互之间欺骗嘲笑，不愿意推崇比自己强的人。居民的体型矮小，举动轻率浮躁。一般穿着白色细毛布衣，带着颜色鲜艳的首饰。佛寺有十多所，僧人很少，多数学习的是大乘佛教。天祠有好几十处，外道教徒众多。

从这里向东南走一百多里，翻过大山，渡过大河，就到了那揭罗曷国（在北印度境内）。

那揭罗曷国

那揭罗曷国[①]，东西六百余里，南北二百五六十里。山周四境，悬隔危险。国大都城周二十余里。无大君长，至今役属迦毕试国。丰谷稼，多花果，气序温暑，风俗淳质，猛锐骁雄，轻财好学。崇敬佛法，少信异道。伽蓝虽多，僧徒寡少。诸窣堵波荒芜圮坏。天祠五所，异道百余人。

[注释]

①那揭罗曷国：在今阿富汗南加哈尔省首府贾拉拉巴德及附近地区，位于喀布尔河南岸，范围西起亚格达拉克山口，东至开伯尔山口，南到沙费德岭。

[译文]

那揭罗曷国，东西长六百多里，南北宽二百五六十里。四面群山环绕，与外界隔绝，地势险要。该国大都城方圆二十多里。没有最高君主，到现在仍附属于迦毕试国。庄稼茂盛，花果众多，气候温热，民风淳厚质朴，人民刚猛，骁勇善战，轻视财富，喜好学习。崇奉佛教，很少信仰外道。佛寺虽然很多，但僧人极少。各处佛塔都已荒废倾倒。天祠有五处，外道一百多人。

一、城附近诸遗迹

城东二里有窣堵波,高三百余尺,无忧王之所建也。编石特起,刻雕奇制,释迦菩萨值然灯佛敷鹿皮衣,布发掩泥,得受记处。时经劫坏①,斯迹无泯,或有斋日,天雨众花,群黎心竞,式修供养。其西伽蓝,少有僧徒。次南小窣堵波,是昔掩泥之地,无忧王避大路,遂僻建焉。

城内有大窣堵波故基,闻诸先志曰:昔有佛齿,高广严丽。今既无齿,唯余故基。其侧有窣堵波,高三十余尺。彼俗相传,不知源起,云从空下,峙基于此。既非人工,实多灵瑞。

城西南十余里有窣堵波,是如来自中印度凌虚游化,降迹于此,国人感慕,建此灵基。其东不远有窣堵波,是释迦菩萨昔值然灯佛,于此买花。

[注释]

①劫坏:是指三千大千世界被破坏的时期。

[译文]

都城以东二里处有座佛塔,高度有三百多尺,是由无忧王建造的。塔由石块垒砌而成,雕刻工艺神奇,这是当年释迦牟尼刚刚遇到燃灯佛时,把鹿皮大衣铺在地上,再铺上自己的头发掩盖泥泞,从而获得成佛预言的地方。虽然经历过劫坏时期,但这一圣迹并未完全消失。斋日期间,天上像下雨般落下鲜花,百姓们心怀敬意,竞相前来礼拜供养。塔的西面有座佛寺,只有很少的僧人。再往南有座小塔,就是以前释迦牟尼掩盖泥泞的地方，无忧王为了避开大路，特意在这僻静之处建造佛塔。

都城内还有一座大佛塔的故基，听当地的年长者讲：以前这里藏有佛牙，又长又大，庄严华丽。现如今佛牙不知去向，只剩下了塔基。塔基旁边还有座佛塔，高达三十多尺。当地人口耳相传，并不知道这座塔的来历，据说从天上降下，屹立在这儿。不是人力建造的，所以有很多祥瑞征兆。

都城西南十多里有座佛塔，当年如来佛祖从东印度凌空飞行，遨游教化，降落在这里，人们感念思慕，于是建立这座灵塔。在东边不远的地方还有座塔，是过去释迦牟尼初次遇到燃灯佛时，购买莲花之处。

二、小石岭佛影窟

城西南二十余里至小石岭，有伽蓝，高堂重阁，积石所成。庭宇寂寥，绝无僧侣。中有窣堵波，高二百余尺，无忧王之所建也。

伽蓝西南，深涧峭绝，瀑布飞流，悬崖壁立。东崖石壁有大洞穴，瞿波罗①龙之所居也。门径狭小，窟穴冥暗，崖石津滴，磎径余流。昔有佛影，焕若真容，相好具足，俨然如在。近代已来，人不遍睹，纵有所见，仿佛而已。至诚祈请，有冥感者，乃暂明视，尚不能久。昔如来在世之时，此龙为牧牛之士，供王乳酪，进奉失宜；既获谴责，心怀恚恨，即以金钱买花，供养受记窣堵波，愿为恶龙，破国害王。即趣石壁，投身而死。遂居此窟，为大龙王。便欲出穴，成本恶愿。适起此心，如来已鉴，愍此国人为龙所害，运神通力，自中印度至。龙见如来，毒心遂止，受不杀戒，愿护正法。因请如来："常居此窟，诸圣弟子，恒受我供。"如来告曰：

"吾将寂灭,为汝留影,遣五罗汉常受汝供。正法隐没,其事无替。汝若毒心奋怒,当观吾留影,以慈善故,毒心当止。此贤劫②中,当来世尊,亦悲愍汝,皆留影像。"影窟门外有二方石,其一石上有如来足蹈之迹,轮相③微现,光明时烛。影窟左右多诸石室,皆是如来诸圣弟子入定之处。影窟西北隅有窣堵波,是如来经行之处。其侧窣堵波有如来发、爪。邻此不远有窣堵波,是如来显畅真宗④,说蕴界处⑤之所也。影窟西有大磐石,如来尝于其上濯浣袈裟,文影微现。

[注释]

①瞿波罗:意为牧牛者。 ②贤劫:是处于庄严劫(过去)和星宿劫(未来)之间的现在劫。现在劫因为有千佛出世,所以称为贤劫或善劫,贤劫期长二亿三千六百万年。 ③轮相:在佛脚掌上像千辐轮的纹样。 ④真宗:真实的宗旨,佛教称"真如法相实理"是"真宗"。 ⑤蕴界处:是五蕴、十八界、十二处的略称。

[译文]

都城西南方二十多里,到达小石岭,岭上有佛寺,殿堂高大,楼阁重重,是由石头垒砌而成的。寺里空空荡荡,完全没有僧人。寺中有座佛塔,高有二百多尺,是无忧王建造的。

寺院西南的深涧极为陡峭,瀑布飞流直下,悬崖陡立如壁。东边悬崖的石壁上有个大洞穴,是瞿波罗龙居住的地方。洞口狭小,洞内昏暗,岩石的罅隙里,泉水叮咚,流淌在石径之上。以前洞中留有佛的影像,神采奕奕,像真人一般,法相庄严美好,如同真人坐在那里。近代以来,不是人人都有幸见得到,即使有人侥幸看到,也只是模模糊糊。如若诚心祈求,感动神佛,才能短暂看到佛影,但仍看不了很长时间。以前如来在世的时候,这条龙原本是牧牛人,负责向君王供奉乳酪。因为进奉的礼仪出了差错,遭到国王的严厉谴责。他心怀愤恨,就拿金钱买了鲜花,来供养受记的佛塔,发愿要成为恶龙,破坏王国,害死国王。随即跑向悬崖,坠崖而死。以后就住在这个洞内,成为大龙王。他打算离开洞穴,实现当初所发的恶愿。当他产生这个念头的时候,如来就已经知道了,怜悯该国人民被龙王加害,于是使出神通,从中印度来到这里。龙王见到如来,恶毒的邪念便消失了,领受不杀生的戒律,发愿卫护佛法。因而恳求如来说:"请您常住在这个洞中,各位神圣弟子,也会一直受我供养。"如来告诉他说:"我快要圆寂了,给你留下我的身影,派五位罗汉接受你的供养。即使佛法消失,这件事永不更改。你如果又生起恶念愤怒,应该看看我留给你的身影,因为慈悲的缘故,恶念不再发生。在这一贤劫中,即将降临的世尊,也会慈悲怜悯你,都会留下影像。"影窟门之外有两块方石,其中一块上面留着如来脚踩的印记,隐约显示出轮相,常常放出光芒。影窟左右诸多的石窟,都是如来各位神圣弟子入定的地方。影窟西北角有座佛塔,是如来曾经散步的地方。旁边的佛塔藏有如来的头发、指甲。离此不远处还有座塔,是如来宣讲真如法性,论说正蕴、十八界、十二处的地方。影窟西面有块巨大的磐石,如来曾经在石头上浣洗袈裟,袈裟的印痕隐约可见。

三、醯罗城

城东南三十余里至醯罗城[①]。周四五里,坚峻险固,花林池沼,光鲜澄镜。城中居人,淳质正信。复有重阁,画栋丹楹。第二阁中有七宝小窣堵波,置如来顶骨,骨周一尺二寸,发孔分明,其色黄白,盛以宝函,置窣堵波中。欲知善恶相者,香末和泥,以印顶骨,随其福感,其文焕然。又有七宝小窣堵波,以贮如来髑髅骨,状若荷叶,色同顶骨,亦以宝函缄络而置。又有七宝小窣堵波,有如来眼睛,睛大如柰,光明清彻,瞰映中外,又以宝函缄封而置。如来僧伽胝袈裟,细氎所作,其色黄赤,置宝函中,岁月既远,微有损坏。如来锡杖,白铁作镮,栴檀为笴,宝筒盛之。近有国王闻此诸物并是如来昔亲服用,恃其威力,追胁而归。既至本国,置所居宫,曾未浃辰②,求之已失,爰更寻访,已还本处。斯五圣迹,多有灵异,迦毕试王令五净行给侍香花。观礼之徒,相继不绝。诸净行等欲从虚寂,以为财用人之所重,权立科条,以止喧杂。其大略曰:诸欲见如来顶骨者,税一金钱;若取印者,税五金钱;自余节级,以次科条。科条虽重,观礼弥众。

重阁西北有窣堵波,不甚高大,而多灵异,人以指触,便即摇震,连基倾动,铃铎和鸣。

从此东南山谷中行五百余里,至健驮逻国(旧曰乾陀卫,讹也。北印度境)。

[注释]

①醯(xī)罗城:该城在今阿富汗贾拉拉巴德以南约8千米处。醯罗,意为骨。 ②浃(jiā)辰:古人谓12天。

[译文]

向都城东南方走三十多里,就到了醯罗城。该城方圆四五里,地势高峻险固,花卉、林木、池塘,光鲜明亮,清澈如镜。城里的居民,淳厚朴实，信仰佛法。还有层层楼阁，房梁彩绘，立柱红漆。第二层楼上藏有七宝小塔，里面放着如来的顶骨，骨头周长一尺二寸，发孔清晰可见，颜色黄白，装在宝盒之内，再放在小塔中。若果有人想要了解吉凶，用香料粉末和成泥，印在顶骨上，根据这个人福德的大小，印出的纹样就会清楚地显示出来。还有一座七宝小塔，存着如来的骷髅骨，形状像荷叶，颜色与顶骨相同，也用宝盒封装，藏在小塔之中。还有一座七宝小塔，藏有如来的眼睛，眼球像李子那么大，光明透亮，内外辉映，也用宝盒封装，藏在小塔之中。如来的僧伽胝袈裟，是用细毛布制成，色泽黄赤，放在宝盒里，时间长了，略微有些损坏。如来的锡杖是用白铁做的镮，檀香木做的杆，装在宝箱之内。近年有位国王听说这些圣物都是如来以前亲自使用过的，于是依仗武力，强行夺回。回到自己国家，就把圣物放在自己的宫中，不到十二天，发现圣物都不见了，于是再去寻访，发现已经回到原处。这五件圣物有很多灵异的事情，迦毕试国王命令五位外道修行者供奉鲜花。围观供礼的人络绎不绝。外道们想保持寂静的环境，考虑到人们向来重视钱财，就订下规矩，旨在杜绝喧闹。条规的大意是：想要观看如来顶骨的人，缴纳一个金币；想要取得顶骨泥印，缴纳五个金币；其余以此类推都有纳钱的规定。条规的金额虽然定得很重，前来观礼的人反而更多。

　　楼阁西北方有座塔，不很高大，但是非常灵异，如果用手指触碰，塔马上就会摇动，连地基跟着一起动，塔上的铃铛随之鸣响。

　　由本国向东南方的山谷中行走五百多里，到达健驮逻国（过去称为乾陀卫，错了。在北印度境内）。

健驮逻国

健驮逻国东西千余里,南北八百余里,东临信度河。国大都城号布路沙布逻①,周四十余里。王族绝嗣,役属迦毕试国。邑里空荒,居人稀少,宫城一隅有千余户。谷稼殷盛,花果繁茂,多甘蔗,出石蜜。气序温暑,略无霜雪。人性恇怯,好习典艺,多敬异道,少信正法。自古已来,印度之境作论诸师,则有那罗延天、无著菩萨、世亲菩萨、法救、如意、胁尊者等本生处也。僧伽蓝千余所,摧残荒废,芜漫萧条,诸窣堵波颇多颓圮。天祠百数,异道杂居。

王城内东北有一故基,昔佛钵之宝台也。如来涅槃之后,钵流此国,经数百年,式遵供养,流转诸国,在波剌斯。

[注释]

①布路沙布逻:意思是"丈夫宫",故址在今巴基斯坦喀布尔河南岸白沙瓦市的西北。

[译文]

健驮逻国的疆域东西长一千多里,南北宽八百多里,东境濒临信度河。该国的大都城叫作布路沙布逻,方圆四十多里。王族子孙断绝,如今附属于迦毕试国。城市乡间一片荒凉,居民非常稀少,宫城的一角住了一千多户人家。庄稼生长茂盛,花果繁多,盛产甘蔗,出产石蜜。气候温热,基本没有霜雪。居民性格怯懦,喜爱经典文艺,多数信奉外道,信佛教的人少。自古以来,印度境内作论的各位大师,如那罗延天、无著菩萨、世亲菩萨、法救、如意、胁尊者等人都出生在这里。佛寺有一千多所,都遭到毁坏而荒废不堪,人烟稀少,多数佛塔也已倒塌。有天祠一百多所,各派外道居住其中。

都城内东北方有一处遗址,乃是以前安放如来佛钵的宝台。如来涅槃以后,佛钵流落到这个国家,在几百年里,人们遵从旧俗,虔诚供养,后来又流转到其他国家,现如今保存在波剌斯国。

一、卑钵罗树及迦腻色迦王大窣堵波

城外东南八九里有卑钵罗树,高百余尺,枝叶扶疏,荫影蒙密。过去四佛①已坐其下,今犹现有四佛坐像。贤劫之中,九百九十六佛皆当坐焉。冥祇警卫,灵鉴潜被。释迦如来于此树下南面而坐,告阿难曰:"我去世后,当四百年,有王命世,号迦腻色迦,此南不远起窣堵波,吾身所有骨肉舍利,多集此中。"

卑钵罗树南有窣堵波,迦腻色迦王之所建也。迦腻色迦王以如来涅槃之后第四百年,君临膺运,统赡部洲,不信罪福,轻毁佛法。畋游草泽,遇见白兔,王亲奔逐,至此忽灭。见有牧牛小竖于林树间作小窣堵波,其高三尺。王曰:"汝何所为?"牧竖对曰:"昔释迦佛圣智悬记,当有国王于此胜地建窣堵波,吾身舍利多聚其内。大王圣德宿殖,名符昔记,神功胜福,允属斯辰,故我今者先相警发。"说此语已,忽然不现。王闻是说,喜庆增怀,自负其名,大圣先记,因发正信,深敬佛法。周小窣堵波,更建石窣堵波，欲以功力弥覆其上。随其数量，恒出三尺，若是增高，逾四百尺，基趾所峙，周一里半，层基五级，高一百五十尺，方乃得覆小窣堵波。王因喜庆，复于其上更起二十五层金铜相轮，即以如来舍利一斛而置其中，式修供养。营建才讫，见小窣堵波在大基东南隅下傍出其半。王心不平，便即掷弃，遂住窣堵波第二级下石基中半现，复于本处更出小窣堵波。王乃退而叹曰："嗟夫，人事易迷，神功难掩，灵圣所扶，愤怒何及！"惭惧既已，谢咎而归。其二窣堵波今犹现在，有婴疾病欲祈康愈者，涂香散花，至诚归命，多蒙瘳差。

[注释]

①过去四佛：指拘留孙佛、拘那含牟尼佛、迦叶佛和释迦牟尼佛。

[译文]

都城以外东南方向八九里的地方，有棵卑钵罗树，高达一百多尺，枝繁叶茂，浓荫密布。过去四佛都曾在树下坐过，现在还能够显现出四佛坐像。在这一贤劫之中，还有九百九十六佛将要坐在这里。这里暗中有神灵护卫，他们洞察一切。释迦如来曾在这棵树下面向南方而坐，告诉阿难说："我去世以后，经过四百年，会有一位国王出世，名叫迦腻色迦，将在距此南面不远的地方建起佛塔，我身体所化的骨舍利、肉舍利，多数放在这座塔里。"

卑钵罗树以南有座塔，正是迦腻色迦王建造的。迦腻色迦王在如来涅槃之后的第四百年，奉天承运君临天下，统治赡部洲，他不相信罪、福之说，轻慢、诋毁佛法。一次，他去野外草泽中打猎，见到一只白兔，国王亲自追逐，到这儿忽然不见踪影。只看到有一个放牛的小童在树林中筑造小塔，有三尺高。国王问道："你在干什么？"牧童回答说："以前释迦佛曾以神圣的智慧发下预言说：'会有国王在这个圣地兴建佛塔，我身体所化的舍利大多聚集在塔中。'大王您前世已经积下圣德，您的名讳也符合释迦佛的预言，建立神圣的功业、获取巨大的福德，的确该在此时实现了，所以我现在先给您提个醒。"说完这番话，牧童忽然消失不见。国王听了这番话，心中满怀喜悦，自认名字符合佛祖的预言，从而产生对正法的信仰，深深敬奉佛法。于是便环绕着小塔，再建石塔，想凭借自己的善举之力使石塔覆盖小塔。但是随着石塔高度的增加，小塔总是高出三尺，像这样不断增加高度，塔高超过了四百尺，塔基所占的地面，方圆已达一里半，塔基有五级，高达一百五十尺，快要覆盖小塔了。国王因此大喜过望，又在石塔顶上再造二十五层的镀金铜质的露盘，并将一斛的如来舍利珍藏其中，来礼拜供养。工程刚刚完工，就发现小塔从大石塔基的东南角下伸出一半。国王心中不满，立刻将小塔拆毁，不料小塔在大塔第二级下面的石基中伸出一半，又在原处长出新的小塔。国王停手，并感慨地说："唉，世人的心思容易陷入迷惘，人力不可能超越神功，既然有神佛加持，愤怒又有什么用呢！"他感到惭愧畏惧，向佛谢罪之后回去了。这两座佛塔如今仍然存在，患有疾病的人想要祈求康复，只需在塔上涂上香粉，散下鲜花，满心至诚求告神佛，多数都能够痊愈。

二、大窣堵波周近诸佛像

大窣堵波东面石陛南镂作二窣堵波，一高三尺，一高五尺，规摹形状如大窣堵波。又作两躯佛像，一高四尺，一高六尺，拟菩提树下跏趺①坐像，日光照烛，金色晃耀，阴影渐移，石文青绀。闻诸耆旧曰：数百年前，石基之隙有金色蚁，大者如指，小者如麦，同类相从，啮其石壁，文若雕镂，厕以金沙，作为此像，今犹现在。

大窣堵波石陛南面有画佛像，高一丈六尺，自胸已上，分现两身，从胸已下，合为一体。闻诸先志曰：初有贫士，佣力自济，得一金钱，愿造佛像。至窣堵波所，谓画工曰："我今欲图如来妙相，有一金钱，酬功尚少，宿心忧负，迫于贫乏。"时彼画工鉴其至诚，无云价直，许为成功。复有一人事同前迹，持一金钱求画佛像。画工是时受二人钱，求妙丹青，共画一像。二人同日俱来礼敬，画工乃同指一像示彼二人，而谓之曰："此是汝所作之佛像也。"二人相视，若有所怀。画工心知其疑也，谓二人曰："何思虑之久乎？凡所受物，毫厘不亏。斯言不谬，像必神变。"言声未静，像现灵异，分身交影，光相昭著，二人悦服，心信欢喜。

大窣堵波西南百余步，有白石佛像，高一丈八尺，北面而立，多有灵相，数放光明。时有人见像出夜行，旋绕大窣堵波。近有群贼欲入行盗，像出迎贼，贼党怖退，像归本处，住立如故。群盗因此改过自新，游行邑里，具告远近。

大窣堵波左右，小窣堵波鱼鳞百数。佛像庄严，务穷工思，殊香异音，时有闻听，灵仙圣贤，或见旋绕。此窣堵波者，如来悬记，七烧七立，佛法方尽。先贤记曰：成坏已三。初至此国，适遭大火。当见营构，尚未成功。

[注释]

①跏趺：佛教修行者的坐禅方法。

[译文]

　　大塔东边的石头台阶南面,有两座雕刻成的小塔,一座高三尺,一座高五尺,尺寸形状类似大塔。还刻了两尊佛像,一尊高四尺,一尊高六尺,表现的是佛祖在菩提树下盘腿打坐的形象,在阳光的照射下,金光闪闪,随着阴影的缓慢移动,石头上的纹样呈现出青绀色。听年长者说:几百年前,石基的缝隙里爬出金色蚂蚁,大的像手指,小的像麦粒,蚁群聚集在一处,啃咬石壁,咬出的印痕宛如雕刻般清晰,后来,人们在印痕中嵌上金沙,就制成了这两尊佛像,现在仍然存在。

　　大塔石阶的南面有一幅佛祖画像,高一丈六尺,从胸部以上,显示出两个身躯,自胸部以下,又合为一体。听先贤们说:当初有个穷人,靠出卖劳力为生,挣了一枚金币,发愿要造一尊佛像。到了大塔所在地,对画匠说:"我现在想请您画一幅如来妙相,但是只有一枚金币,作为工钱太少了,我担心心愿无法实现,完全是由于我的贫困。"当时,那位画匠知道他满怀至诚,就说不再讨论价钱,答应替他完成心愿。还有一个人的情况与前者一样,拿着一枚金币请求绘制佛像。画匠当时接受了两人的金钱,精心作画,画成了一幅佛像。两位穷人在同一天都来礼拜佛像,画匠就指着同一幅佛画展示给他们两人,告诉他们说:"这就是你所要画的佛像。"二人互相看看,显得有些困惑。画匠心里知道他们的疑惑,告诉两人说:"何必疑虑那么长时间呢?你们的金钱,我没有私吞一星半点。假如此话不假,佛像一定发生神变。"他话音未落,佛像就表现出灵异,身躯分离,身影交接,光明照耀,二人心悦诚服,满心欢喜。

　　大塔西南方一百多步的地方有尊白石佛像,高一丈八尺,面向北方站立,经常显示灵异,多次放射光芒。常常有人看见佛像夜间出来,围绕大塔行走。近来,有一伙盗贼想进入塔内行窃,佛像出来面对盗贼,盗贼害怕逃跑，佛像仍回归原处，像平时那样立着。这伙盗贼因此改过自新，走遍城乡，把这件事原原本本地告诉远近的人们。

大塔的两边，分布着上百座小塔，密如鱼鳞。佛像端庄肃穆，规划设计用尽了心思，经常能闻到奇异的香气，能听到美妙的音乐，总能看到神佛圣贤绕塔而行的景象。对于这座塔，如来曾经做出预言，它被烧毁七次，重建七次以后，佛法才会灭绝。先贤记载说：这座塔毁坏重建已经经历了三次。我刚到这个国家的时候，正巧碰到塔遭大火灾。如今还在重建之中，尚未完工。

三、迦腻色迦王伽蓝与胁尊者、世亲、如意遗迹

大窣堵波西有故伽蓝，迦腻色迦王之所建也。重阁累榭，层台洞户，旌召①高僧，式昭景福。虽则圮毁，尚曰奇工。僧徒减少，并学小乘。自建伽蓝，异人间出，诸作论师及证圣果，清风尚扇，至德无泯。

第三重阁有波栗湿缚（唐言胁）尊者室，久已倾顿，尚立旌表。初，尊者之为梵志②师也，年垂八十，舍家染衣③。城中少年便诮之曰："愚夫朽老，一何浅智！夫出家者，有二业焉，一则习定，二乃诵经。而今衰耄，无所进取，滥迹清流，徒知饱食。"时胁尊者闻诸讥议，因谢时人而自誓曰："我若不通三藏理，不断三界欲，得六神通，具八解脱，终不以胁而至于席。"自尔之后，唯日不足，经行、宴坐、住立思惟，昼则研习理教，夜乃静虑凝神。绵历三岁，学通三藏，断三界欲，得三明智，时人敬仰，因号胁尊者焉。

胁尊者室东有故房，世亲菩萨于此制《阿毗达磨俱舍论》，人而敬之，封以记焉。

世亲室南五十余步，第二重阁，末笈曷剌他（唐言如意）论师于此制《毗婆沙论》。论师以佛涅槃之后一千年中利见也。少好学，有才辩，声问遐被，法俗归心。时室罗伐悉底国毗讫罗摩阿迭多王④（唐言超日）威风远洽，臣诸印度，日以五亿金钱周给贫窭孤独。主藏臣惧国用乏匮也，乃讽谏曰："大王威被殊俗，泽及昆虫，请增五亿金钱，以赈四方匮乏。府库既空，更税有土，重敛不已，怨声载扬，则君上有周给之恩，臣下被不恭之责。"王曰："聚有余，给不足，非苟为身侈靡国用。"遂加五亿，惠诸贫乏。其后畋游，逐豕失踪，有寻知迹者，赏一亿金钱。如意论师一使人剃发，辄赐一亿金钱，其国史臣依即书记。王耻见高，心常怏怏，欲众辱如意论师。乃招集异学德业高深者百人，而下令曰："欲收视听，游诸真境，异道纷杂，归心靡措，今考优劣，专精遵奉。"洎乎集论，重下令曰："外道论师并英俊也，沙门法众宜善宗义，胜则崇敬佛法，负则诛戮僧徒。"于是如意诘诸外道，九十九人已退飞矣。下席一人，视之蔑如也，因而剧谈，论及火烟。王与外道咸喧言曰："如意论师辞义有失！夫先烟而后及火，此事理之常也。"如意虽欲释难，无听览者。耻见众辱，嚙断其舌，乃书诫告门人世亲曰："党援之众，无竞大义；群迷之中，无辩正论。"言毕而死。居未久，超日王失国，兴王膺运，表式英贤。世亲菩萨欲雪前耻，来白王曰："大王以圣德君临，为含识主命。先师如意学穷玄奥，前王宿憾，众挫高名，我承导诱，欲复先怨。"其王知如意哲人也，美世亲雅操焉，乃召诸外道与如意论者。世亲重述先旨，外道谢屈而退。

[注释]

①旌召：这里的意思是隆重邀请。　②梵志：即"志求梵天之法者"，就是婆罗门。　③染衣：僧衣。　④毗讫罗摩阿迭多王：印度笈多王朝的旃陀罗笈多二世，建立了自阿育王以来的最大帝国。

[译文]

大塔的西边有座旧佛寺，是迦腻色迦王建造的。楼阁重叠，廊榭密布，高台层层，户宇深深，以此郑重地召请高僧，彰显修建佛寺的大福德。寺庙虽然已经倒塌，仍旧称得上鬼斧神工。僧人很少，都研习小乘佛教。自从佛寺建立以后，不时出现俊才、各位作论的大师以及证得圣果之人，高尚的风气犹存，完美的德行未灭。

第三层楼上有波栗湿缚（大唐称作胁）尊者的居室，已经倒塌很长时间了，但仍留有标志。当初，尊者曾是婆罗门教徒，年近八十，出家为僧，身穿袈裟。城里的年轻人讥笑他说："愚蠢的老家伙，怎么这样没有见识！出家人有两件大事：一是习定，二是诵经。你现在老到如此程度，不可能有进展，只不过混在僧众中滥竽充数，只知道混饱肚子罢了。"那时，胁尊者听到了众人的讥讽闲话，就向这些人解释，并且自己发誓说："我如果不能通晓三藏理，不断三界欲，不能取得六神通，不具备八解脱，最终不让我的身体碰到床席。"从此以后，只怕时间不够，散步、静坐、站立时都在专心思索，白天研习佛法理论，夜晚全神贯注，静心修行。连续三年以后，他的学问贯通三藏经典，断绝了三界欲念，获得三明智，当时的人无不敬仰，所以尊称他为胁尊者。

胁尊者居室东面有一所旧房子，世亲菩萨在这里写了《阿毗达磨俱舍论》，人们敬仰他，封存了房屋用来纪念。

世亲居室南面五十多步，楼上第二层，是末笈曷剌他（大唐的语义是如意）论师写作《毗婆沙论》的地方。论师在佛祖涅槃一千年后诞生。自幼好学，口才很好，声名远扬，僧俗之人都崇拜他。当时室罗伐悉底国的毗讫罗摩阿迭多王（大唐称作超日）威名远扬，臣服了印度各国，每天用五亿金币周济穷苦鳏寡之人。财政大臣担心国库空虚，就劝说国王："大王威名广布四海，恩泽惠及昆虫，要增加五亿金币来赈济各地的穷人。这样做，国库空虚之后，必然增加赋税，赋税增加，人民必将怨声载道，陛下虽然获得了救济穷人美名，臣下却要背负不能尽忠职守的罪责。"国王说："朕聚集富人的余财，弥补穷人的不足，并不是为了个人的追求而耗费国家的财富。"于是增拨五亿金币，施舍给众多的穷人。后来，国王一次出外打猎，追一只野猪，忽然踪迹皆无，悬赏有知道野猪踪迹的人，给一亿金币。但是如意论师请人为自己剃发，一次就赏赐一亿金币，该国的史官根据事实记录下来。国王不愿看到别人给的赏赐比自己多，心里闷闷不乐，就想当众侮辱如意论师。于是招集学识广博的各派学者一百人，下令说："现在要整顿各派宗教，接触真理，但是如今各派学说纷杂，不知道该皈依哪一门派，现在考察教义的优劣，为的是专一尊奉一家学说。"等到论师聚集的时候，重新下令说："外道论师都是杰出的人才，佛教僧众应该精通教义，如果佛教僧众辩论获胜，我就崇敬佛法，如果失败就杀掉佛教僧众。"于是如意论师责难各位外道，九十九人都败下阵来。席上仅剩一人，如意对他极为轻视，两人激烈辩论，言辞中提到"火烟"。国王和外道们都大声嚷嚷说："如意论师的措辞出错了！应该是先有烟，后有火，这才是事物的常理。"如意虽然想要解释，可是没人愿听。论师感到当众被人侮辱是莫大的耻辱，就咬断了自己的舌头，写信告诫弟子世亲说："这些人党同伐异，不在乎大道理正确与否；在愚昧无知的群众中，根本无法辩论真正的学说。"写完就死去了。时间不长，超日王失去王位，新王即位，表彰英才贤士。世亲菩萨想洗雪从前的耻辱，前来告诉国王说："大王凭圣德君临天下，请为天下之人做主。我的老师如意学问博大精深，先王一直怀恨在心，当众毁坏了他的高名，我有幸得到老师的教导，想报复以前的仇恨。"新王知道如意是一位高人，赞赏世亲高贵的品性，于是召集曾和如意辩论的各位外道。世亲重新阐述了老师的观点，外道理屈词穷，认输败退。

四、布色羯逻伐底城及诸遗迹

迦腻色迦王伽蓝东北行五十余里，渡大河，至布色羯逻伐底城[①]，周十四五里。居人殷盛，闾阎洞连。城西门外有一天祠，天像威严，灵异相继。城东有窣堵波，无忧王之所建也，即过去四佛说法之处。古先圣贤自中印度降神导物，斯地实多。即伐苏蜜呾罗[②]（唐言世友。旧曰和须蜜多，讹也）论师于此制《众事分阿毗达磨论》。

城北四五里有故伽蓝，庭宇荒凉，僧徒寡少，然皆遵习小乘法教。即达磨呾逻多（唐言法救。旧曰达磨多罗，讹也）论师于此制《杂阿毗达磨论》。

伽蓝侧有窣堵波，高数百尺，无忧王之所建也。雕木文石，颇异人工。是释迦佛昔为国王，修菩萨行，从众生欲，惠施不倦，丧身若遗，于此国土千生为王，即斯胜地千生舍眼。

舍眼东不远有二石窣堵波,各高百余尺,右则梵王③所立,左乃天帝④所建,以妙珍宝而莹饰之。如来寂灭,宝变为石;基虽倾陷,尚曰崇高。

梵释窣堵波西北行五十余里有窣堵波,是释迦如来于此化鬼子母⑤,令不害人,故此国俗祭以求嗣。

化鬼子母北行五十余里有窣堵波,是商莫迦菩萨(旧曰睒摩菩萨,讹也)恭行鞠养,侍盲父母,于此采果,遇王游猎,毒矢误中;至诚感灵,天帝传药,德动明圣,寻即复苏。

[注释]

①布色羯逻伐底城:古印度健驮逻国的故都,故址在今巴基斯坦白沙瓦东北约30千米处的却尔沙达。 ②伐苏蜜呾罗:意译世友、天友,为佛教说一切有部四大论师之一。 ③梵王:梵天王或大梵天。 ④天帝:天帝释,又称帝释天,原为婆罗门教神,引入佛教,是为天帝。 ⑤鬼子母:五百鬼子的母亲,意译欢喜、暴恶等。

[译文]

由迦腻色迦王佛寺东北方走五十多里,渡过大河,就到了布色羯逻伐底城,该城方圆十四五里。人口稠密众多,房屋鳞次栉比。该城西门以外有一座天祠,寺中神像威严,灵异不断。城东部有座塔,由无忧王兴建,就是过去四佛说法的地方。古代的圣贤从中印度来到这里,神灵降临,导化众人,在此留下众多事迹。伐苏蜜呾罗(大唐称为世友。过去译作和须蜜多,错了)论师在此创作《众事分阿毗达磨论》。

该城以北四五里的地方有座旧佛寺,殿庭荒废,僧人很少,但都研习小乘佛教。达磨呾逻多(大唐称为法救。过去译作达磨多罗,错了)论师在这里创作《杂阿毗达磨论》。

佛寺旁边有座塔,高达几百尺,由无忧王兴建。雕梁画栋,石刻精美,与普通建造工艺有很大的不同。就在此处,以前释迦佛做国王,修菩萨行,为满足众生的需要,乐善好施,孜孜不倦,把丧失生命看作丢了东西那么寻常,在这个国家里当了千世国王,这里就是佛祖施舍眼睛一千次的圣地。

舍眼塔以东不远处有两座石塔,每一座都高一百多尺,右边的那座是梵王建造的,左边的是天帝建造的,用奇珍异宝镶嵌装饰。如来涅槃以后,珍宝都变成了石头;塔基虽然下陷倾斜,塔身还是很高大。

从梵天塔、帝释塔向西北走五十多里还有座塔,正是释迦如来度鬼子母的地方,要求她不再杀生害命,所以这个国家留下了祭祀鬼子母,祈求生儿育女的风俗。

从化鬼子母塔往北走五十多里另有座塔,是商莫迦菩萨(过去译作睒摩菩萨,错了)小心翼翼遵行孝道,恩养侍奉失明的父母亲的地方,菩萨在这里采摘野果,碰到国王打猎,误被毒箭射中,命悬一线;菩萨的诚心孝行惊动了上天,天帝降下神药,由于他的德行感动神明的缘故,很快起死回生。

五、跋虏沙城

商莫迦菩萨被害东南行二百余里,至跋虏沙城①。城北有窣堵波,是苏达拿太子(唐言善牙)以父王大象施婆罗门,蒙谴被摈,顾谢国人,既出郭门,于此告别。其侧伽蓝,五十余僧,并小乘学也。昔伊湿伐逻(唐言自在)论师于此制《阿毗达磨明灯论》。

跋虏沙城东门外有一伽蓝,僧徒五十余人,并大乘学也。有窣堵波，无忧王之所建立。昔苏达拿太子摈在弹多落迦山②（旧曰坛特山，讹也），婆罗门乞其男女，于此鬻卖。

[注释]

①跋虏沙城：一般认为在巴基斯坦白沙瓦东北偏东65千米处的沙巴士·格希。　②弹多落迦山：意译阴山。

[译文]

从商莫迦菩萨遇害处向东南走二百多里，到达跋虏沙城。城北面有座塔。以前，苏达拿太子（大唐称为善牙）把父王的大象施舍给婆罗门，遭到处罚，被赶出城外，他感谢国人为他送行，出了城门以后，就在这里相互告别。旁边的佛寺有五十多位僧人，都在研习小乘佛教。过去，伊湿伐逻（大唐称为自在）论师在这里创作了《阿毗达磨明灯论》。

跋虏沙城的东门以外有一所佛寺，寺中僧人五十多位，都在研习大乘佛教。有一座无忧王建立的佛塔。以前，苏达拿太子被流放到弹多落迦山（过去译作坛特山，错了），婆罗门要讨取他的儿女，就在这里卖掉。

六、弹多落迦山及其他诸遗迹

跋虏沙城东北二十余里，至弹多落迦山。岭上有窣堵波，无忧王所建，苏达拿太子于此栖隐。其侧不远有窣堵波，太子于此以男女施婆罗门，婆罗门捶其男女，流血染地，今诸草木犹带绛色。岩间石室，太子及妃习定之处。谷中林树垂条若帷，并是太子昔所游止。其侧不远，有一石庐，即古仙人之所居也。

仙庐西北行百余里，越一小山，至大山。山南有伽蓝，僧徒鲜少，并学大乘。其侧窣堵波，无忧王之所建也，昔独角仙人①所居之处。仙人为淫女诱乱，退失神通，淫女乃驾其肩而还城邑。

跋虏沙城东北五十余里，至崇山。山有青石大自在天②妇像，毗摩天女也。闻诸土俗曰：此天像者，自然有也。灵异既多，祈祷亦众。印度诸国，求福请愿，贵贱毕萃，远近咸会。其有愿见天神形者，至诚无贰，绝食七日，或有得见，求愿多遂。山下有大自在天祠，涂灰外道式修祠祀。

[注释]

①独角仙人：释迦的前身。　②大自在天：印度教大神湿婆神。

[译文]

从跋虏沙城向东北方走二十多里，就到了弹多落迦山。山上有无忧王所建的佛塔，当年，苏达拿太子在这里隐居。旁边不远处还有座塔，太子曾在这里把自己的儿女施舍给婆罗门，婆罗门殴打他的子女，流下的血染红了地面，现在草木上仍然带有暗红色。山石中有个石室，是太子和太子妃修习禅定的地方。山谷中的树木枝条垂荡摇曳，犹如幕布，都是太子曾经游览休息的地方。旁边不远有一座石屋，是古时仙人的住所。

由仙庐向西北走一百多里，翻过一座一小山，到达一座大山。山南有所佛寺，僧人很少，都研习大乘佛教。寺旁的佛塔由无忧王建立，是从前独角仙人居住的地方。仙人受到淫女诱惑迷乱，丧失神通，淫女骑在他的肩膀上回到城里。

从跋虏沙城向东北方走五十多里，到达崇山。山上有青石雕刻的大自在天妻子像，她就是毗摩天女。听当地人说：这尊神像天然形成，很有灵异，来祈祷的人很多。印度各国的人要祈福请愿，不论贵贱都会来到这里，不分远近全都聚集此处。如果有人想要见到天神的真形，必须一心一意，禁食七天，就有可能看到，祈求的愿望大多都能实现。山下有所大自在天祠，涂灰外道在祠里祭祀礼拜。

七、乌铎迦汉荼城

毗摩天祠东南行百五十里，至乌铎迦汉荼城①，周二十余里，南临信度河。居人富乐，宝货盈积，诸方珍异，多集于此。

[注释]

①乌铎迦汉荼城：故址在今喀布尔河流入印度河交汇处东北的俄欣特，为印度河重要渡口。

[译文]

从毗摩天祠往东南方走一百五十里，到达乌铎迦汉荼城，该城方圆二十多里，南面濒临信度河。居民生活富裕安乐，积藏了大批珍宝，各个地方的奇珍异宝，大多汇集在这里。

八、婆罗睹逻邑及波你尼仙

乌铎迦汉荼城西北行二十余里，至婆罗睹逻邑，是制《声明论》波你尼仙①本生处也。遂古②之初，文字繁广，时经劫坏，世界空虚，长寿诸天③，降灵导俗，由是之故，文籍生焉。自时厥后，其源泛滥。梵王、天帝作则随时，异道诸仙各制文字，人相祖述，竞习所传，学者虚功，难用详究。人寿百岁之时，有波你尼仙，生知博物，愍时浇薄，欲削浮伪，删定繁猥，游方问道，遇自在天，遂申述作之志。自在天曰："盛矣哉！吾当佑汝！"仙人受教而退，于是研精覃思，捃摭④群言，作为字书，备有千颂，颂三十二言矣。究极今古，总括文言，封以进上，王甚珍异，下令国中，普使传习，有诵通利，赏千金钱。所以师资传授，盛行当世，故此邑中诸婆罗门，硕学高才，博物强识。

婆罗睹逻邑中有窣堵波，罗汉化波你尼仙后进之处。如来去世，垂五百年，有大阿罗汉自迦湿弥罗国游化至此，乃见梵志捶训稚童。时阿罗汉谓梵志曰："何苦此儿？"梵志曰："令学《声明论》，业不时进。"阿罗汉逌尔⑤而笑。老梵志曰："夫沙门者，慈悲为情，愍伤物类。仁今所笑，愿闻其说。"阿罗汉曰："谈不容易，恐致深疑。汝颇尝闻波你尼仙制《声明论》，垂训于世乎？"婆罗门曰："此邑之子，后进仰德，像设犹在。"阿罗汉曰："今汝此子，即是彼仙，犹以强识，玩习世典，唯谈异论，不究真理，神智唐捐，流转未息，尚乘余善，为汝爱子。然则世典文辞，徒疲功绩；岂若如来圣教，福智冥滋？曩者南海之滨有一枯树，五百蝙蝠于中穴居。有诸商侣止此树下，时属风寒，人皆饥冻，聚积樵苏，蕴火其下，烟焰渐炽，枯树遂然。时商侣有一贾客，夜分已后，诵《阿毗达磨藏》⑥。彼诸蝙蝠虽为火困，爱好法音，忍而不去，于此命终。随业受生，俱得人身，舍家修学，乘闻法声，聪明利智，并证圣果，为世福田。近迦腻色迦王与胁尊者招集五百贤圣⑦，于迦湿弥罗国作《毗婆沙论》，斯并枯树之中五百蝙蝠也。余虽不肖，是其一数。斯则优劣良异，飞伏悬殊。仁今爱子，可许出家；出家功德，言不能述。"时阿罗汉说此语已，示神通事，因忽不现。婆罗门深生敬异，叹善久之，具告邻里，遂放其子出家修学，因即回信,崇重三宝,乡人从化,于今弥笃。

从乌铎迦汉荼城北逾山涉川,行六百余里,至乌仗那国(唐言苑,昔轮王之苑囿也。旧云乌场,或曰乌荼,皆讹。北印度境)。

[注释]

①波你尼仙:公元前四世纪古印度最杰出的梵文学家。 ②邃古:上古,远古。 ③长寿诸天:天人中的长寿者。 ④捃(jùn)摭(zhí):搜集。 ⑤逌(yóu)尔:笑的样子。 ⑥《阿毗达磨藏》:一切论部的总称,现名《论藏》,是解释经义的论著总集。 ⑦迦腻色迦王与胁尊者招集五百贤圣:这是佛教史上的第四次结集。

[译文]

从乌铎迦汉荼城的西北方向走二十多里,到达婆罗睹逻邑,这里是写作《声明论》的波你尼仙的出生地。远古之初,文字繁多复杂,经历劫坏以后,世界空寂荒凉,众多长寿天神降临人间,引导世俗,因为这个缘故,产生了文化典籍。从那时往后,文字的起源如江河泛滥般大量增加。梵王、天帝因势利导,制定规范,外道神仙,创制文字,人类相互传授,竞相学习文字,但是学习的人耗费了许多工夫,仍然难以仔细探究。人的寿命到了一百岁时,有一位波你尼仙,他一出生就知识渊博,怜悯世人的轻浮浅薄,想要扫除浮夸虚伪,删去了繁杂琐碎之处,云游四方,求访高人,遇到了大自在天神,向他表明了自己的志愿。自在天说:"太好了!我会帮助你!"仙人领受教导之后返回,于是认真研究,深入思考,搜集各种词汇,编成了语法专著,共有千颂,每一颂有三十二字。彻底探索古今,综括了文字语言,密封后呈送朝廷。国王极为珍视,传令全国,让全体人民学习使用,能够做到流畅诵读的人,可以获得一千金钱的赏赐。所以老师教学的风气,在当时极为盛行,因此这座城中的婆罗门,都是才高八斗,学富五车,博闻强识的人。

婆罗睹逻城中有座塔,是阿罗汉度化波你尼仙的地方。如来涅槃之后将近五百年,有位大阿罗汉从迦湿弥罗国游方到此地,看见一位梵志正在殴打教训小孩子。阿罗汉就问梵志:"你为什么虐待这个孩子?"梵志说:"让他学习《声明论》,学业进步太慢了。"阿罗汉笑了。老梵志说:"你们僧人应该慈悲为怀,怜悯万物。你现在发笑,我想听听原因。"阿罗汉说:"要说明白并不容易,恐怕会使你疑虑。你曾经听说过波你尼仙创制《声明论》,旨在教育后世的事迹吗?"婆罗门说:"他就是本城人,后代仰慕他的功德,为他塑的像还在那里呢。"阿罗汉说:"眼下这个孩子就是那位波尔尼仙,他以极强的记忆力,研习诵读世俗的典籍,只知道谈论异端邪说,不去研究真理,白白消耗精神,浪费智慧,轮回不止。他凭着剩余的善业,成了你的爱子。然而学习世俗的典籍,只会白费他的功力,哪里比得上如来圣教,能在暗中生长福乐智慧?以前,南海边上有一棵枯树,树洞中栖息着五百只蝙蝠。有群商人在树下休息,当时天冷风大,人人又饿又冻,于是聚积起柴草,在树下引燃,烟火越烧越旺,枯树也被点着。此时,商人中的一位在午夜之后,念诵《阿毗达磨藏》。树洞中的蝙蝠虽然被火焰围困,可是愿意聆听诵经声,忍耐树洞之中,久久不去,最终命丧树洞。因为这一善业,蝙蝠们都获得转世,成就为人,抛弃家业,一心修行,由于前世聆听了诵经法音,所以都是聪明睿智的人,他们最终都证得圣果,成为人世间的福田。近来,迦腻色迦王和胁尊者招集了五百位圣贤之人在迦湿弥罗国撰写《毗婆沙论》,他们就是枯树里面的五百只蝙蝠啊。我虽然算不上贤能俊才,但也是其中之一。从中可以看出,优劣差异悬殊,就如同未来与过去那样截然不同。你的爱子可以让他出家,出家带来的无量功德，是言语所不能完全表明的。"阿罗汉说完这些话后，显示出神通能力，因此倏然不见。婆罗门由此产生了发自内心的敬仰，赞叹称颂了很长时间，将此事原原本本地告诉了邻居，就听凭儿子出家学佛，为此，自己也改变了信仰，虔心信佛，邻里之人都被他感化，到今天对佛法更加虔信。

从乌铎迦汉荼城向北，跋山涉水，走六百多里，就到了乌仗那国（大唐称作苑，是以前轮王的苑囿。过去译作乌场，或者乌荼，都错了。在北印度境内）。

大唐西域记卷第三 （八国）

三藏法师玄奘奉诏　译
大总持寺沙门辩机　撰

乌仗那国

乌仗那国①周五千余里，山谷相属，川泽连原。谷稼虽播，地利不滋，多蒲萄，少甘蔗。土产金、铁，宜郁金香。林树蓊郁，花果茂盛。寒暑和畅，风雨顺序。人性怯懦，俗情谲诡，好学而不功，禁咒②为艺业。多衣白氎，少有余服。语言虽异，大同印度。文字礼仪，颇相参预。崇重佛法，敬信大乘。夹苏婆伐窣堵河③，旧有一千四百伽蓝，多已荒芜。昔僧徒一万八千，今渐减少，并学大乘，寂定为业，善诵其文，未究深义。戒行清洁，特闲禁咒。律仪传训，有五部焉：一法密部，二化地部，三饮光部，四说一切有部，五大众部。天祠十有余所，异道杂居。坚城四五，其王多治瞢揭厘④城。城周十六七里，居人殷盛。

[注释]

①乌仗那国：疆域包括今印度河上游及斯瓦特河流域。　②禁咒：又称咒陀罗尼，四种陀罗尼之一。　③苏婆伐窣堵河：即今巴基斯坦斯瓦特河。　④瞢（méng）揭厘：故址在今巴基斯坦北部斯瓦特河中游东岸曼格勒城西南偏西约8千米处的明哥拉。

[译文]

乌仗那国方圆有五千多里，高山峡谷连绵不绝，河流湖泊接续贯通。虽然也在种植农作物，但是土地并不肥沃，盛产葡萄，甘蔗不多。当地出产金、铁，适宜种植郁金香。森林茂密，郁郁葱葱，花草果树生长茂盛。气候温和，风调雨顺。当地人生性怯懦，崇尚欺瞒诡诈，爱好学习，却不下功夫，往往以念咒作为专业。常常穿着白色毛布衣，很少有其他的服装。语言虽然与印度有所区别，但总体相同。文字礼仪也受到印度很深的影响。尊崇佛教，信仰大乘学说。沿着苏婆伐窣堵河两岸，原有一千四百座佛寺，现今多数已经荒废。从前有僧人一万八千，现在逐渐减少，他们学习的是大乘教法，专修禅定，擅长诵读经文，却不深入探讨佛经的含义。他们严格遵守戒律，尤其熟悉念咒。这里流传的戒律仪轨可分为五个派别：第一是法密部，第二是化地部，第三是饮光部，第四是说一切有部，第五是大众部。外道的天祠有十多座，教徒混杂居住。坚固的城池有四五个，该国国王经常驻跸于瞢揭厘城。这座城方圆有十六七里，人口众多。

一、忍辱仙遗迹

瞢揭厘城东四五里有窣堵波，极多灵瑞，是佛在昔作忍辱仙①，于此为羯利王（唐言斗诤。旧云哥利，讹也）割截支体。

[注释]

①忍辱仙：释迦牟尼的前身之一。

[译文]

瞢揭厘城向东走四五里有座塔，极为灵验，当初佛祖的前世还是忍辱仙的时候，在这里被羯利王（大唐称为斗诤。过去译作哥利，错了）切割截断过肢体。

二、阿波逻罗龙泉及佛遗迹

瞢揭厘城东北行二百五六十里入大山，至阿波逻罗①龙泉，即苏婆伐窣堵河之源也。派流西南，春夏含冻，昏夕飞雪，雪霏五彩，光流四照。此龙者，迦叶波佛时生在人趣②，名曰殑祇③，深闲咒术，禁御恶龙，不令暴雨。国人赖之，以稸④余粮。居人众庶感恩怀德，家税斗谷以馈遗焉。既积岁时，或有逋课。殑祇含怒，愿为毒龙，暴行风雨，损伤苗稼。命终之后，为此池龙。泉流白水，损伤地利。释迦如来大悲御世，愍此国人独遭斯难，降神至此，欲化暴龙。执金刚神杵击山崖，龙王震惧，乃出归依，闻佛说法，心净信悟，如来遂制勿损农稼。龙曰："凡有所食，赖收人田，今蒙圣教，恐难济给，愿十二岁一收粮储。"如来含覆⑤，愍而许焉。故今十二年一遭白水之灾⑥。

阿波逻罗龙泉西南三十余里，水北岸大磐石上，有如来足所履迹，随人福力，量有短长，是如来伏此龙已，留迹而去。后人于上积石为室，遐迩相趋，花香供养。顺流而下三十余里，至如来濯衣石，袈裟之文焕焉如镂。

[注释]

①阿波逻罗：意为无稻草、无苗。　②人趣：人类之生所。　③殑（jìng）祇（qí）：原为恒河女神名，此处为龙名。　④稸：同"蓄"。　⑤含覆：含容庇护。　⑥白水之灾：实为每年雨季上游白色沙土随水流下泻形成的洪灾。

[译文]

　　由瞢揭厘城向东北方走二百五六十里,进入大山,就到了阿波逻罗龙泉,此处就是苏婆伐窣堵河的源头。河水流向西南,春、夏两季都很寒冷,终日激流飞泄,犹如雪花飞溅,在阳光照耀下,五彩生辉,光芒四射。这里居住的龙,曾在迦叶波佛的时代投生为人,名叫殑祇,精通咒术,特别善于压制恶龙,不让它降下暴雨。居民仰仗他的法术,才能够积蓄起余粮。老百姓感念他的恩德,每家拿出一斗粮食赠送给他。时间一长,即有人逃税。殑祇因此愤怒,发愿化作毒龙,要用狂风暴雨,摧毁百姓们的农作物。他死了以后,就变成这里的龙。从龙泉中流出白水,毁坏地里的庄稼。佛祖以慈悲心治理世界,怜悯唯独这个国家的人遭受如此苦难,于是降临此地,想要度化暴龙。佛祖用金刚神杵敲击山崖,龙王震惊恐惧,出来皈依佛门,聆听佛祖讲法,内心深处消除了恶念,坚定了信仰,领悟了奥义,于是如来制止龙王,要求他不要再损坏庄稼。龙王说:"我吃的东西完全靠地里的收成,现在承蒙您的教诲,一心向佛,但担心我的生计难以维系,希望能够每隔十二年收一次粮食。"如来宽宏大量,怜惜龙王的困境,就答应了。因此,现在每隔十二年就会遭遇一次白水之灾。

　　从阿波逻罗龙泉向西南走三十多里,在河水北岸的大磐石上,留下了如来脚踩的痕迹,由于每个人福报的大小不同,丈量出的尺寸也有短有长,这就是如来降伏这条龙以后,留下足迹而后离去。后世之人在上面垒砌石块,修筑房屋,远近百姓争相前来,用鲜花奇香加以供养。从此顺流而下三十多里,就到了如来洗衣石,石头上袈裟的印纹非常清晰,就像雕刻上去的一般。

三、醯罗山

瞢揭厘城南四百余里,至醯罗山,谷水西派。逆流东上,杂花异果,被涧缘崖,峰岩危险,溪谷盘纡,或闻喧语之声,或闻音乐之响。方石如榻,宛若工成,连延相属,接布崖谷。是如来在昔为闻半颂①(旧曰偈,梵文略也。或曰偈他,梵音讹也。今从正音,宜云伽他。伽他者,唐言颂,颂三十二言)之法,于此舍身命焉。

[注释]

①颂:颂者,美也,歌也。

[译文]

从瞢揭厘城往南走四百多里,抵达醯罗山,峡谷中的河水向西流淌。逆流而上向东行走,能看到各种奇花异果,布满山崖,山峰陡峻,山谷迂回曲折,有时听到喧闹说话的声音,有时听到音乐鸣奏的声音。方形的石块宛如床榻,好似人工制成,连绵不绝,布满山谷。这就是如来当初为了聆听半颂(过去叫偈,是梵文的省略。或称偈他,梵语音译的错误。现今依据正确的发音,应该称为伽他。伽他的意思用大唐的话说就是颂,每颂有三十二字)的法言,施舍性命的地方。

四、摩诃伐那伽蓝

瞢揭厘城南二百余里,大山侧,至摩诃伐那①(唐言大林)伽蓝。是如来昔修菩萨行,号萨缚达之王(唐言一切施),避敌弃国,潜行至此,遇贫婆罗门,方来乞丐。既失国位,无以为施,遂令羁缚,擒往敌王,冀以赏财,回为惠施。

[注释]

①摩诃伐那：意为大森林。

[译文]

从瞢揭厘城向南方走二百多里，到了大山旁边，就是摩诃伐那（大唐称为大林）佛寺。这是当初如来修菩萨行的时候，名为萨缚达之王（大唐称为一切施），为了躲避敌人，放弃政权，悄悄来到这里，碰到一位贫穷的婆罗门，他正在乞讨。由于已经丢失了王位，没有东西可以拿来施舍，于是让婆罗门捆绑自己，作为俘虏送给敌方的国王，以此获取赏金，从而作为布施。

五、摩愉伽蓝

摩诃伐那伽蓝西北，下山三四十里，至摩愉①（唐言豆）伽蓝。有窣堵波，高百余尺。其侧大方石上，有如来足蹈之迹。是佛昔蹈此石，放拘胝②光明，照摩诃伐那伽蓝，为诸人、天说本生事。其窣堵波基下有石，色带黄白，常有津腻。是如来在昔修菩萨行，为闻正法，于此析骨书写经典。

[注释]

①摩愉：意为豆；或者为光明、光线。　②拘胝：意为百万、千万、亿等。

[译文]

由摩诃伐那佛寺西北方，下山走三四十里，就到了摩愉（大唐称为豆）佛寺。寺内有座塔，高达一百多尺。塔旁巨大的方石上，有如来脚踩过的印记。从前佛祖脚踩在这块石头上，身体放射出亿万光明，照亮了摩诃伐那佛寺。佛祖向人、神讲述了他前世的事迹。塔基下面有块石头，呈黄白色，常常出现黏液。这是当初如来修菩萨行的时候，为了能够听闻正法，在这里用其碎骨书写经典。

六、尸毗迦王本生故事

摩愉伽蓝西六七十里，至窣堵波，无忧王之所建也。是如来昔修菩萨行，号尸毗迦①王（唐言与。旧曰尸毗王，讹），为求佛果，于此割身，从鹰代鸽。

[注释]

①尸毗迦：意为安稳。

[译文]

摩愉寺以西六七十里的地方有座塔，是无忧王建造的。以前如来修菩萨行时，名为尸毗迦王（大唐称为与。过去译作尸毗王，错了），为了求证佛果，在这里自割身体喂鹰，换回被捕食的鸽子。

七、萨㨡杀地僧伽蓝等及佛本生故事

代鸽西北二百余里，入珊尼罗阇①川，至萨㨡杀地②（唐言蛇药）僧伽蓝。有窣堵波，高八十余尺。是如来昔为帝释，时遭饥岁，疾疫流行，医疗无功，道死相属。帝释悲愍，思所救济，乃变其形为大蟒身，僵尸川谷，空中遍告；闻者感庆，相率奔赴，随割随生，疗饥疗疾。其侧不远，有苏摩大窣堵波。是如来昔为帝释，时世疾疫，愍诸含识，自变其身为苏摩③蛇，凡有啖食，莫不康豫。

珊尼罗阇川北石崖边，有窣堵波。病者至求，多蒙除差。如来在昔为孔雀王，与其群而至此，热渴所逼，求水不获，孔雀王以觜啄崖，涌泉流注。今遂为池，饮沐愈疾。石上犹有孔雀趾迹。

[注释]

①珊尼罗阇（shé）：意为礼物、酬报。 ②萨裒（póu）杀地：意为药草、蛇药。 ③苏摩：意为水蛇。

[译文]

从以身赎鸽处向西北方走二百多里，进入珊尼罗阇河谷，来到萨裒杀地（大唐称为蛇药）佛寺。寺中有塔，高八十多尺。如来的前世为帝释的时候，遭遇荒年，疾病流行，医药无效，路边倒毙之人遍地。帝释怜悯众生，思索解救他们的办法，于是变化为一条巨蟒，僵死在河谷之中，同时在空中发出声音，广泛告知这一消息；听到的人都感到很庆幸，争相赶到河谷，蟒身上的肉随时割下随时生长，既能填饱肚子，还能治好疾病。旁边不远处有一座苏摩大塔。还是如来前世为帝释时，遭遇瘟疫横行，怜悯天下众生，自己变化为苏摩蛇，凡是吃了蛇肉的人，没有不康复的。珊尼罗阇河谷北面的石崖边上，有座塔。患病的人前来祈求，大多都能痊愈。如来的前世曾经是孔雀王，和孔雀群来到这里，又热又渴，却找不到水，孔雀王用喙啄击石崖，就有泉水奔涌而出。现在这里变成了水池，饮水、沐浴都有治病的疗效。石头上还留着孔雀的爪痕。

八、上军王窣堵波

瞢揭厘城西南行六七十里，大河东有窣堵波，高六十余尺，上军①王之所建也。昔如来之将寂灭，告诸大众："我涅槃后，乌仗那国上军王宜与舍利之分。"及诸王将欲均量,上军王后来,遂有轻鄙之议。是时天人大众重宣如来顾命之言,乃预同分,持归本国,式遵崇建。窣堵波侧大河滨,有大石,状如象。昔上军王以大白象负舍利归,至于此地,象忽蹎仆,因而自毙,遂变为石,即于其侧起窣堵波。

[注释]

①上军:嗢呾罗犀那的意译。

[译文]

从瞢揭厘城向西南方走六七十里,在大河的东岸有座塔,高六十多尺,是上军王兴建的。过去如来将要涅槃的时候,告诉众人说:"我涅槃以后,乌仗那国的上军王理应参与舍利的分配。"到了诸王将要平分舍利的时候,上军王来晚了,大家于是产生了轻视他来自边远小国的议论。当时天界的神人再次宣布如来的临终遗言,才让上军王分到了舍利,携带回国,建造佛塔,加以供奉。塔旁的河边上,有块大石头,形状像大象。从前上军王用大白象驮载舍利回国,到了这个地方,大象忽然跌倒,自行死去,变成了石头,上军王就在巨石边上建了塔。

九、赤塔、奇特塔及观自在菩萨精舍

瞢揭厘城西五十余里,渡大河,至卢醯呾迦^①(唐言赤)窣堵波,高五十余尺,无忧王之所建也。昔如来修菩萨行,为大国王,号曰慈力^②,于此刺身血以饭五药叉(旧曰夜叉,讹也)。

瞢揭厘城东北三十余里,至遏部多^③(唐言奇特)石窣堵波,高四十余尺。在昔如来为诸人、天说法开导，如来去后，从地踊出，黎庶崇敬，香花不替。

石窣堵波西渡大河三四十里，至一精舍，中有阿缚卢枳低湿伐罗菩萨像（唐言观自在。合字连声，梵语如上；分文散音，即"阿缚卢枳多"，译曰"观"。"伊湿伐罗"，译曰"自在"。旧译为光世音，或观世音，或观世自在，皆讹谬也）威灵潜被，神迹昭明，法俗相趋，供养无替。

[注释]

① 卢醯呾（dá）迦：意为赤。　② 慈力：是释迦牟尼的前身之一。

③ 遏部多：奇特，不可思议。

[译文]

从瞢揭厘城向西五十多里，渡过大河，就到了卢醯呾迦（大唐称为赤）塔，高五十多尺，由无忧王兴建。以前如来修菩萨行时，无忧王曾经是大国国王，名叫慈力，在这里他刺破自己的身体，用鲜血来喂食五个药叉（过去译作夜叉，错了）。

从瞢揭厘城向东北三十多里，就到了遏部多（大唐称为奇特）石塔，高四十多尺。过去如来为众多人、神讲法加以开导，如来走后，从地里冒出石塔，老百姓崇敬信仰，不断地献花供香。

从石塔处向西渡过大河走三四十里，来到一处精舍，里面藏有阿缚卢枳低湿伐罗菩萨像（大唐称为观自在。把字母的发音连接起来，按照梵语读出就是这样；如果断开字母，分别诵读，就是阿缚卢枳多，译作观；伊湿伐罗，译作自在。过去译为光世音，或者观世音，或者观世自在，都错了）神威在暗中起作用，神异的圣迹全能看到，僧侣、俗人竞相前来，供养从未间断。

十、蓝勃卢山龙池及乌仗那国王统传说

观自在菩萨像西北百五十里,至蓝勃卢山。山岭有龙池,周三十余里,渌波浩汗,清流皎镜。

昔毗卢择迦王①前伐诸释,四人拒军者,宗亲摈逐,各自分飞。其一释种②,既出国都,跋涉疲弊,中路而止。时有一雁,飞趣其前,既以驯狎,因即乘焉。其雁飞翔,下此池侧。释种虚游,远适异国,迷不知路,假寐树阴。池龙少女,游览水滨,忽见释种,恐不得当也,变为人形,即而摩拊。释种惊寤,因即谢曰:"羁旅羸人,何见亲拊?"遂款殷勤,凌逼野合。女曰:"父母有训,祗奉无违。虽蒙惠顾,未承高命。"释种曰:"山谷杳冥,尔家安在?"曰:"我此池之龙女也。敬闻圣族流离逃难,幸因游览,敢慰劳弊。命有燕私,未闻来旨。况乎积祸,受此龙身,人畜殊途,非所闻也。"释种曰:"一言见允,宿心斯毕。"龙女曰:"敬闻命矣,唯所去就。"释种乃誓心曰:"凡我所有福德之力,令此龙女举体成人。"福力所感,龙遂改形,既得人身,深自庆悦。乃谢释种曰:"我积殃运,流转恶趣③。幸蒙垂顾,福力所加,旷劫弊身,一旦改变。欲报此德,糜躯未谢。心愿陪游,事拘物议。愿白父母,然后备礼。"

龙女还池,白父母曰:"今者游览,忽逢释种,福力所感,变我为人,情存好合,敢陈事实。"龙王心欣人趣,情重圣族,遂从女请。乃出池而谢释种曰:"不遗非类,降尊就卑,愿临我室,敢

供洒扫。"释种受龙王之请,遂即其居。于是龙宫之中,亲迎备礼,燕尔乐会,肆极欢娱。释种睹龙之形,心常畏恶,乃欲辞出。龙王止曰:"幸无远舍,邻此宅居,当令据疆土,称大号,总有臣庶,祚延长世。"释种谢曰:"此言非冀。"龙王以宝剑置箧中,妙好白氎而覆其上。谓释种曰:"幸持此氎以献国王,王必亲受远人之贡,可于此时害其王也。因据其国,不亦善乎?"释种受龙指诲,便往行献;乌仗那王躬举其氎,释种执其袂而刺之。侍臣、卫兵喧乱阶陛,释种麾剑告曰:"我所杖剑,神龙见授,以诛后伏,以斩不臣。"咸惧神武,推尊大位。于是沿弊立政,表贤恤患。已而动大众,备法驾,即龙宫而报命,迎龙女以还都。龙女宿业未尽,余报④犹在,每至燕私,首出九龙之头。释种畏恶,莫知图计,伺其寐也,利刃断之。龙女惊寤曰:"斯非后嗣之利,非徒我命有少损伤,而汝子孙当苦头痛。"故此国族常有斯患,虽不连绵,时一发动。释种既没,其子嗣位,是嗢呾罗犀那王(唐言上军)。

上军王嗣位之后,其母丧明。如来伏阿波逻罗龙还也,从空下其宫中。上军王适从游猎,如来因为其母略说法要。遇圣闻法,遂得复明。如来问曰:"汝子,我之族也,今何所在?"母曰:"旦出畋游,今将返驾。"如来与诸大众⑤寻欲发引。王母曰:"我惟福遇,生育圣族,如来悲愍,又亲降临,我子方还,愿少留待。"世尊曰:"斯人者,我之族也。可闻教而信悟,非亲诲以发心。我其行矣。还语之曰:'如来从此往拘尸城⑥娑罗树⑦间,当入涅槃,宜取舍利,自为供养。'"如来与诸大众凌虚而去。上军王方游猎,远见宫中光明赫奕⑧,疑有火灾,罢猎而返。乃见其母复明,庆而问曰："我去几何，有斯祥感，能令慈母复明如昔？"母曰："汝出之后，如来至此，闻佛说法，遂得复明。如来从此至拘尸城娑罗树间，当入涅槃，召汝速来分取舍利。"时王闻已，悲号顿躄，久而醒悟，命驾驰赴。至双树间，佛已涅槃。时诸国王轻其边鄙，宝重舍利，不欲分与。是时天、人大众重宣佛意，诸王闻已，遂先均授。

[注释]

①毗卢择迦王：又名琉璃王、流离王，胜军王之子，弑父登位。②释种：指释迦族或释迦族人。 ③恶趣：由恶业所感，而应趣往之处所。一般以地狱、饿鬼、畜生三趣称为三恶趣。 ④余报：仍然存在的果报。 ⑤大众：指追随佛陀的各位圣贤。 ⑥拘尸城：意译角城、茅城，故址在今印度北方邦戈勒克布尔镇卡西亚村。 ⑦娑罗树：龙脑香科树木，叶椭圆，花呈五瓣，色黄。 ⑧赫奕：光明异常。

[译文]

从观自在菩萨像往西北方向走一百五十里，到达蓝勃卢山。山上有座龙池，方圆三十多里，湖水清澈，水面浩渺，水流清洁如镜。

以前，毗卢择迦王讨伐释迦族，有四个人抗拒来军，亲族都遭到驱逐，各奔东西。其中一人逃出国都，长途跋涉，疲惫异常，半道上停下休息。那时有一只大雁飞到他的面前，他看大雁温顺驯服，就骑坐在雁身上。大雁展翅飞翔，降落在龙池旁边。释种经过空中遨游，远至异国他乡，迷失了路途，就在树荫下和衣打盹。池中龙王的小女儿在岸边游览，忽然发现释种，担心自己龙形丑陋不宜被他看见，于是变作人形，上前轻轻抚摸释种。释种被她惊醒，感谢她亲近的情意说："我一个旅途之人，身心俱疲，为什么会得到您的厚爱？"于是向龙女大献殷勤，强求交合。龙女说："父母亲做出过训诫，我完全遵守，不敢违抗。虽然蒙您垂爱于我，但是还没有得到父母的同意。"释种说："山谷中寂静悠远，哪里是你的家呀？"回答说："我是这里的龙女。听说你们释迦圣族逃避兵祸，流离失所，庆幸的是我却因游览到此，抚慰您的疲劳困弊。您让我和您交合，但却没有得到我父母的允许。况且由于前世积累的恶业果报，今世变身为龙，人畜生存之道不同，从来没有听说两者可以婚配的。"释种说："只要你愿意嫁给我，你的凤愿就能实现。"龙女说："我愿听从您的话，就照您的意思去做。"释种于是发誓说："我愿意用我所有的福德之力，使这位龙女变成人身。"福力感应的结果，龙女改变了形貌，获得人身，十分庆幸喜悦。因此感谢释种说："我往世积下厄运，以致转生非人恶趣。多亏了您的眷顾，将福力施加给我，使我经历多世的丑恶身形，一下子就得以改变。想要报答您的恩德，粉身碎骨都远远不够。我心里愿意陪伴您，但是担心众人议论。希望先行禀告父母，然后再举行婚礼。"

龙女回到池中，禀告父母说："今天外出游览，忽然碰见了释种，受到他福力的感应，我得以变身为人，我愿以身相许，特将此事上禀。"龙王内心欣赏人趣，重视释种，就答应了女儿的请求。龙王出池向释种致谢说："若不嫌弃我们是非人类，而愿委屈尊驾迁就卑下，希望你能光临寒舍，将把女儿许配给你。"释种接受龙王的邀请，来到龙宫。于是在龙宫里，举行隆重的婚礼，享受新婚之乐，极其欢喜快乐。释种看着龙的形貌，心中总觉得害怕厌恶，准备辞别离开。龙王劝阻说："你最好不要远离龙池，就在附近安宅居住，我能使你拥有领土，建国称王，统领百姓，王统永续。"释种辞谢说："我不敢有此奢望。"龙王把宝剑放在盒子里，上面覆盖着绝佳的白毛布。告诉释种说："你可拿着这块白毛布献给国王,国王一定会亲自接受远方之人的贡品,这时你就可以刺杀国王。进而占据他的国家,不是很好吗?"释种接受了龙王的指导,就前去进献贡品;乌伏那王亲自接受白毛布,释种抓住他的衣袖行刺。侍臣、卫兵在宫中乱作一团,释种挥舞手中的宝剑声称:"我拿的剑由神龙赐予,就是来斩杀归降迟缓和不肯臣服的人。"众人慑于他的神武,推戴他登上王位。于是释种革除弊政,创立新政,表彰贤明,抚恤穷人。然后率领大队人马,准备了龙车凤辇,前往龙宫复命,迎接龙女返回都城。龙女往世的业果还没有完,剩下的业报还在,每当交欢的时候,就会伸出九个龙头。释种畏惧厌恶,不知道该怎么办,等到龙女睡熟之后,用快刀割断龙头。龙女惊醒后说:"这么做对子孙不利,不仅对我的生命略有损伤,而且你的后代也要遭受头痛的折磨。"所以这个国家的王族常得这种头痛病,尽管不会一直疼下去,但也时不时发作。释种死后,儿子继位,就是嗢呾罗犀那王(大唐称为上军)。

上军王继位以后,他的母亲双目失明。如来在降伏阿波逻罗龙返回途中,从空中降临到皇宫里。上军王刚好出外打猎,如来于是为他的母亲简单讲说佛法精要。既遇到佛祖又聆听了佛法,因此她双眼复明。如来询问说:"你的儿子是我的族人,如今往哪里去了?"母亲说:"一大早就出去打猎,现在就要回来了。"如来和众位圣贤准备动身离开。王母说:"我获得福德际遇,生育了圣族的子孙,如来慈悲怜悯,亲自降临我家,我的儿子就要回来,请稍等片刻。"世尊说:"这位国王是我的同族。可以听闻教法并产生信仰,获得觉悟,不需要我当面教导来启发他的修道之心。我走了。待他回来时告诉他:'如来从这里前往拘尸城,将在娑罗树林中,进入涅槃,你应当去收取舍利,带回自己供养。'"如来和各位圣贤腾空离去。上军王正在打猎时,远远看到宫中光芒闪耀,怀疑发生了火灾,结束狩猎赶回宫中。见到他的母亲双眼重见光明,非常高兴,问道:"我离开时间不长,如何会有如此吉祥的感应,能让我的母亲复明如初?"母亲说:"你走以后,如来来到宫中,我聆听佛祖讲法,眼睛重见光明。如来从这里到拘尸城的娑罗树林中,将要涅槃,召唤你尽速赶到分取舍利。"当时国王闻听此事,顿足捶胸,悲伤不已,很长时间才从昏迷中苏醒过来,立即命令备好车马奔赴前往。到了双树之间的时候,佛祖已经涅槃。那时各国国王轻视他是边远小国的国王,又极为珍视舍利,不想分给他。这时天神、人和众多圣贤再次宣布了佛祖的遗旨,诸王听后,遵照执行,先行分给他一份。

十一、达丽罗川

薝揭厘城东北逾山越谷,逆上信度河,途路危险,山谷杳冥,或覆组索①,或牵铁锁,栈道虚临,飞梁危构,橡杙蹑蹬②,行千余里,至达丽罗川③,即乌仗那国旧都也。多出黄金及郁金香。达丽罗川中大伽蓝侧,有刻木慈氏④菩萨像,金色晃昱,灵鉴潜通,高百余尺,末田底迦⑤(旧曰末田地,讹略也)阿罗汉之所造也。罗汉以神通力,携引匠人升睹史多天⑥(旧曰兜率他也,又曰兜术他,讹也),亲观妙相,三返之后,功乃毕焉。自有此像,法流东派。

从此东行,逾岭越谷,逆上信度河,飞梁栈道,履危涉险,经五百余里,至钵露罗国(北印度境)。

[注释]

①绠(gēng)索:粗大的绳索。 ②橡杙(yì)蹑蹬:这里是说小心翼翼地在栈桥的木条上行走。杙,小木棒或小尖木条。 ③达丽罗川:

故址在今克什米尔西北部印度河北岸达地斯坦的达丽尔。 ④慈氏：弥勒菩萨。 ⑤末田底迦：阿难的弟子。 ⑥睹史多天：也译作兜率陀、兜术等，意思是上足、妙足、知足、喜足，是欲界的第四天。

[译文]

  从瞢揭厘城的东北方出发，翻山越岭，沿信度河逆流而上，道路险峻，山谷幽深，有的地方要走索道，有的要攀缘铁链，栈道凌空飞架，高桥悬空建造，小心翼翼地走在木条铺设的桥上，如此行走一千多里，来到达丽罗川，这里就是乌仗那国的旧都。盛产黄金和郁金香。达丽罗川的大佛寺边上，有一尊用木头雕刻而成的慈氏菩萨像，金光闪闪，极有灵验，高达一百多尺，是由末田底迦（过去译作末田地，是错的或省略的说法）阿罗汉建造的。罗汉施展神通法力，带领工匠飞升到睹史多天（过去译作兜率他，也作兜术他，错了）上，亲眼观看菩萨妙相，往返三次以后，才完成了菩萨像的雕刻。自从有了这尊菩萨像，佛法开始向东方传播。

  从这里向东走，翻山越岭，沿信度河逆流而上，一路上经过飞桥、栈道，经历千难万险，走了五百多里，来到钵露罗国（在北印度境内）。

钵露罗国

  钵露罗①国周四千余里，在大雪山间，东西长，南北狭。多麦、豆，出金、银，资金之利，国用富饶。时唯寒烈，人性犷暴，薄于仁义，无闻礼节。形貌粗弊，衣服毛褐。文字大同印度，言语异于诸国。伽蓝数百所，僧徒数千人，学无专习，戒行多滥。

  从此复还乌铎迦汉茶城，南渡信度河，河广三四里，西南流，澄清皎镜，汩淴漂流。毒龙、恶兽窟穴其中，若持贵宝、奇花果种及佛舍利渡者，船多飘没。渡河至呾叉始罗国（北印度境）。

[注释]

①钵露罗：故址在今达地斯坦以东和以北的巴尔提斯坦。

[译文]

钵露罗国方圆四千多里，位于大雪山中，东西长，南北窄。盛产麦、豆，出产金、银，因为有贵金属的好处，使得国家富饶。只是气候寒冷，百姓性格粗犷暴烈，不讲仁义，缺少礼节。外貌粗陋难看，穿毛布衣。文字与印度大体一样，语言和别国不同。有几百座佛寺，僧人有好几千人，并不专门学习某一佛教流派学说，对于戒律也不严格遵守。

从该国返回乌铎迦汉荼城，再向南渡过信度河。河面宽达三四里，流向西南，河水清澈如镜，水流湍急。河里有毒龙、恶兽的巢穴，如果携带珍宝、奇花异果以及佛舍利渡河，所乘船只多数会沉没。渡过河就到了呾叉始罗国（在北印度境内）。

呾叉始罗国

呾叉始罗国①周二千余里。国大都城周十余里，酋豪力竞，王族绝嗣，往者役属迦毕试国，近又附庸迦湿弥罗国。地称沃壤，稼穑殷盛，泉流多，花草茂。气序和畅，风俗轻勇，崇敬三宝。伽蓝虽多，荒芜已甚，僧徒寡少，并学大乘。

[注释]

①呾叉始罗国：故址在今巴基斯坦拉瓦尔品第一带。

[译文]

呾叉始罗国方圆两千多里。该国的大都城方圆十多里，酋长、豪族争权夺利，原来的王族已不复存在，从前附属于迦毕试国，近来又成为迦湿弥罗国的附庸。土地肥沃，庄稼繁盛，水流众多，花草茂盛。气候温和，民风轻捷勇健，尊奉佛教。佛寺虽然众多，但是极为荒芜，僧人很少，全部研习大乘教法。

一、医罗钵呾罗龙王池

大城西北七十余里有医罗钵呾罗①龙王池，周百余步。其水澄清，杂色莲花同荣异彩。此龙者，即昔迦叶波佛时坏医罗钵呾罗树苾刍②者也。故今彼土请雨祈晴，必与沙门共至池所，弹指③慰问，随愿必果。

[注释]

①医罗钵呾罗：亦作医罗钵，梵文音译。医罗，是一种带臭气的树。钵呾罗，树叶。　②苾刍：又作比丘，是出家后受过具足戒的男性佛教徒。　③弹指：这里是许诺的意思。

[译文]

都城西北方七十多里的地方有医罗钵呾罗龙王池，方圆一百多步。池水清澈透明，各色莲花竞相开放，色彩斑斓。这里的龙就是过去迦叶波佛的时代破坏了医罗钵呾罗树的比丘。所以至今祈求降雨、晴好，一定要和僧人一同来到池边，弹指表示慰问，请求必定实现。

二、四宝藏之一所

龙池东南行三十余里,入两山间,有窣堵波,无忧王之所建也,高百余尺,是释迦如来悬记,当来慈氏世尊出兴之时,自然有四大宝藏①,即斯胜地,当其一所。闻诸先志曰:或时地震,诸山皆动,周藏百步,无所倾摇。诸有愚夫,妄加发掘,地为震动,人皆蹎仆。傍有伽蓝,圮损已甚,久绝僧徒。

[注释]

①四大宝藏:指乾陀卫国伊罗钵龙王宝藏、蜜谛罗国斑稠龙王宝藏、须赖吒国宾伽罗龙王宝藏、婆罗㮈国蠰佉龙王宝藏。

[译文]

从龙池向东南方走三十多里,进入两山之间,有座塔,由无忧王兴建,高一百多尺。当初释迦如来曾经预言,将来慈氏世尊出世的时候,天然产生四大宝藏,这一胜地就是其中的一处。听当地人说:偶尔地震,群山摇动,唯有宝藏周围百步之内,纹丝不动。有些愚昧的俗人,妄图发掘宝藏,大地立即震动,人都摔倒在地。旁边有座佛寺,毁坏得十分严重,很长时间都没有僧人了。

三、舍头窣堵波

城北十二三里有窣堵波,无忧王之所建也。或至斋日,时放光明,神花天乐,颇有见闻。闻诸先志曰:近有妇人,身婴恶癞,窃至窣堵波,责躬礼忏,见其庭宇有诸粪秽,掬除洒扫,涂香散花,更采青莲，重布其地。恶疾除愈，形貌增妍，身出名香，青莲同馥。斯胜地也，是如来在昔修菩萨行，为大国王，号战达罗钵剌婆①（唐言月光），志求菩提②，断头惠施。若此之舍，凡历千生。

[注释]

①战达罗钵剌婆：释迦的前身之一。　②菩提：指对佛教真正的觉悟。

[译文]

都城以北十二三里的地方有座塔，是由无忧王兴建的。斋日期间，往往放射光芒，天上降下鲜花，奏响仙乐，都能看得到，听得见。听当地人说：近年有位妇人身患严重疥疮，悄悄来到塔前，诚心礼拜，忏悔罪孽，看见庭院、房屋中有粪便、垃圾，亲手除去，用心打扫，之后涂上香料，撒满鲜花，又采来青莲，铺在地上。结果她的恶疾获得痊愈，相貌更加漂亮，身体散发出名贵香料的气味，如同青莲的香气一般。正是在这处胜地，以前如来修菩萨行，做了大国王，号战达罗钵剌婆（大唐称为月光），一心一意求证菩提圣果，自断头颅进行施舍。像这样的施舍已经经历了一千世。

四、童受论师制论处

舍头窣堵波侧有僧伽蓝，庭宇荒凉，僧徒减少。昔经部拘摩罗逻多（唐言童受）论师于此制述诸论。

[译文]

舍头塔旁边有座佛寺，庭院屋宇破败不堪，僧人很少。当初经部的拘摩罗逻多（大唐称为童受）论师就在这里撰写各种论著。

五、南山窣堵波及拘浪拿太子故事

城外东南南山之阴有窣堵波，高百余尺，是无忧王太子拘浪拿①为继母②所诬抉目之处，无忧王所建也。盲人祈请，多有复明。

此太子正后③生也，仪貌妍雅，慈仁夙著。正后终没，继室憍淫，纵其昏愚，私逼太子。太子沥泣引责，退身谢罪。继母见违，弥增忿怒，候王闲隙，从容言曰："夫呾叉始罗，国之要领，非亲子弟，其可寄乎？今者太子仁孝著闻，亲贤之故，物议斯在。"王惑闻说，雅悦奸谋，即命太子而诫之曰："吾承余绪，垂统继业，唯恐失坠，忝负先王。呾叉始罗，国之襟带，吾今命尔，作镇彼国。国事殷重，人情诡杂，无妄去就，有亏基绪。凡有召命，验吾齿印，印在吾口，其有谬乎？"于是太子衔命来镇。岁月虽淹，继室弥怒，诈发制书，紫泥封记，候王眠睡，窃齿为印，驰使而往，赐以责书。辅臣跪读，相顾失图。太子问曰："何所悲乎？"曰："大王有命，书责太子，抉去两目，逐弃山谷，任其夫妻，随时生死。虽有此命，尚未可依。今宜重请，面缚待罪。"太子曰："父而赐死，其可辞乎？齿印为封，诚无谬矣。"命旃荼罗④抉去其眼。

眼既失明，乞贷自济，流离展转，至父都城。其妻告曰："此是王城。嗟乎！饥寒良苦！昔为王子，今作乞人。愿得闻知，重申先责。"于是谋计，入王内厩，于夜后分，泣对清风，长啸悲吟，箜篌⑤鼓和。王在高楼，闻其雅唱，辞甚怨悲，怪而问曰："箜篌歌声，似是吾子，今以何故而来此乎？"即问内厩："谁为歌啸？"遂将盲人,而来对旨。王见太子,衔悲问曰:"谁害汝身,遭此祸罍?爱子丧明,犹自不觉,凡百黎元,如何究察?天乎,天乎,何德之衰!"太子悲泣,谢而对曰:"诚以不孝,负责于天,某年日月,忽奉慈旨,无由致辞,不敢逃责。"其王心知继室为不轨也,无所究察,便加刑辟。时菩提树伽蓝有瞿沙(唐言妙音)大阿罗汉者,四辩无碍⑥,三明具足。王将盲子,陈告其事,唯愿慈悲,令得复明。时彼罗汉受王请已,即于是日宣令国人:"吾于后日,欲说妙理,人持一器,来此听法,以盛泣泪也。"于是远近相趋,士女云集。是时阿罗汉说十二因缘⑦,凡厥闻法,莫不悲耿,以所持器,盛其沥泣。说法既已,总收众泪,置之金盘,而自誓曰:"凡吾所说,诸佛至理。理若不真,说有纰缪⑧,斯则已矣;如其不尔,愿以众泪,洗彼盲眼,眼得复明,明视如昔。"发是语讫,持泪洗眼,眼遂复明。王乃责彼辅臣,诘诸僚佐,或黜或放,或迁或死,诸豪世禄移居雪山东北沙碛之中。

从此东南越诸山谷,行七百余里,至僧诃补罗国(北印度境)。

[注释]

①拘浪拿:原为鸟名,这里为阿育王太子的别号。 ②继母:指阿育王的妃子帝舍罗叉(光护)。 ③正后:指阿育王的皇后钵摩婆底(莲花色)。 ④旃荼罗:又作旃陀罗,指屠夫,是印度四大种姓之下贱民之一。

⑤箜(kōng)篌(hóu):从西域传入中国的弹拨乐器,与竖琴类似。

⑥四辩无碍:指佛、菩萨、圣众等所具有的四种自在无碍辩。即法无碍辩、义无碍辩、辞无碍辩、辩无碍辩。又译四无碍智、四无碍解。略称四

辩或四无碍。 ⑦十二因缘：又称十二缘起，是佛教"三世轮回"的基本理论，包括无明、行、识、名色、六入、触、受、爱、取、有、生、老死十二个部分。 ⑧纰（pī）缪：错误。

[译文]

都城外东南方的南山北麓有座塔，高达一百多尺，是无忧王的太子拘浪拿被继母陷害挖去双目的地方，由无忧王建造。盲人前来求告，多数得以复明。

这位太子由正宫皇后所生，仪态娴雅，容貌美好，慈悲仁爱，天下闻名。皇后死后，继室傲慢淫荡，放纵自己的昏聩愚昧之情，暗中逼迫太子与之私通。太子垂泪自责，退避而请求宽恕不从之罪。继母遭到拒绝，恼羞成怒，等到国王空闲之时，神色镇定地对国王说："呾叉始罗之地是国家的冲要，不是血亲子孙，怎能委以镇守重任？现在太子仁孝之名天下皆知，既是血亲，又有贤名，众望所归，正可担当此任。"国王被她的说法所蒙蔽，欣然接受她的邪恶阴谋，立刻召来太子，训诫说："我继承了先祖遗业，想要把它留传给后世子孙，唯恐失去政权，辜负了历代先王。呾叉始罗是国家的防守要地，我现在命令你前去镇守该地。国事繁多重要，人情诡谲复杂，不要随随便便做出决定，导致损坏国家的根本大业。凡由我发出的诏书，都需要查看是否有我的牙齿印，印章就在我的口中，难道还会出现纰漏吗？"于是太子奉命前来镇守。尽管时光流逝，可是继室却更加愤怒，她伪造了诏书，用紫泥钤封，等到国王熟睡的时候，盗用了齿印，马上派出使者宣旨，颁赐的诏书内容是指责太子有罪。大臣们拜读诏书，相顾失色，不知所措。太子问道："为什么这样悲伤？"回复说："大王下达命令，在诏书中谴责太子，让挖去您的双眼，放逐到山谷之中，听凭你们夫妻自生自灭。大王虽然下达了这样的命令，不必立即执行。为今之计应该再次请求，自缚身体，等候发落。"太子说："父亲赐死，哪敢违抗？既然有齿印钤封，一定不会出错。"就命令旃荼罗挖去双眼。

眼睛已经失明，只能以乞讨苟活，颠沛流离，辗转四方，终于来到父王的都城。太子妻告诉他说："这里就是王城。唉，我们饥寒交迫，受尽苦难！以前贵为王子，现在沦为乞丐。但愿父王能够体察下情，给我们机会申述受到责罚的情形。"于是两人设计，潜入王宫中的马厩，在后半夜，面对清风哭泣不已，长声悲叹，凄苦吟诵，以箜篌伴奏。国王正在高楼之上，听到了动人的歌唱，歌词凄婉哀怨，感到十分奇怪，就问道："箜篌伴奏的歌声，好像是我的儿子，如今为了什么事情，来到这里？"马上询问掌管马厩的人："是谁在那里歌唱吟诵？"臣子于是将盲人带来，回答国王的询问。国王见到太子，满心悲痛地问道："是谁害了你，遭受如此灾祸？我心爱的儿子眼睛失明我都不知道，对于广大黎民百姓又怎么能体察下情呢？天哪，天哪，我的德行怎么会丧失到如此程度！"太子悲伤哭泣，向父王谢罪，并且说："就是因为我不孝，得罪了上天，某年某月某日，忽然接到父亲的圣旨，无法申诉，不敢逃避罪责。"国王心中知道是继室做的坏事，没有审讯查问，立即将她处以极刑。当时菩提树佛寺中有位名叫瞿沙（大唐称为妙音）的大阿罗汉，四辩没有滞碍，三明具备。国王带着盲太子，向他诉说了这件事，希望能够大发慈悲，使太子双眼复明。罗汉接受了国王的请求之后，当即在那一天宣告国人："我要在后天讲说精妙的佛理，前来听法的人都要带着一个器皿，用以盛接泪水。"于是远近之人争相前来，男女云集。此时阿罗汉讲了十二因缘，凡是聆听说法的人，没有不悲伤感怀，大家用自己带来的器皿，盛接了流下的眼泪。罗汉说法结束以后，收集众人的眼泪，放在金盘之中，自己发誓说："我所讲说的一切都是佛教的最高真理。如果道理不真实，讲说有错误,那就一切作罢;如果并非如此,希望用众人的泪水清洗太子的盲眼,眼睛得以复明,像从前那样明亮光彩。"说完这些话后,就用泪水清洗太子双眼,双眼果然复明。国王于是谴责太子的辅佐大臣,诘问众位官员,他们有的被罢黜,有的被流放,有的被降职,有的被处死,许多豪门大族被迫迁居到雪山东北方的沙漠之中。

从呾叉始罗国东南方,穿越诸多山谷,走七百多里,就到了僧诃补罗国(在北印度境内)。

僧诃补罗国

僧诃补罗国①周三千五六百里,西临信度河。国大都城周十四五里,依山据岭,坚峻险固。农务少功,地利多获。气序寒,人性猛,俗尚骁勇,又多谲诈。国无君长主位,役属迦湿弥罗国。

[注释]

①僧诃补罗国:故址在今盐岭北麓的开脱斯及其附近一带。

[译文]

僧诃补罗国方圆三千五六百里,西濒信度河。该国的大都城方圆十四五里,城池靠山而建,跨据山岭,坚固险要。从事农业生产不必花费太多劳力,就能获得丰厚收获。气候寒冷,人性勇猛,民风崇尚骁勇,同时也很奸诈。该国没有国王统治,附属于迦湿弥罗国。

一、城附近寺塔及白衣外道本师初说法处

城南不远有窣堵波,无忧王之所建也。庄饰有亏,灵异相继。傍有伽蓝,空无僧侣。

城东南四五十里至石窣堵波,无忧王建也,高二百余尺。池沼十数,映带左右,雕石为岸,殊形异类。激水清流,汩淴漂注,龙鱼水族,窟穴潜泳,四色莲花,弥漫清潭。百果具繁,同荣异色,林沼交映,诚可游玩。傍有伽蓝,久绝僧侣。

窣堵波侧不远,有白衣外道本师①悟所求理初说法处,今有封记,傍建天祠。其徒苦行,昼夜精勤,不遑宁息。本师所说之法,多窃佛经之义,随类设法,拟则轨仪。大者谓苾刍,小者称沙弥。威仪律行,颇同僧法。唯留少发,加之露形,或有所服,白色为异,据斯流别,稍用区分。其天师像,窃类如来,衣服为差,相好无异。

[注释]

①白衣外道本师:指耆那教大师大雄。佛教徒称其为尼犍子、尼乾陀。相传为公元前6~公元前5世纪人,出身于刹帝利家族。三十岁出家,四十二岁悟道,创立耆那教,活动于中印度一带。其逝世后约二百年,耆那教分裂为白衣外道和露形外道。

[译文]

都城南面不远处有座塔,是无忧王建造的。外表已有破损,神灵感应仍然存在。塔旁有座佛寺,没有僧人居住。

都城东南方四五十里的地方有座石塔,由无忧王建造,高达二百多尺。石塔附近分布着十多个水池,池岸用石头雕成,纹样各异。池水清

澈，水流湍急，龙、鱼等水族，穴居池内，水中潜游，四色莲花，布满清潭。果木众多，生长繁盛，百花盛开，色彩缤纷，山林、池沼交相辉映，确实是游玩的好去处。旁边有座佛寺，很久都没有僧人居住了。

塔旁不远处则是白衣外道的创教大师觉悟本教真理，最早说法的地方，现在还留有封记，旁边建造有天祠。这一教派的教徒勤修苦行，日夜专心修习，从不停歇。祖师讲说的教法多数剽窃佛经教义，根据对象的不同，制定教义，仿效佛教轨仪。年长者称为苾刍，年少者称为沙弥。祭祀戒行与佛教非常相似。只是留有少量头发，赤身露体，即使穿着衣服，也以白色作为区别，只有这些方面的差异，稍微有别于佛教。他们的祖师像同样模仿如来像，衣服不同，相貌没有差异。

二、大石门及王子舍身饲虎处

从此复还呾叉始罗国北界，渡信度河，东南行二百余里，度大石门，昔摩诃萨埵①王子于此投身饲饿乌䖘②（音徒）。其南百四五十步有石窣堵波，摩诃萨埵愍饿兽之无力也，行至此地，干竹自刺，以血啖之，于是乎兽乃啖焉。其中地土，洎诸草木，微带绛色，犹血染也。人履其地，若负芒刺，无云疑信，莫不悲怆。舍身北有石窣堵波，高二百余尺，无忧王之所建也。雕刻奇制，时烛神光。小窣堵波及诸石龛动以百数，周此茔域③，其有疾病，旋绕多愈。

[注释]

①摩诃萨埵：意译大心、大众生、大有情，是佛的前世之一。　②乌䖘（tú）：虎的别名。　③茔域：墓地。

[译文]

从这里返回呾叉始罗国的北界,渡过信度河,向东南方走二百多里,经过大石门,以前摩诃萨埵王子就在这里舍身饲虎。大石门以南一百四五十步的地方有座塔,摩诃萨埵怜悯饥饿的老虎没有力气,他走到这里,用干竹刺破自己的身体,拿自己的血来喂它,此后饿虎又将他吃掉。这儿的土地包括草丛树木上,都略带暗红色,就像鲜血浸染过。人们走在这片土地上,感觉有芒刺扎背,不管是怀疑的,还是虔信的人,无不悲痛伤怀。舍身塔以北有座石塔,高有二百多尺,是无忧王建造的。雕刻制作的工艺奇特,经常闪耀神光。小塔以及石龛数以百计,环绕这一墓地,有病的人环绕行走,大多获得痊愈。

三、孤山中伽蓝

石窣堵波东有伽蓝,僧徒百余人,并学大乘教。从此东行五十余里,至孤山,中有伽蓝,僧徒二百余人,并学大乘法教。花果繁茂,泉池澄镜。傍有窣堵波,高二百余尺,是如来在昔于此化恶药叉,令不食肉。

从此东南行五百余里,至乌刺尸国(北印度境)。

[译文]

石塔东面有座佛寺,有僧人一百多名,都在研习大乘教法。从这里向东走五十多里,来到孤山,山中有座佛寺,僧人有二百多名,也都学习大乘教法。此处花果繁盛,泉流池水清澈如镜。旁边有座塔,高达二百多尺,当初如来在这里度化恶药叉,命令他不再吃肉。

从这里向东南走五百多里,就到了乌刺尸国(在北印度境内)。

乌剌尸国

乌剌尸国①周二千余里，山阜连接，田畴隘狭。国大都城周七八里。无大君长，役属迦湿弥罗国。宜稼穑，少花果。气序温和，微有霜雪。俗无礼义，人性刚猛，多行诡诈，不信佛法。

大城西南四五里有窣堵波，高二百余尺，无忧王所建也。傍有伽蓝，僧徒寡少，并皆学大乘法教。

从此东南，登山履险，度铁桥，行千余里，至迦湿弥罗国（旧曰罽宾，讹也。北印度境）。

[注释]

①乌剌尸国：其地在今克什米尔的哈扎拉地方，都城在今哈里浦尔。

[译文]

乌剌尸国方圆二千多里，山脉绵延，农田稀少。该国的大都城方圆七八里。国内没有国王，隶属于迦湿弥罗国。适宜种植庄稼，花果出产很少。气候温和，有少量霜雪。民俗不讲礼义，性格刚毅勇猛，行为诡诈，不信仰佛法。

都城西南方四五里处有座塔，高有二百多尺，由无忧王建造。旁边有座佛寺，僧人很少，都学习大乘教法。

从这里向东南方，翻过高山，跨越险阻，经过铁桥，行走一千多里，就到了迦湿弥罗国（过去称为罽宾，错了。在北印度境内）。

迦湿弥罗国

迦湿弥罗国①周七千余里，四境负山，山极峭峻，虽有门径，而复隘狭，自古邻敌，无能攻伐。国大都城西临大河，南北十二三里，东西四五里。宜稼穑，多花果，出龙种马及郁金香、火珠、药草。气序寒劲，多雪少风。服毛褐，衣白氎。土俗轻僄，人多怯懦。国为龙护，遂雄邻境。容貌妍美，情性诡诈。好学多闻，邪正兼信。伽蓝百余所，僧徒五千余人。有四窣堵波，并无忧王建也，各有如来舍利升余。

[注释]

①迦湿弥罗国：相当于今克什米尔地区。

[译文]

迦湿弥罗国方圆七千多里，国土四面环山，山势极为高峻，虽有道路通行，但是十分狭窄，自古以来，邻近的敌国从来没有攻占该国。该国的大都城西濒大河，南北长十二三里，东西宽四五里。适宜种植农作物，花卉水果常见，盛产龙种马以及郁金香、火珠、药草。气候寒冷，多雪少风。穿棉布和白毛布衣。民风轻浮，人的性格胆小懦弱。国土受到龙王护佑，所以能称雄于邻国。居民容貌美丽，性情诡诈。爱好学习，知识广博，外道、佛教都有信仰。有佛寺一百多座，僧人有五千多人。境内四座塔，都是无忧王建造的，每座塔分别藏有如来的舍利各一升多。

一、开国传说

《国志》曰:国地本龙池也。昔佛世尊自乌仗那国降恶神已,欲还中国①,乘空当此国土,告阿难曰:"我涅槃之后,有末田底迦阿罗汉,当于此地建国安人,弘扬佛法。"如来寂灭之后第五十年,阿难弟子末田底迦罗汉者,得六神通,具八解脱,闻佛悬记,心自庆悦,便来至此,于大山岭,宴坐林中,现大神变。龙见深信,请资所欲。阿罗汉曰:"愿于池内,惠以容膝。"龙王于是缩水奉施。罗汉神通广身,龙王纵力缩水,池空水尽,龙翻请地。阿罗汉于此西北为留一池,周百余里;自余枝属,别居小池。龙王曰:"池地总施,愿恒受供。"末田底迦曰:"我今不久无余涅槃,虽欲受请,其可得乎?"龙王重请:"五百罗汉常受我供,乃至法尽,法尽之后,还取此国,以为居池。"末田底迦从其所请。时阿罗汉既得其地,运大神通力,立五百伽蓝。于诸异国买鬻贱人,以充役使,以供僧众。末田底迦入寂灭后,彼诸贱人自立君长,邻境诸国鄙其贱种,莫与交亲,谓之讫利多②(唐言买得)。今时泉水已多流滥。

[注释]

①中国:指中印度。 ②讫利多:迦湿弥罗国的种族之一,曾为王族。

[译文]

《国志》记载:迦湿弥罗国原本是一龙池。以前,佛世尊在乌仗那国降伏恶神以后，要返回中印度，腾空经过此国之地，告诉阿难说："我涅槃之后，有位名叫末田底迦的罗汉，会在这里建立国家，抚安百姓，弘扬佛法。"如来涅槃后的第五十年，阿难弟子末田底迦罗汉获得六神通，具备八解脱，听到佛的预言，心中暗自高兴，就来到这里。在大山岭上，静坐于树林之中，展示出广大的神通。龙王见了产生深深的敬信，请求阿罗汉提出要求愿加以满足。阿罗汉说："希望能在你的龙池内，留给我一处放置双膝的地方。"龙王于是降低水位，留出干地作为布施。罗汉施展神通，增长身躯，龙王全力降低水位，直到水池干涸，流水尽失，龙王不得已反过来请求阿罗汉赐予栖身之地。阿罗汉在西北面留下一池，方圆一百多里；龙族的其他支属只能居住在别处的小池。龙王说："我将龙池完全施舍给你了，请你永远接受我的供养。"末田底迦说："我在不久以后即将进入无余涅槃，即使想接受你的供养，又怎能办得到呢？"龙王再次请求说："就让五百罗汉一直接受我的供养，直到佛法灭尽，法尽之后，我再回来占据该国，作为居住的龙池。"末田底迦答应了他的请求。那时，阿罗汉在获得了这片国土之后，运用他的大神通力，造了五百座佛寺。在各个外国买来贱民，作为仆役，侍候僧众。末田底迦涅槃以后，这些贱民自立了君王，邻近各国鄙视他们出身微贱，都不和他们联姻，把他们叫作讫利多（大唐称为买得）。如今泉流池水已经常常泛滥流淌了。

二、五百罗汉僧传说

摩揭陀国无忧王以如来涅槃之后第一百年，命世君临，威被殊俗。深信三宝，爱育四生[①]。时有五百罗汉僧、五百凡夫僧，王所敬仰，供养无差。有凡夫僧摩诃提婆[②]（唐言大天）阔达多智，幽求名实，潭思作论，理违圣教，凡有闻知，群从异议。无忧王不识凡、圣，同情所好，党援所亲，召集僧徒赴殑伽河，欲沉深流，总从诛戮。时诸罗汉既逼命难，咸运神通，凌虚履空，来至此国，山栖谷隐。时无忧王闻而惧，躬来谢过，请还本国。彼诸罗汉确不从命，无忧王为罗汉建五百僧伽蓝，总以此国持施众僧。

[注释]

①四生：指六道众生分生的四种形态：一、胎生，二、卵生，三、湿生，四、化生。这里泛指一切生灵。　②摩诃提婆：意为大天，可能是皈依佛教的外道大天。

[译文]

摩揭陀国的无忧王在如来涅槃以后的第一百年，奉天承运君临天下，声威远播于海外。他深信佛教，爱护生灵。当时有五百罗汉僧、五百凡夫僧，都受到无忧王的敬仰，供养没有差别。有个凡夫僧名叫摩诃提婆（大唐称为大天）性格豁达，聪明机智，暗中研究名实问题，沉思之后写成论著，所讲的道理违背了佛教原理，但凡他所认识的人，都服膺他的歪理邪说。无忧王无法识别凡夫、圣贤，仅凭情感喜好，袒护他所喜爱的凡僧，于是召集僧徒前来殑伽河边，想要把他们沉入河中，全部杀害。当时各位罗汉为王命逼迫，都只好运用神通，腾空而去，来到此国，隐居在高山深谷之中。无忧王听了很害怕，亲自前来谢罪，请罗汉们返回本国。诸位罗汉拒不从命，无忧王于是给罗汉们建造了五百座寺庙，并将整个国家施舍给众位僧人。

三、迦腻色迦王第四次结集

健驮逻国迦腻色迦王以如来涅槃之后第四百年，应期抚运，王风远被，殊俗内附。机务余暇，每习佛经，日请一僧入宫说法，而诸异议部执不同。王用深疑，无以去惑。时胁尊者曰："如来去世，岁月逾邈，弟子部执，师资异论，各据闻见，共为矛盾。"时王闻已，甚用感伤，悲叹良久，谓尊者曰："猥以余福，聿遵前绪，去圣虽远，犹为有幸，敢忘庸鄙，绍隆法教，随其部执，具释三藏。"胁尊者曰："大王宿殖善本，多资福祐，留情佛法，是所愿也。"王乃宣令远近，召集圣哲。于是四方辐凑，万里星驰，英贤毕萃，睿圣咸集。七日之中，四事供养。

既欲法议，恐其喧杂。王乃具怀白诸僧曰："证圣果者住，具结缚者还。"如此尚众。又重宣令："无学①人住，有学人还。"犹复繁多。又更下令："具三明，备六通者住，自余各还。"然尚繁多。又更下令："其有内穷三藏，外达五明者住，自余各还。"于是得四百九十九人。王欲于本国，苦其暑湿。又欲就王舍城②大迦叶波③结集石室。胁尊者等议曰："不可。彼多外道，异论纠纷，酬对不暇，何功作论？众会之心，属意此国。此国四周山固，药叉守卫，土地膏腴，物产丰盛，贤圣之所集往，灵仙之所游止。"众议斯在，佥曰："允谐。"其王是时与诸罗汉自彼而至，建立伽蓝，结集三藏，欲作《毗婆沙论》。

是时尊者世友，户外纳衣。诸阿罗汉谓世友曰："结使④未除，净议乖谬，尔宜远迹，勿居此也。"世友曰："诸贤于法无疑，代佛施化，方集大义，欲制正论。我虽不敏，粗达微言，三藏玄文，五明至理，颇亦沉研，得其趣矣。"诸罗汉曰："言不可以若是。汝宜屏居，疾证无学，已而会此，时未晚也。"世友曰："我顾无学，其犹洟⑤唾，志求佛果，不趋小径。掷此缕丸，未坠于地，必当证得无学圣果。"时诸罗汉重诃之曰："增上慢⑥人，斯之谓也。无学果者，诸佛所赞，宜可速证，以决众疑。"于是世友即掷缕丸空中，诸天接缕丸而请曰："方证佛果，次补慈氏，三界特尊，四生攸赖，如何于此欲证小果？"时诸罗汉见是事已，谢咎推德，请为上座，凡有疑议，咸取决焉。是五百贤圣，先造十万颂《邬波第铄论》（旧曰《优波提舍论》，讹也），释《素呾缆藏》（旧曰《修多罗藏》，讹也），次造十万颂《毗奈耶毗婆沙论》，释《毗奈耶藏》（旧曰《毗那耶藏》，讹也）。后造十万颂《阿毗达磨毗婆沙论》，释《阿毗达磨藏》（或曰《阿毗昙藏》，略也）。凡三十万颂，九百六十万言，备释三藏，悬诸千古，莫不穷其枝叶，究其浅深，大义重明，微言再显，广宣流布，后进赖焉。迦腻色迦王遂以赤铜为鍱，镂写论文，石函缄封，建窣堵波，藏于其中。命药叉神周卫其国，不令异学持此论出，欲求习学，就中受业。于是功既成毕，还军本都。出此国西门之外，东面而跪，复以此国总施僧徒。

[注释]

①无学：指已达到最高觉悟，不必继续修学的人，反之称为"有学"。　②王舍城：摩揭陀国的都城，有新旧之分：旧城故址约在今印度东北部比哈尔邦南约23千米处的拉杰吉尔；新城故址则在旧城以北数千米处。　③大迦叶波：也作摩诃迦叶，又称大龟、金色尊者。佛的弟子之一，以"头陀第一"著称。　④结使：也就是"烦恼"。　⑤洟（tì）：鼻涕。　⑥增上慢：是说自认为已经获得增上之法，从而生起骄慢之心，但

实际上并未证得。

[译文]

健驮逻国的迦腻色迦王在如来涅槃以后的第四百年，奉天承运，荣登大宝，王道远播，外国归附。处理国政以外，常利用空暇学习佛经，每天延请一名僧人入宫说法，然而佛教部派众多，见解各异。国王难以理解，无法解除困惑。那时，胁尊者说："如来去世至今，时间已非常久远了，佛家弟子分为部派，各位论师观点迥异，都是基于自己的见闻，于是产生了矛盾。"国王闻听，非常伤感，长吁短叹，对胁尊者说："我有幸仰仗余福，继承先辈王业，距离圣人的时代虽然很远，但还是幸运的，我斗胆不揣鄙陋，希望能够光大佛教，根据部派的说法，系统解释三藏佛经。"胁尊者说："大王前世种下善根，积累了福德，诚心关注佛法，这正是我的愿望啊。"国王于是传谕远近各地，召集高僧大德。人们来自四面八方，不远万里，昼夜兼程，英明贤达之士、睿智圣贤之人全部汇聚于此。七日之内，接受了四事供养。

想要研议佛法，又担心鱼龙混杂。于是国王就将自己的想法告知各位僧人说："能证圣果的人留下，烦恼未了的人请回。"这样做了，还剩下很多人。国王又下令说："学问圆满的人留下，还需学习的人请回。"但留下的人还是很多。又再次下令说："具备三明、六通的人留下，其他人请回。"然而还有很多人。又再下令说："完全熟悉三藏，彻底通达五明的人留下，其他人请回。"最终得到四百九十九人。国王想在本国集会，但又热又湿，条件艰苦。又想到王舍城大迦叶波结集的石室开会。胁尊者等人商议说："不行。那里外道太多，异端邪说纷杂，应答辩论都忙不过来，哪还有时间精力著书立说啊？参会僧众的意思还是希望待在这个国家。这里四面山脉坚固，又有药叉神守卫，土地肥沃，物产丰富，正是贤圣们汇聚前往的地方，神灵仙人悠游驻在的场所。"众人的意见都是如此，众口一词，说："的确合适。"国王当时和众位罗汉从外地来到这里，建立佛寺，集体讨论佛经，打算创作《毗婆沙论》。

这时，尊者世友身穿纳衣，站在门外。各位罗汉对世友说："你烦恼未除，议论荒谬，你就该远远地待着，不要留在这里。"世友说："诸位贤人对佛法没有理解不清的地方，代替佛祖施行教化，眼下正要研讨根本教义，撰写正确的结论。我虽然说不上聪明，但也略懂一些佛法的深奥言辞、三藏玄妙文字，至于五明的最高真理，也曾下过功夫深入研究，懂得其中的旨趣。"众罗汉说："话不能讲得这样狂妄。你还是回去老老实实地静处，早日证得无学，然后再来这儿，还不算晚。"世友说："在我看来，无学就像是鼻涕、唾沫，我志在求得佛果，不走偏僻小道。现在我将这个线团扔起，在它没有落地之前，一定能证得无学圣果。"众罗汉又斥责他说："狂妄自大的人就是这个样子。无学果乃是诸佛赞美的事物，你应该马上证得，来消除大家的怀疑。"于是，世友就把线团扔向空中，众天神接住线团说："你应当证得的是佛果，然后继承弥勒之位，在三界之内最为尊贵，一切生灵都要依赖你，为什么在这里证小果？"众罗汉看到这种情形后，都向他谢罪，推崇他的功德，遵奉他为上座，凡讨论中存在疑义的地方，都要靠他来裁决。这五百位贤圣首先撰写了十万颂的《邬波第铄论》（过去称为《优波提舍论》，错了），解释了《素咀缆藏》（过去称为《修多罗藏》，错了），然后撰写了十万颂的《毗奈耶毗婆沙论》，解释了《毗奈耶藏》（过去称为《毗那耶藏》，错了）。最后撰写了十万颂的《阿毗达磨毗婆沙论》，解释了《阿毗达磨藏》（有时称为《阿毗昙藏》，是简称）。一共三十万颂，九百六十万字，详尽解释了三藏经典，千古永存，重要和次要的内容没有不得到彻底研究，深奥、浅显之处也经过详细探讨，根本教义重新明了，精微言辞再度显现,广为宣传,流布各地,后学之人都要仰赖于它。迦腻色迦王就用赤铜打制成薄铜片,在上面镂刻经文,用石盒封存,建造佛塔,将经典藏在塔里。命令药叉神护卫该国,不让外道带走经典,想要学习的人只能到塔中接受教诲。等到大功告成以后,国王率军返回国都。走到该国国都西门以外,国王面向东方下跪,又将该国全部施舍给佛教徒。

四、雪山下王讨罪故事

迦腻色迦王既死之后,讫利多种复自称王,斥逐僧徒,毁坏佛法。睹货逻国呬摩呾罗①王(唐言雪山下),其先释种也。以如来涅槃之后第六百年,光有疆土,嗣膺王业,树心佛地,流情法海②。闻讫利多毁灭佛法,招集国中敢勇之士,得三千人,诈为商旅,多赍宝货,挟隐军器,来入此国,此国之君特加宾礼。商旅之中,又更选募,得五百人,猛烈多谋,各袖利刃,俱持重宝,躬赍所奉,持以献上。时雪山下王去其帽,即其座,讫利多王惊愕无措,遂斩其首,令群下曰:"我是睹货逻国雪山下王也。怒此贱种公行虐政,故于今者诛其有罪。凡百众庶,非尔之辜。"然其国辅宰臣,迁于异域。既平此国,召集僧徒,式建伽蓝,安堵如故。复于此国西门之外,东面而跪,持施众僧。

其讫利多种屡以僧徒覆宗灭祀,世积其怨,嫉恶佛法。岁月既远,复自称王。故今此国不甚崇信,外道天祠,特留意焉。

[注释]

①呬摩呾罗:意为雪山下,该国位于今兴都库什山以北,靠近阿姆河

的发源地。　②法海：指佛法，意思是佛法广博难测，如同大海一般。

[译文]

　　迦腻色迦王死后，讫利多种姓再度称王，排斥驱逐僧人，毁坏佛法。睹货逻国的呬摩呾罗①王（大唐称为雪山下），其祖先是释迦族。在如来涅槃以后的第六百年，雪山下王拥有国土，继承王位，倾心向佛，寄情佛法。他听到讫利多毁灭佛法，于是招集国内勇士，得到三千人，假扮为商人，携带大批宝物，暗中携带武器，来到该国。该国国王特别客气地招待他们。在假扮的商人中又再次选拔了五百人，都是勇武而富于谋略之人，每人在衣袖里藏着利刃，都拿着贵重的宝物，雪山下王亲自向讫利多王献宝。那时，雪山下王脱去帽子，冲向王座，讫利多王惊慌失措，被砍下了脑袋。雪山下王命令臣民说："我是睹货逻国的雪山下王。我对贱种窃据王位，公然实施暴政感到愤怒，所以今天前来诛杀有罪之人。至于你们这些平民百姓，没有罪过。"然而该国的辅弼大臣都被迁往国外。平定该国以后，雪山下王召集佛教僧徒，恭敬地建造佛寺，百姓安居乐业，一切如旧。又在该国西门以外，面向东方下跪，施舍众僧。

　　讫利多种族多次因为佛教僧人而被毁灭宗祠，所以世代积累了仇怨，极为厌恶佛法。许多年以后，他们再度自称王号。所以该国到现在都不十分崇奉佛法，对于外道、天祠，则格外重视。

五、佛牙伽蓝及传说

　　新城东南十余里，故城北大山阳，有僧伽蓝，僧徒三百余人。其窣堵波中有佛牙，长可寸半，其色黄白，或至斋日，时放光明。昔讫利多种之灭佛法也，僧徒解散，各随利居。有一沙门，游诸印度，观礼圣迹，申其至诚。后闻本国平定，即事归途，遇诸群象，横行草泽，奔驰震吼。沙门见已，升树以避。是时群象相趋奔赴，竞吸池水，浸渍树根，互共排掘，树遂蹟仆。既得沙门，负载而行，至大林中，有病象疮痛而卧，引此僧手，至所苦处，乃枯竹所刺也。沙门于是拔竹傅药，裂其裳，裹其足。别有大象持金函授与病象，象既得已，转授沙门，沙门开函，乃佛牙也。诸象环绕，僧出无由。明日斋时①，各持异果，以为中馔。食已，载僧出林，数百里外，方乃下之，各跪拜而去。沙门至国西界，渡一驶河②，济乎中流，船将覆没。同舟之人互相谓曰："今此船覆，祸是沙门；沙门必有如来舍利，诸龙利之。"船主检验，果得佛牙。时沙门举佛牙俯谓龙曰："吾今寄汝，不久来取。"遂不渡河，回船而去，顾河叹曰："吾无禁术，龙畜所欺。"重往印度，学禁龙法。三岁之后，复还本国。至河之滨，方设坛场，其龙于是捧佛牙函以授沙门。沙门持归，于此伽蓝，而修供养。

[注释]

①斋时：吃斋食的时间，是从早上天空发白直到正午之间。 ②驶河：水流湍急的河流。

[译文]

新城东南方十多里处，在旧城以北的大山之南，有座佛寺，有僧人三百多名。寺内佛塔中藏有佛牙，长约一寸半，呈黄白色，斋日期间，往往放射光芒。从前，讫利多种毁灭佛法时，僧人流散，各自寻找住处。有位僧人游方印度各地，瞻仰礼拜圣迹，表示至诚之心。后来听说本国平定，就准备返乡，路上遇到象群，在草泽间横冲直撞，奔跑吼叫。僧人看见这一情形,爬上树来躲避。当时群象争相跑到树下,纷纷汲取池水,浸泡树根,一起推搡、挖掘,大树倾倒。大象获得僧人,背着他行进,来到大森林里,那儿有一只染疮的大象,因为疼痛卧地不起,象群牵着僧人的手,引导到患处,僧人发现病象是被枯竹刺伤。僧人于是拔出枯竹,涂上药,撕裂自己的衣裳,包扎象脚。另外有只大象拿来一只金盒,递给病象,病象得到金盒,转而送给僧人,僧人打开盒子,里面装着佛牙。众象围着僧人,他无法脱身。第二天斋时,象群各自带来果品,作为他的中食。吃完饭,驮载僧人走出森林,走了几百里远,方把他放下,各自跪拜离去。僧人来到本国西界,渡过一条湍急的河流,船到河中,忽然就要倾覆。同船的人互相说:"今天这艘船要翻,祸根就是这个僧人;他一定带着如来舍利,诸龙想得到舍利。"船主检查,果然发现了佛牙。这时,僧人举起佛牙,俯下身子对龙说:"我现在把佛牙寄存在你这里,不久会来取回。"于是他不再渡河,调转船头回去,看着河水叹息道:"我没有禁咒法术,竟然遭到龙这畜生的欺负。"重新回到印度,学习禁龙法术。三年以后,又回到本国。来至河边,正要设立坛场降龙,龙已经捧着装佛牙的盒子交给僧人。僧人带着佛牙回来,在这座佛寺里恭敬地供养。

六、小伽蓝及众贤论师遗迹

伽蓝南十四五里有小伽蓝,中有观自在菩萨立像。其有断食誓死为期愿见菩萨者,即从像中出妙色身。

小伽蓝东南三十余里,至大山,有故伽蓝,形制宏壮,芜漫良甚,今唯一隅起小重阁。僧徒三十余人,并学大乘法教。昔僧伽跋陀罗(唐言众贤)论师于此制《顺正理论》。伽蓝左右诸窣堵波,大阿罗汉舍利并在。野兽、山猿采花供养,岁时无替,如承指命。

然此山中多诸灵迹，或石壁横分，峰留马迹。凡厥此类，其状谲诡，皆是罗汉、沙弥群从游戏，手指麾画，乘马往来。遗迹若斯，难以详述。

[译文]

佛寺南面十四五里的地方有座小佛寺，寺里有观自在菩萨的立像。如果有人绝食，誓死要见到菩萨，像里就会出现美妙的色身。

小佛寺东南方三十多里的地方，有座大山，山上有座旧佛寺，虽然规模宏伟壮丽，但已破败荒废不堪，如今只在一角筑有一座小楼。僧人三十多名，全部学习大乘法教。从前，僧伽跋陀罗（大唐称为众贤）论师在这里撰写《顺正理论》。佛寺左右两边的塔里藏有大阿罗汉的舍利。野兽、山猿采摘鲜花供养，年年如此，就像受人指令一般。然而这座山里有众多的灵异圣迹，有的是石壁横向裂开，有的是山峰留有马的足迹。诸如此类，形状谲诡怪异，都是罗汉、沙弥一起在此游戏，手指划写石面，骑马来回奔跑留下的印记。这样的遗迹很多，难以一一记载。

七、索建地罗论师及象食罗汉遗迹

佛牙伽蓝东十余里，北山崖间，有小伽蓝。是昔索建地罗[①]大论师于此作《众事分毗婆沙论》。

小伽蓝中有石窣堵波，高五十余尺，是阿罗汉遗身舍利也。先有罗汉形量伟大，凡所饮食，与象同等。时人讥曰："徒知饱食，安识是非？"罗汉将入寂灭也，告诸人曰："吾今不久当取无余，欲说自身所证妙法。"众人闻之，相更讥笑，咸来集会，共观得失。

时阿罗汉告诸人曰:"吾今为汝说本因缘②。此身之前,报受象身,在东印度居王内厩。是时此国有一沙门,远游印度,寻访圣教诸经典论。时王持我,施与沙门,载负佛经,而至于此。是后不久,寻即命终。乘其载经福力所致,遂得为人,复钟余庆,早服染衣,勤求出离,不遑宁居,得六神通,断三界欲。然其所食,余习尚然,每自节身,三分食一。"虽有此说,人犹未信。即升虚空,入火光定③,身出烟焰,而入寂灭,余骸坠下,起窣堵波。

[注释]

①索建地罗:是说一切有部的学者,众贤的老师。 ②因缘:指形成事物、导致认识和造就业报等依赖的原因和条件。 ③火光定:即第四禅定,入定后自焚。

[译文]

佛牙寺向东十多里,北山崖间有座小佛寺。此是以前索建地罗大论师撰写《众事分毗婆沙论》的地方。

小佛寺里有座石塔,高有五十多尺,藏有阿罗汉的遗身舍利。先前有位阿罗汉身材魁梧高大,他的饭量竟然与大象一样。当时的人讥讽他说:"你就知道拼命吃饭,怎能明辨是非?"罗汉将要圆寂时,告诉众人说:"我不久以后将进入无余涅槃,想讲讲自己所证得的妙法。"众人听了,讥笑得更厉害,都赶来共聚一处,看看结果如何。阿罗汉告诉众人说:"我现在为你们讲说我自己的因缘。我这一世之前,受报业成为大象,居住在东印度的王官马厩之中。当时该国有一位僧人,在印度游方,寻访佛教的经典论著。国王牵出我,把我施舍给了僧人,我负责驮载佛经,抵达这里。此后不久,我便离世。靠着驮载佛经的福力,我转世为人,又因为积有余德，早早穿上僧衣，我勤勤恳恳寻求脱离轮回之道，从未闲适安居，终于获得六种神通，断绝了三界欲望。然而我的饭量还受到前世的影响，自己经常加以克制，只吃三分之一。"虽然做出这些解释，人们还是不肯相信。阿罗汉随即升入空中，入火光定，身上冒出火焰，从而涅槃，剩余的尸骸舍利从空降下，人们就为他建起了这座塔。

八、圆满与觉取论师遗迹

王城西北行二百余里，至商林伽蓝，布刺拿（唐言圆满）论师于此作《释毗婆沙论》。

城西行百四五十里，大河北接山南，至大众部伽蓝，僧徒百余人。昔佛地罗（唐言觉取）论师于此作《大众部集真论》。

从此西南，逾山涉险，行七百余里，至半笯（奴故反）嗟国（北印度境）。

[译文]

从都城向西北方走二百多里，抵达商林佛寺，布刺拿（大唐称为圆满）论师在这里撰写《释毗婆沙论》。

从都城向西方走一百四五十里，大河以北，连接山南的地方，有座大众部佛寺，僧人有一百多名。以前，佛地罗（大唐称为觉取）论师在这里撰写《大众部集真论》。

从该国向西南方，跋山涉水，经历艰险，走七百多里，抵达半笯嗟国（在北印度境内）。

半笯嗟国

半笯嗟国①周二千余里,山川多,畴垄狭,谷稼时播,花果繁茂,多甘蔗,无蒲萄,庵没罗果、乌淡跋罗②、茂遮等果,家植成林,珍其味也。气序温暑,风俗勇烈。裳服所制,多衣氎布。人性质直,淳信三宝。伽蓝五所,并多荒圮。无大君长,役属迦湿弥罗国。城北伽蓝少有僧徒。伽蓝北有石窣堵波,实多灵异。

从此东南行四百余里,至曷逻阇补罗国(北印度境)。

[注释]

①半笯(nú)嗟(jiē)国:故址在今克什米尔斯利那加西南方的帕隆次一带。 ②乌淡跋罗:即本书卷二《印度总述》物产条下"乌昙跋罗"。

[译文]

半笯嗟国方圆二千多里,山川众多,农田较少,种植五谷庄稼,花卉、水果丰盛,盛产甘蔗,没有葡萄,庵没罗果、乌淡跋罗、茂遮等果家家户户成片种植,因为喜爱这些果实的味道。气候温热,民风刚勇猛烈。衣服的质料大多是细毛布。人们性情耿直,一心信仰佛教。有五座佛寺,多数荒废倾倒。没有国王,附属于迦湿弥罗国。都城北面的佛寺里有少量僧人。佛寺北面有座石塔,出现很多灵异现象。

从该国向东南方走四百多里,抵达曷逻阇补罗国(在北印度境内)。

曷逻阇补罗国

曷逻阇补罗国①周四千余里。国大都城周十余里，极险固，多山阜，川原隘狭，地利不丰。土宜气序，同半笯嗟国。风俗猛烈，人性骁勇。国无君长，役属迦湿弥罗国。伽蓝十所，僧徒寡少。天祠一所，外道甚多。自滥波国至于此土，形貌粗弊，情性猥暴，语言庸鄙，礼义轻薄，非印度之正境，乃边裔之典俗。

从此东南，下山渡水，行七百余里，至磔迦国（北印度境）。

[注释]

①曷逻阇补罗国：故址在今克什米尔南部的拉加奥利。

[译文]

曷逻阇补罗国方圆四千多里。该国的大都城方圆十多里，极其险要坚固，山岭众多，平原狭小，物产不丰。田地、气候特点与半笯嗟国相同。民风勇猛暴烈，生性骁勇善战。该国没有国王，附属于迦湿弥罗国。有十座佛寺，僧人很少。有一座天祠，居住了很多外道。从滥波国直至这里，居民的形貌粗鲁丑恶，性情野蛮暴烈，语言庸俗低劣，轻视礼节，不讲仁义，并不是印度本土，乃是边远之人的粗鄙习俗。

从该国向东南方，下山渡河，走七百多里，到达磔迦国（在北印度境内）。

大唐西域记卷第四（十五国）

三藏法师玄奘奉诏　译
大总持寺沙门辩机　撰

磔迦国

磔迦国①周万余里,东据毗播奢河②,西临信度河。国大都城周二十余里。宜粳稻,多宿麦,出金、银、鍮石、铜、铁。时候暑热,土多风飙③。风俗暴恶,言辞鄙亵。衣服鲜白,所谓憍奢耶衣、朝霞衣④等。少信佛法,多事天神。伽蓝十所,天祠数百。此国已往,多有福舍,以赡贫匮,或施药,或施食,口腹之资,行旅无累。

[注释]

①磔(zhé)迦国:其地约相当于今巴基斯坦和印度旁遮普一带,范围广阔。 ②毗播奢河:今旁遮普境内比阿斯河。 ③风飙(biāo):暴风。 ④朝霞衣:用很薄的质料制成的衣裳,薄如朝霞,故名。

[译文]

磔迦国方圆一万多里,东面接境毗播奢河,西边濒临信度河。该国的大都城方圆有二十多里。适宜种植粳稻,宿麦产量高,出产金、银、鍮石、铜、铁。气候炎热,风暴频生。民风暴烈凶恶,语言庸俗下流。衣服的颜色鲜亮洁白,款式有所谓憍奢耶衣、朝霞衣等各种。少数人信仰佛教,多数人崇奉外道天神。有佛寺十座,有天祠数百座。磔迦国以后的各国往往设立很多福舍,用来救济贫民,或者施舍药物,或者施舍食物,还为旅行者提供饮食,解决他们在旅途中的困难。

一、奢羯罗故城及大族王兴灭故事

大城西南十四五里，至奢羯罗①故城。垣堵虽坏，基趾尚固，周二十余里。其中更筑小城，周六七里，居人富饶。即此国之故都也。

数百年前，有王号摩醯逻矩罗②（唐言大族），都治此城，王诸印度。有才智，性勇烈，邻境诸国，莫不臣伏。机务余闲，欲习佛法，令于僧中推一俊德。时诸僧徒莫敢应命：少欲无为，不求闻达；博学高明，有惧威严。是时王家旧僮，染衣已久，辞论清雅，言谈赡敏③，众共推举，而以应命。王曰："我敬佛法，远访名僧，众推此隶，与我谈论。常谓僧中，贤明肩比，以今知之，夫何敬哉？"于是宣令五印度国，继是佛法并皆毁灭，僧徒斥逐，无复孑遗。

摩揭陀国婆罗阿迭多王④（唐言幼日）崇敬佛法，爱育黎元，以大族王淫刑虐政，自守疆埸，不恭职贡。时大族王治兵将讨。幼日王知其声问，告诸臣曰："今闻寇至，不忍斗其兵也。幸诸僚庶赦而不罪，赐此微躯，潜行草泽。"言毕出宫，依缘山野。国中感恩慕从者数万余人，栖窜海岛。大族王以兵付弟，浮海往伐。幼日王守其厄险，轻骑诱战，金鼓一震，奇兵四起，生擒大族，反接引见。大族王自愧失道，以衣蒙面。幼日王踞师子床，群官周卫，乃命侍臣告大族曰："汝露其面，吾欲有辞。"大族对曰："臣主易位，怨敌相视，既非交好，何用面谈？"再三告示，终不从命。于是宣令数其罪曰："三宝福田，四生攸赖，苟任豺狼，倾毁胜业。福不佑汝，见擒于我，罪无可赦，宜从刑辟。"

时幼日王母博闻强识，善达占相。闻杀大族也，疾告幼日王曰："我尝闻大族奇姿多智，欲一见之。"幼日王命引大族至母宫中。幼日母曰："呜呼，大族幸勿耻也！世间无常⑤，荣辱更事，吾犹汝母，汝若吾子，宜去蒙衣，一言面对。"大族曰："昔为敌国之君，今为俘囚之虏，隳废王业，亡灭宗祀，上愧先灵，下惭黎庶，诚耻面目。俯仰天地，不胜自丧，故此蒙衣。"王母曰："兴废随时，存亡有运。以心齐物，则得丧俱忘；以物齐心，则毁誉更起。宜信业报⑥，与时推移，去蒙对语，或存躯命。"大族谢曰："苟以不才，嗣膺王业，刑政失道，国祚亡灭，虽在缧绁⑦之中，尚贪旦夕之命。敢承大造⑧，面谢厚恩。"于是去蒙衣，出其面。王母曰："子其自爱，当终尔寿。"已而告幼日王曰："先典有训，宥过好生。今大族王积恶虽久，余福未尽，若杀此人，十二年中，菜色相视。然有中兴之气，终非大国之王，当据北方，有小国土。"幼日王承慈母之命，愍失国之君，娉以稚女，待以殊礼，总其遗兵，更加卫从，来出海岛。

大族王弟还国自立，大族失位，藏窜山野，北投迦湿弥罗国。迦湿弥罗王深加礼命，愍以失国，封以土邑。岁月既淹，率其邑人，矫杀⑨迦湿弥罗王而自尊立。乘其战胜之威，西讨健驮逻国，潜兵伏甲，遂杀其王，国族大臣，诛锄殄灭。毁窣堵波，废僧伽蓝，凡一千六百所。兵杀之外，余有九亿人，皆欲诛戮，无遗噍类。时诸辅佐咸进谏曰："大王威慑强敌，兵不交锋，诛其首恶。黎庶何咎，愿以微躬，代所应死。"王曰："汝信佛法，崇重冥福，拟成佛果，广说本生，欲传我恶于未来世乎？汝宜复位，勿有再辞。"于是以三亿上族,临信度河岸杀之;三亿中族,下沉信度河流杀之;三亿下族,分赐兵士。于是持其亡国之货,振旅而归。曾未改岁,寻即殂落。于时云雾冥晦,大地震动,暴风奋发。时证果人[10]愍而叹曰:"枉杀无辜,毁灭佛法,堕无间狱[11],流转未已!"

[注释]

①奢羯罗:故址约在今巴基斯坦东北部的锡亚尔科特。 ②摩醯逻矩罗:应为"日族",而非"大族",古印度国王,具体身份有争议。 ③赡敏:语言晓畅敏捷。 ④婆罗阿迭多王:古印度国王,具体身份有争议。 ⑤无常:是说世间一切之法,迁流无暂停,终将变异,皆悉无常。佛教从因缘法的角度,说明诸法是因缘生,由于因缘会变异而终将坏灭,因此说无常。 ⑥业报:由于善恶业因所造成的苦乐果报。 ⑦缧(léi)绁(xiè):缚犯人的绳索,这里借指监狱。 ⑧大造:成就大功。这里指再次赐予生命的大功德。 ⑨矫杀:假称奉君命而杀人。 ⑩证果人:证得各级果位的人。 ⑪无间狱:即无间地狱,音译为阿鼻旨、阿鼻等,八热地狱之一。八热地狱包括等活、黑绳、众合、号叫、大号叫、烧炙、极热、无间地狱。

[译文]

从都城向西南方走十四五里,抵达奢羯罗故城。城墙虽然已经毁坏,基础还很坚固,方圆二十多里。城内还造有小城,方圆六七里,居民富庶。这里就是该国的旧都。

几百年前,有位国王,叫作摩醯逻矩罗(大唐称为大族),以这座城作为国都,统治印度各国。他能力强悍,智慧高深,性情勇猛,相邻的各个国家,没有不对他俯首称臣的。在处理国政的空闲之时,他想学习佛法，下令在僧人中推选一位德才兼备的高僧。但是僧人们没有人敢于接受王命：其中有的人追求无为修行，不想名闻天下；有的人学问广博，见识高明，却又畏惧国王的威严。这时，有一位过去在王室执役的仆人，出家很久了。此人谈吐清高风雅，言辞丰富，表达敏锐，得到众人的推举，由他去接受国王的招请之命。国王说："我敬重佛法，因此到处寻访名僧，不想众人推荐的竟是这个奴才，让他前来与我谈论佛法。人们总说，僧人里的贤达高明之人比比皆是，拿今天的事来看，僧人有什么值得尊敬的地方？"于是，命令五印度各国，从今往后，将佛法全部毁灭，把僧人全部赶走，一个不剩。

摩揭陀国的婆罗阿迭多王（大唐称为幼日）尊崇敬奉佛法，爱护百姓，由于大族王滥施刑罚，执政暴虐，于是加强自己的国土防卫，不再向他称臣纳贡。那时，大族王聚集军队，要对他进行讨伐。幼日王得知消息，告诉各位大臣说："现在听到敌人将要到来的消息，我不忍心和他们兵戎相见。希望各位大臣、黎民百姓宽恕我，不要将我治罪，留我一命，让我逃到荒郊野外吧。"说完离开王宫，藏身于山野之中。国内感念他的恩德，愿意追随国王的人有好几万，他们一起逃到一座海岛上。大族王把军队交给他的弟弟，渡过大海前来追击。幼日王扼守险要，派出轻骑兵引诱敌人出战，战鼓突然响起，伏兵四起，活捉了大族王，他被反绑双手，押到幼日王面前。大族王为自己失去王道感到惭愧，用衣服蒙住脸面。幼日王坐在狮子床上，文武百官四周扈从，于是命令侍臣告诉大族王说："你露出脸，我要与你讲话。"大族王回答说："臣子君主的地位已经互换，相互间充满了敌对情绪，既然不是友好关系，还要见面交谈有什么用？"多次告诫劝勉，最终拒不从命。因此，幼日王降下诏旨，公布了大族王的罪过，说："佛教三宝的福田，被天下众生所依靠。你却听凭恶人从中破坏，摧毁了佛教的神圣事业。你得不到上天的福德保护，最终成为我的俘虏，罪大恶极，不可饶恕，理应处死。"

幼日王的母亲见识广博，记忆力强，善于占卜相面。听说要杀大族王，立刻对幼日王说："我曾经听说大族王相貌出众，足智多谋，我想见见他。"幼日王命令把大族王带到母亲的宫中。幼日王母亲说："唉，大族王呀，请你不要羞愧难当！世间事物变化不定，荣耀屈辱交替呈现，我就像你的母亲，你也像我的儿子，应该拿掉蒙面的衣服，和我们当面谈一谈。"大族王说："我被俘前是敌国的国王，现在沦为阶下之囚，我已经败坏了先王的大业，使国家宗祀遭到毁灭，上无脸见先王神灵，下愧对于黎民百姓，的确没有脸面见人。仰视上苍，俯视大地，深感无颜以对，所以用衣服蒙住头脸。"王母说："国家兴衰随时变化，朝代兴替系于天命。如果能将世间万事等闲视之，就不会纠结于得失成败；如果被世事蒙蔽心智，那么成败毁誉相继而来。你应该相信因果报应，随着时间推移不断变化，揭开蒙面的衣服对面深谈，或许可以保全生命。"大族王谢罪说："我没有什么才能，却继承了先辈的王业，治理国家偏离正道，导致国破家亡，虽然身在牢狱之中，仍旧贪恋短暂的生命。承蒙您的再生之恩，我应当当面感谢您的厚恩。"于是脱去蒙面的衣服，露出脸来。王母说："你应当珍惜自己，我会让你善终。"随后，她告诉幼日王说："先王法典训示，要宽恕罪人，爱护生命。如今大族王虽然作恶很久，可是剩余的福分还没有散尽，一旦杀了这个人，十二年内人民将因饥饿而面有菜色。不过，大族王虽有中兴气运，终究不是大国国王，应该让他占据北方的小国土存续。"幼日王领受了母亲的旨意，怜悯大族王丧国之君的身份，将小女儿许配给他，用特别尊重的礼节对待他，让他继续统领剩余的军队，还增加护卫随从，让他离开海岛。

大族王的弟弟回国后自立为王，大族王失去王位，被迫逃窜藏匿在山野之间，又逃往北方，投奔迦湿弥罗国。迦湿弥罗王对他以优礼相待，怜悯他失去王位，封赐给他土地城池。过了不少年，大族王率领他封地内的臣民，假借天命杀死迦湿弥罗王，自立为王。凭借他获得胜利的余威，向西攻打健驮逻国，暗中埋伏了甲兵，杀害该国国王，王室成员、朝中大臣，都被诛杀殆尽。拆毁佛塔，破坏佛寺，共计一千六百座。除了战争中被杀的人以外，还剩下九亿人，想要都加以杀戮，不留一个活口。当时各位辅佐大臣都劝谏说："大王的武威已经震慑了强敌，不必交战，就杀死他们的首领。黎民百姓有什么过错？情愿以我们微贱的身躯，代替百姓们去死。"王说："你们信仰佛法，重视冥福，想要成就佛果，宣传本生事迹，想要把我的罪恶传播到后世吗？你们马上退回原位，不要再多说话。"于是把三亿贵族杀死在信度河边；三亿中等氏族沉入信度河中溺死；三亿下等氏族赏赐给兵士为奴仆。此后，他带着掠夺而来已亡国家的财物凯旋。不过一年之内，大族王就死了。他死之时，云雾昏暗，大地震动，狂风大作。那时，有位已经证得果位的人惋惜地感叹："他滥杀无辜，毁灭佛法，必定坠入无间地狱，永世不得翻身！"

二、世亲制论及其他遗迹

　　奢羯罗故城中有一伽蓝，僧徒百余人，并学小乘法。世亲菩萨昔于此中制《胜义谛论》。其侧窣堵波，高二百余尺，过去四佛于此说法。又有四佛经行遗迹之所。伽蓝西北五六里，有窣堵波，高二百余尺，无忧王之所建也，是过去四佛说法之处。

　　新都城东北十余里，至石窣堵波，高二百余尺，无忧王之所建也，是如来往北方行化①中路止处。《印度记》曰：窣堵波中有多舍利,或有斋日,时放光明。

从此东行五百余里,至至那仆底国(北印度境)。

[注释]

①行化:施行教化。

[译文]

奢羯罗旧城里有座佛寺,有僧人一百多名,都在学习小乘佛法。世亲菩萨以前曾在这里写作《胜义谛论》。寺旁的佛塔高达二百多尺,过去四佛曾在这里说法。还有四佛散步场所的遗迹。佛寺西北方五六里处,有座塔,高达二百多尺,由无忧王兴建,也是过去四佛曾经说法的地方。

向新都城东北方走十多里,来到石塔处,塔高二百多尺,由无忧王兴建,是如来前往北方施行教化,中途休息的地方。《印度记》记载:塔中藏有很多舍利,到了斋日期间,时不时放射光芒。

从这里向东走五百多里,抵达至那仆底国(在北印度境内)。

至那仆底国

至那仆底国①周二千余里。国大都城周十四五里,稼穑滋茂,果木稀疏,编户安业,国用丰赡。气序温暑,风俗怯弱。学综真俗②,信兼邪正。伽蓝十所,天祠八所。

[注释]

①至那仆底国:意为中国领地,故址当在今印度旁遮普邦费罗兹普尔

附近地区。　②真俗：是事理的异名。因缘所生的事理叫俗；不生不灭的事理叫真。

[译文]

至那仆底国方圆二千多里。该国的大都城方圆十四五里，农作物生长茂盛，果树稀少，百姓安居乐业，国库财富丰厚。气候温热，民风怯懦软弱。真俗二谛的学问都得到研究，佛教、外道都有人信仰。佛寺有十座，天祠有八所。

一、国号由来

昔迦腻色迦王之御宇也，声振邻国，威被殊俗，河西蕃维，畏威送质。迦腻色迦王既得质子，赏遇隆厚，三时易馆，四兵警卫。此国则冬所居也，故曰至那仆底（唐言汉封）。质子所居，因为国号。此境已往洎诸印度，土无梨、桃，质子所植，因谓桃曰至那你①（唐言汉持来），梨曰至那罗阇弗呾逻（唐言汉王子）。故此国人深敬东土，更相指语："是我先王本国人也。"

[注释]

①至那你：意为中国传来的。

[译文]

以前迦腻色迦王君临天下之时，声望震慑邻国，威名远播外邦，河西地区的藩属，畏惧他的声威送来了质子。迦腻色迦王得到质子后，赏赐待遇极为丰厚，一年三季每季更换馆舍居住，以象、马、车、步四兵护卫。该国恰恰是质子们冬季居住的地方，所以称为至那仆底（大唐称为汉封）。由于是质子居住的所在，所以使用了这个国号。从这里直到印度各国,原不出产梨、桃,质子来后才开始种植,所以把桃称为至那你(大唐称为汉持来),梨称为至那罗阇弗呾逻(大唐称为汉王子)。因此之故,该国人非常敬仰我东土中国,指着我说:"这是我们先王的本国人。"

二、暗林伽蓝及迦多衍那论师遗迹

大城东南行五百余里,至答秣苏伐那僧伽蓝(唐言暗林),僧徒三百余人,学说一切有部,众仪肃穆,德行清高。小乘之学,特为博究。贤劫千佛,皆于此地集天人众,说深妙法。释迦如来涅槃之后第三百年中,有迦多衍那(旧曰迦旃延,讹也)论师者,于此制《发智论》焉。暗林伽蓝中有窣堵波,高二百余尺,无忧王之所建也。其侧则有过去四佛坐及经行遗迹之处。小窣堵波、诸大石室,鳞次相望,不详其数,并是劫初已来证果圣人,于此寂灭,差难备举,齿骨犹在。绕山伽蓝周二十里,佛舍利窣堵波数百千所,连隅接影。

从此东北行百四五十里,至阇烂达罗国(北印度境)。

[译文]

从都城向东南方走五百多里,抵达答秣苏伐那佛寺(大唐称为暗林),有僧人三百多名,研习说一切有部,僧人们仪态肃穆,德行高尚。对于小乘学说,特别博通精研。贤劫中的千佛都在此地召集天神、人众,讲说深奥绝妙的佛法。释迦如来涅槃以后的第三百年里,有位名叫迦多衍那(过去称作迦旃延,错了)的论师在这里写作《发智论》。暗林寺里有座塔,高达二百多尺,由无忧王兴建。塔旁有过去四佛打坐和散步场所的遗迹。小塔、各个大石屋，鳞次栉比相望，难以计数，都是劫初已来证得佛果的圣人在此地涅槃的纪念物，很难一一详述，他们遗留的齿骨仍然存在。环绕山上佛寺方圆二十里内，有佛舍利塔成百上千座，围墙相接，塔影相连。

从此地向东北方走一百四十五里，到达阇烂达罗国（在北印度境内）。

阇烂达罗国

阇烂达罗国[①]东西千余里，南北八百余里。国大都城周十二三里，宜谷稼，多粳稻，林树扶疏，花果茂盛。气序温暑，风俗刚烈，容貌鄙陋，家室富饶。伽蓝五十余所，僧徒二千余人，大小二乘，专门习学。天祠三所，外道五百余人，并涂灰之侣也。此国先王崇敬外道，其后遇罗汉，闻法信悟。故中印度王体其淳信，五印度国三宝之事，一以总监。混彼此，忘爱恶，督察僧徒，妙穷淑慝。故道德著闻者，竭诚敬仰；戒行亏犯者，深加责罚。圣迹之所，并皆旌建，或窣堵波，或僧伽蓝，印度境内，无不周遍。

从此东北，逾峻岭，越洞谷，经危途，涉险路，七百余里，至**屈**（居勿反）**露多国**（北印度境）。

[注释]

①阇烂达罗国：故址在今印度旁遮普邦贾朗达尔。

[译文]

　　阇烂达罗国东西长一千多里，南北宽八百多里。该国的大都城方圆十二三里，此地适宜种植农作物，盛产粳稻，林木茂密，花果茂盛。气候温热，民风刚猛勇烈，相貌丑陋，人民富裕。有五十多座佛寺，僧人有二千多人，专门学习大、小二乘的佛法。天祠有三所，外道有五百多人，都属于涂灰外道。该国的先王原本崇奉外道，后来碰到一位罗汉，听他说法转而信仰佛教。中印度王体察到他内心的真诚，所以就将五印度国的三宝佛事都交给他来监督。他不分彼此，忘却个人好恶，监督纠察僧人，仔细分辨善恶之人。道德高尚、声名远扬的僧人得到大家的发自内心的敬仰；违犯戒律、行为不端的僧人受到严厉责罚。凡是圣人留下遗迹的地方，全都建立纪念物加以旌表，有佛塔，有佛寺，遍及整个印度境内。

　　从这里向东北方，翻过高山峻岭，跨过山洞峡谷，经过艰险道路，行走七百多里，来到屈露多国（在北印度境内）。

屈露多国

　　屈露多国①周三千余里，山周四境。国大都城周十四五里。土地沃壤，谷稼时播，花果茂盛，卉木滋荣。既邻雪山，遂多珍药。出金、银、赤铜及火珠、鍮石。气序逾寒，霜雪微降。人貌粗弊，既瘿②且尰③，性刚猛，尚气勇。伽蓝二十余所，僧徒千余人，多学大乘，少习诸部。天祠十五，异道杂居。依岩据岭，石室相距，或罗汉所居，或仙人所止。国中有窣堵波，无忧王之建也。在昔如来曾至此国，说法度人，遗迹斯记。

从此北路千八九百里，道路危险，逾山越谷，至洛护罗国④。

此北二千余里，经途艰阻，寒风飞雪，至秣逻娑国⑤（亦谓三波诃国）。

自屈露多国南行七百余里，越大山，济大河，至设多图卢国（北印度境）。

[注释]

①屈露多国：故址在今印度旁遮普邦比阿斯河上游希拉姆西北的固卢地区。　②瘿（yǐng）：颈部的肿块。　③尰（zhǒng）：原指脚肿病，这里指大脖子。　④洛护罗国：故址在今克什米尔南部。　⑤秣逻娑国：是藏文的音译，意为低地，即拉达克。以上两国，玄奘得自传闻。

[译文]

屈露多国方圆三千多里，国境四周群山环绕。该国的大都城方圆十四五里。土地肥沃，农作物按时播种，鲜花水果生长茂盛，树木繁密。由于靠近雪山盛产珍贵药材。出产金、银、赤铜以及火珠、鍮石。气候趋于寒冷，出现霜雪。居民相貌粗笨丑陋，同时患有大脖子病，性情刚毅凶猛，崇尚勇气。佛寺有二十多座，僧人有一千多名，多数研习大乘教法，少部分学习其他部派教义。天祠有十五座，各派外道混居。悬崖边、山岭上有众多石窟相距不远，有的曾经有罗汉居住，有的是仙人住所。国内有座佛塔，由无忧王兴建。以前如来曾经来到这个国家，讲说佛法，度化世人，遗迹都有记载。

从这里向北走一千八九百里，路途艰险，翻山越谷，来到洛护罗国。

从这里向北走二千多里，经历艰难险阻，寒风飞雪，来到秣逻娑国（也称为三波诃国）。

从屈露多国往南走七百多里，翻过大山，渡过大河，抵达设多图卢国（在北印度境内）。

设多图卢国

设多图卢国①周二千余里，西临大河。国大都城周十七八里。谷稼殷盛，果实繁茂，多金银，出珍珠。服用鲜素，裳衣绮靡。气序暑热，风俗淳和，人性善顺，上下有序。敦信佛法，诚心质敬。

王城内外，伽蓝十所，庭宇荒凉，僧徒鲜少。

城东南三四里有窣堵波，高二百余尺，无忧王之所建也，傍有过去四佛坐及经行遗迹之所。

复从此西南行八百余里，至波理夜呾罗国（中印度境）。

[注释]

①设多图卢国：故址在今印度旁遮普邦萨特累季河流域。

[译文]

设多图卢国方圆二千多里，西面濒临大河。该国的大都城方圆十七八里。农作物生长茂盛，水果种类繁多，盛产金、银，还出产珍珠。日常穿戴素雅，用具洁净，衣裙鲜艳华丽。气候炎热，民风淳朴平和，性情善良温顺，尊卑等级有序。笃信佛教，虔诚礼敬。

在国都内外，有佛寺十座，庭院殿宇一片荒凉，僧人很少。

都城东南方三四里处有座塔，高达二百多尺，由无忧王兴建，旁边还有过去四佛打坐和散步的遗迹。

又从本国向西南方走八百多里,抵达波理夜呾罗国(在中印度境内)。

波理夜呾罗国

波理夜呾罗国①周三千余里。国大都城周十四五里。宜谷稼,丰宿麦,有异稻,种六十日而收获焉。多牛羊,少花果。气序暑热,风俗刚猛,不尚学艺,信奉外道。王,吠奢种也,性勇烈,多武略。伽蓝八所,倾毁已甚,僧徒寡少,习学小乘。天祠十余所,异道千余人。

从此东行五百余里,至秫菟罗国(中印度境)。

[注释]

①波理夜呾罗国:都城故址在今印度拉贾斯坦邦斋普尔以北的贝拉特。

[译文]

波理夜呾罗国方圆三千多里。该国的大都城方圆十四五里。土地适宜种植农作物,盛产冬小麦,还有特殊品种的水稻,播种六十天后就能收获。盛产牛羊,花卉水果较少。气候炎热,民风刚烈勇猛,不重视学术、技艺,信仰外道。国王是吠奢种姓,性情勇敢暴烈,很有军事才能。佛寺有八座,倒塌毁坏得很厉害,僧人极少,学习小乘教法。天祠有十多座,外道教徒有一千多人。

从该国向东走五百多里,到达秣菟罗国(在中印度境内)。

秣菟罗国

秣菟罗国①周五千余里。国大都城周二十余里。土地膏腴,稼穑是务。庵没罗果家植成林,虽同一名,而有两种:小者生青熟黄,大者始终青色。出细班氎及黄金。气序暑热,风俗善顺,好修冥福,崇德尚学。伽蓝二十余所,僧徒二千余人,大小二乘,兼功习学。天祠五所,异道杂居。

[注释]

①秣菟罗国:都城故址在今印度北方邦亚穆纳河西岸马土腊西南约8千米处的马霍里。

[译文]

秣菟罗国方圆五千多里。该国的大都城方圆二十多里。土地肥沃,农业发达。家家种植庵没罗果,连片成林,虽然名称相同,这种水果的品种却有两个:小果未成熟时青色,成熟后黄色;大果自始至终都是青色。出产细纹毛布和黄金。气候炎热,民风善良温顺,喜好修持冥福,崇尚道德,重视学习。有佛寺二十多座,有僧人二千多名,大、小二乘的佛法都被认真钻研学习。天祠有五座,外道教徒杂居。

一、释迦弟子等遗迹

有三窣堵波,并无忧王所建也。过去四佛遗迹甚多。释迦如来诸圣弟子遗身窣堵波,谓舍利子①(旧曰舍梨子,又曰舍利弗,讹略也)、没特伽罗子②(旧曰目乾连,讹也)、布剌拿梅呾丽衍尼弗呾罗③(唐言满慈子。旧曰弥多罗尼子,讹略也)、邬波厘④、阿难陀、罗怙罗⑤(旧曰罗睺罗,又曰罗云,皆讹略也)、曼殊室利⑥(唐言妙吉祥。旧曰濡首,又曰文殊师利,或言曼殊尸利,译曰妙德,讹也)诸菩萨窣堵波等。每岁三长⑦及月六斋,僧徒相竞,率其同好,赍持供具,多营奇玩,随其所宗,而致像设。阿毗达磨众供养舍利子;习定之徒供养没特伽罗子;诵持经者供养满慈子;学毗奈耶众供养邬波厘;诸苾刍尼供养阿难;未受具戒者供养罗怙罗;其学大乘者供养诸菩萨。是日也,诸窣堵波竞修供养,珠幡布列,宝盖骈罗,香烟若云,花散如雨,蔽亏日月,震荡溪谷。国王大臣,修善为务。

[注释]

①舍利子:又作舍利弗。佛的十大弟子中最受重用者之一,称为"智慧第一"。 ②没特伽罗子:又称目犍连,佛的十大弟子之一,称为"神通第一"。 ③布剌拿梅呾丽衍尼弗呾罗:又作富楼那弥多罗尼子,意译为满慈子。佛的十大弟子之一,称为"说法第一"。 ④邬波厘:又称优波厘、优波离、优婆离等。据说原为佛做太子时的近侍,在佛的十大弟子中,称为"持律第一"。 ⑤罗怙(hù)罗:又作罗睺罗、罗云等,据说原为释迦牟尼的嫡子,在佛的十大弟子中,称为"密行第一"。 ⑥曼殊室利:又作文殊师利、文殊等,意译妙德、妙吉祥等,与普贤一起

常侍如来左右，主管智慧。 ⑦三长：三长斋月，每年的正月、五月、九月三个月不间断持斋。

[译文]

有三座佛塔，都是无忧王兴建的。过去四佛的遗迹有很多。释迦如来的各位神圣弟子的遗身佛塔，有：舍利子（过去称为舍梨子，又称舍利弗，错了）、没特伽罗子（过去称为目乾连，错了）、布剌拿梅呾丽衍尼弗呾罗（大唐称为满慈子。过去称为弥多罗尼子，是错的或省略的说法）、邬波厘、阿难陀、罗怙罗（过去称为罗睺罗，又称罗云，都是错的或省略的说法）、曼殊室利（大唐称为妙吉祥。过去称为濡首，又称文殊师利，或称为曼殊尸利，意译为妙德，错了）等各位菩萨的塔。每年的三长斋月以及每月的六斋日，僧人们争相邀请志同道合者，携带供具，多方聚集奇珍异宝，按照各自的供奉对象，设置神像加以供养。信奉论藏的人供养舍利子；修习禅定的人供养没特伽罗子；修持经藏的人供养满慈子；学习律藏的人供养邬波厘；各位尼姑供养阿难；尚未受戒的人供养罗怙罗；研习大乘教法的人供养众菩萨。这时，每座佛塔都得到人们争相供养，镶嵌了珠宝的旗幡遍布，装饰着宝物的华盖充斥，香烟缭绕，云雾蒸腾，鲜花飞散，落英缤纷，遮蔽日月之光，声音响彻山谷。国王和大臣们全都一心做善事。

二、邬波毱多遗迹

城东行五六里，至一山伽蓝，疏崖为室，因谷为门，尊者邬波毱多①（唐言近护）之所建也。其中则有如来指爪窣堵波。

伽蓝北岩间有石室，高二十余尺，广三十余尺，四寸细筹填积其内。尊者近护说法，化导夫妻俱证罗汉果者，乃下一筹，异室别族，虽证不记。

[注释]

①邬波毱（jū）多：约公元前3世纪人，商人之子，被认为付法藏的第四或第五祖，称为无相好佛、无相佛。

[译文]

从都城向东走五六里，来到一座山中佛寺，开凿山崖作为居室，依据峡谷形状作为山门，这是尊者邬波毱多（大唐称为近护）建造的佛寺。寺中有存放如来指甲的佛塔。

佛寺北边的山岩中有座石室，高有二十多尺，阔有三十多尺，里面填满了四寸长的细竹签。近护尊者讲说佛法，度化教导之时提出，如果夫妻二人都能证得罗汉果位，就投下一签，如果是非夫妻的单身男女，即便证得果位，也不能投签记录。

三、猕猴献蜜及释迦等遗迹

石室东南二十四五里，至大涸池，傍有窣堵波。在昔如来行经此处，时有猕猴持蜜奉佛，佛令水和，普遍大众。猕猴喜跃，堕坑而死，乘兹福力，得生人中。

池北不远大林中，有过去四佛经行遗迹，其侧有舍利子、没特伽罗子等千二百五十大阿罗汉习定之处，并建窣堵波，以记遗迹。如来在世，屡游此国，说法之所，并有封树①。

从此东北行五百余里，至萨他泥湿伐罗国（中印度境）。

[注释]

①封树：这里的意思是建立纪念物。

[译文]

向石室东南方走二十四五里，来到一处已经干涸的大水池，池边有塔。以前如来经过这里时，有只猕猴捧着蜜供奉给佛祖，佛祖让它加水搅拌，分赐给所有人。猕猴欢喜跳跃，掉进坑里摔死了，凭借这一福力，它转生人道之中。

水池以北不远的大森林里，有过去四佛散步的遗迹。旁边是舍利子、没特伽罗子等一千二百五十位大罗汉修习禅定的地方，都建起了佛塔，来纪念这些遗迹。如来在世之时，多次游历该国，凡是曾经讲过法的地方，都有纪念标志。

从该国向东北方走五百多里，来到萨他泥湿伐罗国（在中印度境内）。

萨他泥湿伐罗国

萨他泥湿伐罗国①周七千余里。国大都城周二十余里。土地沃壤，稼穑滋盛。气序温暑，风俗浇薄。家室富饶，竞为奢侈。深闲幻术，高尚异能。多逐利，少务农，诸方奇货多聚其国。伽蓝三所，僧徒七百余人，并皆习学小乘法教。天祠百余所，异道甚多。

[注释]

①萨他泥湿伐罗国：意为自在之国。都城故址在今印度旁遮普邦塔内

沙尔。

[译文]

　　萨他泥湿伐罗国方圆七千多里。该国的大都城方圆二十多里。土地肥沃，农作物生长茂盛。气候温热，人情刻薄。人民富裕，追求奢侈。极为精通幻术，崇尚特殊技能。多数人经商，少部分务农，各地奇珍异宝都汇聚在该国。有三座佛寺，僧人有七百多名，都在研习小乘法教。天祠有一百多座，外道教徒很多。

一、福地

　　大城四周二百里内，彼土之人谓为福地。闻诸先志曰：昔五印度国二王分治，境壤相侵，干戈不息。两主合谋，欲决兵战，以定雌雄，以宁氓俗①。黎庶胥怨②，莫从君命。王以为众庶者难与虑始也，神可动物，权可立功。时有梵志素知高才，密赍束帛③，命入后庭，造作法书，藏诸岩穴。岁月既久，树皆合拱。王于朝坐，告诸臣曰："吾以不德，忝居大位，天帝垂照，梦赐灵书，今在某山，藏于某岭。"于是下令营求，得书山林之下。群官称庆，众庶悦豫，宣示远近，咸使闻知。其大略曰："夫生死无崖，流转无极，含灵沦溺，莫由自济。我以奇谋，令离诸苦。今此王城周二百里，古先帝世福利之地。岁月极远，铭记堙灭。生灵不悟，遂沉苦海。溺而不救，夫何谓欤？汝诸含识，临敌兵死，得生人中，多杀无辜，受天福乐。顺孙孝子，扶侍亲老，经游此地，获福无穷。功少福多，如何失利？一丧人身，三途④冥漠。是故含生，各务修业！"于是人皆兵战，视死如归。王遂下令招募勇烈，两国合战，积尸如莽⑤。迄于今时，遗骸遍野。时既古昔，人骸伟大，国俗相传，谓之福地。

[注释]

①氓俗：指人民。　②胥怨：相互仇恨。　③束帛：原为古代聘问的礼物，这里泛指一切种类的聘礼。　④三途：是指三恶道或三恶趣。　⑤莽：树丛。

[译文]

大都城周边二百里范围内，被当地人称为福地。听年长者说：以前五印度国由两位国王分别统治，互相侵犯边境，战乱不断。两位国王达成一致意见：想要派军队决战，分出胜负，使百姓安宁。但是百姓们互相怨恨，不愿听从王命。国王认为不能跟老百姓商议创业大计，只有神异之事才能打动百姓，靠着无上权威才能建立功业。当时有位婆罗门教徒才能出众，名闻遐迩，国王派人暗中送去礼物，召他进入后庭，编造天意神旨，藏在山洞里面。过去很长时间后，小树已经长大粗壮。国王坐在朝堂之上，告诉大臣们说："我的德行不足，勉强做了国王，依靠天帝垂顾，在梦中赐给我神书，就藏在某座山某岭。"于是下令查找，在山林中得到神书。百官庆贺，百姓欢乐，遍告天下，人尽皆知。神书中大致记载："生死苦海，无边无涯，坠入轮回，无休无止，天下众生沉沦苦海，毫无办法拯救自己。我有奇妙计谋，能让众生脱离苦海。现在这座王城方圆二百里，是古代先帝世世代代的福利之地。因为年代十分久远，相关的铭刻记载都已湮灭。导致众生无法觉悟，从而沉沦在苦海之中。沉溺苦海之中却没能获救，这可怎么办呢？你们都是聪明人，临阵杀敌，战死疆场，可以转世为人，大批杀戮无辜之人，必将获得上天赐予的福乐。孝子贤孙服侍亲人长辈，经过这里就能获得无穷福分。如此，付出的少，获福很多，怎能错失良机呢？一旦失去人身，就会在三恶道中轮回不已。所以你们众人应当务必去完成这一功业！"于是人人进行军事训练，个个视死如归。国王就下令招募勇猛战士，两国交战之后，尸骸堆积像树丛般密密麻麻。直到现在，仍然白骨遍地。这件事发生在远古时代，古人的骸骨很大，民间相沿成俗，把此地叫作福地。

二、佛舍利窣堵波及俱昏荼僧伽蓝

城西北四五里，有窣堵波，高二百余尺，无忧王之所建也。砖皆黄赤，色甚光净。中有如来舍利一升，光明时照，神迹多端。

城南行百余里，至俱昏（去声）荼僧伽蓝，重阁连甍，层台间峙。僧徒清肃，威仪闲雅。

从此东北行四百余里，至窣禄勤那国（中印度境）。

[译文]

都城西北方四五里处，有座塔，高达二百多尺，由无忧王兴建。塔砖呈黄赤色，颜色非常鲜艳。塔里存一升的如来舍利，不时放射光芒，灵异之事很多。

从都城向南走一百多里，来到俱昏荼佛寺，楼阁接连，亭台相对。僧人严守清规，仪态高雅。

从该国向东北走四百多里，抵达窣禄勤那国（在中印度境内）。

窣禄勤那国

窣禄勤那国①周六千余里,东临殑伽河,北背大山,阎牟那河②中境而流。国大都城周二十余里,东临阎牟那河,荒芜虽甚,基趾尚固。土地所产,风气所宜,同萨他泥湿伐罗国。人性淳质,宗信外道。贵艺学,尚福慧③。伽蓝五所,僧徒千余人,多学小乘,少习余部。商榷微言,清论玄奥。异方俊彦,寻论稽疑。天祠百所,异道甚多。

[注释]

①窣禄勤那国:其故址相当于今印度北方邦西北部的台拉登以及喜马偕尔邦南部的西木耳一带。　②阎牟那河:即印度的亚穆纳河。　③福慧:福德与智慧两种庄严。

[译文]

窣禄勤那国方圆六千多里,东境濒临殑伽河,北面背靠大山,阎牟那河从国土中穿流而过。该国的大都城方圆二十多里,东侧面临阎牟那河,虽然十分荒芜,但是城墙的基础还很坚固。该国土地物产、气候民俗与萨他泥湿伐罗国相同。人性淳厚质朴,遵奉外道。重视学习技艺,崇尚福德、智慧。有五座佛寺,僧人有一千多名,多数研习小乘教法,少数学习其他流派。探讨佛理的言辞精微,辩诘评论的说法深奥。外国的杰出人才都到这里寻求释疑解惑的妙论。还有天祠一百座,外道教徒很多。

一、如来及罗汉发爪窣堵波

大城东南阎牟那河西,大伽蓝东门外有窣堵波,无忧王之所建也。如来在昔曾于此处说法度人。其侧又一窣堵波,中有如来发爪也。舍利子、没特伽罗诸阿罗汉发、爪窣堵波周其左右,数十余所。如来寂灭之后,此国为诸外道所诖误焉,信受邪法,捐废正见。今有五伽蓝者,乃异国论师与诸外道及婆罗门论议胜处,因此建焉。

[译文]

大都城东南方的阎牟那河西岸,大佛寺东门外有座塔,由无忧王兴建。如来以前曾在这里讲法度化世人。旁边又有座塔,里面存有如来的头发、指甲。藏有舍利子、没特伽罗等各位罗汉头发、指甲的塔环绕在周围,有好几十座。如来涅槃以后,该国被各种外道所耽误,信仰异端邪说,抛弃了正确信仰。现在有五座佛寺就是为了纪念外国论师和各种外道以及婆罗门辩论取得胜利的地方而修建的。

二、殑伽河源及提婆诱化故事

阎牟那河东行八百余里,至殑伽河。河源广三四里,东南流,入海处广十余里。水色沧浪,波流浩汗,灵怪虽多,不为物害。其味甘美,细沙随流,彼俗书记谓之福水。罪咎虽积,沐浴便除。轻命自沉,生天受福。死而投骸,不堕恶趣。扬波激流,亡魂获济。时执师子国提婆①菩萨深达实相②,得诸法性,愍诸愚夫,来此导诱。当是时也,士女咸会,少长毕萃,于河之滨,扬波激流。提婆菩萨和光③汲引,俯首反激④,状异众人。有外道曰:"吾子何其异乎?"提婆菩萨曰:"吾父母亲宗在执师子国,恐苦饥渴,冀斯远济。"诸外道曰:"吾子谬矣,曾不再思,妄行此事。家国绵邈,山川辽夐⑤,激扬此水,给济彼饥,其犹却行以求前及,非所闻也。"提婆菩萨曰:"幽途罪累,尚蒙此水。山川虽阻,如何不济?"时诸外道知难谢屈,舍邪见,受正法,改过自新,愿奉教诲。

渡河东岸,至秣底补罗国(中印度境)。

[注释]

①提婆:3世纪人,龙树的弟子,付法藏第十四祖。 ②实相:与法性、真如同为指称世界本体的词。实,不虚妄。相,无相。 ③和光:有才智不显露。 ④反激:使河水逆流。 ⑤辽夐(xiòng):遥远。

[译文]

阎牟那河向东流淌八百多里,注入殑伽河。河源宽三四里,向东南流,入海处宽达十多里。水呈青色,波涛浩渺,水中灵怪虽然很多,却不会杀生害命。河水味道甘美,细沙随波逐流,当地民间记载称之为福水。即使犯下很多罪孽,经过河水中沐浴就能消除。如果轻视生命投河自尽,就会转生天界得享幸福。死了以后将尸体投入河中,则不会坠入恶道。用力拍击河水,亡魂就能得到超度。当时执狮子国的提婆菩萨完全精通实相理论,掌握法性学问,怜悯世人愚蠢,来到此处开导教化。这时,男男女女都来赴会,老人孩子聚集于此,汇合在河边,用力拍击河水。提婆菩萨装作和普通人一样参与拍水,但却低着头逆水拍击,和其他人完全不同。有个外道说:"先生为什么与众不同?"提婆菩萨说:"我的父母、亲人都在执狮子国，担心他们饥渴难当，希望以此使流水可以远道接济他们。"众位外道说："先生错了，你不多想想，就贸然这么做。你的家乡隔绝山川，极为遥远，拍这里的水，来接济他们的饥渴，正如同倒着走路却想赶上前方的行人一样，闻所未闻。"提婆菩萨说："阴间罪恶累累，还能仰赖这里的水消罪。我的家乡虽然远隔千山万水，怎么可能无法拯救呢？"这时众位外道知道难以继续辩论取胜，于是放弃了错误的信仰，接受佛教正法，改过自新，愿意聆听菩萨的教诲。

渡过河，来到东岸，就抵达秣底补罗国（在中印度境内）。

秣底补罗国

秣底补罗国①周六千余里。国大都城周二十余里。宜谷麦，多花果。气序和畅，风俗淳质。崇尚学艺，深闲咒术，信邪正者，其徒相半。王，戍陀罗种②也，不信佛法，敬事天神。伽蓝十余所，僧徒八百余人，多学小乘教说一切有部。天祠五十余所，异道杂居。

[注释]

①秣底补罗国：都城故址可能在今印度北方邦西北部比杰诺尔以北约13千米处的曼达瓦尔。　②戍陀罗种：印度四大种姓中的第四等级，根据本文的记载，种姓间的界限可能已开始突破。

[译文]

秣底补罗国方圆六千多里。该国的大都城方圆二十多里。适宜种植谷、麦等农作物,盛产花卉、水果。气候温和舒适,民风淳厚质朴。注重学术、技艺,精通咒术,信仰佛教和外道的人各占一半。国王出自戍陀罗种姓,不信仰佛教,崇奉天神。有十多座佛寺,僧人有八百多名,多数研习小乘佛教说一切有部。天祠有五十多座,各派外道杂居。

一、德光伽蓝及传说

大城南四五里,至小伽蓝,僧徒五十余人。昔瞿拿钵剌婆①(唐言德光)论师于此作《辩真》等论,凡百余部。论师少而英杰,长而弘敏,博物强识,硕学多闻。本习大乘,未穷玄奥,因览《毗婆沙论》,退业而学小乘,作数十部论,破大乘纲纪,成小乘执着。又制俗书数十余部,非斥先进所作典论,覃思佛经,十数不决。研精虽久,疑情未除。时有提婆犀那(唐言天军)罗汉往来睹史多天,德光愿见慈氏,决疑请益。天军以神通力接上天宫。既见慈氏,长揖不礼。天军谓曰:"慈氏菩萨次绍佛位,何乃自高,敢不致敬!方欲受业,如何不屈?"德光对曰:"尊者此言,诚为指诲。然我具戒苾刍,出家弟子,慈氏菩萨受天福乐,非出家之侣,而欲作礼,恐非所宜。"菩萨知其我慢②心固,非闻法器③,往来三返,不得决疑。更请天军重欲觐礼,天军恶其我慢,蔑而不对。德光既不遂心,便起恚恨,即趣山林,修发通定④,我慢未除,不证道果。

[注释]

①瞿拿钵剌婆：6世纪北印度钵伐多国人，精通律学。　②我慢：自视过高，傲慢他人。　③闻法器：能够听取或接受佛法的材料。　④修发通定：是指通过修习获得通力的禅定。

[译文]

大都城向南走四五里，到达小佛寺，有僧人五十多名。以前瞿拿钵剌婆（大唐称为德光）论师在这里写作《辩真论》等著作，共一百多部。论师年少时就才华出众，成年后更加聪明敏捷，知识丰富，记忆超群，学问深厚，见识广博。最初学习大乘教法，没能完全领会深奥的道理，于是阅读《毗婆沙论》，放弃了大乘，转而学习小乘教法，写了几十部著作，驳斥大乘的主要理论，顽固坚持小乘学说。又写了世俗著作好几十部，专门非难前人所写的经典论著，认真地思考佛经主旨，十多遍以后还不能领悟。虽然经过了长期钻研，疑惑难解仍没能消除。当时有位名叫提婆犀那（大唐称为天军）罗汉经常往来睹史多天，德光希望拜见慈氏菩萨，解决疑问，请求教益。天军用神通力接他登上天宫。见到慈氏菩萨之后，他只是作了长揖却不跪拜。天军说："慈氏菩萨即将继承佛位，你凭什么如此高傲，竟敢不恭敬行礼！你想从他那里接受教诲，为什么不俯首服从？"德光回答说："尊者的这番话，确实是在指点教导我。但我受过比丘戒，是出家弟子，而慈氏菩萨享受天宫福乐，并不是出家僧侣，现在让我向他行大礼，恐怕并不合适。"菩萨知道他的我慢心很重，不是接受佛法的人才，所以德光往返天宫三次，无法解决疑难。于是再次请求天军想要重新觐见行礼，天军厌恶他的我慢心太重，轻蔑对待，不予理睬。德光没有达到目的，产生愤恨之心，就跑进山林之中，修习发通禅定，由于我慢心没有除去，无法证得道果。

二、大伽蓝及众贤与世亲故事

德光伽蓝北三四里,有大伽蓝,僧徒二百余人,并学小乘法教,是众贤论师寿终之处。论师迦湿弥罗国人也,聪敏博达,幼传雅誉,特深研究说一切有部《毗婆沙论》。时有世亲菩萨一心玄道,求解言外,破毗婆沙师所执,作《阿毗达磨俱舍论》。辞义善巧,理致清高。众贤循览,遂有心焉,于是沉研钻极,十有二岁,作《俱舍雹论》二万五千颂,凡八十万言矣。所谓言深致远,穷幽洞微。告门人曰:"以我逸才,持我正论,逐斥世亲,挫其锋锐,无令老叟独擅先名。"于是学徒四三俊彦持所作论,推访世亲。世亲是时在磔迦国奢羯罗城,远传声问,众贤当至。世亲闻已,即治行装。门人怀疑,前进谏曰:"大师德高先哲,名擅当时,远迩学徒,莫不推谢。今闻众贤,一何惶遽?必有所下,我曹厚颜①。"世亲曰:"吾今远游,非避此子。顾此国中无复鉴达②。众贤后进也,诡辩若流。我衰耄矣,莫能持论,欲以一言頞其异执,引至中印度,对诸耄彦,察乎真伪,详乎得失。"寻即命侣负笈远游。

众贤论师当后一日至此伽蓝,忽觉气衰。于是裁书谢世亲曰:"如来寂灭,弟子部执,传其宗学,各擅专门,党同道,疾异部。愚以寡昧,猥承传习,览所制《阿毗达磨俱舍论》,破毗婆沙师大义,辄不量力,沉究弥年,作为此论,扶正宗学。智小谋大,死其将至!菩萨宣畅微言,抑扬至理,不毁所执,得存遗文,斯为幸矣,死何悔哉!"于是历选门人有辞辩者,而告之曰:"吾诚后学,轻凌先达,命也如何?当从斯没。汝持是书及所制论,谢彼菩萨,代我悔过。"授辞适毕,奄尔云亡。门人奉书,至世亲所而致辞曰:"我师众贤已舍寿命,遗言致书,责躬谢咎。不坠其名,非所敢望。"世亲菩萨览书阅论,沉吟久之,谓门人曰:"众贤论师聪敏后进,理虽不足,辞乃有余。我今欲破众贤之论,若指诸掌。顾以垂终之托,重其如难之辞,苟缘大义,存其宿志,况乎此论,发明我宗?"遂为改题为《顺正理论》。门人谏曰:"众贤未没,大师远迹,既得其论,又为改题,凡厥学徒,何颜受愧?"世亲菩萨欲除众疑,而说颂曰:"如师子王③,避豕远逝,二力胜负,智者应知。"众贤死已,焚尸收骨,于伽蓝西北二百余步庵没罗林中,起窣堵波,今犹现在。

[注释]

①厚颜:有愧色。 ②鉴达:洞察事理。 ③师子王:狮子王,比喻佛菩萨无一切畏者。

[译文]

德光寺以北三四里处,有座大佛寺,僧人有二百多名,都研习小乘教法,是众贤论师去世的地方。论师是迦湿弥罗国人,聪慧敏锐,学识渊博,幼年时就美名远扬,尤其精于研究说一切有部的《毗婆沙论》。当时有位世亲菩萨专心研究佛教的深奥原理,探索文字之外的深刻含义,驳斥了毗婆沙师的观点,写成《阿毗达磨俱舍论》。该书用词高明精巧,说理精深高妙。众贤仔细阅读之后,就想与其辩论,于是潜心思考、刻苦钻研了十二年,写成《俱舍雹论》二万五千颂,共八十万字。真的是语言深邃、思想宏大,探究了幽深佛理,辨析了精微词句。众贤告诉弟子说:"凭我的旷世奇才,秉持我的正确宏论,批判世亲,挫败他的锋芒,不让老家伙独占这至高的声誉。"于是，在他的弟子中找出三四位优秀的携带他的著作，前往拜见世亲。世亲这时正在磔迦国的奢羯罗城，得到来自远方的消息，说众贤等人将要到达。世亲听说以后，立即收拾行装。弟子大感不解，上前劝说道："大师的德行超越先哲，声名远扬，各地的学者无不推崇备至。现在听说众贤要来，为什么如此慌张？如果您一定要甘拜下风，我们也会脸上无光。"世亲说："我现在出门远游，并不是为了躲避众贤。只是看到这个国家里没有通达事理的贤人。众贤只是后生学者，长于诡辩，滔滔不绝。我已经老了，不能长时间激烈辩论，我想用一句话就挫败他的异说，所以引诱他到中印度，面对各位杰出人士，让他们来辨析真假，判断得失。"随即命人陪伴，携带书箱远游。

众贤论师在第二天到了寺里，忽然感到气血衰弱。于是写信向世亲谢罪说："如来涅槃之后，弟子们各立宗派，传播部派学说，各自发扬本派，同门结成党援，异见遭遇排斥。我孤陋寡闻，勉强继承门派学说，看了您写的《阿毗达磨俱舍论》，驳斥毗婆沙师的主要观点，于是自不量力，潜心研究多年，写了这部书，想确立本宗学说。智慧浅薄，野心太大，现在死期将至！世亲菩萨您讲说了精微的言辞，评判了关键的佛理，期盼您不要毁掉我的著作，使其留存，我就感到欣慰了，死而无憾！"于是挑选弟子中善于辩论的人，告诉他们说："我的确是后生晚进，轻视凌辱了前辈贤人，命运究竟如何？现在就要死去。你们拿着这封信和我的著作，向世亲菩萨谢罪，替我向他悔过。"这番话刚刚说完，众贤便去世了。弟子们带着书信，来到世亲面前，恭敬地说："我们的师父众贤已经去世，临终前写了这封信给您，信中反躬自问，深刻谢罪。至于不坏名声，都不是敢想象的事了。"世亲菩萨看了书信，读完著作之后，沉思了很久，对弟子们说："众贤论师是聪敏的后辈，说理虽然不够透彻，但是言辞却很高明。我现在想要驳斥众贤的观点,就像手指触及手掌般轻而易举。考虑到他临终的嘱托,看重他的雄辩言辞,我姑且为了大义,成全他的夙愿。再说这部论著,也有利于阐发大乘的教义。"于是将书名改为《顺正理论》。世亲的门徒劝说道:"众贤没有死的时候,大师您躲避远游,如今得到他的著作,又为他改定题目,凡是您的学生,哪还有什么脸面去见人呢?"世亲菩萨为了消除众人的疑惑,念颂说:"犹如狮子王,避猪遂远遁,二人较胜负,智者应自知。"众贤死后,学生们焚化了尸体,收集骨殖,在佛寺西北方二百多步的庵没罗林中建起佛塔,至今依然存在。

三、无垢友故事

庵没罗林侧有窣堵波,毗末罗蜜多罗(唐言无垢友)论师之遗身。论师,迦湿弥罗国人也,于说一切有部而出家焉。博综众经,研究异论,游五印度国,学三藏玄文,名立业成,将归本国。途次众贤论师窣堵波也,抆而叹曰:"惟论师雅量清高,抑扬大义,方欲挫异部,立本宗业也,如何降年不永①!我无垢友猥承末学,异时慕义,旷代怀德。世亲虽没,宗学尚传。我尽所知,当制诸论,令赡部洲诸学人等,绝大乘称,灭世亲名,斯为不朽,用尽宿心。"说是语已,心发狂乱,五舌②重出,热血流涌。知命必终,裁书悔曰:"夫大乘教者,佛法之中究竟说也。名味泯绝,理致幽玄。轻以愚昧,驳斥先进,业报皎然,灭身宜矣。敢告学人,厥鉴斯在。各慎尔志,无得怀疑!"大地为震,命遂终焉。当其死处,地陷为坑。同旅焚尸,收骸旌建。时有罗汉见而叹曰:"惜哉!苦哉!今此论师任情执见,毁恶大乘,堕无间狱!"

[注释]

①降年不永：寿命不长。　②五舌：原指佛、法、慧、天、肉，此处可能是指无垢友的死前痛苦状。

[译文]

庵没罗林旁边有座塔，藏着毗末罗蜜多罗（大唐称为无垢友）论师的遗骸。论师是迦湿弥罗国人，属于说一切有部的僧人。他了解各种经论，研究不同的学说，游历过五印度国，学习了三藏的玄妙经文，功成名就，将要返回本国。途中经过众贤论师塔，抚摸佛塔感慨地说："只有论师你心胸宏大，想要发扬本门学说，正在挫败异部，创立本宗大业的时候，怎会寿命如此之短！我无垢友有幸学得肤浅的知识，仰慕你那个时代的高义，怀念过去的大德圣人。世亲虽然去世，他的学说还在流传。我将尽我所知，撰写论著，让赡部洲的所有学者，取消大乘的名称，灭绝世亲的名字，这才是不朽事业，我将拼尽全力完成心愿。"刚说完这句话，立即心智狂乱，浑身苦痛万分，热血涌流不已。无垢友知道自己不久于世，写信悔过说："大乘教法是佛教中最为高深的学说。它将世俗的名利灭弃殆尽，阐发道理深邃悠远。我轻率想用我的愚蠢见解驳斥先贤理论，报应极为清楚，确实该死。谨告各位学者，我这前车之鉴还在。你们应该坚定大乘信仰，不要再有怀疑！"大地为之震撼，他一命呜呼。在他死去的地方，土地陷为深坑。同行之人焚烧了尸体，收取骸骨，建塔纪念。当时有位罗汉，见此情形慨叹道："可惜啊！可恨啊！如今这位论师顽固坚持偏见，毁谤大乘佛法，堕入无间地狱了！"

四、摩裕罗城

国西北境殑伽河东岸有摩裕罗城①，周二十余里，居人殷盛。

清流交带，出鍮石、水精、宝器。去城不远，临殑伽河，有大天祠，甚多灵异。其中有池，编石为岸，引殑伽水为浦②，五印度人谓之殑伽河门③，生福灭罪之所。常有远方数百千人集此澡濯。乐善诸王建立福舍，备珍羞，储医药，惠施鳏寡，周给孤独。

从此北行三百余里，至婆罗吸摩补罗国（北印度境）。

[注释]

①摩裕罗城：故址可能在今印度恒河运河头的摩耶补罗。 ②浦：通大河的水道。 ③殑伽河门：故址在今印度北方邦哈尔德瓦。

[译文]

秣底补罗国西北部的殑伽河东岸有座摩裕罗城，方圆二十多里，居民众多。清澈的河水交流纵横，出产鍮石、水晶、宝物。离城不远处的殑伽河边，有座大天祠，灵异奇迹很多。寺内有一方水池，用石块砌成池岸，开凿水渠引来殑伽河水，这里被五印度人称为殑伽河门，是祈福消灾的地方。经常有来自远方的成百上千人在此洗浴。乐善好施的国王们设立福舍，准备了美食，存储了药品，施舍给鳏夫、寡妇、孤儿、单身之人。

从此城向北走三百多里，来到婆罗吸摩补罗国（在北印度境内）。

婆罗吸摩补罗国

婆罗吸摩补罗国①周四千余里，山周四境。国大都城周二十余里。居人殷盛，家室富饶。土地沃壤，稼穑时播。出鍮石、水精。

气序微寒，风俗刚猛，少学艺，多逐利。人性犷烈，邪正杂信。伽蓝五所，僧徒寡少。天祠十余所，异道杂居。

此国境北大雪山中有苏伐剌拿瞿呾逻国②（唐言金氏），出上黄金，故以名焉。东西长，南北狭，即东女国③也，世以女称国。夫亦为王，不知政事。丈夫唯征伐、田种而已。土宜宿麦，多畜羊马。气候寒烈，人性躁暴。东接吐蕃国④，北接于阗国，西接三波诃国。

从秣底补罗东南行四百余里，至瞿毗霜那国（中印度境）。

[注释]

①婆罗吸摩补罗国：故址在今印度北方邦西北部的加尔瓦尔地区，包括今阿罗伽兰陀与迦尔纳里河之间的全部山岳地带。 ②苏伐剌拿瞿呾逻国：梵文合成词，具体位置不详。苏伐剌拿，意为黄金。瞿呾逻，意为氏族。 ③东女国：此国为古代西藏西部的小国，在今喜马拉雅山以北，于阗以南，拉达克以东。 ④吐蕃国：7~9世纪建立在青藏高原上的政权。

[译文]

婆罗吸摩补罗国方圆四千多里，国境四周群山环绕。该国的大都城方圆二十多里。居民众多，生活富裕。土地肥沃，按时种植农作物。出产鍮石、水晶。气候略微寒冷，民风刚毅勇猛，少数人学习技艺，多数人经商。性情粗犷暴烈，佛教与外道都有信仰。有佛寺五座，僧人很少。天祠有十多座，各派外道杂居。

该国边境北方的大雪山里有个苏伐剌拿瞿呾逻国（大唐称为金氏），出产上等黄金，以此作为国名。疆土东西长，南北窄，就是东女国，世代以女子做国王，为此称为女国。女王之夫也是国王，但不过问政事。男人只管打仗、种地。土地适宜种植冬小麦,畜养大批羊、马。气候寒冷,人性暴躁。该国东面连接吐蕃国,北面接壤于阗国,西面与三波诃国为邻。

从秣底补罗国向东南方走四百多里,到达瞿毗霜那国(在中印度境内)。

瞿毗霜那国

瞿毗霜那国①周二千余里。国大都城周十四五里。崇峻险固,居人殷盛。花林池沼,往往相间。气序土宜,同秣底补罗国。风俗淳质,勤学好福,多信外道,求现在乐②。伽蓝二所,僧众百余人,并皆习学小乘法教。天祠三十余所,异道杂居。

大城侧故伽蓝中有窣堵波,无忧王之所建也,高二百余尺。如来在昔于此一月说诸法要。傍有过去四佛坐及经行遗迹之处。其侧有如来发、爪二窣堵波,各高一丈余。

自此东南行四百余里,至恶醯掣呾罗国(中印度境)。

[注释]

①瞿毗霜那国:该国国境东起拉姆恒伽河,西至加格拉,南抵巴雷利,都城故址在今印度北方邦卡西普尔以东约2千米处。 ②现在乐:意思是现在世的享乐。

[译文]

瞿毗霜那国方圆二千多里。该国的大都城方圆十四五里。城池高大险固，居民众多。花草、树林、湖泊、水池，随处可见。气候物产与秣底补罗国相同。民风淳厚质朴，勤于学习，乐于积福，多数人信仰外道，追求现世享乐。佛寺有两座，僧人有一百多名，都在研习小乘教法。天祠有三十多座，各派外道杂居。

大都城旁的旧佛寺中有座塔，由无忧王兴建，高达二百多尺。如来以前曾在这里讲说佛法精要，历时一月。旁边有过去四佛打坐以及散步场所的遗迹。在边上还存有如来头发、指甲的两座塔，各高一丈多。

自这里向东南方走四百多里，到达恶醯掣呾罗国（在中印度境内）。

恶醯掣呾罗国

恶醯掣呾罗国①周三千余里。国大都城周十七八里，依据险固。宜谷麦，多林泉。气序和畅，风俗淳质。玩道笃学，多才博识。伽蓝十余所，僧徒千余人，习学小乘正量部②法。天祠九所，异道三百余人，事自在天，涂灰之侣也。

城外龙池侧有窣堵波，无忧王之所建也。是如来在昔为龙王，七日于此说法。其侧有四小窣堵波，是过去四佛坐及经行遗迹之所。

自此东行二百六七十里，渡殑伽河，西南至毗罗删拿国（中印度境）。

[注释]

①恶醯掣呾罗国：该国辖境相当于今印度北方邦罗希尔甘特东部的阿西查特拉地区，都城在今巴雷利的拉姆纳加尔。　②正量部：佛祖涅槃三百年后从上座部犊子部中分出的派别。

[译文]

恶醯掣呾罗国方圆三千多里。该国的大都城方圆十七八里，依据山势险要筑城居住。适宜种植谷、麦，森林泉水众多。气候温和舒适，民风淳厚质朴。研究佛法，勤奋学习，多才多艺，学识渊博。有佛寺十多座，僧人有一千多人，研习的是小乘佛教正量部法。天祠有九座，外道有三百多人，事奉大自在天，属于涂灰外道。

都城以外的龙池边有座塔，由无忧王兴建。以前如来曾经生为龙王，在这里说法七天。旁边有四座小塔，是过去四佛的坐处和散步场所的遗迹。

自这里向东走二百六十七里，渡过殑伽河，再向西南，就抵达毗罗删拿国（在中印度境内）。

毗罗删拿国

毗罗删拿国[①]周二千余里。国大都城周十余里。气序土宜，同垩醯掣呾逻国。风俗猛暴，人知学艺，崇信外道，少敬佛法。伽蓝二所，僧徒三百人，并皆习学大乘法教。天祠五所，异道杂居。

大城中故伽蓝内，有窣堵波，基虽倾圮，尚百余尺，无忧王之所建也。如来在昔于此七日说《蕴界处经》之所。其侧则有过去四佛坐及经行遗迹斯在。

从此东南行二百余里，至劫比他国（旧谓僧迦舍国，中印度境）。

[注释]

①毗罗删拿国：故址在今印度北方邦西北伊塔区的别尔沙尔。

[译文]

毗罗删拿国方圆二千多里。该国的大都城方圆十多里。气候物产与垩醯掣呾逻国相同。民风勇猛粗暴，人们懂得学习技术，信奉外道，少数人崇奉佛法。佛寺有两座，僧人有三百名，都在学习大乘教法。天祠有五座，各派外道杂居。

都城里旧佛寺内有座塔，塔基虽然有所坍塌，塔身仍剩余一百多尺高，由无忧王兴建。这里就是过去如来讲说了七天《蕴界处经》的地方。旁边有过去四佛打坐和散步场所的遗迹。

从这里向东南方走二百多里，来到劫比他国（过去称为僧迦舍国，在中印度境内）。

劫比他国

劫比他国①周二千余里。国大都城周二十余里。气序土宜，同毗罗那拿国。风俗淳和，人多学艺。伽蓝四所，僧徒千余人，并学小乘正量部法。天祠十所，异道杂居，同共遵事大自在天。

[注释]

①劫比他国：都城故址在今印度北方亚穆纳河与恒河之间法鲁贾巴德

城西约40千米处的桑吉萨村。

[译文]

　　劫比他国方圆二千多里。该国的大都城方圆二十多里。气候物产与毗罗那拿国相同。民风淳厚和顺，人们大多学习技艺。有佛寺四座，僧人有一千多人，都在学习小乘佛教正量部法。有天祠十座，各派外道杂居，一起崇拜事奉大自在天神。

一、大伽蓝三宝阶及其传说

　　城东二十余里，有大伽蓝，经制轮奂①，工穷刻镂②。圣形尊像，务极庄严。僧徒数百人，学正量部法。数万净人宅居其侧。

　　伽蓝大垣内有三宝阶，南北列，东面下，是如来自三十三天③降还也。昔如来起自胜林④，上升天宫，居善法堂⑤，为母说法。过三月已，将欲下降，天帝释乃纵神力，建立宝阶。中阶黄金，左水精，右白银。如来起善法堂，从诸天众，履中阶而下。大梵王执白拂，履银阶而右侍；天帝释持宝盖，蹈水精阶而左侍。天众凌虚，散花赞德。数百年前犹有阶级，逮至今时，陷没已尽。诸国君王悲慨不遇，叠以砖石，饰以珍宝，于其故基，拟昔宝阶。其高七十余尺，上起精舍，中有石佛像，而左右之阶，有释、梵之像，形拟厥初，犹为下势。傍有石柱高七十余尺，无忧王所建，色绀光润，质坚密理。上作师子，蹲踞向阶，雕镂奇形。周其方面，随人罪福，影现柱中。

　　宝阶侧不远，有窣堵波，是过去四佛坐及经行遗迹之所。其侧窣堵波，如来在昔于此澡浴。其侧精舍，是如来入定之处。精舍侧有大石基,长五十步,高七尺,是如来经行之处,足所履迹,皆有莲花之文。基左右各有小窣堵波,帝释、梵王之所建也。

[注释]

①轮奂:高大华美,形容建筑物的壮丽。 ②剞(jī)劂(jué):镂刻的刀具。 ③三十三天:音译忉利天,是欲界第二天,在须弥山顶。 ④胜林:即逝多太子的园林。 ⑤善法堂:帝释天的讲堂名称。

[译文]

都城向东二十多里有座大佛寺,建筑高大宏伟,刻工巧夺天工。佛菩萨的圣像塑造得极为庄严。有僧人几百名,研习正量部法。还有几万净人住在佛寺旁边。

佛寺高墙之内建有三宝台阶,从南往北排列,向东面下降,乃是如来自三十三天降还人间的地方。以前如来离开胜林,升入天宫,住在善法堂,给母亲讲经说法。过了三个月以后,准备返回人间,天帝释于是施展神通,建立了宝阶。中阶用黄金制成,左阶用水晶,右阶用白银。如来离开善法堂,在天神大众的跟随下,踩着中阶降下人间。大梵王手执白拂,踩着白银阶侍奉在右面;天帝释手持宝盖,踩着水晶阶侍奉在左面。天神大众在空中飞舞,抛撒鲜花,赞颂功德。几百年前还存有台阶,但是到了现在都已经全部陷没消失。各国国王悲叹没有亲眼看到,于是垒砌砖石,用珍宝装饰,在原来的故址之上,仿造了以前的宝阶。高有七十多尺,上面再建精舍,里面有石刻佛像,左右两边的宝阶塑帝释、梵天像,形态比照当初,就像往下走的样子。旁边有石柱,高达七十多尺,由无忧王建造,呈青红色,光洁圆润,质地坚硬,纹理紧密。柱顶刻了狮子,面向宝阶蹲伏,各种奇异的雕刻,环绕在柱子表面,随每个人福罪的不同,柱子里显示出相应的影子。

宝阶旁边不远的地方有座塔,是过去四佛打坐和散步场所的遗迹。旁边有塔,如来以前曾在这里沐浴。旁边的精舍是如来入定的地方。精舍旁有个大石基,长五十步,高七尺,是如来散步的地方,脚踏出来的印记上,都有莲花纹样。石基左右各有一座小塔,是由帝释、梵王建造的。

二、莲花色尼见佛处及传说

释、梵窣堵波前,是莲花色苾刍尼①欲先见佛,化作转轮王处。如来自天宫还赡部洲也,时苏部底②(唐言善现。旧曰须扶提,或曰须菩提,译曰善吉也,皆讹也)宴坐石室,窃自思曰:"今佛还降,人天导从,如我今者何所宜行?尝闻佛说,知诸法空③,体诸法性,是则以慧眼④观法身⑤也。"时莲花色苾刍尼欲初见佛,化为转轮王,七宝导从,四兵警卫,至世尊所,复苾刍尼。如来告曰:"汝非初见。夫善现者,观诸法空,是见法身。"

圣迹垣内,灵异相继。其大窣堵波东南有一池龙,恒护圣迹,既有冥卫,难以轻犯。岁久自坏,人莫能毁。

从此东南行减二百里,至羯若鞠阇国(唐言曲女城国。中印度境)。

[注释]

①莲花色苾刍尼:又称莲华色尼、青莲华尼、莲花淫女等,因姿色美丽而得名。 ②苏部底:又作须菩提,佛的十大弟子之一,号称"解空第一"。 ③法空:意思是色心之诸法都是因缘和合而幻生,并无实体。

④慧眼：五眼（肉眼、天眼、慧眼、法眼、佛眼）之一，指二乘的智慧之目。亦泛指能照见实相的智慧。　⑤法身：三身之一。这里指佛的真身。

[译文]

　　帝释、梵天塔前正是莲花色比丘尼为了首先见到佛祖幻化为转轮王的地方。如来从天宫返回赡部洲的时候，苏部底（大唐称为善现。过去称为须扶提，也称为须菩提，译为善吉，都错了）静坐在石室之中，暗自思量："如今佛祖降临人间，天神大众跟随左右，像我现在这样该做些什么呢？曾经听佛祖说过，要懂得诸法皆空，学会体会种种法性，就应该用慧眼观看佛的法身。"当时，莲花色比丘尼想先见到佛祖，幻化为转轮王，有七种宝物相伴，四大兵种护卫，来到世尊所在地，恢复了比丘尼原状。如来告诉她说："你不是第一个见到我的人。那个善现的人，观察到诸法皆空，这才见到我的真身。"

　　神圣遗迹墙内，不断出现灵异。大塔东南方有一水池，池龙始终在护卫圣迹，由于有神力暗中保卫，很难轻易冒犯。时间长了以后，圣迹自行毁坏，人力是无法摧毁的。

　　从这里向东南方走不到二百里，抵达羯若鞠阇国（大唐称为曲女城国。在中印度境内）。

大唐西域记卷第五

（六国）

三藏法师玄奘奉诏　译
大总持寺沙门辩机　撰

羯若鞠阇国

羯若鞠阇国①周四千余里。国大都城西临殑伽河,其长二十余里,广四五里。城隍②坚峻,台阁相望,花林池沼,光鲜澄镜。异方奇货,多聚于此。居人丰乐,家室富饶。花果具繁,稼穑时播。气序和洽,风俗淳质。容貌妍雅,服饰鲜绮。笃学游艺,谈论清远。邪正二道,信者相半。伽蓝百余所,僧徒万余人,大小二乘,兼功习学。天祠二百余所,异道数千余人。

[注释]

①羯若鞠阇国:故址在今印度北方邦西部法鲁卡巴德地区的卡瑙季,位于恒河与卡里河交汇处。　②城隍:原指城墙和护城河,这里泛指整座城池。

[译文]

羯若鞠阇国方圆四千多里。该国的大都城西面濒临殑伽河,长二十多里,宽四五里。城池坚固险峻,亭台楼阁密布,花草、林木、池水,色彩光鲜,水清如镜。外国的奇珍异宝大多汇集在这里。居民富足安乐,百姓富裕。花卉、水果种类繁多,按时播种农作物。气候温和湿润,民风淳厚质朴。容貌秀丽文雅,服饰鲜艳华丽。勤于学习,专心技艺,谈论清高深刻。佛教和外道的信仰者各有一半。佛寺有一百多座,僧人有一万多人,大乘、小乘佛法都得到认真研习。天祠有二百多座,外道教徒有几千人。

一、国号由来

羯若鞠阇国人长寿时①，其旧王城号拘苏磨补罗（唐言花宫），王号梵授，福智宿资，文武允备，威慑赡部，声震邻国。具足千子，智勇弘毅，复有百女，仪貌妍雅。时有仙人居殑伽河侧，栖神入定，经数万岁，形如枯木，游禽栖集，遗尼拘律②果于仙人肩上，暑往寒来，垂荫合拱。多历年所，从定而起，欲去其树，恐覆鸟巢，时人美其德，号大树仙人。仙人寓目河滨，游观林薄③，见王诸女相从嬉戏，欲界爱起，染著心生，便诣花宫，欲事礼请。王闻仙至，躬迎慰曰："大仙栖情物外，何能轻举？"仙人曰："我栖林薮④，弥积岁时，出定游览，见王诸女，染爱⑤心生，自远来请。"王闻其辞，计无所出，谓仙人曰："今还所止，请俟嘉辰。"仙人闻命，遂还林薮。王乃历问诸女，无肯应娉。王惧仙威，忧愁毁悴。其幼稚女候王事隙，从容问曰："父王千子具足，万国慕化，何故忧愁，如有所惧？"王曰："大树仙人幸顾求婚，而汝曹辈莫肯从命。仙有威力，能作灾祥，傥不遂心，必起瞋怒，毁国灭祀，辱及先王。深惟此祸，诚有所惧。"稚女谢曰："遗此深忧，我曹罪也。愿以微躯，得延国祚。"王闻喜悦，命驾送归。既至仙庐，谢仙人曰："大仙俯方外之情，垂世间之顾，敢奉稚女，以供洒扫。"仙人见而不悦，乃谓王曰："轻吾老叟，配此不妍。"王曰："历问诸女，无肯从命。唯此幼稚，愿充给使。"仙人怀怒，便恶咒曰："九十九女，一时腰曲，形既毁弊，毕世无婚。"王使往验，果已背伛。从是之后，便名曲女城焉。

[注释]

①长寿时：是说人的寿命很长的那段时期。　②尼拘律：类似榕树的桑科植物。　③林薄：草木丛生之处。　④林薮：原指草木茂密。这里引申为山野。　⑤染爱：意思是受到情欲之境的浸染而生爱，是贪欲的烦恼。

[译文]

羯若鞠阇国在人类长寿的时期，该国原来的都城称为拘苏磨补罗（大唐称为花宫），国王叫作梵授，他的福德智慧来自于前世行善，文武兼备，威名赫赫，震慑整个南赡部洲，声望远及邻国外邦。他有一千个儿子，个个智勇双全，果敢勇毅，还有一百个女儿，人人容貌美丽，仪态万千。那时，有位仙人居住在殑伽河边，潜心修行，坐禅入定，经过了几万岁之后，变得形状如同枯树一般，以至于飞鸟在他身上栖息，并且将尼拘律树的果实落在仙人的肩膀上，暑往寒来，年深日久，树木长成，浓荫密布，树干粗壮。又经过许多年后，仙人离开禅定，想要移除这棵树，又担心破坏了鸟巢，人们称颂他的德行，称他为"大树仙人"。仙人遥望河边，观看树木草丛，无意中见到国王的女儿们互相追逐嬉戏，不由得产生欲界的爱意，充斥内心，无法摆脱，于是前往花宫，想要请求婚事。国王听说大仙来到，亲自迎接，问候他说："大仙超脱尘世，怎么会光临寒舍？"仙人说："我住在山野之中，时间很久了，刚刚出定游玩，就看见国王的各位爱女，爱欲之心陡然升起，所以远道前来请婚。"国王听了他的话，不知如何是好，就对仙人说："现在先请您返回，等候良辰吉日。"仙人听了这话，就返回山野之中。国王于是一一询问自己的女儿，结果没有人愿意订婚。国王害怕仙人的神威，忧愁不已，形容憔悴。他的小女儿等到国王空闲的时候，镇定地问父亲："父王有一千个儿子，各国都仰慕归顺我国，为什么您眉头紧锁，到底害怕什么呢？"国王说："大树仙人光临求婚，但你们这些女孩子都不答应。大仙很有威力，能降灾招福，如果不顺遂他的心愿，必定勃然大怒，捣毁国家，灭绝宗祀，连累先王受辱。最担心出现这样的灾祸，确实很害怕。"小女儿惭愧地说："让父王为此担惊受怕，是我们做儿女的罪孽。我愿意奉献卑微的身躯，以使国家延续永存。"国王听了非常喜悦，命人准备车驾送小女儿出嫁。到了仙人的住所后，向他致歉说："大仙以超脱尘世的情怀，垂顾世间凡人，我谨送上小女儿，前来侍候大仙。"仙人看了很不高兴，对国王说："你们看不起我是个糟老头子，把这么个难看的丫头许配给我。"国王说："我问了所有的女儿，没人愿意嫁给你。只有这个小女儿，愿意伺候你。"仙人心怀愤怒，于是发下恶毒的诅咒："九十九个女儿，立刻弯腰驼背，容貌毁坏变丑，一辈子嫁不出去。"国王派人前去验看，果然女儿们都成了驼背。从那时起，这座城市就改名为曲女城了。

二、戒日王世系及即位治绩

今王，本吠奢种也，字曷利沙伐弹那（唐言喜增），君临有土，二世三王。父字波罗羯罗伐弹那（唐言作光增），兄字曷逻阇伐弹那（唐言王增）。王增以长嗣位，以德治政。时东印度羯罗拿苏伐剌那（唐言金耳）国设赏迦王（唐言月）每谓臣曰："邻有贤主，国之祸也。"于是诱请，会而害之。人既失君，国亦荒乱。时大臣婆尼[①]（唐言辩了）职望隆重，谓僚庶曰："国之大计，定于今日。先王之子，亡君之弟，仁慈天性，孝敬因心，亲贤允属，欲以袭位。于事何如？各言尔志。"众咸仰德，尝无异谋。于是辅臣执事咸劝进曰："王子垂听，先王积功累德，光有国祚。嗣及王增，谓终寿考；辅佐无良，弃身雠手，为国大耻，下臣罪也。物议时谣，允归明德。光临土宇，克复亲雠，雪国之耻，光父之业，功孰大焉？幸无辞矣。"王子曰："国嗣之重，今古为难，君人之位，兴立宜审。我诚寡德，父兄遐弃，推袭大位，其能济乎？物议为宜，敢忘虚薄？今者殑伽河岸，有观自在菩萨像，既多灵鉴，愿往请辞。"即至菩萨像前，断食祈请。菩萨感其诚心，现形问曰："尔何所求，若此勤恳？"王子曰："我惟积祸，慈父云亡；重兹酷罚，仁兄见害。自顾寡德，国人推尊，令袭大位，光父之业。愚昧无知，敢希圣旨！"菩萨告曰："汝于先身，在此林中为练若苾刍②，而精勤不懈。承兹福力，为此王子。金耳国王既毁佛法，尔绍王位，宜重兴隆，慈悲为志，伤愍居怀，不久当王五印度境。欲延国祚，当从我诲，冥加景福，邻无强敌。勿升师子之座，勿称大王之号。"于是受教而退，即袭王位，自称曰王子，号尸罗阿迭多（唐言戒日）。于是谓臣曰："兄雠未报，邻国不宾，终无右手进食③之期。凡尔庶僚，同心戮力。"遂总率国兵，讲习战士。象军五千，马军二万，步军五万，自西徂东，征伐不臣。象不解鞍，人不释甲，于六年中，臣五印度。既广其地，更增甲兵，象军六万，马军十万。垂三十年，兵戈不起，政教和平，务修节俭，营福树善，忘寝与食。令五印度不得啖肉，若断生命，有诛无赦。于殑伽河侧建立数千窣堵波，各高百余尺。于五印度城邑、乡聚、达巷、交衢，建立精庐，储饮食，止医药，施诸羁贫，周给不殆。圣迹之所，并建伽蓝。五岁一设无遮大会，倾竭府库，惠施群有，唯留兵器，不充檀舍。岁一集会诸国沙门，于三七日中，以四事供养，庄严法座④，广饰义筵⑤，令相榷论，校其优劣，褒贬淑慝，黜陟幽明。若戒行贞固，道德淳邃，推升师子之座，王亲受法；戒虽清净，学无稽古，但加敬礼，示有尊崇；律仪无纪，秽德已彰，驱出国境，不愿闻见。邻国小王、辅佐大臣，殖福无怠，求善忘劳，即携手同座，谓之善友；其异于此，面不对辞，事有闻议，通使往复。而巡方省俗，不常其居，随所至止，结庐而舍。唯雨三月，多雨不行。每于行宫日修珍馔，饭诸异学，僧众一千，婆罗门五百。每以一日分作三时，一时理务治政，二时营福修善，孜孜不倦，竭日不足矣。

[注释]

①婆尼：戒日王之父波罗羯罗伐弹那的内侄和养子。 ②练若苾刍：意为居住在山林中的比丘，此处泛指佛寺。 ③右手进食：是古印度的习俗，这里比喻为正常、安定的生活。 ④法座：须弥座，佛教禅院中演讲佛法的座位。 ⑤义筵：这里指有道之人的座席。

[译文]

当今的国王，本属吠奢种姓，名叫曷利沙伐弹那（大唐称为喜增），统治该国已经有两代三位君主。王父名叫波罗羯罗伐弹那（大唐称为光增），王兄名叫曷逻阇伐弹那（大唐称为王增）。王增以长子的身份继位，以德治国。当时，东印度羯罗拿苏伐剌那（大唐称为金耳）国的设赏迦王（大唐称为月）常常对臣下说："邻国有贤明的君主当政，是我们国家的灾难。"于是设计诱请王增赴会，而加以杀害。该国人民失去了君王，国家也陷入混乱之中。当时的主政大臣婆尼（大唐称为辩了）官职崇高，声望隆重，他对百官们说："国家兴亡大计，今天就要确定。先王的儿子，亡故君主的弟弟，天性仁厚慈悲，一心孝敬父兄，亲近贤明之士，应该让他来继承王位。这件事怎么办,你们都说说自己的看法。"众人都仰慕喜增的德操,没有别的意见。于是主要的大臣僚属都来劝进说:"请王子听我们的说法,先王积累功德,创立了我们伟大的国家。等到王增继位,本应长寿善终;不料因为我们辅佐大臣不好,使他死在敌人手中,这是国家的大耻辱,是我们做臣子的大罪。如今大家议论,都服从德操高尚的您。恳请您登极为王,报弑杀君亲之仇,雪国家蒙羞之耻,光大父王的功业,还有比这个更大的功绩吗?千万不要推辞。"王子说:"继承王位是国家的大事,自今到古都很难处理,拥戴储君,应该谨慎。我的德行寡薄,父兄又已经去世,推戴我继位,能够胜任吗?大家说我很合适,我却不敢忘记自己才虚德薄。如今在殑伽河岸有尊观自在菩萨神像,极为灵验,我想去向他求教。"于是来到菩萨像前,戒断饮食,诚心祈求。菩萨被他的诚心感动,现身问他:"你有什么请求,如此辛勤祈祷?"王子说:"我的罪孽深重,慈父已然去世;不想再次遭遇残酷的惩罚,仁兄又被害死了。我知道自己德行不够,但被国人拥戴,让我继承王位,光耀父兄功业。我愚钝不知所措,斗胆请求菩萨的旨意!"菩萨告诉他说:"你的前世在这片森林中做比丘,精勤钻研,毫不松懈。凭借这一福力,你转世为王子。金耳国的国王已经毁灭了佛法,你继承王位之后,应当使圣教复兴,立志大慈大悲,胸怀悲天悯人之心,用不了多长时间,你就会统治整个五印度国境。要想延续王朝,必须遵从我的教诲,我将暗中赐福与你,让你没有强邻为敌。你不要登上国王的宝座,也不要使用'大王'称号。"喜增接受了教诲回到王都,于是继承了王位,自称"王子",名叫尸罗阿迭多(大唐称为戒日)。他对群臣说:"兄长的仇恨没有报,邻国也不臣服,我们最终只能生活在没有正常、安宁的日子里。希望各位和我一起同心协力,共同对敌。"于是亲自统率全国军队,教育训练士兵。他的军力包括象军五千人，马军二万人，步军五万人，从西向东依次讨伐不肯臣服的国家。战象不解鞍鞯，战士不解甲胄，用了六年时间，征服了五印度全境。疆土既然扩大，军队自然增加，共有象军六万人，马军十万人。在随后的近三十年里，战火平息，政治稳定和顺，王子厉行节约，积福行善，以至废寝忘食。他下令五印度境内不能吃肉，如果杀生害命，一律处以死刑。他在殑伽河边修建了几千座塔，每座都高达一百多尺。命令在五印度的大小城池聚落、街巷路口建立精舍，储备饮食，提供医药，施舍给旅行者和穷苦人，普遍布施，毫不怠慢。凡是佛教圣迹的地方都建造了佛寺。每五年召开一次无遮大会，用尽国库里的积蓄来施舍一切众生，只留下武器不拿来布施。每年召开大会，聚集各国僧人，在逢三、七的日子里，供给衣食住行，装饰讲法的宝座，大量增加有德之人的席位，让他们彼此深入讨论，比较各类学说的优劣，赞扬优秀者，贬低差劣者，尊崇正道，斥逐邪见。如果恪守戒律，见解深邃，德行高尚，就推举此人登升狮子法座，王子亲自聆听佛法；如果只是秉持了戒律，学问不深，也会以礼相待，表示尊崇之意；如果不守戒律，行为道德败坏，就驱逐出境，不予理睬。如果邻近小国君王、辅政大臣，一心培养福德，不辞辛劳追求善行，就拉着手共登王座，还被称为"善友"；对于不做此类善事的王臣，不愿见面交谈，即使有事商议，也只是派遣使者办理。戒日王常常巡行各地，考察民间疾苦，没有固定的居所，随便走到哪里，便临时搭建茅屋来住。只有在雨季的三个月，因为多雨不外出巡视。他在行宫中每天都要准备佳肴，款待各派学人，包括僧人一千名，婆罗门五百名。戒日王常将一天分为三个部分，第一部分用来处理国家政务，另外两个部分的时间拿来行善积德，孜孜不倦，终日忙碌，还嫌时间不够。

三、玄奘会见戒日王

初，受拘摩罗王请白，自摩揭陀国往迦摩缕波国。时戒日王巡方在羯朱嗢祇逻国，命拘摩罗王曰："宜与那烂陀①远客沙门②速来赴会。"于是遂与拘摩罗王往会见焉。戒日王劳苦已曰："自何国来，将何所欲？"对曰："从大唐国来，请求佛法。"王曰："大唐国在何方？经途所亘，去斯远近？"对曰："当此东北数万余里，印度所谓摩诃至那国③是也。"王曰："尝闻摩诃至那国有秦王天子④，少而灵鉴，长而神武。昔先代丧乱，率土分崩，兵戈竞起，群生茶毒，而秦王天子早怀远略，兴大慈悲，拯济含识，平定海内，风教遐被，德泽远洽，殊方异域，慕化称臣。氓庶荷其亭育，咸歌《秦王破阵乐》⑤。闻其雅颂，于兹久矣。盛德之誉，诚有之乎？大唐国者，岂此是耶？"对曰："然。至那者，前王之国号；大唐者，我君之国称。昔未袭位，谓之秦王；今已承统，称曰天子。前代运终，群生无主，兵戈乱起，残害生灵。秦王天纵含弘，心发慈愍，威风鼓扇，群凶殄灭，八方静谧，万国朝贡。爱育四生，敬崇三宝，薄赋敛，省刑罚，而国用有余，氓俗无忒，风猷大化，难以备举。"戒日王曰："盛矣哉！彼土群生，福感圣主。"

[注释]

①那烂陀：那烂陀寺，是摩揭陀国王舍城外著名佛寺，故址在今印度比哈尔邦巴特那境内的拉查吉尔西北约12千米处的巴尔贡村。②远客沙门：指玄奘。　③摩诃至那国：摩诃意为"大"，至那国是古印度人对中国的称呼。　④秦王天子：指李世民，他未登基前被封为秦王。　⑤《秦

王破阵乐》：据说是唐太宗为秦王时创作的一种武舞。

[译文]

　　当初，我接受拘摩罗王的邀请，从摩揭陀国前往迦摩缕波国。这时，戒日王正在羯朱嗢祇逻国巡视，他命令拘摩罗王："你应该让那位在那烂陀寺远道而来的沙门迅速前来参加大会。"于是，我就和拘摩罗王前去见他。戒日王慰劳我之后说道："你从哪个国家来，想要做些什么？"我回答说："我从大唐国来，到此求取佛法。"国王说："大唐国在哪里？沿途经过哪些地方，距离我们这里有多远？"回答说："大唐国位于印度东北方几万里的地方，也就是印度所说的摩诃至那国。"国王说："我曾经听说摩诃至那国有位秦王天子，年少时就聪明敏锐，长大以后神勇威武。前朝统治无道，天下大乱，国土分崩离析，各地战乱纷纷，老百姓遭受苦难，但秦王天子很早就有远大的抱负，胸怀慈悲，立志拯救众生，平定海内，淳风教化传遍四方，仁德恩泽加于域外，远邦外国仰慕王化，俯首称臣。平民百姓蒙受他的恩养抚育之德，都在歌舞《秦王破阵乐》。我听到人们对他的赞颂已经有很长时间了。大家对他盛德的广泛赞誉，确有其事吗？大唐国难道就是他的国家吗？"回答说："确实如此。至那是前朝的国号；大唐是我们当今皇上的国号。没有继位之前，称为秦王；如今已经继承大统，称为天子。前朝国运终结，百姓失去君主，战乱迭起，杀生害命。秦王天生伟大的胸怀，内心充满慈愍情怀，威风凛凛，声震四方，各处凶恶敌人都被消灭殆尽，于是天下安宁，万国都来朝贡。天子爱育天下苍生，崇敬佛法，减少人民税负负担，消除严刑峻法，为此国库充盈，百姓无人犯法，社会风气淳良，国家获得完美治理，诸如此类，难以一一列举。"戒日王说："真是盛世啊！你们国家的百姓应该感谢这位圣主带来的幸福。"

四、曲女城法会

时戒日王将还曲女城设法会①也，从数十万众，在殑伽河南岸。拘摩罗王从数万之众，居北岸。分河中流，水陆并进。二王导引，四兵严卫，或泛舟，或乘象，击鼓鸣螺，拊弦奏管。经九十日，至曲女城，在殑伽河西大花林中。是时诸国二十余王，先奉告命，各与其国髦俊沙门及婆罗门、群官、兵士，来集大会。王先于河西建大伽蓝；伽蓝东起宝台，高百余尺，中有金佛像，量等王身；台南起宝坛，为浴佛像之处；从此东北十四五里，别筑行宫。是时，仲春月也。从初一日，以珍味馔诸沙门、婆罗门，至二十一日，自行宫属伽蓝，夹道为阁，穷诸莹饰，乐人不移，雅声递奏。王于行宫出一金像，虚中隐起，高余三尺，载以大象，张以宝幰②。戒日王为帝释之服，执宝盖以左侍，拘摩罗王作梵王之仪，执白拂而右侍。各五百象军，被铠周卫，佛像前后各百大象，乐人以乘，鼓奏音乐。戒日王以真珠杂宝及金银诸花，随步四散，供养三宝。先就宝坛，香水浴像。王躬负荷，送上西台，以诸珍宝、憍奢耶衣数十百千，而为供养。是时唯有沙门二十余人预从，诸国王为侍卫。馔食已讫，集诸异学，商榷微言，抑扬至理。日将曛暮，回驾行宫。如是日送金像，导从如初，以至散日。其大台忽然火起，伽蓝门楼烟焰方炽。王曰："罄舍国珍，奉为先王，建此伽蓝，式昭胜业，寡德无佑，有斯灾异，咎征若此，何用生为！"乃焚香礼请而自誓曰："幸以宿善，王诸印度，愿我福力，禳灭火灾，若无所感，从此丧命！"寻即奋身，跳履门阃，若有扑灭，火尽烟消。诸王睹异，重增祇惧③。已而颜色不动，辞语如故，问诸王曰："忽此灾变，焚烬成功，心之所怀，意将何谓？"诸王俯伏悲泣，对曰："成功胜迹，冀传来叶，一旦灰烬，何可为怀！况诸外道，快心相贺。"王曰："以此观之，如来所说诚也。外道异学守执常见，唯我大师无常是诲。然我檀舍已周，心愿谐遂，属斯变灭，重知如来诚谛④之说，斯为大善，无可深悲。"于是从诸王东上大窣堵波，登临观览。方下阶陛，忽有异人持刃逆王，王时窘迫，却行进级，俯执此人，以付群官。是时群官惶遽，不知进救。诸王咸请诛戮此人，戒日王殊无忿色，止令不杀。王亲问曰："我何负汝，为此暴恶？"对曰："大王德泽无私，中外荷负。然我狂愚，不谋大计，受诸外道一言之惑，辄为刺客，首图逆害。"王曰："外道何故兴此恶心？"对曰："大王集诸国，倾府库，供养沙门，熔铸佛像，而诸外道自远召集，不蒙省问，心诚愧耻。乃令狂愚，敢行凶诈。"于是究问外道徒属。有五百婆罗门，并诸高才，应命召集，嫉诸沙门蒙王礼重，乃射火箭，焚烧宝台，冀因救火，众人溃乱，欲以此时杀害大王，既无缘隙，遂雇此人，趋隘行刺。是时诸王、大臣请诛外道，王乃罚其首恶，余党不罪，迁五百婆罗门出印度之境。于是乃还都也。

[注释]

①法会：为了说法以及供佛、施僧而举行的仪式和集会。 ②宝幰(xiǎn)：泛指车。 ③祇惧：恭敬怖惧的意思。 ④诚谛：真实不虚的意思。

[译文]

　　当时，戒日王即将返回曲女城召开法会，跟随的人数多达几十万，聚集在殑伽河南岸。拘摩罗王的跟随者有几万人，聚集在河北岸。两批人马以河中心为分界线，水旱两路，齐头并进。两位国王在前方引导，四大兵种的士兵严密护卫，有的乘船，有的骑象，敲击鼓乐，鸣奏螺号，弹奏琴瑟，吹响箫笙。经过九十天，终于来到曲女城，都待在殑伽河西岸的大花林中。那时来自各国的二十多位君王，事先已得到通知，各自率领本国的杰出僧人以及婆罗门、文武百官、士兵前来赴会。戒日王先在河西岸建造了大佛寺；佛寺东面建起宝台，高有一百多尺，里面塑有金质佛像，高度与戒日王身高相同；宝台南面建起宝坛，作为沐浴佛像的所在；从这里向东北十四五里的地方，另外修建行宫。这时正是春季二月。从初一开始用佳肴款待各位僧人、婆罗门，到二十一日，从行宫到佛寺，沿途搭建阁楼，上面装饰各种宝物，华丽至极，乐人排列整齐，美妙的音乐此起彼伏。戒日王从行宫中请出一尊金佛像，抬在空中，高有三尺多，用大象驮载，上面遮盖珍宝伞盖。戒日王身穿帝释的服装，手持宝盖侍立在左边，拘摩罗王扮成梵王的形象，手持白拂侍立在右侧。两边各有五百名象军，身披铠甲扈从四周，佛像前后各有一百只大象，上面乘坐着乐人，击鼓奏乐。戒日王将珍珠等宝物以及金花、银花，边走边撒，来供养三宝。他们先登上宝坛，用香水沐浴佛像。戒日王亲自背负佛像，送上西台，用各种珍宝、成百上千的憍奢耶衣供养佛像。此时只有二十多位僧人跟随，各国国王担任侍卫。用餐结束，召集各派学者探讨精微的言辞，评判深奥的道理。太阳快要落山的时候，起驾回宫。像这样每天护送金佛像，引导扈从和第一天一样，直到结束的日子。忽然大台着火，佛寺的门楼烈焰燃烧。国王说："我拿出了国家全部的珍宝，供奉前代帝王，建造了这座佛寺，就是为了彰显佛教的伟大功业，不想德行浅陋，发生这样的灾祸，出现了如此凶兆，我还活着干什么！"于是焚香礼拜，对着佛像发誓说："我侥幸靠着往世的善业，统治了五印度，我愿用自己的福力，禳灭这场无妄的火灾，如果不能感动神佛，我立刻就死！"随即奋身一跃，跳在门槛上，仿佛有人救火一样，烟火立即消失。各国国王亲眼看见，更增加了恭敬畏惧。之后，戒日王面色不改，语调如常，问国王们："刚才出现的这场火灾，如果烧毁了一切，你们心中会怎么想，有什么要说的呢？"各位国王匍匐在地，悲声哭泣，回答说："建造了如此壮美的圣迹就是为了流传后世，假如一旦灰飞烟灭，我们心中难以承受！况且各派外道一定会称心如意，拍手称快。"戒日王说："如此看来，如来所讲的道理对极了。外道异端顽固坚持陈腐观点，只有我佛大师教导无常学说。既然我的施舍已经非常周全，我的心愿完全实现，突逢火灾又很快消除，使我更加坚信如来学说千真万确，这才是大善事，不必深感悲哀。"于是戒日王携各国国王前往东面的大塔，登临宝塔观赏游览。戒日王刚刚走下台阶，忽然有个陌生人手持利刃行刺国王，国王处境危急，不得不倒退上塔阶，弯腰抓住这个人，把他交给臣子们。当时群臣惊慌失措，不知道上前救驾。各位国王都要求杀了这个人，戒日王却没有一丝怒气，下令不要杀他。国王亲自审问："我什么地方得罪你，要对我下此毒手？"那人回答说："大王德泽天下，大公无私，国内外都蒙受您的恩惠。可是我疯狂愚昧，不顾大局，听受了外道妖言蛊惑，就做了刺客，企图谋害大王。"戒日王说："外道为什么产生这样恶毒的想法？"那人回答说："大王聚集各国国王，倾尽国库来供养僧人，铸造佛像，然而各位外道从远方被召来，没有得到关怀问候，心中惭愧，深感耻辱。于是指使我这狂悖愚蠢的人斗胆前来行刺。"戒日王于是查问外道党徒。原来，有五百名婆罗门，都是学术高深的人才，奉命来参加聚会，嫉妒僧人们得到国王礼敬尊重，因此放射火箭焚烧宝台，企图借人们救火，形势混乱的机会杀害戒日王；但后来没有机会，又雇用此人在狭窄处行刺。当时各位国王、群臣都要求诛杀外道，戒日王仅仅惩罚了为首外道，其余并未追究，把五百名婆罗门赶出印度国境。此后，戒日王回到都城。

五、曲女城附近诸佛迹

城西北窣堵波，无忧王之所建也。如来在昔，于此七日说诸妙法。其侧则有过去四佛坐及经行遗迹之所。复有如来发、爪小窣堵波。

说法窣堵波南，临殑伽河，有三伽蓝，同垣异门，佛像严丽，僧徒肃穆，役使净人数千余户。精舍宝函中有佛牙，长余寸半，殊光异色，朝变夕改。远近相趋，士庶咸集，式修瞻仰，日百千众。监守者繁其喧杂，权立重税，宣告远近：欲见佛牙，输大金钱。然而瞻礼之徒，实繁其侣，金钱之税，悦以心竞。每于斋日，出置高座，数百千众，烧香散花，花虽盈积，牙函不没。

伽蓝前左、右各有精舍，高百余尺，石基砖室，其中佛像，众宝庄饰，或铸金、银，或镕鍮石。二精舍前，各有小伽蓝。

伽蓝东南不远，有大精舍，石基砖室，高二百余尺，中作如来立像，高三十余尺，铸以鍮石，饰诸妙宝。精舍四周石壁之上，雕画如来修菩萨行所经事迹，备尽镌镂。

石精舍南不远，有日天①祠。祠南不远，有大自在天祠。并莹青石，俱穷雕刻，规摹度量，同佛精舍。各有千户充其洒扫，鼓乐弦歌，不舍昼夜。

大城东南六七里，殑伽河南，有窣堵波，高二百余尺，无忧王之所建也。在昔如来于此六月说身无常、苦、空、不净②。其侧则有过去四佛坐及经行遗迹之所。又有如来发、爪小窣堵波，人有染疾，至诚旋绕，必得痊愈，蒙其福利。

[注释]

①日天：指太阳神。　②不净：指污秽、鄙陋、丑恶、罪过。

[译文]

都城西北方有座塔，由无忧王兴建。如来以前曾在这里讲说了七天的精妙佛法。塔旁有过去四佛打坐和散步场所的遗迹。还有存有如来头发、指甲的小塔。

说法塔南面，濒临殑伽河畔，有三座佛寺，共用一堵围墙，门户各开，寺中佛像庄严华丽，僧人严肃庄重，使唤的净人有几千户。精舍的宝盒中存有佛牙，长有一寸半多，光彩颜色与众不同，早晚都会变化。远近之人都来瞻仰，官宦平民云集，礼敬瞻仰的人每天成百上千。守护佛牙的人讨厌人多纷杂，暂时设立了重税的规定，遍告各地：想要见到佛牙，必须缴纳一枚大金币。然而瞻仰礼拜的人，依旧成群结队，争相缴纳金钱，以此为乐。每到斋日，将佛牙供奉在高座之上，成百上千的人烧香献花，鲜花不断堆积，却始终不能淹没存牙的盒子。

佛寺前面左、右两边各建有精舍，高达一百多尺，石头地基，砖砌房屋，里面的佛像用各种珍宝装饰，有的是用金、银铸成，有的是用鍮石熔铸。两座精舍前，各有一座小塔。

佛寺东南不远处有座大精舍，石头地基，砖砌房屋，高达二百多尺，室中有如来立像，高有三十多尺，用鍮石铸成，以各类珍宝装饰。精舍四周的石壁上，雕刻着如来修菩萨行时经历的事迹，刻画得极为详尽。

石精舍南面不远处有座日天祠。祠南不远处又有大自在天祠。都用晶莹的青石装饰，雕工巧夺天工，规模形式与如来精舍相同。各有一千户人在此打扫，音乐歌唱之声，昼夜不断。

大都城东南六七里，殑伽河南岸，有座塔，高达二百多尺，由无忧王兴建。以前如来在这里讲说无常、苦、空、不净各种佛法，历时六个月。塔旁有过去四佛打坐和散步场所的遗迹。还有存有如来头发、指甲的小塔，人们有病，诚心诚意绕塔行走，必定会痊愈，享受它带来的福惠恩泽。

六、纳缚提婆矩罗城

大城东南行百余里，至纳缚提婆矩罗城①，据殑伽河东岸，周二十余里。花林清池，互相影照。

纳缚提婆矩罗城西北，殑伽河东，有一天祠，重阁层台，奇工异制。城东五里，有三伽蓝，同垣异门，僧徒五百余人，并学小乘说一切有部。伽蓝前二百余步，有窣堵波，无忧王之所建也，基虽倾陷，尚高百余尺，是如来昔于此处七日说法。中有舍利，时放光明。其侧则有过去四佛坐及经行遗迹之所。

伽蓝北三四里，临殑伽河岸，有窣堵波，高二百余尺，无忧王之所建也。昔如来在此七日说法，时有五百饿鬼②来至佛所，闻法解悟，舍鬼生天。说法窣堵波侧有过去四佛坐及经行遗迹之所。其侧复有如来发、爪窣堵波。

自此东南行六百余里，渡殑伽河，南至阿逾陀国（中印度境）。

[注释]

①纳缚提婆矩罗城：故址在今印度卡瑙季东南约 35 千米处的般葛尔冒以北的奈瓦尔。　②饿鬼：佛教所说的轮回转生六趣之一。

[译文]

从大都城向东南走一百多里，来到纳缚提婆矩罗城，该城位于殑伽河东岸，方圆二十多里。鲜花、树木、清泉、池水，相映成趣。

纳缚提婆矩罗城西北方，殑伽河的东岸，有一座天祠，亭台楼阁层层叠叠，工艺奇妙，形制特异。城东五里处，有三座佛寺，共用围墙，另开寺门，有僧人五百多名，都在研习小乘佛教说一切有部。佛寺前方两百多步的地方有座塔，由无忧王兴建，塔基虽然塌陷，但是仍有一百多尺的高度，这是以前如来讲法七天的所在。塔中藏有舍利，不时放射光芒。塔边尚有过去四佛打坐和散步场所的遗迹。

佛寺以北三四里，濒临殑伽河岸，有座塔，高有二百多尺，由无忧王兴建。以前如来在这里讲法七天，当时有五百个饿鬼来到佛的面前，听闻佛法，获得解脱，脱离鬼道，转生天界。说法塔旁有过去四佛打坐和散步场所的遗迹。遗迹旁还有藏着如来头发、指甲的塔。

从这里向东南方走六百多里，渡过殑伽河，往南到达阿逾陀国（在中印度境内）。

阿逾陀国

阿逾陀国[①]周五千余里。国大都城周二十余里。谷稼丰盛,花果繁茂。气序和畅,风俗善顺,好营福,勤学艺。伽蓝百有余所,僧徒三千余人,大乘、小乘,兼功习学。天祠十所,异道寡少。

[注释]

①阿逾陀国:都城故址在今印度北方邦西部恒河南岸的法特普尔东南约50千米处的阿普依。

[译文]

阿逾陀国方圆五千多里。该国的大都城方圆二十多里。农作物生长茂盛,花果繁荣。气候温和舒畅,民风善良和顺,喜好行善积德,醉心学问技艺。佛寺有一百多座,僧人有三千多名,大乘、小乘的教法都得到认真习学。天祠有十座,外道教徒很少。

一、世亲、胜受及佛遗迹

大城中有故伽蓝,是伐苏畔度菩萨(唐言世亲。旧曰婆薮盘豆,译曰天亲,讹谬也)数十年中于此制作大小乘诸异论。其侧故基,是世亲菩萨为诸国王、四方俊彦、沙门、婆罗门等讲义说法堂也。

城北四五里,临殑伽河岸,大伽蓝中有窣堵波,高二百余尺,无忧王之所建也,是如来为天人众于此三月说诸妙法。其侧窣堵波,过去四佛坐及经行遗迹之所。

伽蓝西四五里,有如来发、爪窣堵波。发、爪窣堵波北,伽蓝余趾,昔经部室利逻多①（唐言胜受）论师于此制造经部《毗婆沙论》。

[注释]

①室利逻多:佛教经部理论的代表学者,为古印度五大论师（马鸣、提婆、鸠摩罗逻多、龙树、室利逻多）之一。

[译文]

都城里有座旧佛寺,乃是伐苏畔度菩萨（大唐称为世亲。过去称为婆薮盘豆,译为天亲,错了）花费数十年时间写作大、小乘各种论著的地方。寺旁的旧基址,则是世亲菩萨为各国国王、各地贤才、僧人、婆罗门等人讲解佛教经义和佛法的讲堂。

都城以北四五里,濒临殑伽河岸边的大佛寺里有座塔,高达二百多尺,由无忧王兴建,如来在此为天神大众讲说各种微妙佛法,历时三个月。旁边的佛塔是过去四佛打坐和散步场所的遗迹。

佛寺西面四五里处,有藏着如来头发、指甲的佛塔。发、爪塔的北面,还有佛寺遗迹,当初经部室利逻多（大唐称为胜受）论师曾在此处写作经部的《毗婆沙论》。

二、无著与世亲故事

城西南五六里,大庵没罗林中,有故伽蓝,是阿僧伽（唐言无著）菩萨请益导凡之处。无著菩萨夜升天宫,于慈氏菩萨所受《瑜伽师地论》①《庄严大乘经论》②《中边分别论》③等,昼为大众讲宣妙理。庵没罗林西北百余步，有如来发、爪窣堵波。其侧故基，是世亲菩萨从睹史多天下见无著菩萨处。无著菩萨，健驮逻国人也，佛去世后一千年中，诞灵利见，承风悟道，从弥沙塞部出家修学，顷之回信大乘。其弟世亲菩萨于说一切有部出家受业，博闻强识，达学研机。无著弟子佛陀僧诃④（唐言师子觉）者，密行⑤莫测，高才有闻。二三贤哲每相谓曰："凡修行业，愿觐慈氏，若先舍寿⑥，得遂宿心，当相报语，以知所至。"其后师子觉先舍寿命，三年不报。世亲菩萨寻亦舍寿，时经六月，亦无报命。时诸异学咸皆讥诮，以为世亲菩萨及师子觉流转恶趣，遂无灵鉴。其后无著菩萨于夜初分，方为门人教授定法，灯光忽翳，空中大明，有一天仙乘虚下降，即进阶庭，敬礼无著。无著曰："尔来何暮？今名何谓？"对曰："从此舍寿命，往睹史多天慈氏内众莲花中生，莲花才开，慈氏赞曰：'善来⑦广慧⑧，善来广慧。'旋绕才周，即来报命。"无著菩萨曰："师子觉者，今何所在？"曰："我旋绕时，见师子觉在外众中，耽著欲乐，无暇相顾，讵能来报？"无著菩萨曰："斯事已矣。慈氏何相？演说何法？"曰："慈氏相好，言莫能宣。演说妙法，义不异此，然菩萨妙音，清畅和雅，闻者忘倦，受者无厌。"

无著讲堂故基西北四十余里，至故伽蓝，北临殑伽河，中有砖窣堵波，高百余尺，世亲菩萨初发大乘心处。世亲菩萨自北印度至于此也，时无著菩萨命其门人，令往迎候，至此伽蓝，遇而会见。无著弟子止户牖外，夜分之后，诵《十地经》⑨。世亲闻已，感悟追悔："甚深妙法，昔所未闻，诽谤之愆，源发于舌，舌为罪本，今宜除断。"即执铦刀，欲自断舌。乃见无著住立告曰："夫大乘教者,至真之理也,诸佛所赞,众圣攸宗。吾欲诲尔,尔今自悟。悟其时矣,何善如之?诸佛圣教,断舌非悔。昔以舌毁大乘,今以舌赞大乘,补过自新,犹为善矣,杜口绝言,其利安在?"作是语已,忽不复见。世亲承命,遂不断舌。且诣无著,谘受大乘。于是研精覃思,制大乘论,凡百余部,并盛宣行。

从此东行三百余里,渡殑伽河,北至阿耶穆佉国(中印度境)。

[注释]

①《瑜伽师地论》:一百卷,大乘佛教瑜伽行派和法相宗的根本经书。 ②《庄严大乘经论》:十三卷,法相宗的基本经书之一,唐代波罗颇蜜多罗译。 ③《中边分别论》:三卷,玄奘译本名为《辩中边论》。 ④佛陀僧诃:曾注释无著的《阿毗达磨集论》。 ⑤密行:指持戒密行。 ⑥舍寿:指阿罗汉灭寿命而增长福报的方法。 ⑦善来:是印度比丘欢迎来人的说法。 ⑧广慧:是"具广慧力者"的简称。也泛指具有相当修行成果的人。 ⑨《十地经》:九卷,唐代尸罗达摩译。

[译文]

城西南方五六里的大庵没罗林中有座旧佛寺,是阿僧伽(大唐称为无著)菩萨向贤者求教和教导凡人的地方。无著菩萨在夜间升上天宫,从慈氏菩萨那里学习了《瑜伽师地论》《庄严大乘经论》《中边分别论》等经典,白天再为凡人宣讲解释精妙的佛理。庵没罗林西北方一百多步的地方,建有珍藏如来头发、指甲的塔。塔旁的旧址是世亲菩萨从睹史多天降下人间会见无著菩萨之处。无著菩萨是健驮逻国人,生于佛去世后一千年,他一出生就接受了佛教的感化而开悟,他在弥沙塞部出家研究佛学,很快改信大乘教法。他的弟弟世亲菩萨在说一切有部出家修行,学识广博，记忆超群，领悟学问能力强，研究佛理直达要点。无著的弟子佛陀僧诃（大唐称为师子觉），持戒密行，高深莫测，才学出众，天下闻名。这二三贤哲之士常常互相说："所有一心修行的人都希望见到慈氏菩萨，我们几个人中，谁要先行舍寿，满足了夙愿，应当互相通报，知道他的行踪。"后来，师子觉首先舍寿，三年时间都没通报。世亲菩萨很快也舍寿，经过了六月之久，也没有通报。当时，各派信徒都在讥笑他们，认为世亲菩萨和师子觉已经转生恶道，所以没有灵验。后来，无著菩萨在刚刚入夜的时候，正在给学生们教授入定的方法，灯光忽然暗淡，夜空中大放光明，有一位天仙从空而降，登上台阶，进入厅堂，向无著行礼。无著说："你怎么来得这么晚？现在又要说什么？"天仙回答说："我从这里舍弃寿命，前往睹史多天，投生于慈氏菩萨那里众多的莲花中，莲花刚开放，慈氏就赞美道：'你好，广慧！你好，广慧！'我绕着慈氏菩萨的宝座才转了一圈，就来向你通告了。"无著菩萨说："师子觉他如今在哪里？"说："我在旋绕慈氏菩萨宝座时，看见师子觉与俗人大众混在一起，沉溺于爱欲欢乐之中，忙得顾不上看我一眼，哪能来通报呢？"无著菩萨说："这事已经过去了。慈氏菩萨是什么模样？演说的是什么佛法？"天仙回答说："慈氏菩萨法相庄严，真是无法言传。他所演说的精妙佛法，义理与你没有不同，然而菩萨声音美妙，清晰流畅，温和高雅，听他讲法的人忘记疲倦，领受佛法的人绝不厌烦。"

无著讲堂故址西北方四十多里处，有座旧佛寺，北面濒临殑伽河，寺中有座砖塔，高有一百多尺，是世亲菩萨最初发愿研究大乘佛法的地方。世亲菩萨从北印度来到这里的时候，无著菩萨命他的学生前往迎接，迎入这座寺中，相会见面。无著的弟子站在窗外，午夜之后，诵读《十地经》。世亲听到后，深受启发，追悔以前的所作所为，他说："如此深奥的精妙佛法，过去从来没有听到过，我曾犯下的诽谤之罪，根子就是我的舌头，舌头是罪恶的根源，现在应该割掉它。"随即拿起利刃，就要割断自己的舌头。忽然见到无著站在他面前，告诉他说："大乘佛教的教义乃是最高真理，受到了诸佛的赞颂，各位圣人都在遵奉。我的本意只不过是想教诲你，你现在却已经领悟。觉悟得正是时候，哪有比这更好的事呢？对于诸佛和神圣佛教而言，割断舌头并不是真正的悔悟。你以前用你的舌头毁谤大乘佛法，以后同样可以用你的舌头赞颂大乘佛法，能够改过自新，就是好事，闭口不言，还有什么益处呢？"说完这些话，忽然消失了。世亲秉承教诲，就不再割舌。天亮以后拜见无著，请教学习大乘教法。于是专心研究，深入思考，撰写了有关大乘教法的论著有一百多部，都在世间广泛流传。

从这里向东走三百多里，渡过殑伽河，向北到达阿耶穆佉国（在中印度境内）。

阿耶穆佉国

阿耶穆佉国[①]周二千四五百里。国大都城临殑伽河，周二十余里。其气序土宜，同阿逾陀国。人淳俗质，勤学好福。伽蓝五所，僧徒千余人，习学小乘正量部法。天祠十余所，异道杂居。

城东南不远，临殑伽河岸，有窣堵波，无忧王之所建也，高二百余尺，是如来昔于此处三月说法。其侧则有过去四佛坐及经行遗迹之所。复有如来发、爪青石窣堵波。其侧伽蓝，僧徒二百余人，佛像庄饰，威严如在。台阁宏丽，奇制郁起。是昔佛陀驮娑（唐言觉使）论师于此制说一切有部《大毗婆沙论》。

从此东南行七百余里，渡殑伽河南、阎牟那河北，至钵逻耶伽国（中印度境）。

[注释]

①阿耶穆佉国：故址在今印度北方邦中部恒河东岸的贝拉、赖巴雷得两地区。

[译文]

阿耶穆佉国方圆二千四五百里。该国的大都城濒临殑伽河，方圆二十多里。那里的气候物产与阿逾陀国相同。人民淳厚，风俗质朴，勤奋研究佛学，喜好积累福德。佛寺有五座，僧人有一千多名，研习的是小乘佛教正量部法。天祠有十多座，各派外道杂居。

都城东南方不远处，濒临殑伽河岸，有座塔，由无忧王兴建，高达二百多尺。如来以前曾在这里讲法三个月。塔旁有过去四佛打坐以及散步场所的遗迹。还有珍藏如来头发、指甲的青石塔。塔边上的佛寺里有僧人二百多名，寺中佛像装饰华美，法相庄严，犹如如来真身一般。亭台楼阁雄伟壮丽，造型奇妙，为数众多。以前，佛陀驮娑（大唐称为觉使）论师在这里撰写说一切有部的《大毗婆沙论》。

从这里向东南走七百多里，渡过殑伽河往南、阎牟那河往北，就到了钵逻耶伽国（在中印度境内）。

钵逻耶伽国

钵逻耶伽国①周五千余里。国大都城据两河交,周二十余里。稼穑滋盛,果木扶疏,气序和畅,风俗善顺。好学艺,信外道。伽蓝两所,僧徒寡少,并皆习学小乘法教。天祠数百,异道实多。

[注释]

①钵逻耶伽国:都城故址在今印度北方邦南部的阿拉哈巴德,位于恒河与亚穆纳河汇合处。

[译文]

钵逻耶伽国方圆五千多里。该国的大都城位于两条大河交汇处,方圆二十多里。农作物生长茂盛,果树浓密,气候温和舒畅,民风善良温顺。民众喜好学习技艺,信奉外道。有佛寺两座,僧人很少,全部学习小乘法教。天祠有几百座,外道教徒极多。

一、如来遗迹及提婆故事

大城西南瞻博迦①花林中,有窣堵波,无忧王之所建也。基虽倾陷,尚百余尺,在昔如来于此处降伏外道。其侧则有发、爪窣堵波、经行遗迹。

发、爪窣堵波侧有故伽蓝,是提婆(唐言天受)菩萨作《广百论》,挫小乘,伏外道处。初,提婆菩萨自南印度至此伽蓝,城中有外道婆罗门，高论有闻，辩才无碍，循名责实，反质穷辞。雅知提婆博究玄奥，欲挫其锋，乃循名问曰："汝为何名？"提婆曰："名天。"外道曰："天是谁？"提婆曰："我。"外道曰："我是谁？"提婆曰："狗。"外道曰："狗是谁？"提婆曰："汝。"外道曰："汝是谁？"提婆曰："天。"外道曰："天是谁？"提婆曰："我。"外道曰："我是谁？"提婆曰："狗。"外道曰："谁是狗？"提婆曰："汝。"外道曰："汝是谁？"提婆曰："天。"如是循环，外道方悟。自时厥后，深敬风猷。

[注释]

①瞻博迦：一种开香花的树。

[译文]

大都城西南方的瞻博迦花树林中有座塔，由无忧王兴建。塔基虽然塌陷，仍有一百多尺高，这是以前如来降伏外道的所在。塔侧留有珍藏佛祖头发、指甲的塔，以及散步场所的遗迹。

头发、指甲塔旁有座旧佛寺，这里曾是提婆（大唐称为天受）菩萨写作《广百论》，挫败小乘教徒，降伏外道的地方。当初，提婆菩萨从南印度来到这座佛寺，城中有位外道婆罗门，长于辩论，名气很大，他对辩论技巧运用得极为纯熟，从"名"入手展开讨论，探求实意，往往让对手无言以对。他很早就知道提婆学问博大精深，了解佛教精妙道理，想要打击他的锐气，于是，从"名"开始追问："你叫什么名字？"提婆说："我的名字叫天。"外道说："天是谁？"提婆说："是我。"外道说："我是谁？"提婆说："是狗。"外道说："狗是谁？"提婆曰："是你。"外道说："你是谁？"提婆曰："天。"外道说："天是谁？"提婆说："是我。"

外道说:"我是谁?"提婆曰:"是狗。"外道说:"谁是狗?"提婆曰:"是你。"外道说:"你是谁?"提婆说:"是天。"就像这样不断循环追问,外道最终觉悟。从此以后深深地敬佩提婆的风骨情操。

二、天祠及传说

城中有天祠,莹饰轮焕,灵异多端。依其典籍,此处是众生殖福之胜地也,能于此祠捐舍一钱,功逾他所惠施千金。复能轻生,祠中断命,受天福乐,悠永无穷。天祠堂前有一大树,枝叶扶疏,阴影蒙密,有食人鬼依而栖宅,故其左右多有遗骸。若人至此祠中,无不轻舍身命,既怀邪说,又为神诱,自古迄今,习谬无替。近有婆罗门,族姓子①也,阔达多智,明敏高才,来至祠中,谓众人曰:"夫曲俗鄙志,难以导诱,吾方同事,然后摄化。"亦既登临,俯谓友曰:"吾有死矣。昔谓诡妄,今验真实,天仙伎乐依空接引,当从胜境捐此鄙形。"寻欲投身,自取殒绝,亲友谏喻,其志不移。遂布衣服,遍周树下,及其自投,得全躯命。久而醒曰:"唯见空中诸天召命,斯乃邪神所引,非得天乐也。"

[注释]

①族姓子:原指如来家族中的男子,佛教徒认为,如来家族在各种姓中最为尊贵。

[译文]

都城内有一座天祠,装饰着珍宝,美轮美奂,灵异的事很多。根据典籍记载,这里是众生积善修德的最佳去处,能在这座天祠里施舍一枚金币，获得的功德超过在其他地方施舍千枚。如果能舍弃生命，在天祠中死去，就会升天享受幸福欢乐，无穷无尽。天祠堂前有一棵大树，枝叶浓密，遮天蔽日，因为食人鬼把树当成家住在上面，所以树周围留下了很多尸骨。人们一旦进入天祠里，都想舍弃自己的生命，既受到异端邪说的蛊惑，又被神灵引诱，从古到今，这一陋习竟然传袭不断。近来有位婆罗门，是位贵族子弟，性格豁达，足智多谋，聪明博学，他来到天祠中，对大家说："乡间的陋俗，短浅的见识，很难加以开导，我只能先像他们那样去做，然后才能教化他们。"当他爬上大树，却俯下身子对朋友们说："我快死了。以前总认为是欺骗虚妄，现在证明都是真的，已经有天仙鸣奏音乐在空中迎接我了，我应该进入这绝美胜境，舍弃掉这丑陋肉身。"马上就要跳下来，自我了断性命，亲戚朋友苦苦相劝，他却充耳不闻。众人只好在大树底下铺满了衣服，到他跳下树后，靠着衣服得以保全生命。过了很长时间，他才苏醒，说道："我只看见天空中有各位天神召唤，实际上是邪神引诱的缘故，并不是真的获得天界的快乐。"

三、大施场及修苦行者

大城东，两河交，广十余里，土地爽垲①，细沙弥漫。自古至今，诸王、豪族，凡有舍施，莫不至此，周给不计，号大施场。今戒日王者，聿修前绪，笃述惠施，五年积财，一旦倾舍，于其施场，多聚珍货。初第一日，置大佛像，众宝庄严，即持上妙奇珍，而以奉施；次常住僧②；次见前众；次高才硕学、博物多能；次外道学徒，隐沦肥遁；次鳏寡孤独，贫穷乞人。备极珍玩，穷诸上馔，如是节级，莫不周施。府库既倾，服玩都尽，髻中明珠，身诸璎珞，次第施与，初无所悔。既舍施已，称曰："乐哉！凡吾所有，已入金刚坚固藏矣。"从此之后,诸国君王各献珍服。尝不逾旬,府库充牣。

大施场东合流口,日数百人自溺而死。彼俗以为,欲求生天,当于此处绝粒自沉,沐浴中流,罪垢消灭。是以异国远方,相趁萃止,七日断食,然后绝命。至于山猿、野鹿,群游水滨,或濯流而返,或绝食而死。当戒日王之大施也,有一猕猴,居河之滨,独在树下屏迹绝食,经数日后,自饿而死。故诸外道修苦行者,于河中立高柱,日将旦也,便即升之,一手一足执柱端,蹑傍杙,一手一足虚悬外申,临空不屈,延颈张目,视日右转。逮乎曛暮,方乃下焉。若此者,其徒数十,冀斯勤苦,出离生死,或数十年未尝懈息。

从此西南入大林中,恶兽、野象,群暴行旅,非多徒党,难之经涉。行五百余里,至憍赏弥国(旧曰拘睒弥国,讹也。中印度境)。

[注释]

①爽垲(kǎi):高爽干燥。

[译文]

都城东面,两条大河的交汇处,有块宽达十多里的地区,地势高爽干燥,遍地细沙。从古到今,各位国王、豪门大族,只要进行施舍,没有不来到这里,周济所用财物无数,号称"大施场"。现在的戒日王继承先王遗志,遵循以前乐善好施的传统,将五年间积累的财富,一次就施舍得干干净净,在这个大施场上堆满各种珍宝。施舍的第一天,供奉巨大佛像,用各种宝物装饰,又将最好的珍宝贡献给佛像;接着施舍得道高僧;然后是普通僧众；再次是学问高深、见识广博、多才多艺的杰出人才；再往下是外道信徒、遁隐世外的高人；最后是鳏寡孤独、穷人乞丐。珍宝奇物，无不具备，美味佳肴，应有尽有，按照这样的顺序，施舍得极为周到。国库已经耗尽，宝物美食完全用尽之后，又将发髻中装饰的明珠，身上佩戴的各种璎珞，依次施舍，没有一丝一毫的悔意。一切施舍完毕之后，就说："真是快乐啊！我所拥有的一切财物，都已经藏入金刚般坚固的府库中了。"在这以后，各国国王又纷纷贡献珍宝美服。不超过十天时间，国库又充实了。

大施场以东两条大河的合流处，每天有几百人投河而死。那里的风俗认为，想要转生天界，应当在这里绝世投河，经过河水的洗涤，消灭了罪孽。所以，异国他乡之人，竞相来到此处聚会，绝食七天，然后投河自尽。甚至山里的猿猴、野鹿，成群结队来到岸边，有的在河中洗浴后返回巢穴，有的会绝食而死。就在戒日王进行大施舍的时候，有只猕猴，住在河边，独自躲藏在树下绝食，经过几天后，自己饿死。因此，各派外道中修炼苦行的人，在河里竖立一根高大的木柱，太阳将要升起的时候，他们就爬上木柱，一只手抓住柱子顶端，一只脚踩在横生的小木杈上，另外的一只手一只脚悬在空中，完全伸直，又伸长了脖子，瞪大眼睛，盯着太阳向右转。直到黄昏时分，才返回地面。像这样做的人有几十个，他们希望通过辛勤苦练的方式，能够脱离生死轮回，他们中有的人几十年内都不曾停息过。

从这里向西南方进入大森林中，林中的凶猛野兽、野象成群攻击过往的行人旅客，如果不是很多人结伴而行，很难通过这片森林。走五百多里后，就到达憍赏弥国（过去称为拘睒弥国，错了。在中印度境内）。

憍赏弥国

憍赏弥国①周六千余里。国大都城周三十余里。土称沃壤,地利丰植,粳稻多,甘蔗茂。气序暑热,风俗刚猛。好学典艺,崇树福善。伽蓝十余所,倾顿②荒芜,僧徒三百余人,学小乘教。天祠五十余所,外道实多。

[注释]

①憍赏弥国:都城故址在今印度阿什哈巴德以西约50千米处的柯散。

②倾顿:指房屋倾倒损毁。

[译文]

憍赏弥国方圆六千多里。该国的大都城方圆三十多里。土地肥沃,适于种植农作物,粳稻很多,甘蔗茂盛。气候炎热,风俗刚强猛烈。人民爱好学习经典技艺,注重行善积德。有佛寺十多座,多数倾倒荒芜,僧人有三百多名,学习小乘佛教。天祠有五十多座,外道信徒很多。

一、刻檀佛像

城内故宫中有大精舍,高六十余尺,有刻檀佛像,上悬石盖,邬陀衍那王①(唐言出爱。旧云优填王,讹也)之所作也。灵相间起,神光时照。诸国君王恃力欲举,虽多人众,莫能转移,遂图供养,俱言得真,语其源迹,即此像也。初,如来成正觉已,上升天宫,为母说法，三月不还。其王思慕，愿图形像。乃请尊者没特伽罗子，以神通力，接工人上天宫，亲观妙相，雕刻栴檀。如来自天宫还也，刻檀之像起迎世尊，世尊慰曰："教化劳耶？开导末世[②]，实此为冀。"精舍东百余步，有过去四佛坐及经行遗迹之所。其侧不远，有如来井及浴室，井犹充汲，室以颓毁。

[注释]

①邬陀衍那王：憍赏弥国国王。　②末世：末法时代。

[译文]

都城之内的旧王宫里有座大精舍，高有六十多尺，保存着一尊檀木雕刻的佛像，佛像上方搭着石质顶盖，是由邬陀衍那王（大唐称为出爱。过去称为优填王，错了）制作的。经常出现灵异现象，不时有神光照耀。各国国王都曾试图凭借人的力量举起佛像，虽然人多，但不能移动一分一毫，于是只能绘制图形加以供养，大家都说自己得到的是佛的真容，如果谈及佛像的起源，就是这尊佛像。当初，如来成佛之后，升上天宫，为母亲讲说佛法，过去三个月都没有返回。国王思念佛祖，希望描绘佛的形象。于是就请求没特伽罗子尊者施展神通，下界把工人送上天宫，亲眼瞻仰佛祖的美妙形貌，然后雕刻成了檀木佛像。如来从天宫返回人间，檀木佛像站起身来迎接世尊，世尊慰劳它说："教化世俗之人，会很辛苦吧？开导末法之世，这正是我的愿望啊。"精舍东面一百多步的地方，有过去四佛打坐以及散步场所的遗迹。旁边不远，还有如来用过的水井和浴室，井水至今仍很充足，浴室已经塌毁了。

二、具史罗、世亲、无著及诸遗迹

城内东南隅，有故宅余址，是具史罗（旧云瞿师罗，讹也）长者故宅也。中有佛精舍及发、爪窣堵波。复有故基，如来浴室也。

城东南不远，有故伽蓝，具史罗长者旧园也。中有窣堵波，无忧王之所建立，高二百余尺，如来于此数年说法。其侧则有过去四佛坐及经行遗迹之所。复有如来发、爪窣堵波。伽蓝东南重阁上有故砖室，世亲菩萨尝住此中作《唯识论》破斥小乘，难诸外道。伽蓝东庵没罗林中有故基，是无著菩萨于此作《显扬圣教论》①。

城西南八九里，毒龙石窟。昔者如来伏此毒龙，于中留影，虽则传记，今无所见。其侧有窣堵波，无忧王之所建也，高二百余尺。傍有如来经行遗迹及发、爪窣堵波，病苦之徒，求愿多愈。

释迦法尽，此国最后，故上自君王，下及众庶，入此国境，自然感伤，莫不饮泣，悲叹而归。

[注释]

①《显扬圣教论》：二十卷，是阐述大乘瑜伽行派《瑜伽师地论》的理论著作，法相宗的基本经书之一。

[译文]

都城之内东南角有一处旧房屋的基址，乃是具史罗（过去称作瞿师罗，错了）长者的故居。宅内有佛的精舍以及头发、指甲塔。还有一处故址是如来的浴室。

都城东南方不远处有座旧寺，是具史罗长者的旧园。园中有座塔，是无忧王建造的，高有二百多尺，如来曾在这里说法，历时数年之久。塔旁有过去四佛打坐以及散步场所的遗迹。还有如来的头发、指甲塔。佛寺东南面的楼阁上有个旧砖室，世亲菩萨曾经住在这里写作《唯识论》，驳斥小乘，责难各派外道。佛寺以东的庵没罗林中有一旧基，无著菩萨在这里写作《显扬圣教论》。

都城西南方八九里处是毒龙藏身的石窟。过去，如来在此地降伏毒龙，在石窟中留下影像，这件事虽然也有记载，但是今天什么都看不到了。旁边有座塔，是无忧王建造的，高达二百多尺。旁边有如来散步的遗迹以及头发、指甲塔，得病的人到这儿请求，多数能恢复健康。

如来佛法灭尽的时候，这个国家排在最后，因此上自国王，下至平民百姓，进入该国境内，不由得心怀伤感，没有不流泪哭泣，带着感慨悲叹返回的。

三、迦奢布罗城及护法伏外道遗迹

龙窟东北大林中，行七百余里，渡殑伽河，北至迦奢布罗城①，周十余里，居人富乐。城傍有故伽蓝，惟余基址，是昔护法菩萨②伏外道处。此国先王忯于邪说，欲毁佛法，崇敬外道。外道众中召一论师，聪敏高才明达幽微者，作伪邪书千颂，凡三万二千言，非毁佛法，扶正本宗。于是召集僧众，令相榷论。外道有胜，当毁佛法；众僧无负，断舌以谢。是时僧徒惧有退负，集而议曰："慧日已沉，法桥③将毁，王党外道，其可敌乎？事势若斯，计将安出？"众咸默然，无竖议者。护法菩萨年在幼稚，辩慧多闻，风范弘远，在大众中扬言赞曰："愚虽不敏，请陈其略。诚宜以我疾应王命，高论得胜，斯灵佑也；征议堕负，乃稚齿也。然则进退有辞，法、僧无咎。"金曰："允谐。"如其筹策。寻应王命，即升论座。外道乃提顿纲网，抑扬辞义，诵其所执，待彼异论。护法菩萨纳其言而笑曰："吾得胜矣！将覆逆而诵耶？为乱辞而诵耶？"外道怃然而谓曰："子无自高也。能领语尽，此则为胜，顺受其文，后释其义。"护法乃随其声调，述其文义，辞理不谬，气韵无差。于是外道闻已，欲自断舌。护法曰："断舌非谢，改执是悔。"即为说法，心信意悟，王舍邪道，遵崇正法。

护法伏外道侧，有窣堵波，无忧王所建也。基虽倾陷，尚高二百余尺，是如来昔于此处六月说法。傍有经行之迹及发、爪窣堵波。

自此北行百七八十里，至鞞索（山格反）迦国（中印度境）。

[注释]

①迦奢布罗城：故址约在今印度北方邦中部古姆提河南岸的苏丹普尔。 ②护法菩萨：6世纪人，大乘瑜伽行派论师。 ③法桥：比喻佛法。

[译文]

在龙窟东北方的大森林中，行走七百多里，渡过殑伽河，向北到达迦奢布罗城，该城方圆十多里，居民富裕快乐。城旁有座旧佛寺，只存地基，乃是以前护法菩萨降伏外道的地方。该国的先王受到邪说蛊惑，想要毁灭佛法，遵奉外道。就从外道信徒中召来一位论师，他聪明机敏，很有才能，通晓精微深奥的理论，写了邪派经书，有一千颂，共三万二千字，内容是诋毁非难佛法，意图树立自己学派的正宗地位。国王于是召集僧人，命令他们和外道相辩论。外道获胜，就毁灭佛法；僧人没有输，外道割舌谢罪。当时，僧人们担心失败，聚集在一起商量说："佛教的智慧太阳已经西沉，普度众生的法桥将要毁灭，国王庇护外道，我们拿什么对抗？形势已严重到这种程度，该怎么办呢？"大家都不说话，没有人提出有益的建议。护法菩萨年纪虽小，但却能言善辩，学识广博，仪态不凡，气宇轩昂，他在人群中公开宣称："我虽然不够敏锐，但请让我说几句。你们应该答应国王让我前去，如果辩论取胜，那是神灵保佑；如果论战失败，我不过是个孩子。这样就可做到胜、败都有说辞，佛法、僧众不受牵连。"大家都说："好的。"于是按他的计划进行。很快回复国王，立即登上论座。外道的论说抓住了要害，层次分明，语义中暗含褒贬，陈述他们的主张，等待对方的不同意见。护法菩萨听了以后笑着说："我已经获得了胜利！你们想让我倒着背呢？还是打乱顺序复述呢？"外道失望地说："你不要自高自大。你能理解全部含义，才算胜利，先按顺序陈述文句，然后再解释含义。"护法于是学着外道的声调，叙述论文含义，言辞、道理分毫不差，文气、音韵也没有区别。外道听完，就要断舌谢罪。护法说："割断舌头也不算谢罪，放弃你的主张，改变你的信仰，才是真的悔悟。"当即为他演说佛法，外道信仰了佛教，领悟了佛法，国王抛弃了外道邪说，遵奉了佛教正法。

　　护法菩萨降伏外道处的旁边有座塔，是无忧王建造的。塔基虽然下陷，还有二百多尺高，如来以前曾在这里讲法，历时六个月。旁边有如来散步的遗迹以及头发、指甲塔。

　　自这里向北走一百七八十里，抵达鞞索迦国（在中印度境内）。

鞞索迦国

鞞索迦国①周四千余里。国大都城周十六里。谷稼殷盛,花果具繁。气序和畅,风俗淳质。好学不倦,求福不回。伽蓝二十余所,僧众三千余人,并学小乘正量部法。天祠五十余所,外道甚多。

城南道左,有大伽蓝,昔提婆设摩阿罗汉于此造《识身论》,说无我人;瞿波阿罗汉作《圣教要实论》,说有我人。因此法执,遂深诤论。又是护法菩萨于此七日中摧伏小乘一百论师。伽蓝侧有窣堵波,高二百余尺,无忧王所建也,如来昔日六年于此说法导化。说法侧有奇树,高六七尺,春秋递代,常无增减,是如来昔尝净齿,弃其遗枝,因植根柢,繁茂至今。诸邪见人及外道众竞来残伐,寻生如故。其侧不远,有过去四佛坐及经行遗迹之所。复有如来发、爪窣堵波。灵基连隅,林沼交映。

从此东北行五百余里,至室罗伐悉底国(旧曰舍卫国,讹也。中印度境)。

[注释]

①鞞(pí)索迦国:该国都城可能位于今印度北方邦中部法扎巴德以东约10千米处的阿约低。

[译文]

鞞索迦国方圆四千多里。该国的大都城方圆十六里。农作物茂盛，花卉水果繁多。气候温和舒畅，民风淳厚质朴。喜好佛学，孜孜不倦，积福修德，坚定不移。有佛寺二十多座，僧人有三千多名，都在研习小乘佛教正量部法。天祠有五十多座，外道信徒很多。

都城南面大路的左边有座大佛寺，以前提婆设摩阿罗汉在这里创作《识身论》，论述无我学说；瞿波阿罗汉写作《圣教要实论》，论述有我学说。从而形成对佛法的不同看法，争论激烈。还有护法菩萨在这里用了七天时间挫败了小乘佛教的一百位论师。佛寺旁边有座塔，高达二百多尺，由无忧王建造，如来以前曾用六年时间在此地讲法，开导教化世人。说法塔旁有棵奇特的树，高有六七尺，年复一年，不长不缩，这是如来以前曾经刷净牙齿时所用的树枝，扔在这里，而后生根发芽，到现在仍旧繁茂。众多有邪见的人和外道竟相前来砍伐此树，但很快就生长如初。旁边不远处有过去四佛打坐以及散步场所的遗迹。还有如来的头发、指甲塔。圣迹相互连接，树林池沼交相辉映。

从这里向东北方走五百多里，到达室罗伐悉底国（过去称为舍卫国，错了。在中印度境内）。

大唐西域记卷第六 (四国)

三藏法师玄奘奉诏 译
大总持寺沙门辩机 撰

室罗伐悉底国

室罗伐悉底国①周六千余里。都城荒顿,疆场无纪。宫城故基周二十余里,虽多荒圮,尚有居人。谷稼丰,气序和。风俗淳质,笃学好福。伽蓝数百,圮坏良多,僧徒寡少,学正量部。天祠百所,外道甚多。

[注释]

①室罗伐悉底国:都城故址在今印度北方邦北部巴尔兰普尔西北方约20千米处的沙赫特与马赫特。国境范围在北方邦戈格拉与甘达克两河之间。

[译文]

室罗伐悉底国方圆六千多里。该国都城荒凉坍塌,边界荒废。宫城城墙的旧基方圆二十多里,虽然大部分荒芜,还是有人居住。盛产农作物,气候温和。民风淳厚质朴,勤学佛教,行善积德。佛寺有几百座,多数废坏,僧人很少,学习正量部法。天祠有一百所,外道信徒很多。

一、胜军王

此则如来在世之时,钵逻犀那恃多王①(唐言胜军。旧曰波斯匿,讹略也)所治国都也。故宫城内有故基,胜军王殿余址也。次东不远,有一故基,上建小窣堵波,昔胜军王为如来所建大法堂也。法堂侧不远，故基上有窣堵波，是佛姨母钵逻阇钵底（唐言生主。旧云波阇波提，讹也）苾刍尼精舍，胜军王之所建立。次东窣堵波是苏达多②（唐言善施。旧曰须达，讹也）故宅也。

[注释]

①钵逻犀那恃多王：梵授王之子，与佛同日生，后为憍萨罗国国王。

②苏达多：孤独长老的本名，祇园精舍的施主。

[译文]

这是如来在世的时候，钵逻犀那恃多王（大唐称为胜军。过去称为波斯匿，是错的或省略的说法）所统治国家的都城。故宫城内有一处故基是胜军王的宫殿遗址。殿基东面不远有一旧基，上面建有小塔，这是过去胜军王为如来所建造的大法堂。法堂旁边不远处的旧基上有塔，是佛祖的姨母钵逻阇钵底（大唐称为生主。过去称为波阇波提，错了）比丘尼的精舍，它由胜军王建造。再往东的塔是苏达多（大唐称为善施。过去称为须达，错了）的故居。

二、指鬘舍邪处

善施长者宅侧有大窣堵波，是鸯窭利摩罗（唐言指鬘。旧曰央掘摩罗，讹也）舍邪之处。鸯窭利摩罗者，室罗伐悉底之凶人也。作害生灵，为暴城国，杀人取指，冠首为鬘。将欲害母，以充指数。世尊悲愍，方行导化。遥见世尊，窃自喜曰："我今生天必矣。先师有教，遗言在兹，害佛杀母，当生梵天。"谓其母曰："老今且止，先当害彼大沙门。"寻即杖剑，往逆世尊。如来于是徐行而退，凶人指鬘疾驱不逮。世尊谓曰："何守鄙志，舍善本，激恶源？"时指鬘闻诲，悟所行非，因即归命，求入法中，精勤不怠，证罗汉果。

[译文]

　　善施长者故居的旁边有座大塔，是鸯窭利摩罗（大唐称为指鬘。过去称为央掘摩罗，错了）摈弃邪见的地方。鸯窭利摩罗是室罗伐悉底国的恶人。他残害生命，在国内作恶，杀了人要割取手指，戴在头上作为头冠装饰。当时他要杀害自己的母亲，来凑够所杀的人数。世尊心怀悲悯，因此前去开导教化他。指鬘远远看到世尊前来，暗自高兴地说："我今日一定会升天。已故的老师留有遗言，教导我说，一旦害死佛祖，杀掉母亲，必定转生为梵天。"他对自己的母亲说："暂时不杀你这老家伙，我先去杀了那位大沙门。"随即拿着宝剑，迎着世尊冲来。如来于是慢慢向后退，恶人指鬘快步追赶，却总赶不上。世尊对他说："为什么坚持这种卑鄙无耻的想法，舍弃善良的根本，激发作恶的动机？"指鬘听到教诲之后，觉悟了自己行为的错误，立刻皈依佛门，请求研习佛法，兢兢业业，毫不懈怠，最终证得罗汉果位。

三、逝多林给孤独园

　　城南五六里有逝多林（唐言胜林。旧曰祇陀，讹也），是给孤独园。胜军王大臣善施为佛建精舍，昔为伽蓝，今已荒废。东门左右各建石柱，高七十余尺。左柱镂轮相于其端，右柱刻牛形于其上，并无忧王之所建也。室宇倾圮，唯余故基，独一砖室岿然独在，中有佛像。昔者如来升三十三天，为母说法之后，胜军王闻出爱王刻檀像佛，乃造此像。善施长者仁而聪敏，积而能散，拯乏济贫，哀孤恤老。时美其德，号给孤独焉。闻佛功德，深生尊敬，愿建精舍，请佛降临。世尊命舍利子随瞻揆焉，唯太子逝多园地爽垲。寻诣太子，具以情告。太子戏言："金遍乃卖。"善施闻之，心豁如也，即出藏金，随言布地。有少未满，太子请留，曰："佛诚良田，宜植善种。"即于空地，建立精舍。世尊即之，告阿难曰："园地善施所买，林树逝多所施，二人同心，式崇功业。自今已去，应谓此地为逝多林给孤独园。"

[译文]

　　都城南方五六里的地方有处逝多林（大唐称为胜林。过去称为祇陀，错了），正是给孤独园。这是胜军王的大臣善施为佛祖建造的精舍，以前是佛寺，如今已经荒废。东门左右两边分别建有石柱，高有七十多尺。左边的石柱在柱顶刻有轮相，右边的石柱上面雕刻着牛的形象，都是无忧王建造的。房屋全部坍塌，只剩下旧基，唯独有一间砖室保存完好，室中供有佛像。以前如来升上三十三天，为母说法以后，胜军王听说出爱王雕刻了檀木像佛，他也造了这尊佛像。善施长者仁厚又聪明，积蓄丰厚却又乐善好施，他拯救接济穷困贫弱的人，同情抚恤孤儿老者。当时的人称颂他的美德，称他为孤独。他听说了佛祖功德伟大，发自内心尊敬不已，希望建造一座精舍，恭请佛祖降临。世尊就让舍利子跟随他前去观看测量，发现只有太子的逝多园地势高而干爽。善施立刻拜见太子，原原本本告知实情。太子开玩笑地说："用黄金铺满园中的土地，我才肯卖。"善施听了，毫不介意，立即拿出所藏黄金，按太子的要求铺在地上。还有一小块地没有铺上，太子请他停手，说："佛陀如同美好的福田，我应该种下行善的种子。"于是在空地上建造起精舍。世尊降临之后,对阿难说:"园子的土地是善施购买的,园中的树林是逝多施舍的,他们二人同心协力,彰显了佛教功业。从此以后,应该将这里称为逝多林给孤独园。"

四、如来洗比丘病处

给孤独园东北有窣堵波,是如来洗病苾刍处。昔如来之在世也,病苾刍舍苦独处。世尊见而问曰:"汝何所苦?汝何独居?"曰:"我性疏懒,不耐看病,故今婴疾,无人瞻视。"如来是时愍而告曰:"善男子,我今看汝。"以手拊摩,病苦皆愈。扶出户外,更易敷蓐,亲为盥洗,改著新衣。佛语苾刍:"当自勤励。"闻诲感恩,心悦身豫。

[译文]

给孤独园的东北方有座塔,是如来为患病比丘洗身的地方。从前如来在世的时候,有位得病的比丘独自居处,忍受病痛。世尊看到他就问道:"你有什么痛苦?为何独自居住?"回答说:"我生性懒散,懒得去看病,如今身患疾病,也没有人愿意前来探望。"如来当时非常怜悯他,就说:"善男子,我现在来看护你。"如来用手抚摸病人,病痛全部解除。如来又将他扶出门外,为他更换褥草,亲自为他沐浴,帮他换上新衣服。佛祖告诉比丘说:"你自己应当勤奋努力。"比丘听了教诲,感恩戴德,身心愉快。

五、舍利子与没特伽罗子试神通处及诸佛迹

给孤独园西北有小窣堵波,是没特伽罗子运神通力,举舍利子

衣带不动之处。昔佛在无热恼池，人天咸集，唯舍利子不时从会。佛命没特伽罗往召来集。没特伽罗承命而往，舍利子补护法衣。没特伽罗曰："世尊今在无热恼池，命我召尔。"舍利子曰："且止，须我补竟，与子偕行。"没特伽罗曰："若不速行，欲运神力，举尔石室至大会所。"舍利子乃解衣带置地，曰："若举此带，我身或动。"时没特伽罗运大神通，举带不动，地为之震。因以神足还诣佛所，见舍利子已在会坐。没特伽罗俯而叹曰："乃今以知神通之力不如智慧之力矣。"

举带窣堵波侧不远，有井。如来在世，汲充佛用。其侧有窣堵波，无忧王之所建也，中有如来舍利。经行之迹，说法之处，并树旌表，建窣堵波。冥祇警卫，灵瑞间起，或鼓天乐，或闻神香，景福之祥，难以备叙。

[译文]

　　给孤独园的西北方有座小塔，是没特伽罗子运用他的神通试图举起舍利子的衣带却没有成功的地方。以前佛祖在无热恼池，天神大众们聚集在一起，只有舍利子没有按时参会。佛祖让没特伽罗召他前来参会。没特伽罗奉命前往召唤，舍利子当时正在缝补护法衣。没特伽罗说："世尊现在正在无热恼池，命令我来召你赴会。"舍利子说："稍微等一下，等我补好护法衣，就和你一起去。"没特伽罗说："你如果不马上动身，我就要运用神通，举起你的石头房子，运送到大会会场上去。"舍利子于是解下衣带放在地上，说："你如果能举起这条衣带我就可以动身。"当时，没特伽罗施展他的大神通，但是却没有举起衣带，可是大地则已经为之震动。因此只好运用神足，马上返回佛祖的会场，只见舍利子已经坐在会场上了。没特伽罗躬身感慨地说："如今才知道神通的力量不如智慧的力量了。"

举带塔旁不远处有口井。如来在世的时候，从这里打水使用。再旁边有座塔是无忧王建造的，塔中藏有如来的舍利。凡是如来散步场所的遗迹，曾经说法的所在，全部树立标志，建造佛塔。有神灵暗中警卫，灵异祥瑞不时出现，有时奏响天乐，有时闻到神香，真是洪福齐天，吉祥征兆，这一切难以一一讲述。

六、伽蓝附近三坑传说

伽蓝后不远，是外道梵志杀淫女以谤佛处。如来十力①、无畏②、一切种智③，人天宗仰，圣贤遵奉。时诸外道共相议曰："宜行诡诈，众中谤辱。"乃诱雇淫女，诈为听法，众所知已，密而杀之，埋尸树侧，称怨告王。王命求访，于逝多园得其尸焉。是时外道高声唱言："乔答摩大沙门常称戒忍，今私此女，杀而灭口。既淫既杀，何戒何忍？"诸天空中随声唱曰："外道凶人为此谤耳。"

伽蓝东百余步，有大深坑，是提婆达多④欲以毒药害佛，生身陷入地狱处。提婆达多（唐言天授），斛饭王⑤之子也。精勤十二年，已诵持八万法藏。后为利故，求学神通，亲近恶友，共相议曰："我相三十，减佛未几；大众围绕，何异如来？"思惟是已，即事破僧。舍利子、没特伽罗子奉佛指告，承佛威神，说法诲喻，僧复和合。提婆达多恶心不舍，以恶毒药置指爪中，欲因作礼，以伤害佛。方行此谋，自远而来，至于此也，地遂坼焉，生陷地狱。

其南复有大坑，瞿伽梨⑥苾刍毁谤如来，生身陷入地狱。

瞿伽梨陷坑南八百余步，有大深坑，是战遮⑦婆罗门女毁谤如来，生身陷入地狱之处。佛为人天说诸法要，有外道弟子，遥见世尊，大众恭敬，便自念曰："要于今日辱乔答摩，败其善誉，当令我师独擅芳声。"乃怀系木盂，至给孤独园，于大众中扬声唱曰："此说法人与我私通，腹中之子乃释种也。"邪见者莫不信然，贞固者知为讪谤。时天帝释欲除疑故，化为白鼠，啮断盂系，系断之声震动大众。凡诸见闻增深喜悦。众中一人起持木盂，示彼女曰："是汝儿耶？"是时也，地自开坼，全身坠陷，入无间狱，具受其殃。凡此三坑，洞无涯底，秋夏霖雨，沟池泛溢，而此深坑，尝无水止。

[注释]

①十力：指佛陀所具有的十种智力。即知觉处非处智力、知三世业报智力、知诸禅解脱三昧智力、知众生上下根智力、知种种界智力、知种种解智力、知一切至所道智力、知天眼无碍智力、知宿命无漏智力、知永断习气智力。　②无畏：四无畏，即正等觉无畏、三漏尽无畏、说障法无畏、说出道无畏，指传教说法时充满自信，无所畏惧。　③一切种智：佛教三智（一切智、道种智、一切种智）之一。　④提婆达多：斛饭王之子，阿难之兄，佛祖的从弟。　⑤斛饭王：狮子颊王之子，净饭王之弟，佛祖之叔父。　⑥瞿伽梨：提婆达多的弟子，据说曾因毁谤舍利弗、目犍连而坠入大莲花地狱。　⑦战遮：此婆罗门女怀揣木盂毁谤佛祖，是佛陀现身所经受的九种灾难之一。

[译文]

　　佛寺后面不远是外道婆罗门杀害淫女，借以毁谤佛祖的地方。如来具有十种智力、四种无畏、一切种智，天神、世人无不敬仰，众多圣贤一心崇拜。那时外道们聚集一处商议说："应该设计陷害，在大庭广众之下诽谤侮辱他。"于是诱骗一个淫女接受雇佣，假装在佛前听法，等到众人知道后，秘密将女子杀害，将尸体埋在树旁，向国王喊冤告状。国王下令侦办，在逝多园里发现了女子的尸体。当时外道们高声宣扬说："乔答摩大和尚平时自称严守戒律，甘忍清苦，现在与这个女子私通，事发却杀人灭口。既淫乱又杀戮，守的什么戒，忍的哪种苦？"此时众位天神在空中接着高声喊道："你这个外道恶人，竟在此地毁谤佛祖。"

　　佛寺东面一百多步有座大深坑，是提婆达多想用毒药害死佛祖，自己活活陷入地狱之处。提婆达多（大唐称为天授）是斛饭王的儿子。刻苦修行了十二年，已经能够诵读八万法藏。后来因为急功近利的缘故，学会了各种神通，他与奸邪小人沆瀣一气，共同商议说："我有三十福相，与佛祖相距不远；能得到大家的拥戴，与如来有什么区别？"想到这些后，就分裂了僧团。舍利子、没特伽罗子尊奉佛祖法旨，凭借祖佛威望，讲说佛法教诲晓谕，使得僧团重新恢复团结。提婆达多的恶念没有放弃，他又将极毒的毒药藏在指甲缝中，想趁着行礼的时候，谋害佛祖。就在他实施这一恶谋，从远方赶来，走到这里的时候，大地忽然开裂，他于是活活掉入地狱中去了。

　　这个坑的南面还有一个大坑，是瞿伽梨比丘毁谤如来，活活身陷地狱的地方。

　　瞿伽梨陷坑往南八百多步，有个大深坑，是战遮婆罗门女毁谤如来，活活坠入地狱之处。佛祖为天人大众讲说佛法精要时，有一外道女信徒，远远看见世尊受到天人大众的恭敬礼遇，心中暗想："我要在今天羞辱乔答摩，败坏他的崇高声誉，让我的老师独占美名。"于是怀揣木盂，来到给孤独园，在大庭广众之中大声说："这位说法的人曾和我私通，我肚子里怀的孩子就是释种。"心怀偏见的人无不相信，佛法信仰坚定的人都知道这是诽谤。当时，天帝释为了解除众人的怀疑，变为一只白鼠，咬断了捆扎木盂的带子，带子断开、木盂坠地的声音震动了大家。所有耳闻目睹的人都高兴异常。众人中的一人拾起木盂，对这女子说："这是你的胎儿吧？"正在此时，大地自动开裂，女子整个人坠入地缝，跌进无间地狱，受到应有的惩罚。这三个大坑，深不见底，秋夏季节大雨倾盆，水渠湖泊泛滥，只有这些深坑，没有一丁点水积存。

七、影覆精舍

伽蓝东六七十步，有一精舍，高六十余尺，中有佛像，东面而坐。如来在昔于此与诸外道论议。次东有天祠，量等精舍。日旦流光，天祠之影不蔽精舍；日将落照，精舍之阴，遂覆天祠。

影覆精舍东三四里，有窣堵波，是尊者舍利子与外道论议处。初，善施长者买逝多太子园，欲为如来建立精舍。时尊者舍利子随长者而瞻揆，外道六师①求角神力，舍利子随事摄化，应物降伏。

其侧精舍前建窣堵波，如来于此摧诸外道，又受毗舍佉母请。

[注释]

①外道六师：是中印度占优势的六个学派，分别以下列论师为首：富兰那迦叶、末伽梨俱舍梨子、删阇夜毗罗尼子、阿耆多翅舍钦婆罗、迦罗鸠驮迦旃延、尼乾陀若提子。

[译文]

　　佛寺以东六七十步的地方有一座精舍,高达六十多尺,里面供奉有佛像,朝向东面而坐。以前如来在这里和各派外道辩论。再往东有座天祠,高度与精舍相等。白天阳光照射时,天祠的阴影不会遮蔽精舍;太阳快要落山的时候,精舍的阴影却遮蔽了天祠。

　　影覆精舍东面三四里处有座塔,是尊者舍利子和外道曾经辩论的地方。当初,善施长者购买逝多太子园,要为如来建立精舍。那时尊者舍利子跟随长者前去观看测量,外道六师提出要求要和他比试神力大小,舍利子根据实际情况,采取相应的化导措施,将他们降伏。

　　旁边的精舍前面建有塔,如来曾在这里挫败了各派外道,还接受了毗舍佉母的邀请。

八、毗卢择迦王传说

　　受请窣堵波南,是毗卢择迦王(旧曰毗琉离主,讹也)兴甲兵,诛释种,至此见佛归兵之处。毗卢择迦王嗣位之后,追怨前辱,兴甲兵,动大众,部署已毕,申命方行。时有苾刍闻以白佛,世尊于是坐枯树下。毗卢择迦王遥见世尊,下乘礼敬,退立言曰:"茂树扶疏,何故不坐?枯株朽蘖,而乃游止?"世尊告曰:"宗族者,枝叶也。枝叶将危,庇荫何在?"王曰:"世尊为宗亲耳,可以回驾。"于是睹圣感怀,还军返国。

　　还军之侧有窣堵波,是释女被戮处。毗卢择迦王诛释克胜,简五百女,充实宫闱。释女愤恚,怨言不逊,詈其王"家人之子也"。王闻发怒,命令诛戮。执法者奉王教,刖其手足,投诸坑阱。时诸释女含苦称佛,世尊圣鉴,照其苦毒,告命苾刍,摄衣而往,为诸释女说微妙法,所谓羁缠五欲①,流转三途,恩爱别离,生死长远。时诸释女闻佛指诲,远尘离垢,得法眼净②,同时命终,俱生天上。时天帝释化作婆罗门,收骸火葬,后人记焉。

诛释窣堵波侧不远,有大涸池,是毗卢择迦王陷身入地狱处。世尊观释女已,还给孤独园,告诸苾刍,今毗卢择迦王却后七日,为火所烧。王闻佛记,甚怀惶惧。至第七日,安乐无危。王用欢庆,命诸宫女往至河侧,娱游乐饮。犹惧火起,鼓棹清流,随波泛滥。炽焰飙发,焚轻舟,坠王身,入无间狱,备受诸苦。

[注释]

①五欲:指色、声、香、味、触五境,它们能引起人的欲心。 ②法眼净:能清楚洞察事物,认识真理的智慧。

[译文]

受请塔南面是毗卢择迦王(过去称为毗琉离主,错了)发动军队,攻杀释种,到这里见到佛祖罢兵回归的地方。毗卢择迦王继承王位后,心中记恨以前所遭受的侮辱,调动军队,动员民众,部署完毕,下令发兵。当时,有位比丘将此事告诉佛祖,世尊于是坐在枯树底下等待。毗卢择迦王远远看到世尊,跳下坐骑,向前致礼,礼毕,后退站立说:"枝叶茂密的大树下,你为什么不坐?反而坐在枯枝败叶的朽树下呢?"世尊告诉他说:"同宗之人就如同树的枝叶。枝叶将要被破坏,哪里去找荫蔽呢?"国王说:"既然世尊替宗亲们着想,我们就应该回去了。"国王目睹圣人,深受感化,于是收兵回国。

还军遗址旁有座塔,是释种女子们被杀的地方。毗卢择迦王诛杀释种获得胜利后，挑选出五百名女子，作为后宫妃嫔宫女。释种的女子们愤怒怨恨，出言不逊，破口大骂国王是"家奴之子"。国王听了大怒，下令杀掉她们。执法的人领受国王命令，砍去她们的手和脚，并将她们扔进土坑深井之中。当时，各位释女忍受痛苦，齐声念佛，世尊慧眼看到她们遭受苦难的惨状，就告诉比丘，让他迅速前往，为各位释女讲说微妙佛法：如果受到五欲的羁绊，就只能在三恶趣中辗转轮回，饱尝悲欢离合之苦，生生死死永无休止。释女们聆听了佛的指导教诲后，远离俗世，获得法眼净智慧，她们同时结束生命，一起转生天界。这时，天帝释变为婆罗门，收集她们的遗骨火化，后人将此事记载了下来。

诛释塔旁边不远，有个干涸的大池，是毗卢择迦王坠入地狱的地方。世尊见过释女之后，回到给孤独园，告诉各位比丘，毗卢择迦王将在七天以后被火烧死。国王听说了佛的授记，非常担心害怕。到了第七天，他仍然安然无恙。国王为了庆祝，下令让宫女们前往河边，游玩嬉戏，饮酒作乐。只是他心里仍旧担心着火，于是在水池中泛舟，随着水流漂行。忽然间，猛烈的火焰燃起，烧毁了小船，国王坠落水中，掉进无间地狱，受尽各种折磨。

九、得眼林

伽蓝西北三四里，至得眼林。有如来经行之迹，诸圣习定之所，并树封记，建窣堵波。昔此国群盗五百，横行邑里，跋扈城国。胜军王捕获已，抉去其眼，弃于深林。群盗苦逼，求哀称佛。是时如来在逝多精舍，闻悲声，起慈心，清风和畅，吹雪山药，满其眼已，寻得复明。而见世尊在其前住，发菩提心[①]，欢喜顶礼，投杖而去，因植根焉。

[注释]

①菩提心：追求真道心。

[译文]

佛寺西北方走三四里，来到得眼林。这里有如来散步场所的遗迹，各位圣贤修习禅定的场所，全都树立了标志，修建了佛塔。从前这个国家有五百个强盗，在城中横行不法，飞扬跋扈。胜军王捕获他们后，挖去他们的眼睛，把他们赶到森林深处。这群盗贼痛苦难捱，念佛哀求。当时，如来正在逝多园的精舍里，听到哀号声，生起慈悲之心，借助柔和的轻风，将雪山神药吹到他们的眼中，使其立刻复明。盗贼们看到佛祖就在他们面前，油然产生菩提心愿，欢欢喜喜，顶礼膜拜，丢掉拐杖离去了，这些拐杖落地生根，长成大树。

十、故城

大城西北六十余里，有故城，是贤劫中人寿二万岁时，迦叶波佛本生城也。城南有窣堵波，成正觉已，初见父处。城北有窣堵波，有迦叶波佛全身舍利，并无忧王所建也。

从此东南行五百余里，至劫比罗伐窣堵国（旧曰迦毗罗卫国，讹也。中印度境）。

[译文]

大城西北方六十多里处，有座旧城，那是贤劫期间人寿二万岁的时候，迦叶波佛的诞生地。城南有座塔，是他成正觉（成佛）之后，初次见到父亲的地方。城北面有座塔，藏有迦叶波佛的全身舍利，两座塔都是无忧王建造的。

从这里向东南方走五百多里,到达劫比罗伐窣堵国(过去称为迦毗罗卫国,错了。在中印度境内)。

劫比罗伐窣堵国

劫比罗伐窣堵国①周四千余里,空城十数,荒芜已甚。王城颓圮,周量不详。其内宫城周十四五里,垒砖而成,基迹峻固。空荒久远,人里稀旷。无大君长,城各立主。土地良沃,稼穑时播。气序无愆②,风俗和畅。伽蓝故基,千有余所,而宫城之侧有一伽蓝,僧徒三十余人,习学小乘正量部教。天祠两所,异道杂居。

[注释]

①劫比罗伐窣堵国:该国位于今尼泊尔境内的巴达利亚地区。 ②愆(qiān):原意是超过、延误。这里是说气候不正常。

[译文]

劫比罗伐窣堵国方圆四千多里,国内有空城十多座,都已经荒凉不堪。国都城墙塌陷,大小无法了解。都城之内的宫城方圆十四五里,用砖块垒砌而成,墙基仍旧高峻坚固。该国破败的时间很长,人烟稀少。没有国王,每座城各自拥立了首领统治。土地肥沃,农作物按时播种。风调雨顺,民风温和善良。佛寺的故址有一千多处,宫城旁边有一座佛寺,有僧人三十多名,研习小乘佛教的正量部。天祠有两座,外道教徒杂居。

一、释迦为太子时传说

宫城内有故基,净饭王①正殿也。上建精舍,中作王像。其侧不远有故基,摩诃摩耶②(唐言大术)夫人寝殿也。上建精舍,中作夫人之像。其侧精舍,是释迦菩萨降神母胎处,中作菩萨降神之像。上座部菩萨以嗢呾罗颁沙荼月③三十日夜降神母胎,当此五月十五日;诸部则以此月二十三日夜降母胎,当此五月八日。

菩萨降神东北,有窣堵波,阿私多仙相太子处。菩萨诞灵之日,嘉祥辐凑。时净饭王召诸相师而告之曰:"此子生也,善恶何若?宜悉乃正,明言以对。"曰:"依先圣之记,考吉祥之应,在家作转轮圣王,舍家当成等正觉。"是时阿私多仙自远而至,叩门请见。王甚庆悦,躬迎礼敬,请就宝座,曰:"不意大仙今日降顾。"仙曰:"我在天宫安居宴坐,忽见诸天群从蹈舞,我时问言:'何悦豫之甚也?'曰:'大仙当知,赡部洲中释种净饭王第一夫人今产太子,当证三菩提,圆明一切智。'我闻是语,故来赡仰。所悲朽耄,不遭圣化。"

城南门有窣堵波,是太子与诸释角力掷象之处。太子伎艺多能,独拔伦匹。净饭大王怀庆将返,仆夫驭象,方欲出城,提婆达多素负强力,自外而入,问驭者曰:"严驾此象,其谁欲乘?"曰:"太子将还,故往奉驭。"提婆达多发愤引象,批其颡,蹴其臆④,僵仆塞路,杜绝行途,无能转移,人众填塞。难陀后至,而问之曰:"谁死此象?"曰:"提婆达多。"即曳之避路。太子至,又问曰:"谁为不善,害此象耶?"曰:"提婆达多害以杜门,难陀引之开径。"太子乃举象高掷,越度城堑,其象堕地,为大深坑,土俗相传，为象堕坑也。其侧精舍中作太子像。其侧又有精舍，太子妃寝宫也，中作耶输陀罗⑤，并有罗怙罗像。宫侧精舍作受业之像，太子学堂故基也。

[注释]

①净饭王：劫比罗伐窣堵国国王，释迦牟尼的父亲。 ②摩诃摩耶：中印度天臂城释种善见长者的长女，净饭王的夫人，生下太子（释迦牟尼）七天后去世，转生忉利天。 ③嗢（wà）呾（dàn）罗颊（è）沙荼月：嗢呾罗，义为上；颊沙荼，佛历夏天第一个月，相当于我国农历四月十六日至五月十五日。 ④臆（yì）：胸。 ⑤耶输陀罗：意译持称、持誉、具称等，是释迦牟尼为太子时的夫人，罗怙罗的生母，后随摩诃波阇婆提出家。

[译文]

宫城内有一处遗址乃净饭王的正殿。上面建造了精舍，里面绘有净饭王的像。旁边不远还有处遗址是摩诃摩耶（大唐称为大术）夫人的寝殿。上面建造了精舍，里面有夫人像。再旁边的精舍是释迦菩萨降生投胎的地方，里面绘有菩萨降生图。上座部认为菩萨在嗢呾罗颊沙荼月的三十日夜间降生投胎，相当于大唐的五月十五日；其他部派认为是在这个月的二十三日夜间投胎，相当于大唐的五月八日。

菩萨降生处东北方有座塔，是阿私多仙为太子看相的地方。菩萨诞生之日，涌现出各种祥瑞景象。当时，净饭王召集相师们，说："我的儿子出生以后，一生吉凶如何？请你们都用心推算，明确告诉我结果。"回答说："根据以前圣人留下的记载，结合吉祥征兆的出现，这一切表明太子如果在家做俗人，将会成为转轮圣王；如果出家修行，就能成为等正觉。"这时,阿私多仙从远方来到,叩门求见。国王非常高兴,亲自迎接行礼,请他升坐宝座,说:"没有想到大仙今天光顾。"大仙说:"我在天宫中悠闲静坐,忽然看见各位天神成群结队欢乐舞蹈,我当时就问:'你们为何这般喜悦?'天神回答:'大仙应该知道,在南赡部洲,释种净饭王的第一夫人今天生下太子,他将证得三菩提,完全通晓一切智。'我听了这些话,所以前来瞻仰。令人悲伤的是我已经老朽不堪了,无法见到他成圣。"

都城南门处有座塔是太子与释种们比试力量,抛掷大象的地方。太子多才多艺,出类拔萃。净饭王满怀喜悦,等候太子返回,仆从们驾着大象正要出城迎接,提婆达多一向仗着自己力大无穷,从郊外返回城里,问驭象人说:"打扮庄重的这只大象是供谁骑乘的?"驭象人回答:"太子快要回来,所以奉命前往接驾。"提婆达多用力牵过大象,打象的头,踢象的胸,大象跌倒在地,身躯堵塞了交通,没有人能够移开大象,四周围满了人。难陀随后来到,问道:"谁杀死了这只象?"人们回答:"是提婆达多。"他随即将大象拖拽到了僻静的地方。太子来了,又问道:"谁干的坏事,害死这只大象?"人们回答:"提婆达多弄死大象堵塞城门;难陀移开象尸,恢复了交通。"太子于是高高举起象尸扔了出去,越过城墙壕沟,象尸掉在地上,砸出一个大深坑,这就是当地百姓流传的象堕坑。旁边精舍里有太子像。再旁边又有精舍,那是太子妃的寝宫,宫内有耶输陀罗和罗怙罗的像。宫旁的精舍里还有太子学习的画像,正是太子学堂的旧址。

二、太子逾城处

城东南隅有一精舍,中作太子乘白马凌虚之像,是逾城[①]处也。城四门外,各有精舍,中作老、病、死人、沙门之像,是太子游观，睹相增怀，深厌尘俗，于此感悟，命仆回驾。

[注释]

①逾城：指释迦为出家在夜间乘马出城之事。有多种说法。

[译文]

都城东南角有一处精舍，里面绘有太子骑乘白马腾空飞行的画像，这就是当年太子为出家越城的地方。都城四门以外都建有精舍，里面分别绘制老人、病人、死人、沙门的形象，这是太子各处游览，看到人生的种种痛苦，心中伤感，于是极度厌倦人世，顿时觉悟，命令仆人驾车回宫的地方。

三、二古佛本生处

城南行五十余里，至故城，有窣堵波，是贤劫中人寿六万岁时，迦罗迦村驮佛本生城也。城南不远有窣堵波，成正觉已见父之处。城东南窣堵波，有彼如来遗身舍利，前建石柱，高三十余尺，上刻师子之像，傍记寂灭之事，无忧王建焉。

迦罗迦村驮佛城东北行三十余里，至故大城，中有窣堵波，是贤劫中人寿四万岁时，迦诺迦牟尼佛本生城也。东北不远有窣堵波，成正觉已度父之处。次北窣堵波，有彼如来遗身舍利，前建石柱，高二十余尺，上刻师子之像，傍记寂灭之事，无忧王建也。

[译文]

从都城向南走五十多里，来到一座旧城，城中有塔，乃是贤劫时代人的寿命有六万岁的时候,迦罗迦村驮佛的本生城。城南不远处有座塔,是他成正觉以后会见父亲的地方。城东南方的塔藏有古佛的遗身舍利,塔前建有石柱,高达三十多尺,上面雕刻狮子的形象,旁边记载了古佛涅槃的事迹,该塔是由无忧王建造的。

由迦罗迦村驮佛城向东北方走三十多里,来到一座旧都城,城中有塔,乃是贤劫时代人的寿命有四万岁的时候,迦诺迦牟尼佛的本生城。东北不远处有座塔,是他成正觉后超度父亲的地方。再往北的塔中藏有古佛涅槃后的遗身舍利,塔前建有石柱,高达二十多尺,上面雕刻了狮子的形象,旁边记载了涅槃的事迹,该塔是由无忧王建造的。

四、太子坐树阴处

城东北四十余里,有窣堵波,是太子坐树阴,观耕田,于此习定,而得离欲。净饭王见太子坐树阴,入寂定①,日光回照,树影不移,心知灵圣,更深珍敬。

[注释]

①寂定:脱离妄心、妄想。

[译文]

城东北四十多里处有座塔,乃是太子坐在树阴之下,观看农夫耕田,于是入定,产生脱离尘俗欲念的地方。净饭王看到太子坐在树阴下,进入寂定时,太阳光不断转移,但是树阴却纹丝不动,心中明白了太子乃是圣灵,更为爱护和尊敬。

五、释种诛死处

大城西北,有数百千窣堵波,释种诛死处也。毗卢择迦王既克诸释,虏其族类,得九千九百九十万人,并从杀戮,积尸如莽,流血成池。天警人心,收骸瘗①葬。

诛释西南有四小窣堵波,四释种拒军处。初,胜军王嗣位也,求婚释种。释种鄙其非类,谬以家人之女,重礼娉焉。胜军王立为正后,其产子男,是为毗卢择迦王。毗卢择迦欲就舅氏请益受业,至此城南,见新讲堂,即中憩驾。诸释闻之,逐而骂曰:"卑贱婢子,敢居此室!此室诸释建也,拟佛居焉。"毗卢择迦嗣位之后,追复先辱,便兴甲兵,至此屯军。释种四人躬耕畎亩②,便即抗拒,兵寇退散,已而入城。族人以为承轮王之祚胤③,为法王之宗子,敢行凶暴,安忍杀害,污辱宗门,绝亲远放。四人被逐,北趣雪山,一为乌仗那国王,一为梵衍那国王,一为呬摩呾罗国王,一为商弥国王,奕世传业,苗裔不绝。

[注释]

①瘗(yì):埋葬。 ②畎(quǎn)亩:田地,田间,田野。 ③祚胤(yìn):泛指后代子孙。

[译文]

在都城西北方有成百上千座塔,是释种成员被杀的地方。以前,毗卢择迦王打败了释种之后,俘获了释种族人有九千九百九十万人,把他们悉数杀害,尸体堆积犹如密林,血流遍地积成湖泊。上天为了警示人心,运用神力收集埋葬了尸骨。

诛释塔西南方有四座小塔,这是四位释种人抵抗敌军的地方。最初,胜军王登上王位,向释种求婚。释种鄙视他出身低贱,并非自己的同类,于是就用仆人的女儿哄骗他,使他重礼聘娶。胜军王将此女立为正后,她生的儿子就是毗卢择迦王。毗卢择迦想到舅舅家请教求学,来到城南,看到新建的讲堂,就在里面休息。释种族人听到后,边驱赶,边骂他:"你是卑贱使女的孩子,怎敢待在这座房子里!这座房子是释种们建造的,准备来供奉佛祖的。"毗卢择迦即位以后,为报复早年所受的耻辱,于是发动军队,到达这里,就地驻军。释种族有四个人正在田里种地,随即奋起抵抗,敌人很快被打败逃走,四位释种于是回到城中。释种族人认为作为轮王的后代,法王的族裔,居然使用暴力,忍心杀生害命,玷污了释种宗族,应该与他们断绝亲属关系,并把他们流放到远方。四人被放逐后,往北来到雪山地区,建立了自己的国家:一人成为乌仗那国王,一人成为梵衍那国王,一人成为呬摩呾罗国王,一人成为商弥国王,王统代代相传,后裔绵延不绝。

六、释迦证法归见父王处

城南三四里尼拘律树林,有窣堵波,无忧王建也。释迦如来成正觉已,还国见父王,为说法处。净饭王知如来降魔军已,游行化导,情怀渴仰,思得礼敬。乃命使请如来曰:"昔期成佛,当还本生。斯言在耳,时来降趾。"使至佛所,具宣王意。如来告曰:"却后七日,当还本生。"使臣还以白王,净饭王乃告命臣庶,洒扫衢路,储积花香,与诸群臣四十里外仁驾奉迎。

是时如来与大众俱,八金刚周卫,四天王前导,帝释与欲界天侍左,梵王与色界天侍右,诸苾刍僧列在其后。唯佛在众,如月映星,威神动三界,光明逾七曜①,步虚空,至本生国。王与从臣礼敬已毕,俱共还国,止尼拘卢陀僧伽蓝。其侧不远有窣堵波,是如来于大树下,东面而坐,受姨母金缕袈裟。次此窣堵波,是如来于此度八王子②及五百释种处。

[注释]

①七曜:是指日、月及火、水、木、金、土五星。 ②八王子:均为释迦族人,分别是阿那律、跋提、难提、金毗尼、难陀、跋难陀、阿难陀、提婆达。

[译文]

城南三四里的尼拘律树林中有座塔,由无忧王建造。这是释迦如来成正觉以后,回国会见父王,为他讲说佛法的地方。净饭王得知如来降伏魔军以后,游方各地,开导世人,所以心中十分思念仰慕,希望自己也能礼敬佛祖。他命使者前去邀请如来:"当初你说成佛之后,就要返回出生地。言犹在耳,敬请及时降临。"使者来到佛所在的地方,传达了国王的意思。如来告诉他说:"七天以后,我就会返回出生地。"使臣返回,报告了国王,净饭王于是命令群臣百姓,清扫街道,聚集鲜花名香,亲自和大臣们一起到城外四十里处,摆驾相应。

这时,如来和天神大众在一起,有八大金刚在旁护卫,四大天王在前引导,帝释与欲界天侍立在左边,梵王与色界天侍立在右边,各位比丘排列在后。佛祖在众神之中,犹如朗月照亮群星,威仪震动三界,光明掩映了七曜,从空中走来,到达出生地。国王与随从众臣礼敬之后,共同返回国都,在尼拘卢陀寺中休息。寺旁不远处有座塔,乃是如来在这棵大树底下,面向东方端坐,接受姨母奉献金缕袈裟的地方。下一座佛塔是如来曾经度化八位王子和五百名释种的地方。

七、自在天祠及箭泉

城东门内路左，有窣堵波，昔一切义成①太子于此习诸技艺。门外有自在天祠，祠中石天像，危然起势，是太子在襁褓中所入祠也。净饭王自腊伐尼园②迎太子还也，途次天祠。王曰："此天祠多灵鉴，诸释童稚求佑必效，宜将太子至彼修敬。"是时傅母抱而入祠，其石天像起迎太子，太子已出，天像复坐。

城南门外路左，有窣堵波，是太子与诸释角艺，射铁鼓。从此东南三十余里，有小窣堵波，其侧有泉，泉流澄镜，是太子与诸释引强校能，弦矢既分，穿鼓过表，至池没羽，因涌清流，时俗相传，谓之箭泉。夫有疾病，饮沐多愈。远方之人持泥以归，随其所苦，渍以涂额，灵神冥卫，多蒙痊愈。

[注释]

①一切义成：释迦牟尼幼年时的名号。　②腊伐尼园：花园名，在迦毗罗城东，摩耶夫人诞佛之处。

[译文]

都城东门之内路左有座塔，以前一切义成太子就在这里学习各种技艺。城门外有座自在天祠，祠内的石刻天神像，呈现欠身准备站立的姿势，这是太子还在襁褓中的时候，曾经进入过的天祠。净饭王从腊伐尼园迎太子回还，路经这座天祠。国王说："这座天祠非常灵验，释种的小孩前来祈求佑助，都有效验，应该带着太子去那里行礼致敬。"那时，保姆怀抱太子进入天祠，那尊石制神像站立起来迎接太子，太子离开以后，神像才恢复原状坐下。

都城南门外路左有座塔，太子曾在这里与各位释种比试技艺，箭射铁鼓。从这里向东南三十多里，有座小塔，塔旁有眼泉水，水流清澈，太子在这里与各位释种拉开硬弓，比试射箭，箭矢射出，穿过铁鼓，连箭羽一起没入这里的土地中，于是涌出一眼清泉，人们相互传颂，称之为"箭泉"。人们一旦得病，饮用、沐浴之后多数能恢复健康。远道而来的人拿着这里的泥土带回去，不论哪里的病痛，只需将泥浸湿涂在额头上，靠着神灵暗中帮助，多数也能痊愈。

八、腊伐尼林及释迦诞生传说

箭泉东北行八九十里，至腊伐尼林，有释种浴池，澄清皎镜，杂花弥漫。其北二十四五步，有无忧花树，今已枯悴，菩萨诞灵之处。菩萨以吠舍佉月后半八日，当此三月八日；上座部则曰以吠舍佉月后半十五日，当此三月十五日。次东窣堵波，无忧王所建，二龙浴太子处也。菩萨生已，不扶而行，于四方各七步，而自言曰："天上天下，唯我独尊。今兹而往，生分已尽。"随足所蹈，出大莲花。二龙踊出，住虚空中而各吐水，一冷一暖，以浴太子。

浴太子窣堵波东，有二清泉，傍建二窣堵波，是二龙从地踊出之处。菩萨生已，支属宗亲莫不奔驰，求水盥浴。夫人之前，二泉涌出，一冷一暖，遂以浴洗。其南窣堵波，是天帝释捧接菩萨处。菩萨初出胎也，天帝释以妙天衣①，跪接菩萨。次有四窣堵波，是四天王抱持菩萨处也。菩萨从右胁生已，四大天王以金色氍衣捧菩萨，置金机上。至母前曰："夫人诞斯福子，诚可欢庆。诸天尚喜，况世人乎？"

四天王捧太子窣堵波侧不远，有大石柱，上作马像，无忧王之所建也。后为恶龙霹雳，其柱中折仆地。傍有小河，东南流，土俗号曰油河。是摩耶夫人产孕已，天化此池，光润澄净，欲令夫人取以沐浴，除去风虚。今变为水，其流尚腻。

从此东行旷野荒林中二百余里，至蓝摩国（中印度境）。

[注释]

①天衣：天人之衣，分量极轻。

[译文]

从箭泉向东北方走八九十里，到达腊伐尼林，那里有释种的浴池，池水清澈，明亮如镜，各种鲜花遍地开放。池北二十四五步的地方有棵无忧花树，现在已经枯萎，这里是菩萨诞生处。菩萨的生日在吠舍佉月下半月的八日，相当于大唐三月八日；上座部认为是在吠舍佉月下半月的十五日，相当于大唐三月十五日。往东的佛塔由无忧王建造，是二龙为太子洗浴之处。菩萨诞生后，不靠扶持就能行走，向四个方向各走了七步，自言自语："天上天下，唯我独尊。从今往后，不再转生。"随着他足踏之处，生出巨大莲花。地中跃出二龙，腾翔在空中分别吐出一冷一暖两条水流，洗浴太子。

浴太子塔东面有两眼清泉，旁边建造了两座塔，正是二龙从地里跃出之处。菩萨诞生后，阖族宗亲全都赶来，找水为他沐浴。摩耶夫人面前，涌出两眼泉水，一冷一暖，得以浴洗。南面的佛塔是天帝释捧接菩萨之处。菩萨刚离娘胎，天帝释就用美妙天衣，跪接菩萨。还有四座佛塔是四大天王抱持菩萨之处。菩萨是从母亲右胁出生的,四大天王用金色的细毛衣,捧着菩萨,放在金色平桌上。来到母亲面前说:"夫人产下如此有福德的儿子,的确值得庆祝。各位天神尚且高兴,更何况凡夫俗子们?"

四天王捧太子塔旁不远处有根大石柱,上面雕刻了马像,由无忧王建造。后来被恶龙的霹雳击中,那根柱子拦腰折断,倒在地上。旁边有条小河,流向东南方,当地人称为"油河"。最初,摩耶夫人生产之后,天神变化出这个水池,池中液体闪耀洁净,以便夫人汲取沐浴,除去风沙尘垢。现在已经变成了水,但仍然滑腻。

从这里往东在旷野荒林中走二百多里,抵达蓝摩国(在中印度境内)。

蓝摩国

蓝摩国①空荒岁久,疆场无纪,城邑丘墟,居人稀旷。

[注释]

①蓝摩国:故址可能在今尼泊尔南部的达马里。

[译文]

蓝摩国已经荒废了很长时间,边界无人修治,城池多成废墟,人烟稀少。

一、佛舍利窣堵波

故城东南有砖窣堵波,高减百尺。昔者如来入寂灭已,此国先王分得舍利，持归本国，式遵崇建，灵异间起，神光时烛。

窣堵波侧有一清池，龙每出游，变形蛇服，右旋宛转，绕窣堵波，野象群行，采花以散，冥力警察，初无间替。昔无忧王之分建窣堵波也，七国所建，咸已开发，至于此国，方欲兴功，而此池龙恐见陵夺，乃变作婆罗门，前叩象曰："大王情流佛法，广树福田，敢请纡驾①，降临我宅。"王曰："尔家安在，为近远乎？"婆罗门曰："我，此池之龙王也。承大王欲建胜福，敢来请谒。"王受其请，遂入龙宫。坐久之，龙进曰："我惟恶业，受此龙身，供养舍利，冀消罪咎，愿王躬往，观而礼敬。"无忧王见已，惧然谓曰："凡诸供养之具，非人间所有也。"龙曰："若然者，愿无废毁。"无忧王自度力非其俦，遂不开发。出池之所，今有封记。

[注释]

①纡（yū）驾：屈驾。请人或称人来访之敬辞。

[译文]

旧城东南面有座砖塔，高度不到一百尺。以前，如来涅槃之后，该国的先王分到舍利，带回国内，虔诚隆重地建起这座塔，灵异现象常常出现，神光不时闪耀。

塔边有一清池，池中龙王每当出游的时候，都要变成蛇的样子，绕着塔向右旋转，野象成群而行，采集鲜花四处布散，神灵在暗中加以警戒，从不间断。以前，无忧王分别建造佛塔供养舍利，其他七个国家已经开始动工兴建，该国正要开工之时，池中的龙王担心巢穴被侵占，于是变作一名婆罗门，来到国王的象舆前说："大王笃信佛法，广泛建设福田，我冒昧请您屈驾，光临敝舍。"国王说："你家在哪里，是远是近？"婆罗门说：“我正是池中的龙王。承蒙大王要建设伟大的福德，所以斗胆前来拜谒。”国王接受他的邀请，进入龙宫。坐了一些时候，龙王上前说："我由于前世做了坏事，今生转生为龙，现在供养如来的舍利，为的是消除罪过，希望大王亲自前往，观看瞻仰，礼拜致敬。"无忧王看到以后，吃惊地说："这里供养所用的东西，都不是人世间能得到的。"龙王说："如此说来，请您不要毁灭它们。"无忧王自思不是龙王的对手，就不再开工建造了。国王离开龙池的地方，现在还留有标志。

二、沙弥伽蓝

窣堵波侧不远，有一伽蓝，僧众鲜矣，清肃皎然，而以沙弥总任众务。远方僧至，礼遇弥隆，必留三日，供养四事。闻诸先志曰：昔有苾刍，同志相召，自远而至，礼窣堵波。见诸群象，相趋往来，或以牙芟①草，或以鼻洒水，各持异花，共为供养。时众见已，悲叹感怀。有一苾刍，便舍具戒，愿留供养，与众辞曰："我惟多福，滥迹僧中，岁月奄淹，行业无纪。此窣堵波有佛舍利，圣德冥通，群象践洒，遗身此地，甘与同群，得毕余龄，诚为幸矣。"众告之曰："斯盛事也。吾等垢重，智不谋此。随时自爱，无亏胜业。"亦既离群，重申诚愿，欢然独居，有终焉之志。于是茸茅为宇，引流成池，采掇时花，洒扫莹域。绵历岁序，心事无怠。邻国诸王闻而雅尚，竞舍财宝，共建伽蓝，因而劝请，屈知僧务。自尔相踵，不泯元功，而以沙弥总知僧事。

[注释]

①苫（shān）：割草。

[译文]

　　塔旁不远处有座佛寺，僧人很少，清静肃穆，秩序井然，但是却让沙弥总管寺中事务。游方僧人来到这里，会得到隆重的礼遇，一定留居三天，供养衣食住行。听年长者们讲：过去有一群比丘，志同道合，结伴而行，从远方到达此地，礼拜佛塔。看见一群大象往来奔走，有的用牙除草，有的用象鼻洒水，各自拿来鲜花，一起供养佛塔。当时，众比丘见此情景，满怀感慨悲叹。其中一位比丘立即放弃了受戒的机会，情愿留居此地供养佛塔，他和众比丘辞别说："我真是太有福德了，才能在僧人中滥竽充数，时间过去很久了，我却一事无成。这座佛塔藏佛舍利，受到圣德在暗中感召，象群前来洒扫，我决心留在这里，心甘情愿与象为伍，以此度过余生，真是幸事啊。"僧众告诉他说："这真是大好事。我们俗念太重，没能想到这一点。希望你时时自爱，不要损坏伟大事业。"在离开群体之后，他重申了虔诚的心愿，欢欢喜喜孑然独居，立下了终老此地的志向。于是，他编织茅草建造房屋，开渠引水，汇聚成池，采摘四时鲜花，洒扫供养佛塔。经过漫长岁月，仍旧不改初心。邻近国家的国王们听说此事后，非常钦佩他的高尚情操，竞相施舍财宝，共同建造这座佛寺，于是众人都来劝说，邀请他主持寺院事务。从那以后，代代相传，沿袭成俗，为了不埋没这位僧人的首功，所以一直以沙弥主持僧事。

三、太子解衣剃发处

　　沙弥伽蓝东，大林中行百余里，至大窣堵波，无忧王之所建也。是太子逾城至此，解宝衣，去璎珞，命仆还处。太子夜半逾城，迟明至此，既允宿心，乃形言曰："是我出笼樊，去羁锁，最后释驾之处也。"于天冠①中解末尼宝②，命仆夫曰："汝持此宝，还白父王，今兹远遁，非苟违离，欲断无常，绝诸有漏③。"阐铎迦④（旧曰车匿，讹也）曰："讵⑤有何心，空驾而返？"太子善言慰喻，感悟而还。回驾窣堵波东，有赡部树⑥，枝叶虽凋，枯株尚在。

其傍复有小窣堵波，太子以余宝衣易鹿皮衣处。太子既断发易裳，虽去璎珞，尚有天衣。曰："斯服太侈，如何改易？"时净居天化作猎人，服鹿皮衣，持弓负羽。太子举其衣而谓曰："欲相贸易，愿见允从。"猎人曰："善。"太子解其上服，授与猎人。猎人得已，还复天身，持所得衣，凌虚而去。

太子易衣侧不远，有窣堵波，无忧王之所建也，是太子剃发处。太子从阐铎迦取刀，自断其发，天帝释接上天宫，以为供养。时净居天子化作剃发人，执持铦刀⑦，徐步而至。太子谓曰："能剃发乎？幸为我净之。"化人受命，遂为剃发。逾城出家时亦不定，或云菩萨年十九，或曰二十九，以吠舍佉月后半八日逾城出家，当此三月八日，或云以吠舍佉月后半十五日，当此三月十五日。

[注释]

①天冠：原指天子的冠饰，这里指贵人所戴的宝冠。　②末尼宝：又作摩尼宝珠，宝珠的总称。　③有漏：一切烦恼。　④阐铎迦：是释迦逾城时的驭手，后出家为比丘，但口恶之性不改。　⑤讵（jù）：岂，怎。　⑥赡部树：生长在印度的一种乔木。　⑦铦（xiān）刀：古代婆罗门国用的短刀。

[译文]

　　沙弥佛寺的东面,在大森林中行走一百多里,来到一座大塔,是无忧王建造的。这是悉达多太子越城以后来到此处,脱下宝衣,摘去璎珞,命令仆人返回的地方。太子在夜半时分越城而走,天快亮时来到这里,既然实现了夙愿,于是喜形于色地说:"这是我脱出牢笼,去除枷锁,最终摆脱太子地位的地方啊。"他从自己的天冠上摘下末尼宝珠,交给仆人说:"你拿着这件宝物,回去转告父王,我现在逃离远方,并非轻率离开,只是想要断无常,根除一切烦恼。"阐铎迦(过去称为车匿,错了)说:"我哪里还有心思,驾着空车返回呢?"太子好言劝慰,他感动觉悟,就回去了。回驾塔东面有棵赡部树,虽然枝叶凋零,枯株尚且存在。

　　旁边又有座小塔,是太子用剩下的宝衣交换鹿皮衣的所在。太子剪去头发,更换衣裳以后,虽然摘去了璎珞,随身还有件天衣。他说:"这样的衣服太奢侈,怎么能换掉呢?"当时,净居天变成猎人,穿着鹿皮衣,持弓背箭。太子举起天衣对他说:"我想和你换衣服,希望你能同意。"猎人说:"好啊。"于是太子脱下上衣,交给猎人。猎人拿到天衣,恢复本来面目,带着换得的天衣,腾空飞去。

　　太子易衣处不远有座塔,是无忧王建造的,太子在这里剃发。太子从阐铎迦那里取得刀,自己割断头发,天帝释把头发带上天宫,加以供养。这时,净居天变为剃发人,手持铦刀,缓步走来。太子对他说:"你能剃发吗?请替我剃光头发。"变化之人接受了请求,就为他剃去头发。太子越城出家的时间也不能肯定,有的说菩萨时年十九岁,有的说二十九岁;在吠舍佉月后半月的八日越城出家,相当于大唐三月八日,有的说在吠舍佉月后半月的十五日,相当于大唐三月十五日。

四、灰炭窣堵波

太子剃发窣堵波东南旷野中行百八九十里，至尼拘卢陀林，有窣堵波，高三十余尺。昔如来寂灭，舍利已分，诸婆罗门无所得获，于涅叠般那（唐言焚烧。旧云阇维，讹也）地收余灰炭，持至本国，建此灵基，而修供养。自兹已降，奇迹相仍，疾病之人，祈请多愈。灰炭窣堵波侧故伽蓝中，有过去四佛坐及经行遗迹之所。故伽蓝左右，数百窣堵波。其一大者，无忧王所建也，崇基虽陷，高余百尺。

自此东北大林中行，其路艰险，经途危阻，山牛、野象、群盗、猎师，伺求行旅，为害不绝。出此林已，至拘尸那揭罗国（中印度境）。

[译文]

从太子剃发塔东南方的旷野中走一百八九十里，来到尼拘卢陀树林，林中有座塔，高有三十多尺。从前，如来涅槃之后，舍利分配完毕，各位婆罗门一无所获，只能在涅叠般那（大唐的语义是焚烧。过去称为阇维，错了）地收集剩余的灰炭，带回本国，建造了这个圣迹，礼拜供养。从那以后，奇迹不断出现，得病的人前来祈求，多数康复。灰炭塔旁有座旧佛寺，里面有过去四佛打坐以及散步的遗迹。旧佛寺附近有几百座塔。其中的一座大塔是无忧王建造的，塔基虽然塌陷，高度还有一百尺。

自此地向东北在大森林中前行，道路非常艰险，途中屡遭险阻，山牛、野象、盗贼、猎人都在窥探旅途之人，祸害不断。走出这片森林以后，就到了拘尸那揭罗国（在中印度境内）。

拘尸那揭罗国

拘尸那揭罗国①城郭颓毁,邑里萧条。故城砖基,周十余里。居人稀旷,闾巷荒芜。

[注释]

①拘尸那揭罗国:都城约在今小拉普提河和干达克河的交汇处偏东南。

[译文]

拘尸那揭罗国的城墙坍塌毁坏,街市萧条。残留的砖砌城墙基方圆十多里。居民稀少,里巷空旷。

一、准陀故宅

城内东北隅,有窣堵波,无忧王所建,准陀①(旧曰纯陀,讹也)之故宅也。宅中有井,将营献供,方乃凿焉。岁月虽淹,水犹清美。

[注释]

①准陀:拘尸那揭罗工巧师的儿子,佛陀在他那里接受最后的供养。

[译文]

城内东北角有座塔,由无忧王建造,是以前准陀(过去称为纯陀,错了）的家宅。家里有口井，是他准备供养佛祖之前，临时开凿的。虽然岁月过去很久，井水依旧清澈甜美。

二、娑罗林及释迦涅槃处

城西北三四里，渡阿恃多伐底河（唐言无胜，此世共称耳。旧云阿利罗跋提河，讹也。典言谓之尸赖拿伐底河，译曰有金河）西岸不远，至娑罗①林。其树类槲，而皮青白，叶甚光润。四树特高，如来寂灭之所也。其大砖精舍中作如来涅槃之像，北首而卧。傍有窣堵波，无忧王所建，基虽倾陷，尚高二百余尺。前建石柱，以记如来寂灭之事，虽有文记，不书日月。闻诸先记曰：佛以生年八十，吠舍佉月后半十五日入般涅槃，当此三月十五日也。说一切有部则佛以迦剌底迦月后半八日入般涅槃，此当九月八日也。自佛涅槃，诸部异议，或云千二百余年，或云千三百余年，或云千五百余年，或云已过九百，未满千年。

[注释]

①娑罗：龙脑香科的一种高大乔木。

[译文]

城外西北方三四里处，渡过阿恃多伐底河（大唐称为无胜，这是世人的通称。过去称为阿利罗跋提河，错了。经典称为尸赖拿伐底河，译作有金河），离河西岸不远，就是娑罗树林。这种树与槲树相似，树皮呈青白色，树叶非常光润。有四棵树特别高大，正是如来涅槃之处。在砖砌的大精舍里供奉有如来涅槃像，佛首朝向北方，呈睡卧状。旁边有座塔是无忧王建造的，塔基虽然塌陷，还有二百多尺高。塔前立了石柱，上面记载了如来涅槃的事，虽然刻有文字，但没有具体日期。根据古书的记载：佛祖享年八十岁，在吠舍佉月后半月的十五日涅槃，相当于大唐的三月十五日。说一切有部认为，佛祖在迦剌底迦月后半月的八日涅槃，相当于大唐的九月八日。自从佛祖涅槃之后至今的时间，各部派众说纷纭，有的说有一千二百多年，有的说有一千三百多年，有的说有一千五百多年，有的说已经过去了九百年，不到一千年。

1. 雉王本生故事

精舍侧不远，有窣堵波，是如来修菩萨行时，为群雉王救火之处。昔于此地有大茂林，毛群羽族巢居穴处。惊风四起，猛焰飙急。时有一雉，有怀伤愍，鼓濯清流，飞空奋洒。时天帝释俯而告曰："汝何守愚，虚劳羽翮①？大火方起，焚燎林野，岂汝微躯所能扑灭？"雉曰："说者为谁？"曰："我天帝释耳。"雉曰："今天帝有大福力，无欲不遂，救灾拯难，若指诸掌，反诘无功，其咎安在？猛火方炽，无得多言。"寻复奋飞，往趣流水。天帝遂以掬水泛洒其林，火灭烟消，生类全命，故今谓之救火窣堵波也。

[注释]

①羽翮（hé）：指鸟羽。

[译文]

精舍旁边不远处有座塔，是当初如来在修菩萨行的时候，变化为野鸡王救火之处。以前，这里有片茂密的大森林，野兽鸟类在此筑巢居住。忽然间狂风大作，烈焰飞腾。这时，有一只野鸡深怀怜悯之心，在溪水中浸湿翅膀，飞临火场上空奋力洒水灭火。那时，天帝释俯身对他说："你怎么这么顽固愚蠢，白白损害自己的羽翼？大火势头正猛，烧遍森林原野，岂是你这小小的身躯所能扑灭的？"野鸡说："说话的人是谁？"回答说："我是天帝释。"野鸡说："天帝拥有巨大的福力，没有你做不到的事情，拯救灾难，易如反掌，却在这里责备我劳而无功，到底是谁错了呢？火烧得很猛烈，不要再多说了。"回头又奋力飞去，取水灭火。天帝于是用手捧水，洒遍森林，最终烟消火灭，生灵得以保全，所以如今称为救火塔。

2. 救生鹿本生故事

雉救火侧不远，有窣堵波，是如来修菩萨行时，为鹿救生之处。乃往古昔，此有大林，火炎中野，飞走穷窘，前有驶流之厄，后困猛火之难，莫不沉溺，丧弃身命。其鹿恻隐，身据横流，穿皮断骨，自强拯溺。蹇兔后至，忍疲苦而济之。筋力既竭，溺水而死。诸天收骸，起窣堵波。

[译文]

野鸡救火处不远有座塔，是如来修菩萨行的时候，变为鹿，拯救生灵的地方。远古时代这里有片大森林，遭逢大火，飞禽走兽被火围困，前方有湍急的河流阻挡，后面有烈火蔓延而来，无不掉入河中，丧失生命。鹿生起恻隐之心，纵身跃入激流之中，流水击破皮肤，冲断骨头，他仍坚持抢救溺水鸟兽。一只瘸腿兔子最后跑来，鹿强忍疲惫、痛苦，帮助兔子过河。终于体力衰竭，溺水而亡。天神收拾他的遗骨，建起这座佛塔。

3. 善贤证果处

鹿拯溺西不远，有窣堵波，是苏跋陀罗（唐言善贤。旧曰须跋陀罗，讹也）入寂灭之处。善贤者，本梵志师也。年百二十，耆旧多智。闻佛寂灭，至双树间，问阿难曰："佛世尊将寂灭，我怀疑滞，愿欲请问。"阿难曰："佛将涅槃，幸无扰也。"曰："吾闻佛世难遇。正法难闻，我有深疑，恐无所请。"善贤遂入，先问佛言："有诸别众，自称为师，各有异法，垂训导俗。乔答摩（旧曰瞿昙，讹略也）能尽知耶？"佛言："吾悉深究。"乃为演说。善贤闻已，心净信解，求入法中，受具足戒。如来告曰："汝岂能耶？外道异学修梵行者，当试四岁，观其行，察其性，威仪寂静，辞语诚实，则可于我法中净修梵行。在人行耳，斯何难哉！"善贤曰："世尊悲愍，含济无私，四岁试学，三业方顺。"佛言："我先已说，在人行耳。"于是善贤出家，即受具戒，勤励修习，身心勇猛。已而于法无疑，自身作证。夜分未久，果证罗汉，诸漏已尽，梵行①已立。不忍见佛入大涅槃，即于众中入火界定，现神通事，而先寂灭。是为如来最后弟子，乃先灭度，即昔后渡骞兔是也。

[注释]

①梵行：梵天的行法，是清净和断淫欲之法。

[译文]

鹿拯溺塔西边不远有座塔，那是苏跋陀罗（大唐称为善贤。过去称为须跋陀罗，错了）的涅槃之处。善贤最初是婆罗门教徒。他有一百二十岁，是位知识渊博、聪明智慧的长者。听到佛祖涅槃的消息，他来到双树间,问阿难说:"佛世尊将要涅槃,我仍有些疑问,想向他当面请教。"阿难说:"佛就要涅槃了,请不要去打扰他。"回答说:"我听说佛降临人世的机会极难碰到,真正的佛法也很难听到,我的疑问很大,就怕以后无人可以请教了。"善贤于是进入林中,先问佛祖:"各个学派自立门户,用各自不同的方法教育开导俗人。乔答摩(过去称为瞿昙,是错的或省略的说法)全都知道吗?"佛说:"我全部深入研究过。"于是为他讲解论说。善贤听了,内心明净,疑惑顿解,请求进入佛门,受具足戒。如来告诉他说:"你怎么能行?外道别派修梵行的人都要考验四年时间,观看他的行为,考察他的品性,要举止宁静,说话诚实,才能在我的法门中修习梵行。但是事在人为,又有什么难的呢!"善贤说:"世尊心怀悲悯,普度世人,大公无私,我愿接受四年考验,使三业合乎修行的要求。"佛说:"我前面已经讲过,事在人为。"于是善贤出家,受具足戒,勤勤勉勉地修行,身、心获得极快的提高。继而对佛法坚信不疑,努力修成正果。夜半时分过去不久,他果然证得罗汉果,诸漏已经完全消除,梵行已经完全确立。他不忍心看着佛陀进入大涅槃,所以当着众人的面,入火光定,显现了神通,早于佛陀而涅槃。他是如来的最后一名弟子,先行涅槃,他就是当初最后渡过河去的瘸腿兔子。

4. 执金刚擗地处

善贤寂灭侧有窣堵波,是执金刚擗①地之处。大悲世尊随机利见,化功已毕,入寂灭乐,于双树间北首而卧。执金刚神密迹力士②见佛灭度,悲恸唱言:"如来舍我入大涅槃,无归依,无覆护。"毒箭深入,愁火炽盛,舍金刚杵,闷绝擗地。久而又起,悲哀恋慕,互相谓曰:"生死大海,谁作舟楫?无明长夜,谁为灯炬?"

大唐西域记 | 289

[注释]

①躄（bì）：仆倒。　②密迹力士：又称秘密主，是手持金刚武器，保卫佛陀的夜叉神。

[译文]

善贤涅槃处旁有座塔，乃是执金刚仆倒在地的地方。大悲世尊利用各种机缘彰显修行的益处，教化的功业完成后，将进入涅槃之中，他在双树之间，头朝北睡卧。执金刚神密迹力士们看见佛已经涅槃，悲痛地号哭："如来舍弃我们，进入大涅槃，我们再也没有归依之处，再也没有人来保护。"力士们犹如被毒箭射穿，愁苦似烈焰般燃烧，丢掉了金刚杵，昏厥仆倒在地。过了许久方才苏醒，心绪悲痛哀伤，思念佛陀，互相说道："在生死轮回的茫茫苦海中，谁来做渡船呢？长夜漫漫，黑暗一片，谁能成为照耀的明灯呢？"

5. 释迦寂灭诸神异传说

金刚躄地侧，有窣堵波，是如来寂灭已七日供养之处。如来之将寂灭也，光明普照，人天毕会，莫不悲感，更相谓曰："大觉世尊今将寂灭，众生福尽，世间无依。"如来右胁卧师子床，告诸大众："勿谓如来毕竟寂灭，法身常住，离诸变易，当弃懈怠，早求解脱。"诸苾刍等歔欷①悲恸。时阿泥捭（卢骨反）陀②（旧曰阿那律，讹也）告诸苾刍："止，止，勿悲！诸天讥怪。"时末罗众供养已讫，欲举金棺，诣涅叠般那所。时阿泥捭陀告言："且止！诸天欲留七日供养。"于是天众持妙天花，游虚空，赞圣德，各竭诚心，共兴供养。

停棺侧有窣堵波,是摩诃摩耶夫人哭佛之处。如来寂灭,棺殓已毕,时阿泥揵陀上升天宫,告摩耶夫人曰:"大圣法王今已寂灭。"摩耶闻已,悲哽闷绝,与诸天众至双树间,见僧伽胝、钵及锡杖,拊之号恸绝③,而复声曰:"人天福尽,世间眼灭!今此诸物,空无有主。"如来圣力,金棺自开,放光明,合掌坐,慰问慈母:"远来下降!诸行法尔,愿勿深悲。"阿难衔哀而请佛曰:"后世问我,将何以对?"曰:"佛已涅槃,慈母摩耶自天宫降,至双树间,如来为诸不孝众生,从金棺起,合掌说法。"

城北渡河三百余步,有窣堵波,是如来焚身之处。地今黄黑,土杂灰炭,至诚求请,或得舍利。如来寂灭,人天悲感,七宝为棺,千氎缠身,设香花,建幡盖,末罗之众奉舆发引,前后导从,北渡金河,盛满香油,积多香木,纵火以焚,二氎不烧,一极衬身,一最覆外。为诸众生分散舍利,唯有发爪,俨然无损。

焚身侧有窣堵波,如来为大迦叶波现双足处。如来金棺已下,香木已积,火烧不然,众咸惊骇,阿泥揵陀言:"待迦叶波耳。"时大迦叶波与五百弟子自山林来,至拘尸城,问阿难曰:"世尊之身,可得见耶?"阿难曰:"千氎缠络,重棺周敛,香木已积,即事焚烧。"是时佛于棺内为出双足,轮相之上,见有异色。问阿难曰:"何以有此?"曰:"佛初涅槃,人天悲恸,众泪迸染,致斯异色。"迦叶波作礼,旋绕兴赞,香木自然,大火炽盛。故如来寂灭,三从棺出:初出臂,问阿难治路;次起坐,为母说法;后现双足,示大迦叶波。

[注释]

①歔欷：同"嘘唏"。哀叹抽泣声。　②阿泥捭陀：又作阿那律，甘露饭王之子，佛陀的堂弟，佛的十大弟子之一，号称"天眼第一"。③恸（tòng）绝：指因悲哀过度而昏厥。

[译文]

金刚仆倒处旁有座塔，乃是如来涅槃以后，受到七天供养的地方。如来将要涅槃之际，天空中大放光明，普照四方，天神大众全部汇集，无不悲伤感怀，互相说："大觉世尊如今将要涅槃，众生福分将尽，世间再也没有依靠了。"如来右侧卧在狮子床上，告诉大家说："不要认为如来真的完全寂灭了，我的法身永不消逝，只是脱离各种化身罢了。以后你们应当抛弃懈怠之心，早日求得肉身解脱。"各位比丘哀伤啜泣，悲痛不已。当时，阿泥捭陀（过去称为阿那律，错了）告诉各位比丘说："不要哭了，不要哭了，不要悲痛！免得各位天神讥笑责怪。"此时，末罗族人所做供养完毕，正要抬起金棺，前往火葬场。阿泥捭陀对大家说："先停下！诸位天神想要暂留七天，供养佛陀。"于是天神大众手持美妙天花，飘逸在空中，赞颂佛陀的圣德，都竭尽虔诚之心，共同供养佛陀。

停棺处旁边有座塔，乃是摩诃摩耶夫人哭佛之处。如来涅槃，入殓结束后，阿泥捭陀升上天宫，告诉摩耶夫人说："大圣法王如今已经涅槃。"摩耶夫人听了，悲伤昏厥。立即和天神大众来到双树之间，看到佛生前所用僧伽胝、钵和锡杖，抚摸遗物，号啕痛哭，昏倒之后醒来说："世人、天神的福缘已尽，再也没有洞察一切的世间法眼了！如今只剩下这些遗物，却再也没有主人了。"如来运用神圣法力，金棺自动打开，大放光明，如来双手合十而坐，安慰慈母说："您大老远来，降临人间！世间万物不能常在，请您不要过度悲伤。"阿难强忍悲痛请教佛陀："后人如果问起此事,我怎样来回答呢?"佛陀说:"你告诉他们,佛陀已经涅槃,慈母摩耶夫人从天宫降临人世,来到双树之间。如来为了教化众多不孝的世人,从金棺中坐起,双手合十说法。"

都城往北,渡过河走三百多步的地方有座塔,是如来焚化遗体之处。现在地表呈黄黑色,土壤里混杂了炭灰,只要虔诚祈求,还有可能获得舍利。如来涅槃之后,世人、天神悲伤不已,用七宝装饰棺材,用千层细毛布缠裹身体,供奉香、花,筑造幡盖,末罗族人抬着棺木在前方开路,队伍前后都有人跟随引导,向北渡过金河;盛满香油,堆满香木,点火焚烧,有两层细毛布没有焚化,一层是贴身布,一层是外罩布。众人分发佛的舍利,只有头发、指甲完好无损。

焚身处旁有座塔,是如来为大迦叶波展示双足的地方。当时,如来的金棺已经放好,下面堆积了香木,却点不着火,大家都感到非常惊讶,阿泥律陀说:"是在等待迦叶波。"那时大迦叶波及其五百弟子从山林中赶来,到达拘尸城,问阿难:"世尊的躯体,能见见吗?"阿难说:"遗体已经用千层细毛布缠裹,两层棺椁装殓,香木都堆好了,就要开始焚化了。"这时,佛从棺内伸出两只脚,脚底呈现了轮相,颜色奇异。大迦叶波问阿难:"为什么会出现这种颜色?"回答道:"佛刚刚涅槃之时,世人、天神悲痛不已,众人的泪水沾染,所以出现了这种颜色。"迦叶波行礼以后,围绕棺木行走,赞颂佛的功德,香木自动燃烧起来,火势很盛。因此,如来涅槃后,三次露出棺外:最先露出手臂,向阿难询问出殡路线;第二次坐起身来,为母亲说法;最后显现两脚,展示给大迦叶波看。

6. 八王分舍利传说

现足侧有窣堵波,无忧王所建也,是八王分舍利处。前建石柱,刻记其事。佛入涅槃,后涅叠般那已,诸八国王备四兵至,遣直性婆罗门谓拘尸力士①曰:"天人导师,此国寂灭,故自远来,请分舍利。"力士曰:"如来降尊,即斯下土,灭世间明导,丧众生慈父。如来舍利,自当供养,徒疲道路,终无获得。"时诸大王逊辞以求,既不相允,重谓之曰:"礼请不从,兵威非远。"直性婆罗门扬言曰:"念哉!大悲世尊忍修福善,弥历旷劫,想所具闻,今欲相凌,此非宜也。今舍利在此,当均八分,各得供养,何至兴兵?"诸力士依其言,即时均量,欲作八分。帝释谓诸王曰:"天当有分,勿恃力竞。"阿那婆答多龙王、文邻龙王②、医那钵呾罗龙王复作是议:"无遗我曹。若以力者,众非敌矣。"直性婆罗门曰:"勿喧诤也,宜共分之。"即作三分,一诸天,二龙众,三留人间,八国重分。天、龙、人王莫不悲感。

[注释]

①拘尸力士:拘尸城的末罗族人。 ②文邻龙王:此龙听闻佛法,脱离龙身,居住在金刚座旁的池中以及目真邻陀山的石窟内。

[译文]

现足塔旁有座塔由无忧王建造,是八位国王分配舍利之处。前面立了石柱,铭刻了这件事。佛进入涅槃后,火化完毕,八位国王率领大军前来,派遣直性婆罗门对拘尸城的末罗人说:"天界人间的导师在该国涅槃,为此我们从远处赶来,请求分得舍利。"末罗人说:"如来屈尊降临我国,如今世界的圣明导师逝去,众生的慈父丧失。因此如来的舍利理应由我们供养,你们白白长途跋涉,最终一无所获。"当时各国国王低声下气地请求，没有得到同意后，于是重新说："以礼恳请你们不答应，军队胁迫就在眼前。"直性婆罗门大声说："好好想想吧！大悲世尊坚持修福积善，经历了多少岁月，想必你们都听说过吧。如今你们要以武力相威胁，恐怕不合适吧。现在舍利就在此地，应该平均分作八份，各自请回供养，何必兴师动众？"末罗人接受了他的意见，立即平均分配，要分为八份。帝释对诸王说："天神必须分得一份，不要想凭借武力来争夺。"阿那婆答多龙王、文邻龙王、医那钵呾罗龙王又提出这样的意见："不要遗漏了我们。如果想靠武力争夺，你们都不是对手。"直性婆罗门说："不要吵闹争执了，应该一起平分。"随即分为三份，一份给各位天神，一份给众龙王，一份留在人间，由八个国家再行分配。天神、龙王、人王无不悲伤感慨。

三、大邑聚及罗怙罗神迹传说

分舍利窣堵波西南行二百余里，至大邑聚。有婆罗门，豪右巨富，确乎不杂，学究五明，敬崇三宝。接其居侧，建立僧坊，穷诸资用，备尽珍饰，或有众僧往来中路，殷勤请留，罄心供养，或止一宿，乃至七日。其后设赏迦王毁坏佛法，众僧绝侣，岁月骤淹，而婆罗门每怀恳恻。经行之次，见一沙门，厖眉皓发①，杖锡而来。婆罗门驰往迎逆，问所从至，请入僧坊，备诸供养，且以淳乳，煮粥进焉。沙门受已，才一咬齿，便即置钵，沉吟长息。婆罗门侍食，跪而问曰："大德慧利随缘，幸见临顾，为夕不安耶？为粥不味乎？"沙门愍然告曰："吾悲众生福佑渐薄，斯言且置，食已方说。"沙门食讫，摄衣即去。婆罗门曰："向许有说，今何无言？"

沙门告曰："吾非忘也。谈不容易，事或致疑。必欲得闻，今当略说。吾向所叹，非薄汝粥。自数百年，不尝此味。昔如来在世，我时预从，在王舍城竹林精舍，俯清流而涤器，或以澡漱，或以盥沐。嗟乎！今之纯乳，不及古之淡水，此乃人、天福灭使之然也。"婆罗门曰："然则大德乃亲见佛耶？"沙门曰："然。汝岂不闻佛子罗怙罗者，我身是也。为护正法，未入寂灭。"说是语已，忽然不见。婆罗门遂以所宿之房，涂香洒扫，像设仪肃，其敬如在。

复大林中行五百余里，至婆罗疷（女黠反）斯国（旧曰波罗柰国，讹也。中印度境）。

[注释]

①厖（máng）眉皓发：眉毛黑白夹杂，头发全都白了，指老人。

[译文]

从分舍利塔向西南方走二百多里，来到一座大集镇。有位婆罗门，出身高贵，富可敌国，信仰坚定，没有杂念，精通五明，崇奉三宝。紧挨着他的住宅，建造起一座僧舍，各类设施齐全，用大量珍宝装饰，凡遇到路过的僧人，都会殷勤挽留居住，尽心竭力加以供养，有的只住一宿，有的逗留七天。后来，设赏迦王毁灭佛法，途经的僧人绝迹，时光流逝，可是这位婆罗门仍旧心怀同情。有一次他走在路上，看见一位沙门，眉毛花白，头发雪白，手持锡杖走来。婆罗门立即迎上前去，问他从哪里来，到哪里去，迎请进僧舍，准备好各种供养，早晨端来用纯净牛奶煮成的粥饭。沙门接过来，刚刚挨了下嘴唇，就把食钵放在一边，沉思长叹。婆罗门在边上侍奉进食，跪下问他："大师父对有缘之人施加恩惠，我荣幸地能请到您光临寒舍，您是晚上没有休息好呢？还是粥饭的味道不好呢？"

沙门伤感地说："我是为众生的福德护佑越来越少感到悲伤，暂且不说了，吃完饭再说吧。"沙门吃完饭，整理衣服就要赶路。婆罗门说："刚才您许诺有话要说，现在为何默不作声？"沙门告诉他说："我没有忘记。只是很难讲明白，甚至说的事会引起不必要的猜疑。如果确实想知道，我就简单说几句。我刚才感叹的，不是嫌你的粥饭不好。这几百年来，我都没有吃到这些东西。以前，如来在世的时候，我时常跟随左右，在王舍城的竹林精舍里，趴在清澈的流水边，洗涤器皿，有时洗手漱口，有时沐浴。唉！如今的纯奶，都比不上古代的淡水，这正是世人、天神的福分衰减造成的结果啊。"婆罗门说："这么说大师父您亲眼见过佛祖了？"沙门说："是的。你难道没有听说过佛的儿子罗怙罗吗？我就是呀。为了捍卫佛法，我还没有涅槃。"说完这话，忽然无影无踪。婆罗门于是将沙门住过的房屋，打扫干净，涂上香料，供奉了沙门的图像，恭恭敬敬，就像沙门还在这里一样。

再从大森林中走五百多里，来到婆罗疸斯国（过去称为波罗奈国，错了。在中印度境内）。

家藏文库

大唐西域记 下

〔唐〕玄奘 撰　　周松 注译

中州古籍出版社
·郑州·

大唐西域记卷第七

（五国）

三藏法师玄奘奉诏　译
大总持寺沙门辩机　撰

婆罗疨斯国

婆罗疨斯国①周四千余里。国大都城西临殑伽河，长十八九里，广五六里。闾阎栉比，居人殷盛，家积巨万，室盈奇货。人性温恭，俗重强学，多信外道，少敬佛法。气序和，谷稼盛，果木扶疏，茂草靃靡②。伽蓝三十余所，僧徒三千余人，并学小乘正量部法。天祠百余所，外道万余人，并多宗事大自在天，或断发，或椎髻，露形无服，涂身以灰，精勤苦行，求出生死。

大城中天祠二十所，层台祠宇，雕石文木，茂林相荫，清流交带，鍮石天像量减百尺，威严肃然，懔懔如在。

大城东北婆罗疨河西有窣堵波，无忧王之所建也，高百余尺。前建石柱，碧鲜若镜，光润凝流，其中常现如来影像。

[注释]

①婆罗疨（niè）斯国：都城故址在今印度北方邦南部的贝拿勒斯。

②靃（suǐ）靡（mí）：指草木细弱，随风披拂的样子。

[译文]

婆罗疨斯国方圆四千多里。该国的大都城西濒殑伽河，长十八九里，宽五六里。里巷房屋鳞次栉比，居民生活富足，家中财富巨大，满屋奇珍异宝。人民性情温和谦恭，风俗重视努力学习，多数信仰外道，少数信奉佛教。气候温和，农作物繁盛，果木树林浓密，草木随风披拂。有佛寺三十多座，僧人有三千多名，都在研习小乘佛教正量部法。天祠有一百多座，外道信徒有一万多人，多数崇拜大自在天神，有的剪短头发，有的扎起椎髻，赤身裸体不穿衣服，全身涂灰，一心一意修炼苦行，追求脱离生死轮回。

大都城中有天祠二十座，楼宇殿堂层层叠叠，石壁雕刻精美，木柱装饰华丽，树木茂密，树荫相连，清澈的水流纵横交错，鍮石神像高度接近百尺，威严肃穆，仪态凛然，栩栩如生。

大都城东北方的婆罗痆河西岸有座塔，是无忧王建造的，高有一百多尺。塔前立石柱，碧绿光滑犹如明镜，光滑莹润好似冰流，柱子里常常显现出如来的影像。

一、鹿野伽蓝

婆罗痆河东北行十余里，至鹿野伽蓝，区界八分，连垣周堵，层轩重阁，丽穷规矩。僧徒一千五百人，并学小乘正量部法。大垣中有精舍，高二百余尺，上以黄金隐起作庵没罗果，石为基阶，砖作层龛，龛匝四周，节级百数，皆有隐起黄金佛像。精舍之中有鍮石佛像，量等如来身，作转法轮①势。

精舍西南有石窣堵波，无忧王建也，基虽倾陷，尚余百尺。前建石柱，高七十余尺。石含玉润，鉴照映彻，殷勤祈请，影见众像，善恶之相，时有见者。是如来成正觉已，初转法轮处也。其侧不远窣堵波，是阿若憍陈如②等见菩萨舍苦行，遂不侍卫，来至于此，而自习定。其傍窣堵波，是五百独觉同入涅槃处。又三窣堵波，过去三佛③坐及经行遗迹之所。

1. 慈氏及护明受记窣堵波

三佛经行侧有窣堵波,是梅呾丽耶(唐言慈,即姓也。旧曰弥勒,讹略也)菩萨受成佛记处。昔者如来在王舍城鹫峰山告诸苾刍:"当来之世,此赡部洲土地平正,人寿八万岁。有婆罗门子慈氏者,身真金色,光明照朗,当舍家成正觉,广为众生三会说法。其济度者,皆我遗法植福众生也。其于三宝深敬一心,在家、出家,持戒、犯戒,皆蒙化导,证果解脱。三会说法之中,度我遗法之徒,然后乃化同缘善友。"是时慈氏菩萨闻佛此说,从坐起,白佛言:"愿我作彼慈氏世尊。"如来告曰:"如汝所言,当证此果。如上所说,皆汝教化之仪④也。"

慈氏菩萨受记西有窣堵波,是释迦菩萨受记之处。贤劫中人寿二万岁,迦叶波佛出现于世,转妙法轮,开化含识,授护明菩萨⑤记曰:"是菩萨于当来世众生寿命百岁之时,当得成佛,号释迦牟尼。"

释迦菩萨受记南不远,有过去四佛经行遗迹,长五十余步,高可七尺,以青石积成,上作如来经行之像,像形杰异,威严肃然,肉髻之上,特出髾发⑥,灵相无隐,神鉴有征。

于其垣内,圣迹实多,诸精舍、窣堵波数百余所,略举二三,难用详述。

[注释]

①转法轮:比喻为演说佛法。 ②阿若憍陈如:最初受到佛陀济度的五比丘中的上首,曾为释迦的护卫。 ③过去三佛:"过去四佛"中的前

三位，不包括释迦牟尼。 ④仪：此处解释为度、法、则。 ⑤护明菩萨：是释迦牟尼的前身之一，为迦叶波佛的弟子。 ⑥髾（shāo）发：头发梢。

[译文]

　　从婆罗痆河东北方走十多里，来到鹿野寺，寺内划分为八部分，用围墙连为一体，轩台楼阁，层层叠叠，造型、格局设计巧妙至极。僧人有一千五百名，都在研习小乘佛教正量部法。大墙之内有座精舍，高达二百多尺，上面用黄金制成的庵没罗果形状若隐若现，用条石做台阶，砖块建成一层层的佛龛，佛龛环绕四周，有上百层之多，每层都隐现出黄金佛像。精舍之内供奉鍮石佛像，规格与如来真身一样，作出转法轮的姿势。

　　精舍西南面有座石塔，由无忧王兴建，虽然塔基塌陷，还有一百多尺高。塔前立了石柱，高达七十多尺。石质晶莹光润，洁净如镜，光可鉴人，如果诚心祈请，就能显示众生的影像，或善或恶，通常都能看到。这是如来成正觉后，初转法轮的地方。旁边不远处的塔，是当初阿若憍陈如等人看到菩萨放弃苦修，于是不再侍卫，他们来到这里，自行修习禅定。旁边的塔是五百位辟支佛一同进入涅槃之处。还有三座塔是过去三佛打坐以及散步的遗迹。

　　三佛散步场所旁有座塔，是梅呾丽耶（大唐称为慈，是他的姓。过去称为弥勒，是错的或省略的说法）菩萨领受佛祖预言之处。以前，如来在王舍城鹫峰山告诉各位比丘："未来的时代，赡部洲土地平整，人能活八万岁。有位婆罗门之子，号称慈氏，身体呈现真金颜色，光明耀眼，普照四方，必会舍弃尘俗，修成正觉，为世间众生全部说法三次。获得他度化的人都是我流传的佛法所造福的众生。他对三宝极为敬奉，始终如一，不论在家之人、出家之人，持戒者还是犯戒者，都能有幸得到他的教化引导，证得果位，获得解脱。在三次说法的过程中，首先济度遵行佛法的信徒，然后度化与佛有缘的善人。"慈氏菩萨听见佛这样说，从座位上站起身，对佛说："希望我能成为那个慈氏世尊。"如来告诉他："正如你所说的，必将证得这一果位。我前面所说的话都是你在教化世人的时候应当遵行的规矩。"

慈氏菩萨受记处西边有座塔，是释迦菩萨领受预言的地方。在贤劫中，人的寿命有二万岁的时候，迦叶波佛出现在人世间，宣讲精妙佛法，开导度化世人，授记护明菩萨说："菩萨你将在未来众生的寿命一百岁的时候，成为佛陀，号为释迦牟尼。"

释迦菩萨受记处南面不远，有过去四佛散步场所的遗迹，长五十多步，高约七尺，用青石垒砌而成，上面刻有如来行走的形象，形貌与众不同，威严庄重，在肉髻上面特别刻出发梢，佛陀妙相显露无遗，灵异征兆时时出现。

在鹿野寺的围墙内，圣迹真是太多了，各种精舍、佛塔有好几百座，这里仅仅简单地举出二三例，其他难以一一详述。

2. 三龙池及释迦遗迹

伽蓝垣西有一清池，周二百余步，如来尝中盥浴。次西大池，周一百八十步，如来尝中涤器。次北有池，周百五十步，如来尝中浣衣。凡此三池，并有龙止。其水既深，其味又甘，澄净皎洁，常无增减。有人慢心，濯此池者，金毗罗①兽多为之害；若深恭敬，汲用无惧。浣衣池侧大方石上，有如来袈裟之迹，其文明彻，焕如雕镂，诸净信者每来供养。外道凶人轻蹈此石，池中龙王便兴风雨。

[注释]

①金毗罗：指蛟龙、鳄鱼等。

[译文]

鹿野寺围墙以西有一座清水池，方圆二百多步，如来曾在池中盥洗沐浴。再向西有座大水池，方圆一百八十步，如来曾在池中洗涤食钵。再往北有座水池，方圆一百五十步，如来曾在池中浣洗衣物。在这三个水池里都有龙王居住。池水很深，水味甘美，洁净清澈，水位恒定。如果有人心怀傲慢，在这些水池里盥洗，常常遭受金毗罗兽的侵害；如果心怀恭敬，汲水使用则不用害怕。浣衣池旁的大方石上，留下了如来袈裟的印记，线条清晰，宛如雕刻而成，坚信佛法的人常到这里供养。外道恶人轻慢地踩上这块石头，池里的龙王就会兴风降雨。

3. 象、鸟、鹿王本生故事

池侧不远有窣堵波，是如来修菩萨行时，为六牙象王，猎人利其牙也，诈服袈裟，弯弧伺捕。象王为敬袈裟，遂捩牙①而授焉。

捩牙侧不远有窣堵波，是如来修菩萨行时，愍世无礼，示为鸟身，与彼猕猴、白象，于此相问，谁先见是尼拘律树，各言事迹，遂编长幼，化渐远近，人知上下，道俗归依。

其侧不远，大林中有窣堵波，是如来昔与提婆达多俱为鹿王断事之处。昔于此处大林之中，有两群鹿，各五百余。时此国王畋游原泽，菩萨鹿王前请王曰："大王校猎中原，纵燎飞矢，凡我徒属，命尽兹晨，不日腐臭，无所充膳。愿欲次差，日输一鹿，王有割鲜之膳，我延旦夕之命。"王善其言，回驾而返。两群之鹿，更次输命。提婆群中有怀孕鹿，次当就死，白其王曰："身虽应死，子未次也。"鹿王怒曰："谁不宝命！"雌鹿叹曰："吾王不仁，死无日矣。"乃告急菩萨鹿王。鹿王曰："悲哉慈母之心，恩及未形之子！吾今代汝。"遂至王门。道路之人传声唱曰："彼大鹿王今来入邑。"都人士庶莫不驰观。王之闻也，以为不诚，门者白王，王乃信然。曰："鹿王何遽来耶？"鹿曰："有雌鹿当死，胎子未产，心不能忍，敢以身代。"王闻叹曰："我人身，鹿也。尔鹿身，人也。"于是悉放诸鹿，不复输命，即以其林为诸鹿薮②，因而谓之施鹿林焉。鹿野之号，自此而兴。

[注释]

①捩（liè）：拗折，折断。　②薮（sǒu）：人或物聚集的地方。

[译文]

池边不远处有座塔，当初，如来修菩萨行的时候，曾是六牙象王，猎人想得到他的象牙，假意穿着袈裟，拉开强弓随时准备射杀。象王为了不亵渎袈裟，自行扭断象牙交给他。

捩牙塔不远处有座塔，当初，如来修菩萨行的时候，怜悯世人不懂礼仪，化身为鸟，和猕猴、白象相约，谁先看到尼拘律树，就先讲述自己的事迹，以此分出长幼顺序，教化从近到远，使世人都明白了上下尊卑的礼节，引导人们皈依佛法。

旁边不远的大森林中有座塔，是以前如来和提婆达多都为鹿王，各自处理事务的地方。古代在这片大森林里有两群鹿，每群都有五百多只。那时，该国国王来到原野中打猎，菩萨鹿王上前请求国王："大王在原野中狩猎，随意放火，箭如雨下，我们这些动物今天一早便会一命呜呼，用不了几天则会腐败发臭，无法使您享用。我希望按照被猎杀的顺序，每天送一只鹿给您，如此，大王能够得到新鲜的美食，我们也可苟延残喘生命。"国王认为他讲得有理，于是摆驾回宫。这两群鹿轮换依次去送命。提婆鹿群里有只怀孕的母鹿，按顺序轮到她去死，她告诉提婆鹿王："虽然我应当去赴死，但是肚子里的孩子不该去呀。"鹿王愤怒地说："谁不爱惜自己的生命！"母鹿叹息道："国王没有仁慈之心，我们很快都得死。"于是马上去向菩萨鹿王求救。鹿王说："可怜啊！慈母之心，对没成形的孩子也有恩德惠顾！如今我代你去死。"鹿王来到王都门口。路上的人大声传唱："大鹿王现在进城来了。"城里的官员百姓无不跑来观看。国王听说此事，认为这是谣传，直到门卫报告，国王方才相信。说："鹿王为何前来？"鹿王说："有只母鹿应该来送死，可是她怀有身孕尚未生产，我于心不忍，愿意以身相代。"国王听了感叹道："我生为人身，却是动物的心肠。你身为鹿身，却怀有人的心肠。"于是释放了所有的鹿，不再要求鹿群送鹿，把这片森林作为鹿群的栖息场所，命名为"施鹿林"。鹿野一名，从此流传开来。

4. 憍陈如等五人迎佛窣堵波

伽蓝西南二三里，有窣堵波，高三百余尺，基趾广峙，莹饰奇珍，既无层龛，便置覆钵，虽建表柱，而无轮铎。其侧有小窣堵波，是阿若憍陈如等五人弃制迎佛处也。初，萨婆曷剌他悉陀（唐言一切义成。旧曰悉达多，讹略也）太子逾城之后，栖山隐谷，忘身殉法。净饭王乃命家族三人、舅氏二人曰："我子一切义成舍家修学，孤游山泽，独处林薮，故命尔曹，随知所止。内则叔父、伯舅，外则既君且臣，凡厥动静，宜知进止。"五人衔命，相望营卫。

因即勤求，欲期出离。每相谓曰："夫修道者，苦证耶？乐证耶？"二人曰："安乐为道。"三人曰："勤苦为道。"二三交争，未有以明。于是太子思惟至理，为伏苦行外道，节麻米以支身。彼二人者见而言曰："太子所行非真实法。夫道也者，乐以证之，今乃勤苦，非吾徒也。"舍而远遁，思惟果证。太子六年苦行，未证菩提，欲验苦行非真，受乳糜而证果。斯三人者闻而叹曰："功垂成矣，今其退矣。六年苦行，一日捐功。"于是相从求访二人，既相见已，匡坐高论，更相议曰："昔见太子一切义成，出王宫，就荒谷，去珍服，披鹿皮，精勤励志，贞节苦心，求深妙法，期无上果。今乃受牧女乳糜，败道亏志，吾知之矣，无能为也。"彼二人曰："君何见之晚欤？此狷蹶人耳。夫处乎深宫，安乎尊胜，不能静志，远迹山林，弃转轮王位，为鄙贱人行，何可念哉？言增忉怛[①]耳。"菩萨浴尼连河[②]，坐菩提树，成等正觉，号天人师，寂然宴默，惟察应度，曰："彼郁头蓝子者，证非想定，堪受妙法。"空中诸天寻声报曰："郁头蓝子命终已来，经今七日。"如来叹惜："如何不遇？垂闻妙法，遽从变化。"重更观察，营求世界，有阿蓝迦蓝，得无所有处定，可授至理。诸天又曰："终已五日。"如来再叹，愍其薄祜。又更谛观，谁应受教，唯施鹿林中有五人者，可先诱导。如来尔时起菩提树，趣鹿野园，威仪寂静，神光晃曜，毫含玉彩，身真金色，安详前进，导彼五人。斯五人遥见如来，互相谓曰："一切义成，彼来者是。岁月遽淹，圣果不证，心期已退，故寻吾徒。宜各默然，勿起迎礼。"如来渐近，威神动物，五人忘制，拜迎问讯，侍从如仪。如来渐诱，示之妙理，雨安居毕，方获果证。

[注释]

①忉（dāo）怛（dá）：忧伤，悲痛。 ②尼连河：流经佛陀伽耶城的一条小河。

[译文]

佛寺西南二三里处有座塔，高达三百多尺，塔基高大宽广，塔上装饰了奇珍异宝。塔身没有一层层的佛龛，塔顶呈覆钵状，虽然设立了华表石柱，但是没有相轮铃铎。塔旁有座小塔，是阿若憍陈如等五人放弃他们自己的约定，主动迎接佛陀的地方。当初，萨婆曷剌他悉陀（大唐称为一切义成。过去称为悉达多，是错的或省略的说法）太子越城以后，隐居在山谷之中，准备舍身殉法。净饭王于是命令本族中的三人、外戚家的二人："我的儿子一切义成离弃家庭出外修道，孑然一身，独居于山谷森林之中，因此让你们追随他去，可以随时知道他的动向。你们对内论亲都是叔父、伯舅，对外论礼又是上下君臣，他的一切你们都要妥当处理。"五人领命前去，与太子保持一定距离加以护卫。

五人受此影响勤奋努力，希望能够脱离轮回。他们互相谈论："修道的方法是通过苦行证得，还是通过安乐证得？"其中二人说："通过安乐方式。"三人说："通过苦行方式。"五人相互争辩，莫衷一是。太子思考的是终极真理，采用修苦行外道的方法，他尽可能减少穿着、饮食，勉强维持生命。那二人看到说："太子遵行的方法不是真正的修行之道。所谓的道，应当通过快乐来证得，现在他勤修苦行，不是我们的同道人。"他们于是离开太子远远地跑了，去思考其他的证果方式。太子经过六年的苦修，还没有证得菩提果，就想验证修苦行是不是真的证果方式，所以吃了乳糜,居然证得正果。这三人听了慨叹道:"功业马上就要成功了,如今他却倒退。六年的辛勤苦修,就这样毁于一旦。"于是结伙寻找以前出走的二人,相见之后,正襟危坐,高谈阔论,一块儿议论:"从前看见太子一切义成离开王宫,来到荒山野谷,脱去美丽衣服,身披鹿皮,专心致志,意志坚定,寻求深奥高妙的解脱之法,获得无上正果。可是现在他接受了牧羊女馈赠的乳糜,败坏道行,有损初心,我们知道了,他没有作为了。"那二人说:"你们现在才醒悟,不是太晚了吗?他不过是个狂妄的人。身处深宫之中,安享尊荣,却无法安心立志,远赴山林之中,放弃世间王位,所作所为与卑贱之人一样,有什么值得挂念的呢?说来只是更加使人伤悲罢了。"菩萨在尼连禅河沐浴之后,安坐在菩提树下,成等正觉,号称天人之师,平静沉默中思考可以度化之人,说:"那位郁头蓝子曾经证得非想定,可以领受我的妙法。"天空中的各位天神应声回答:"郁头蓝子死去至今已经七天了。"如来叹惜说:"怎会如此不幸?刚刚有机会听闻我的妙法,却突然离世了。"佛陀重新观察,在人世间寻找到阿蓝迦蓝,已经得到无所有处定,可以传授至高的佛理。各位天神又说:"他死去已经五天了。"如来再度感叹,对他福薄而惋惜。佛陀再次仔细观察能接受教诲的人,结果只剩下施鹿林中的五个人,有资格可以先行诱导。如来这时便从菩提树下起身,前往鹿野园,他仪态威严肃穆,神光闪耀,眉间白毫光亮如玉,全身上下金光闪闪,神态安详,缓步前进,引导那五人。五个人远远看见如来,互相说:"那位来者正是一切义成太子。时间过去那么长了,还没有证得圣果,他已经将修行的念头抛在脑后,所以前来寻找我们。我们应当默不作声,不要迎接行礼。"如来越走越近,神威震动万物,五个人忘记了先前的约定,起身迎拜问候,依礼侍立随从。如来慢慢开导,展示了精妙的佛理,雨安居结束的时候,五人才获得果证。

二、烈士池及传说

施鹿林东行二三里，至窣堵波，傍有涸池，周八十余步，一名救命，又谓烈士。闻诸先志曰：数百年前，有一隐士，于此池侧结庐屏迹，博习伎术，究极神理，能使瓦砾为宝，人畜易形，但未能驭风云，陪仙驾。阅图考古，更求仙术。其方曰："夫神仙者，长生之术也。将欲求学，先定其志，筑建坛场，周一丈余。命一烈士，信勇昭著，执长刀，立坛隅，屏息绝言，自昏达旦；求仙者中坛而坐，手按长刀，口诵神咒，收视反听，迟明登仙。所执铦刀变为宝剑，凌虚履空，王诸仙侣，执剑指麾，所欲皆从，无衰无老，不病不死。"是人既得仙方，行访烈士，营求旷岁，未谐心愿。后于城中遇见一人，悲号逐路。隐士睹其相，心甚庆悦，即而慰问："何至怨伤？"曰："我以贫窭，佣力自济。其主见知，特深信用，期满五岁，当酬重赏。于是忍勤苦，忘艰辛。五年将周，一旦违失，既蒙答辱，又无所得。以此为心，悲悼谁恤？"隐士命与同游，来至草庐，以术力故，化具肴馔，已而令入池浴，服以新衣，又以五百金钱遗之，曰："尽当来求，幸无外也。"自时厥后，数加重赂，潜行阴德，感激其心。烈士屡求效命，以报知己。隐士曰："我求烈士，弥历岁时，幸而会遇，奇貌应图，非有他故，愿一夕不声耳。"烈士曰："死尚不辞，岂徒屏息？"于是设坛场，受仙法，依方行事，坐持日曛。曛暮之后，各司其务，隐士诵神咒，烈士按铦刀。殆将晓矣，忽发声叫。是时空中火下，烟焰云蒸，隐士疾引此人，入池避难。已而问曰："诫子无声，何以惊叫？"烈士曰："受命后，至夜分，昏然若梦，变异更起。见昔事主躬来慰谢，感荷厚恩，忍不报语；彼人震怒，遂见杀害。受中阴身，顾尸叹惜，犹愿历世不言，以报厚德。遂见托生南印度大婆罗门家，乃至受胎出胎，备经苦厄，荷恩荷德，尝不出声。洎①乎受业、冠、婚、丧亲、生子，每念前恩，忍而不语，宗亲戚属咸见怪异。年过六十有五，我妻谓曰：'汝可言矣！若不语者，当杀汝子。'我时惟念，已隔生世，自顾衰老，唯此稚子，因止其妻，令无杀害，遂发此声耳。"隐士曰："我之过也！此魔娆②耳。"烈士感恩，悲事不成，愤恚③而死。免火灾难，故曰救命；感恩而死，又谓烈士池。

[注释]

①洎（jì）乎：等到，待及。 ②魔娆：指魔障造成的扰乱蛊惑。
③愤恚（huì）：痛恨，怨恨。

[译文]

　　从施鹿林向东走二三里，有座塔，塔旁有一干涸的池子，方圆八十多步，被称作救命池，也叫烈士池。听当地耆老说：几百年前，有一位隐士在这个池边搭建草屋，隐居于此，他广泛学习各种法术，深入研究神变之理，能使瓦砾变成宝物，人畜改变形状，但还不能腾云驾雾，与仙人为伍。他查阅古代图书典籍，访求修仙的法术。得到的仙方说："成为神仙靠的是对长生不老法的修炼。要学习成仙的方法，首先必须坚定信念，建造一座坛场，坛场方圆一丈多。吩咐一位愿意自我牺牲的人，他的信用、勇气都必须非常突出，让他手握长刀，站立在坛场的一角，屏住呼吸，默不作声，从黄昏坚持到黎明时分；求仙的人坐在坛场正中，手里拿着长刀，口中念诵神咒，遮蔽视听，天亮之前就能成仙。手里拿的利刀就会变成宝剑，可以在空中行走，成为众仙中的王者，仗剑指挥，一切的愿望都能够实现，身体不会衰弱，也不会老去，不再得病，也不会死去。"这人获得成仙的方法，到处寻找能够自我牺牲的人，耗费了许多时间搜求，却始终没有找到。后来在城里遇到一个人，在路上边走边号啕痛哭。隐士看到这一情形，心中非常庆幸喜悦，上前安慰他说："出了什么事让你如此悲伤？"他回答说："我因为家境贫苦，充当雇工勉强度日。东家对我十分了解，所以深得他的信任重用，他许诺等到五年的期限满了，要给我重赏来酬谢。因此，我辛勤劳动，忘却艰难困苦。五年的期限快要满了，不料忽然犯了过错，不仅被鞭挞受辱，而且一无所获。为此痛心疾首，可是谁又能同情我呢？"隐士请他和自己同行，来到草庐中，运用法术，变化出饭菜，让他吃喝，然后又让他在池中沐浴，换上新衣服，又给了他五百个金钱，对他说："钱用完了就来找我要，不要拿我当外人。"从此以后，多次赠给大量的财物，暗中为他做事帮助，希望能激发他的报恩心。这个人多次请求为他效力，以便报答知遇之恩。隐士说："我访求烈士，已经很长时间了，所幸的是遇到了你，你的相貌清奇，与古图相吻合，没有别的要求，只希望你一个晚上默不作声。"烈士说："我万死不辞，何况只是不出声？"于是隐士设立了坛场，根据成仙的途径，一一按照规定去做，静静地等待太阳落山。日落以后，两人各司其职，隐士口中念诵神咒，烈士手持利刀。等到天快亮的时候，烈士突然高声喊叫。这时空中降下大火，烈焰翻腾，隐士慌忙拉着这个人，潜入池中避难。事后，隐士问他："警告过你不要出声，为什么突然惊叫？"烈士说："我接受命令后，到半夜时分，感到昏昏沉沉，就像做梦一样，各种变化异象纷纷出现。我看到从前的雇主亲自前来慰问道歉，我心中想着你对我的深恩厚德，于是强忍着一言不发；雇主勃然大怒，于是将我杀死。我在中阴时，望着自己的尸体叹息，可仍然发愿以后世世都不说话，来报答你的恩德。随即，我看见自己转生到南印度的一户大婆罗门家里，以至于坐胎、诞生，受尽了苦难，念及你的恩德，我仍旧一言不发。经过了读书学习、长大成人、娶妻结婚、丧失亲人、生儿育女，每次想到你的恩情，我都强忍着不说话，亲戚朋友都觉得非常奇怪。当我年过六十五岁后，我的妻子对我说：'你可以说话了！如果再不说话，我就杀了你的孩子。'我这时想到，事情已经隔了一世，看看自己年老体衰，只剩下这个小儿子，因此制止妻子，叫她不要杀人，所以才发出了喊声。"隐士说："这是我自己的过失！你所说的一切不过是妖魔的扰乱蛊惑罢了。"烈士感激隐士的恩德，悲叹事情没有办成，羞愧愤怒，含恨而死。由于水池使他们免遭天火灾难，所以被称为救命池；又因为烈士报答隐士的恩德而死，所以也叫烈士池。

三、三兽窣堵波

烈士池西有三兽窣堵波，是如来修菩萨行时烧身之处。劫初时，于此林野，有狐、兔、猿，异类相悦。时天帝释欲验修菩萨行者，降灵应化①为一老夫，谓三兽曰："二三子善安隐乎？无惊惧耶？"曰："涉丰草，游茂林，异类同欢，既安且乐。"老夫曰："闻二三子情厚意密，忘其老弊，故此远寻。今正饥乏，何以馈食？"曰："幸少留此，我躬驰访。"于是同心虚己②，分路营求。狐沿水滨，衔一鲜鲤，猿于林树，采异花果，俱来至止，同进老夫。唯兔空还，游跃左右。老夫谓曰："以吾观之，尔曹未和。猿狐同志，各能役心，唯兔空返，独无相馈。以此言之，诚可知也。"兔闻讥议，谓狐、猿曰："多聚樵苏，方有所作。"狐、猿竞驰，衔草曳木，既已蕴崇，猛焰将炽。兔曰："仁者，我身卑劣，所求难遂，敢以微躬，充此一飨。"辞毕入火，寻即致死。是时老夫复帝释身，除烬收骸，伤叹良久，谓狐、猿曰："一何至此！吾感其心，不泯其迹，寄之月轮，传乎后世。"故彼咸言，月中之兔，自斯而有。后人于此建窣堵波。

从此顺殑伽河流，东行三百余里，至战主国（中印度境）。

[注释]

①应化：佛、菩萨、天神等应众生的机缘而显示的变化。　②同心虚己：同心协力，诚恳待人。

[译文]

烈士池的西面有三座兽塔，这是如来修菩萨行的时候焚烧自身的地方。劫初的时候，在这片森林原野里，生活着一只狐狸、一只兔子、一只猿猴，它们虽然种类不同，却能够和睦相处。当时，天帝释想要检验修菩萨行的效果，于是从天空降临，变化成一位老人，对三只动物说："你们几位都活得平安自在吗？没有让你们担惊受怕的情况吧？"它们回答说："我们徜徉在茂盛的草丛里，游荡在浓密的森林中，种类不同，感情却很好，既平平安安，又欢欢乐乐。"老人说："听到你们感情深厚，所以我也不顾年老体衰，远道来访。现在又累又饿，你们拿什么来款待我呢？"它们回答说："请您在这里稍事休息，我们立刻出去采办。"它们同心协力，坦诚相待，各自分头前去觅食。狐狸沿着河边，叼来一条新鲜鲤鱼，猿猴在森林里，采集奇花异果，一同回到这里，把食物奉献给老人。只有兔子一无所获，空手而归，还在那里蹦蹦跳跳，自由自在。老人对它说："在我看来，你们并不和睦。猿猴和狐狸志同道合，齐心协力认真办事，只有兔子白跑一趟，没有东西拿来馈赠给我。从这一情况看，我的说法没有错。"兔子听了老人讥讽，对狐狸、猿猴说："你们多收集些柴草，我要办件事。"狐狸和猿猴争相前去，衔来干草，拖来木头，柴草堆得很高，大火猛烈燃烧。兔子说："仁厚的长者呀，我的身体卑微低贱，难以完成您的要求，如今只好冒昧用我渺小的身躯，充当这一顿饭吧。"说完跳入火中，立刻被烧死了。这时老人恢复了帝释的原貌，除去灰烬，收取遗骸，伤感叹息了很长时间，对狐狸、猿猴说："怎么弄到这般地步！我被它的心意感动，不会让它的事迹泯灭，我要将它放在月宫中，让它的事迹流传后世。"所以人们都说，月宫中的兔子，从那时候开始有了。后世的人就在这里建造了佛塔。

从该国沿着殑伽河，向东走三百多里，来到战主国（在中印度境内）。

战 主 国

战主国①周二千余里，都城临殑伽河，周十余里。居人丰乐，邑里相邻。土地膏腴，稼穑时播。气序和畅，风俗淳质，人性犷烈，邪正兼信。伽蓝十余所，僧徒减千人，并皆遵习小乘教法。天祠二十，异道杂居。

[注释]

①战主国：故址在今印度北方邦东南部的加济普尔。

[译文]

战主国方圆二千多里，都城濒临殑伽河，方圆十多里。百姓安居乐业，街市城坊相连。土地肥沃，农作物按时播种。气候温和舒畅，民风淳厚质朴，性情粗犷暴烈，外道、佛法都有人信仰。佛寺有十多座，僧人不到一千名，全部遵奉研习小乘教法。天祠有二十座，各派外道混杂居住。

一、佛舍利窣堵波

大城西北伽蓝中窣堵波，无忧王之所建也。《印度记》曰：此中有如来舍利一斗。昔者世尊尝于此处，七日之中，为天人众显说妙法。其侧则有过去三佛坐及经行遗迹之处。邻此复有慈氏菩萨像，形量虽小，威神嶷然①，灵鉴潜通，奇迹间起。

[注释]

①嶷（yí）然：端庄的样子。

[译文]

都城西北方佛寺里的佛塔，由无忧王建造。根据《印度记》的记载：佛塔中藏有一斗如来的舍利。以前，世尊曾在这里待了七天七夜，为天人大众演说精妙佛法。塔旁有过去三佛打坐和散步场所的遗迹。再旁边过去还有一尊慈氏菩萨像，尺寸虽然比较小，但是神态威严端庄，神灵暗中与菩萨像相通，不时有灵异出现。

二、不穿耳伽蓝

大城东行二百余里，至阿避陀羯剌拿①僧伽蓝（唐言不穿耳），周垣不广，雕饰甚工，花池交影，台阁连甍，僧徒肃穆，众仪庠序②。闻诸先志曰：昔大雪山北睹货逻国有乐学③沙门，二三同志礼诵余闲，每相谓曰："妙理幽玄，非言谈所究；圣迹昭著，可足趾所寻。宜询莫逆，亲观圣迹。"于是二三交友，杖锡同游。既至印度，寓诸伽蓝，轻其边鄙，莫之见舍。外迫风露，内累口腹，颜色憔悴，形容枯槁。

时此国王出游近郊，见诸客僧，怪而问曰："何方乞士？何所因来？耳既不穿④，衣又垢弊。"沙门对曰："我，睹货逻国人也。恭承遗教，高蹈俗尘，率其同好，观礼圣迹。慨以薄福，众所同弃，印度沙门，莫顾羁旅。欲还本土，巡礼未周，虽迫勤苦，心遂后已。"王闻其说，用增悲感，即斯胜地，建立伽蓝，白氎题书，为之制曰："我惟尊居世上，贵极人中，斯皆三宝之灵佑也。既为人王，受佛付嘱，凡厥染衣，吾当惠济。建此伽蓝，式招羁旅。自今已来，诸穿耳僧，我此伽蓝不得止舍。"因其事迹，故以名焉。

[注释]

①阿避陀羯剌拿：故址在今印度北方邦东南部的加济普尔以东约53千米处。　②庠序：指学校，这里的意思是僧人像在学校那样讲究尊卑礼仪。　③乐学：这里指喜爱佛法。　④耳既不穿：是否穿耳是古代印度区分域外人的标志之一。人们往往把穿耳僧特指为印度僧人。

[译文]

　　从都城向东走二百多里，到达阿避陀羯剌拿佛寺（大唐称为不穿耳），围墙的占地面积不大，雕刻装饰得十分精美，鲜花池水交相辉映，楼台殿阁相互连接，僧人肃穆齐整，像在学校般讲究礼仪，尊卑有序。听年长的人说：以前，在大雪山北麓的睹货逻国有位喜好研究佛学的沙门，几个志同道合的人在礼拜诵经的空闲，常常互相议论说："美妙的佛理幽深玄奥，不是仅凭言语就可以探究的；圣人的遗迹清清楚楚就在那里，这却可以亲身拜访。我们应该邀约知心朋友，去亲眼瞻仰圣人遗迹。"于是几个人结伴，手持杖锡一同前往游历。到达印度以后，向佛寺求宿，寺里的僧人看不起他们是来自偏远落后地区的人，没有人愿意收留。这些沙门被迫在外遭受风吹雨淋，忍饥挨饿，脸色非常憔悴，容貌干枯，失去光彩。

这时，该国国王在近郊游玩，看见这些外国僧人，感到奇怪，于是问道："你们是从哪里来的乞丐？为什么到这里来？你们耳朵上没有穿环，衣服又脏又破。"沙门对国王说："我们是睹货逻国人士。秉承如来的教诲，远离俗世，一心修行，相约了有共同志向的人，一起来参观礼拜圣人遗迹。令人感慨的是我们福薄命浅，被印度僧众嫌弃，印度的沙门们不愿意照顾我们这些出行在外的远方人。我们想要返回祖国，但是还没有参观礼拜完毕所有的遗迹，尽管旅途艰辛，还是要实现自己的心愿之后才肯罢休。"国王听了他们的遭遇，内心十分伤感，立即在这块胜地上，建造了佛寺，用白毛布题字，写下了这样的规定："我能在人世间称孤道寡，成为地位最高贵的人，这都是佛法僧三宝护佑的结果。既然做了国王，就应听从佛的嘱托，对于所有的僧人，我都有义务给予照顾。现在建造这座佛寺，就是为了礼敬招待外国的僧人。从今往后，凡是穿耳的僧人，不得留宿在我建造的这座佛寺里。"因为这件事，所以被叫作不穿耳寺。

三、摩诃娑罗邑及诸遗迹

阿避陀羯剌拿伽蓝东南行百余里，南渡殑伽河，至摩诃娑罗①邑，并婆罗门种，不遵佛法。然见沙门，先访学业，知其强识，方深礼敬。

殑伽河北有那罗延天祠。重阁层台，奂甚丽饰。诸天之像，镌石而成，工极人谋，灵应难究。

那罗延天祠东行三十余里，有窣堵波，无忧王之所建也，太半陷地。前建石柱，高余二丈，上作师子之像，刻记伏鬼之事。昔于此处有旷野鬼②，恃大威力，啖人血肉，作害生灵，肆极妖祟。如来愍诸众生不得其死，以神通力诱化诸鬼，导以归依之敬，齐以不杀之戒。诸鬼承教，奉以周旋。于是举石请佛安坐，愿闻正法，克念护持。自时厥后，无信之徒竞共推移鬼置石座，动以千数，莫之能转。茂林清池，周基左右，人至其侧，无不心惧。

伏鬼侧不远，有数伽蓝，虽多倾毁，尚有僧徒，并皆遵习大乘教法。

从此东南行百余里，至一窣堵波，基已倾陷，余高数丈。昔者如来寂灭之后，八国大王分舍利也，量舍利婆罗门蜜涂瓶内，分授诸王，而婆罗门持瓶以归，既得所粘舍利，遂建窣堵波，并瓶置内，因以名焉。后无忧王开取舍利瓶，改建大窣堵波，或至斋日，时烛光明。

从此东北度殑伽河，行百四五十里，至吠舍厘国（旧曰毗舍离国，讹也。中印度境）。

[注释]

①摩诃娑罗：故址可能在今印度比哈尔邦巴特那以西的阿拉赫以西约10千米处。　②旷野鬼：十六大夜叉将之一。

[译文]

从阿避陀羯剌拿佛寺向东南方走一百多里，往南渡过殑伽河后，到达摩诃娑罗城，城内的居民都是婆罗门种姓，不信仰佛法。但是他们见到沙门，首先询问对方学问的高低，一旦得知他学识广博，马上表现得极为尊敬。

殑伽河北岸有座那罗延天祠。楼台殿阁层层叠叠，装饰华丽，美轮美奂。天神的造像全部由石头雕刻而成，工艺巧夺天工，灵异应验，神秘莫测。

那罗延天祠向东走三十多里，有座佛塔，由无忧王建造，一多半陷入地下。塔前竖立着一根石柱，高有二丈多，柱顶塑造了狮子像，镌刻记载了降伏魔鬼的事迹。从前，这里有旷野鬼，凭借巨大的魔力，吃人肉，喝人血，残害生灵，肆无忌惮地行恶作祟。如来怜悯这里的众生不得善终，运用神通，诱导度化魔鬼，引导他们产生对佛法的皈依敬仰，要求他们遵守不可杀生的戒律。魔鬼们接受了教导，侍奉在如来的周围。他们搬来石头，请佛祖安坐，希望能够听到佛法，控制自己的意念，一心守护佛法。从那以后，不信仰佛教的人想要一起挪走众鬼安放的石座，虽然动员了几千人来干，但却不能移动一丝一毫。茂密的森林，清澈的水池，分布在石座附近，人们来到这里，没有人不心怀敬畏。

伏鬼塔旁不远处有几座佛寺，虽然大多毁坏，但是还有僧人，他们都遵奉研习大乘教法。

从这里向东南走一百多里，抵达一座佛塔，塔基已经塌陷，只剩下几丈高。以前，如来涅槃以后，八个国家的国王分取舍利，称量舍利数量的婆罗门把蜜涂在量瓶里面，用量瓶计量舍利，分给诸王，婆罗门则把瓶子带走，得到了粘在瓶子里的舍利，为此他建造佛塔，将瓶子藏在塔内，所以名叫瓶塔。后来，无忧王打开佛塔，取出舍利瓶，重新建造了更大的佛塔，每逢斋日的时候，常常放射光芒。

从该国向东北方渡过殑伽河，行走一百四五十里，到达吠舍厘国（过去称为毗舍离国，错了。在中印度境内）。

吠舍厘国

吠舍厘国①周五千余里。土地沃壤，花果茂盛，庵没罗果、茂遮果既多且贵。气序和畅，风俗淳质，好福重学，邪正杂信。伽蓝数百，多已圮坏，存者三五，僧徒稀少。天祠数十，异道杂居，露形之徒，实繁其党。吠舍厘城已甚倾颓，其故基址周六七十里，宫城周四五里，少有居人。

[注释]

①吠舍厘国：故址在今印度比哈尔邦北部的比沙尔。

[译文]

吠舍厘国方圆五千多里。土地肥沃，鲜花水果生长繁盛，出产的庵没罗果、茂遮果数量多，但仍很珍贵。气候温和舒畅，民风淳厚质朴，喜好积德行善，重视学业修习，外道和佛教都有人信仰。佛寺有几百座，多数已经毁坏，只保留下来三五座，僧人数量稀少。天祠有几十座，各派外道混杂居住，其中露形派的信徒数量最多。吠舍厘城已经坍塌倾倒得很严重,该城旧城墙的墙基方圆六七十里,宫城方圆四五里,居民很少。

一、佛说《毗摩罗诘经》所

宫城西北五六里,至一伽蓝,僧徒寡少,习学小乘正量部法。傍有窣堵波,是昔如来说《毗摩罗诘经》,长者子宝积[①]等献宝盖处。其东有窣堵波,舍利子等于此证无学之果。

[注释]

①宝积:毗摩罗诘长者的儿子。

[译文]

宫城西北方五六里处有一座佛寺,僧人很少,研习的是小乘佛教正量部法。寺旁有座塔,它是以前如来讲说《毗摩罗诘经》,长者的儿子宝积等人奉献宝盖的地方。再往东有座塔,舍利子等人曾经在这里证得无学之果。

二、佛舍利窣堵波及诸遗迹

舍利子证果东南有窣堵波,是吠舍厘王之所建也。佛涅槃后,此国先王分得舍利,式修崇建。《印度记》曰:此中旧有如来舍利一斛,无忧王开取九斗,唯留一斗。后有国王复欲开取,方事兴功,寻则地震,遂不敢开。其西北有窣堵波,无忧王之所建也。傍有石柱,高五六十尺,上作师子之像。石柱南有池,是群猕猴为佛穿也,在昔如来曾住于此。池西不远有窣堵波,诸猕猴持如来钵上树取蜜之处;池南不远有窣堵波,是诸猕猴奉佛蜜处;池西北隅犹有猕猴形像。

[译文]

舍利子证果塔东南方有座塔,由吠舍厘王建造。佛陀涅槃以后,该国的先王分得一份舍利,建造了佛塔,恭敬供养。《印度记》中说:塔里原来藏有如来舍利一斛,无忧王打开佛塔,取走九斗,只留下一斗。后来,有位国王又想打开佛塔取走舍利,刚刚开始动手,马上发生了地震,于是不敢打开佛塔了。这座塔的西北还有座塔,是无忧王建造的。塔旁立有石柱,高有五六十尺,柱顶建造了狮子像。石柱南边有个水池,是一群猕猴为佛陀挖掘出来的,以前,如来曾经住在这里。水池西面不远处有座塔,这是猕猴们拿着如来的食钵,爬上大树采集蜂蜜的地方;水池南面不远处有座塔,它是猕猴们向佛祖奉献蜂蜜的所在;水池西北角上还留有猕猴塑像。

三、无垢称及宝积故宅

伽蓝东北三四里有窣堵波,是毗摩罗诘[①](唐言无垢称。旧曰净名,然净则无垢,名则是称,义虽取同,名乃有异。旧曰维摩诘,讹略也)故宅基趾,多有灵异。去此不远有一神舍,其状叠砖,传云积石,即无垢称长者现疾说法之处。去此不远有窣堵波,长者子宝积之故宅也。去此不远有窣堵波,是庵没罗女[②]故宅,佛姨母等诸苾刍尼于此证入涅槃。

[注释]

①毗摩罗诘:吠舍厘城的居士,辅佐释迦的教化。　②庵没罗女:据

说是摩揭陀国频婆娑罗王的妃子，生了耆婆，曾向佛祖奉献园林。

[译文]

佛寺东北方三四里处有座塔，这是毗摩罗诘（大唐称为无垢称。过去称为净名，但是净就是无垢，名就是称，含义虽然相同，译名却不一样。过去还称为维摩诘，是错的或者省略的说法）故居的原址，出现很多灵异现象。距离这里不远有一座神舍，看上去像是用砖垒砌成的，但传说是用石头垒砌的，正是无垢称长者带病说法的地方。距离此处不远有座塔，是长者的儿子宝积的旧居。距离故居不远有座塔，是庵没罗女的旧宅，佛祖的姨母等各位比丘尼在这里涅槃。

四、庵没罗女园及佛预言涅槃处

伽蓝北三四里有窣堵波，是如来将往拘尸那国入般涅槃，人与非人随从世尊，至此伫立。次西北不远有窣堵波，是佛于此最后观吠舍厘城。其南不远有精舍，前建窣堵波，是庵没罗女园，持以施佛。

庵没罗园侧有窣堵波，是如来告涅槃处。佛昔在此告阿难曰："其得四神足①者，能住寿一劫。如来今者，当寿几何？"如是再三，阿难不对，天魔②迷惑故也。阿难从坐而起，林中宴默。时魔来请佛曰："如来在世教化已久，蒙济流转，数如尘沙，寂灭之乐今其时矣。"世尊以少土置爪上，而告魔曰："地土多耶？爪土多耶？"对曰："地土多也。"佛言："所度者如爪上土，未度者如大地土。却后三月，吾当涅槃。"魔闻欢喜而退。阿难林中忽感异梦，来白佛言："我在林间，梦见大树，枝叶茂盛，荫影蒙密，惊风忽起,摧散无余。将非世尊欲入寂灭?我心怀惧,故来请问。"佛告阿难:"吾先告汝,汝为魔蔽,不时请留。魔王劝我早入涅槃,已许之期,斯梦是也。"

[注释]

①四神足:即欲神足,是欲望成就;勤神足,是精进无间;心神足,是一心正念;观神足,是心不驰散。又称四如意足,指用四种定力摄心,使定慧均等,神力充沛,所愿皆得。 ②天魔:四魔(烦恼魔、阴魔、死魔、天魔)之一,欲界第六天的魔王,经常障碍佛道。

[译文]

佛寺以北三四里处有座塔,如来准备前往拘尸那国涅槃的时候,人与非人跟随世尊,曾在此处站立。再向西北方不远处有座塔,这是佛陀于最后观看吠舍厘城的地方。在它南面不远处有座精舍,精舍前面建有佛塔,这是庵没罗女的园子,她将园子施舍给佛陀。

庵没罗园旁边有座塔,这是如来宣告将要涅槃的地方。从前,佛祖曾经在这里对阿难说:"获得四神足的人,能够有一劫的寿数。现在的如来,能活多少年呢?"像这样问了好几遍,阿难始终没有回答,这是因为天魔施加了迷惑的缘故。阿难从他坐的地方站起来,走到森林里静坐。这时,天魔跑来问佛祖说:"如来在人世间教化了很长时间,承蒙恩惠得到度化的人,数量有沙土那样多,您获得涅槃的快乐,就是现在这个时候。"世尊拿起一撮土放在指甲上,对魔王说:"地上的土多呢,还是指甲上的土多?"魔王回答说:"地上的土多。"佛祖说:"我所超度人的数量就像指甲上的土,没有被我超度人的数量则像大地上的土那么多。三个月以后,我就会涅槃。"魔王听了,高兴地退下。阿难在森林里忽然做了一个奇怪的梦，前来对佛祖说："我在森林里，梦到看见一棵大树，枝繁叶茂，树荫浓密，忽然狂风大作，将树刮倒，吹得干干净净。难道是世尊将要涅槃？我内心非常惧怕，所以前来询问。"佛祖对阿难说："我之前已经告诉你了，而你被魔王障蔽，没有及时挽留我继续待在人间。魔王劝我趁早涅槃，我已经答应了他涅槃的时间，这就是你所做的梦。"

五、千佛本生故事

告涅槃期侧不远有窣堵波，千子见父母处也。昔有仙人，隐居岩谷，仲春之月，鼓濯清流，麀①鹿随饮，感生女子，姿貌过人，唯脚似鹿，仙人见已，收而养焉。其后命令求火，至余仙庐，足所履地，迹有莲花。彼仙见已，深以奇之，令其绕庐，方乃得火。鹿女依命，得火而还。时梵豫王畋游见花，寻迹以求，悦其奇怪，同载而返。相师占言，当生千子。余妇闻之，莫不图计。日月既满，生一莲花，花有千叶，叶坐一子。余妇诬罔，咸称不祥，投殑伽河，随波泛滥。乌耆延王下流游观，见黄云盖②乘波而来，取以开视，乃有千子，乳养成立，有大力焉。恃有千子，拓境四方，兵威乘胜，将次此国。时梵豫王闻之，甚怀震惧，兵力不敌，计无所出矣。是时鹿女心知其子，乃谓王曰："今寇戎临境，上下离心，贱妾愚忠，能败强敌。"王未之信也，忧惧良深。鹿女乃升城楼，以待寇至。千子将兵，围城已匝，鹿女告曰："莫为逆事！我是汝母，汝是我子。"千子谓曰："何言之谬？"鹿女手按两乳，流注千岐，天性所感，咸入其口。于是解甲归宗，释兵返族，两国交欢，百姓安乐。

千子归宗侧不远有窣堵波,是如来行经旧迹,指告众曰:"昔吾于此归宗见亲。欲知千子,即贤劫千佛是也。"

[注释]

①麀(yōu):母鹿。　②黄云盖:聚集成伞盖状的黄色云团,是祥瑞的表现。

[译文]

宣告涅槃日期处附近不远有座塔,乃是一千个儿子会见父母的地方。从前有位仙人隐居在山谷里,春天的二月,他在清澈的山泉中沐浴,一只母鹿也在泉中喝水,由于感应生下一个女儿,容貌绝世无双,只是双脚像鹿,仙人见了,将她收养。后来,让她去其他仙庐寻找火种,女子的脚踩过的地方,都会留下莲花的印记。其他仙人见了,感到十分奇怪,让她绕着屋子走了一圈,才给她火种。鹿女听从吩咐,得到火种回去了。当时,梵豫王正在田猎,看到了莲花印记,循着印记继续探查,喜欢鹿女的非凡之处,一同坐车带她回宫。相面师预言鹿女要生一千个儿子。其余后宫女子听了,都在筹划对策。分娩的时间到了,鹿女生下一朵莲花,莲花长着一千片叶子,每片叶子上坐着一个儿子。后宫其他女人于是进行诬陷,都说这是不祥之兆,就把莲花扔进殑伽河中,让它随着河流飘走。乌耆延王正在下游游览,看见有伞盖般的黄云贴着河水飘来,截住云朵,分开观看,发现里面有一千个儿子,于是将他们抚养长大,都有非凡的勇力。依靠这一千个儿子,乌耆延国向四面八方开拓疆土,乘着兵强马壮、接连胜利,将要进攻该国。那时,梵豫王得知这一情况,心中极为震惊恐惧,自己兵微将寡,远不是敌方的对手,一筹莫展。这时,鹿女知道他们都是自己的孩子,于是对国王说:"如今敌人大兵压境,举国上下惊慌失措,我愿意效忠国家，战败强敌。"国王不相信她的话，仍旧忧心忡忡。鹿女登上城楼，等待敌人到来。一千个儿子率领大军，将都城包围起来，鹿女对他们说："不要做出忤逆的事情！我是你们的母亲，你们是我的儿子。"千子回答说："话说得怎么如此荒诞不经？"鹿女用手按压自己的两乳，喷出的乳汁分成一千股，由于母子天性的感应，乳汁注入儿子们的口中。于是解除武装，母与众子相认，罢兵返回，于是两国结好，百姓安居乐业。

千子归宗塔旁不远处有座塔，它是如来散步场所的旧址，如来曾经指着此地对众人说："以前，我在这里回归宗族重见亲人。要知道所谓千子，就是贤劫中的千佛啊。"

六、重阁讲堂及诸圣迹

述本生东有故基，上建窣堵波，光明时烛，祈请或遂，是如来说《普门陀罗尼》等经重阁讲堂余趾也。

讲堂侧不远有窣堵波，中有阿难半身舍利。去此不远有数百窣堵波，欲定其数，未有克知，是千独觉入寂灭处。

吠舍厘城内外周隍，圣迹繁多，难以具举。形胜故墟，鱼鳞间峙，岁月骤改，炎凉亟移，林既摧残，池亦枯涸，朽株余迹，其详验焉。

大城西北行五六十里，至大窣堵波，栗呫（昌叶反）婆子（旧云离车子，讹也）别如来处。如来自吠舍厘城趣拘尸那国，诸栗呫婆子闻佛将入寂灭，相从号送。世尊既见哀慕，非言可喻，即以神力化作大河，崖岸深绝，波流迅急。诸栗呫婆子悲恸以止，如来留钵，为作追念。

[译文]

述本生塔的东面有一处旧基址，上面建有佛塔，不时放射出光芒，祈求恳请有时就能遂愿，这是如来讲说《普门陀罗尼》等经的楼阁讲堂的遗址。

讲堂旁不远处有座塔，塔里藏有阿难的半身舍利。距离舍利塔不远处还有几百座塔，想要确切知道具体数字，最终还是无法确定，这是一千独觉佛涅槃的地方。

吠舍厘城内外及周边地区，圣迹数量极多，难以一一列举。名胜古迹，鳞次栉比，分布密集，随着时光流逝，寒暑交替，树林已经被摧毁，水池也已经干涸，剩下枯树和残迹，成为历史的见证。

从都城向西北方走五六十里，来到一座大塔，是栗呫婆子（过去称为离车子，错了）送别如来的地方。如来从吠舍厘城前往拘尸那国，各位栗呫婆子听说佛祖将要涅槃，紧跟在如来身后，伤心痛苦地来送行。世尊看到他们的哀伤留恋，明白不是通过言辞可以晓谕，于是施展神力，变化出大河，河岸陡峭深邃，河水迅猛奔腾。众位栗呫婆子不得不心怀悲痛，停止前行，如来留下食钵，以供他们追思怀念。

七、故城及大天王本生故事

吠舍厘城西北减二百里，有故城，荒芜岁久，居人旷少。中有窣堵波，是佛在昔为诸菩萨、人、天大众引说本生，修菩萨行，曾于此城为转轮王，号曰摩诃提婆（唐言大天），有七宝应[①]，王四天下，睹衰变之相，体无常之理，冥怀高蹈，忘情大位，舍国出家，染衣修学。

[注释]

①七宝应：谓有七宝（轮宝、象宝、马宝、珠宝、女宝、主藏臣宝、主兵臣宝）出现。

[译文]

吠舍厘城西北方不到二百里的地方，有座旧城，荒废的时间很长了，居民稀少。城中有座塔，以前佛祖在这里为菩萨、天人大众讲说自己前世修菩萨行时的事迹，佛祖曾经在这座城中做转轮王，号称摩诃提婆（大唐称为大天），有七宝出现，统治天下四方，目睹万物衰变的现象，体会世事无常的道理，心中念念不忘出世，对君王宝位毫无留恋，放弃政权出家修行，穿上僧衣，学习佛学。

八、七百圣贤结集

城东南行十四五里，至大窣堵波，是七百贤圣重结集处。佛涅槃后百一十年，吠舍厘城有诸苾刍，远离佛法，谬行戒律。时长老耶舍陀①住憍萨罗国，长老三菩伽住秣兔罗国，长老厘波多住韩若国，长老沙罗住吠舍厘国，长老富阇苏弥罗②住娑罗梨弗国。诸大罗汉心得自在，持三藏，得三明，有大名称，众所知识，皆是尊者阿难弟子。时耶舍陀遣使告诸贤圣，皆可集吠舍厘城。犹少一人，未满七百。是时富阇苏弥罗以天眼见诸大贤圣集议法事，运神足至法会。时三菩伽于大众中右袒长跪，扬言曰："众无哗！钦哉，念哉！昔大圣法王善权寂灭，岁月虽淹，言教尚在。吠舍厘城懈怠苾刍谬于戒律，有十事③出，违十力教。今诸贤者深明持犯，俱承大德阿难指诲，念报佛恩，重宣圣旨。"时诸大圣莫不悲感，即召集诸苾刍,依毗奈耶④,诃责制止,削除谬法,宣明圣教。

[注释]

①耶舍陀:佛灭一百年后,摩揭陀国华氏城鸡园寺的上座,曾劝阿育王建塔,主持第二次结集。　②富阇苏弥罗:意译曲安,生于华氏城,出身婆罗门,后来改奉佛教。　③十事:违反戒律的十件事。　④毗奈耶:三藏之一,佛教戒律。

[译文]

向该城东南方走十四五里,抵达一座大塔,这是七百圣贤重新结集的地方。佛祖涅槃以后的第一百一十年,吠舍厘城的比丘们越来越背离佛法,行为不端,不守戒律。当时,长老耶舍陀住在憍萨罗国,长老三菩伽住在秣兔罗国,长老厘波多住在韩若国,长老沙罗住在吠舍厘国,长老富阇苏弥罗住在娑罗梨弗国。这几位大罗汉内心自在,没有挂碍,通晓三藏经文,获得三明智慧,声闻遐迩,无人不知,他们都是尊者阿难的弟子。耶舍陀派人通知各位贤圣,都去吠舍厘城集会。只是还缺少一个人,不到七百人的整数。这时,富阇苏弥罗用天眼看到各大贤圣集会,商议佛教事务,于是施展神通,来到法会召开的地方。三菩伽在大众中袒露出右臂,跪拜在地上,大声说:"大家不得喧哗!请虔诚地思考!当初,大圣法王根据形势涅槃以后直到现在,时间虽然已经过去很久,可是谆谆教诲仍然存在。吠舍厘城那些懒散的比丘实行错误的戒律,有十件事违反佛法,背离佛祖的教诲。现在各位圣贤都深知这是犯戒,我们都秉承了高僧阿难的指教,一心要报答佛祖的恩惠,重新宣布佛祖神圣的教义。"当时,各位高僧大德无不伤心感动,立刻召集各位比丘,按照戒律的规定,谴责制止各种违反行为,废除错误荒唐的戒律条文,宣扬阐明佛祖真正的教谕。

九、湿吠多补罗僧伽蓝

七百贤圣结集南行八九十里,至湿吠多补罗①僧伽蓝,层台轮焕,重阁翚②飞,僧众清肃,并学大乘。其傍则有过去四佛坐及经行遗迹之处。其侧窣堵波,无忧王之所建也。如来在昔南趣摩揭陀国,北顾吠舍厘城,中途止息遗迹之处。

[注释]

①湿吠多补罗:意译白城。　②翚(huī):飞翔。

[译文]

从七百圣贤结集处向南走八九十里,抵达湿吠多补罗佛寺,轩台层层,高大华美,楼阁重重,高峻壮丽,僧人严守清规戒律,全都学习大乘佛法。寺旁有过去四佛打坐和散步场所的遗迹。旁边的佛塔由无忧王建造。以前,如来前往南方的摩揭陀国,回头北望吠舍厘城,途中休息的遗迹就在这里。

十、阿难分身寂灭传说

湿吠多补罗伽蓝东南行三十余里,殑伽河南北岸各有一窣堵波,是尊者阿难陀分身与二国处。阿难陀者,如来之从父弟也,多闻总持,博物强识,佛去世后继大迦叶任持正法,导进学人。在摩揭陀国,于林中经行,见一沙弥讽诵佛经,章句错谬,文字纷乱。阿难闻已,感慕增怀,徐诣其所,提撕①指授。沙弥笑曰:"大德耄矣,所言谬矣!我师高明,春秋鼎盛,亲承示诲,诚无所误。"阿难默然,退而叹曰:"我年虽迈,为诸众生,欲久住世,住持正法。然众生垢重,难以诲语,久留无利,可速灭度。"于是去摩揭陀国,趣吠舍厘城,度殑伽河,泛舟中流。摩揭陀王闻阿难去,情深恋德,即严戎驾,疾驱追请,数百千众营军南岸。吠舍厘王闻阿难来,悲喜盈心,亦治军旅,奔驰迎候,数百千众屯集北岸。两军相对,旌旗翳日。阿难恐斗其兵,更相杀害,从舟中起,上升虚空,示现神变,即入寂灭,化火焚骸,骸又中折,一堕南岸,一堕北岸。于是二王各得一分,举军号恸,俱还本国,起窣堵波,而修供养。

从此东北行五百余里,至弗栗恃国(北人谓三伐恃国。北印度境)。

[注释]

①提撕:教导弟子,使其警悟。

[译文]

从湿吠多补罗佛寺向东南方走三十多里,在殑伽河的南北两岸各有一座佛塔,这是阿难陀尊者将身体遗骸分赠二国的地方。阿难陀是如来的堂弟,听到的佛法最多,具备一切德行,记忆力强,见闻广博,佛祖去世以后,他继承大迦叶维护佛法,引导后世学人。他在摩揭陀国的时候,曾经在树林里散步,看见一个沙弥念诵的佛经,语句错误,文字混乱。阿难听了,感慨万分,更加思慕佛陀,缓步走向沙弥,提点指教。沙弥却笑着说:"大和尚您老了,所讲的都是错误的!我的导师高超明智,年富力强,我亲自接受他的教诲,绝对不会有错。"阿难沉默不语,回去慨叹说:"我虽然年纪大了,为了世间众生,还想长久留在人间,维护佛教正法。

但是众生烦恼太多,很难领会我的教诲,我长期留在人世没有任何好处,还是赶快涅槃吧。"于是,离开了摩揭陀国,前往吠舍厘城,渡过殑伽河,乘船行到河中央。摩揭陀国的国王听说阿难离去,深深眷恋他的德操,立刻准备了车驾,快速追赶,想要留下阿难,成百上千的军队驻扎在河南岸。吠舍厘王听说阿难前来,心里悲喜交加,他也整顿军马,立即赶来迎接,成百上千的军队驻扎在河北岸。两支军队隔河对峙,旌旗遮天蔽日。阿难担心双方大动干戈,相互杀伐,于是从船上腾空而起,升入空中,显示神变,立即涅槃,变化出神火焚烧遗骸,骸骨一分为二,一部分堕落在河南岸,一部分堕落在河北岸。于是两位国各自获得一份,全军号啕恸哭,各自返回本国,建造起佛塔,供奉阿难的舍利。

从该国向东北方走五百多里,抵达弗栗恃国(北方人称为三伐恃国。在北印度境内)。

弗栗恃国

弗栗恃国①周四千余里,东西长,南北狭。土地膏腴,花果茂盛。气序微寒,人性躁急,多敬外道,少信佛法。伽蓝十余所,僧徒减千人,大小二乘,兼功通学。天祠数十,外道实众。国大都城号占戍拿②,多已颓毁。故宫城中尚有三千余家,若村若邑也。大河东北有伽蓝,僧徒寡少,学业清高。

从此西行,依河之滨,有窣堵波,高余三丈,南带长流,大悲世尊度渔人处也。越在③佛世,五百渔人结俦附党,渔捕水族,于此河流得一大鱼，有十八头，头各两眼。诸渔人方欲害之，如来在吠舍厘国，天眼见，兴悲心，乘其时而化导，因其机而启悟，告诸大众："弗栗恃国有大鱼，我欲导之，以悟诸渔人，尔宜知时。"于是大众围绕，神足凌虚，至于河滨，如常敷座。遂告诸渔人："尔勿杀鱼。"以神通力，开方便门④，威被大鱼，令知宿命，能作人语，贯解人情。尔时如来知而故问："汝在前身，曾作何罪，流转恶趣，受此弊身？"鱼曰："昔承福庆，生自豪族，大婆罗门劫比他⑤者，我身是也。恃其族姓，凌蔑人伦，恃其博物，鄙贱经法；以轻慢心毁讟⑥诸佛；以丑恶语詈辱⑦众僧，引类形比，谓若驼、驴、象、马诸丑形对。由此恶业，受此弊身。尚资宿善，生遭佛世，目睹圣化，亲承圣教。"因而忏谢，悔先作业。如来随机摄化，如应开导。鱼既闻法，于是命终。承兹福力，上生天宫。于是自观其身，何缘生此，既知宿命，念报佛恩，与诸天众，肩随戾止⑧，前礼既毕，右绕退立，以天宝香花，持用供养。世尊指告渔人，为说妙法，于即感悟，输诚礼忏，裂网焚舟，归真受法。既服染衣，又闻至教，皆出尘垢，俱证圣果。

度渔人东北行百余里，故城西有窣堵波，无忧王所建，高百余尺，是佛在昔于此六月说法度诸天、人。此北百四五十步有小窣堵波，如来昔于此处为诸苾刍制戒。次西不远有如来发、爪窣堵波。如来昔于此处，近远邑人相趋辐凑，焚香散花，灯炬不绝。

从此西北千四五百里，逾山入谷，至尼波罗国（中印度境）。

[注释]

①弗栗恃国：故址在今印度比哈尔邦的达尔班加地区及其以北一带。②占戍拿：故址在今印度比哈尔邦马都巴尼以北约26千米处的巴里迦尔。③越在：远在。④方便门：宣传佛教信仰、把握真如的法门。⑤劫比他：婆罗门的族姓。⑥毁讟（dú）：诽谤非议。⑦詈（lì）辱：谩骂侮辱。⑧肩随庚止：追随某人到来。

[译文]

弗栗恃国方圆四千多里，东西长，南北狭窄。土地肥沃，鲜花水果生长繁茂。气候略微寒凉，居民性情急躁，多数人敬奉外道，少数人信仰佛法。佛寺有十多座，僧人不到一千名，对于大、小二乘佛法，全部学习研究。天祠有几十座，外道信徒的人数很多。该国的大都城称为占戍拿，大多已经坍塌毁坏。旧宫城里还居住着三千多家，就像村镇一样。大河的东北方有座佛寺，僧人很少，很有学识。

从这里向西走，沿着河边，有座佛塔，高度有三丈多，南边面对大河，这是大慈大悲的世尊度化渔民的地方。远在佛陀在世的时候，五百名渔民结伙聚集，捕捞水产，在这条河里捕到一条大鱼，这条鱼有十八个头，每颗头上长着两只眼睛。渔民们正要杀死它，如来在吠舍厘国用天眼看见此事，产生慈悲之心，准备乘这个时候教化引导渔民，利用这个机缘启迪，使他们感悟，于是对众人说："弗栗恃国有条大鱼，我要度化引导它，使得渔民可以理解佛法，你们应该知道这是大好时机。"于是佛陀在大众的簇拥下，动用神足，从空中飞来，到达河边，像平时那样安排好座位入座。如来对渔民们说："你们不要杀害这条大鱼。"如来运用神通的力量，打开方便之门，将神威施加在大鱼身上，让它知道了前世的因果，还能说人类的语言，了解人类的情感。那时，如来明知故问，对鱼说：

"你的前世曾经做过什么罪孽,以至于转生在恶道之中,变成这样的丑陋形骸?"鱼回答说:"我托前世的福德,生在贵族之家,大婆罗门劫比他就是我。我依仗种姓高贵,肆意触犯人世道德,自以为学识渊博,鄙视轻贱佛经、佛法;狂妄傲慢,诽谤非议诸佛;用恶毒的言语咒骂侮辱僧人,把他们比作畜生,说他们形貌丑陋,就像骆驼、驴子、大象、马匹等。由于做了这些恶事,转世之后我就有了这个低劣的身形。总算借助往世曾经积累的善业,我有幸生在佛陀的时代,目睹了圣人的教化,亲耳聆听了圣人的诲训。"大鱼因此忏悔谢罪,悔过以前所做的恶业。如来抓住机会引导度化,立即对它指点开导。大鱼听了如来说法之后,就结束了生命。靠着这一福力,升入天宫。大鱼在天宫中自我观察思考,自己的身体为什么会转生在天宫;知道了往世的因缘,一心要报答佛的恩典,于是追随天人大众,前来向佛陀礼拜,敬礼完毕,向右绕走了一圈,然后退下侍立,用天宝、香花供养如来。世尊就此教诲渔民,为他们演说精妙佛法,渔民们受到感化立即觉悟,诚心诚意礼拜忏悔,撕碎渔网,焚烧渔船,皈依佛教,接受佛法。穿上僧衣以后,聆听如来所说的至高真理,全都脱离了凡尘,共同证得圣果。

　　从度渔民处向东北方走一百多里,在旧城的西面有座塔,由无忧王建造,高达一百多尺,以前,佛祖曾在这里讲说佛法、度化天人,历时六个月。塔北面一百四五十步的地方有座小塔,过去,如来曾经在这里为众位比丘制定戒律。再向西不远处有供奉如来头发、指甲的佛塔。当初,如来在这里的时候,远近乡镇的居民争相前来,聚集在这里,焚香散花,灯笼火把连绵不断。

　　从该国向西北方走一千四五百里,翻过大山、穿越深谷,来到尼波罗国(在中印度境内)。

尼波罗国

尼波罗国①周四千余里,在雪山中。国大都城周二十余里。山川连属,宜谷稼,多花果。出赤铜、牦牛、命命鸟②。货用赤铜钱。气序寒烈,风俗险诐③,人性刚犷,信义轻薄,无学艺,有工巧。形貌丑弊,邪正兼信。伽蓝、天祠接堵连隅。僧徒二千余人,大小二乘,兼功综习。外道异学,其数不详。

[注释]

①尼波罗国:今尼泊尔。 ②命命鸟:也叫生生鸟、共命鸟,鹧鸪一类的鸟,因为它的鸣叫声而得名。 ③险诐(bì):阴险邪僻。

[译文]

尼波罗国方圆四千多里,国土位于雪山中。该国的大都城方圆二十多里。山峰深谷连绵不绝,适宜农作物种植,盛产鲜花水果。出产赤铜、牦牛、命命鸟。货币使用赤铜钱。气候严寒,民风阴险邪恶,居民性情刚烈粗犷,不讲究信义,不擅长学术,工艺水平却很高。容貌丑陋粗俗,外道、佛教都有人信仰。佛寺、天祠相互连接。僧人有二千多名,大、小二乘佛教,都得到研究学习。各派外道信徒的数量不详。

一、光胄王制《声明论》

王,刹帝利栗呫婆种也,志学清高,纯信佛法。近代有王,号鸯输伐摩①（唐言光胄），硕学聪睿，自制《声明论》，重学敬德，遐迩著闻。

[注释]

①鸯输伐摩：尼泊尔塔库里王朝的创立者。

[译文]

该国国王出自刹帝利种姓的栗呫婆部族，学识渊博，道德高尚，虔诚信仰佛教。近代有位国王，名叫鸯输伐摩（大唐称为光胄），学富五车，聪明睿智，亲自写作了《声明论》，尊重佛学研究，礼敬高僧大德，远近知名。

二、小水池

都城东南有小水池，以人火投之，水即焰起，更投余物，亦变为火。

从此复还吠舍厘国，南渡殑伽河，至摩揭陀国（旧曰摩伽陀，又曰摩竭提，皆讹也。中印度境）。

[译文]

都城东南面有个小水池，点燃火种投向水池，水面上就会燃起烈火，如果投进其他东西，也会燃烧起火。

从该国再返回吠舍厘国，向南渡过殑伽河，到达摩揭陀国（过去称为摩伽陀，也叫摩竭提，都错了。在中印度境内）。

大唐西域记卷第八 （一国）

三藏法师玄奘奉诏　译
大总持寺沙门辩机　撰

摩揭陀国上

摩揭陀国①周五千余里。城少居人，邑多编户。地沃壤，滋稼穑，有异稻种，其粒粗大，香味殊越，光色特甚，彼俗谓之供大人米。土地垫湿②，邑居高原，孟夏之后，仲秋之前，平居流水，可以泛舟。风俗淳质，气序温暑。崇重志学，尊敬佛法。伽蓝五十余所，僧徒万有余人，并多宗习大乘法教。天祠数十，异道实多。

[注释]

①摩揭陀国：该国相当于今印度比哈尔邦的巴特那和加雅地区，是古印度十六国之一。　②垫湿：低下潮湿。

[译文]

摩揭陀国方圆五千多里。都城内居民很少，乡镇中住户却很多。土地肥沃，庄稼生长茂盛，有一种奇特的稻种，颗粒粗大，香气、味道与众不同，光泽、成色极为优秀，当地人称为供大人米。地势低下潮湿，城池建筑在高地上，初夏以后、中秋以前的这段时间，平地里河流密布，可以通行船只。民风淳厚质朴，气候趋于炎热。崇尚学问，尊敬佛法。境内有佛寺五十多座，僧人有一万多名，全部遵奉、研习大乘法教。天祠有几十座，外道信徒很多。

一、波吒厘子城及传说

殑伽河南有故城，周七十余里，荒芜虽久，基址尚在。昔者，人寿无量岁时,号拘苏摩补罗城(唐言香花宫城),王宫多花,故以名焉。逮乎人寿数千岁,更名波吒厘子城①(旧曰巴连弗邑,讹也)。初,有婆罗门高才博学,门人数千,传以授业。诸学徒相从游观,有一书生徘徊怅望,同俦谓曰:"夫何忧乎?"曰:"盛色方刚,羁游履影,岁月已积,艺业无成。顾此为言,忧心弥剧。"于是学徒戏言之曰:"今将为子求娉婚亲。"乃假立二人为男父母,二人为女父母,遂坐波吒厘树,谓"女,婿树也"。采时果,酌清流,陈婚姻之绪,请好合之期。时假女父攀花枝,以授书生曰:"斯嘉偶也,幸无辞焉。"书生之心欣然自得,日暮言归,怀恋而止。学徒曰:"前言戏耳!幸可同归。林中猛兽恐相残害。"书生遂留,往来树侧。景夕之后,异光烛野,管弦清雅,帷帐陈列。俄见老翁策杖来慰,复有一妪携引少女,并宾从盈路,袿服②奏乐。翁乃指少女曰:"此君之弱室③也。"酬歌乐宴,经七日焉。学徒疑为兽害,往而求之,乃见独坐树阴,若对上客,告与同归,辞不从命。后自入城,拜谒亲故,说其始末。闻者惊骇,与诸友人同往林中,咸见花树是一大第,僮仆役使驱驰往来,而彼老翁从容接对,陈馈奏乐,宾主礼备。诸友还城,具告远近。期岁之后,生一子男。谓其妻曰:"吾今欲归,未忍离阻;适复留止,栖寄飘露。"其妻既闻,具以白父。翁谓书生曰:"人生行乐,讵必故乡?今将筑室,宜无异志。"于是役使灵徒,功成不日。香花旧城,迁都此邑。由彼子故,神为筑城,自尔之后,因名波吒厘子城焉。

[注释]

①波吒厘子城：意译华氏城，故址在今印度比哈尔邦首府巴特那。 ②祛服：指盛装。 ③弱室：指妻子。

[译文]

殑伽河南岸有座旧城，方圆七十多里，虽然荒废了很长时间，城址仍旧存在。以前，人的寿命无限的时候，它被称为拘苏摩补罗城（大唐称为香花宫城），由于王宫里种植了大量花卉，所以取了这个名字。等到人的寿数几千岁的时候，城名改为波吒厘子城（过去称为巴连弗邑，错了）。当初，有位婆罗门才学出众，学识渊博，收有门徒几千人，传授学术。学生们结伴游玩，有一个书生到处徘徊，神情失落，四处张望。同学们问他："你有什么担忧的事？"书生回答说："我正当青春，精力旺盛，却在外游学，形单影只，经过了这么长时间，学业也没有什么进步。一想到这件事，不免心中更加忧愁。"同学们于是戏弄他说："我们现在帮你求婚娶妻。"因此二人假扮成男方的父母，二人假扮成女方的父母，坐在波吒厘树下，对他说："你呀，就是树的夫婿。"大家采摘了新鲜果品，喝了清澈的河水，陈述了求婚的缘由，约定婚礼的日期。当时，假扮女方父亲的学生摘下一根花枝，递给书生说："这就是你的娇妻，请你不要嫌弃。"书生内心欢乐舒畅，到了傍晚回家时分，他仍旧依依不舍，不愿离开。同学们说："前面说的话只不过是同你开玩笑罢了！请你和我们一起回去吧。否则只怕森林里的野兽会伤害你的性命。"但是书生坚持留了下来，在树旁来回走动。天黑以后，奇异的光芒照亮了原野，丝竹乐声清幽高雅，帐篷幕幛排列整齐。忽然看见一位老翁拄着拐杖前来问候书生，又有一位老太太领来一名少女，路上挤满了宾客随从，全都身穿礼服，音乐伴奏。老翁指着少女说："这就是你的妻子。"然后载歌载舞，畅饮欢宴，持续了七天时间。同学们担心书生被野兽伤害，前往树林里寻找，却看到他独自一人，坐在树荫下面，仿佛在陪伴贵宾，大伙儿叫他一起回去，书生推辞，拒绝回家。后来他独自回到城里，拜访亲朋好友，讲了这件事的来龙去脉。听到的人非常惊恐，他和亲友们一同前往树林里，大家都看见花树乃是一座大宅子，仆人差役来回奔忙，那位老翁神态从容，接待客人，摆设酒宴，演奏音乐，宾主的礼节周详完备。各位亲友回城以后，把这件事传扬到四面八方。一年以后，书生生下了一个儿子。他对妻子说："我现在想要回家，却又不忍心和你分离；可是如果继续留在这里，又感到寄人篱下、漂泊不定。"妻子听了，把他的话告诉了自己的父亲。老翁对书生说："人生在世，及时行乐，何必非要待在故乡？现在我就为你建造宅邸，不要再有别的想法。"于是差遣神灵动工，没有几天，工程就完工了。香花旧都城就迁移到这里。正是由于书生的缘故，神灵才建筑起新城，从此以后，它就被称为波吒厘子城了。

二、无忧王地狱处

王故宫北有石柱，高数十尺，是无忧王作地狱处。释迦如来涅槃之后第一百年，有阿输迦（唐言无忧。旧曰阿育，讹也）王者，频毗娑罗①（唐言影坚。旧曰频婆娑罗，讹也）王之曾孙也，自王舍城迁都波吒厘，重筑外郭，周于故城。年代浸远，唯余故基。伽蓝、天祠及窣堵波，余址数百，存者二三。唯故宫北，临殑伽河，小城中有千余家。初，无忧王嗣位之后，举措苛暴，乃立地狱，作害生灵。周垣峻峙，隅楼特起，猛焰洪炉，铦锋利刃，备诸苦具，拟像幽途，招募凶人，立为狱主。初以国中犯法罪人，不校轻重，总入涂炭。后以行经狱次，擒以诛戮，至者皆死，遂灭口焉。时有沙门初入法众，巡里乞食，遇至狱门，狱吏凶人擒欲残害。沙门惶怖，请得礼忏。俄见一人，缚来入狱，斩截手足，磔裂形骸，俯仰之间，支体糜散。沙门见已，深增悲悼，成无常观，证无学果。狱卒曰："可以死矣。"沙门既证圣果，心夷生死，虽入镬汤，若在清池，有大莲花而为之座。狱主惊骇，驰使白王，王遂躬观，深赞灵佑。狱主曰："大王当死。"王曰："云何？"对曰："王先垂命，令监刑狱，凡至狱垣皆从杀害，不云王入而独免死。"王曰："法已一定，理无再变。我先垂令，岂除汝身？汝久滥生，我之咎也。"即命狱卒，投之洪炉。狱主既死，王乃得出，于是颓墙堙堑，废狱宽刑。

[注释]

①频毗娑罗：释迦牟尼同时代人，摩揭陀国国王。

[译文]

　　旧王宫北面有根石柱，高达几十尺，正是无忧王设立地狱的地方。释迦如来涅槃以后的第一百年，有位阿输迦（大唐称为无忧。过去称为阿育，错了）王，他是频毗娑罗（大唐称为影坚。过去称为频婆娑罗，错了）王的曾孙，阿输迦王把国都从王舍城迁到波吒厘城，重新增建了外城，环绕在旧城以外。因为时间久远，现在只剩下城基。佛寺、天祠和佛塔的遗址多达几百处，保留下来的只有两三处。在旧王宫的北面，濒临殑伽河畔的小城里有一千多户人家。当初，无忧王继位以后，统治严酷残暴，建造了地狱，迫害生灵。地狱四面高墙耸立，墙上的敌楼高大，火炉里烈焰燃烧，武器锋利，预备了各种刑具，模仿阴曹地府的样子，招募穷凶极恶之人，担任刑狱的主宰。起初，把国内犯法的人，不论罪行轻重，全部投进大狱，施加酷刑。后来甚至将经过地狱的人也抓来杀害，凡是进入地狱的人全部折磨致死，所以地狱中的情况从未被泄露出来。当时，有位沙门刚刚进入佛门不久，沿途走来乞讨食物，路过地狱门口，狱吏恶人抓住他就要杀害。沙门惶怖心惊胆战，哀请能够礼佛忏悔。不一会儿，看见一个人被捆绑投入监狱，手脚都被砍去，身体也被撕裂，顷刻之间，肢体已经四分五裂。沙门看后，深感悲哀伤怀，立即领悟了无常真理，证得了无学圣果。狱卒说："你现在可以死了。"沙门因为证得了圣果，已将生死置之度外，虽然被扔进沸水大锅里，却像是待在清凉水池中，有大莲花升起成为座位。狱主惊恐不已，赶快派人报告了国王，国王于是亲自前来查看，深深地赞叹神灵佑助的神迹。狱主说："大王您也应该死。"国王问："为什么这么说？"狱主回答说："大王您先前颁布命令，命我管理这座地狱，凡是进入狱墙的人都要格杀勿论，却从来没有说过唯独国王进入就可以免死的话。"国王说："法令一经确立，再也没有更改的道理。我先前颁布法令，难道就把你排除在外了？你长期在这里滥杀无辜，这都是我的罪过。"国王随即命令狱卒将狱主投进大火炉中烧死。狱主死了以后，国王才能脱身离开，于是拆除围墙，填平壕沟，废弃地狱，放宽刑罚。

三、无忧王建舍利塔

地狱南不远有窣堵波，基址倾陷，唯余覆钵之势，宝为厕饰，石作栏槛，即八万四千之一也。无忧王以人功建于宫中，有如来舍利一升，灵鉴间起，神光时烛。无忧王废狱之后，遇近护大阿罗汉，方便善诱，随机导化。王谓罗汉曰："幸以宿福，位据人尊，慨兹障累，不遭佛化。今者如来遗身舍利，欲重修建诸窣堵波。"

罗汉曰："大王以福德力，役使百灵，以弘誓心匡护三宝，是所愿也，今其时矣。"因为广说献土之因，如来悬记兴建之功。无忧王闻以庆悦，召集鬼神而令之曰："法王导利，含灵有庆，我资宿善，尊极人中。如来遗身重修供养，今尔鬼神戮力同心！境极赡部，户满拘胝，以佛舍利起窣堵波。心发于我，功成于汝。胜福之利，非欲独有。宜各营构，待后告命。"鬼神受旨，在所兴功，功既成已，咸来请命。无忧王既开八国所建诸窣堵波，分其舍利，付鬼神已，谓罗汉曰："我心所欲，诸处同时藏下舍利。心虽此冀，事未从欲。"罗汉曰："王命神鬼至所期日，日有隐蔽，其状如手，此时也，宜下舍利。"王承此旨，宣告鬼神。逮乎期日，无忧王观候光景，日正中时，罗汉以神通力，伸手蔽日，营建之所咸皆瞻仰，同于此时功绩咸毕。

[译文]

地狱南面不远处有座佛塔，塔基已经塌陷，只剩下覆钵状的部分，塔身用珍宝做装饰，石头砌成栏杆，这座塔就是无忧王建造的八万四千座塔中的一座。无忧王召集工人建造在宫里，塔内供奉如来的舍利一升，灵异不断出现，神光常常照耀。无忧王废除地狱以后，遇到了近护大罗汉，罗汉因势利导，循循善诱，把握时机，开导教化。国王对罗汉说："我侥幸凭借往世的福德，今生得以称孤道寡，令人惋惜的是我被自己的罪孽所牵累，没有得到佛的教化。现在我要为如来的遗身舍利重新建造众多的佛塔来供养。"罗汉说："大王依靠福德的力量，差遣众多神灵，发下宏誓大愿来维护佛教的三宝，这正是我的愿望，现在时候到了。"于是为无忧王详细地讲说献土的因果和如来曾经预言的建造佛塔工程。无忧王听了以后欢欣鼓舞，召集鬼神下达命令说："法王倡导行善积德，这是天下苍生的福分，我凭借往世的善业，成为尊贵的人间帝王。我要为如来的遗身舍利重新建造佛塔供养，如今你们各位鬼神务必同心协力，共襄盛举！在所有赡部洲境内，亿万人民居住的地方，为佛的舍利建造佛塔。由我发下心愿，由你们完成功业。增善积福获得的利益，我不想独自占有。你们分头兴工建造，工程完工以后前来汇报。"鬼神领受了旨意，在各个地方动工兴建，佛塔建成以后，都来等候进一步的指示。无忧王打开八个国家建造的佛塔，平分了舍利，交付鬼神之后，对罗汉说："我心中有个想法，想让分布各地的佛塔在同一时间藏入舍利。虽然怀着这样的愿望，可是担心无法遂愿。"罗汉说："大王可以命令神鬼，到了约定入藏的日子，就会看到有类似手掌的阴影遮蔽了太阳，这就是藏入舍利的时机。"国王听从指示，通知众多鬼神。到了约定的日期，无忧王观察太阳光芒的变化，在正午时分，罗汉运用神通的力量，伸出手挡住了阳光，建造佛塔的各个地方都看到了这一景象，也就是在这一时刻，藏入舍利，完成了功业。

四、如来足迹石

窣堵波侧不远，精舍中有大石，如来所履，双迹犹存，其长尺有八寸，广余六寸矣。两迹俱有轮相，十指皆带花文，鱼形映起，光明时照。昔者如来将取寂灭，北趣拘尸那城，南顾摩揭陀国，蹈此石上，告阿难曰："吾今最后留此足迹，将入寂灭，顾摩揭陀也。百岁之后，有无忧王命世君临，建都此地，匡护三宝，役使百神。"及无忧王之嗣位也，迁都筑邑，掩固迹石，既近宫城，恒亲供养。后诸国王竞欲举归，石虽不大，众莫能转。近者设赏迦王毁坏佛法，遂即石所，欲灭圣迹，凿已还平，文彩如故，于是捐弃殑伽河流，寻复本处。其侧窣堵波，即过去四佛坐及经行遗迹之所。

[译文]

　　佛塔附近不远处的精舍里，有块大石头，如来曾经在上面踩过，足迹仍然存在，长度有一尺八寸，宽度有六寸多。两个足印上都有轮相，十个脚趾都带有花纹，鱼形的纹样清晰可见，常常有光芒照耀。以前，如来即将涅槃，向北前往拘尸那城，回头向南眺望摩揭陀国的时候，就是踩在这块石头上，佛祖告诉阿难说："我把最后的脚印留在这里，快要涅槃了，回头看看摩揭陀国。一百年以后，有位无忧王将会君临天下，在此地建立国都，维护佛、法、僧三宝，差遣众多神灵。"等到无忧王继位以后，果然迁都到这里，建筑城池，妥善保护留有如来足迹的圣石。由于圣石离王宫很近，国王常常亲自前来供养。以后，各国国王争相想把圣石带回本国，圣石虽然个头不大，众人根本无法移动。近年来，设赏迦王毁坏佛法，来到圣石所在地，想要毁灭圣人遗迹，凿过以后石头还像以前那样平滑，纹样、色彩还像过去一样，于是把圣石扔进殑伽河中，但很快石头又回到原来的地方。圣石旁边的佛塔是过去四佛打坐和散步场所的遗迹。

五、无忧王大石柱

　　佛迹精舍侧不远，有大石柱，高三十余尺，书记残缺，其大略曰："无忧王信根①贞固，三以赡部洲施佛、法、僧，三以诸珍宝重自酬赎。"其辞云云，大略斯在。

[注释]

①信根：指对佛教的坚定信仰，是生出一切善法的根本。

[译文]

佛陀足迹精舍旁边不远处，有根大石柱，高达三十多尺，石柱上的铭文已经残缺不全，大致的意思是说："无忧王对佛教的信仰坚定，三次将赡部洲施舍给佛、法、僧三宝，三次用大量的奇珍异宝重新赎回。"诸如此类的话，大体的内容就是这样。

六、摩醯因陀罗故事

故宫北有大石室，外若崇山，内广数丈，是无忧王为出家弟役使神鬼之所建也。初，无忧王有同母弟，名摩醯因陀罗①（唐言大帝），生自贵族，服僭王制，奢侈纵暴，众庶怀怨。国辅老臣进谏王曰："骄弟作威，亦已太甚。夫政平则国治，人和则主安，古之则训，由来久矣。愿存国典，收付执法。"无忧王泣谓弟曰："吾承基绪，覆焘生灵，况尔同胞，岂忘惠爱！不先匡导，已陷刑法。上惧先灵，下迫众议。"摩醯因陀罗稽首谢曰："不自谨行，敢干国宪，愿赐再生，更宽七日。"于是置诸幽室，严加守卫，珍羞上馔，进奉无亏。守者唱曰："已过一日，余有六日。"至第六日已，既深忧惧，更励身心，便获果证，升虚空，示神迹，寻出尘俗，远栖岩谷。无忧王躬往谓曰："昔拘国制，欲致严刑。岂意清升，取证圣果。既无滞累，可以还国。"弟曰："昔羁爱网，心驰声色，今出危城，志悦山谷。愿弃人间，长从丘壑。"王曰："欲静心虑，岂必幽岩？吾从尔志，当为崇树。"遂召命鬼神而告之曰："吾于后日广备珍羞，尔曹相率来集我会，各持大石，自为床座。"诸神受命，至期毕萃。众会既已，王告神曰："石座纵横，宜自积聚。因功不劳，垒为虚室。"诸神受命，不日而成。无忧王躬往迎请，止此山庐。

[注释]

①摩醯因陀罗：南传佛教认为是无忧王的长子，佛教僧团的创立者和斯里兰卡佛教的创始人。

[译文]

旧王宫北面有座大石室，外表看上去像一座高山，内部有几丈宽，这是无忧王差遣鬼神，为出家的王弟建造的石室。当初，无忧王有位同母所生的弟弟，名叫摩醯因陀罗（大唐称为大帝），他出身皇族，超越本分穿着君主的服装，骄奢淫逸，放纵暴虐，黎民百姓心怀怨恨。宰辅重臣劝谏国王说："王弟骄横跋扈，作威作福，已经非常过分了。政治清平国家才能长治久安，百姓平安君主才会长享太平，这是古代圣人的训诫，由来久远。希望陛下维护国家的法度，将他逮捕法办。"无忧王哭着对王弟说："我继承了先王的洪业，抚育天下苍生，何况你是我的一母同胞，岂能忘记爱护照顾你呢！我以前没有及时对你进行匡正教导，致使你违法乱纪。如今，我对上畏惧先王神灵，对下迫于民众谴责。"摩醯因陀罗叩头谢罪说："我自己不能谨慎行事，竟然触犯了国家法律，恳请您给我重新做人的机会，再将刑期宽限七天。"于是无忧王将王弟囚禁在一间暗室里，派警卫严加看守；但是供应上等的珍馐美味，和平时一模一样。看守大声说："已经过了一天，还剩下六天。"这样到了第六天结束，摩醯因陀罗更加忧虑担心，于是努力修炼身心，终于获得果证，升入空中，显示了神迹，随后脱离俗世，远远地居住在山谷之中。无忧王亲自前去看他，说：

"先前受到国家法律的制约,准备将你处以严刑。不曾想你竟然得道高升,证得圣果。如今既然了无牵挂,可以回国居住了。"王弟说:"我以前被爱欲所羁绊,纵情声色,现在脱离了险境,一心向往高山深谷。只想抛弃人间,永远住在山野里。"国王说:"你要心境宁静,难道非要住在山谷里?不过,我尊重你的意愿,为你建造住所。"于是召集鬼神,颁布命令说:"我将在后天提供大量的美味佳肴,你们都来参加我的聚会,来时每人携带一块大石头,作为各自的坐具。"鬼神接受了邀请,到了日子都来赴会。聚会结束之后,国王对他们说:"石座摆得乱七八糟,应当把它们堆在一起。就利用这现成的工料,替我垒起一间空屋子。"鬼神听命,不到一天就造好了。无忧王亲自前往迎接王弟,让他居住在这间石屋里。

七、无忧王诸营造遗迹

故宫北,地狱南,有大石槽,是无忧王匠役神功,作为此器,饭僧之时,以储食也。

故宫西南有小石山,周岩谷间,数十石室,无忧王为近护等诸阿罗汉役使鬼神之所建立。傍有故台,余基积石;池沼涟漪,清澜澄鉴,邻国远人谓之圣水,若有饮濯,罪垢消灭。

山西南有五窣堵波,崇基已陷,余址尚高,远而望之,郁若山阜,面各数百步,后人于上重更修建小窣堵波。《印度记》曰:昔无忧王建八万四千窣堵波已,尚余五升舍利,故别崇建五窣堵波,制奇诸处,灵异间起,以表如来五分法身[①]。薄信之徒窃相评议,云是昔者难陀王[②]建此五藏,以储七宝。其后有王,不甚淳信,闻先疑议，肆其贪求，兴动军师，躬临发掘，地震山倾，云昏日翳，窣堵波中大声雷震，士卒僵仆，象马惊奔。自兹已降，无敢觊觎。或曰：众义虽多，未为确论；循古所记，信得其实。

[注释]

①五分法身：指修成佛身的五种功德法，包括戒身、定身、慧身、解脱身、解脱知见身。　②难陀王：生前曾经为王的比丘难陀。

[译文]

旧王宫北面，地狱以南，有口大石槽，它是由无忧王驱使鬼神出力制成的容器，施舍斋僧的时候，拿它来放置食物。

旧王宫西南面有座小石山，有几十个石室分布在附近山谷里，这是无忧王差遣鬼神，为近护等罗汉建造的房屋。旁边有座旧高台，遗址上还有石块；湖水微波荡漾，清澈见底，邻国和远方的人都把它称为圣水，如果饮用、洗浴，所有的罪孽都会消失。

小石山西南方有五座佛塔，塔基已经塌陷，残存的塔身还是很高，远远眺望，就像山丘一般，每一面都有几百步宽，后来人们在上面另外建造了小塔。《印度记》载：先前无忧王建造八万四千座佛塔以后，还剩下五升的舍利，所以另外建造了五座佛塔，形制和别处的佛塔不一样，经常出现灵异，这些塔象征的是如来的五分法身。不信仰佛法的人窃窃私语，妄加评说，认为这是当年难陀王建造的五座宝库，用来储藏七宝。后来有位国王，不信仰佛法，听到这种说法，产生贪婪的念头，发动军队，亲自前来发掘，不料地动山摇，乌云蔽日，佛塔里面雷声大作，士兵跌倒在地，象、马惊恐逃窜。从那以后，再没有人敢有非分的想法。有人说：尽管众说纷纭，没有确切的结论；我是按照古书的记载，相信这是真实的事。

八、鸡园僧伽蓝

故城东南有屈（居勿反）吒阿滥摩（唐言鸡园）僧伽蓝，无忧王之所建也。无忧王初信佛法也，式遵崇建，修殖善种，召集千僧，凡、圣两众，四事供养，什物周给。颓毁已久，基址尚在。

[译文]

旧城东南方有座屈吒阿滥摩（大唐称为鸡园）寺，是无忧王建造的。无忧王当初信仰佛法的时候，满怀敬意建造了这座佛寺，修善积福，召集上千名僧人，包括普通僧人和高僧大德，供养衣食住行，施舍了生活用品。佛寺损毁的时间很长了，只剩下基址。

九、阿摩落伽窣堵波

伽蓝侧有大窣堵波，名阿摩落伽。阿摩落伽者，印度药果之名也。无忧王遘疾弥留，知命不济，欲舍珍宝，崇树福田。权臣执政，诫勿从欲。其后因食，留阿摩落果，玩之半烂，握果长息，问诸臣曰："赡部洲主今是何人？"诸臣对曰："唯独大王。"王曰："不然。我今非主。唯此半果，而得自在。嗟乎！世间富贵，危甚风烛。位据区宇，名高称谓，临终匮乏，见逼强臣，天下非己，半果斯在！"乃命侍臣而告之曰："持此半果，诣彼鸡园，施诸众僧，作如是说：'昔一赡部洲主，今半阿摩落王，稽首大德①僧前，愿受最后之施。凡诸所有，皆已丧失，唯斯半果，得少自在。哀愍贫乏，增长福种。'"僧中上座②作如是言："无忧大王宿期弘济，疟疾在躬，奸臣擅命，积宝非己，半果为施。承王来命，普施众僧。"即召典事③，羹中总煮。收其果核，起窣堵波。既荷厚恩，遂旌顾命。

[注释]

①大德：原来称佛，后来泛称比丘，意思是有大德行的人。　②上座：这里指寺院的首领。　③典事：典座，相当于俗世的司厨。

[译文]

佛寺旁边有座大塔，名叫阿摩落伽。阿摩落伽是印度的药果名称。无忧王重病在身，即将去世的时候，他知道自己来日不多，想要施舍珍宝，积累来世的福田。但是权臣执掌国政，加以拒绝，使他的愿望无法实现。后来无忧王在吃饭后，留下一个阿摩落果，抚摸得快要烂了，握着果子长吁短叹，问大臣们："赡部洲的主宰，现在是谁呢？"大臣们回答说："只有陛下您呀。"国王说："不对。我现在已经不是君王了。只有这半个果子，可以自己支配。唉！人世间的富贵荣华比风中的蜡烛更难以维持。我统治天下，声名显赫，临死的时候两手空空，遭受权臣的逼迫，天下已经不是我的天下，只有这半个果子还在！"于是吩咐侍臣，对他说："你拿着这半个果子，前去鸡园寺，把它施舍给众位僧人，就这样对他们说：'当年是整个赡部洲的主人，如今只是半个阿摩落伽果的君王，向各位高僧大德叩头，请接收这最后的施舍。曾经所拥有的一切，都已丧失殆尽，只剩这半个果子，还能自己做主。可怜我贫穷匮乏，只能用它来增添福德了。'"寺主说了这样的话："无忧大王从前一直希望广泛地周济众人，如今身患重病，朝中奸臣操弄权柄，所有的积蓄已非他所有，用半个果子作为施舍。我按照大王的命令，将果子施舍给每一位僧人。"随后招来典事，将药果熬成汤。收取剩下的果核，建造了佛塔。因为曾经受过无忧王极大的恩惠，所以建了这座塔来纪念他的遗嘱。

十、建揵椎声窣堵波及提婆故事

阿摩落伽窣堵波西北，故伽蓝中有窣堵波，谓建揵椎①声。初，此城内伽蓝百数，僧徒肃穆，学业清高，外道学人销声缄口。其后僧徒相次殂落，而诸后进莫继前修。外道师资傅训成艺，于是命俦召侣，千计万数，来集僧坊，扬言唱曰："大击揵椎，招集学人！"群愚同止，谬有扣击。遂以白王，请校优劣。外道诸师高才达学，僧徒虽众，辞论庸浅。外道曰："我论胜。自今已后，诸僧伽蓝不得击揵椎以集众也。"王允其请，依先论制。僧徒受耻，忍诟而退，十二年间不击揵椎。时南印度那伽阏剌树那②菩萨（唐言龙猛。旧译曰龙树，非也）幼传雅誉，长擅高名，舍离欲爱，出家修学，深究妙理，位登初地③。有大弟子提婆者，智能明敏，机神警悟，白其师曰："波吒厘城诸学人等辞屈外道，不击揵椎，日月骤移，十二年矣。敢欲摧邪见山④，然正法炬。"龙猛曰："波吒厘城外道博学，尔非其俦，吾今行矣。"提婆曰："欲摧腐草，讵必倾山⑤？敢承指诲，黜诸异学。大师立外道义，而我随文破析，详其优劣，然后图行。"龙猛乃扶立外义，提婆随破其理，七日之后，龙猛失宗，已而叹曰："谬辞易失，邪义难扶，尔其行矣，摧彼必矣！"提婆菩萨夙擅高名，波吒厘城外道之闻也，即相召集，驰白王曰："大王昔纡听览，制诸沙门不击揵椎。愿垂告命，令诸门候，邻境异僧勿使入城，恐相党援，轻改先制。"王允其言，严加伺候。提婆既至，不得入城。闻其制令，便易衣服，叠僧伽胝，置草束中，褰裳疾驱，负戴而入。既至城中，弃草披衣，至此伽蓝，欲求止息。知人既寡，莫有相舍，遂宿揵椎台上。于晨朝时，便大振击。众闻伺察，乃昨客游苾刍。诸僧伽蓝传声响应，王闻究问，莫得其先。至此伽蓝，咸推提婆。提婆曰："夫揵椎者，击以集众。有而不用，悬之何为？"王人报曰："先时僧众论议堕负，制之不击，已十二年。"提婆曰："有是乎？吾于今日，重声法鼓⑥。"使报王曰："有异沙门欲雪前耻。"王乃召集学人，而定制曰："论失本宗，杀身以谢。"于是外道竞陈旗鼓，喧谈异义，各曜辞锋。提婆菩萨既升论座，听其先说，随义析破，曾不浃辰，摧诸异道。国王大臣莫不庆悦，建此灵基，以旌至德。

[注释]

①揵椎：这里指钟声。 ②那伽阏剌树那：南印度婆罗门种姓，早年为著名婆罗门学者，后皈依佛教，宣传大乘佛教般若性空学说，著述众多，在西藏佛教中影响很大。 ③初地：十地的第一地。十地，又称十住，指得信后进而住于佛地之位。有多种说法，常见的有两种：一、"三乘共十地"，声闻、缘觉、菩萨三乘所共通的十地，即干慧地、性地、八人地、见地、薄地、离欲地、已辨地、支佛地、菩萨地、佛地。二、"大乘菩萨十地"，指菩萨五十二位修行中，第五个十位，即欢喜地、离垢地、发光地、焰慧地、极难胜地、现前地、远行地、不动地、善慧地、法云地。 ④邪见山：形容邪见像山一样难以动摇。这里泛指外道一切与佛理相抵触的错误见解。 ⑤欲摧腐草，讵必倾山：意思是想要清除朽烂的野草，何必您亲自出马。山，山斗，泰山、北斗的简称，比喻世所景仰的伟

人。　⑥法鼓：意思是宣扬佛法，普度众生，犹如击鼓般声音遍传世间。

[译文]

　　阿摩落伽塔西北方的旧佛寺里有塔，名叫建捷椎声塔。当初，这座城内有几百座佛寺，寺中僧人持戒严谨，学问清雅高深，外道的学者沉默不语，不敢和他们辩论。后来，前辈高僧相继离世，年轻的僧人无法继承前辈学问。外道的导师却教出高水平的学生，于是互相告知结伴前来，人数成千上万，一起聚集在僧坊中，高声说道："用力敲击捷椎，召集僧人学者！"无知的僧人也来了，胡乱敲击捷椎。众僧启奏国君，请求比较优劣。外道的大师们学富五车，才高八斗，佛僧的人数虽然很多，但是辞藻平庸，说理浅薄。外道说："我们在辩论中获胜了。从今以后，所有的佛寺不能敲击捷椎来召集僧众。"国王按照事先商定的规则，答应了他们的要求。僧人蒙受耻辱，只得忍耐退下，在长达十二年的时间里再也没有敲击过捷椎。当时，南印度那伽阏剌树那菩萨（大唐称为龙猛。过去译作龙树，不对）年幼的时候就已经成名，年长以后更是声名远扬，他抛弃欲念，脱离爱恋，出家研习佛学，深入研究微妙的佛理，达到了初地阶位。他的大弟子提婆智慧聪明，悟性极强，对老师说："波吒厘城的佛教学人在辩论中输给了外道，不能敲击捷椎，日月如梭，已经过去十二年了。我想摧毁如高山般难以撼动的顽固偏见，重新点燃我佛正法的火炬。"龙猛说："波吒厘城的外道们学识渊博，你不是他们的对手，还是我去吧。"提婆说："想要摧毁腐朽的衰草，何必大师您亲自出马？我想秉承您的教诲，驳倒各派外道。大师您提出外道的宗旨，我逐条分析驳斥，详细展示两者的优劣，然后再去辩论。"龙猛于是论说外道的宗旨，提婆随即驳斥外道义理，七天以后，龙猛无法坚持外道的主张，不由得感慨："谬论容易被驳倒，邪见难以维持，你去吧，一定能驳倒外道！"提婆菩萨一直享有盛誉，波吒厘城的外道听说他来辩论，互相聚集在一起，急忙禀告国王说："大王从前纡尊降贵，出席辩论大会，规定沙门们再也不能敲击捷椎。请您降下旨意，命令城门的守卫不要让外国的僧人进入城里，以免他们内外勾结，轻易地改变先前的规定。"国王答应了他们的要求，严加守候检查。提婆到达以后，无法进城。他得知国王的命令，于是换了衣服，叠好换下的僧加胝衣，藏在草束里面，撩起衣襟急速奔走，背着草束进入城中。进入城里，扔掉草束，披上僧衣，来到这座佛寺，请求借宿。寺内有识之士太少了，竟然没有人留宿提婆，于是他只好睡在捷椎台上。等到清晨，提婆奋力敲击捷椎。众僧听到声响后查看，原来是昨天晚上的游方僧人。其他寺院听到钟声也跟着呼应，国王知道这件事后，下令追查，却不知道是谁首先敲击。来到这座佛寺的时候，众人指认是提婆。提婆说："捷椎就是用来敲击召集僧众用的。有捷椎却不去敲击，还挂着它干什么？"国王的使者回答说："以前僧人们在辩论中失败，有规定不许敲击，到现在已经十二年了。"提婆说："有这种事吗？我今天就想通过辩论获胜，重新敲响法鼓。"使者报告了国王："有位外国沙门想要洗雪以前的耻辱。"国王于是召集各派学者，制定了规则："一旦辩论失败，必须自杀谢罪。"外道竞相上前陈述各种观点，讲说各种教义，各自展示辩才。提婆菩萨登上论座，先让外道学者陈说，随即一一加以驳斥，不到十二天时间，难倒了所有的外道。国王、大臣无不欢欣鼓舞，因此建造这座佛塔，来表彰提婆高超的德行。

十一、马鸣菩萨遗迹

建击捷椎窣堵波北有故基，昔鬼辩婆罗门[①]所居处也。初，此城中有婆罗门，茸宇荒芜，不交世路，祠鬼求福，魍魉[②]相依，高论剧谈，雅辞响应。人或激难，垂帷以对，旧学高才，无出其右，士庶翕然，仰之犹圣。有阿湿缚窶沙③（唐言马鸣）菩萨者，智周万物，道播三乘④，每谓人曰："此婆罗门学不师受，艺无稽古，屏居幽寂，独擅高名，将非神鬼相依，妖魅所附，何能若是者乎？夫辩资鬼授，言不对人，辞说一闻，莫能再述，吾今往彼，观其举措。"遂即其庐，而谓之曰："仰钦盛德，为日已久。幸愿褰帷，敢申宿志。"而婆罗门居然简傲，垂帷以对，终不面谈。马鸣心知鬼魅，情甚自负，辞毕而退，谓诸人曰："吾已知之，摧彼必矣。"寻往白王："唯愿垂许，与彼居士⑤较论剧谈。"王闻骇曰："斯何人哉！若不证三明，具六通，何能与彼论乎？"命驾躬临，详鉴辩论。是时马鸣论三藏微言，述五明大义，妙辩纵横，高论清远，而婆罗门既述辞已，马鸣重曰："失吾旨矣，宜重述之。"时婆罗门默然杜口，马鸣叱曰："何不释难？所事鬼魅宜速授辞！"疾褰其帷，视占其怪。婆罗门惶遽而曰："止！止！"马鸣退而言曰："此子今晨声闻失坠，虚名非久，斯之谓也。"王曰："非夫盛德，谁鉴左道？知人之哲，绝后光前，国有常典，宜旌茂实。"

[注释]

①鬼辩婆罗门：意思是婆罗门的辩论能力来自鬼魅授予。　②魍（wǎng）魉（liǎng）：山水间害人的鬼怪。　③阿湿缚窶沙：1～2世纪中印度人，著名的佛教论师、诗人和哲学理论家。　④三乘：乘人而使其各到果地的三种教法。大乘的三乘指：声闻乘，又称小乘，证阿罗汉果；缘觉乘，又称中乘，证辟支佛果；菩萨乘，又称大乘，证无上菩提果。这里

指精通了佛法。　⑤居士：受过三皈、五戒的在家佛教徒。

[译文]

　　建击捷椎塔北面有座故址，是以前鬼辩婆罗门的住所。当初，这座城中有位婆罗门，在荒郊野外建房居住，不和俗人接触，祭祀鬼神，祈求福报，依附于鬼怪，高谈阔论，口吐珠玑。如果有人向他发难辩论，他便放下帷幕进行答辩，学界名宿、杰出人才，没有人能超越他，学者、百姓们都像对待圣人一般崇敬他。阿湿缚窭沙（大唐称为马鸣）菩萨智识渊博，无所不知，道行高深，精通佛学，常常对人说："这个婆罗门没有得到老师教诲，才艺也没有古代的事迹来参考，独自一人居住在荒野之中，却获得了这么高的声望，如果不是神鬼帮助，妖魅附体，怎么能做到这一步呢？如果说他的辩才靠的是鬼魅传授，那么他就不敢面对别人讲话，话说一遍，再也不能重复，我现在就到他那里去，观察他的行为举止。"菩萨于是来到他的茅屋，对他说："我仰慕你的美名德操，已经很长时间了。希望你能卷起帷幕，以便我申述平时的想法。"婆罗门态度傲慢，仍旧垂着帷帘回答，始终不肯露面。马鸣知道一定有鬼魅在内，神情十分自负，结束谈话回来，对众人说："我已经知道了实情，一定能将他驳倒。"很快去对国王说："恳请陛下准许，我和那位居士进行激烈的辩论。"国王听了惊奇地说："你是什么人呀！如果没有证得三明，具备六种神通，怎么能够和他辩论呢？"于是下令摆驾亲自前往，仔细地观看这场辩论。这时马鸣讲论三藏的言辞精微奥妙，阐述了五明的深刻义理，妙词佳语滔滔不绝，谈论的道理高深悠远，当婆罗门陈述完自己的观点后，马鸣又说："你没有说明我的理论，应该重新讲一遍。"当时婆罗门哑口无言，马鸣叱责他说："你为什么不解释？你所侍奉的鬼神赶快教你呀！"同时迅速撩开幕帘，观察其中的怪异。婆罗门惊慌失措地说："别动！别动！"马鸣退下来说:"这个人今天早上名声扫地,可见虚妄的名头是不可能长久的,说的就是他这种人。"国王说:"如果不是您有高超的德行,谁能甄别出旁门左道?您能了解人的智慧,真是空前绝后,我们国家历来有规定,要表彰您这样真才实学的学者。"

十二、鞮罗释迦伽蓝及附近佛遗迹

城西南隅二百余里,有伽蓝余址。其傍有窣堵波,神光时烛,灵瑞间发,近远众庶莫不祈请,是过去四佛坐及经行遗迹之所。

故伽蓝西南行百余里,至鞮罗释迦①伽蓝。庭宇四院,观阁三层,崇台累仞,重门洞启,频毗娑罗王末孙之所建也。旌召高才,广延俊德,异域学人,远方髦彦,同类相趋,肩随戾止。僧徒千数,并学大乘。中门当涂,有三精舍,上置轮相,铃铎虚悬,下建层基,轩槛周列,户牖栋梁,墉垣阶陛,金铜隐起,厕间庄严。中精舍佛立像高三丈,左多罗②菩萨像,右观自在菩萨像。凡斯三像,鍮石铸成,威神肃然,冥鉴远矣。精舍中各有舍利一升,灵光或照,奇瑞间起。

鞮罗释迦伽蓝西南九十余里,至大山,云石幽蔚,灵仙攸舍,毒蛇、暴龙窟穴其薮,猛兽、鸷鸟栖伏其林。山顶有大磐石,上建窣堵波,其高十余尺,是佛入定处也。昔者如来降神止此,坐斯磐石,入灭尽定③,时经宿焉。诸天灵圣供养如来,鼓天乐,雨天花。如来出定,诸天感慕,以宝金银起窣堵波。去圣逾邈,宝变为石。自古迄今,人未有至。遥望高山,乃见异类,长蛇、猛兽群从右旋,天仙灵圣肩随赞礼。

山东冈有窣堵波，在昔如来伫观摩揭陀国所履之处也。

[注释]

①鞮罗释迦：约在那烂陀寺以西34千米处。　②多罗：意译眼、眼瞳。多罗菩萨即多罗观自在，是观自在菩萨的化身，呈女相。在印度教中为大自在天妃，在密宗中称度母。　③灭尽定：又名灭受想定，或灭定。在此定中，以灭受、想二心所为主，最后连六识所亦灭。是克制思想，使之停止活动的禅定。

[译文]

城西南方二百多里的地方有座佛寺遗址。寺旁的佛塔经常神光闪耀，不断发生灵异，四面八方的民众无不前来祈祷，这里是过去四佛打坐和散步场所的遗址。

从旧佛寺向西南走一百多里，来到鞮罗释迦寺。寺内有四进庭院，三层楼阁，楼台高达数仞，门户重重叠叠，它是由频毗娑罗王的末代孙子建造的佛寺。表彰招请学识卓越的人才，广泛邀请德操出众的人士，外国学者、远方贤达，纷纷前来，接踵而至。僧人超过千名，全都研习大乘教法。对着中门，朝向路口有三座精舍，屋顶安放了轮相，四角悬挂了铃铛，屋下建造了台基，周围排列了栏杆，门窗、房梁、矮墙、台阶上都有金、铜的装饰，镶嵌得极为华美严整。中间精舍中有佛陀的立像，高有三丈，左边是多罗菩萨像，右边是观自在菩萨像。这三尊像都用鍮石铸成，威严肃穆，神灵的鉴戒深远悠长。每座精舍中都藏有一升舍利，灵光不时照耀，常出现奇异的祥瑞。

从鞮罗释迦寺向西南方走九十多里，来到一座大山，云雾弥漫，岩石晦暗，是神灵、仙人的住所，毒蛇、恶龙穴居在荒野之中，猛兽、凶鸟栖息在密林深处。山顶有块大磐石，石上建有佛塔，高度有十多尺，这是佛祖入定的地方。以前，如来降临此处，坐在这块大磐石上，入灭尽定，经过一天一夜。天神灵圣供养如来，演奏天乐，撒下天花。如来出定以后，众天神感慨仰慕，就用珍宝、金银建造了佛塔。如今距离圣人的时代已经非常久远了，宝物变成了石头。从古到今，从来没有人到过那里。远远地眺望这座高山，会看见各种非人的生灵，大蛇、猛兽成群结队绕着佛塔向右旋转，天仙、圣灵紧跟着赞颂礼拜。

大山东面的高冈上有座塔，它是以前如来停下脚步，驻足观看摩揭陀国时脚踩的地方。

十三、德慧伽蓝及事迹

山西北三十余里，山阿有伽蓝，负岭崇基，疏崖峙阁。僧徒五十余人，并习大乘法教。瞿那末底①（唐言德慧）菩萨伏外道之处。初，此山中有外道摩沓婆②者，祖僧佉③之法而习道焉。学穷内外④，言极空有，名高前烈，德重当时，君王珍敬，谓之国宝，臣庶宗仰，咸曰家师。邻国学人承风仰德，俦之先进，诚博达也。食邑二城，环居封建。时南印度德慧菩萨幼而敏达，早擅清徽⑤，学通三藏，理穷四谛⑥。闻摩沓婆论极幽微，有怀挫锐，命一门人裁书谓曰："敬问摩沓婆善安乐也。宜忘劳弊，精习旧学，三年之后，摧汝嘉声。"如是第二、第三年中，每发使报。及将发迹，重裁书曰："年期已极，学业何如？吾今至矣，汝宜知之。"摩沓婆甚怀惶惧，诫诸门人及以邑户："自今之后，不得居止沙门异道，递相宣告，勿有犯违。"时德慧菩萨杖锡而来，至摩沓婆邑，邑人守约，莫有相舍。诸婆罗门更詈之曰："断发殊服，何异人乎？宜时速去，勿此止也！"德慧菩萨欲摧异道，冀宿其邑，因以慈心，卑辞谢曰："尔曹世谛⑦之净行⑧，我又胜义谛⑨之净行，净行既同，何为见拒？"婆罗门因不与言，但事驱逐。逐出邑外，入大林中。林中猛兽群行为暴，有净信⑩者恐为兽害，乃束蕴持杖，谓菩萨曰："南印度有德慧菩萨者，远传声闻，欲来论义，故此邑主惧坠嘉声，重垂严制，勿止沙门。恐为物害，故来相援。行矣自安，勿有他虑。"德慧曰："良告净信：德慧者，我是也。"净信闻已，更深恭敬，谓德慧曰："诚如所告，宜可速行。"即出深林，止息空泽。净信纵火持弓，周旋左右，夜分已尽，谓德慧曰："可以行矣，恐人知闻，来相图害。"德慧谢曰："不敢忘德。"于是遂行。至王宫，谓门者曰："今有沙门，自远而至，愿王垂许，与摩沓婆论。"王闻惊曰："此妄人耳。"即命使臣往摩沓婆所，宣王旨曰："有异沙门来求谈论，今已莹洒论场，宣告远近，伫望来仪，愿垂降趾。"摩沓婆问王使曰："岂非南印度德慧论师乎？"曰："然。"摩沓婆闻，心甚不悦，事难辞免，遂至论场。国王、大臣、士、庶、豪族，咸皆集会，欲听高谈。德慧先立宗义，洎乎景落，摩沓婆辞以年衰，智惛捷对，请归静思，方酬来难。每事言归，及旦升座，竟无异论。至第六日，欧血而死。其将终也，顾命妻曰："尔有高才，无忘所耻！"摩沓婆死，匿不发丧，更服鲜绮，来至论会。众咸喧哗，更相谓曰："摩沓婆自负才高，耻对德慧，故遣妇来，优劣明矣。"德慧菩萨谓其妻曰："能制汝者，我已制之。"摩沓婆妻知难而退。王曰："何言之密，彼便默然？"德慧曰："惜哉，摩沓婆死矣！其妻欲来与我论耳。"王曰："何以知之？愿垂指告。"德慧曰："其妻之来也，面有死丧之色，言含哀怨之声，以故知之，摩沓婆死矣。能制汝者，谓其夫也。"王命使往观，果如所议。王乃谢曰："佛法玄妙，英贤继轨，无为⑪守道，含识⑫沾化，依先国典，褒德有常。"德慧曰："苟以愚昧，体道居贞，存止足⑬，论齐物⑭，将弘汲引，先摧傲慢，方便摄化，今其时矣。唯愿大王以摩沓婆邑户子孙千代常充僧伽蓝人，则垂诫来叶，流美无穷。唯彼净信见匡护者福延于世，食用同僧，以劝清信，以褒厚德。"于是建此伽蓝，式旌胜迹。初，摩沓婆论败之后，十数净行逃难邻国，告诸外道耻辱之事，招募英俊，来雪前耻。王既珍敬德慧，躬往请曰："今诸外道不自量力，结党连群，敢声论鼓，唯愿大师摧诸异道。"德慧曰："宜集论者。"于是外道学人欣然相慰："我曹今日，胜其必矣。"时诸外道阐扬义理，德慧菩萨曰："今诸外道逃难远游，如王先制，皆是贱人，我今如何与彼对论？"德慧有负座竖，素闻余论，颇闲微言，侍立于侧，听诸高谈。德慧拊其座而言曰："床，汝可论。"众咸惊骇，异其所命。时负座竖便即发难，深义泉涌，清辩响应。三复之后，外道失宗，重挫其锐，再折其翮。自伏论已来，为伽蓝邑户。

[注释]

①瞿那末底：5~6世纪南印度人，瑜伽行派著名学者，唯识十大论师之一。　②摩沓婆：意思是儒童。　③僧佉：这是外道的论名。　④内外：就是内外道、内外教。佛教是内教，其他是外教。　⑤清徹：清高的

气节。　⑥四谛：圣者知道的真理，包括苦谛、集谛、灭谛、道谛。
⑦世谛：又称俗谛，指世俗人所知的道理。　⑧净行：这里指对涅槃的修行。　⑨胜义谛：又称真谛，指圣智者所见的真实理性，与世谛相对。
⑩净信：信仰佛法的人。　⑪无为：是真理、涅槃、法相、实相、真如、法界等的异名。　⑫含识：指一切有情。　⑬止足：安分守己，没有奢求。　⑭齐物：对世间万事万物平等看待。

[译文]

　　距离大山西北方三十多里的山洼内有座佛寺，背靠山岭，台基高大，傍依山崖，楼阁高耸。僧人有五十多名，全部研习大乘教法。这里是瞿那末底（大唐称为德慧）菩萨降伏外道的地方。最初，这座山中有外道，名叫摩沓婆，他遵循数论派的学说进行修行。他精通佛教和其他各种学派的学说，深入理解空、有的道理，名望超过前辈学者，德行受到当时人的推崇，君王对他极为珍视尊敬，称他为"国宝"，大臣、百姓也同样崇拜他，都把他叫作"家师"。邻近国家的学者仰慕他的风采德行，将他看作前辈，他也的确是位博闻广识的贤人。国王赐给他两座城市作为采邑，并把城周围的土地给他作为封地。那时南印度的德慧菩萨年纪很小，却聪明通达，很早就具有清高的气节，经过学习贯通了三藏典籍，彻底掌握了四谛真理。他听说摩沓婆的论述非常精妙深奥，有意前去辩论驳斥，就吩咐一个徒弟写信说："谨向摩沓婆善问安好。你应该不顾劳累，认真研究你的学问，三年以后，我将来摧毁你的美名。"像这样在第二年、第三年，每年都派人写信告知。等他快要启程的时候，又写了一封信说："时间已经到了，你的学业进展情况如何？我现在就要来了，你应该知道此事。"摩沓婆心中极为惶恐畏惧，告诫自己的徒弟以及封地内的人们说："从现在起，不准留宿沙门异教徒，你们互相转告，不许违犯。"这时，德慧菩萨手持锡杖前来,到达摩沓婆的采邑,采邑中的人们严守约定,没有人留宿德慧。婆罗门更是辱骂他说:"剃了头发,穿着怪异,是什么怪物?趁早赶快离开,不要待在这里!"德慧菩萨想要击败外道,希望能够留宿城中,于是心怀慈悲,谦卑地恳请说:"你们按照世谛理论修持梵行,我则按照胜义谛修持梵行,既然大家都在修持梵行,为什么要将我拒之门外呢?"婆罗门不再搭理他,只是一味地驱逐他出城。把他赶到城外,一直赶进大森林里。森林中猛兽出没,成群结队残害生灵,有位佛教徒担心他被野兽伤害,于是点燃火把,手持杖棍,对菩萨说:"南印度有位德慧菩萨,他从远方传来消息,要来这里辩论义理,所以城主担心丧失好名声,下达了严厉的禁令,不让留宿沙门。我担心你受到野兽伤害,所以前来相助。你自己安心地走吧,不必有什么顾虑。"德慧说:"实话对你说吧,我就是德慧。"佛教徒听了,态度更加恭敬,对德慧说:"真像您告诉我的那样,您还是赶快走吧。"他们随即走出森林,在空旷的草地上休息。佛教徒燃起火堆,手持弓箭,在周围巡视。天快黑的时候,他对德慧说:"现在可以走了,我怕有人知道你在这里,会来加害于你。"德慧感谢他说:"不会忘记您的恩惠。"于是走了。他来到王宫,对守门人说:"现在有个沙门,远道而来,请求国王恩准,让我与摩沓婆辩论。"国王听了,惊讶地说:"这是个狂妄之徒。"立即命令使者前往摩沓婆的住处,宣读国王的旨意说:"有位外国的沙门,前来请求与您辩论,现在已经清扫了论场,通知各地,我们恭候大驾,希望您能光临。"摩沓婆问国王的使者:"是不是南印度的德慧论师?"使者回答说:"就是他。"摩沓婆听了,心里很不高兴,但是这件事难以推脱,只好来到论场。国王、大臣、学者、百姓、豪族都来聚会,想要听听他们的精彩辩论。德慧首先提出自己的观点,到了太阳快要落山的时候,摩沓婆借口年老体衰,头脑迟钝不能马上回答，请求回去静静思考，才能回答责难。每当德慧提出责难，他都会说要回去思考，等到第二天早上登上讲座，却没有什么独到的见解。到了第六天，摩沓婆吐血而亡。他临终前，给他的妻子留下遗言说："你有出色的辩才，不要去忘记我所受的耻辱！"摩沓婆死后，他的妻子秘不发丧，而是换上了鲜艳的服装，来到论场。众人全都起哄，纷纷说："摩沓婆自恃才能卓绝，不屑于和德慧辩论，所以派他的妻子来应战，谁优谁劣已经很明显了。"德慧菩萨对他的妻子说："能够制服你的人，已经被我制服了。"摩沓婆的妻子知难而退。国王问道："你说了什么神秘的话，使她默不作声地走了？"德慧说："可惜呀，摩沓婆已经死了！他的妻子想替他来同我辩论。"国王说："你是怎么知道的？请你不吝赐教。"德慧说："他妻子来的时候，脸上带着哭丧的神色，言语中含有哀怨的音调，因此我知道摩沓婆死了。'能够制服你的人'，指的是她的丈夫。"国王派使者前往察看，果然就像德慧说的那样。国王于是道歉说："佛法真是深奥精妙，英才贤人前赴后继，用真理维护佛法，让所有的生灵都能得到教化，按照国家的法度，对有才有德人士的褒奖有着明确的规定。"德慧说："我虽然生性愚昧，但是心存佛法，信仰坚定，安分守己，别无所求，平等地看待万物，一心只想弘传佛法，教化世人，所以要首先消除桀骜不驯的态度，再因势利导加以摄化，现在时候到了。只希望陛下将摩沓婆城邑中百姓的子孙，世世代代充当佛寺僧户，为后代留下教训，让美好的事迹流传千古。那位帮助过我的佛教徒，让他世代享福，吃穿用度和僧人一样，以此劝勉信佛的人士，来表彰道德高尚的人。"于是国王建造了这座佛寺，来纪念这一盛事。当初，在摩沓婆辩论失败以后，十几个婆罗门逃难到邻国，把遭受耻辱的事情告诉了各派外道信徒，于是招募杰出的外道人士，前来洗雪前耻。国王尊重敬仰德慧，亲自前来邀请说："如今，各派外道不自量力，结成朋党，竟敢声称前来辩论，请大师您降伏这些外道。"德慧说："那么召集辩论的人吧。"于是外道学者高兴地宽慰说："我们今天胜券在握了。"各位外道阐述了他们的道理，德慧菩萨说："现在外道们外出逃难，远离家乡，按照国家传统的制度，他们都是贱民，我如今怎么能和他们这些身份低下的人辩论呢？"德慧有个背坐床的童子，平时一直听他讲说佛法，所以也很懂得佛法要义，此时正侍立在德慧身旁，等着聆听精彩的辩论。德慧拍着坐床说道："床，你可以来辩论。"众人都感到非常惊奇，不明白他这个命令的意思。这时，背坐床的童子立即向外道们问难，深奥的义理如泉水般涌出，用清晰的言辞回答响应。经过三个回合之后，外道无法坚持自己的理论，德慧再次挫败了他们的锐气，折断了他们重振的翅膀。自从他们辩论失败以后，一直担任佛寺的僧户。

十四、戒贤伽蓝及伏外道事

德慧伽蓝西南二十余里，至孤山，有伽蓝，尸罗跋陀罗^①（唐言戒贤）论师论义得胜，舍邑建焉。竦一危峰，如窣堵波，置佛舍利。论师，三摩呾吒国之王族，婆罗门之种也。少好学，有风操，游诸印度，询求明哲。至此国那烂陀僧伽蓝，遇护法菩萨，闻法信悟。请服染衣，谘以究竟之致，问以解脱之路，既穷至理，亦究微言，名擅当时，声高异域。南印度有外道，探赜索隐^②，穷幽洞微，闻护法高名，起我慢深嫉，不阻山川，击鼓求论，曰："我，南印度之人也。承王国内有大论师，我虽不敏，愿与详议。"王曰："有之，诚如议也。"乃命使臣请护法曰："南印度有外道，不远千里，来求较论，唯愿降迹，赴集论场。"护法闻已，摄衣将往。门人戒贤者，后进之翘楚③也，前进请曰："何遽行乎？"护法曰："自慧日潜晖，传灯④寂照，外道蚁聚，异学蜂飞，故我今者，将摧彼论。"戒贤曰："恭闻余论，敢摧异道。"护法知其俊也，因而允焉。是时戒贤年甫三十，众轻其少，恐难独任。护法知众心之不平，乃解之曰："有贵高明，无云齿岁，以今观之，破彼必矣。"逮乎集论之日，远近相趋，少长咸萃。外道弘阐大猷，尽其幽致；戒贤循理责实，深极幽玄。外道辞穷，蒙耻而退。王用酬德，封此邑城。论师辞曰："染衣之士，事资知足，清净自守，何以邑为？"王曰："法王晦迹，智舟⑤沦湑⑥，不有旌别，无励后学。为弘正法，愿垂哀纳。"论师辞不获已，受此邑焉，便建伽蓝，穷诸规矩，舍其邑户，式修供养。

[注释]

①尸罗跋陀罗：6~7世纪人，瑜伽行派的论师，长期主持那烂陀寺。

②探赜索隐：探讨深奥难见的义理。　③翘楚：才能比平辈人杰出者。

④传灯：指佛法，佛法能破黑暗，所以用灯比喻。　⑤智舟：指佛法，佛法能度生死之海，所以用舟比喻。　⑥沦湑（xǔ）：沦灭，沉没。

[译文]

　　从德慧寺向西南方走二十多里，到达一座孤山，山上有座佛寺，它是尸罗跋陀罗（大唐称为戒贤）论师在辩论中取得胜利，接受施舍的城邑建造而成。山上耸立着一座陡峭险峻的山峰，形状像佛塔，收藏着佛的舍利。论师出身于三摩呾吒国的王族，是婆罗门种姓。年纪很小就喜好学习，有风度操守，游历印度各地，拜访贤明人士。来到这个国家的那烂陀寺，遇到护法菩萨，听他说法之后，更坚定了信仰，领悟了佛理。因此请求出家，进一步探究佛教真理，找到解脱的方法，既精通深奥的佛理，也完全理解了精微的词句，名噪一时，声誉传遍异国他乡。南印度有位外道，探讨过深奥难以理解的义理，还通晓精巧高明的辩术，听到护法的名声很大，不由得产生深深的傲慢和嫉妒心，他不顾山川险阻，前来击鼓要求辩论，说："我是南印度人。听说陛下您的国家里面有位大论师，我虽然不很聪明，但是希望和他详细切磋。"国王说："有这个人，确实像你所说的那样。"于是命令使臣前去邀请护法，说："南印度有位外道，不远千里来到我国，要求与您辩论，请您大驾光临，赶赴辩论场所。"护法听了，收拾行装准备出发。他的弟子戒贤，是后辈学者中的杰出代表，上前请求说："何必这么匆忙前去？"护法说："自从佛祖的智慧光辉消失，佛法的传灯不再照耀以后，外道信徒犹如蚁群聚集，异端邪说好似群蜂飞舞，我今天之所以前去，为的就是驳斥他们的歪理邪说。"戒贤说："我曾经认认真真地聆听您的演说，故此斗胆请您让我去挫败外道。"护法知道他才能出众，因此答应了。那时，戒贤年纪刚刚三十岁，众僧因为他年龄小而轻视他，担心他难以承担这样的重任。护法知道众僧心怀不满，于是解释说："最重要的是才能的高低，不必担心年龄的大小，按目前的情况看，他一定会挫败外道。"等到集会辩论的日子，不论远近，人们竞相前来，青年、老人全部聚集。外道论师阐述他们的主张，说理非常细致；戒贤根据佛学理论，以事实为佐证，讲得极其深刻。外道理屈词穷，不得不含羞忍辱退出论场。国王为了答谢戒贤的功德，就把这座城池分赐给他。戒贤论师推辞说："我是个穿僧衣的出家人，万事知足常乐，清心寡欲，洁身自好，接受这座食邑对我有什么用呢？"国王说："如来法王已经隐匿了踪迹，智慧舟船也早已沉沦，如果不对你加以表彰，就不能激励后世学者。为了弘扬佛教正法，请您看在我出自一片至诚，接受食邑吧。"戒贤论师无法推辞，于是便接受封赐，用来建造了一座佛寺，佛寺极其宏伟壮丽。戒贤把食邑众百姓的赋税布施给佛寺，虔诚地供养佛、僧。

十五、伽耶城及伽耶山

戒贤伽蓝西南行四五十里，渡尼连禅河，至伽耶城①。甚险固，少居人，唯婆罗门有千余家，大仙人之祚胤也，王所不臣，众咸宗敬。

城北三十余里，有清泉，印度相传谓之圣水，凡有饮濯，罪垢消除。

城西南五六里至伽耶山②。溪谷杳冥，峰岩危险，印度国俗称曰灵山，自昔君王驭宇承统，化洽远人，德隆前代，莫不登封而告成功。山顶上有石窣堵波，高百余尺，无忧王之所建也，灵鉴潜被，神光时烛，昔如来于此演说《宝云》等经。

伽耶山东南有窣堵波，迦叶波本生邑也。其南有二窣堵波，则伽耶迦叶波、捺地迦叶波（旧曰那提迦叶，讹也。洎诸迦叶，例无波字，略也）事火之处。

[注释]

①伽耶城：这座城外东南约1.5千米处是佛陀成道的所在。　②伽耶山：意译象头山，有两处，这是其中之一。

[译文]

从戒贤寺向西南方走四五十里，渡过尼连禅河，来到伽耶城。城池非常险要坚固，居民很少，只住着一千多家婆罗门，他们是大仙人的后代子孙，国王不把他们当作臣仆看待，百姓都对他们极为崇敬。

城北面三十多里的地方有一眼清泉，印度相传称它为圣水，只要饮用或者在泉水中洗浴，所有的罪业就会消除。

城西南面五六里处是伽耶山。山里的溪水、深谷晦暗渺茫，峰峦陡峭，印度民间称之为灵山，自古以来，国王要想入继大统，君临天下，教化边远人民，盛德超越前代祖先，全都来到这里登山祭祀，昭告自己的功业。山顶上有座石塔，高达一百多尺，由无忧王兴建，神灵在暗中俯察人间，神光常常照耀，以前如来曾经在这里演说《宝云》等经。

伽耶山东南方有座塔，这里是迦叶波的故乡所在地。再往南有两座塔，是伽耶迦叶波、捺地迦叶波（过去称为那提迦叶，错了。至于其他"迦叶"，按习惯没有"波"字，这是略称）皈依我佛前事火的地方。

十六、前正觉山及佛成道故事

伽耶迦叶波事火东，渡大河，至钵罗笈菩提山①（唐言前正觉山，如来将证正觉，先登此山，故云前正觉也）。如来勤求六岁，未成正觉，后舍苦行，示受乳糜，行自东北，游目此山，有怀幽寂，欲证正觉。自东北冈登以至顶，地既震动，山又倾摇。山神惶惧，告菩萨曰："此山者，非成正觉之福地也。若止于此，入金刚定②，地当震陷，山亦倾覆。"菩萨下自西南，止半崖中，背岩面涧，有大石室，菩萨即之，跏趺坐焉，地又震动，山复倾摇。时净居天空中唱曰："此非如来成正觉处。自此西南十四五里，去苦行处不远，有卑钵罗树，下有金刚座③，去来诸佛咸于此座而成正觉，愿当就彼。"菩萨方起，室中龙曰："斯室清胜，可以证圣，唯愿慈悲，勿有遗弃。"菩萨既知非取证所，为遂龙意，留影而去（影在昔日，贤愚咸睹；泊于今时，或有得见也）。诸天前导，往菩提树。逮乎无忧王之兴也，菩萨登山上下之迹，皆树旌表，建窣堵波，度量虽殊，灵应莫异，或天花雨空中，或光照幽谷。每岁罢安居日，异方法俗，登修供养，信宿④乃还。

[注释]

①钵罗笈菩提山：有人认为是拉莫山。　②金刚定：指菩萨在最后位断极细微烦恼的禅定。　③金刚座：佛陀在这里入金刚定而得名，这里指坚硬而不陷落。　④信宿：过了两夜。

[译文]

从伽耶迦叶波事火处向东，渡过大河，到达钵罗笈菩提山（大唐称为前正觉山，如来即将证得正觉之前，先登上这座山，所以叫作前正觉）。如来辛辛苦苦地修行了六年，没有证得正觉，后来放弃苦行，接受了牧女奉献的奶粥，从东北方走来，看到这座山的风景，喜欢这里的幽静环境，准备在这里证得正觉。他从东北方的山坡登上山顶，大地震动，山峰摇晃。山神惊恐不安，对菩萨说："这座山不是能证得正觉的福地。如果留在这里，入金刚定，大地一定会震得塌陷，山也会倾倒。"菩萨从西南方下山，停在半山腰，背靠岩壁，面对深洞，有座大石室，菩萨进入石室，结跏趺坐，大地再次震动，山峰再度摇晃。这时，净居天在空中高声说："这里不是如来证成正觉的地方。从这里向西南方走十四五里，距离修苦行处不远的地方，有棵卑钵罗树，树下有个金刚座，过去和未来的诸佛，都在这个金刚座成正觉，请您到那里去。"菩萨刚刚起身，石室里的龙说："这间石室是个清幽的好地方，可以证得圣果，请您大发慈悲，不要离开。"菩萨已经知道这里不是证果的地方,但为了满足龙的心愿,于是留下影像后离开了(以前,不论贤人、蠢汉,都能看见佛影;到了现在,只是偶尔能够看到)。天上的神灵在前面引导,菩萨前往菩提树去了。等到无忧王统治时期,菩萨上山、下山的遗迹,都被树立标志加以纪念,建造了佛塔,塔的形制大小虽然有所区别,但是灵异应验却没有不一样的地方,有时天花撒满空中,有时神光照耀深谷。每年安居结束的日子,各地的出家人和俗人,全都会上山供养佛的遗迹,留住两天两夜才回去。

十七、菩提树垣

前正觉山西南行十四五里,至菩提树。周垣垒砖,崇峻险固。东西长,南北狭,周五百余步。奇树名花,连阴接影;细莎异草,弥漫缘被。正门东辟,对尼连禅河,南门接大花池,西厄险固,北门通大伽蓝。壖垣内地,圣迹相邻,或窣堵波,或复精舍,并赡部洲诸国君王、大臣、豪族钦承遗教,建以记焉。

[译文]

从前正觉山向西南方走十四五里,来到菩提树下。树的周围被砖块垒砌的墙体包裹,高大坚固。东西长,南北窄,方圆五百多步。奇异的树木和名贵的花卉,生长浓密,阴影连接;纤细的莎草和其他野草,漫山遍野。正门向东开,面对尼连禅河,南门连着大花池,西面依托险峻地势,北门通往大佛寺。低矮的围墙之内,各种圣贤遗迹鳞次栉比,有的是佛塔,有的是精舍,都是赡部洲各国的君王、大臣、豪门贵族们秉承前代古训,尊奉佛教,纪念佛迹而建造的。

1. 金刚座

菩提树垣正中,有金刚座。昔贤劫初成,与大地俱起,据三千大千世界中,下极金轮,上侵地际,金刚所成,周百余步,贤劫千佛①坐之而入金刚定,故曰金刚座焉。证圣道所,亦曰道场。大地震动,独无倾摇。是故如来将证正觉也,历此四隅,地皆倾动,后至此处,安静不倾。自入末劫,正法浸微,沙土弥覆,无复得见。佛涅槃后,诸国君王传闻佛说金刚座量,遂以两躯观自在菩萨像,南北标界,东面而坐。闻诸耆旧曰:"此菩萨像身没不见,佛法当尽。"今南隅菩萨没过胸臆矣。

[注释]

①贤劫千佛:指现在住劫中出世的一千位佛。

[译文]

菩提树围墙内的正中间,有个金刚座。当年,贤劫刚刚开始的时候,它和天地一起形成,位于三千大千世界的正中,它的下面直达金轮,上面到达地面,由金刚构成,方圆一百多步,贤劫时代的千佛就是坐在它上面进入金刚定,所以被称为金刚座。由于是证得圣果的场所,所以也叫道场。大地震动的时刻,只有金刚座纹丝不动。为此,如来将要证成正觉之时,走遍四方,大地都在抖动,后来到了这里,安安稳稳毫不动摇。自从进入末劫以后,佛教逐渐衰微,金刚座被沙土覆盖,再也无法看到了。佛陀涅槃以后,各国君王根据传闻得知了佛祖曾经说过的金刚座的大小,于是用两尊观自在菩萨像标示了南北的界限,菩萨像面朝东而坐。听年长者说:"当菩萨像的身躯被完全掩埋看不见的时候,佛法就会消失了。"如今,南面那尊菩萨像已经被土埋到胸口了。

2. 菩提树及其事迹

金刚座上菩提树者,即卑钵罗之树也。昔佛在世,高数百尺,屡经残伐,犹高四五丈。佛坐其下,成等正觉,因而谓之菩提树焉。茎干黄白,枝叶青翠,冬夏不凋,光鲜无变。每至如来涅槃之日,叶皆凋落,顷之复故。是日也,诸国君王,异方法俗,数千万众,不召而集,香水香乳,以溉以洗,于是奏音乐,列香花,灯炬继日,竞修供养。如来寂灭之后,无忧王之初嗣位也,信受邪道,毁佛遗迹,兴发兵徒,躬临剪伐。根茎枝叶,分寸斩截,次西数十步而积聚焉,令事火婆罗门烧以祠天,烟焰未静,忽生两树,猛火之中,茂叶含翠,因而谓之灰菩提树。无忧王睹异悔过,以香乳溉余根,洎乎将旦,树生如本。王见灵怪,重深欣庆,躬修供养,乐以忘归。王妃素信外道,密遣使人,夜分之后,重伐其树。无忧王旦将礼敬,唯见蘖株,深增悲慨,至诚祈请,香乳溉灌,不日还生。王深敬异,垒石周垣,其高十余尺,今犹见在。近设赏迦王者,信受外道,毁嫉佛法,坏僧伽蓝,伐菩提树,掘至泉水,不尽根柢,乃纵火焚烧,以甘蔗汁沃之,欲其燋烂,绝灭遗萌。数月后,摩揭陀国补剌拿伐摩王[①](唐言满胄),无忧王之末孙也,闻而叹曰:"慧日已隐,唯余佛树。今复摧残,生灵何睹!"举身投地,哀感动物。以数千牛构乳而溉,经夜树生,其高丈余。恐后剪伐,周峙石垣,高二丈四尺。故今菩提树隐于石壁,上出二丈余。

[注释]

①补剌拏伐摩王：约7世纪时的摩揭陀国国王。

[译文]

金刚座上的菩提树就是卑钵罗树。以前，佛祖在世的时候，高达几百尺，后来多次遭受砍伐破坏，还有四五丈高。佛祖正是坐在此树下，成就了正觉，因此把它叫作菩提树。树干呈现黄白色，枝叶郁郁葱葱，无论冬夏都不会凋落，光艳鲜丽，四季如一。每逢如来涅槃的纪念日，树叶都会自动脱落，很快又恢复原状。这一天，各国君王，四面八方的僧俗民众，人数成千上万，不约而同地前来聚会，用香水、香乳浇灌洗涤，奏响音乐，摆好香花，点燃灯烛，夜以继日，争相供奉。如来涅槃以后，无忧王继位之初，信奉邪道，毁坏佛教遗迹，率领军队，亲自前来砍伐菩提树。无忧王将树的根、干、枝、叶，砍成碎片，堆积在西面几十步的地方，命令拜火的婆罗门进行焚烧祭祀天神，火焰还在燃烧的时候，烈火中突然长出两棵树，树叶茂盛，颜色青翠，因此后来把这棵树称为灰菩提树。无忧王目睹这一奇异景象，心中悔恨万分，于是他用香乳灌溉残余的树根，等到天快亮的时候，新树长成，和原来的一模一样。无忧王见到这种灵异，深深地欢喜庆幸，亲自加以供养，内心欢乐，以至于流连忘返。王妃一直信奉外道，她偷偷派人在夜半时分，再次砍倒菩提树。无忧王天亮时分准备礼敬菩提树，却看见只有残剩的枝叶，十分悲哀伤痛，他满怀至诚地祈祷恳求，用香乳浇灌，不到一天时间，菩提树再次复生。国王心怀崇敬，惊叹不已，于是在树的周围垒砌石墙，墙高十多尺，如今还能看到。近年，设赏迦王笃信外道，破坏嫉妒佛法，他捣毁佛寺，砍伐菩提树，一直深挖到泉水涌出的地方，还没有看见树根，于是放火焚烧，并用甘蔗汁浇灌，想要使树焦伤腐烂，从而彻底毁灭，再也不能复生。几个月后，摩揭陀国的补剌拿伐摩王（大唐称为满胄），也就是无忧王的末代孙子，听说这件事后感叹说："智慧的太阳已经隐没，只剩下了这棵佛树。现在又遭受如此摧残，众生还能看见什么！"他痛苦地摔倒在地，哀伤之情感天动地。他又用几千头牛的乳汁进行浇灌，经过一个夜晚，菩提树又复生了，高度有一丈多。满胄王担心佛树日后再次遭到砍伐，就在树的四周筑起了石墙，高达二丈四尺。因此现在菩提树隐藏在石墙里面，树冠高出石墙有二丈多。

菩提树东有精舍，高百六七十尺，下基面广二十余步，垒以青砖，涂以石灰，层龛皆有金像，四壁镂作奇制，或连珠形，或天仙像，上置金铜阿摩落迦果①（亦谓宝瓶，又称宝台）。东面接为重阁，檐宇特起三层，榱柱栋梁，户扉②寮③牗④，金银雕镂以饰之，珠玉厕错以填之，奥室邃宇，洞户三重。外门左右各有龛室，左则观自在菩萨像，右则慈氏菩萨像，白银铸成，高十余尺。精舍故地，无忧王先建小精舍，后有婆罗门更广建焉。初，有婆罗门不信佛法，事大自在天，传闻天神在雪山中，遂与其弟往求愿焉。天曰："凡诸愿求，有福方果。非汝所祈，非我能遂。"婆罗门曰："修何福可以遂心？"天曰："欲植善种⑤，求胜福田，菩提树者，证佛果处也。宜时速反，往菩提树，建大精舍，穿大水池，兴诸供养，所愿当遂。"婆罗门受天命，发大信心，相率而返，兄建精舍，弟凿水池，于是广修供养，勤求心愿，后皆果遂，为王大臣，凡得禄赏，皆入檀舍。精舍既成，招募工人，欲图如来初成佛像。旷以岁月，无人应召。久之，有婆罗门来告众曰："我善图写如来妙相。"众曰："今将造像，夫何所须？"曰："香泥耳。宜置精舍之中，并一灯照我，入已，坚闭其户，六月后乃可开门。"时诸僧众皆如其命。尚余四日，未满六月，众咸骇异，开以观之。见精舍内佛像俨然，结跏趺坐，右足居上，左手敛，右手垂，东面而坐，肃然如在。座高四尺二寸，广丈二尺五寸，像高丈一尺五寸，两膝相去八尺八寸，两肩六尺二寸，相好具足，慈颜若真，唯右乳上图莹未周。既不见人，方验神鉴，众咸悲叹，殷勤请知。有一沙门，宿心淳质，乃感梦见往婆罗门而告曰："我是慈氏菩萨，恐工人之思不测圣容，故我躬来图写佛像。垂右手者，昔如来之将证佛果，天魔来娆，地神⑥告至，其一先出，助佛降魔，如来告曰：'汝勿忧怖，吾以忍力⑦，降彼必矣。'魔王曰：'谁为明证？'如来乃垂手指地，言：'此有证。'是时第二地神踊出作证，故今像手仿昔下垂。"众知灵鉴，莫不悲感。于是乳上未周，填厕众宝，珠缨宝冠，奇珍交饰。

设赏迦王伐菩提树已，欲毁此像，既睹慈颜，心不安忍，回驾将返，命宰臣曰："宜除此佛像，置大自在天形。"宰臣受旨，惧而叹曰："毁佛像则历劫招殃，违王命乃丧身灭族，进退若此，何所宜行！"乃召信心⑧以为役使，遂于像前横垒砖壁，心惭冥暗，又置明灯，砖壁之前画自在天。功成报命，王闻心惧，举身生疮，肌肤攫裂，居未久之，便丧没矣。宰臣驰返，毁除障壁，时经多日，灯犹不灭。像今尚在，神工不亏。既处奥室，灯炬相继，欲睹慈颜，莫由审察，必于晨朝持大明镜，引光内照，乃睹灵相。夫有见者，自增悲感。

[注释]

①阿摩落迦果：这里指精舍上的金铜制阿摩落迦果形状的法器。②扉：门。③寮：小窗。④牖：窗子。⑤植善种：种下身、口、意三业的善根。⑥地神：地下的神，大地神女。⑦忍力：忍耐、忍辱之力。⑧信心：这里指具有信心的人。

[译文]

菩提树的东面有座精舍，高达一百六七十尺，精舍下的台基每边长二十多步，台基用青砖垒砌，外面涂有石灰，每层佛龛里都有金像，四面雕刻得非常奇异，有的呈连珠状，有的是天仙像，精舍顶上安放了一只金铜质地的阿摩落迦果（也称为宝瓶，还叫作宝台）。东面连接层层楼阁，挑起三层屋檐，椽、柱、栋、梁和所有的门窗，都雕刻了花纹并且用金银装饰，还用珠玉镶嵌填充，堂屋居室非常幽深，开了三重门户内外连接。外门的两边各有一座龛室，左边是观自在菩萨像，右边是慈氏菩萨像，都用白银铸成，高有十多尺。精舍的原址最初是无忧王建造的小精舍，后来有位婆罗门进一步扩建。当初，有位婆罗门不信奉佛法，遵奉大自在天神，传言说大自在天神住在雪山里，婆罗门于是和他的弟弟前往雪山求愿。天神说："所有的愿望请求，要靠福德的积累才能实现。不是你祈求就能达到目的，我也没有能力满足你的心愿。"婆罗门问："修造什么样的福德就可以实现心愿呢？"天神说："你们要想培植善根，求得殊胜的福田，菩提树那里，证得佛果之处就是个好地方。你们应该赶快回去，前往菩提树下，建造大精舍，开凿大水池，进行大规模的供养，这样你们的愿望就能实现。"婆罗门听从了天神的旨意，树立起对佛的信仰，一同返回，兄长建造了精舍，弟弟开挖了水池，于是不断地供养，辛勤追求实现心愿，后来都如愿以偿，做了国王的大臣，凡是得到的俸禄、赏赐，全部施舍。

精舍完工以后，又招募工匠，想要绘制如来刚成佛时的形象。等了很长时间，没有人前来应募。又过了很久，有位婆罗门前来告诉僧众说："我擅长绘制如来的美妙形象。"僧众说："你现在绘制佛像，需要什么工料？"他回答说："只需要香泥，把它放在精舍之中，并用一盏灯照明，我进入精舍后，必须关好门窗，六月以后才能开门。"当时，僧众都按照他的说法去办。还剩下四天就要满六个月期限的时候，僧众们都感到诧异，于是打开门观看。只见精舍里面的佛像庄严肃穆，结跏趺坐，右脚叠在上面，左手收起，右手下垂，面朝东方，端坐在那里，神态逼真，就像佛祖真身一样。基座高四尺二寸，宽一丈二尺五寸，佛像高一丈一尺五寸，两膝相距八尺八寸，两肩相距六尺二寸，法相庄严，无可挑剔，慈眉善目，栩栩如生，只有右乳上面的绘画和打磨不够完善。在精舍内没有看到那位匠人，才知道这是神仙显灵，僧众全部悲伤感叹，虔诚礼拜，想要知道实情。有一位沙门，天性淳厚质朴，他在梦中看到以前绘制佛像的婆罗门对他说："我是慈氏菩萨，担心工匠想象不出佛祖的真容，所以我亲自前来绘制佛像。佛像垂下右手，是因为以前如来将要证得佛果的时候，天魔前来骚扰，地神告诉如来天魔要来阻挠的事。第一位地神先跳出来，准备协助佛祖降伏天魔，如来对他说：'你不必担心害怕，凭借我的定力，必定降伏天魔。'魔王说：'谁来作证？'如来于是垂下手指着地，说：'以大地为证。'这时第二位地神跳出来作证，所以现在佛像的手仿照了当初降魔时下垂的样子。"僧众得知菩萨显灵，无不伤怀感慨。于是将佛像右乳上没有完工的部分，用各种珍宝填充，为佛像戴上珠缨宝冠，奇珍异宝交相装饰。设赏迦王砍伐菩提树以后，又想毁坏这尊佛像，看到了佛像的慈悲面容后，内心受到震动，不忍下手，便在摆驾返回之前，命令宰相说："应该去掉这尊佛像，换上大自在天像。"宰相接旨，满心畏惧地叹息说：

"毁坏佛像必然经历劫难，招致祸殃，违抗王命则会搭上身家性命，我现在进退维谷，到底该怎么办呢！"于是召来一名佛教徒当差，让他在佛像面前垒砌砖墙，又不好意思让佛像处在黑暗之中，在佛像前又点上一盏明灯，然后在砖墙上面画上大自在天的像。工程完工，回复王命，设赏迦王听了内心充满恐惧，浑身上下长满脓包，身上的皮肉全部开裂，过了不长时间，就死去了。宰相赶快返回，拆除了佛像前的砖墙，虽然经过了许多日子，佛前的明灯还没有熄灭。佛像如今仍然存在，卓越的工艺没有被破坏。由于位于幽深的室内，所以灯火接续不断，想要目睹佛祖慈容，却没有办法能看清，只有在早晨，手里拿着巨大的镜子，把阳光折射进室内，才能看清佛像的细节。凡是见到的人，都会产生更多悲伤感慨。

3. 如来成道时日

如来以印度吠舍佉月后半八日成等正觉，当此三月八日也。上座部则吠舍佉月后半十五日成等正觉，当此三月十五日也。是时如来年三十矣。或曰年三十五矣。

[译文]

如来在印度历法吠舍佉月后半月的第八天成等正觉，相当于大唐的三月初八。上座部认为是在吠舍佉月后半月的第十五天成等正觉，相当于大唐的三月十五日。当时如来有三十岁。也有人说是三十五岁。

4. 如来成道及诸奉佛遗迹

菩提树北有佛经行之处。如来成正觉已，不起于座，七日寂定。其起也，至菩提树北，七日经行，东西往来，行十余步，异花随迹，十有八文。后人于此垒砖为基，高余三尺。闻诸先志曰：此圣迹基表人命之修短也，先发诚愿，后乃度量，随寿修短，数有增减。

经行基北，道左，磐石上，大精舍中，有佛像，举目上望。昔日，如来于此七日观菩提树，目不暂舍。为报树恩，故此瞻望。

菩提树西不远，大精舍中，有鍮石佛像，饰以奇珍，东面而立。前有青石，奇文异采，是昔如来初成正觉，梵王起七宝堂，帝释建七宝座，佛于其上七日思惟，放异光明，照菩提树。去圣悠远，宝变为石。

菩提树南不远，有窣堵波，高百余尺，无忧王之所建也。菩萨既濯尼连河，将趣菩提树，窃自思念何以为座，寻自发明当须净草①。天帝释化其身为刈草人，荷而逐路。菩萨谓曰："所荷之草颇能惠耶？"化人闻命，恭以草奉，菩萨受已，执而前进。

受草东北不远，有窣堵波，是菩萨将证佛果，青雀、群鹿呈祥之处。印度休征，斯为嘉应，故净居天随顺世间，群从飞绕，效灵显圣。

菩提树东，大路左右，各一窣堵波，是魔王娆菩萨处也。菩萨将证佛果，魔王劝受轮王，策说不行，殷忧而返。魔王之女请往诱焉，菩萨威神，衰变冶容，扶羸策杖，相携而退。

菩提树西北，精舍中，有迦叶波佛像，既称灵圣，时烛光明。闻诸先记曰：若人至诚，旋绕七周，在所生处，得宿命智。

迦叶波佛精舍西北二砖室，各有地神之像。昔者如来将成正觉，一报魔至，一为佛证。后人念功，图形旌德。

菩提树垣西不远，有窣堵波，谓郁金香，高四十余尺，漕矩吒国商主之所建也。昔漕矩吒国有大商主，宗事天神，祠求福利，轻蔑佛法，不信因果。其后将诸商侣，贸迁有无，泛舟南海，遭风失路，波涛飘浪，时经三岁，资粮罄竭，糊口不充。同舟之人，朝不谋夕，戮力同志，念所事天，心虑已劳，冥功不济。俄见大山，崇崖峻岭，两日联晖，重明照朗。时诸商侣更相慰曰："我曹有福，遇此大山，宜于中止，得自安乐。"商主曰："非山也，乃摩竭②鱼耳。崇崖峻岭，须鬣也；两日联晖，眼光也。"言声未静，舟帆飘凑。于是商主告诸侣曰："我闻观自在菩萨于诸危厄能施安乐，宜各至诚，称其名字。"遂即同声，归命称念。崇山既隐，两日亦没。俄见沙门，威仪庠序③，杖锡凌虚，而来拯溺，不逾时而至本国矣。因即信心贞固，求福不回，建窣堵波，式修供养，以郁金香泥而周涂上下。既发信心，率其同志，躬礼圣迹，观菩提树。未暇言归，已淹晦朔。商侣同游，更相谓曰："山川悠间，乡国辽远，昔所建立窣堵波者，我曹在此，谁其洒扫？"言讫，旋绕至此，忽见有窣堵波，骇其由致，即前瞻察，乃本国所建窣堵波也。故今印度因以郁金为名。

菩提树垣东南隅，尼拘律树侧，窣堵波傍有精舍，中作佛坐像。昔如来初证佛果，大梵天王于此劝请转妙法轮。

菩提树垣内，四隅皆有大窣堵波。在昔如来受吉祥草已，趣菩提树，先历四隅，大地震动，至金刚座，方得安静。

树垣之内，圣迹鳞次，差难遍举。

[注释]

①净草：牺牲草，吉祥草。 ②摩竭：又作摩伽罗、摩迦罗。传说中的大鱼。 ③庠序：这里指举止高雅，有学者风范。

[译文]

菩提树北面有佛祖散步的场所。如来成正觉后，没有从座位上起来，而是进入了七天的寂定。他站起来以后，来到菩提树的北面，经过七天散步修行，从东向西来回行走，走了十多步，随着足迹留下奇异的花纹，共有十八处。后世的人在这里用砖垒成台基，高三尺多。听当地人说：这个圣迹可以显示人寿命的长短，事先发下真诚的誓愿，然后用步幅测量台基，根据每个人寿数的多少，走出来的步也会增加或减少。

散步经过台基的北面，道路左侧磐石上的大精舍里，供奉有佛像，佛像眼睛向上凝视。从前，如来在这里抬头观看菩提树，历时七天，目不转睛。这是为了报答菩提树的恩德，所以会这样瞻仰。

菩提树西面不远的大精舍里，供奉有鍮石制成的佛像，用奇珍异宝装饰，佛像面向东站立。前方有块青石，石头上有奇异的花纹、色彩，以前如来刚刚成正觉的时候，大梵天王建造了七宝堂，帝释天王建造了七宝座，佛祖坐在上面七天七夜，凝神思考，身体放出奇异的光芒，照耀在菩提树上。现在距离佛陀的时代已经很久远了，七宝早就变成了石头。

菩提树南面不远处有座塔，高达一百多尺，由无忧王建造。菩萨在尼连河中沐浴后，要去菩提树处，心中暗想用什么东西充当座位，很快想到应该用净草。帝释天自己变化成一位割草人，担着净草赶路。菩萨问他说："你背的草能送我一些吗？"割草人听了这句话，恭恭敬敬地献上净草，菩萨接受以后，拿着净草继续前进。

受草地点东北不远处有座塔，这是菩萨将要证得佛果之际，青雀、群鹿显示祥瑞的地方。在印度,这两种动物出现表示非常好的吉兆,所以净居天根据人世间的风俗,率领天神大众围绕菩萨飞翔,彰显他的神圣和灵异。

菩提树以东,大路两边,各有一座塔,这是魔王干扰菩萨的地方。菩萨将要证得佛果,魔王劝说他当转轮王,劝说失败,魔王深怀忧虑,快快返回。魔王的女儿请求前往诱惑菩萨,菩萨大展神威,把魔女妖艳的容貌变得衰老丑陋,她们只得拖着衰朽的身躯,拄着拐杖,互相搀扶退回。

菩提树西北方的精舍里,供奉着迦叶波佛的佛像,以灵异神圣著称,常常大放光明。根据先前的记载说:如果有人满怀至诚,围绕佛像旋转七圈,就能在所生之处获得宿命智。

迦叶波佛精舍西北方有两座砖房,里面各自供奉一尊地神神像。从前,如来将要成正觉的时候,一位地神报告魔王要来,一位地神为佛祖作证。后世的人为了纪念地神的功绩,于是绘制他们的形象,来表彰功德。

菩提树围墙以西不远处有座塔,名叫郁金香塔,高有四十多尺,由漕炬吒国的商人建造。以前,漕炬吒国有位大商人,崇拜天神,祈求福德利益,轻视佛法,不相信因果报应。后来,他率领其他商人,外出贩运货物,船行驶在南海中,遭遇风暴,迷失航向,随波逐流,四处飘荡,历经三年,所带的粮食已经吃光,没有办法充饥。同船的人朝不保夕,于是齐心协力,祈求所侍奉的天神,心力交瘁,却毫无灵验。突然看见一座大山,悬崖绝壁,山峰高峻,两个太阳当空照耀,一齐放射光芒。那时,商人们互相劝慰说:"我们这些人有福呀,碰到这座大山,应该在这里停泊,获得安乐。"商主说:"这不是山,乃是摩竭鱼。高山峻岭,是鱼嘴边的长须;放光的两个太阳,是鱼的眼光。"语音未落,船已经向它飘去。商主告诉同伴们说:"我听说观自在菩萨在人遭逢危险的时候,能施以援手，我们每个人应该诚心诚意，共同念诵他的名号。"商人们于是一起念诵，以诚心皈依佛法的心愿称赞菩萨名号。高山随即消失，两个太阳也隐没不见。忽然看到一位沙门，仪态威严，风范高雅，手持锡杖，腾空前来，拯救这些快要沉溺的无助者，不一会儿，就把他们送回自己的国家。商人因此更加坚定了对佛教的信仰，追求福德，矢志不渝，建造佛塔，虔心供养，用郁金香泥涂满塔身。商主信仰佛教以后，率领他的同伴，亲自前去礼拜圣迹，瞻仰菩提树。在外滞留一个多月，还没有想到回家。一起出游的同伴们相互议论说："山水相隔遥远，故乡远在他方，我们却身处这里，先前建造的佛塔，又有谁来洒扫？"话说完，绕行到这里，忽然看到有座塔，对于塔是怎么到的正在感到惊讶，上前仔细观看，正是他们在自己国家建造的佛塔。所以，如今印度人就用郁金为塔命名。

菩提树围墙的东南角，尼拘律树的旁边有座塔，塔边上的精舍里供奉了一尊佛的坐像。从前，如来刚刚证得佛果之时，大梵天王在这里请求如来转动妙法轮。

菩提树围墙内，四角都有大佛塔。从前，如来接受了吉祥草以后，赶往菩提树，先走过四角，大地为之震动，到达金刚座后，大地才恢复平静。

菩提树围墙内的圣迹鳞次栉比，无法一一详细列举。

5. 菩提树垣附近遗迹

菩提树垣外，西南窣堵波，奉乳糜二牧女故宅。其侧窣堵波，牧女于此煮糜。次此窣堵波，如来受糜处也。

[译文]

菩提树围墙以外,在西南方有座塔,那里就是向佛祖奉献奶粥的两位牧女的故居遗址。旁边的塔是牧女煮粥的地方。再过去一座塔是如来接受奶粥供养的所在。

6. 南门外遗迹

菩提树垣南门外有大池,周七百余步,清澜澄镜,龙鱼潜宅,婆罗门兄弟承大自在天命之所凿也。次南一池,在昔如来初成正觉,方欲浣濯,天帝释为佛化成。池西有大石,佛浣衣已,方欲曝晒,天帝释自大雪山持来也。其侧窣堵波,如来于此纳故衣。次南林中窣堵波,如来受贫老母施故衣处。

帝释化池东林中,有目支邻陀①龙王池,其水清黑,其味甘美。西岸有小精舍,中作佛像。昔如来初成正觉,于此宴坐,七日入定。时此龙王警卫如来,即以其身绕佛七匝,化出多头,俯垂为盖,故池东岸有其室焉。

目支邻陀龙池东,林中精舍有佛羸瘦之像。其侧有经行之所,长七十余步,南北各有卑钵罗树。故今土俗,诸有婴疾,香油涂像,多蒙除差。是菩萨修苦行处。如来为伏外道,又受魔请,于是苦行六年,日食一麻一麦,形容憔悴,肤体羸瘠,经行往来,攀树后起。

菩萨苦行卑钵罗树侧有窣堵波,是阿若憍陈如等五人住处。初,太子之舍家也,彷徨山泽,栖息林泉,时净饭王乃命五人随瞻侍焉。太子既修苦行,憍陈如等亦即勤求。

憍陈如等住处东南有窣堵波，菩萨入尼连禅那河沐浴之处。河侧不远，菩萨于此受食乳糜。其侧窣堵波，二长者献麨蜜处。佛在树下结跏趺坐，寂然宴默，受解脱②乐，过七日后，方从定起。时二商主行次林外，而彼林神告商主曰："释种太子今在此中，初证佛果，心凝寂定，四十九日未有所食，随有奉上，获大善利。"时二商主各持行资麨蜜奉上，世尊纳受。

长者献麨蜜侧有窣堵波，四天王奉钵处。商主既献麨蜜，世尊思以何器受之。时四天王从四方来，各持金钵，而以奉上。世尊默然，而不纳受，以为出家不宜此器。四天王舍金钵，奉银钵，乃至颇胝、琉璃、马脑、车渠、真珠③等钵，世尊如是皆不为受。四天王各还宫，奉持石钵，绀青映彻，重以进献。世尊断彼此故，而总受之，次第重叠，按为一钵，故其外则有四际焉。

四天王献钵侧不远，有窣堵波，如来为母说法处也。如来既成正觉，称天人师④，其母摩耶自天宫降于此处，世尊随机示教利喜。其侧涸池岸有窣堵波，在昔如来见诸神变化有缘处。

现神变侧有窣堵波，如来度优楼频螺迦叶波三兄弟及千门人处。如来方垂善导，随应降伏，时优楼频螺迦叶波五百门人请受佛教，迦叶波曰："吾亦与尔俱返迷途。"于是相从来至佛所。如来告曰："弃鹿皮衣，舍祭火具。"时诸梵志恭承圣教，以其服用投尼连河。捺地迦叶波见诸祭器随流漂泛，与其门人候兄动静，既见改辙，亦随染衣。伽耶迦叶波二百门人闻其兄之舍法也，亦至佛所，愿修梵行。

度迦叶波兄弟西北窣堵波，是如来伏迦叶波所事火龙处。如来将化其人，先伏所宗，乃止梵志火龙室。夜分已后，龙吐烟焰，佛既入定，亦起火光，其室洞然，猛焰炎炽。诸梵志师恐火害佛，莫不奔赴，悲号愍惜。优楼频螺迦叶波谓其徒曰："以今观之，未必火也，当是沙门伏火龙耳。"如来乃以火龙盛置钵中，清旦持示外道门人。其侧窣堵波，五百独觉同入涅槃处也。

目支邻陀龙池南窣堵波，迦叶波救如来溺水处也。迦叶兄弟时推神通，远近仰德，黎庶归心。世尊方导迷徒，大权摄化，兴布密云，降注暴雨，周佛所居，令独无水。迦叶是时见此云雨，谓门人曰："沙门住处将不漂溺？"泛舟来救，乃见世尊履水如地，蹈河中流，水分沙现。迦叶见已，心伏而退。

[注释]

①目支邻陀：这里指听闻佛法，脱离龙身之苦。　②解脱：脱离束缚获得自在。　③颇胝、琉璃、马脑、车渠、真珠：水晶、玻璃、玛瑙、砗磲、珍珠，加上金、银，即通常所说的"七宝"。　④天人师：天与人的导师。

[译文]

　　菩提树围墙南门外有个大水池，方圆七百多步，水清澈见底，亮如明镜，龙、鱼潜藏在池中，这是婆罗门兄弟遵照大自在天的命令开凿的水池。再往南有个水池，以前，如来刚刚成正觉，想要洗衣沐浴，天帝释为佛变化了这个水池。水池西面有块大石头，佛祖洗完衣服，刚想晾晒，天帝释从大雪山拿来这块石头。大石头旁边的塔，是如来缝补旧衣物的地方。再向南的树林里有座塔，是如来接受贫穷老妇人施舍旧衣服的所在。

　　帝释所化水池东面的树林里，有个目支邻陀龙王池，池水清且黑，味道甜美。水池西岸有座小精舍，里面供奉了佛像。当初，如来刚刚成正觉后，在这里静坐，入定七天。这时，龙王为了护卫如来，就用自己的身体环绕佛祖七圈，变化出许多头颅，俯垂下来作为伞盖，所以水池东岸还有龙王的居室。

目支邻陀龙池东面树林中的精舍里，供奉有一尊形象羸弱消瘦的佛像。旁边是散步的场所，长度有七十多步，南北两侧种植了卑钵罗树。不论过去还是现在，按照当地的风俗，有人得了病，用香油涂抹佛像，大多获得痊愈。这是菩萨修苦行的地方。如来为了降伏外道，又接受了魔王的请求，在这里苦修了六年，每天只吃一粒芝麻、一颗麦粒，面容憔悴，身体瘦弱，来回散步，都要扶着树才能站起来。

菩萨修苦行的卑钵罗树旁有座塔，乃是阿若憍陈如等五个人的住处。最初，太子离家出走，在山野中走来走去，栖居在森林深处，当时，净饭王便命令五个人随同前往，察看侍候。太子修了苦行后，憍陈如等也勤苦地修苦行。

憍陈如等人住处的东南方有座塔，这是菩萨进入尼连禅那河中沐浴的地方。河边不远处，菩萨曾在那里接受奶粥。旁边的佛塔是二位长者奉献炒面粉和蜂蜜的所在。佛祖在菩提树下结跏趺坐，寂静入定，获得解脱的快乐，过了七天以后，方才出定。当时，有两位商人从森林外经过，树神告诉商人说："释种太子如今就在树林里，刚刚证得佛果，专心致志入定，有四十九天没有进食了，你们有些什么，希望献给佛陀，可以得到巨大的好处。"二位商人各自拿出在旅途中备用的炒面粉和蜂蜜奉献出来，世尊于是接受了。

长者献麨蜜处的旁边有座塔，是四天王奉献食钵的地方。商人献上炒面粉和蜂蜜以后，世尊考虑用什么器物盛放。这时，四天王从四方赶来，各人拿出金钵，想要奉献。世尊沉默不语，不肯接受，他认为出家人不适宜使用这样的器物。四天王换掉金钵，奉献银钵，以至水晶、琉璃、玛瑙、砗磲、珍珠等钵，世尊对此都不接受。四天王返回各自的天宫，拿来石钵，色泽绀青，晶莹剔透，重新奉献。世尊不分彼此，全部接受，把四个石钵摞在一起，压成一个石钵，所以钵的外缘共有四层边棱。

四天王献钵侧不远，有窣堵波，如来为母说法处也。如来成正觉后，称为天人师，其母摩耶夫人从天宫降临此处，如来根据她的具体情况加以引导，展示行为的好与不好，劝她一心向善，昭示信仰的善报，赞扬她的善心。塔旁干涸的水池边还有座塔，正是过去如来显出神通度化有缘人的地方。

展现神变处的旁边有座塔，是如来度化优楼频螺迦叶波三兄弟及其一千门徒的地方。如来循循善诱，根据机缘引导和降伏外道。当时优楼频螺迦叶波的五百名门徒请求皈依佛教，迦叶波说："我和你们共同从迷途中回归正道吧。"于是一起来到佛陀那里。如来对他们说："丢掉鹿皮衣服，抛弃祭火器具。"那时，众位婆罗门恭恭敬敬地听从佛陀的教导，把他们的衣服器具扔进尼连河。捺地迦叶波看到各种器具随波漂流，和他的门徒等候兄长的消息，见到他们已经改变信仰，自己也随即出家，穿上僧衣。伽耶迦叶波和他的二百名门徒听说兄长抛弃了原来的信仰，也来到佛陀那里，愿意修习梵行。

度化迦叶波兄弟处的西北方有座塔，这是如来降伏迦叶波所祭祀火龙的地方。如来在度化人以前，首先需要降伏他们的崇拜对象，于是待在婆罗门所侍奉的火龙室内。半夜以后，火龙口吐烈焰，佛陀入定之后，身上也发出火光，室内照得通亮，火焰猛烈燃烧。众位婆罗门担心佛祖被烈火烧死，大家全都跑到这里，悲伤呼喊，痛心疾首。优楼频螺迦叶波对他的门徒说:"从目前的情况看,这不一定是火,应该是沙门在降伏火龙。"如来把火龙盛放在钵里,清晨拿出来展示给外道信徒们看。旁边的佛塔是五百名独觉一同进入涅槃的所在。

目支邻陀龙池南方的佛塔,是迦叶波救援溺水的如来的地方。迦叶兄弟被当时人推崇为具有广大神通的人,远近各地都敬仰他们的德操,黎民百姓诚心归依。世尊正在引导误入歧途的人,全力度化众生,所以在空中遍布浓云,降下倾盆大雨,唯独在佛陀居处的周围,没有一丁点儿积水。迦叶当时看见这样的狂风暴雨,对门徒们说:"沙门的住处难道不会被水淹没吗?"于是,乘船前来救援,却看到世尊踩在水面上,如履平地,走在河流中间,河水分开,露出河底的泥沙。迦叶见状,由衷地佩服,于是离去。

7. 东门外遗迹

菩提树垣东门外二三里,有盲龙室。此龙者,殃累宿积,报受生盲。如来自前正觉山欲趣菩提树,途次室侧,龙眼忽明,乃见菩萨将趣佛树,谓菩萨曰:"仁今不久当成正觉。我眼盲冥,于兹已久,有佛兴世,我眼辄明,贤劫之中,过去三佛出兴世时,已得明视。仁今至此,我眼忽开,以故知之,当成佛矣。"

菩提树垣东门侧有窣堵波,魔王怖菩萨之处。初,魔王知菩萨将成正觉也,诱乱不遂,忧惶无赖①,集诸神众,齐整魔军,治兵振旅,将胁菩萨。于是风雨飘注,雷电晦冥,纵火飞烟,扬沙激石,备矛楯之具,极弦矢之用。菩萨于是入大慈定,凡厥兵杖变为莲花。魔军怖骇,奔驰退散。其侧不远有二窣堵波,帝释、梵王之所建也。

[注释]

①无赖：无聊，不高兴的意思。

[译文]

　　菩提树围墙东门以外二三里处有个盲龙室。住在里面的龙由于前世累积的罪孽，遭到报应，以至于天生就是瞎子。当如来从前正觉山前往菩提树时，途经盲龙室旁，龙眼忽然间复明。看见菩萨正在赶赴佛树，就对菩萨说："您不久以后就会成正觉。我双目失明，至今已经很长时间了，一旦有佛祖出世，我的双眼即刻复明，在贤劫中，过去三佛出世的时候，已经恢复过视力。现在您到这里，我的眼睛忽然见到光明，通过这件事就能够知道您将要成佛了。"

　　菩提树围墙东门旁有座塔，是魔王恐吓菩萨的地方。当初，魔王知道菩萨将要成正觉，引诱、扰乱都没有成功，魔王忧愁惊恐，闷闷不乐。随后他召集鬼神，整顿魔军，训练军队，准备威胁菩萨。于是狂风大作，暴雨滂沱，雷电交加，天昏地暗，烟火飞腾，飞沙走石，魔王准备了矛、盾、弓箭所有的武器。菩萨此时进入大慈定，使魔军所有的兵器都变成莲花。魔军万分恐惧，四散奔逃，大败而去。旁边不远处有两座塔，分别由帝释、梵王建造。

8. 北门外摩诃菩提僧伽蓝

　　菩提树北门外摩诃菩提僧伽蓝，其先僧伽罗国王之所建也。庭宇六院，观阁三层，周堵垣墙高三四丈，极工人之妙，穷丹青之饰。至于佛像，铸以金银，凡厥庄严，厕以珍宝。诸窣堵波高广妙饰，中有如来舍利，其骨舍利大如手指节，光润鲜白，皎彻中外；其肉舍利如大真珠，色带红缥。每岁至如来大神变月满之日，出示众人（即印度十二月三十日，当此正月十五日也）。此时也，或放光，或雨花。僧徒减千人，习学大乘上座部法，律仪清肃，戒行贞明。

昔者，南海僧伽罗国，其王淳信佛法，发自天然。有族弟出家，想佛圣迹，远游印度，寓诸伽蓝，咸轻边鄙。于是返迹本国，王躬远迎，沙门悲耿，若不能言。王曰："将何所负，若此殷忧？"沙门曰："凭恃国威，游方问道，羁旅异域，载罹寒暑，动遭凌辱，语见讥诮，负斯忧耻，讵得欢心？"曰："若是者何谓也？"曰："诚愿大王福田为意，于诸印度建立伽蓝，既旌圣迹，又擅高名，福资先王，恩及后嗣。"曰："斯事甚美，闻之何晚？"于是以国中重宝献印度王。王既纳贡，义存怀远，谓使臣曰："我今将何持报来命？"使臣曰："僧伽罗王稽首印度大吉祥王！威德远振，惠泽遐被，下土沙门，钦风慕化，敢游上国，展敬圣迹，寓诸伽蓝，莫之见馆，艰辛已极，蒙耻而归。窃图远谋，贻范来叶，于诸印度建一伽蓝，使客游乞士，息肩有所，两国交欢，行人无替。"王曰："如来潜化，遗风斯在，圣迹之所，任取一焉。"使者奉辞报命，群臣拜贺，遂乃集诸沙门，评议建立。沙门曰："菩提树者，去来诸佛咸此证圣，考之异议，无出此谋。"于是舍国珍宝，建此伽蓝，以其国僧而修供养，乃刻铜为记曰："夫周给无私，诸佛至教；慧济有缘，先圣明训。今我小子，丕承王业，式建伽蓝，用旌圣迹，福资祖考，惠被黎元。唯我国僧而得自在，及有国人亦同僧例。传之后嗣，永永无穷。"故此伽蓝多执师子国僧也。

[译文]

　　菩提树北门外有座摩诃菩提佛寺,最初由僧伽罗国国王建造。寺内的庭院分为六进,楼阁有三层,周边的围墙高达三四丈,建造工艺极为精妙,绘画装饰极其华丽。佛像都是用金银铸成,法相庄严,镶嵌着奇珍异宝。所有的佛塔雄伟高大,美轮美奂,塔里藏有如来的舍利,其中的骨舍利有手指节那样大小,光亮润泽,色彩洁白,晶莹剔透;肉舍利形状像大珍珠,颜色呈红色和淡青色。每年到了如来大神变月的满月这一天,舍利就会公开展示(就是印度历法的十二月三十日,相当于大唐的正月十五日)。这时,或者舍利放射光芒,或者天上降下鲜花。寺里的僧人不到一千名,学习受大乘影响的小乘上座部法,严格遵守清规戒律,行为举止坚贞清白。以前,南海僧伽罗国的国王对佛法的信仰非常坚定,而这又是他与生俱来的品质。他的一位王弟出家,想要瞻仰佛陀的圣迹,于是远游印度,但是投宿的各处佛寺,都看不起他是来自边远国家的人。不得已,他返回祖国,国王亲自远迎,沙门悲伤哽咽,说不出话来。国王问道:"你受到了什么样的欺辱,以至于如此忧愁?"沙门说:"我依靠国威,云游四方,学习佛理,寄居在异国他乡,经历了严寒酷暑,常常遭受凌辱,听了许多讥讽嘲笑的闲话,蒙受了这样的耻辱,哪里还能够开心呢?"国王问:"既然如此,你说该怎么办呢?"沙门回答说:"我诚恳地希望大王一心树立福田,在印度建立佛寺,这样既表彰了圣贤的遗迹,又博得了美好的名誉,为先王积累了福德,为后代施加了恩惠。"国王说:"这件事很好,只是听到得太晚了。"国王于是将本国的珍贵宝物献给印度王。印度王收了贡品,为了安抚远方的国家,便对使臣说:"我现在用什么东西来答谢贵国呢?"使臣说:"僧伽罗王向印度大吉祥王致敬!陛下的声威教化遍及远方,恩德惠及异域,鄙国的沙门钦佩仰慕您的风教德化,前来贵国游历,朝拜圣迹,但是向各处佛寺求宿,却不被收留,生活极其艰辛,蒙受耻辱回归本国。本人私下认为,为了长远的利益起见,应该为后世子孙树立榜样,在印度建造一座佛寺,让外来游方的僧人,能有个落脚的地方,加强两国的友好关系,永远往来不绝。"印度王说:"如来的教诲潜移默化,遗留的美好风气依然存在,各个有圣迹的场所,你们可以任选一个建造佛寺。"使者将印度王的话汇报给僧伽罗王,群臣礼拜祝贺,于是召集众多沙门,商量建造佛寺的事宜。沙门说:"菩提树那里,是过去、未来诸佛证得圣道的地方,比较各种意见,没有比这一设想更好的了。"于是施舍国库的珍宝,建造了这座佛寺,以僧伽罗王国的僧人修行供养,并且将如下文字镌刻在铜牌上:"周济施舍,毫无私心,这是佛陀的教诲;大施恩惠,济度有缘,这是先圣的训教。如今我这身份低微的人,继承了先祖王位,恭敬地建造佛寺,表彰圣人的遗迹,为祖先积聚福德,将恩惠施加给民众。凡是我国的僧人都可以自由借宿,其他国家的僧人也可以比照此例。将此训谕流传后代,永永远远,铭记不忘。"所以这座佛寺有很多执狮子国的僧人。

9. 安居月日

菩提树南十余里,圣迹相邻,难以备举。每岁苾刍解雨安居,四方法俗百千万众,七日七夜,持香花,鼓音乐,遍游林中,礼拜供养。印度僧徒依佛圣教,皆以室罗伐拿月前半一日入雨安居,当此五月十六日。以頞湿缚庚阇月后半十五日解雨安居,当此八月十五日。印度月名,依星而建,古今不易,诸部无差。良以方言未融,传译有谬,分时计月,致斯乖异,故以四月十六日入安居,七月十五日解安居也。

[译文]

　　菩提树向南走十多里，圣迹接二连三，难以全部列举。每岁比丘的雨安居结束后，四面八方的僧俗大众成千上万，历时七天七夜，手持香花，奏响音乐，游遍整个树林，顶礼膜拜，进行供养。印度的僧人按照佛教的惯例，都在室罗伐拿月的前半月第一天进入雨安居，相当于大唐的五月十六日。在以頞湿缚庚阇月的后半月第十五天结束雨安居，相当于大唐的八月十五日。印度月份的名称，依照星宿来确定，从古至今没有改变，每个部派完全一样。主要是由于两地的语言不同，翻译过程中出现错误，从而在季节划分、月份计算等方面不太一致，所以大唐在四月十六日进入安居，七月十五日结束安居。

大唐西域记卷第九 (一国)

三藏法师玄奘奉诏　译
大总持寺沙门辩机　撰

摩揭陀国下

十八、香象池

菩提树东渡尼连禅那河,大林中有窣堵波。其北有池,香象①侍母处也。如来在昔修菩萨行,为香象子,居北山中,游此池侧。其母盲也,采藕根,汲清水,恭行孝养,与时推移。属有一人,游林迷路,彷徨往来,悲号恸哭。象子闻而愍焉,导之以示归路。是人既还,遂白王曰:"我知香象游舍林薮,此奇货也,可往捕之。"王纳其言,兴兵往捕,是人前导,指象示王。即时两臂堕落,若有斩截者。其王虽惊此异,仍缚象子以归。象子既已维縶多时,而不食水草,典厩者以闻,王遂亲问之。象子曰:"我母盲冥,累日饥饿,今见幽厄,讵能甘食?"王愍其情志,故遂放之。其侧窣堵波,前建石柱,是昔迦叶波佛于此宴坐。其侧有过去四佛坐及经行遗迹之所。

[注释]

① 香象:佛经中多谓诸象之一,其身青色,有香气。

[译文]

从菩提树向东渡过尼连禅那河,在大树林中有座佛塔。塔北面有个水池,是香象侍奉母亲的所在。以前,如来修菩萨行的时候,曾经是香象的孩子,居住北山之中,常常游走在这个池塘附近。母象双目失明,小象于是采掘藕根，汲取清水，恭恭敬敬地孝顺奉养母象，如此年复一年。一次，有个人在树林中游走时迷了路，来来去去，犹豫不决，悲哀恸哭。小象听到后十分同情，引导他走出树林，指出回家的路径。这个人返回后，对国王说："我知道有只香象居住在山林草泽之中，这可是珍贵的东西，陛下可以前去捕获。"国王听了他的话，发兵前去捕象，这个人在前面作为向导，找到了香象指给国王看。当时他的两只胳膊立即脱落，仿佛被砍断了一般。国王虽然对这一奇异现象感到惊讶，可是仍然捆住小象带回宫。小象被捕获之后的很长时间，不吃也不喝，象厩的看守把这件事报告了国王，国王于是亲自询问小象。小象回答说："我的母亲两眼失明，这些天来忍饥挨饿，现在我被囚禁在这里，哪能有心思吃饭呢？"国王怜悯它的赤诚孝心，于是放它返回。池塘旁边的佛塔前面建有石柱，乃是过去迦叶波佛的静坐场所。塔旁还有过去四佛打坐和散步场所的遗迹。

十九、外道发恶愿处

四佛坐东渡莫诃河①，至大林中，有石柱，是外道入定发恶愿处。昔有外道郁头蓝子者，志逸烟霞②，身遗草泽，于此法林栖神匿迹。既具五神通③，得第一有定。摩揭陀王特深宗敬，每至中时，请就宫食。郁头蓝子凌虚履空，往来无替。摩揭陀王候时瞻望，亦既至已，捧接置座。王将出游，欲委留事，简擢中宫，无堪承命。有少息女，淑慎令仪，既亲且贤，无出其右，摩揭陀王召而命曰："吾方远游，将有所委，尔宜悉心，慎终其事。彼郁头蓝仙，宿所宗敬，时至来饭，如我所奉。"敕诫既已，便即巡览。少女承旨，瞻候如仪，大仙至已，捧而置座。郁头蓝子既触女人，起欲界染④，退失神通，饭讫言归，不得虚游。中心愧耻，诡谓女曰："吾比修道业，入定怡神，凌虚往来，略无暇景，国人愿睹，闻之久矣。然先达垂训，利物为务，岂守独善，忘其兼济？今欲从门而出，履地而往，使夫睹见之徒，咸蒙福利。"王女闻已，宣告远近。是时人以心竞⑤，洒扫衢路，百千万众，伫望来仪。郁头蓝子步自王宫，至彼法林，宴坐入定，心驰外境，栖林则乌鸟嘤咔，临池乃鱼鳖喧声，情散心乱，失神废定。乃生忿恚，即发恶愿："愿我当来为暴恶兽，狸身鸟翼，搏食生类，身广三千里，两翅各广千五百里，投林啖诸羽族，入流食彼水生。"发愿既已，忿心渐息，勤求顷之，复得本定。不久命终，生第一有天⑥，寿八万劫。如来记之，天寿毕已，当果昔愿，得此弊身，从是流转恶道，未期出离。

[注释]

①莫诃河：可能是今柏瓦尔河上游。 ②烟霞：原来形容山水景色，这里指山水。 ③五神通：五神变，包括天眼通、天耳通、他心通、宿命通和如意通。 ④欲界染：这里指色欲、爱欲。 ⑤心竞：用德行、智慧相竞争。 ⑥第一有天：即有顶天，位于世界的最顶上。

[译文]

从过去四佛的坐处向东，渡过莫诃河，来到大森林里，有根石柱，就是外道入定和发恶愿的地方。从前，有位外道，名叫郁头蓝子，寄情于幽静山水之中，隐居于荒山野林之内，在这片法林里藏身修身养性。已经具备了五种神通，获得第一有定。摩揭陀国王对他非常尊重敬仰，每天中午，都要邀请他来王宫中进食。郁头蓝子在虚空中飞行，如此往来，没有中断过。摩揭陀王到时就会恭迎遥望，等他到来以后，伸手迎接，请入座位。一次，国王准备出游，想要留个人委托他办理此事，在后宫中挑选，竟然找不出胜任的人选。国王最小的女儿性情贤淑谨慎，仪态万方，既是王族，人又贤惠，没有人比她更合适。摩揭陀王于是把她叫来，嘱咐说："我要去远方游历，有件事要委托你办理，你应该尽心竭力，认真办好事情。有位郁头蓝仙人，一直受到我的尊敬，届时他会来用餐，就像我对待他那样侍奉好他。"告诫完毕，国王就去巡游了。小女儿领命，按照常规等候瞻望，大仙来了以后，伸手迎接入座。郁头蓝子的手碰触了女人，不由得产生世俗欲念，竟然失去了神通，用餐完毕说要返回，不料无法腾空飞行。内心羞愧万分，便用假话对女子说："我辈修习道行，常年坐禅入定，内心安乐宁静，在空中来去飞行，没有一丝闲暇时间，人们都想亲眼见我，我也早就听说。先贤圣人曾有教诲，要以利益众生为责任，我怎能独善其身，忘记帮助别人呢？如今，我想从宫门出去，步行返回法林，这样使见过我的人都能够获得福德利益。"国王的女儿听了他的话，立即通告各处。当时，人们竞相表现自己的虔诚，清扫道路，净水泼街，成千上万的百姓，久久站立等待观看仙人的风采。郁头蓝子从王宫中步行而出，回到他的法林里，静坐入定，但是心神飘荡，无法凝聚，坐在树林里听见鸟鸟不停地鸣叫，坐在池塘边又听见鱼、鳖不住地喧闹，心慌意乱，丧失神通，不能入定。他内心升起极大的愤怒，发下恶毒的誓愿："但愿我来生变成凶暴恶毒的野兽，长着狸的身躯，鸟的翅膀，专门捕食一切生灵，身体长三千里，两翅伸展各有一千五百里，进了森林吃鸟类，潜入水中吃鱼鳖。"发愿之后，怨愤的情绪逐渐平息，辛苦修炼了一会儿，又恢复了原来的禅定。不久以后，他死去，转生在第一有天，寿数有八万劫。如来曾经预言，说他天寿结束以后，就会实现当初的誓愿，变成令人厌恶的身形，从此转入恶道轮回，永无出头之日。

二十、鸡足山

莫诃河东入大林野,行百余里,至屈屈(居勿反)吒播陀山[①](唐言鸡足),亦谓窭卢播陀山(唐言尊足),高峦峭绝,壑洞无涯,山麓溪涧,乔林罗谷,冈岑岭嶂,繁草被岩,峻起三峰,傍挺绝崿,气将天接,形与云同。其后尊者大迦叶波居中寂灭,不敢指言,故云尊足。摩诃迦叶波者,声闻弟子[②]也,得六神通,具八解脱。如来化缘斯毕,垂将涅槃,告迦叶波曰:"我于旷劫勤修苦行,为诸众生求无上法,昔所愿期,今已果满。我今将欲入大涅槃,以诸法藏[③]嘱累于汝,住持宣布,勿有失坠。姨母所献金缕袈裟,慈氏成佛,留以传付。我遗法中诸修行者,若苾刍、苾刍尼、邬波索迦[④](唐言近事男。旧曰伊蒲塞,又曰优婆塞,皆讹也)、邬波斯迦[⑤](唐言近事女。旧曰优婆斯,又曰优婆夷,皆讹也)皆先济渡,令离流转。"迦叶承旨,住持正法。结集既已,至第二十年,厌世无常,将入寂灭。乃往鸡足山,山阴而上,屈盘取路,至西南冈。山峰险阻,崖径槃薄,乃以锡扣,剖之如割。山径既开,逐路而进,槃纡曲折,回互斜通,至于山顶,东北面出。既入三峰之中,捧佛袈裟而立,以愿力故,三峰敛覆,故今此山三脊隆起。当来慈氏世尊之兴世也,三会说法之后,余有无量憍慢众生,将登此山,至迦叶所。慈氏弹指,山峰自开,彼诸众生既见迦叶,更增憍慢。时大迦叶授衣致辞,礼敬已毕,身升虚空,示诸神变,化火焚身,遂入寂灭。时众瞻仰,憍慢心除,因而感悟,皆证圣果。故今山上建窣堵波,静夜远望,或见明炬,及有登山,遂无所睹。

[注释]

①屈屈吒播陀山：可能在今印度菩提伽耶东南方约32千米处。②声闻弟子：这里指直接听到如来传法的弟子。③法藏：指如来所说的教法含藏了丰富的含义。④邬波索迦：泛称受五戒的男子。⑤邬波斯迦：泛称受五戒的女子。

[译文]

从莫诃河东岸出发，进入大森林，行走一百多里，来到屈屈吒播陀山（大唐称为鸡足），也称为窭卢播陀山（大唐称为尊足），高大的山峰峻峭挺拔，山间的沟壑深不见底，山冈溪流之间，大树布满山谷，山岭形态各异，茂密的野草覆盖，其中三座山峰突兀而起，山势险绝，崖壁陡立，气势雄伟，直冲云霄。后来，尊者大迦叶波在这座山中涅槃，人们不敢直接指称，所以叫作尊足山。摩诃迦叶波，是佛祖的亲传弟子，获得了六神通，具备了八解脱。如来度化有缘人的事业行将结束，将要进入涅槃，告诉迦叶波说："我曾历经许多的劫数辛勤地修习苦行，为众生求得无上佛法，当初的誓愿，到现在已经实现。我如今即将进入大涅槃，要把各种法藏托付给你，你应常驻人间，护持佛法，广为弘扬，不要失落废弃。我姨母奉献的金缕袈裟留下来，等到慈氏成佛之后传交给他。按照我所传佛法修行的人，如比丘、比丘尼、邬波索迦（大唐称为近事男。过去称为伊蒲塞，又叫优婆塞，都错了）、邬波斯迦（大唐称为近事女。过去称为优婆斯，又叫优婆夷，都错了），都要先行度化，使他们脱离轮回流转。"迦叶秉承了佛祖旨意，在人世间维持佛法。结集结束之后，到第二十年，迦叶厌倦了世事无常，准备进入涅槃。于是前往鸡足山，从山的北面上山，沿着蜿蜒曲折的山路，来到西南山冈。这里山峰险阻，山路崎岖，难以前进，就用锡杖撞击，岩石被像刀割一般切开。山路打开之后，沿路前行，盘旋曲折，来回绕行，最终到达山顶，面向东北走出。迦叶走进三峰之中，手捧佛祖袈裟站在那里，借助愿力的威力，使得三座山峰收敛弯曲，所以现在这些山的三座山脊高高隆起。后来慈氏世尊出世，三会说法以后，还剩下无数骄慢众人，想要登上这座山，去到迦叶所在的地方。慈氏用手指弹山，山峰自动裂开，众人见到迦叶，骄慢之心有增无减。当时，大迦叶将袈裟衣递给慈氏，恭敬行礼，礼敬完毕之后，身体升入空中，展现了神变，化出大火焚烧身躯，于是涅槃。众人看到此情此景，骄慢之心消除，从而获得感悟，都证得了圣果。所以现在这座山上建有佛塔，夜静更深时从远方眺望，有时可以看到火炬，但如果登山上去，则什么也看不到。

二十一、佛陀伐那山及杖林

鸡足山东北行百余里，至佛陀伐那山①。峰崖崇峻，巘崿②隐嶙，岩间石室，佛尝降止。傍有磐石，帝释、梵王磨牛头栴檀③涂饰如来，今其石上余香郁烈。五百罗汉潜灵于此，诸有感遇，或得睹见，时作沙弥之形，入里乞食，或隐或显，灵奇之迹，差难以述。

佛陀伐那山空谷中东行三十余里，至泄（移结反）瑟知林（唐言杖林），林竹修劲，被山弥谷。其先有婆罗门，闻释迦佛身长丈六，常怀疑惑，未之信也，乃以丈六竹杖，欲量佛身。恒于杖端出过丈六，如是增高，莫能穷实，遂投杖而去，因植根焉。中有大窣堵波，无忧王之所建也。如来在昔，于此七日为诸天、人现大神通，说深妙法。

[注释]

①佛陀伐那山:意译觉林,即今天的佛陀因山。 ②巇(yǎn)崿:山崖,峰峦。 ③牛头栴檀:产于牛头山的红色旃檀香料。

[译文]

从鸡足山向东北方走一百多里,来到佛陀伐那山。这里山岭险绝,峰峦高耸,山间的石室是佛祖曾经逗留过的地方。石室旁有块巨石,帝释和梵天曾用它磨碎牛头栴檀来涂抹装饰如来,现在这块石头上遗留的香气还十分浓烈。五百罗汉曾经在这里潜藏修行,如果能以赤诚感动神灵,或许可以亲眼得见罗汉。罗汉有时化作沙弥的形象,进入市中乞食,有的时候隐藏,有的时候现身,灵异奇妙的事迹,很难一一详述。

沿着佛陀伐那山空旷的山谷向东走三十多里,来到泄瑟知林(大唐称为杖林),林中竹子修长挺拔,布满山谷。以前有位婆罗门听说释迦佛身高有一丈六尺,心里感到怀疑,不肯相信有这样的奇事,于是拿着一丈六尺长的竹杖,想要丈量佛的身高。但是不论使用多长的竹杖,佛的身高总是超出竹杖顶端有一丈六尺,像这样不断地增高,他也始终不知道佛究竟有多高,不得已丢下竹杖离开了,竹杖于是四处扎根生长。竹林中有座佛塔,是由无忧王兴建的。以前,如来曾在这里待了七天,显示大神通,为天人大众讲说深奥玄妙的佛法。

1. 胜军故事

杖林中近有邬波索迦阇耶犀那①者(唐言胜军),西印度刹帝利种也,志尚夷简②,情悦山林,迹居幻境,心游真际③,内外典籍,穷究幽微,辞论清高,仪范闲雅。诸沙门、婆罗门、外道、异学、国王、大臣、长者、豪右,相趣通谒,伏膺请益。受业门人,十室而六。年渐七十，耽读不倦，余艺捐废，唯习佛经，策励身心，不舍昼夜。印度之法，香末为泥，作小窣堵波，高五六寸，书写经文，以置其中，谓之法舍利也；数渐盈积，建大窣堵波，总聚于内，常修供养。故胜军之为业也，口则宣说妙法，导诱学人，手乃作窣堵波，式崇胜福，夜又经行礼诵，宴坐思惟，寝食不遑，昼夜无怠。年百岁矣，志业不衰。三十年间，凡作七拘胝（唐言亿）法舍利窣堵波。每满一拘胝，建大窣堵波，而总置中，盛修供养，请诸僧众，法会称庆，其时神光烛曜，灵异昭彰，自兹厥后，时放光明。

[注释]

①阇耶犀那：意为胜军，是7世纪时与戒贤齐名的学者。　②夷简：心神恬淡质朴。　③真际：真言的边际，即至极之理。这里指释迦牟尼所说的佛法。

[译文]

竹杖林中近年有位叫作阇耶犀那的清信士（大唐称为胜军），出自西印度的刹帝利种姓，他的志趣心神恬淡质朴，钟情于山野丛林，隐居在虚无缥缈的地方，一心思索至真的道理，对于佛典和各教派的典籍都能深入探讨其中的精深玄妙之处，著述辩论清雅高明，仪态风范闲适雅致。沙门、婆罗门、外道教徒、各派学者、国王、大臣、年高德劭的人、权贵们争相前往，报名求见，诚心诚意虚心请教。受他教诲的门徒，十家中占了六家。他年近七十岁，仍勤奋学习孜孜不倦。他抛弃了其他一切学业，专心研习佛教经典，鞭策、激励自己的身心，不分白天黑夜。印度有个传统，用香末和泥，制成小塔，有五六寸高，将书写好的经文放置在小塔之中,称之为法舍利;小塔的数量增多到一定程度后,再建造大塔,把所有的小塔都藏在大塔之内,常年进行供养。所以,在胜军修习佛法之时,口中宣讲佛教的玄妙大法,引导教诲学生,手中制作佛塔,建造无上的福田,夜里又散步、诵经,静坐思考佛学道理,顾不上吃饭睡觉,不分昼夜,从不懈息。年纪已经一百岁了,仍初心不改,坚持学业。他在三十年间,一共制作了七拘胝(大唐称为亿)的法舍利塔。每当造满一拘胝数,便会建造大塔,将法舍利塔藏在大塔之中,隆重地供养,邀请众多僧人,举行法会加以庆贺,每当这时就会神光照耀,灵异显现,佛塔从此以后,也会经常放射光芒。

2. 杖林附近遗迹

杖林西南十余里,大山阳,有二温泉,其水甚热。在昔如来化出此水,于中浴焉。今者尚存,清流无减,远近之人,皆来就浴,沉痾宿疹,无不除差。其傍则有窣堵波,如来经行之处也。

杖林东南行六七里,至大山,横岭之前有石窣堵波,昔如来两三月为诸人、天于此说法,时频毗娑罗王欲来听法,乃疏山积石,垒阶以进,广二十余步,长三四里。

大山北三四里,有孤山,昔广博仙人[①]栖隐于此,凿崖为室,余址尚存,传教门人,遗风犹扇。

孤山东北四五里,有小孤山,山壁石室广袤,可坐千余人矣。如来在昔于此三月说法。石室上有大磐石,帝释、梵王磨牛头栴檀涂饰佛身,石上余香,于今郁烈。

[注释]

①广博仙人：传说是《吠陀》和《摩诃婆罗多》的编纂者。

[译文]

竹杖林西南方十多里，大山以南，有两眼温泉，泉水很热。以前，如来点化出这两眼泉水，就在水中洗浴。如今泉眼还在，清澈的泉水并没有减少，远近各地的人，都来这里沐浴；常年不愈的疾病，经过洗浴，百病消除。泉旁有座佛塔是如来曾经散步的所在。

竹杖林东南方走六七里，抵达一座大山，山岭的前面有座石佛塔，以前，如来曾在这里待了两三个月为天人大众讲说佛法，那时，频毗娑罗王想来听法，于是开凿山路，垒砌石阶，石阶一直延伸进山，山道宽有二十多步，长有三四里。

大山北面三四里处有座孤山，以前，广博仙人曾经隐居在这里，开凿山崖，建造石室，遗址保存到现在。他传授、教导门徒，遗留的风尚至今还在流传。

孤山东北方四五里处有座小孤山，山崖上的石窟极为宽广，可以容纳一千多人。以前，如来曾经在这里待了三个月，讲经说法。石室上方有块巨大的石头，帝释和梵天曾用它研磨牛头栴檀来涂抹装饰佛身，石头上留下的香气，至今还很浓烈。

3. 阿素洛宫

石室西南隅有岩岫，印度谓之阿素洛①（旧曰阿修罗，又曰阿须伦，又曰阿苏罗，皆讹也）宫也。往有好事者，深闲咒术，顾俦命侣，十有四人，约契同志，入此岩岫。行三四十里，廓然大明，乃见城邑台观，皆是金银琉璃。是人至已，有诸少女伫立门侧，欢喜迎接，甚加礼遇。于是渐进至内城门，有二婢使各捧金盘，盛满花香，而来迎候。谓诸人曰："宜就池浴，涂冠香花，已而后入，斯为美矣。唯彼术士，宜时速进。"余十三人遂即沐浴，既入池已，恍若有忘，乃坐稻田中，去此之北平川中，已三四十里矣。

[注释]

①阿素洛：也译作阿修罗，常与天帝释作战的神，是八部众之一。

[译文]

石室西南角有个岩洞，印度人称之为阿素洛（过去叫作阿修罗，又叫阿须伦，还叫阿苏罗，都错了）官。传说过去有位好事的人，精通咒术，邀请同伴十四人，商量好同心协力，进入这个岩洞。一行人走了三四十里，眼前一片豁亮，看到一座城市，亭台楼阁全部是用金、银、琉璃建筑而成。这些人一到那里，就有许多少女站立在城门旁边，欢天喜地前来迎接，礼遇极为隆重。于是缓步前行，来到内城门口，有两位婢女，各自手捧盛满鲜花香料的金盘，前来迎接。她们对众人说："请进入池中沐浴，涂抹香料，戴上花冠，然后再进城，这样才完美。只有那位术士应该赶快进城。"其余的十三个人随即沐浴，然而进入水池之后，马上心神恍惚，若有所失，猛然间发现自己坐在稻田里，位于岩洞以北的平原上，距离岩洞已经有三四十里远了。

4. 栈道

石室侧有栈道，广十余步，长四五里。昔频毗娑罗王将往佛所，乃斩石通谷，疏崖填川，或垒石，或凿岩，作为阶级，以至佛所。

[译文]

岩洞旁边有条栈道,宽有十多步,长有四五里。以前,频毗娑罗王准备前往佛祖的居所,于是凿开岩石,挖通山谷,掘开山崖,填平沟壑,或者垒砌石块,或者凿刻山岩,建成台阶,以便到达佛祖的居所。

二十二、上茅宫城

从此大山中东行六十余里,至矩奢揭罗补罗城^①(唐言上茅宫城)。上茅宫城,摩揭陀国之正中,古先君王之所都,多出胜上吉祥香茅,以故谓之上茅城也。崇山四周,以为外郭,西通峡径,北辟山门,东西长,南北狭,周一百五十余里。内城余址周三十余里。羯尼迦树遍诸蹊径,花含殊馥,色烂黄金,暮春之月,林皆金色。

[注释]

①矩奢揭罗补罗城:即摩揭陀国古都旧王舍城。故址在今印度比哈尔邦的拉查基尔。

[译文]

从这座大山里向东走六十多里,来到矩奢揭罗补罗城(大唐称为上茅宫城)。上茅宫城位于摩揭陀国国土的正中间,是古代君王建都的地方,由于盛产品质极佳的上等吉祥香茅,所以被称为上茅城。高山环绕四周,可以当作该城的外城墙,西边有通向山谷的小路,北边有出山的大道,东西长,南北狭窄,方圆一百五十多里。内城的遗址方圆三十多里。山路的两侧种满了羯尼迦树,花有特殊的香气,色泽灿烂如同黄金,晚春时节,整个树林呈现出金黄色。

1. 伏醉象遗迹

宫城北门外有窣堵波,是提婆达多与未生怨王①共为亲友,乃放护财醉象,欲害如来。如来指端出五师子,醉象于此驯伏而前。

[注释]

①未生怨王:音译阿阇世、阿阇多设咄路。是佛陀在世时期摩揭陀国的国王。

[译文]

宫城北门外有座佛塔。提婆达多与未生怨王亲近友好之后,曾放出名叫护财的醉象,想要谋害如来。如来的指端化出五只狮子,醉象就在这里被驯服,伏拜在如来面前。

2. 舍利子证果处

伏醉象东北有窣堵波,是舍利子闻阿湿婆恃①苾刍(唐言马胜)说法证果之处。初,舍利子在家也,高才雅量,见重当时,门生学徒,传以受业。此时将入王舍大城,马胜苾刍亦方乞食。时舍利子遥见马胜,谓门生曰:"彼来者甚库序②,不证圣果,岂斯调寂③?宜少伫待,观其进趣。"马胜苾刍已证罗汉,心得自在,容止和雅,振锡来仪。舍利子曰:"长老善安乐耶?师何人,证何法,若此之悦豫乎?"马胜谓曰:"尔不知耶,净饭王太子,舍转轮王位,悲愍六趣,苦行六年,证三菩提,具一切智④,是吾师也。夫法者,非有非空⑤，难用诠叙，唯佛与佛乃能究述，岂伊愚昧所能详议？"因为颂说，称赞佛法，舍利子闻已，便获果证。

[注释]

①阿湿婆恃：意译马胜、马师、马星等。佛陀的亲族，是佛最早所度的五比丘之一。　②庠序：这里指安详肃穆。庠，通"详"，安详。③调寂：这里指由于清心寡欲而表现出来的安详宁静。　④一切智：佛拥有的三智之一，知了一切法。　⑤非有非空：唯识论所说的中道，这里指非有非空的学说。

[译文]

伏醉象处的东北面有座佛塔，乃是舍利子听阿湿婆恃比丘（大唐称为马胜）说法之后，证得圣果的地方。当初，舍利子在家的时候，才识高绝，智量远大，被当时的人所推崇，他招收了许多门徒，传授学业。一次，他刚要进入王舍大城，马胜比丘正在乞食。舍利子远远看见马胜，对门徒说："那个走来的人非常安详肃穆，如果没有证得圣果，怎么能会如此恬淡宁静？应该在这儿稍微待一会儿，看看他的动静。"马胜比丘已经证得了罗汉果，内心悠然自在，举止温和高雅，手持锡杖，稳步前来。舍利子说："长老，您好吗？您的导师是谁，证的是什么法，使您这样欢快自在？"马胜对他说："你不知道吗？净饭王的太子放弃转轮王位，慈悲怜悯六道众生，修了六年苦行，证成三菩提，具备一切智，他就是我的导师啊。所谓法，就是非有非空，难以解释陈述，只有在佛和佛之间才能够探究讲述，岂能是我们这些愚蠢蒙昧的人能够详细议论得了的？"于是为舍利子念偈，赞颂佛法，舍利子听了以后，就获得了果证。

3. 胜密火坑

舍利子证果北不远，有大深坑，傍建窣堵波，是室利毱多[①]（唐言胜密）以火坑、毒饭欲害佛处。胜密者，崇信外道，深著邪见。诸梵志曰："乔答摩国人尊敬，遂令我徒无所恃赖，汝今可请至家饭会，门穿大坑，满中纵火，栈以朽木，覆以燥土。凡诸饮食，皆杂毒药，若免火坑，当遭毒食。"胜密承命，便设毒会。城中之人皆知胜密于世尊所起恶害心，咸皆劝请，愿佛勿往。世尊告曰："无得怀忧。如来之身，物莫能害。"于是受请而往。足履门阃，火坑成池，清澜澄鉴，莲花弥漫。胜密见已，忧惶无措，谓其徒曰："以术免火，尚有毒食。"世尊饭食已讫，为说妙法，胜密闻已，谢咎归依。

[注释]

①室利毱多：意译胜密、吉护、德护等，即王舍城的长者。

[译文]

舍利子证果处以北不远有个大深坑，坑旁建有佛塔，这是室利毱多（大唐称为胜密）用火坑、毒饭企图谋害佛祖的地方。胜密此人，崇奉外道，心怀深深的邪恶见解。各位婆罗门对他说："乔答摩受到了人们的尊敬，使我们这些人失去了依赖，你可请他到家里吃饭，门口挖下大坑，坑里点燃烈火，坑口铺上腐朽的木板，再盖上层干土。请他吃喝的食物饮品中都投进毒药，万一他逃脱了火坑，也一定会丧命于毒药。"胜密接受了建议，在家中设下毒宴。城内的居民都知道胜密对于佛陀产生了恶毒谋害的念头，全都来劝，请佛陀不要赴会。世尊却告诉他们说："不要担心。如来的身体是没有任何东西能伤害得了的。"于是接受邀请前去赴会。佛陀的脚一踏上门槛，火坑立刻变成了水池，池水清澈见底，池中长满了莲花。胜密看到以后，心中害怕，不知所措，对他的门徒说："他施展法术避开了火灾，但我们还有毒食。"世尊吃完饭后，讲说了绝妙佛法，胜密听了以后，向如来谢罪，并且皈依了佛教。

4. 时缚迦大医遗迹

胜密火坑东北，山城之曲，有窣堵波，是时缚迦大医①（唐曰耆婆，讹也）于此为佛建说法堂，周其墙垣种植花果，余址蘖株尚有遗迹。如来在世，多于中止。其傍复有时缚迦故宅，余基旧井，墟坎犹存。

[注释]

①时缚迦大医：是王舍城的良医，频毗娑罗王之子。

[译文]

胜密火坑的东北方，山上城墙的拐弯处，有座佛塔，时缚迦大医师（大唐称为耆婆，错了）在这里为佛祖建造了说法堂，环绕围墙四周都种植了花卉果树，围墙的基址和树木的残枝还有遗迹被保留了下来。如来在世的时候，常常居住在这里。法堂旁边还有时缚迦的旧宅子，残存的墙基、过去的水井，仍然存在。

二十三、鹫峰山

宫城东北行十四五里，至姞栗陀罗矩吒山①（唐言鹫峰，亦谓鹫台。旧曰耆阇崛山，讹也），接北山之阳，孤标特起，既栖鹫鸟，又类高台，空翠相映，浓淡分色。如来御世垂五十年，多居此山，广说妙法。频毗娑罗王为闻法故，兴发人徒，自山麓至峰岑，跨谷凌岩，编石为阶，广十余步，长五六里。中路有二小窣堵波，一谓下乘，即王至此徒行以进；一谓退凡，即简凡人不令同往。其山顶则东西长，南北狭。临崖西垂，有砖精舍，高广奇制，东辟其户，如来在昔多居说法，今作说法之像，量等如来之身。

精舍东有长石，如来经行所履也。傍有大石，高丈四五尺，周三十余步，是提婆达多遥掷击佛处也。其南崖下有窣堵波，在昔如来于此说《法华经》②。

精舍南山崖侧有大石室，如来在昔于此入定。

佛石室西北，石室前有大磐石，阿难为魔怖处也。尊者阿难于此入定，魔王化作鹫鸟，于黑月③夜分据其大石，奋翼惊鸣，以怖尊者。尊者是时惊惧无措，如来鉴见，伸手安慰，通过石壁，摩阿难顶，以大慈言而告之曰："魔所变化，宜无怖惧。"阿难蒙慰，身心安乐。石上鸟迹、崖中通穴，岁月虽久，于今尚存。

精舍侧有数石室，舍利子等诸大罗汉于此入定。舍利子石室前有一大井，枯涸无水，墟坎犹存。

精舍东北石涧中有大磐石，是如来晒袈裟之处，衣文明彻，皎如雕刻。其傍石上有佛脚迹，轮文虽暗，规模可察。

北山顶有窣堵波，是如来望摩揭陀城，于此七日说法。

[注释]

①姞栗陀罗矩吒山：意译鹫头、灵鹫。即今察塔吉里山。 ②《法华经》：《妙法莲华经》的简称。现存三种译本，以后秦鸠摩罗什译本最为

流行。是天台宗和日本目莲宗所依主要经典。③黑月：黑分，印度历法太阴历的下半月。

[译文]

　　从宫城东北方走十四五里，来到姞栗陀罗矩吒山（大唐称为鹫峰，也称为鹫台。过去叫作耆阇崛山，错了），连接北山南麓，山峰孤立，卓然高耸，山上栖息着鹫鸟，山形又像高台，蔚蓝的晴空和碧绿的山林交相辉映，浓妆淡抹，色彩分明。如来统御世界将近五十年，多数时候住在这座山上，宣讲美妙佛法。频毗娑罗王为了能亲自聆听佛法的缘故，大规模发动人力，从山脚到山顶，跨越山谷，攀登悬崖，用石块砌成台阶，宽有十多步，长达五六里。沿途有两座小佛塔，一座被称为"下乘"，意思是说国王到这里离开车辇徒步前行；一座被称为"退凡"，意思是到这里屏退跟随的凡夫俗子，不让他们一同前往。这座山的山顶东西长，南北狭窄。西面濒临悬崖的地方有座砖制精舍，高大雄伟，形制奇异，向东开设窗户，以前如来多数时间居住在这里，演讲佛法，现今制作了如来说法的佛像，规格相当于如来真身。

　　精舍东面有块长石，是如来散步时曾经踩过的地方。旁边还有块巨石，高一丈四五尺，周长三十多步，是提婆达多从远处扔石头击打佛祖的地方。南崖之下有座塔，以前，如来在这里演说《法华经》。

　　精舍南山崖的旁边有座大石室，如来过去曾在这里入定。

　　佛陀石室西北方的石室前面有块巨大的磐石，这是阿难遭受魔王恐吓的地方。尊者阿难曾经在这里入定，魔王变成鹫鸟，在黑月的夜半时分蹲在阿难入定的大石头上，扇动翅膀，高声怪叫，吓唬尊者。尊者当时又惊又怕，不知如何是好。如来见到，就伸出手去安慰他，佛手穿过石壁，抚摸阿难的头顶，佛祖用大慈大悲的话告诉他说："这是魔王的变化，心中不要恐惧。"阿难得到佛祖的安慰，身心逐渐平静快乐。石头上鸟的印迹、崖室中的孔洞，虽然经历了漫长的岁月，至今仍然存在。

精舍旁边还有几个石室，舍利子等大罗汉曾经在这里入定。舍利子石室前面有一口大井，井内已经干枯无水，但是残存的遗迹还在那里。

精舍东北面的石洞中有块巨大的磐石，这是如来晾晒袈裟的地方，石头上留有清晰的衣服印纹，洁白光滑，就像雕刻上去的一样。旁边的石头上还有佛祖的脚印，足底轮相的印纹虽然模糊，可是大体的轮廓仍旧可以看到。

北山顶上有座佛塔，如来曾经在这里遥望摩揭陀城，演说佛法，历时七天。

二十四、毗布罗山

山城北门西有毗布罗山。闻之土俗曰：山西南崖阴，昔有五百温泉，今者数十而已，然犹有冷有暖，未尽温也。其泉源发雪山之南无热恼池，潜流至此，水甚清美，味同本池。流经五百枝小热地狱①，火势上炎，致斯温热。泉流之口，并皆雕石，或作师子、白象之首，或作石筒悬流之道，下乃编石为池。诸方异域咸来此浴，浴者宿疹多差。温泉左右诸窣堵波及精舍，基址鳞次，并是过去四佛坐及经行遗迹之所。此处既山水相带，仁智攸居，隐沦之士盖亦多矣。

[注释]

①热地狱：热铁地狱的简称，八热地狱之一，此狱以铁为城，烈火猛焰，内外烧炙。

[译文]

　　山城北门以西有座毗布罗山。听当地人说：山西南方的悬崖北侧，过去有五百眼温泉，现在只剩下几十处罢了，并且有的凉，有的暖，不全是温泉。泉水的水源来自雪山南面的无热恼池，池水从地下潜流到这里，水质清香甜美，味道与发源地的池水一样。泉水分为五百条枝流，流经五百个小的热铁地狱，地狱中的火势向上炙烤，导致泉水温热。泉水流出的水口，都雕刻了各种石头形象，有的刻成狮子、白象的头，有的刻成石筒作为水流的通道，水口下方则用石块垒砌成水池。四面八方、异国他乡的人都来到这里沐浴，凡是经过沐浴的人，久治不愈的疾病大多能够痊愈。温泉附近有许多佛塔和精舍，建筑基址鳞次栉比，都是过去四佛打坐和散步的遗迹所在。这个地方山岩泉水相连，仁人智者乐于居住，所以隐居避世的人，数量肯定很多。

1. 卑钵罗石室

　　温泉西有卑钵罗①石室，世尊在昔恒居其中。后壁洞穴是阿素洛宫也，习定苾刍多居此室。时出怪异，龙、蛇、师子之形，见之者心发狂乱。然斯胜地，灵圣所止，蹑迹钦风，忘其灾祸。近有苾刍，戒行贞洁，心乐幽寂，欲于此室匿迹习定。或有谏曰："勿往彼也。彼多灾异，为害不少，既难取定，亦恐丧身。宜鉴前事，勿贻后悔。"苾刍曰："不然。我方志求佛果，摧伏天魔，若此之害，夫何足言？"便即振锡而往室焉。于是设坛场，诵禁咒。旬日之后，穴出少女，谓苾刍曰："尊者染衣守戒，为含识归依；修慧②习定，作生灵善导。而今居此，惊惧我曹。如来之教，岂若是耶？"苾刍曰："我守净戒，遵圣教也。匿迹山谷，远喧杂也。忽此见讥，其咎安在?"对曰:"尊者诵咒声发,火从外入,烧我居室,苦我枝属。唯愿悲愍,勿复诵咒。"苾刍曰:"诵咒护身,非欲害物。往者,行人居此习定,期于圣果,以济幽涂,睹怪惊骇,丧弃身命,汝之辜也,其何辞乎?"对曰:"罪障既重,智能斯浅。自今已来,屏居守分,亦愿尊者勿诵神咒。"苾刍于是修定如初,安静无害。

[注释]

①卑钵罗:一种高大的常绿乔木,即菩提树。 ②修慧:通过修行取得"慧",慧指通达事理。

[译文]

温泉西侧有座卑钵罗石室,世尊过去一直居住在其中。石室后面岩壁上的洞穴就是阿素洛宫,修习禅定的比丘大多住在这个石室中。然而,不时出现怪物灵异,诸如龙、蛇、狮子的形象,看到的人往往会心智惊恐狂乱。当然这里毕竟是胜地,神灵圣贤曾经住过的地方,所以后人亲自来到这个满是圣人遗迹的所在,敬慕追思先贤遗风,不由得忘记灾难祸殃。近年有位比丘,严守教规戒律,内心向往优雅的环境,想要藏身在这个石室里修习禅定。有的人劝他说:"别到那儿去。那里的灾难异象太多,伤害了不少生灵,不仅难以入定,恐怕还会搭上性命。应该牢记前车之鉴,免得日后追悔莫及。"比丘说:"我不这样看。我一心一意追求证得佛果,摧毁、降伏天魔,诸如此类的祸害,根本不值一提。"说完他手持锡杖前往石室。比丘设立了坛场,念诵禁咒。十天以后,石洞中走出一位少女,对比丘说:"尊者身穿僧衣,严守戒律,成为众生的皈依楷模;修行求慧,坐禅入定,是生灵的优秀导师。但是如今住在这里,惊吓我们。难道说如来的教导,就是让你这样去做吗?"比丘说:"我谨守清规戒律,正是遵循了佛祖的教诲。藏匿在深山幽谷之中，远离尘世的喧嚣繁杂。突然被你谴责，到底哪里有错？"少女回答说："尊者念咒的声音一响，火焰就从外面进入，焚烧我的居室，荼毒我的宗族。只希望您能大慈大悲，再不要念诵咒语了。"比丘说："念诵咒语只为了防身，没有想杀生害命。以前，修行的人居住在这里修习禅定，为的是证得圣果，以便拯救坠入三恶道的人，恰恰因为耳闻目睹了种种怪异，心神惊恐害怕，以致丧失生命，这都是你的罪过，你还有什么可说的呢？"少女回答说："我的确罪孽深重，智慧浅薄。从今往后，我愿藏身隐居，安守本分，不再惹是生非，也希望尊者再也不要念诵神咒了。"比丘于是像以前一样修习禅定，平安宁静，毫无伤害。

2. 毗布罗山其他遗迹

毗布罗山上有窣堵波，昔者如来说法之处。今有露形外道，多依此住，修习苦行，夙夜匪懈，自旦至昏，旋转观察①。

山城北门左，南崖阴，东行二三里，至大石室，昔提婆达多于此入定。

石室东不远，磐石上有斑采，状血染，傍建窣堵波，是习定苾刍自害证果之处。昔有苾刍，勤励心身，屏居修定，岁月逾远，不证圣果。退而自咎，窃复叹曰："无学之果，终不时证；有累之身②，徒生何益！"便就此石自刺其颈，是时即证阿罗汉果，上升虚空，示现神变，化火焚身，而入寂灭。美其雅操，建以记功。

苾刍证果东石崖上，有石窣堵波，习定苾刍投崖证果之处。昔在佛世，有一苾刍，宴坐山林，修证果定，精勤已久，不得果证，昼夜继念，无忘静定。如来知其根机将发也，遂往彼而成之。自竹林园至山崖下，弹指而召，伫立以待。时此苾刍遥睹圣众，身意勇悦，投崖而下，犹其净心，敬信佛语，未至于地，已获果证。世尊告曰："宜知是时。"即升虚空，示现神变。用彰净信，故斯封记。

[注释]

①自旦至昏，旋转观察：这里指外道修行的一种方式。即日出前，爬上木柱，面朝太阳，观察太阳，并随太阳的移动而旋转身体，直至太阳落山，具体描述见卷五"钵逻耶伽国"第三节"大施场及修苦行者"。②有累之身：意思是产生"累形"的身体。累形，是指凡人受困于自己的身体而产生的种种烦恼。

[译文]

毗布罗山上有座佛塔，是以前如来曾经说法的地方。现在，有许多露形外道居住在这里，修炼苦行，不分白天黑夜，毫不懈怠，每天从早到晚，随着太阳旋转，始终看着阳光。

从山城北门左的南崖崖北，再向东走二三里，来到一座大石室，过去，提婆达多曾经在这里入定。

石室东边不远处的磐石上留有纹样痕迹，就像被血浸染了似的，石旁建有佛塔，这是修习禅定的比丘自杀来证得圣果的所在。以前有位比丘，勤勤恳恳修炼身心，避世隐居修习禅定，经过了很长时间，仍然没有证得圣果。他于是产生了自暴自弃的想法，私下感慨地说："对于无学圣果，我终究没有时间去证得了；我自己这个产生烦累的皮囊，白白活在世上又有什么用处！"于是就在这块石头上，自己刺破脖颈，当时，比丘就证得了阿罗汉果，升入虚空之中，显示神变，化出烈焰焚烧身体，随即涅槃。

后人为了赞美他的高尚德操，就建造了这座佛塔来纪念他的功德。

比丘证果处东面的石崖上，有座石质佛塔，是修习禅定的比丘投身悬崖证得圣果的地方。以前佛祖在世的时候，有一位比丘，静静地坐在山林里，修习禅定，只想证得圣果，专心勤苦地修炼了很长时间，还没有获得果证，他夜以继日地思念，念念不忘的就是寂定。如来知道他的根基已经成熟，机缘即将来临，所以前去成全他。如来从竹林园来到山崖之下，弹指召唤，站立等待。这时，比丘远远地看到了各位天神圣人，心情喜悦，勇气倍增，纵身跳下悬崖，他的心仍然清净，坚信佛祖的教导，身体还没有落地，已经得到了果证。佛祖告诉他说："你应该明白，时候到了。"比丘随即升入虚空，显示了神变。后人为了表彰他的坚定信仰，所以造了这座塔加以纪念。

二十五、迦兰陀竹园

山城北门行一里余，至迦兰陀竹园。今有精舍，石基砖室，东开其户。如来在世，多居此中，说法开化，导凡拯俗。今作如来之像，量等如来之身。初，此城中有大长者迦兰陀，时称豪贵，以大竹园施诸外道。及见如来，闻法净信，追昔竹园居彼异众，今天人师无以馆舍。时诸神鬼感其诚心，斥逐外道，而告之曰："长者迦兰陀当以竹园起佛精舍，汝宜速去，得免危厄。"外道愤恚，含怒而去。长者于此建立精舍，功成事毕，躬往请佛，如来是时遂受其施。

[译文]

出山城北门，走一里多，就到了迦兰陀竹园。如今那里有一座精舍，石头基座，砖砌房屋，向东开着窗户。如来在世的时候，多数时间居住在这里，讲说佛法，启蒙教化，开导凡夫，拯救俗人。现在造有如来的佛像，规格与佛祖真身一样。最初，这座城中有位大长者名叫迦兰陀，是当时著名的富豪贵族，他曾把大竹园施舍给各派外道。等他见到如来，听了佛法，产生虔诚信仰，后悔当初将竹园交给外道居住，以致使天人大师如今没有地方落脚。那时，诸神鬼都被他的诚心所感动，于是帮他赶走了外道，并且对他们说："长者迦兰陀要在竹园中为佛祖建造精舍，你们应当赶快离开，如此才能免灾避祸。"外道们非常愤恨，只能含怒而去。长者于是在这里建造了精舍，工程完工之后，他亲自前去迎接佛祖，如来那时也接受了他的布施。

1. 佛舍利窣堵波

迦兰陀竹园东有窣堵波，阿阇多设咄路王（唐言未生怨。旧曰阿阇世，讹略也）之所建也。如来涅槃之后，诸王共分舍利，未生怨王得以持归，式遵崇建，而修供养。无忧王之发信心也，开取舍利，建窣堵波，尚有遗余，时烛光景。

[译文]

迦兰陀竹园东面有座佛塔，是由阿阇多设咄路王（大唐称为未生怨。过去称为阿阇世，是错的或省略的说法）兴建的。如来涅槃以后，各国国王共同分配舍利，未生怨王将分得的舍利带回国，建造佛塔进行纪念，虔诚加以供养。无忧王信仰佛教之后，打开佛塔，取出舍利，另外修建了佛塔供养，原塔中还留下一些舍利，经常放射出光芒。

2. 阿难半身窣堵波

未生怨王窣堵波侧窣堵波，有尊者阿难半身舍利。昔尊者将寂灭也，去摩揭陀国，趣吠舍厘城，两国交争，欲兴兵甲。尊者伤愍，遂分其身，摩揭陀王奉归供养，即斯胜地，式修崇建。其傍则有如来经行之处。次此不远有窣堵波，是舍利子及没特伽罗子等安居之所。

[译文]

未生怨王塔旁边还有座佛塔，里面供奉有尊者阿难的半身舍利。从前尊者即将涅槃的时候，离开摩揭陀国，前往吠舍厘城，两国为此产生争执，甚至准备兵戎相见。尊者十分伤感，于是将身体一分为二，摩揭陀王带回一半供养，就在这个胜地，恭敬地建造佛塔加以纪念。塔旁有如来曾经散步的场所。再过去不远处有座塔，是舍利子和没特伽罗子等人进行安居的地方。

3. 第一次结集

竹林园西南行五六里，南山之阴，大竹林中，有大石室，是尊者摩诃迦叶波在此与九百九十大阿罗汉以如来涅槃后结集三藏①。前有故基，未生怨王为集法藏诸大罗汉建此堂宇。初，大迦叶宴坐山林，忽烛光明，又睹地震，曰："是何祥变，若此之异？"以天眼观，见佛世尊于双树林间入般涅槃，寻命徒属趣拘尸城。路逢梵志，手执天花。迦叶问曰："汝从何来？知我大师今在何处？"梵志对曰："我适从彼拘尸城来，见汝大师已入涅槃，天人大众咸兴供养,我所持花,自彼得也。"迦叶闻已,谓其徒曰:"慧日沦照,世界暗冥,善导遐弃,众生颠坠。"懈怠苾刍更相贺曰:"如来寂灭,我曹安乐,若有所犯,谁能诃制?"迦叶闻已,深更感伤,思集法藏,据教治犯。遂至双树,观化礼敬。既而法王去世,人、天无导,诸大罗汉亦取灭度②,时大迦叶作是思惟:"承顺佛教,宜集法藏。"于是登苏迷卢山,击大犍椎,唱如是言:"今王舍城将有法事,诸证果人宜时速集!"犍椎声中传迦叶教,遍至三千大千世界,得神通者闻皆集会。是时迦叶告诸众曰:"如来寂灭,世界空虚,当集法藏,用报佛恩。今将集法,务从简静,岂特群居,不成胜业?其有具三明,得六通,闻持③不谬,辩才无碍,如斯上人,可应结集。自余果学,各归其居。"于是得九百九十人,除阿难在学地④,大迦叶召而谓曰:"汝未尽漏,宜出圣众。"曰:"随侍如来,多历年所,每有法议,曾未弃遗。今将结集,而见摈斥,法王寂灭,失所依怙。"迦叶告曰:"勿怀忧恼。汝亲侍佛,诚复多闻,然爱惑⑤未尽,习结⑥未断。"阿难辞屈而出,至空寂处,欲取无学,勤求不证。既已疲怠,便欲假寐,未及伏枕,遂证罗汉。往结集所,叩门白至。迦叶问曰:"汝结尽耶?宜运神通,非门而入。"阿难承命,从钥隙入,礼僧已毕,退而复坐,是时安居初十五日也。于是迦叶扬言曰:"念哉谛听!阿难闻持,如来称赞,集素呾缆(旧曰修多罗,讹也)藏。优波厘持律明究,众所知识,集毗奈耶(旧曰毗那耶,讹也)藏。我迦叶波集阿毗达磨藏。"雨三月尽,集三藏讫。以大迦叶僧中上座,因而谓之上座部⑦焉。

大迦叶波结集西北,有窣堵波,是阿难受僧诃责,不预结集,至此宴坐，证罗汉果。证果之后，方乃预焉。

阿难证果西行二十余里，有窣堵波，无忧王之所建也，大众部结集之处。诸学、无学数百千人，不预大迦叶结集之众，而来至此，更相谓曰："如来在世，同一师学，法王寂灭，简异我曹。欲报佛恩，当集法藏。"于是凡圣咸会，贤智毕萃，复集素呾缆藏、毗奈耶藏、阿毗达磨藏、杂集藏⑧、禁咒藏⑨，别为五藏。而此结集，凡圣同会，因而谓之大众部。

[注释]

①结集三藏：这里说的是佛教史上的第一次结集。 ②灭度：涅槃。 ③闻持：听闻了佛的教法之后，持而不忘。 ④在学地：意思是仍处于"学"的阶段。 ⑤爱惑：爱欲所导致的惑。 ⑥习结：指烦恼相续在心中形成的余习。 ⑦上座部：印度佛教声闻根本四部之一，是佛灭度后一百年时分裂出的部派。 ⑧杂集藏：杂藏。佛教中三藏之外的经典。 ⑨禁咒藏：汇集了咒语的各种经典。

[译文]

从竹林园向西南方走五六里，在南山北麓的大片竹林中，有座大石室，这里是尊者摩诃迦叶波与九百九十位大阿罗汉在如来涅槃后，一起集中编纂三藏的地方。石室前面留有旧址，乃是未生怨王为结集法藏的各位大罗汉所建堂屋的遗址。当初，大迦叶静坐在森林里，忽然光芒照耀，又看到大地震动，于是说："这是什么样的祥瑞异变，竟然如此的奇怪？"他用天眼观看，只见世尊在双树林之间进入涅槃，随即吩咐门徒前往拘尸城。路上碰到一位婆罗门，手里拿着天花。迦叶问他："你从哪里来？知道我的导师如今在哪里？"婆罗门回答说："我刚刚从拘尸城回来，看到您的导师已经涅槃,天神、人众都在恭敬地举行供养,我手中拿的花,就是从那里得到的。"迦叶听了,对他的门徒说:"智慧的太阳已经沉沦,世界陷入黑暗之中,优秀的导师离开我们走了,众生将坠落毁灭。"懒散的比丘们却相互庆贺说:"如来已经寂灭,我们可以坐享安乐,即使违反了教法戒律,又有谁能够制止呢?"迦叶听到之后,深感忧虑悲伤,于是考虑编集佛典,根据经典实施教化,惩办犯戒的僧人。于是他来到双树林间,瞻仰佛祖涅槃,施礼致敬。佛祖法王去世以后,人、神失去了导师,各位大罗汉也追随涅槃。当时,大迦叶产生了这样的想法:"为了继承和遵从佛祖的教诲,应该编集所有的佛经。"于是,他登上苏迷卢山,敲击巨大的犍椎,高声宣讲了下面这些话:"如今王舍城内将要举办法事,各位已经证果的人赶快前来集合!"犍椎声中传播着迦叶的指令,传遍三千大千世界,获得神通的人听到后都赶来集会。这时,迦叶告诉众人说:"如来已经涅槃,世界一片空虚,应当编集佛经,以此报答佛的恩典。现在要编集佛经,必须人员精简,心神宁静,难道不靠人多势众,就办不成神圣的事业吗?你们之中只有具备三明,获得六通,聆听过佛祖教诲,牢记在心没有错误,能够从容圆通讲说佛法的人,才可以参加编集佛经。其他果位的人,请各自返回吧。"于是挑选出九百九十人,阿难由于尚在修学阶段,因此被排除在外。大迦叶召唤阿难前来,对他说:"你的烦恼还没有除尽,应该离开编集佛经的圣众队伍。"阿难说:"我跟随服侍如来已经许多年了,每逢讲经说法,从未遗漏。现在要编集佛经,却把我排斥在外,是因为法王涅槃了,我就丧失了依靠吧。"迦叶告诉他说:"心中不要忧愁烦恼。你虽然亲自侍奉佛祖,确实见多识广,但是爱惑还没有除尽,习结也没有断绝。"阿难理屈词穷,只得离开。他来到寂静的地方,想要证得无学,勤勤恳恳修习,还是得不到果证。阿难累得筋疲力尽,准备略微休息一会儿，还没有躺下，就已经证得了罗汉果。于是他前往结集的地点，敲门说自己来了。迦叶问他说："你的烦恼断绝了吗？应该显示神通，不要直接从门里进入。"阿难听从吩咐，从钥匙孔中进入，向各位僧人敬礼之后，退后坐下。当时正是安居期的第十五天。于是，迦叶大声说："敬请各位仔细聆听！阿难能够牢记佛祖的教导，如来对他十分赞赏，由他主持编集素呾缆（过去称为修多罗，错了）藏。优波厘严守戒律，研究深刻，这是众所周知的事，由他主持编集毗奈耶（过去称为毗那耶，错了）藏。我迦叶波主持编集阿毗达磨藏。"雨安居三个月结束以后，编集三藏的工作也完成了。因为大迦叶是僧人中的上座，所以把这一部派称作上座部。

大迦叶波结集处的西北方有座佛塔，阿难受到圣僧斥责，不能参与结集后，来到这里静坐，证得了罗汉果。证得圣果以后，才参与了结集工作。

从阿难证果处向西走二十多里，有座佛塔，是由无忧王建造的，这是大众部编集佛经的地方。当时，处于修学阶段和获得无学果位的成百上千僧人，也就是没有参与大迦叶编集佛经的僧众，来到这里，互相议论说："如来在世的时候，我们和他们都在同一导师位下学习佛法，法王涅槃之后，他们挑剔排斥我们。我们想要报答佛的恩典，也应该编集佛的经典。"于是，普通僧人、得道高僧汇聚一堂，贤人智士云集一处，又编集了素呾缆藏、毗奈耶藏、阿毗达磨藏、杂集藏、禁咒藏，另外构成了五藏。这次结集，由于有普通僧人和得道高僧共同参与，所以这一部派称为大众部。

4. 迦兰陀池及石柱

竹林精舍北行二百余步，至迦兰陀池，如来在昔多此说法。水既清澄，具八功德，佛涅槃后，枯涸无余。

迦兰陀池西北行二三里，有窣堵波，无忧王所建也，高六十余尺。傍有石柱，刻记立窣堵波事，高五十余尺，上作象形。

[译文]

从竹林精舍向北走二百多步，来到迦兰陀池，以前如来曾在这里多次讲经说法。池水清澈见底，具备八种神妙特性。自从佛祖涅槃以后，池水干涸，毫无遗存。

从迦兰陀池向西北走二三里处有座佛塔，是无忧王建造的，高有六十多尺。塔旁有根石柱，镌刻记载了建立佛塔的事，高有五十多尺，柱顶雕刻了象的形状。

二十六、王舍城

石柱东北不远，至曷罗阇姞利呬城（唐言王舍），外郭已坏，无复遗堵，内城虽毁，基址犹峻，周二十余里，面有一门。初，频毗娑罗王都在上茅宫城也，编户之家频遭火害。一家纵逸，四邻罹灾，防火不暇，资产废业，众庶嗟怨，不安其居。王曰："我以不德，下民罹患，修何德可以禳之？"群臣曰："大王德化邕穆①，政教明察，今兹细民不谨，致此火灾，宜制严科，以清后犯。若有火起，穷究先发，罚其首恶，迁之寒林。寒林②者，弃尸之所，俗谓不祥之地，人绝游往之迹。令迁于彼，同夫弃尸。既耻陋居，当自谨护。"王曰："善，宜遍宣告居人。"顷之，王宫中先自失火。谓诸臣曰："我其迁矣。"乃命太子监摄留事，欲清国宪③，故迁居焉。时吠舍厘王闻频毗娑罗王野处寒林，整集戎旅，欲袭不虞。边候以闻，乃建城邑。以王先舍于此，故称王舍城也。官属、士、庶咸徙家焉。或云：至未生怨王乃筑此城，未生怨太子既嗣王位，因遂都之。逮无忧王迁都波吒厘城，以王舍城施婆罗门，故今城中无复凡民，唯婆罗门减千家耳。

宫城西南隅有二小伽蓝，诸国客僧往来此止，是佛昔日说法之所。次此西北有窣堵波，殊底色迦（唐言星历。旧曰树提伽，讹也）长者本生故里。

城南门外，道左有窣堵波，如来于此说法及度罗怙罗。

[注释]

①邕穆：和睦美好。　②寒林：林葬的地方，令人毛骨悚然，所以称为寒林。　③国宪：国家的法制或礼仪。

[译文]

石柱东北方不远处，就是曷罗阇姞利呬城（大唐称为王舍），外城已经毁坏，没有遗迹留存，内城虽然也遭到了破坏，墙基仍旧很高大，方圆二十多里，每一面都开有城门。当初，频毗娑罗王的国都定在上茅宫城，百姓家常常遭逢火灾。一家疏忽大意，左邻右舍都得遭灾，人们整天忙着防火，正常的生产生活受到极大影响，老百姓怨声载道，无法安居乐业。国王说："由于我德行浅薄，以致百姓遭受苦难，应该修造什么样的福德，才能够避祸消灾？"大臣们说："大王施政仁德，天下和睦美好，政治清明廉洁。如今小民们粗心大意，导致火灾频发，应该制定严刑峻法，用来惩治犯法之人。如果再有火灾发生，必须彻底追查火灾根源，严惩首先肇事的人，把他迁往寒林居住。所谓寒林，就是抛弃尸体的地方，俗称不祥之地，那里根本没有人往来活动。命令他们迁居寒林，就像弃尸一样对待。人们既然以居住寒林为耻，自己一定会倍加小心。"国王说："好啊，应该将这一法令通告全体居民。"不久以后，王宫中首先着火。国王对大臣们说："我要迁居寒林了。"于是下令由太子监国，代替国王处理国事，为了维护国家法制，国王迁居寒林。当时，吠舍厘王听说频毗娑罗王移居在荒郊野外的寒林里，于是召集军队，准备趁机偷袭。边境的哨兵将此事上报，频毗娑罗王就修筑起了城郭防御。由于国王最早居住在这里，所以称为王舍城。官员、士人、百姓随后都迁徙到这座城里。有人说：等到未生怨王的时代才修筑了这座城，未生怨王的太子继承王位后，就迁都到这里。到了无忧王迁都波吒厘城后，将王舍城施舍给婆罗门，所以现在城里没有普通居民，只居住着婆罗门教徒不到一千家。

宫城西南角有两座小佛寺，各国云游僧侣居住在寺内，乃是以前佛祖说法的地方。从这里再往西北有座塔，是殊底色迦（大唐称为星历。过去称作树提伽，错了）长者出生的故乡。

王舍城南门外，道路的左侧有座塔，如来曾经在这里说法，并且度化了罗怙罗。

二十七、那烂陀僧伽蓝

从此北行三十余里，至那烂陀（唐言施无厌）僧伽蓝。闻之耆旧曰：此伽蓝南庵没罗林中有池，其龙名那烂陀，傍建伽蓝，因取为称。从其实义，是如来在昔修菩萨行，为大国王，建都此地，悲愍众生，好乐周给，时美其德，号施无厌，由是伽蓝因以为称。其地本庵没罗园，五百商人以十亿金钱买以施佛，佛于此处三月说法，诸商人等亦证圣果。佛涅槃后未久，此国先王铄迦罗阿逸多[①]

（唐言帝日）敬重一乘②，遵崇三宝，式占③福地，建此伽蓝。初兴功也，穿伤龙身，时有善占尼乾④外道，见而记曰："斯胜地也，建立伽蓝，当必昌盛，为五印度之轨则，逾千载而弥隆，后进学人易以成业，然多欧血，伤龙故也。"其子佛陀毱多王（唐言觉护）继体承统，聿遵胜业，次此之南，又建伽蓝。呾他揭多毱多王⑤（唐言如来）笃修前绪，次此之东，又建伽蓝。婆罗阿迭多（唐言幼日）王之嗣位也，次此东北，又建伽蓝。功成事毕，福会称庆，输诚幽显，延请凡圣。其会也，五印度僧万里云集，众坐已定，二僧后至，引上第三重阁。或有问曰："王将设会，先请凡圣，大德何方，最后而至？"曰："我至那国也，和上⑥婴疹，饭已方行，受王远请，故来赴会。"闻者惊骇，遽以白王。王心知圣也，躬往问焉，迟上重阁，莫知所去。王更深信，舍国出家。出家既已，位居僧末，心常怏怏，怀不自安："我昔为王，尊居最上；今者出家，卑在众末。"寻往白僧，自述情事。于是众僧和合，令未受戒者以年齿为次，故此伽蓝独有斯制。其王之子伐阇罗（唐言金刚）嗣位之后，信心贞固，复于此西建立伽蓝。其后中印度王于此北复建大伽蓝。于是周垣峻峙，同为一门，既历代君王继世兴建，穷诸剞劂⑦，诚壮观也。帝日王本伽蓝者，今置佛像，众中日差四十僧就此而食，以报施主之恩。

僧徒数千，并俊才高学也，德重当时，声驰异域者，数百余矣。戒行清白，律仪淳粹，僧有严制，众咸贞素，印度诸国皆仰则焉。请益谈玄，竭日不足，夙夜警诫，少长相成，其有不谈三藏幽旨者，则形影自愧矣。故异域学人欲驰声问，咸来稽疑，方流雅誉。是以窃名而游,咸得礼重。殊方异域欲入谈议,门者诘难,多屈而还;学深今古,乃得入焉。于是客游后进,详论艺能,其退走者固十七八矣。二三博物,众中次诘,莫不挫其锐,颓其名。若其高才博物,强识多能,明德哲人,联晖继轨。至如护法、护月⑧,振芳尘于遗教;德慧⑨、坚慧⑩,流雅誉于当时。光友⑪之清论,胜友⑫之高谈。智月⑬则风鉴明敏,戒贤乃至德幽邃。若此上人,众所知识,德隆先达,学贯旧章,述作论释各十数部,并盛流通,见珍当世。

[注释]

①铄迦罗阿逸多:意译帝日。铄迦罗,即因陀罗,意译帝、帝释。阿逸多,意译日。一般认为这是笈多王朝的第四代国王。 ②一乘:指成佛的唯一途径、方式和教法。 ③式占:占卜方式的总称。 ④尼乾:原为外道的总称,这里特指六大外道中专修裸形、涂灰派的外道。 ⑤呾他揭多毱多王:意思是"如来护",文中"唐言如来"误。 ⑥和上:泛指所有的佛僧。 ⑦刳(jī)厥(jué):雕琢刻镂。 ⑧护月:那烂陀寺沙门,曾为护法的《辨中边论》作释。 ⑨德慧:5~6世纪南印度人,瑜伽行派著名学者,唯识十大论师之一。 ⑩坚慧:南印度人,著有《究竟一乘宝性论》等。 ⑪光友:可能是627年来到中国的光智。 ⑫胜友:护法论师的门徒,唯识十大论师之一。 ⑬智月:护法论师的门徒,唯识十大论师之一。

[译文]

从这里向北走三十多里,来到那烂陀(大唐称为施无厌)寺。听年长者说:这座佛寺南面的庵没罗林里有个池塘,池中生活的龙名叫那烂陀，池边建造的佛寺，就是用它的名字来命名。真实的含义是，以前如来修菩萨行的时候，身为大国国王，在这里建都，慈悲怜悯众生，乐善好施，周济穷困，人们称颂他的德行，称他为施无厌，这才是佛寺得名的缘由。佛寺所在地原来有座庵没罗园，是由五百名商人花费了十亿金钱购买下来，布施给佛祖，佛在这里用了三个月时间讲说佛法，各位商人也证得了圣果。佛涅槃之后不久，该国国王铄迦罗阿逸多（大唐称为帝日）敬重佛法，崇拜三宝，郑重地占卜确定这块福德之地，建造了大佛寺。刚开始建造的时候，不小心挖伤了龙身，当时有位精于占卜的尼乾外道，看到这种情况后授记说："这是块宝地，建造佛寺之后，一定会繁荣昌盛，成为五印度的楷模，历经千年会更加隆盛，后辈学习的人容易在这里完成学业，但是多数会吐血，因为曾经伤害了龙身。"国王的儿子佛陀毱多王（大唐称为觉护）继承王位，继续他父亲的伟业，在那烂陀寺的南方，又兴建了佛寺。呾他揭多毱多王（大唐称为如来）致力于先王的事业，在这座佛寺的东面，又兴建了佛寺。婆罗阿迭多（大唐称为幼日）王继位以后，再在这座佛寺的东北方，又兴建了佛寺。工程完工之后，大办福会进行庆祝，不论无名之辈，还是著名人士都得到了诚恳地接待；不论普通僧众，还是高僧大德，都被虔诚地邀请。大会召开的时候，五印度的僧人不远万里，聚集在这里，众人入座以后，两位僧人来晚了，被带上第三层楼。有人问道："国王准备召开大会，事先邀请各地的凡圣僧众，这两位高僧从哪里来，为什么最后才到？"二僧回答说："我们来自至那国，因为来之前大和尚得了病，我们伺候他吃完饭才动身，接受国王远道约请，前来赴会。"听者感到十分惊讶，立刻将此事报告了国王。国王心中知道他们是圣僧，亲自前去问候，中间稍有耽搁，上楼晚了，结果两位僧人已经不知去向。国王更加深了对佛法的信仰，舍弃王位，出家为僧。出家以后，位次排在众僧的最后，心里时常闷闷不乐，内心不得安宁："我以前当国王的时候，地位尊崇，至高无上；如今出家为僧，身份低贱，位于众僧之后。"于是前去对僧众们讲述了自己的情况。众僧一同协商后，规定对于没有受戒的人，按照年龄的大小排序，因此只有这座佛寺规定这种制度。这个国王的儿子伐阇罗（大唐称为金刚）继位以后，对佛法的信仰虔诚坚定，又在这座寺院的西面建造了佛寺。再往后，中印度王又在这座寺的北面再造了大佛寺。于是在四周筑起高大的墙垣，各个佛寺共用一个山门，经过历代君王持续不断的兴建，雕琢镌刻的工艺绝世无双，蔚为壮观。帝日王所建的佛寺中，如今安置了佛像，僧众每天派遣四十名僧人在这里进餐，为的是报答施主的恩惠。

那烂陀寺内有僧人几千名，都是才能出众、饱学渊博的人士，德操被人们推崇，声名鹊起，远播国外的人有几百名。他们严守戒律，品行清白，教律仪轨精纯完美，僧团制度严格，僧人全都信仰坚定，印度各国都非常仰慕，以他们为楷模。他们相互学习，谈论玄妙的佛理，日复一日，并不满足，不分昼夜相互督促、警醒，不论年纪大小都互相帮助，完成学业，如果有人不谈论佛学的深奥道理，就会感到形单影只，自惭形秽。所以外国的学者们想要悟道扬名，都会前来问难释疑，如此才能博取美名，流芳天下。也是因为这个缘故，一些沽名钓誉之徒造访这里，都能得到礼敬、尊重。四面八方异国他乡的人想要入寺谈论佛理，往往由守门人先行责难，多数人理屈词穷，不得已返回；只有那些学问深厚，博古通今的人，才能进入佛寺。因此来自外地的年轻学者，详细地谈论学业展示能力之后，败退离开的人要占到十分之七八。至于剩下的二三博学之士，与众僧人相继辩论诘难，也无不遭受挫折，名誉扫地。要说那烂陀寺中的学问高深、见多识广、多才多艺、道德高尚的贤人智士，真是群贤并世，前后相继。比如护法、护月，在佛教界获得美好的声誉；德慧、坚慧，在世人中流传着高尚的名声。光友有清雅的论述，胜友有高深的言谈。智月风度卓绝、见识敏锐，戒贤道德高尚、见解深邃。像上面举出的这些人，早都被众人知晓，他们德行隆盛，超越先贤，学识渊博，熟稔经典，所撰写的论著、注释，每个人都有十几部，在世间广泛流传，受到人们的珍视推崇。

二十八、那烂陀僧伽蓝四周

伽蓝四周，圣迹百数，举其二三，可略言矣。

伽蓝西不远有精舍，在昔如来三月止此，为诸天、人广说妙法。次南百余步小窣堵波，远方苾刍见佛处。昔有苾刍自远方来，至此遇见如来圣众，内发敬心，五体投地①，便即发愿求轮王位。如来见已，告诸众曰："彼苾刍者甚可愍惜。福德深远，信心坚固，若求佛果，不久当证。今其发愿求转轮王，于当来世必受此报。身体投地下至金轮，其中所有微尘之数，一一尘是一轮王报也。既耽世乐，圣果斯远。"其南则有观自在菩萨立像。或见执香炉往佛精舍，周旋右绕。

观自在菩萨像南窣堵波中，有如来三月之间剃剪发、爪。有婴疾病，旋绕多愈。其西垣外池侧窣堵波，是外道执雀于此问佛死生②之事。次东南垣内五十余步，有奇树，高八九尺，其干两枝，在昔如来嚼杨枝弃地，因植根柢，岁月虽久，初无增减。次东大精舍，高二百余尺，如来在昔于此四月说诸妙法。次北百余步精舍中，有观自在菩萨像，净信之徒兴供养者所见不同，莫定其所，或立门侧,或出檐前,诸国法俗咸来供养。

观自在菩萨精舍北有大精舍,高三百余尺,婆罗阿迭多王之所建也,庄严度量及中佛像同菩提树下大精舍。其东北窣堵波,在昔如来于此七日演说妙法。西北则有过去四佛坐处。其南鍮石精舍,戒日王之所建立,功虽未毕,然其图量一十丈而后成之。次东二百余步垣外,有铜立佛像,高八十余尺,重阁六层,乃得弥覆,昔满胄王之所作也。

满胄王铜佛像北二三里,砖精舍中,有多罗菩萨像。其量既高,其灵甚察。每岁元日,盛兴供养,邻境国王、大臣、豪族,赍妙香花,持宝幡盖,金石递奏,丝竹相和,七日之中,建斯法会。其垣南门内有大井,昔在佛世,有大商侣,热渴逼迫,来至佛所,世尊指其地,言可得水,商主乃以车轴筑③地,地既为陷,水遂泉涌,饮已闻法,皆悟圣果。

[注释]

①五体投地:佛教里最隆重的礼敬方式。 ②外道执雀于此问佛死生:这是外道企图为难佛祖的事。外道把一只活雀拿在手里,问佛是死是活。他想,如果佛说是活的,他就掐死再拿出来;若果佛说是死的,他就把活雀展示出来。 ③筑:夯土。

[译文]

佛寺四周的圣人遗迹数以百计,这里只举出其中两三处,讲讲大概的情况。

佛寺西边不远处有座精舍,以前如来曾经在这里住过三个月,为天、人大众讲说深妙的佛法。向南走一百多步,有座小佛塔,是远道而来的比丘拜见佛祖的遗迹。过去,有位比丘从远方而来,走到这里遇到了如来和众位圣贤,不由得产生极大的敬意,五体投地礼拜,随即发下誓愿,请求来世转生为转轮王。如来见到这种情形,对众人说道:"那位比丘非常值得同情怜悯。他的福德深厚长远,信仰坚定,如果求证佛果,很快就能遂愿。如今他发愿请求转世为轮王,那么在来世之中,他一定会受这一果报。在他身体拜伏的地方,往下直到金轮,其中包含的微尘的数量,每一粒微尘代表了一世的轮王果报。他既然沉溺于世俗的享乐,距离圣果就越来越远了。"向南还有观自在菩萨的立像。有人看到菩萨手持香炉前往佛的精舍,从左向右绕行佛像。

观自在菩萨像南面的佛塔供奉有如来在三个月时间剪下的头发、指甲。有人得病,环塔绕行以后,多数能够痊愈。西墙外水池边上的佛塔,是外道手拿活雀,质问佛祖雀鸟死生的地点。离此东南方五十多步的围墙内,有株特殊的树,高有八九尺,它的主干分为两枝,以前,如来嚼过杨枝后,丢在地上,从而生根成活,经过很长的时间,树的高度既不增加,也不缩短。再往东有座大精舍,高达二百多尺,以前,如来在这里住过四个月时间,讲精妙佛法。再向北走一百多步的精舍中,供奉有观自在菩萨像,供养菩萨的虔诚信徒,每个人见到的都不一样,无法确定佛像的位置,有人说他立在门边,有人说他在屋檐前面,各国的僧俗大众都来这里供养。

观自在菩萨精舍的北面有座大精舍,高达三百多尺,是由婆罗阿迭多王建造的,精舍的样式、规模和供奉在里面的佛像与菩提树下的大精舍相同。东北方有座佛塔,以前如来曾经在这里演说精妙佛法,历时七天。西北方还有过去四佛打坐的遗迹。南面有座鍮石精舍,是由戒日王建造的,虽然工程并没有完工，但是根据图纸要造十丈高，等待以后完成。再往东走二百多步的围墙外，有尊铜质的佛祖立像，高达八十多尺，搭建了六层楼阁才可以覆盖佛像，它是由以前的满胄王建造的。

满胄王铜佛像往北二三里的地方，有座砖精舍，精舍中供奉了多罗菩萨像。造像的身量很高，而且极为灵验。每年元旦，举行盛大的法事供养，邻国的国王、大臣、贵族，带着美妙的香、花，手持珍宝伞盖，击鼓鸣钟，琴瑟合奏，举行大法会，历时七天。围墙南门内有口大井，以前佛祖在世的时候，有批商人被炎热、干渴所逼迫，来到佛的面前，世尊用手指地，说可以得到水，商人于是用车轴捣地，地面下陷，清水喷涌而出。商人喝完水后，聆听佛祖说法，全都感悟，证得圣果。

二十九、拘理迦邑

伽蓝西南行八九里，至拘理迦邑[①]，中有窣堵波，无忧王之所建也，是尊者没特伽罗子本生故里。傍有窣堵波，尊者于此入无余涅槃，其中则有遗身舍利。尊者，大婆罗门种，与舍利子少为亲友。舍利子以才明见贵，尊者以精鉴[②]延誉，才智相比，动止必俱，结要终始，契同去就，相与厌俗，共求舍家，遂师珊阇耶[③]焉。舍利子遇马胜阿罗汉，闻法悟圣，还为尊者重述，闻而悟法，遂证初果[④]。与其徒二百五十人俱到佛所，世尊遥见，指告众曰："彼来者，我弟子中神足第一[⑤]。"既至佛所，请入法中。世尊告曰："善来，苾刍，净修梵行，得离苦际[⑥]。"闻是语时，须发落，俗裳变，戒品清净，威仪调顺。经七日，结漏[⑦]尽，证罗汉果，得神通力。

没特伽罗子故里东行三四里，有窣堵波，频毗娑罗王迎见佛处。如来初证佛果，知摩揭陀国人心渴仰，受频毗娑罗王请，于晨朝时，著衣持钵，与千苾刍左右围绕，皆是耆旧螺髻梵志，慕法染衣，前后翼从，入王舍城。时帝释天王变为摩那婆⑧，首冠螺髻，左手执金瓶，右手持宝杖，足蹈空虚，履地四指，在大众中前导佛路。时摩揭陀国频毗娑罗王与其国内诸婆罗门、长者、居士，百千万众，前后导从，出王舍城奉迎圣众。

[注释]

①拘理迦邑：目犍连（没特伽罗子）的故乡。　②精鉴：观察详细。　③珊阇耶：六师外道之一。　④初果：声闻乘四果之第一预流果，旧称须陀洹果。是指脱离凡夫初入圣道的法流。　⑤神足第一：指目犍连（没特伽罗子）的特长。　⑥苦际：受生死苦的最后之身。　⑦结漏：烦恼的异称。　⑧摩那婆：意译儒童、少年。

[译文]

从佛寺向西南方走八九里，来到拘理迦邑，城中有座佛塔，是无忧王建造的，这座城就是尊者没特伽罗子故居的所在地。旁边有座佛塔，尊者就在这里进入无余涅槃，塔里供奉着他的遗身舍利。尊者，出自大婆罗门种姓，年纪很小的时候就和舍利子结为密友。舍利子以聪明才智见长，尊者以洞察细微见称，二人的才学智慧不相上下，一举一动都在一起，发誓始终如一，相约同来同往。他们同样厌弃世俗，共同谋划出家修行，于是拜珊阇耶为导师。舍利子遇到了马胜罗汉，听他讲说佛法，悟得圣果，返回以后又向尊者复述，尊者听了也获得感悟，从而证得初果。尊者和他的门徒二百五十人一起来到佛祖那里，世尊远远看见，指着他们对众人说："那个正在走来的人，是我弟子中的神足第一。"尊者来到佛的面前，请求皈依佛法。世尊告诉他说："欢迎你，比丘，你只要虔诚地修持梵行，就能够脱离苦海。"尊者听到这句话时，须发顿时脱落，世俗的衣服也变了，他严守戒律，举止从容和顺。经过七天的修炼，烦恼全部除去，证得了罗汉果，获得了神通威力。

从没特伽罗子的故居向东走三四里，有座佛塔，是频毗娑罗王迎接拜见佛祖的地方。如来刚刚证得佛果，知道摩揭陀国的人渴望瞻仰他的仪容，于是接受了频毗娑罗王的邀请，佛祖在清晨时分，身穿袈裟，手持钵盂，有上千名比丘在他的左右围绕簇拥，他们都是年高德劭、头顶盘结螺髻的婆罗门，他们敬慕佛法，身着僧衣，出家修行，跟在佛的前后，进入王舍城中。当时，帝释天王变化成少年模样，头发也盘成螺髻，左手拿着金瓶，右手握着宝杖，两脚腾空飞行，距离地面有四指高，他走在众人的前面，为佛祖引导开路。此时，摩揭陀国的频毗娑罗王在他国内的婆罗门、长者、居士以及成千上万民众的前呼后拥下，走出王舍城，恭敬地迎接众位圣贤。

三十、迦罗臂拿迦邑

频毗娑罗王迎佛东南行二十余里，至迦罗臂拿迦邑①，中有窣堵波，无忧王之所建也，是尊者舍利子本生故里，井今尚在。傍有窣堵波，尊者于此寂灭，其中则有遗身舍利。尊者，大婆罗门种。其父高才博识，深鉴精微，凡诸典籍莫不究习。其妻感梦，具告夫曰："吾昨宵寐，梦感异人，身被铠甲，手执金刚②，摧破诸山，退立一山之下。"夫曰："梦甚善。汝当生男，达学贯世，摧诸论师，破其宗致，唯不如一人，为作弟子。"果而有娠，母忽聪明，高论剧谈，言无屈滞。尊者年始八岁，名擅四方，其性淳质，其心慈悲，朽坏结缚③，成就智慧。与没特伽罗子少而相友，深厌尘俗，未有所归，于是与没特伽罗子于珊阇耶外道所而修习焉。乃相谓曰："斯非究竟之理，未能穷苦际也。各求明导，先尝甘露④，必同其味。"时大阿罗汉马胜执持应器⑤，入城乞食。舍利子见其威仪闲雅，即而问曰："汝师是谁？"曰："释种太子厌世出家，成等正觉，是我师也。"舍利子曰："所说何法，可得闻乎？"曰："我初受教，未达深义。"舍利子曰："愿说所闻。"马胜乃随宜演说，舍利子闻已，即证初果。遂与其徒二百五十人往诣佛所，世尊遥见，指告众曰："我弟子中智慧第一⑥。"至已顶礼，愿从佛法。世尊告曰："善来，苾刍。"闻是语时，戒品具足。过半月后，闻佛为长爪梵志⑦说法，闻余论而感悟，遂证罗汉之果。其后阿难承佛告寂灭期，展转相语，各怀悲感，舍利子深增恋仰，不忍见佛入般涅槃，遂请世尊，先入寂灭。世尊告曰："宜知是时。"告谢门人，至本生里，侍者沙弥遍告城邑。未生怨王及其国人莫不风驰，皆悉云会。舍利子广为说法，闻已而去。于后夜分，正意⑧系心，入灭尽定，从定而起，而寂灭焉。

迦罗臂拿迦邑东南四五里，有窣堵波，是尊者舍利子门人入涅槃处。或曰：迦叶波佛在世时，有三拘胝（拘胝者，唐言亿）大阿罗汉同于此地无余寂灭。

[注释]

①迦罗臂拿迦邑：舍利子的故居所在地。　②金刚：这里指"金刚杵"。　③结缚：烦恼的异名。　④甘露：这里指"甘露法"，意思是如

来的教法。 ⑤应器：比丘的食器，铁质。 ⑥智慧第一：舍利子的特长。 ⑦长爪梵志：舍利子的母舅，曾立誓为读尽经书而留指甲。原为梵志，后来皈依佛门。 ⑧正意：意无邪念。

[译文]

　　从频毗娑罗王迎佛处向东南走二十多里，来到迦罗臂拿迦邑，城中有座佛塔，是由无忧王建造的，这座城是尊者舍利子的故居所在地，现在还保留着水井。旁边有座佛塔，尊者正是在这里涅槃，塔里供奉有尊者的遗身舍利。尊者，出自大婆罗门种姓。他的父亲才能出众，博学多识，通晓事理，体察精微，各种学术典籍，无不进行过深入研究。他的妻子做了个梦，详细告诉丈夫说："我昨夜睡觉的时候，梦到一位奇异的人，他身被铠甲，手持金刚杵，摧毁了所有的高山，却侍立在一座山下。"丈夫说："你的梦很好。你肯定会生下儿子，精通所有的学问，成为当代的名人，折服各派论师，驳倒各种观点，只是比不过一个人，最终成为他的弟子。"果然妻子怀孕，忽然变得聪明起来，高谈阔论，与人争辩，言辞流畅。尊者八岁的时候，已经名扬四方，他本性淳厚质朴，胸怀慈悲，完全抛弃了世俗烦恼，获得了上乘的智慧。他与没特伽罗子年纪小的时候就结下了深厚友谊，深深厌倦世俗，但是还没有精神皈依，于是和没特伽罗子一起在外道珊阇耶那里修行学习。两人商议说："这不是终极真理，不能彻底解决脱离苦海的问题。我们必须分头寻求贤明的导师，不管是谁先品尝到甘露妙法，一定要共同分享。"当时，大罗汉马胜手里拿着食钵，进城乞讨食物。舍利子看到他仪表从容大度，就上前问他："您的导师是谁？"马胜回答说："释迦族的太子厌烦世俗，出家修行，已经得道成佛，他就是我的导师。"舍利子说："他讲的是什么法？我能够听一听吗？"马胜回答说："我刚开始接受教诲，还没有领悟深邃的教义。"舍利子说：

"希望说说你所听到的话。"马胜于是根据当时的条件,讲说了佛法,舍利子听后,立即证得初果。就和他的门徒二百五十人前往佛祖的所在地,世尊远远地看见,指着他告诉众人说:"这是我的弟子中智慧第一的。"舍利子来到后,顶礼膜拜,希望皈依佛教。世尊对他说:"欢迎你,比丘。"听到这句话的时候,舍利子马上戒品具备了。经过半个月后,他听到了佛祖为长爪梵志演说的佛法,旁听之后领会、觉悟,随即证得了罗汉果。此后,阿难领受佛祖的旨意,宣告了世尊涅槃的时间,辗转告诉大家,每个人都心中悲伤。舍利子对佛祖尤其留恋、敬仰,不忍心亲眼看见佛祖进入般涅槃的场景,于是请示世尊,要求自己先行涅槃。世尊对他说:"你是知道的,现在正是时候。"舍利子于是通知了门人,让大伙来到故居集会,随侍的沙弥将这一消息传遍城乡。未生怨王和他国家的人民,无不风驰电掣赶来,全部都聚集在这里。舍利子为大家演说佛法,人们听完以后便离去。他在下半夜的时候,心中没有一丝杂念,进入灭尽定,出定以后,就涅槃了。

迦罗臂拿迦邑东南方四五里的地方,有座佛塔,是尊者舍利子的门徒进入涅槃的所在。有人说:迦叶波佛在世的时候,有三拘胝(所谓拘胝,大唐的语义是"亿")的大罗汉一起在这里进入无余涅槃。

三十一、因陀罗势罗窭诃山

舍利子门人窣堵波东行三十余里,至因陀罗势罗窭诃山(唐言帝释窟也)。其山岩谷杳冥,花林翁郁,岭有两峰,岌然特起。西峰南岩间有大石室,广而不高,昔如来尝于中止。时天帝释以四十二疑事画石请问,佛为演释,其迹犹在。今作此像,拟昔圣仪,入中礼敬者,莫不肃然敬惧。山岭上有过去四佛坐及经行遗迹之所。东峰上有伽蓝，闻诸土俗曰：其中僧众，或于夜分，望见西峰石室佛像前每有灯炬，常为照烛。

因陀罗势罗窶诃山东峰伽蓝前有窣堵波，谓亘（许赠反）娑（唐言雁）。昔此伽蓝习玩小乘，渐教也，故开三净之食，而此伽蓝遵而不坠。其后三净求不时获。有苾刍经行，忽见群雁飞翔，戏言曰："今日众僧中食不充，摩诃萨埵①宜知是时。"言声未绝，一雁退飞，当其僧前，投身自殪。苾刍见已，具白众僧，闻者悲感，咸相谓曰："如来设法，导诱随机；我等守愚，遵行渐教。大乘者，正理也，宜改先执，务从圣旨。此雁垂诫，诚为明导，宜旌厚德，传记终古。"于是建窣堵波，式昭遗烈，以彼死雁瘗其下焉。

[注释]

①摩诃萨埵：原为菩萨的通称。这里指佛陀在修菩萨行时的名号之一。

[译文]

从舍利子门徒塔向东走三十多里，来到因陀罗势罗窶诃山（大唐的语义是帝释窟）。这座山山谷深邃幽静，花草繁密，林木茂盛，两座山峰突兀耸立。西面山峰的南侧山岩间有座大石室，石室宽广但却不高，以前，如来曾经在里面住过。当时，天帝释将四十二个疑难问题刻在石壁上，向佛祖请教，佛祖为他分析解释，这个遗迹仍然存在。现今刻画了这个形象，模仿了当初的仪态，进入室内致礼参拜的人，没有人不肃然起敬，心怀畏惧。山岭上还有过去四佛打坐和散步场所的遗迹。东面山峰上有座佛寺，听当地人说：寺里的僧人有的在夜半时分，看到西侧山峰石室的佛像面前常常灯光火把光芒照耀。

因陀罗势罗婆诃山的东峰佛寺前有座塔，名叫亘娑（大唐称为雁）。过去，这座佛寺的僧人沉溺于小乘佛教，小乘是渐教，因此允许食用三净肉，这座佛寺始终遵循这一教规。但是后来很难按时找到三净肉。有位比丘在散步的时候，忽然看见雁群飞翔，他于是开玩笑地说："如今寺里僧人们的食物供应不足，摩诃萨埵应该知道，现在是提供食物的时候。"话音未落，一只大雁离群飞了回来，当着这个僧人的面，摔在地上自杀身亡。比丘见了，把这一情况告诉了众位僧人，大家都感到十分悲伤，互相议论说："如来创立教法，根据机缘的不同加以引导教化；我们这些人冥顽不灵，始终奉行渐教。只有大乘佛法才是最高的真理，应该改变原来的陋习，遵从佛祖的旨意。这只大雁留给我们教训，的确称得上贤明导师，应该表彰它的伟大功德，让它的事迹流芳千古。"于是，建造起佛塔，明白昭示大雁的事迹，同时将大雁的尸体葬在佛塔下面。

三十二、迦布德迦伽蓝

因陀罗势罗婆诃山东北行百五六十里，至迦布德迦（唐言鸽）伽蓝，僧徒二百余人，学说一切有部。伽蓝东有窣堵波，无忧王之所建也。昔佛于此为诸大众一宿说法。佛说法时，有罗者于此林中网捕羽族，终日不获，遂作是言："我惟薄福，恒为弊事。"来至佛所，扬言唱曰："今日如来于此说法，令我网捕都无所得，妻孥饥饿，其计安出？"如来告曰："汝应缊火，当与汝食。"如来是时化作大鸽，投火而死，罗者持归，妻孥共食。其后重往佛所，如来方便摄化，罗者闻法，悔过自新，舍家修学，便证圣果。因名所建为鸽伽蓝。

[译文]

从因陀罗势罗窭诃山向东北方走一百五六十里,来到迦布德迦(大唐称为鸽)佛寺,寺内有僧人二百多名,研习说一切有部教法。佛寺东面有座塔,是由无忧王建造的。以前,佛祖在这里为大众讲说了一夜的佛法。佛祖说法的时候,有个捕鸟人在这片树林里张网捕鸟,整天毫无所获,于是说了这样的话:"我福薄命浅,始终从事这种徒劳无益的事情。"他来到佛祖那里,大声说:"今天如来在这里说法,使我张网捕鸟却一无所获,我的妻子儿女饥饿难耐,有什么办法能解决呢?"如来告诉他说:"你可以先去生火,我会拿食物给你。"这时,如来变化成一只大鸽子,扑进火中死了,捕鸟人拿着鸽子回家,和妻子、儿女一起吃掉。然后他又来到佛祖那里,如来因势利导,对他加以教导度化,捕鸟人听了佛法以后,悔过自新,于是出家修行,证得了圣果。因此后人将建造的寺院称为鸽寺。

三十三、孤山及观自在菩萨像

迦布德迦伽蓝南二三里,至孤山。其山崇峻,树林郁茂,名花清流,被崖注壑。上多精舍灵庙,颇极剞劂之工。正中精舍有观自在菩萨像,躯量虽小,威神感肃,手执莲花,顶戴佛像。常有数人,断食要心,求见菩萨,七日、二七日,乃至一月,其有感者,见观自在菩萨,妙相庄严,威光赫奕,从像中出,慰谕其人。昔南海僧伽罗国王清旦以镜照面,不见其身,乃睹赡部洲摩揭陀国多罗林中小山上有此菩萨像,王深感庆,图以营求。既至此山,实唯肖似,因建精舍,兴诸供养。自后诸王尚想遗风,遂于其侧建立精舍灵庙,香花伎乐供养不绝。

[译文]

　　从迦布德迦佛寺向南走二三里,来到一座孤山。山势高大险峻,林木郁郁葱葱,名贵的鲜花覆盖山崖,清澈的山泉布满沟壑。山上有许多精舍、灵庙,雕刻装饰得巧夺天工。正中间的精舍供奉着观自在菩萨像,尺寸虽然不大,但是神态威严,使人肃然起敬,菩萨像手持莲花,头顶上佩戴着佛像。常常有几个人,禁断饮食,约束杂念,为的是能见到菩萨,这样持续七天、十四天,甚至一个月,那些得到感应的人,就能看到观自在菩萨,菩萨法相美妙,神情庄严,光华照耀,从塑像中出来,抚慰、教化他们。以前,南海的僧伽罗国国王清晨用镜子照脸,没有照见自己,却看到了赡部洲摩揭陀国多罗树林中的小山上有这样一尊菩萨像,国王深感庆幸,试图前去寻访。到达这座山后,发现这尊像酷似自己在镜子里看到的菩萨像,于是建造了精舍,举行各种供养。自此以后,诸位君王都在仿效他的做法,因此在旁边建造精舍、灵庙,进献香花伎乐,供养不断。

三十四、其他佛说法遗迹

　　孤山观自在菩萨像东南行四十余里,至一伽蓝,僧徒五十余人,并学小乘法教。伽蓝前有大窣堵波,多有灵异。佛昔于此为梵天王等七日说法。其侧则有过去三佛坐及经行遗迹之所。

　　伽蓝东北行七十余里,殑伽河南,至大聚落,人民殷盛,有数天祠,并穷雕饰。东南不远有大窣堵波,佛昔于此一宿说法。

　　从此东入山林中,行百余里,至落般腻罗聚落。伽蓝前有大窣堵波,无忧王之所建,佛昔于此三月说法,此北二三里有大池,周三十余里,四色莲花四时开发。

从此东入大山林中，行二百余里，至伊烂拿钵伐多国（中印度境）。

[译文]

从孤山观自在菩萨像向东南方走四十多里，来到一座佛寺，寺内有僧人五十多名，全部研习小乘佛法。寺前有座大佛塔，经常出现灵异。以前，佛祖在这里为梵天王等讲说佛法，历时七天。旁边还有过去三佛打坐和散步场所的遗迹。

从佛寺东北方走七十多里，在殑伽河南岸，有座大市镇，那里人口众多，市镇里有几座天祠，雕刻装饰得极为华丽。东南方不远处有座大佛塔，佛祖从前曾在这里用了一晚上的时间讲说佛法。

从这里向东进入山林之中，行走一百多里，来到落般腻罗镇。佛寺前面有座大塔，是无忧王建造的，佛祖以前在这里用三个月时间讲说佛法。从这里往北二三里的地方有个大湖，方圆三十多里，湖里生长着四种颜色的莲花，一年四季始终盛开。

从该国向东进入大山林中，行走二百多里，来到伊烂拿钵伐多国（在中印度境内）。

大唐西域记卷第十

（十七国）

三藏法师玄奘奉诏　译
大总持寺沙门辩机　撰

伊烂拿钵伐多国

伊烂拿钵伐多国①周三千余里,国大都城北临殑伽河,周二十余里。稼穑滋植,花果具繁。气序和畅,风俗淳质。伽蓝十余所,僧徒四千余人,多学小乘正量部法。天祠二十余所,异道杂居。近有邻王,废其国君,以大都城持施众僧,于此城中建二伽蓝,各减千僧,并学小乘教说一切有部。

[注释]

①伊烂拿钵伐多国:故址在今印度比哈尔邦中部的孟格尔。

[译文]

伊烂拿钵伐多国方圆三千多里,该国的大都城北面濒临殑伽河,方圆有二十多里。境内农作物生长茂盛,鲜花水果众多。气候温和舒畅,民风淳厚质朴。有十多座佛寺,僧人有四千多名,多数学习的是小乘佛教正量部法。天祠有二十多座,各派外道混居。近世,有位邻国的国王废黜了该国国君,将该国的大都城施舍给僧人,就在这座城里兴建了两座佛寺,每寺的僧人接近千人,都在研习小乘佛教说一切有部的教法。

一、伊烂拿山

大城侧临殑伽河,有伊烂拿山①,含吐烟霞,蔽亏日月,古今仙圣继踵栖神。今有天祠,尚遵遗则。在昔如来亦尝居此,为诸天人广说妙法。

大城南有窣堵波,如来于此三月说法。其傍则有过去三佛坐及经行遗迹之所。

[注释]

①伊烂拿山:孟格尔以东约5千米处的火山。

[译文]

大都城旁边的殑伽河畔有座伊烂拿山,这座山烟霞缭绕,遮天蔽日,古今的神仙、圣人相继在此居住。如今还保留有天祠,依旧遵循古代遗留下来的规矩。过去,如来也曾经居住在这里,为天人大众讲说精妙佛法。

大都城南面有座佛塔,如来曾经在这里讲法三个月之久。塔旁则是过去三佛打坐和散步场所的遗迹。

二、二百亿比丘故事

三佛经行西不远,有窣堵波,是室缕多频设底拘胝①(唐言闻二百亿。旧译曰亿耳,谬也)苾刍生处。

昔此城有长者,豪贵巨富,晚有继嗣,时有报者,辄赐金钱二百亿,因名其子闻二百亿。洎乎成立,未曾履地,故其足跖②毛长尺余,光润细软,色若黄金。珍爱此儿,备诸玩好,自其居家以至雪山,亭传连隅,僮仆交路,凡须妙药,递相告语,转而以授,曾不逾时。其豪富如此。世尊知其善根将发也,命没特伽罗子而往化焉。既至门下,莫由自通。长者家祠日天,每晨朝时,东向以拜。是时尊者以神通力,从日轮中降立于前。长者子疑日天也,因施香饭而归，其饭香气遍王舍城。时频毗娑罗王骇其异馥，命使历问，乃竹林精舍没特伽罗子自长者家持来。因知长者子有此奇异，乃使召焉。长者承命，思何安步：泛舟鼓棹，有波风之危；乘车驭象，惧蹶踬之患。于是自其居家至王舍城，凿渠通漕，流满芥子，御舟安止，长绁以引。至王舍城，先礼世尊。世尊告曰："频毗娑罗王命使召汝，无过欲见足下毛耳。王欲观者，宜结跏坐。伸脚向王，国法当死。"长者子受诲而往，引入廷谒。王欲视毛，乃跏趺坐。王善其有礼，特深珍爱。亦既得归，还至佛所，如来是时说法诲喻，闻而感悟，遂即出家。于是精勤修习，思求果证，经行不舍，足遂流血。世尊告曰："汝善男子③，在家之时，知鼓琴耶？"曰："知。""若然者，以此为喻。弦急则声不合韵，弦缓则调不和雅。非急非缓，其声乃和。夫修行者亦然。急则身疲心怠，缓则情舒志逸。"承佛指教，奉以周旋，如是不久，便获果证。

[注释]

①室缕多频设底拘胝：意译二十亿耳、亿耳。佛在世时证阿罗汉果，为弟子中精进第一。　②足蹠（zhí）：脚掌。　③善男子：佛教对于在家修行男子的称呼。

[译文]

过去三佛散步场所的遗迹向西不远处，有座佛塔，是室缕多频设底拘胝（大唐称为闻二百亿。过去译作亿耳，错了）比丘出生的地方。

从前，这座城中有位长者，出身门宦，家财万贯，人到晚年有了儿子，当时有人前来报信，他就赏赐给这人二百亿的金钱，于是给他的儿子起名叫作闻二百亿。儿子从小到大,双脚从来没有踩过地,因此脚掌上的毛长得足有一尺多长,光滑温润,纤细柔软,颜色犹如黄金。长者极其珍视自己的儿子,准备了各种各样的玩物,从他的家中直到雪山脚下,驿亭、邮传连续不断,仆人差役往来奔走,儿子想要的珍奇药品,各个驿站辗转通告,连续传送,从来不会耽误时间。他家的豪富程度由此可见一斑。世尊知道这个孩子的善根快要萌发,于是命令没特伽罗子前去度化他。没特伽罗子来到他家门口,却无法自我通报。长者家里供奉太阳神,每天清晨都要向东方礼拜。因此,没特伽罗子尊者凭借神通之力,从太阳中现身,降落在长者面前。长者的儿子以为他就是太阳神,于是布施了香饭,之后,他就返回,饭的香气弥漫了整个王舍城。当时,频毗娑罗王对于这奇异的香气感到诧异,派人到处查问,原来是竹林精舍的没特伽罗子从长者家里取来的香饭。这样就知道了长者儿子的奇异之处,所以派使者召请。长者接到命令,就开始考虑如何能够让儿子安全前往。如果乘船泛舟,担心风浪危险;要是乘车驾象,又害怕载具倾覆。于是从他家中直到王舍城之间,开凿了河渠可以漕运,水渠中铺满芥子,让他的儿子安然坐在船上,船只用长绳索牵引。就这样到达了王舍城,儿子首先礼拜了世尊。世尊告诉他:"频毗娑罗王命令使者召请你,无非就是想见一见你脚下的毛发。国王要是观看,你应该结跏趺坐。如果你直接将脚伸向国王,按照国法要被处死。"长者之子领受了教诲后前去面君,被引入朝堂觐见国王。国王要看他脚上的毛,于是他就结跏趺坐。国王称赞他有礼貌,对他更加喜爱。儿子从宫廷返回后,又来到佛的面前。如来这时演说佛法,加以教诲、开示,他听了很快觉悟,立即出家。他专心一意地修持、学习,一门心思要求得果证,他不断地散步修行,走的脚被磨破流血。世尊告诉他说:"善男子啊,你尚未出家的时候,懂得弹琴吗?"他回答:"我会。"如来接着说:"既然如此,就用弹琴做比喻。琴弦绷得太紧,琴声就不会合乎音律,琴弦放得太松,音调又不和谐高雅。不紧不松,琴声才能和谐悦耳。修行也是这个道理。过于急迫就会身心疲惫,过于松弛则会精神懒散。"长者之子接受了佛祖的指教,绕着佛行礼,这样不久以后,便获得了果证。

三、小孤山佛遗迹

国西界殑伽河南,至小孤山,重巘礐崟①,昔佛于此三月安居,降薄句罗②药叉。山东南岩下大石,上有佛坐迹,入石寸余,长五尺二寸,广二尺一寸。其上则建窣堵波焉。次南石上则有佛置捃稚迦③(即澡瓶也。旧曰军持,讹略也。)迹,深寸余,作八出花文。佛坐迹东南不远,有薄句罗药叉脚迹,长尺五六寸,广七八寸,深减二寸。药叉迹后有石佛坐像,高六七尺。次西不远,有佛经行之处。其山顶上有药叉故室。次北有佛足迹,长尺有八寸,广余六寸,深可半寸。其迹上有窣堵波。如来昔日降伏药叉,令不杀人食肉,敬受佛戒,后得生天。此西有温泉六七所,其水极热。国南界大山林中,多诸野象,其形伟大。

从此顺殑伽河南岸东行三百余里,至瞻波国(中印度境)。

[注释]

①礐(qín)崟(yín):又高又尖的样子。 ②薄句罗:药叉名。
③捃稚迦:澡瓶。为僧众十八物之一。

[译文]

　　从这个国家西部边境的殑伽河向南,来到小孤山,这里层峦叠嶂、山势险峻,以前佛祖曾在这里安居三个月,降服了薄句罗药叉。小孤山东南岩壁下面的大石头上,有佛祖坐过的印迹,深入石头里有一寸多,长度有五尺二寸,宽有二尺一寸。石头上修建了佛塔。再往南的石头上有佛祖放置捃稚迦瓶(就是澡瓶。过去称为军持,是错的或省略的说法)的印迹,深有一寸多,呈现八瓣花纹。佛祖坐迹东南方不远处有薄句罗药叉的脚印,长有一尺五六寸,宽有七八寸,深接近二寸。药叉印迹后面有石刻的佛陀坐像,高有六七尺。再向西不远处就是佛祖散步的地方。山顶上有药叉从前的居室。再向北有佛的脚印,长有一尺八寸,宽有六寸多,深约半寸。脚印之上建有佛塔。如来以前降伏药叉之后,命令他不能杀人吃肉,药叉老老实实地接受佛的劝诫,后来得以生入天界。这里西面有六七处温泉,泉水非常热。该国南面边境的大山林中,有许多野象,体型巨大。

　　从该国沿殑伽河南岸向东走三百多里,来到瞻波国(在中印度境内)。

瞻 波 国

　　瞻波国[①]周四千余里,国大都城北背殑伽河,周四十余里。土地垫湿,稼穑滋盛。气序温暑,风俗淳质。伽蓝数十所,多有倾毁,僧徒二百余人,习小乘教。天祠二十余所,异道杂居。

　　都城垒砖,其高数丈,基址崇峻,却敌高险。在昔劫初,人物伊始,野居穴处,未知宫室。后有天女降迹人中,游殑伽河,濯流自媚，感灵有娠，生四子焉。分王赡部洲，各擅区宇，建都筑邑，封疆画界，此则一子之国都，赡部洲诸城之始也。

城东百四五十里，殑伽河南，水环孤屿，崖巘崇峻。上有天祠，神多灵感。凿崖为室，引流成沼，花林奇树，巨石危峰，仁智所居，观者忘返。

国南境山林中，野象猛兽群游千数。

自此东行四百余里，至羯朱嗢祇罗国（彼俗或谓羯蝇揭罗国，中印度境）。

[注释]

①瞻波国：故址在今印度比哈尔邦东部巴加尔普尔以西的占波纳加尔。

[译文]

瞻波国方圆四千多里，该国的大都城北面背靠殑伽河，方圆四十多里。土地低下潮湿，农作物生长茂盛。气候较为炎热，民风淳厚质朴。佛寺有几十座，但多数已经坍毁，僧人有二百多名，研习小乘佛教。天祠有二十多座，各派外道混居。

都城城墙由砖垒砌而成，高达几丈，城墙墙基宽阔高大，凭借城池又高又险可以很好地防御敌人进攻。早在劫初的时候，世间万物刚刚产生，人类在野外居住在地穴之中，不知道修建房屋宫室。后来有位天女降临人间，在殑伽河畔游玩，进入河中洗浴，孤芳自赏，感应神灵从而怀孕，生下了四个儿子。各自为王，分别占据部分南赡部洲，每人统治一块疆域，建立都城，修筑城邑，划分国界，这就是其中一个儿子的都城，也是赡部洲众多城池中最早的一座。

都城向东一百四五十里的殑伽河南岸,河水环绕着一座孤岛,岛上山峰险峻高大。山上有座天祠,经常有神灵感应。开凿山崖,建成石室,导引水流,形成池沼,繁花似锦,怪树葱郁,山石巨大,峰崖高峻,正是仁人智士居住的所在,使游览的人流连忘返。

该国南部边境的山林中,野象猛兽成群结队,往来不绝,数以千计。

自这里向东走四百多里,来到羯朱嗢祇罗国(当地俗称羯蝇揭罗国,在中印度境内)。

羯朱嗢祇罗国

羯朱嗢祇罗国①周二千余里。土地泉湿,稼穑丰盛。气序温,风俗顺,敦尚②高才,崇贵学艺。伽蓝六七所,僧徒三百余人。天祠十所,异道杂居。自数百年王族绝嗣,役属邻国,所以城郭丘墟,多居村邑。故戒日王游东印度,于此筑宫,理诸国务。至则葺茅为宇,去则纵火焚烧。国南境多野象。北境去殑伽河不远,有大高台,积垒砖石而以建焉。基址广峙,刻雕奇制,周台方面镂众圣像,佛及天形区别而作。

自此东渡殑伽河,行六百余里,至奔那伐弹那国(中印度境)。

[注释]

①羯朱嗢祇罗国:故址在今印度比哈尔邦东部的拉吉马哈尔附近。
②敦尚:敦慕,崇尚。

[译文]

羯朱嗢祇罗国方圆二千多里。土地低下潮湿,农作物生长茂盛。气候温暖,民风和顺,羡慕崇尚学识杰出的人,尊重珍视学术技艺。有佛寺六七座,有僧人三百多名。天祠有十座,各派外道混杂居住。自从几百年前王族断绝后嗣,该国就长期被邻国控制,因此城市化为废墟,人们大多居住在乡村。因此,戒日王巡幸东印度的时候,曾在这里建筑离宫,处理国政。他来的时候用茅草搭建房屋,走的时候便放火焚烧。该国南部边境有许多野象。北部边境距离殑伽河不远处,有一座大高台,是用砖石垒砌建造而成的。台基宽阔高大,雕刻的纹饰非常奇异,高台四面都镌刻着众位圣贤的形象,此外还有佛与天神的肖像。

从这里向东,渡过殑伽河,行走六百多里,来到奔那伐弹那国(在中印度境内)。

奔那伐弹那国

奔那伐弹那国①周四千余里,国大都城周三十余里。居人殷盛,池馆花林往往相间。土地卑湿,稼穑滋茂。般橠娑果既多且贵,其果大如冬瓜,熟则黄赤,剖之,中有数十小果,大如鹤卵;又更破之,其汁黄赤,其味甘美。或在树枝,如众果之结实;或在树根,若伏苓之在土。气序调畅,风俗好学。伽蓝二十余所,僧徒三千余人,大小二乘,兼功综习。天祠百所,异道杂居,露形尼乾,实繁其党。

城西二十余里，有跋始婆僧伽蓝②，庭宇显敞，台阁崇高。僧徒七百余人，并学大乘教法，东印度境硕学名僧多在于此。

其侧不远有窣堵波，无忧王之所建也，昔者如来三月在此为诸天人说法之处。或至斋日，时烛光明。其侧则有四佛坐及经行遗迹之所。去此不远，复有精舍，中作观自在菩萨像。神鉴无隐，灵应有征，远近之人，绝粒祈请。

自此东行九百余里，渡大河，至迦摩缕波国（东印度境）。

[注释]

①奔那伐弹那国：故址包括今孟加拉北部的大部分地区。　②跋始婆僧伽蓝：该寺遗址在今孟加拉国摩诃斯坦城西北约7千米处。

[译文]

奔那伐弹那国方圆四千多里，该国的大都城方圆三十多里。居民人口众多，国内池塘、馆舍、花丛、树林交错排列。土地低下潮湿，农作物生长繁盛。般橠娑果数量虽多，仍很昂贵，这种果实有冬瓜那么大，成熟以后呈黄红色，切开果子，里面还有几十个小果实，像鹤卵那么大；再将小果实切开，流出黄红色果汁，味道非常甘美。有的长在树枝上，就像普通果实那样；有的长在树根上，又像茯苓埋在土里那样。气候温和舒适，民风喜好学问。佛寺有二十多座，僧人有三千多名，对于大小二乘佛法，全都加以研习。天祠有一百座，各派外道混居其中，露形和尼乾派的耆那教徒数量更多。

都城西边二十多里的地方有座跋始婆僧佛寺，院庭、房舍开阔宽敞，殿台、楼阁形制高大。僧人有七百多名，全都研习大乘教法，东印度境内的著名学者高僧多数聚集于此。

佛寺旁边不远处有座佛塔，由无忧王建造，过去如来曾在这里用三个月时间，为天人大众演说佛法。到了斋日期间，往往放射出光芒。佛塔旁边有过去四佛打坐和散步场所的遗迹。离此不远，还有座精舍，里面塑有观自在菩萨像。神灵感应，明察秋毫，极为灵验，有口皆碑。四面八方的民众，常常前来绝食祈求。

自这里向东走九百多里，渡过大河，来到迦摩缕波国（在东印度境内）。

迦摩缕波国

迦摩缕波国[1]周万余里，国大都城周三十余里。土地泉湿，稼穑时播。般橼娑果、那罗鸡罗果，其树虽多，弥复珍贵。河流湖陂，交带城邑。气序和畅，风俗淳质。人形卑小，容貌黳黑，语言少异中印度。性甚犷暴，志存强学，宗事天神，不信佛法。故自佛兴以迄于今，尚未建立伽蓝，招集僧侣。其有净信之徒，但窃念而已。天祠数百，异道数万。

[注释]

①迦摩缕波国：故址在今印度阿萨姆邦的西部。

[译文]

迦摩缕波国方圆一万多里，该国的大都城方圆三十多里。土地低下潮湿，农作物按时播种。般橼娑果和那罗鸡罗果的果树虽然很多，但是仍十分珍贵。河流湖泊在城池之间交错分布。气候温和舒畅，民风淳厚质朴。居民身材矮小，肤色黝黑，语言与中印度略有不同。性情极为粗犷凶暴，非常重视学业，虔诚侍奉天神，不信仰佛法。因此自从佛法兴起直到现在，这里都没有建造佛寺，招集僧人。民众中的信佛之人，只能私下崇奉。天祠有几百座，外道有几万人。

一、拘摩罗王招请

今王本那罗延天之祚胤，婆罗门之种也，字婆塞羯罗伐摩（唐言日胄），号拘摩罗（唐言童子）。自据疆土，奕叶①君临，逮于今王，历千世矣。君上好学，众庶从化，远方高才，慕义客游。虽不淳信佛法，然敬高学沙门。初，闻有至那国沙门在摩揭陀那烂陀僧伽蓝，自远方来，学佛深法，殷勤往复者再三，未从来命。时尸罗跋陀罗论师曰："欲报佛恩，当弘正法，子其行矣，勿惮远涉！拘摩罗王世宗外道，今请沙门，斯善事也。因兹改辙，福利弘远。子昔起广大心，发弘誓愿，孤游异域，遗身求法，普济含灵②，岂徒乡国？宜忘得丧，勿拘荣辱，宣扬圣教，开导群迷，先物后身，忘名弘法。"于是辞不获免，遂与使偕行，而会见焉。拘摩罗王曰："虽则不才，常慕高学，闻名雅尚，敢事延请。"曰："寡能褊智，猥蒙流听。"拘摩罗王曰："善哉！慕法好学，顾身若浮，逾越重险，远游异域。斯则王化所由，国风尚学。今印度诸国多有歌颂摩诃至那国《秦王破阵乐》者，闻之久矣，岂大德之乡国耶？"曰："然。此歌者，美我君之德也。"拘摩罗王曰："不意大德是此国人，常慕风化，东望已久，山川道阻，无由自致。"曰："我大君圣德远洽,仁化遐被,殊俗异域,拜阙称臣者众矣。"拘摩罗王曰:"覆载若斯,心冀朝贡。今戒日王在羯朱嗢祇罗国,将设大施,崇树福慧,五印度沙门、婆罗门有学业者,莫不召集。今遣使来请,愿与同行。"于是遂往焉。

[注释]

①奕叶:累世。　②含灵:通常指人类。

[译文]

　　现在的国王是那罗延天的后裔,婆罗门种姓,名叫婆塞羯罗伐摩(大唐称为日胄),号称拘摩罗(大唐称为童子)。自从占据这片土地,世世代代统治该国,到现在的国王,已经传袭了上千代。国王雅好学术,百姓们也领受了他的教化,远方的杰出人才仰慕国王的风范,来到该国游学。国王虽然不信仰佛法,可是却尊重富有学识的高僧大德。当初,国王听说在摩揭陀国的那烂陀寺有位至那国(中国)的僧人,是从远方前来,学习了深奥的佛法,热情地再三派遣使者前来邀请,但我那时没有答应。当时,尸罗跋陀罗论师说:"想要报答佛陀的恩典,就应该弘扬佛法,你应该前去,不要害怕路途遥远!拘摩罗王世代信奉外道,现在邀请沙门,这是件大好事。国王一旦因此改弦更张,信奉佛教,那么一定会获得远大的福德。你以前胸怀远大志向,发下弘誓大愿,孤身一人,游历他乡异域,舍生忘死,求取佛法,普度世间众生,难道仅仅就是为了自己的家国?你不应患得患失,不必计较世俗荣辱,宣扬我佛圣教,开导迷途众生,先人后己,不计名利,全心弘扬佛法。"于是,我无法再次推辞,只好与使者一同前往,面见国王。拘摩罗王说:"我虽然才疏学浅,可是始终仰慕饱学之士,早就听到您声名显赫,极为钦佩,所以特地请您前来。"我回答说:"本人能力有限,才能浅薄,承蒙您听到赞美我的话,实在是惭愧。"拘摩罗王说:"好啊!您一心向法,孜孜不倦,视生命如浮云,跨越千难万险,远游异国他乡。这正是贵国王道教化,崇尚学术所导致的结果。如今印度各国很多人都能歌唱演奏摩诃至那国的《秦王破阵乐》,我早有所闻,摩诃至那莫非就是您的故乡?"我说:"是的。这首乐曲赞颂的恰恰是我国君主的美德。"拘摩罗王说:"没有想到您是摩诃至那国人,我一直倾慕贵国的民风教化,早就盼望东游,只是由于山川险阻,道路断绝,无法亲身前往。"我回答:"我国伟大君主的圣德遍及四面八方,仁德传遍世间各地,各个国家民族前往朝贡称臣的已经有很多了。"拘摩罗王说:"贵国君主的圣德达到这样的程度,我也盼望能够拜谒朝贡。现在戒日王正在羯朱嗢祇罗国,准备举办大施舍,建立福德智慧,五印度各地的沙门、婆罗门中但凡有学问的人,没有不被邀请的。他如今派遣使者前来邀请,我想和您一同前去。"于是,我就去赴会了。

二、东境风土

此国东山阜连接,无大国都,境接西南夷,故其人类蛮獠矣。详问土俗,可两月行,入蜀西南之境。然山川险阻,嶂气①氛沴,毒蛇毒草,为害滋甚。国之东南,野象群暴,故此国中象军特盛。

从此南行千二三百里,至三摩呾吒国(东印度境)。

[注释]

①嶂气:瘴气。

[译文]

该国东部山脉连绵起伏,没有大的都会,边境与大唐的西南夷居住区相连接，所以那里的人长得像蛮、獠诸族。我曾详细地询问过当地人，据他们说大约花费两个月的行程，就可以进入大唐蜀地的西南境内。可是这条路上隔着千山万水，瘴气弥漫，毒雾飘荡，毒蛇、毒草造成的危险巨大。该国的东南部，野象成群结队，极为凶暴，所以这个国家的象军特别强盛。

从这里向南走一千二三百里，到达三摩呾吒国（在东印度境内）。

三摩呾吒国

三摩呾吒国①周三千余里，滨近大海，地遂卑湿。国大都城周二十余里。稼穑滋植，花果繁茂。气序和，风俗顺。人性刚烈，形卑色黑，好学勤励，邪正兼信。伽蓝三十余所，僧徒二千余人，并皆遵习上座部学。天祠百所，异道杂居，露形尼乾，其徒甚盛。

去城不远有窣堵波，无忧王之所建也，昔者如来为诸天人于此七日说深妙法。傍有四佛坐及经行遗迹之所。去此不远，伽蓝中有青玉佛像，其高八尺，相好圆备，灵应时效。

从此东北大海滨山谷中，有室利差呾罗国②；次东南大海隅，有迦摩浪迦国③；次东有堕罗钵底国④；次东有伊赏那补罗国⑤；次东有摩诃瞻波国⑥，即此云林邑是也；次西南有阎摩那洲国⑦。凡此六国，山川道阻，不入其境。然风俗壤界，声闻可知。

自三摩呾吒国西行九百余里，至耽摩栗底国（东印度境）。

[注释]

①三摩呾吒国：印度东北古国名，地在今恒河与梅格纳河的三角洲上。 ②室利差呾罗国：缅甸古国名，在今伊洛瓦底江畔的骠葸附近。 ③迦摩浪迦国：《梁书·海南夷传》中的狼牙修国。位于今马来半岛。 ④堕罗钵底国：泰国古国名。《旧唐书》中的堕和罗。《新唐书》中的独和罗。 ⑤伊赏那补罗国：柬埔寨的古名。 ⑥摩诃瞻波国：在今越南中部一带。 ⑦阎摩那洲国：可能是今印度尼西亚的爪哇或者苏门答腊。

[译文]

三摩呾吒国方圆三千多里，由于濒临大海的缘故，土地低下潮湿。该国的大都城方圆二十多里。农作物生长繁茂，盛产鲜花水果，品种众多。气候温和，民风良顺。居民性情刚烈，身材小，肤色黑，喜好学习，勤勤恳恳，佛法和外道都有信仰。佛寺有三十多座，僧人有二千多名，全都遵奉研习上座部佛法。天祠有一百座，各派外道混杂居住，露形和尼乾派的耆那教徒为数更多。

离都城不远处有座佛塔，是无忧王建造的，以前，如来用了七天时间向天人大众演说深奥奇妙的佛法。塔旁有过去四佛打坐和散步场所的遗迹。距此不远处的佛寺中有一尊青玉佛像，高有八尺，法相庄严，众妙毕备，非常有灵验。

从这里向东北方的大海滨山谷之中，坐落着室利差呾罗国；再向东南的大海角隅，有迦摩浪迦国；再向东有堕罗钵底国；再向东有伊赏那补罗国；再向东有摩诃瞻波国，这就是大唐所称的林邑；继续向西南方，有阎摩那洲国。上述六个国家，远隔山川，道路阻绝，我没有亲自到过。但是关于它们的风俗、疆界，通过传闻可以略知一二。

从三摩呾吒国向西走九百多里，来到耽摩栗底国（在东印度境内）。

耽摩栗底国

耽摩栗底国①周千四五百里，国大都城周十余里。滨近海垂，土地卑湿。稼穑时播，花果茂盛。气序温暑，风俗躁烈。人性刚勇，邪正兼信。伽蓝十余所，僧众千余人。天祠五十余所，异道杂居。国滨海隅，水陆交会，奇珍异宝，多聚此国，故其国人大抵殷富。

城侧窣堵波，无忧王所建也。其傍则有过去四佛坐及经行遗迹之所。

自此西北行七百余里，至羯罗拿苏伐剌那国（东印度境）。

[注释]

①耽摩栗底国：故址在今印度西孟加拉邦米德纳普尔县的塔姆卢克附近。

[译文]

耽摩栗底国方圆一千四五百里，该国的大都城方圆十多里。由于濒临大海，因此土地低下潮湿。农作物按时播种，鲜花水果生长茂盛。气候逐渐炎热，民风狂躁暴烈。居民性情刚强勇武，佛法、外道都得到信仰。佛寺有十多座，僧人有一千多名。天祠有五十多座，各派外道混杂居住。该国位于大海之滨，乃是水陆交通要道，各种各样的奇珍异宝，大多聚集在这个国家，所以国民多数都很富有。

都城旁边的佛塔是由无忧王建造的。塔旁有过去四佛打坐和散步场所的遗迹。

从这里向西北方走七百多里,来到羯罗拿苏伐剌那国(在东印度境内)。

羯罗拿苏伐剌那国

羯罗拿苏伐剌那国周四千四五百里,国大都城周二十余里。居人殷盛,家室富饶。土地下湿,稼穑时播。众花滋茂,珍果繁植。气序调畅,风俗淳和,好尚学艺,邪正兼信。伽蓝十余所,僧徒二千余人,习学小乘正量部法。天祠五十余所,异道实多。别有三伽蓝,不食乳酪,遵提婆达多遗训也。

大城侧有络多末知僧伽蓝(唐言赤泥),庭宇显敞,台阁崇峻。国中高才达学,聪敏有闻者,咸集其中,警诫相成,琢磨道德。

初,此国未信佛法时,南印度有一外道,腹锢铜鍱,首戴明炬,杖策高步,来入此城。振击论鼓,求欲谈议。或者问曰:"首腹何异?"曰:"吾学艺多能,恐腹拆裂。悲诸愚暗,所以持照。"时经旬日,人无问者。询访髦彦,莫有其人。王曰:"合境之内,岂无明哲?客难不酬,为国深耻。宜更营求,访诸幽隐。"或曰:"大林中有异人,其自称曰沙门,强学是务,今屏居幽寂,久矣于兹。非夫体法合德,何能若此者乎?"王闻之,躬往请焉。沙门对曰:"我南印度人也,客游止此,学业肤浅,恐黜所闻。敢承来旨,不复固辞，论议无负，请建伽蓝，招集僧徒，光赞佛法。"王曰："敬闻，不敢忘德。"沙门受请，往赴论场。外道于是诵其宗致三万余言，其义远，其文约，苞含名相，网罗视听。沙门一闻究览，辞义无谬，以数百言辩而释之，因问宗致。外道辞穷理屈，杜口不酬。既折其名，负耻而退。王深敬德，建此伽蓝。自时厥后，方弘法教。

伽蓝侧不远有窣堵波，无忧王所建也，在昔如来于此七日说法开导。其侧精舍，过去四佛坐及经行遗迹之所。有数窣堵波，并是如来说法之处，无忧王之所建也。

从此西南行七百余里，至乌荼国（东印度境）。

[译文]

羯罗拿苏伐剌那国方圆四千四五百里，该国的大都城方圆二十多里。人口众多，人民富裕。土地低下潮湿，农作物按时播种。各种花卉繁多，种植了大量稀有果树。气候舒适和畅，民风淳厚平和，喜爱推崇学问技艺，佛法和外道都得到信仰。佛寺有十多座，僧人有二千多名，研习的是小乘佛教正量部法。天祠有五十多座，外道数量很多。另外有三座佛寺，僧人不吃乳酪，这是遵循了提婆达多留下的训诫。

大都城旁有座络多末知佛寺（大唐称为赤泥），庭院屋宇宽阔敞亮，殿台楼阁高大雄伟。国内的饱学贤达，聪敏睿智、见多识广的人士都集中在这里，互相督促告诫，研究佛理，修行成佛。

当初，这个国家还没有信奉佛法的时候，从南印度来了一位外道，他肚子上箍着铜圈，头顶火炬，拄着手杖，昂首阔步，进入这座城市。敲击论鼓，想要找人与他辩论。有人问他："你的头和肚子为什么这么奇怪？"

他回答说："我学问精深，技能众多，害怕肚子被撑裂；我怜悯众人愚昧昏暗，所以用火烛来照明。"经过十天，没有人提出疑问，寻访国内的贤达俊才，也没有如此这般的人。国王说："举国上下，难道就没有贤明之人吗？别国的学者前来问难，我们却不能应对，这是国家的奇耻大辱。应该好好地寻访，到隐居的人那里去找。"有人说："大森林里有位奇人，他自称是沙门，一心一意研究学问，现在闭门隐居，在这里已经很久了。如果他不是按照佛法行事，符合佛门道德，怎么能够做到这样呢？"国王听了，亲自前往迎请。沙门对国王说："我是南印度人，游方天下，旅居在您的国家，学识平庸浅薄，恐怕和您听到的名不符实。现在斗胆遵照您的旨意，不再推辞。如果辩论结果获胜，请您兴建佛寺，招集僧人居住，光大弘扬佛法。"国王说："我知道了您的意思，不敢忘记您的恩德。"沙门接受了请求，前往辩论场所。外道于是讲说了他的论题宗旨有三万多言，含义深远，文辞广博，解释名词概念以及所见所闻。沙门听了一遍，完全了解了他所说的内容、含义，包括词义的理解都准确无误。沙门只用寥寥几百言加以辩论解释，进而诘问外道的宗旨。外道辞穷理屈，无话可说。由于名声已被摧毁，外道含羞忍辱只得退去。国王打心底里敬重沙门的德行，于是建造了这座佛寺。从那以后，该国才开始弘扬佛法。

　　佛寺旁边不远处的佛塔是由无忧王建造的，以前如来曾在这里用七天时间讲说佛法，开导世人。塔旁有座精舍，还有过去四佛打坐和散步场所的遗迹。另有几座佛塔都是如来说法的地方，塔也是由无忧王建造的。

　　从这里向西南方走七百多里，到达乌荼国（在东印度境内）。

乌荼国

乌荼国①周七千余里，国大都城周二十余里。土地膏腴，谷稼茂盛。凡诸果实，颇大诸国。异草名花，难以称述。气序温暑，风俗犷烈。人貌魁梧，容色黧黮②，言辞风调，异中印度。好学不倦，多信佛法。伽蓝百余所，僧徒万余人，并皆习学大乘法教。天祠五十所，异道杂居。诸窣堵波凡十余所，并是如来说法之处，无忧王之所建也。

[注释]

①乌荼国：故址在今印度奥里萨邦北部一带。 ②黧（lí）黮（dàn）：黑，无光泽。

[译文]

乌荼国方圆七千多里，该国的大都城方圆二十多里。土地肥沃，庄稼生长茂盛。出产的各种水果都比其他国家要多。奇花异草品名不一，无法一一详述。气候渐趋炎热，民风粗犷暴烈。居民身材高大，肤色棕黑，语言、音调、说话习惯与中印度不同。喜好学习，孜孜不倦，多数人信奉佛法。佛寺有一百多座，僧人有一万多名，全都研习大乘佛教教法。天祠有五十座，各派外道混杂居住。佛塔共计十多座，都是纪念如来说法的遗迹，由无忧王兴建。

一、补涩波衹厘僧伽蓝

国西南境大山中，有补涩波衹厘僧伽蓝①。其石窣堵波极多灵异，或至斋日，时烛光明。故诸净信，远近咸会，持妙花盖，竞修供养。承露盘下，覆钵势上，以花盖笴②，置之便住，若磁石之吸针也。此西北山伽蓝中有窣堵波，所异同前。此二窣堵波者，神鬼所建，灵奇若斯。

[注释]

①补涩波衹厘僧伽蓝：意译花峙。故址可能在今印度奥里萨邦布巴内其瓦尔市以西六七千米处的库尔德地区坎德山。 ②笴：这里指花伞盖的柄。

[译文]

该国西南边境的大山中有座补涩波衹厘僧佛寺。寺内的石塔有很多灵异现象，到了斋日期间，不时放射光芒。所以凡是佛教信徒，不论远近都来到这里聚会，手持鲜花伞盖，竞相礼敬供养。在石塔的承露盘之下，覆钵的上方，放置花伞盖的盖柄，马上就能固定在上面，就好像磁石吸住铁针那样。这里西北方山里的佛寺中有座塔，它的灵异之处与此塔相同。这两座佛塔都是鬼神建造的，所以才有这样的灵异。

二、折利呾罗城

国东南境临大海滨，有折利呾罗城①（唐言发行），周二十余里。入海商人、远方旅客，往来中止之路也。其城坚峻，多诸奇宝。城外鳞次有五伽蓝，台阁崇高，尊像工丽。南去僧伽罗国二万余里,静夜遥望,见彼国佛牙窣堵波上宝珠光明,离离②然如明炬之悬烛也。

自此西南大林中行千二百余里,至恭御陀国(东印度境)。

[注释]

①折利呾罗城:故址在今印度奥里萨邦普里城,是海港。 ②离离:形容排列整齐,历历在目。

[译文]

该国东南边境的大海之滨,有座折利呾罗城(大唐称为发行),方圆二十多里。这儿是入海的商人、远方的旅客往来中途歇脚的要道。城池坚固险峻,聚集了许多奇珍异宝。城外依次建造有五座佛寺,殿台楼阁雄伟高大,造像做工精致。该城往南距离僧伽罗国有二万多里,夜静更深时遥望僧伽罗国,竟然能够看到该国佛牙塔上的宝珠放射出的光芒,历历在目,如火炬高悬空中,照亮远方。

从该国西南方的大森林里走一千二百多里,到达恭御陀国(在东印度境内)。

恭御陀国

恭御陀国①周千余里,国大都城周二十余里。滨近海隅,山阜隐轸。土地垫湿,稼穑时播。气序温暑,风俗勇烈。其形伟,其貌黑,粗有礼义,不甚欺诈。至于文字,同中印度,语言风调,颇有异焉。崇敬外道，不信佛法。天祠百余所，异道万余人。国境之内数十小城，接山岭，据海交，城既坚峻，兵又敢勇，威雄邻境，遂无强敌。国临海滨，多有奇宝，螺贝珠玑，斯为货用。出大青象，超乘②致远。

从此西南入大荒野，深林巨木，干霄蔽日，行千四五百里，至羯䴕（力甑反）伽国（南印度境）。

[注释]

①恭御陀国：故址在今印度奥利萨邦的奇尔卡湖沿岸，面临孟加拉湾。　②超乘：原指跳上车，这里指一般的乘坐。

[译文]

恭御陀国方圆一千多里，该国的大都城方圆二十多里。国土邻近大海之滨，境内山川连绵起伏。土地低下潮湿，庄稼按时播种。气候转为炎热，民风勇猛刚烈。居民身材高大，肤色黝黑，知道简单的礼仪，不太会欺诈蒙骗。使用的文字与中印度相同，但是说话的口气音调，差别很大。信仰外道，不信佛法。天祠有一百多座，外道信徒有一万多人。国内还有几十个小城市，连接山岭，扼守海路，城池坚固险峻，军队骁勇善战，兵威傲视邻国，周边没有强大的对手。因为国土靠近大海，所以各种珍奇异宝、海螺、珠贝众多，作为货币使用。出产大青象，可以用来长途乘骑。

从这里向西南方进入大荒野中，沿途茂林森森，巨树参天，遮天蔽日，行走一千四五百里，来到羯䴕伽国（在南印度境内）。

羯䔲伽国

羯䔲伽国①周五千余里，国大都城周二十余里。稼穑时播，花果具繁，林薮联绵，动数百里。出青野象，邻国所奇。气序暑热，风俗躁暴。性多狷㹱②，志存信义。言语轻捷，音调质正，辞旨风则，颇与中印度异焉。少信正法，多遵外道。伽蓝十余所，僧徒五百余人，习学大乘上座部法。天祠百余所，异道甚众，多是尼乾之徒也。

羯䔲伽国在昔之时，民俗殷盛，肩摩毂击③，举袂成帷④。有五通仙栖岩养素，人或陵触，退失神通，以恶咒术，残害国人，少长无遗，贤愚俱丧，人烟断绝，多历年所，颇渐迁居，犹未充实。故今此国人户尚少。

城南不远有窣堵波，高百余尺，无忧王之所建也。傍有过去四佛坐及经行遗迹之所。

国境北垂大山岭上，有石窣堵波，高百八尺，是劫初时，人寿无量岁，有独觉于此入寂灭焉。

自此西北山林中行千八百余里，至憍萨罗国（中印度境）。

[注释]

①羯䔲伽国：故址在今甘古海岸以南的哥达瓦里河下游一带。 ②狷（juàn）㹱：心胸狭隘，行为野蛮。 ③肩摩毂击：肩膀与肩膀相接，车

的轮毂相互撞击,形容市场繁荣,热闹拥挤。 ④举袂成帷:举起衣袖可以连成帐幕,形容市井人多,出自《史记·苏秦列传》。

[译文]

羯䔲伽国方圆五千多里,该国的大都城方圆二十多里。庄稼按时播种,盛产鲜花水果,森林山泽连绵不绝,往往占地几百里。出产的青色野象被邻国视为珍宝。气候趋于炎热,民风轻躁强暴。居民性情憨直蛮横,但是很注重信义。言语轻巧快捷,音调质朴纯正,遣词造句、意涵句法,与中印度有很大区别。信仰佛教的人少,多数人遵奉外道。佛寺有十几座,僧人有五百多名,研习受大乘影响的小乘上座部法。天祠有一百多座,外道信徒非常多,大多属于耆那教派。

古代的羯䔲伽国人口众多,城市拥挤,人们肩与肩相摩擦,车轮与车轮相撞击,举起衣袖就能连成帐幕。有位五通仙人隐居在山岩间,修身养性。曾经有人冒犯他,使其失去了神通,他于是运用恶毒咒术残害当地人民,不论老人小孩、贤明蠢货全部都被咒死,以致这里人烟断绝,这已经过去很多年了。后来虽有人慢慢迁居到这里,人口还是不多。因此现在该国人口密度不大。

都城南面不远处的佛塔高有一百多尺,是由无忧王建造的。旁边留有过去四佛打坐和散步场所的遗迹。该国北方边境的大山岭上有座石佛塔,高有一百零八尺,乃是劫初人寿无量岁的时候,辟支佛在这里涅槃的地方。

自该国西北方的山林中走一千八百多里,到达憍萨罗国(在中印度境内)。

憍萨罗国

憍萨罗国①周六千余里,山岭周境,林薮连接。国大都城周四十余里。土壤膏腴,地利滋盛。邑里相望,人户殷实。其形伟,其色黑,风俗刚猛,人性勇烈。邪正兼信,学艺高明。王,刹帝利也,崇敬佛法,仁慈深远。伽蓝百余所,僧徒减万人,并皆习学大乘法教。天祠七十余所,异道杂居。

[注释]

①憍萨罗国:故址相当于今哥达瓦里河上游东面的昌达,或者昌达东北的威拉高尔。

[译文]

憍萨罗国方圆六千多里,国家四周山岭环绕,森林山泽连绵不断。该国的大都城方圆四十多里。土地肥沃,物产丰富。城邑街坊密布,人口众多。居民身材高大,肤色黝黑,民风刚勇凶猛,性情勇敢刚烈。佛教、外道都有人信仰,学术技艺水平很高。国王出自刹帝利种姓,崇尚佛法,心地仁慈。佛寺有一百多座,僧人接近一万,都在研习大乘法教。天祠有七十多座,各派外道混杂居住。

一、龙猛故事

城南不远有故伽蓝,傍有窣堵波,无忧王之所建也。昔者,如来曾于此处现大神通，摧伏外道。后龙猛菩萨止此伽蓝。时此国王号娑多婆诃（唐言引正），珍敬龙猛，周卫门庐。时提婆菩萨自执师子国来求论义，谓门者曰："幸为通谒。"时门者遂为白。龙猛雅知其名，盛满钵水，命弟子曰："汝持是水，示彼提婆。"提婆见水，默而投针。弟子持钵，怀疑而返。龙猛曰："彼何辞乎？"对曰："默无所说，但投针于水而已。"龙猛曰："智矣哉！若人也，知几①其神，察微亚圣，盛德若此，宜速命入。"对曰："何谓也？无言妙辩，其在是欤？"曰："夫水也者，随器方圆，逐物清浊，弥漫无间，澄湛莫测。满而示之，比我学之智周也。彼乃投针，遂穷其极。此非常人，宜速召进。"而龙猛风范，懔然肃物，言谈者皆伏抑首。提婆素挹风徽②，久希请益，方欲受业，先骋机神，雅惧威严，升堂僻坐，谈玄永日，辞义清高。龙猛曰："后学冠世，妙辩光前。我惟衰耄，遇斯俊彦，诚乃写瓶有寄，传灯不绝。法教弘扬，伊人是赖。幸能前席，雅谈玄奥。"提婆闻命，心独自负，将开义府③，先游辩囿，提振辞端，仰视质义④，忽睹威颜，忘言杜口，避坐引责，遂请受业。龙猛曰："复坐。今将授子至真妙理、法王诫教。"提婆五体投地，一心归命，曰："而今而后，敢闻命矣。"

龙猛菩萨善闲药术，餐饵养生，寿年数百，志貌不衰。引正王既得妙药，寿亦数百。王有稚子，谓其母曰："如我何时得嗣王位？"母曰："以今观之，未有期也。父王年寿已数百岁，子孙老终者，盖亦多矣。斯皆龙猛福力所加，药术所致。菩萨寂灭，王必殂落。夫龙猛菩萨智慧弘远，慈悲深厚，周给群有，身命若遗。汝宜往彼，试从乞头。若遂此志，当果所愿。"王子恭承母命，来至伽蓝，门者惊惧，故得入焉。时龙猛菩萨方赞诵经行，忽见王子，伫而谓曰："今夕何因，降迹僧坊，若危若惧，疾驱而至？"对曰："我承慈母余论，语及行舍之士。以为含生宝命，经语格言，未有轻舍报身，施诸求欲。我慈母曰：'不然。十方善逝⑤、三世如来⑥在昔发心，逮乎证果。勤求佛道，修习戒忍，或投身饲兽，或割肌救鸽，月光王施婆罗门头，慈力王饮饿药叉血。诸若此类，羌难备举。求之先觉，何代无人？今龙猛菩萨笃斯高志，我有所求，人头为用，招募累岁，未之有舍。欲行暴劫杀，则罪累尤多，虐害无辜，秽德彰显。惟菩萨修习圣道，远期佛果，慈沾有识，惠及无边，轻生若浮，贱身如朽，不违本愿垂允所求。'"龙猛曰："俞⑦，诚哉是言也！我求佛圣果，我学佛能舍，是身如响，是身如泡⑧，流转四生，去来六趣⑨，宿契弘誓，不违物欲。然王子有一不可者，其将若何？我身既终，汝父亦丧，顾斯为意，谁能济之？"龙猛徘徊顾视，求所绝命，以干茅叶自刎其颈，若利剑断割，身首异处。王子见已，惊奔而去。门者上白，具陈始末。王闻哀感，果亦命终。

[注释]

①知几：事先知道事物变化的征兆。　②素挹风徽：这里是说一向敬重龙猛的美德。　③义府：义理的渊薮。佛家将佛经称为义府。　④质义：质问意义。　⑤十方善逝：指分身于十方世界摄化众生的佛陀。　⑥三世如来：就是三世佛，即过去佛迦叶、现在佛释迦牟尼佛、未来佛弥

勒佛。这里泛指所有佛陀。　⑦俞：就是"是"，应诺之辞。　⑧是身如响，是身如泡：这里的意思是一切是幻。响和泡就是空谷回声和水花泡沫，是十缘生句中的二喻。　⑨六趣：六道，包括地狱趣、饿鬼趣、畜生趣、阿修罗趣、人趣、天趣。

[译文]

　　大都城南面不远处有座旧佛寺，寺旁佛塔是由无忧王建造的。以前，如来曾经在这里显示大神通，击败降伏了外道。而后龙猛菩萨居住在这座寺内。当时，该国国王号称娑多婆诃（大唐称为引正），珍视敬重龙猛，在佛寺周围派卫兵严加守卫。那时，提婆菩萨从执师子国前来，要求与龙猛菩萨辩论，他对看门人说："烦请通报。"门卫于是报告了。龙猛很早就知道提婆的名声，于是在钵中盛满水，对弟子说："你拿这钵水，交给提婆看。"提婆看到水钵，一言不发，向钵中投入一根针。弟子手持水钵，满腹狐疑地回来。龙猛问道："他说了什么话？"弟子回答道："他默不作声，只是向水里扔了一根针，仅此而已。"龙猛说："好有智慧呀！这个人能预知事物的玄机已经到了出神入化的程度，体察精妙细微甚至与圣人不相上下，有如此之高的德行，赶快请进来相见。"弟子问："这是什么意思？不借助言语的奇妙答辩，就是这种方式吗？"龙猛回答说："水这种物质，根据器型的不同变化形状，不管清净还是肮脏的物体都能与之和谐相处。它充满容器毫无间隙，身处清浊，神秘莫测。我用钵装满水拿给他看，是为了比喻我的学问渊博，智谋广远。他把针投进水里，意思是已经彻底了解了我的学问深浅。这可不是一般人，赶快请他进来。"龙猛仪态高雅，令人肃然起敬，与他交谈的人无不弯腰低头。提婆一向钦佩他的风范，早就希望能向他求教，在接受龙猛教诲之前，他先展示了一下自己的神机妙算，由于惧怕龙猛威严的神态，上堂之后就在偏僻的角落坐下。

他与龙猛整天谈论玄妙的佛理，言语清晰，含义深远。龙猛说："在后辈的学人中你的水平最高，绝妙的辩词超越了前人。我只是个衰老之人，碰到你这样的青年俊才，真是可以使泻瓶有所寄托，传灯可以延续不绝。弘扬光大佛教，全都靠你了。希望你能上前入座，讲说深奥的佛理。"提婆听到这话，心中非常自豪。他在演讲佛经之前，准备先与龙猛辩论，刚刚打足了精神正要开始宣讲，抬头仰视，打算发问。提婆忽然看到龙猛的威严相貌，一时间竟张口结舌，无法讲说，于是他离开上座，深刻自责，请拜龙猛为师。龙猛说："坐回去。我现在将要教给你至真至妙的佛理，这才是如来的真正教诲。"提婆倒身下拜，五体投地，一心一意皈依在龙猛门下，说道："从今往后，我愿听从您的教诲。"

龙猛菩萨熟悉精通养生制药技术，他通过服食药饵，已经活了几百岁，神气容颜都没有衰老。引正王也吃了他的奇药，也活了几百岁。国王有个小儿子，对他的母亲说："像我这样什么时候才能继承王位？"母亲回答："从现在的情况看，不知道要等多久。你的父王已经好几百岁了，他的儿子、孙子老死的已经不少了。这都是靠龙猛的福力加持，长生药效造成的结果。如果菩萨涅槃，父王一定驾崩。龙猛菩萨智慧能力深不可测，内心尤其慈悲，周济救助苍生，视死如归。你应当到他那里，尝试祈求他的人头。假如这一请求被答应，你的愿望一定得到满足。"王子听从了母亲的话，来到佛寺，门卫又惊又怕，所以让他进寺。当时，龙猛菩萨正在边念经，边散步修行，忽然看到王子，站住问他："今天为了什么，居然降临本寺，为何战战兢兢，匆匆到来？"王子回答说："我听到母亲的言谈，说到布施的人。我认为众生都会珍惜自己的性命，经典格言都是这样说的，不会有人随随便便舍弃生命，布施给祈求的人。我的母亲却说：'不是这样。十方善逝、三世如来在过去都曾发下大愿，求得证果。

勤勤恳恳修持佛道，修习善事，忍受苦难。有时以自己的身体喂养猛兽，有时割下自己的血肉解救飞鸽，月光王将自己的头颅施舍给婆罗门，慈力王将自己的鲜血供给饥饿的药叉。诸如此类，难以一一详述。从先前的得道者那里推断，哪个时代没有这样的人？现在龙猛菩萨您正怀有如此高尚的心愿。我曾经要求得到人头一用，招募了许多年，没有人愿意施舍。假如行凶杀人，那么必然罪孽深重，残害无辜之人，道德败坏，罪恶昭彰。只有菩萨您修习神圣佛道，一心想证得佛果，仁慈惠及所有生灵，恩泽遍及万物，轻视生命，当作浮云；鄙视肉身，视为朽木，希望您不要违背原来的誓愿，答应我的请求。'"龙猛说："是啊，你的话很对。我一心追求成佛圣果，我也学习佛祖舍身布施。这个身体如同空谷回声，这个身体犹如水中泡沫，在四种生态中轮回，在六种场所间往来，我以前就立下弘誓大愿，不会拒绝别人对我的要求。可是王子啊，有一件事情却很为难，不知道怎么办才好？我一旦丧生，你的父王也会死去，正是考虑了这一点，谁来拯救他呢？"龙猛四处查看，寻找结束生命的方法，就用干枯的茅草叶子自己割刎脖颈，就像用利剑切割那样，立刻身首异处。王子见了，惊恐不已，夺门而逃。门卫报告了国王，具体陈述了事情的原委。国王听了十分悲哀，果然也很快去世。

二、跋逻末罗耆厘山

国西南三百余里至跋逻末罗耆厘山①（唐言黑蜂），岌然特起，峰岩峭险，既无崖谷，宛如全石。引正王为龙猛菩萨凿此山中，建立伽蓝，去山十数里，凿开孔道，当其山下，仰凿疏石。其中则长廊步檐，崇台重阁。阁有五层，层有四院，并建精舍，各铸金像，量等佛身，妙穷工思。自余庄严，唯饰金宝。从山高峰，临注飞泉，周流重阁，交带廊庑，疏寮外穴，明烛中宇。初引正王建此伽蓝也，人力疲竭，府库空虚，功犹未半，心甚忧戚。龙猛谓曰："大王何故，若有忧负？"王曰："辄运大心，敢树胜福，期之永固，待至慈氏。功绩未成，财用已竭，每怀此恨，坐而待旦。"龙猛曰："勿忧。崇福胜善，其利不穷，有兴弘愿，无忧不济。今日还宫，当极欢乐。后晨出游，历览山野，已而至此，平议营建。"王既受诲，奉以周旋。龙猛菩萨以神妙药，滴诸大石，并变为金。王游见金，口心相贺，回驾至龙猛所，曰："今日畋游，神鬼所惑，山林之中，时见金聚。"龙猛曰："非鬼惑也。至诚所感，故有此金。宜时取用，济成胜业。"遂以营建，功毕有余，于是五层之中各铸四大金像。余尚盈积，充诸帑藏，招集千僧，居中礼诵。龙猛菩萨以释迦佛所宣教法及诸菩萨所演述论，鸠集部别，藏在其中。故上第一层唯置佛像及诸经论，下第五层居止净人资产什物，中间三层僧徒所舍。闻诸先志曰：引正营建已毕，计工人所食盐价，用九拘胝（拘胝者，唐言亿）金钱。其后僧徒忿诤，就王平议。时诸净人更相谓曰："僧徒诤起，言议相乖，凶人伺隙，毁坏伽蓝。"于是，重关反拒，以摈僧徒。自尔已来，无复僧众。远瞩山岩，莫知门径。时引善医方者入中疗疾，蒙面入出，不识其路。

从此大林中南行九百余里，至案达罗国（南印度境）。

[注释]

①跋逻末罗耆厘山：意译黑蜂山。《法显传》及慧超《往五天竺国传》也有关于此山的类似记载。

[译文]

从该国西南方走三百多里来到跋逻末罗耆厘山（大唐称为黑蜂），巍然耸立，山峰陡峭险峻，没有山谷，整座山就像一块巨大的石头。引正王曾经开凿了这座山，为龙猛菩萨修建佛寺，距山十多里的地方开始开凿通道，一直挖到山下，再向上开凿。寺中建有长廊步道，亭台楼阁高大雄伟。楼阁有五层，每层有四个庭院，全都建造了精舍，铸有金质佛像，大小与佛的真身一样，构思精巧，工艺绝妙。其他各种装饰全部使用黄金、珠宝。山的顶峰有泉水飞流直下，又引流环绕楼阁四周，交错在廊榭之间，窗户开向洞外，明亮的阳光照射屋内。当初，引正王修建这座佛寺的时候，耗费巨大，工人筋疲力尽，国库空空如也，然而工程尚未过半，内心极为愁闷。龙猛对他说："大王因为何事，看上去忧心忡忡？"国王说："我发下弘誓大愿，要建立殊胜的福德，渴望它能永世长存，等待慈氏菩萨降临。可是现如今工程尚未完工，国家财富已经耗尽，每每想到此事遗憾万分，彻夜无眠直到天明。"龙猛说："不必担心。建造殊胜的福德，它的利益无穷无尽，只要有雄心壮志，不必担心没有解决的办法。今天陛下就回宫，一心寻欢作乐。明天早晨出外游玩，欣赏山川美景，而后再来这里，商量建寺事宜。"国王听了龙猛的话，绕着龙猛顶礼。龙猛菩萨用神丹妙药，滴在大石上，石头马上变为黄金。国王巡游，见到黄金，内心喜悦，口中赞颂，摆驾返回龙猛那里，说："今天出外游玩，或许被鬼神迷惑，不时看到山林里面，聚集了黄金。"龙猛说："这不是鬼神诱惑，是上天被您的至诚感动，所以才有这么多金子。陛下应该及时采取使用，来完成这殊胜的事业。"于是，国王用这些黄金建造佛寺，工程完工还有剩余。于是又在五层佛阁之中各自铸造了四尊大金像。所剩黄金还有不少，堆满了国库。国王招集了一千名僧人，住在寺内礼佛诵经。龙猛菩萨将释迦牟尼佛所宣讲的教法，及众位菩萨所演说的论述，汇集起来，分门别类，收藏在寺内。所以，上面第一层只放置佛像和各种经论，下面第五层居住净人，放置资产、什物，中间三层由僧人们居住。据古书记载：引正王营建佛寺完工，计算了工人所吃的食盐价格，耗资九拘胝（拘胝，大唐称为亿）的金钱。以后僧人们产生纠纷，找到国王评理。当时，净人们相互传告说："僧人之间发生口角，言语相对抗，恶人一定趁此机会，破坏佛寺。"于是，净人们反锁了层层大门，不让僧人进入。从那以后，寺里再也没有了僧人。远远地看着这座山，不知道上山的路径。净人们时常带领医术高明的人进寺治病，都是蒙着他们的眼睛进出，所以医生也不知道路径。

从该国的大森林里向南走九百多里，来到案达罗国（在南印度境内）。

案达罗国

案达罗国①周三千余里，国大都城周二十余里，号瓶耆罗②。土地良沃，稼穑丰盛。气序温暑，风俗猛暴。语言辞调，异中印度，至于文字，轨则大同。伽蓝二十余所，僧徒三千余人。天祠三十余所，异道实多。

瓶耆罗城侧不远有大伽蓝，重阁层台，制穷剞劂，佛像圣容，丽极工思。伽蓝前有石窣堵波，高数百尺，并阿折罗（唐言所行）阿罗汉之所建也。

所行罗汉伽蓝西南不远有窣堵波，无忧王之所建也。如来在昔于此说法，现大神通，度无量众。

所行罗汉伽蓝西南行二十余里，至孤山，山岭有石窣堵波，陈那③（唐言童授）菩萨于此作《因明论》。陈那菩萨者，佛去世后，承风染衣，智愿广大，慧力深固，愍世无依，思弘圣教，以为因明之论。言深理广，学者虚功，难以成业。仍匿迹幽岩，迁神寂定，观述作之利害，审文义之繁约。是时崖谷震响，烟云变采，山神捧菩萨，高数百尺，唱如是言：昔佛世尊善权④导物，以慈悲心，说《因明论》。综括妙理，深究微言。如来寂灭，大义泯绝。今者陈那菩萨福智悠远，深达圣旨，因明之论，重弘兹日。菩萨乃放大光明，照烛幽昧。时此国王深生尊敬，见此光明相，疑入金刚定，因请菩萨证无生果。陈那曰："吾入定观察，欲释深经，心期正觉，非愿无生果⑤也。"王曰："无生之果，众圣攸仰，断三界欲，洞三明智，斯盛事也，愿疾证之。"陈那是时心悦王请，方欲证受无学圣果。时妙吉祥菩萨知而惜焉，欲相警诫，乃弹指悟之，而告曰："惜哉！如何舍广大心，为狭劣志，从独善之怀，弃兼济之愿。欲为善利，当广传说慈氏菩萨所制《瑜伽师地论》，导诱后学，为利甚大。"陈那菩萨敬受指诲，奉以周旋。于是覃思沉研，广因明论。犹恐学者惧其文微辞约也，乃举其大义，综其微言，作《因明论》，以导后进。自兹已后，宣畅瑜伽，盛业门人，有知当世。

从此林野中南行千余里，至驮那羯磔迦国（亦谓大安达逻国，南印度境）。

[注释]

①案达罗国：故址在今印度安得拉邦北部哥达瓦里河下游西南部一带。 ②瓶耆罗：故址在今艾洛尔以北约11千米处的贝达维基附近。 ③陈那：古印度大乘佛教瑜伽行派论师，新因明学创始人，约生活于440~520年。 ④善权：善巧的权谋，这里是说方便。 ⑤无生果：指阿罗汉果的最高智。阿罗汉至此修持已断三界的烦恼，证知我身不受生于三界。

[译文]

案达罗国方圆三千多里，该国的大都城方圆二十多里，名叫瓶耆罗。土地肥沃，庄稼生长茂盛。气候渐趋炎热，民风凶猛暴烈。语言声调与中印度不同，文字句法的规则大体相同。佛寺有二十多座，僧人有三千多名。天祠有三十多座，外道信徒很多。

瓶耆罗城附近有座大佛寺，楼台层层叠叠，建筑雕饰巧夺天工，佛像的塑造装饰极其华美，颇具匠心。佛寺前面的石塔，高达几百尺，寺、塔都是由阿折罗（大唐称为所行）罗汉建造的。

所行罗汉佛寺西南方不远处的佛塔，由无忧王建造。以前，如来曾经在这里说法，显现大神通，度化了无数人众。

从所行罗汉佛寺西南方向走二十多里，来到一处孤山，山上有座石塔，陈那（大唐称为童授）菩萨曾在这里撰写《因明论》。陈那菩萨在佛祖涅槃之后，继承佛家风范，出家为僧，他智慧深远，誓愿广大，慧根深邃坚固，怜悯人世间无依无靠，一心考虑弘传佛法，所以写下了关于因明学的论著。他认为因明学言词深奥，说理广博，学习因明学的人白费了功夫，仍然难以理解其中的要旨。陈那于是隐居在幽静的山林之中，全神贯注，修禅入定，思考著作的利弊得失，审查文字的繁复简约。当时，山谷之中响声震天，烟雾云霞五彩斑斓，山神捧起菩萨，升高了几百尺，唱颂了这样的话：先前佛祖世尊善于机变，为的是引导世人，发慈悲心，讲说《因明论》。综合概括玄妙佛理，深入探究精微言辞。如来涅槃之后，大义泯灭殆尽。如今，陈那菩萨福德智慧绵长深远，深刻地了解神圣的要旨，从而使得因明理论再次得以发扬光大。菩萨于是大放光明，光芒照耀了一切幽暗之处。此时，国王心中深深地产生敬意，见到菩萨的这一光明形象，以为他已进入金刚定，所以祈求菩萨证无生果。陈那说："我入定是为了潜心思考观察，目的在于解释深奥的经典，希望获得无上正觉，并不想证无生果。"国王说："无生佛果被众位圣贤仰慕追求，断绝三界欲望，洞悉三明大智，这是天大的好事，请您赶快证得。"陈那当时因为国王的请求满心欢喜，就想证得无生圣果。此时，妙吉祥菩萨得知此事，深感惋惜，打算对他加以警诫，于是弹弹手指，使他醒悟，并且告诫他："可惜啊！为什么要抛弃广大心愿屈从于低劣志向，只想独善其身，放弃拯救苍生的大愿呢？要想行善获利，就应当弘扬宣讲慈氏菩萨所写的《瑜伽师地论》，引导后来的学者，那样做利益才更大。"陈那菩萨恭敬地领受指导、教诲，围绕妙吉祥菩萨施礼致敬。于是深思熟虑，潜心研究，丰富了因明理论。他还担心学者畏惧文义精微，言辞简约，所以又列举经论主旨，概括了微妙言辞，创作了《因明论》，以此指导后世学者。从此以后，便可以广泛地宣扬瑜伽理论；这一伟大的事业以及他的学生，全都著称于世。

从该国的森林原野里向南走一千多里，来到驮那羯磔迦国（也称为大安达逻国，在南印度境内）。

驮那羯磔迦国

驮那羯磔迦国①周六千余里,国大都城周四十余里。土地膏腴,稼穑殷盛。荒野多,邑居少。气序温暑,人貌黧黑。性猛烈,好学艺。伽蓝鳞次,荒芜已甚,存者二十余所,僧徒千余人,并多习学大众部法。天祠百余所,异道实多。

[注释]

①驮那羯磔迦国:故址在今印度安得拉邦中部克里希纳河下游两岸地区。

[译文]

驮那羯磔迦国方圆六千多里,该国的大都城方圆四十多里。土地极为肥沃,农作物生长茂盛。荒凉的原野居多,城市很少。气候渐趋炎热,居民肤色黝黑。人民性情猛烈,喜好学习技艺。佛寺鳞次栉比,但是十分荒芜,保存下来的只有二十多座,僧人有一千多名,都在研习小乘大众部法。天祠有一百多座,外道信徒众多。

一、东山西山二僧伽蓝

城东据山有弗婆势罗(唐言东山)僧伽蓝①,城西据山有阿伐罗势罗(唐言西山)僧伽蓝②,此国先王为佛建焉。奠③川通径,疏④崖峙阁,长廊步檐,枕岩接岫,灵神警卫,圣贤游息。自佛寂灭千年之内，每岁有千凡夫僧，同入安居。其解安居日，皆证罗汉，以神通力，凌虚而去，千年之后，凡圣同居。自百余年，无复僧侣，而山神易形，或作豺狼，或为猿狖⑤，惊恐行人，以故空荒，阒⑥无僧众。

[注释]

①弗婆势罗僧伽蓝：位于今印度安得拉邦阿马拉瓦底西南方。　②阿伐罗势罗僧伽蓝：位于今印度安得拉邦阿马拉瓦底西方约2千米处。③奠：定的意思。　④疏：疏通，开凿。　⑤狖（yòu）：古书上说的一种长尾猴。　⑥阒（qù）：形容寂静。

[译文]

都城东面的山上有座弗婆势罗（大唐称为东山）佛寺，城西的山上有座阿伐罗势罗（大唐称为西山）佛寺，都是该国以前的国王为佛祖建造的。他疏通河流，开辟道路，开凿山崖，建筑楼阁，长廊房舍绵延于山岩之间，这里有神灵警戒护卫，圣贤游览休息。自从佛祖涅槃之后的一千年中，每年有上千凡夫僧在此入安居。等到安居结束的时候，全部证得了罗汉果，凭借神通威力，腾空飞行而去；一千年以后，凡僧、圣僧都居住在这儿。最后一百多年来，这里再也没有了僧人，而山神也变化出各种形状，有时是豺狼，有时是猿猴，惊吓过往的行人，所以佛寺一片荒芜，空空如也，没有僧众。

二、清辩故事

城南不远有大山岩，婆毗吠伽①（唐言清辩）论师住阿素洛宫，待见慈氏菩萨成佛之处。论师雅量弘远，至德深邃，外示僧佉之服，内弘龙猛之学。闻摩揭陀国护法菩萨宣扬法教，学徒数千，有怀谈议，杖锡而往。至波吒厘城，知护法菩萨在菩提树，论师乃命门人曰："汝行诣菩提树护法菩萨所，如我辞曰：菩萨宣扬遗教，导诱迷徒，仰德虚心，为日已久。然以宿愿未果，遂乖礼谒。菩提树者，誓不空见，见当有证，称天人师。"护法菩萨谓其使曰："人世如幻，身命若浮②，渴日勤诚，未遑谈议。"人信往复，竟不会见。论师既还本土，静而思曰："非慈氏成佛，谁决我疑。"于观自在菩萨像前，诵《随心陀罗尼》，绝粒饮水，时历三岁。观自在菩萨乃现妙色身，谓论师曰："何所志乎？"对曰："愿留此身，待见慈氏。"观自在菩萨曰："人命危脆③，世间浮幻，宜修胜善愿，生睹史多天，于斯礼觐，尚速待见。"论师曰："志不可夺，心不可贰。"菩萨曰："若然者，宜往驮那羯磔迦国城南山岩执金刚神④所，至诚诵持《执金刚陀罗尼》者，当遂此愿。"论师于是往而诵焉。三岁之后，神乃谓曰："伊何所愿，若此勤励。"论师曰："愿留此身，待见慈氏，观自在菩萨指遣来请。成我愿者，其在神乎？"神乃授秘方，而谓之曰："此岩石内有阿素洛宫，如法行请，石壁常开。开即入中，可以待见。"论师曰："幽居无睹，讵知佛兴？"执金刚曰："慈氏出世，我当相报。"论师受命，专精诵持。复历三岁，初无异想，咒芥子以击石，岩壁豁而洞开。是时百千万众观睹忘返，论师跨其户而告众曰："吾久祈请，待见慈氏，圣灵警佑，大愿斯遂。宜可入此，同见佛与。"闻者怖骇，莫敢履户，谓是毒蛇之窟，恐丧身命，再三告语，唯有六人从入。论师顾谢时众，从容而入。入之既已，石壁还合。众皆怨嗟恨前言之过也。

自此西南行千余里，至珠利耶国（南印度境）。

[注释]

①婆毗吠伽：意译清辞、明辩、分别明。6世纪南印度人，刹帝利种姓。　②身命若浮：是说人生无常，犹如浮云，一切皆空。　③危脆：是说人的寿命容易丧失。　④执金刚神：又称金刚手、金刚力士。手持金刚杵，护卫帝释天宫的夜叉神，后来成为佛教护法神。

[译文]

都城南面不远处有座巨大的山岩，乃是婆毗吠伽（大唐称为清辩）论师住在阿素洛宫，等待见证慈氏菩萨成佛的地方。论师度量广大，志趣高远，道德高深，学识渊博，虽然身着僧佉学派的衣服，内心却推崇龙猛的学说。他听说摩揭陀国的护法菩萨正在宣扬佛法，聚集了几千名僧徒，于是想和他谈论评议，手持锡杖前往论场。来到波吒厘城的时候，得知护法菩萨在菩提树那里，论师便吩咐门徒说："你前往菩提树那里拜见护法菩萨，替我传话：菩萨宣扬佛法，引导启发迷途的世人。我仰慕您的德操，诚心向您学习的愿望由来已久。然而由于以前的誓愿还没有实现，所以没能前来拜谒。我已发下誓愿，如果没有获得成果，绝对不见菩提树；只要见到此树，那就一定获得了果证，成为诸天、众人的导师。"护法菩萨对他的使者说："人生在世如同虚幻，生命寿数就像浮云，我天天忙于勤勉修行，没有时间与您空谈议论。"使者往来传递消息联系，但最终二人没能会面。论师返回本国之后，静下心来仔细思考，认为："如果慈氏菩萨没有成佛，谁能来解决我的疑惑呢？"他就在观自在菩萨像前念诵《随心陀罗尼》，不吃饭只喝水，历时三年。观自在菩萨于是显现出美妙的色身，对论师说："你有什么愿望？"论师回答说："我希望保留这个肉身，等待拜见慈氏菩萨。"观自在菩萨说："人的生命脆弱，容易消逝，尘世间犹如浮云虚幻，你应当修得殊胜善德，以便转生睹史多天，在那里礼敬拜见慈氏菩萨，这样才能迅速见到他。"论师说："誓言不可轻言放弃，追求愿望不能三心二意。"菩萨说："既然如此，您最好前往驮那羯磔迦国城南，到山岩执金刚神的住处，满怀至诚，念诵《执金刚陀罗尼》，就能满足这个愿望。"论师于是前往那里，诵经念咒。三年以后，执金刚神问他："你有什么样的愿望，这样辛辛苦苦地请求。"论师说："我希望保留自己的肉身，等待拜见慈氏菩萨。观自在菩萨指点迷津，让我来到您这里祈求。能帮助我实现愿望的，就是您执金刚神了。"执金刚神于是传授他秘法，对他说："这块大岩石中有座阿素洛宫，按照秘法请求，石壁就会自动裂开。裂开之后你立即进入，待在那里就可以看见慈氏菩萨。"论师说："我待在幽深的所在，两眼一抹黑，怎能够知道佛陀出世？"执金刚说："慈氏出世的时候，我会向你通报。"论师听从了吩咐，专心致志念诵佛经。又经过了三年，也没有改变初衷。一次，他边念咒，边用芥子敲击岩石，石壁忽然裂开个大口子。当时，成千上万的民众看到这一奇景，流连忘返，论师站在洞口，对众人说道："我恳求了很久，等待拜见慈氏菩萨，依靠神灵指导帮助，大愿得以实现。你们也可以从这里进入，与我一同见证佛陀出世。"在场的听众十分惊恐害怕，没有人敢于来到洞口，他们认为这是毒蛇的藏身之所，进去怕是会殒身丧命。论师再三劝告解释，只有六个人跟随他进入。论师向围观的众人道别，从容进入洞中。他们进洞之后，石壁重新闭合。众人都在埋怨，后悔刚才失言。

从这里向西南方走一千多里，来到珠利耶国（在南印度境内）。

珠利耶国

珠利耶国①周二千四五百里,国大都城周十余里。土野空旷,薮泽荒芜,居户寡少,群盗公行。气序温暑,风俗奸宄②。人性犷烈,崇信外道。伽蓝颓毁,粗有僧徒。天祠数十所,多露形外道也。

城东南不远有窣堵波,无忧王之所建也,如来在昔曾于此处现大神通,说深妙法,摧伏外道,度诸天人。

城西不远有故伽蓝,提婆菩萨与罗汉论议之处。初,提婆菩萨闻此伽蓝有嗢呾罗(唐言上)阿罗汉得六神通,具八解脱,遂来远寻,观其风范。既至伽蓝,投罗汉宿。罗汉少欲③知足,唯置一床④。提婆既至,无以为席,乃聚落叶,指令就坐。罗汉入定,夜分方出。提婆于是陈疑请决,罗汉随难为释。提婆寻声重质,第七转已,杜口不酬,窃运神通力往睹史多天,请问慈氏。慈氏为释,因而告曰:"彼提婆者,旷劫⑤修行,贤劫之中,当绍佛位,非尔所知,宜深礼敬。"如弹指顷,还复本座。乃复抑扬妙义,剖析微言。提婆谓曰:"此慈氏菩萨圣智之释也,岂仁者⑥所能详究哉!"罗汉曰:"然,诚如来旨。"于是避席礼谢,深加敬叹。

从此南入林野中,行千五六百里,至达罗毗荼国(南印度境)。

[注释]

①珠利耶国：故址在今印度安得拉邦东南佩内尔河河口及其以南一带。　②奸宄：这里指民风不好，容易导致犯法作乱。　③少欲：没有更多的需求。　④床：修禅者常用的折叠式座椅、绳床。　⑤旷劫：过去的漫长时间。　⑥仁者：佛门对于对方的尊称。

[译文]

珠利耶国方圆二千四五百里，该国的大都城方圆十多里。国土空旷，满眼山林草泽，一片荒凉，人口稀少，盗贼横行。气候趋于炎热，民风恶劣，人们容易作奸犯科。居民性情犷野暴烈，信仰外道。佛寺坍塌损毁，只有些许僧人。天祠有几十座，多数都是耆那教徒。

都城东南方不远处的佛塔是由无忧王建造的，以前，如来曾经在这里显现大神通，讲说深妙佛法，击败外道信徒，度化天人大众。

都城西面不远的旧佛寺是提婆菩萨和罗汉曾经辩论的地方。当初，提婆菩萨听说这座佛寺有位嗢呾罗（大唐称为上）罗汉证得了六神通，具备八解脱，于是远道前来寻访，瞻仰他的仪态风范。来到这里后，投宿在罗汉寺中。罗汉没有物欲，知足常乐，所以只有一张绳床。提婆来了以后，没有东西充作座席，于是他收集落叶，指着落叶堆请提婆坐下。罗汉随即入定，夜半时分才出定。提婆于是陈述了自己的疑惑，请求罗汉解答，罗汉一一加以讲解。罗汉话音刚落，提婆随即又提出疑问，如此这般，七个回合结束，罗汉闭口不再回答，而是暗中运用神通力，前往睹史多天，请教慈氏菩萨。慈氏对他解释，进而告诉他说："这位提婆经历了漫长时间的修行，在贤劫之中他将要继承佛位，这本不是你应当知道的事情，你应该对他高度尊重。"这一过程的发生就像弹指瞬间那样短促，罗汉回到自己的座位。重新论说绝妙的义理，剖析精微的言辞。提婆对他说:"这是慈氏菩萨神圣智慧才能做出的解释,哪里是您能够参详探究的呢!"罗汉说:"是的。确实如你所说。"于是离开座位,向提婆敬礼致歉,满心敬佩叹服。

从该国南方进入山林荒野之中,行走一千五六百里,来到达罗毗荼国(在南印度境内)。

达罗毗荼国

达罗毗荼国①周六千余里。国大都城号建志补罗②,周三十余里。土地沃壤,稼穑丰盛,多花果,出宝物。气序温暑,风俗勇烈。深笃信义,高尚博识,而语言、文字少异中印度。伽蓝百余所,僧徒万余人,皆遵学上座部法。天祠八十余所,多露形外道也。如来在世,数游此国,说法度人,故无忧王于诸圣迹皆建窣堵波。

建志补罗城者,即达磨波罗(唐言护法)菩萨本生之城。菩萨,此国大臣之长子也,幼怀雅量,长而弘远。年方弱冠③,王姬下降,礼筵之夕,忧心惨凄,对佛像前殷勤祈请。至诚所感,神负远遁,去此数百里,至山伽蓝,坐佛堂中。有僧开户,见此少年,疑其盗也,更诘问之。菩萨具怀指告,因请出家,众咸惊异,遂允其志。王乃宣命,推求遐迹,乃知菩萨神负远尘。王之知也,增深敬异。自染衣已,笃学精勤,令问风范,语在前记。

城南不远有大伽蓝,国中聪睿,同类萃止。有窣堵波高百余尺，无忧王所建也。如来在昔，于此说法，摧伏外道，广度人天。其侧则有过去四佛坐及经行遗迹之所。

自此南行三千余里，至秣罗矩吒国（亦谓枳秣罗国，南印度境）。

[注释]

①达罗毗荼国：故址在今印度安得拉邦最南部及泰米尔纳德邦最北部一带。　②建志补罗：故址在今印度泰米尔纳德邦的金奈西南的康契普拉姆。　③弱冠：古代男子二十岁的称号。

[译文]

达罗毗荼国方圆六千多里。该国的大都城叫作建志补罗，方圆三十多里。土地肥沃，农作物生长繁盛，盛产鲜花水果，出产奇珍异宝。气候比较炎热，民风勇敢刚烈。极为注重信义，崇尚博学多识，语言、文字与中印度稍有差异。佛寺有一百多座，僧人有一万多名，全部尊奉小乘上座部法。天祠有八十多座，耆那教徒人数众多。如来在世的时候，多次游历这个国家，讲说佛法，度化世人，所以无忧王在各个有圣迹的地方都建造了佛塔。

建志补罗城就是达磨波罗（大唐称为护法）菩萨出生的城池。菩萨原来是该国大臣的长子也。小的时候就度量宽宏，成年以后志向远大。刚到二十岁，就有王室女子下嫁给他，新婚之夜，菩萨忧心忡忡，情绪凄惨，面对佛像，苦苦祈祷求告。被他的一片至诚感动，神灵背着他逃离，来到离城几百里的山间佛寺，让他坐在佛堂里。有个僧人开门，见到这个少年，疑心他是盗贼，上前仔细盘问。菩萨详细地说明了心愿，从而请求出家为僧，众人都感到十分惊异，于是答应了他的要求。国王发布诏命，各地寻找菩萨，后来知道菩萨被神灵背负逃往远方。国王了解了这一情况后，敬意大增又感到非常惊异。菩萨自从穿上僧衣出家后，勤奋学习，苦心钻研，关于他的名声、风范，前面已有记载。

都城南面不远处有座大佛寺，国内的聪明睿智之人，全都聚集在那里。有座佛塔高一百多尺，是由无忧王建造的。以前如来在这里说法，折服了外道，普度天人大众。佛塔旁有过去四佛打坐和散步场所的遗迹。

从该国往南，走三千多里，来到秣罗矩吒国（也称作枳秣罗国，在南印度境内）。

秣罗矩吒国

秣罗矩吒国①周五千余里，国大都城周四十余里。土田舄卤，地利不滋，海渚诸珍，多聚此国。气序炎热，人多黧黑。志性刚烈，邪正兼崇，不尚游艺，唯善逐利。伽蓝故基，实多余址，存者既少，僧徒亦寡。天祠数百，外道甚众，多露形之徒也。

城东不远有故伽蓝，庭宇荒芜，基址尚在，无忧王弟大帝之所建也。其东有窣堵波，崇基已陷，覆钵犹存，无忧王之所建立。在昔如来于此说法，现大神通，度无量众，用彰圣迹，故此标建。岁久弥神，祈愿或遂。

[注释]

①秣罗矩吒国：故址在今印度半岛最南端的高韦里河以南地区。

[译文]

秣罗矩吒国方圆五千多里,该国的大都城方圆四十多里。土地盐碱,物产贫乏,海里的各种珍宝都聚集在这个国家。气候炎热,居民肤色黝黑。性情刚勇猛烈,佛教和外道都有人信仰,不重视技艺,但是善于经商。佛寺的古址很多,保留下来的却不多,僧人数量稀少。天祠有几百座,外道信徒众多,多数是耆那教徒。

都城东面不远处有座旧佛寺,庭院殿宇荒芜,只剩下残迹,它是由无忧王的弟弟大帝兴建。佛寺东面有座佛塔,已经倾覆,只留下覆钵在那里,塔是由无忧王建造的。以前,如来曾在这里讲说佛法,显示大神通,度化了无数民众,为了表彰圣迹,所以造塔纪念。岁月过去越久,此处也越有灵验,人们祈祷许愿,大多能够实现。

一、秣剌耶山

国南滨海有秣剌耶山①,崇崖峻岭,洞谷深涧。其中则有白檀香树、羯檀你婆树,树类白檀,不可以别,唯于盛夏,登高远瞻,其有大蛇萦者,于是知之,犹其木性凉冷,故蛇盘也。既望见已,射箭为记。冬蛰之后,方乃采伐。羯布罗香②树松身异叶,花果斯别。初采既湿,尚未有香,木干之后,循理而析,其中有香,状若云母,色如冰雪。此所谓龙脑香也。

[注释]

①秣剌耶山:今印度西高止山脉中的一段。 ②羯布罗香:龙脑香。

[译文]

该国南方靠近大海的地方有座秣剌耶山,山峰高耸,崖壁险峻,山谷幽深。山中长有白檀香树、栴檀你婆树，栴檀你婆树形状类似白檀，难以区别，只有在盛夏时分，登高远望，有大蛇盘绕，才能知道是栴檀你婆树，大约由于这种树木性寒凉，所以蛇喜欢盘绕。看到栴檀你婆树之后，射出箭矢作为标记。待到大蛇冬眠以后，才能砍伐此树。羯布罗香树长着松树般的树身，叶子却不一样，花与果实也有区别。刚刚采伐下来，木头潮湿，还没有香气，等木头阴干以后，顺着文理劈开，里面藏着香脂，形状类似云母，色泽如同冰雪。这就是所谓的龙脑香。

二、布呾洛迦山

秣剌耶山东有布呾洛迦①山，山径危险，岩谷敧倾。山顶有池，其水澄镜，派出大河，周流绕山二十匝入南海。池侧有石天宫，观自在菩萨往来游舍。其有愿见菩萨者，不顾身命，厉水登山，忘其艰险，能达之者盖亦寡矣。而山下居人祈心请见，或作自在天形，或为涂灰外道，慰喻其人，果遂其愿。

从此山东北海畔有城，是往南海僧伽罗国路。闻诸土俗曰：从此入海，东南可三千余里，至僧伽罗国（唐言执师子，非印度之境）。

[注释]

①布呾洛迦：也译作普陀洛迦、补陀落迦等，意译光明山，是观音菩萨的住处，山呈八角形。

[译文]

秣剌耶山东面有座布呾洛迦山，山路极其险要，山谷崎岖倾斜。山顶有个湖泊，湖水清澈如镜，湖口分出一条大河，绕着山来回流淌二十圈，最终汇入大海。湖边上有座岩石天宫，观自在菩萨往来于此，巡游、居住。想见到菩萨的人，不顾生命安危，跋山涉水，忘却艰难险阻，然而能够真正到达的人为数很少。山下居住的人如果诚心祈祷请求，菩萨也会降临，有时变作大自在天的形象，有时变作涂灰外道的形象，抚慰、教化他们，帮助他们满足心愿。

从这座山向东北的海边有座城，正是通往南海僧伽罗国的要道。听当地人说：从这里入海，向东南方航行三千多里，就到达僧伽罗国（大唐称为执狮子，那里不在印度境内）。

大唐西域记卷第十一

（二十三国）

三藏法师玄奘奉诏　译
大总持寺沙门辩机　撰

僧伽罗国

僧伽罗国①周七千余里。国大都城周四十余里。土地沃壤,气序温暑,稼穑时播,花果具繁。人户殷盛,家产富饶。其形卑黑,其性犷烈。好学尚德,崇善勤福。

[注释]

①僧伽罗国:即今斯里兰卡。僧伽罗,意译执狮子、狮子。

[译文]

僧伽罗国方圆有七千多里。该国的大都城方圆四十多里。土地肥沃,气候温热,适时播种农作物,花卉水果种类繁多。居民人口众多,家庭财产丰厚。这里人的形象矮小黝黑,性情粗犷暴烈。热爱学习,崇尚美德,热衷行善积福。

一、执狮子传说

此国本宝渚①也,多有珍宝,栖止鬼神。其后南印度有一国王,女娉邻国,吉日送归,路逢师子,侍卫之徒弃女逃难。女居舆中,心甘丧命。时师子王负女而去,入深山,处幽谷,捕鹿采果,以时资给。既积岁月,遂孕男女,形貌同人,性种畜也。男渐长大,力格猛兽。年方弱冠,人智斯发,请其母曰:"我何谓乎?父则野兽,母乃是人。既非族类,如何配偶?"母乃述昔事以告其子,子曰:

"人畜殊途，宜速逃逝。"母曰："我先已逃，不能自济。"其子于后逐师子父，登山逾岭，察其游止，可以逃难。伺父去已，遂担负母妹，下趋人里。母曰："宜各慎密，勿说事源，人或知闻，轻鄙我等。"于是至父本国，国非家族，宗祀已灭。投寄邑人，人谓之曰："尔曹何国人也？"曰："我本此国，流离异域。子母相携，来归故里。"人皆哀愍，更共资给。其师子王还无所见，追恋男女，愤恚既发，便出山谷，往来村邑，咆哮震吼，暴害人物，残毒生类。邑人辄出，遂取而杀。击鼓吹贝，负弩持矛，群从成旅，然后免害。其王惧仁化之不洽也，乃纵猎者，期于擒获。王躬率四兵②，众以万计，掩薄林薮，弥跨山谷。师子震吼，人畜僻易。既不擒获，寻复招募，其有擒执师子除国患者，当酬重赏，式旌茂绩。其子闻王之令，乃谓母曰："饥寒已甚，宜可应募，或有所得，以相抚育。"母曰："言不可若是！彼虽畜也，犹谓父焉。岂以艰辛，而兴逆害？"子曰："人畜异类，礼义安在？既以违阻，此心何冀？"乃袖小刀，出应招募。是时千众万骑，云屯雾合。师子踞在林中，人莫敢近。子即其前，父遂驯伏。于是乎亲爱忘怒，乃刲刃③于腹中，尚怀慈爱，犹无忿毒。乃至刳腹，含苦而死。王曰："斯何人哉，若此之异也？"诱之以福利，震之以威祸，然后具陈始末，备述情事。王曰："逆哉！父而尚害，况非亲乎？畜种难驯，凶情易动。除民之害，其功大矣；断父之命，其心逆矣。重赏以酬其功，远放以诛其逆，则国典不亏，王言不贰。"于是装二大船，多储粮糇④。母留在国，周给赏功。子女各从一舟，随波飘荡。其男船泛海，至此宝渚，见丰珍玉，便于中止。其后商人采宝，复至渚中，乃杀其商主，留其子女。如是繁息，子孙众多，遂立君臣，以位上下，建都筑邑，据有疆域。以其先祖擒执师子，因举元功而为国号。其女船者，泛至波剌斯西，神鬼所魅，产育群女，故今西大女国是也。故师子国人形貌卑黑，方颐大颡，情性犷烈，安忍鸩毒，斯亦猛兽遗种。故其人多勇健。斯一说也。

[注释]

①宝渚：也叫作宝洲，传说此处盛产摩尼珠。　②四兵：指象、马、车、步四大兵种。　③剚（zì）刃：指用刀剑刺杀。　④粮糗（qiǔ）：粮食。

[译文]

这个国家原来是一个宝岛，出产奇珍异宝，鬼怪神灵在此居住。后来南印度有一位国王的女儿许配给邻国，选择吉日送去完婚。途中突然遇到一只狮子，侍卫们丢弃了王女落荒而逃。王女待在车里，知道自己命悬一线，满心绝望。那时，狮子驮起王女离开，进入深山，把她安置在幽谷之中，捕捉鹿，采集鲜果，按时供给。时间长了，王女生下一男一女，孩子们的外貌与人一样，血缘上可是畜生。男孩逐渐长大，力大无穷，可以与猛兽搏斗。当他二十岁的时候，开始有了人类的智慧，问他的母亲："我到底算什么？父亲是野兽，母亲却是人类。你们本不是同类，怎么会相配成婚呢？"王女于是把先前的往事告诉了儿子，儿子说："人兽种类各异，生活方式不同，应该马上逃离这里。"王女说："我以前曾经出逃过，可是无法成功。"儿子于是跟踪在狮子父亲身后，翻山越岭，观察它的行踪规律，准备以后出逃。等到某天狮子父亲走得远了，就背起母亲、妹妹，跑下山岭，进入人类活动的地方。王女说："我们必须严守秘密，千万不要说出事情的原委,别人一旦知道了内情,必然会鄙视我们。"这样王女带领孩子们回到了自己父王的国家。但是该国已经不是她的家族统治,原来的王族早就绝嗣无后了。他们只能投奔同乡,人们问道:"你们是哪个国家的人?"王女回答:"我们本来就是我国人氏,流落在异乡他国。如今携带子女,回归故乡。"人们都很同情他们,共同资助他们生活。那位狮子王返回以后,不见人影,心中思念儿女,情不自禁,勃然大怒,于是走出山谷,来往于村镇之间,怒吼咆哮,伤害居民,残杀生灵。城中人一出门,就被它猎取杀害。人们只能敲击大鼓,吹响螺贝,背负弓箭,手持长矛,成群结队,一起出行,才能免遭伤害。国王担心出现社会动荡,于是派遣猎人,希望能够捕获狮子。国王亲自率领四大兵种,数以万计的战士出发,悄悄靠近山林荒野,翻越山岭深谷。狮子吼声震天,人畜全都站立不稳。由于无法擒获狮子,只好再次招募勇士。如果有人能擒获狮子,为国除害,必定重赏,表彰丰功伟绩。儿子知道了国王的诏令,于是对母亲说:"家中饥寒交迫,应该前去应募,假如获得奖赏,正好可以度日。"母亲说:"话不能这样讲啊!它虽说是畜类,毕竟是你的父亲。怎么能够因为生活艰辛,就产生这种忤逆的想法呢?"儿子说:"人类与野兽不是同类,还讲什么礼义?既然已经与它一刀两断,还讲什么感情?"因此暗藏小刀,出去接受招募。那时,千军万马遍布,尘土飞扬。狮子就待在森林里,没人敢于靠近。儿子走到狮子面前,狮子父亲立即驯服,只顾亲热爱抚,不再愤怒。儿子把刀子插进父亲的腹中,狮子仍然心怀慈爱,没有怨忿狠毒的意思。就这样听凭儿子剖开胸腹,忍受疼痛而死。国王说:"这是什么人呀,有这样的超凡特异之处?"国王于是用丰厚的物质引诱他,接着用灾难威胁他,最终迫使儿子讲述了前因后果、事情的详细始末。国王说:"大逆不道啊!连亲生父亲都能杀害,更不必说非亲非故的人了？到底是牲畜的孽种，性情凶暴，容易动怒。为民除害，的确有功；杀死生父，心性恶逆。我要给你重赏酬谢你的功劳，但要将你流放远方惩罚忤逆大罪，这样才不会破坏国家法度，又能表明君王一言九鼎。"于是准备了两艘大船，装储了大量粮食。母亲留在国内，由政府供养报功。儿子、女儿分别乘坐一艘船，任由出海飘荡。儿子的船渡过大海，来到这座宝岛，他看见大批珍宝，就待在这里居住了。后来有商人来到岛上采集宝物，儿子杀了商人，留下商人子女。如此繁衍生息，后代越来越多，于是分立君臣位置，确立上下尊卑，建造都城，修筑城市，统治了这片国土。因为他们的祖先曾经擒拿过狮子，为了彰显这一开国大功，就用狮子作为国号。女儿的船渡海漂流到波剌斯国以西，她被神灵鬼怪所迷惑，生下一大群女儿，从而形成了现在的西大女国。所以狮子国的人外貌矮小黝黑，方下巴，大额头，性情粗犷暴烈，残忍狠毒，这是因为他们都是猛兽的后代，因此这儿的人多数非常勇敢强健。这是一种说法。

二、僧伽罗传说

佛法所记，则曰：昔此宝洲大铁城中，五百罗刹女①之所居也。城楼之上竖二高幢，表吉凶之相。有吉事吉幢动，有凶事凶幢动。恒伺商人至宝洲者，便变为美女，持香花，奏音乐，出迎慰问，诱入铁城。乐宴会已，而置铁牢中，渐取食之。时赡部洲有大商主僧伽者，其子字僧伽罗。父既年老，代知家务，与五百商人入海采宝，风波飘荡，遇至宝洲。时罗刹女望吉幢动，便赍香花，鼓奏音乐，相携迎候，诱入铁城。商主于是与罗刹女王欢会娱乐。自余商侣，各相配合，弥历岁时，皆生一子。诸罗刹女情疏故人，欲幽之铁牢，更伺商侣。时僧伽罗夜感恶梦，知非吉祥，窃求归路，遇至铁牢，乃闻悲号之声。遂升高树，问曰："谁相拘絷而此怨伤？"曰："尔不知耶？城中诸女，并是罗刹。昔诱我曹入城娱乐。君既将至，幽牢我曹，渐充所食，今已太半。君等不久亦遭此祸。"僧伽罗曰："当图何计，可免危难？"对曰："我闻海滨有一天马，至诚祈请，必相济渡。"僧伽罗闻已，窃告商侣，共望海滨，专精求救。是时天马来告人曰："尔辈各执我毛鬣不回顾者，我济汝曹，越海免难，至赡部洲，吉达乡国。"诸商人奉指告，专一无贰，执其髦鬣。天马乃腾骧云路，越济海岸。诸罗刹女忽觉夫逃，递相告语，异其所去，各携稚子凌虚往来。知诸商人将出海滨，遂相召命，飞行远访。尝未逾时，遇诸商侣，悲喜俱至，涕泪交流，各掩泣而言曰："我惟感遇，幸会良人，室家有庆，恩爱已久。而今远弃，妻子孤遗，悠悠此心，谁其能忍？幸愿留顾，相与还城。"商人之心未肯回虑。诸罗刹女策说无功，遂纵妖媚，备行娇惑。商侣爱恋，情难堪忍，心疑去留，身皆退堕。罗刹诸女更相拜贺，与彼商人，携持而去。僧伽罗者，智慧深固，心无滞累，得越大海，免斯危难。时罗刹女王空还铁城，诸女谓曰："汝无智略，为夫所弃，既寡艺能，宜勿居此。"时罗刹女王持所生子，飞至僧伽罗前，纵极媚惑，诱请令还。僧伽罗口诵神咒，手挥利剑，叱而告曰："汝是罗刹，我乃是人。人鬼异路，非其匹合。若苦相逼，当断汝命。"罗刹女知诱惑之不遂也，凌虚而去，至僧伽罗家，谓其父僧伽曰："我是某国王女，僧伽罗娶我为妻，生一子矣。赍持宝货，来还乡国。泛海遭风，舟楫漂没。唯我子母及僧伽罗，仅而获济。山川道阻，冻馁艰辛，一言忤意，遂见弃遗，詈言不逊，骂为罗刹。归则家国辽远，止则孤遗羁旅。进退无依，敢陈情事。"僧伽曰："诚如所言，宜时即入室。"居未久，僧伽罗至。父谓之曰："何重财宝，而轻妻子？"僧伽罗曰："此罗刹女也。"则以先事具白父母，而亲宗戚属，咸事驱逐。时罗刹女遂以诉王，王欲罪僧伽罗。僧伽罗曰："罗刹之女，情多妖惑。"王以为不诚也，而情悦其淑美，谓僧伽罗曰："必弃此女，令留后宫。"僧伽罗曰："恐为灾祸。斯既罗刹，食唯血肉。"王不听僧伽罗之言，遂纳为妻。其后夜分，飞还宝渚，召余五百罗刹鬼女，共至王宫，以毒咒术，残害宫中。凡诸人畜，食肉饮血，持其余尸，还归宝渚。旦日，群臣朝集，王门闭而不开，候听久之，不闻人语。于是排其户，辟其门，相从趋进，遂至宫庭，阒其无人，唯有骸骨。群官僚佐相顾失图，悲号恸哭，莫测祸源。僧伽罗具告始末，臣庶信然，祸自招矣。于是国辅老臣、群官宿将，历问明德，推据崇高，咸仰僧伽罗之福智也，乃相议曰："夫君人者，岂苟且哉？先资福智，次体明哲，非福智无以享宝位，非明哲何以理机务？僧伽罗者，斯其人矣。梦察祸机，感应天马，忠以谏主，智足谋身。历运在兹，惟新成咏。"众庶乐推，尊立为王。僧伽罗辞不获免，允执其中，恭揖群官，遂即王位。于是沿革前弊，表式贤良。乃下令曰："吾先商侣在罗刹国，死生莫测，善恶不分。今将救难，宜整兵甲。拯危恤患，国之福也。收珍藏宝，国之利也。"于是治兵，浮海而往。时铁城上凶幢遂动，诸罗刹女睹而惶怖，便纵妖媚，出迎诱诳。王素知其诈，令诸兵士口诵神咒，身奋武威。诸罗刹女蹎坠退败，或逃隐孤岛，或沉溺洪流。于是毁铁城，破铁牢，救得商人，多获珠宝。招募黎庶，迁居宝洲，建都筑邑，遂有国焉。因以王名而为国号。僧伽罗者，则释迦如来本生之事也。

[注释]

①罗刹女：吃人的女鬼。罗刹为恶鬼的总称。

[译文]

佛经里记载说：以前这个宝岛上的大铁城中，居住着五百个罗刹女。城楼上竖立着两个高大的宝幢，来预示吉凶。有好事发生，吉幢晃动，有坏事发生，凶幢晃动。她们一直等待来到宝岛上的商人，看到这些人来，就变成美女，手持香花，演奏音乐，出城迎接问候，将他们引诱进铁城里。饮宴作乐之后，就把他们关押在铁牢中，慢慢吃这些人。那时，赡部洲有位大商人名叫僧伽，他的儿子叫僧伽罗。父亲年纪大了，由儿子管理家业，于是和五百名商人出海，寻找宝物，一行人随波逐流，来到这个宝岛上。当时，罗刹女们看到吉幢摇动，马上捧了香花，演奏音乐，成群结队出城迎接，将他们引诱进入铁城。僧伽罗于是和罗刹女王高高兴兴地饮宴聚会。其他商人和罗刹女们两两结合，经过一年以后，都生下了儿子。时间一长，每个罗刹女对伴侣们感情淡漠，想要把情人们幽闭在铁牢里，等着新来的商人。正在此时，僧伽罗晚上做了噩梦，感到要有灾祸发生，于是偷偷寻找出逃的路，路过铁牢，听到悲惨的哀号声。他于是爬上大树，问道："是谁把你们拘押在这里，使你们如此悲伤呢？"牢中之人回答说："你不知道吗？城里的女子们都是罗刹。以前诱惑我们进入城内娱乐。你们快来了，就将我们关押起来，慢慢吃掉我们，如今多一半的人已经被吃掉了。你们过不了多久也会遭遇和我们一样的下场。"僧伽罗说："应该用什么办法，才能够逃脱大难？"牢中之人回答说："我们听说海边上有一匹天马，诚心诚意地祈求，必定会得到帮助渡过大海。"僧伽罗听完，悄悄告诉同来的商侣，一起来到海边，虔心求救。这时，天马出现告知众人说："你们中愿意抓住我的鬃毛，不回头看的人，我能帮助你们，渡过大海，摆脱灾难，回到赡部洲，安全抵达家乡。"各位商人遵照天马的指示，一心一意抓紧天马鬃毛。天马于是腾空而起，升入云端，飞离了海岸。罗刹女忽然发现自己的配偶逃走，互相告知，对他们的离去感到十分惊讶，各自带着孩子飞往空中查看。才知道商人们即将离开海岸，于是相互召唤，飞行追赶。不一会儿，就碰到了商人们，悲喜交加，不住啼哭，她们掩面哭泣说："我们有缘分，幸运地遇到好夫君，家庭和睦，夫妻恩爱，时间不短了。如今你们离家远去，抛妻弃子，心中的苦怨孤寂，哪个人能承受？希望能念及妻儿留下，阖家回城吧。"然而，商人们没有回心转意。罗刹女们看到劝说无效，于是施展妖媚邪术，大肆诱惑。商人们产生爱恋情欲，无法控制感情，内心犹豫不决，身体随即落地。罗刹女们相互行礼庆贺，和商人们一起，手牵手返回宝岛。只有僧伽罗的智慧根基牢固，心中没有牵挂，最终飞越大海，免遭危难。罗刹女王只身一人返回铁城，众女对她说："你没有智慧谋略，被夫君抛弃，既然缺少才能，就不要住在这里了。"罗刹女王无奈只得带着自己的儿子，飞至僧伽罗面前，极力施展媚惑手段，引诱他返回铁城。僧伽罗口中念诵神咒，手中挥舞利剑，叱责她说："你是罗刹，我是人类。人与鬼并非同类，不能结为夫妻。你如果仍旧苦苦相逼，我就结果你的性命。"罗刹女王知道诱惑难以产生效果，于是腾空而去，来到僧伽罗家中，对他的父亲僧伽说："我是某国国王的女儿，僧伽罗娶我为妻，已经生下一个儿子。我们携带珍宝，一同返回家乡。途中渡海时遇到狂风，船只沉没。只剩下我们母子和僧伽罗侥幸逃生。山川阻隔，道路遥远，饥寒交迫，一路艰辛，只因为一言不合，就被僧伽罗遗弃。他还出言不逊，骂我是罗刹。我想返归故国，无奈路途遥远；如果留在这里，却又无依无靠，流落异乡。如今走投无路，只能冒昧禀告实情。"僧伽说："真是你说的那样，就该住进我家。"住下时间不久，僧伽罗回到家中。父亲对他说："你为什么贪恋财物，忽视妻儿？"僧伽罗说："她是罗刹女。"于是把以前发生的事原原本本告诉了父母亲，宗族亲戚知道后，一起赶走了罗刹女王。罗刹女转而向国王申诉，国王想要治僧伽罗的罪。僧伽罗说："这是罗刹女，最善于以虚情假意、魅惑妖术引诱人。"国王认为他的话有假，自己也喜爱罗刹女王的美貌温柔，就对僧伽罗说："你如果确定抛弃此女，就让她留在后宫中。"僧伽罗说："我担心会酿成灾祸。她既然是罗刹女，专吃人的血肉。"国王不听僧伽罗的话，就娶了罗刹女王为妻。后来在夜半时分，女王飞回宝岛，召集五百名罗刹女鬼，一同来到王宫里，施放毒咒，残杀宫中生灵。不论人畜都被吃了肉，喝了血，罗刹女们带着残剩的尸体，回到宝岛。清晨，文武百官聚集上朝，发现宫门紧闭不开，等待了很长时间，也没有听到有人说话。于是冲破宫门，一起涌入，进入宫廷之中，空空荡荡不见人影，只有满地骸骨。众位大臣面面相觑，不知如何是好，悲痛号哭，不明白灾祸因何而起。僧伽罗告诉他们事情的原委，大臣百姓最终相信，一切灾难都是国王咎由自取。于是，王国宰辅、年长重臣、文武百官，挨个询问智慧有德的贤人，为的是推举伟大高尚的人继承王位，大家都敬仰僧伽罗的福德、智慧，众口一词道："推选担当君位的人，怎能草率从事？他首先要有福德智慧，其次必须明晓事理，没有福德智慧不能坐享王位，不能明晓事理哪能处理国政？僧伽罗就是这样的人。他能在梦中体察灾祸征兆，感动天马显灵，他一片赤诚劝谏君主，足智多谋保全性命。天命就寄托在他的身上，由他建立新的王朝值得万民称颂。"众人都愿意推戴，尊奉他为国王。僧伽罗无法推辞，只得同意大家的请求，恭敬地向百官行礼后，就登上了王位。他革除了前朝的弊政，表彰贤明良善之人。此后下令："我先前的商人同伴们还在罗刹国内，不知死活，善恶难辨。现在我要拯救他们，应该发动军队。挽救受苦同伴，抚慰遭难之人，这是为国造福。收取奇珍异宝，这是为国谋利。"于是点齐军马，渡海征伐宝岛。当时，铁城上的凶幢晃动，罗刹女们眼见大兵压境，惊恐不已，于是施展妖媚法术，出城迎候，准备诱骗。国王早就知道她们的诡计，命令士兵口中念诵神咒，奋勇向前，气势武威。罗刹女们狼狈败退，有的逃往海中孤岛隐藏，有的淹死在汪洋大海之中。国王拆毁铁城，打破铁牢，救出商人，获得大量珠宝。招募黎民百姓，移居宝岛，建造都市城邑，建立了这个国家。所以用国王的名字作为国号。这里所说的僧伽罗，就是释迦如来的本生故事。

三、佛教二部

僧伽罗国先时唯宗淫祀。佛去世后第一百年，无忧王弟摩醯因陀罗舍离欲爱，志求圣果，得六神通，具八解脱，足步虚空，来游此国，弘宣正法，流布遗教。自兹已降，风俗淳信。伽蓝数百所，僧徒二万余人，遵行大乘上座部法。佛教至后二百余年，各擅专门，分成二部：一曰摩诃毗诃罗①住部，斥大乘，习小教。二曰阿跋邪祇厘②住部，学兼二乘，弘演三藏，僧徒乃戒行贞洁，定慧凝明，仪范可师，济济如也。

[注释]

①摩诃毗诃罗：意思是大寺，相传天爱帝须王从摩哂陀之说，迎菩提

伽耶的菩提树植于弥伽园，建立该寺后成为上座部摩诃毗诃罗住部的本山，故该支以"大寺"为名号。　②阿跋邪祇厘：意思是无畏山，是阿跋邪祇厘住部的本山，故该支派也以"无畏山"为名号。

[译文]

　　僧伽罗国以前只崇奉邪教。佛祖去世后第一百年，无忧王的弟弟摩醯因陀罗舍弃了世间爱欲，立志要求证圣果，取得六神通，具备八解脱。他在空中飞行，前来游历该国，弘扬宣传佛法，传播推广佛教。从那以后，民风改变，虔信佛教。国内有佛寺几百座，僧人有二万多名，遵奉的是受大乘影响的小乘上座部法。佛教在此后的二百多年里，产生了不同的学说，分裂为两派：一派称为摩诃毗诃罗住部，排斥大乘佛法，研习小乘佛教。另一派称为阿跋邪祇厘住部，兼修大小乘佛法，研究发扬三藏，僧徒严守戒律，一心修持定、慧，仪表风范是人们学习的榜样，这些人人数众多。

四、佛牙精舍

　　王宫侧有佛牙精舍，高数百尺。莹以珠珍，饰之奇宝。精舍上建表柱，置钵昙摩罗加①大宝，宝光赫奕联晖，照曜昼夜，远望烂若明星。王以佛牙日三灌洗，香水香末，或灌或焚，务极珍奇，式修供养。

[注释]

　　①钵昙摩罗加：红色宝石。

[译文]

　　王宫旁边有座佛牙精舍，高有几百尺，镶嵌装饰着奇珍异宝。精舍上面建有表柱，里面藏有钵昙摩罗加大宝石，光彩夺目，熠熠生辉，无论白天黑夜，始终大放光芒，远远看去像闪耀的明星。国王每天将佛牙清洗三次，有时用香水盥洗，有时焚烧香末熏染，用尽珍奇物品，诚心供养佛牙。

五、俯首佛像传说

佛牙精舍侧有小精舍，亦以众宝而为莹饰。中有金佛像，此国先王等身而铸，肉髻①则贵宝饰焉。其后有盗伺欲窃取，而重门周槛，卫守清切。盗乃凿通孔道，入精舍而穴之，遂欲取宝，像渐高远。其盗既不果求，退而叹曰："如来在昔修菩萨行，起广大心，发弘誓愿，上自身命，下至国城，悲愍四生，周给一切。今者如何遗像吝宝？静言于此，不明昔行②。"像乃俯首而授宝焉。是盗得已，寻持货卖，人或见者，咸谓之曰："此宝乃先王金佛像顶髻宝也，尔从何获，来此鬻卖？"遂擒以白王，王问所从得，盗曰："佛自与我，我非盗也。"王以为不诚，命使观验，像犹俯首。王睹圣灵，信心淳固，不罪其人，重赎其宝，庄严像髻，重置顶焉。像因俯首，以至于今。

[注释]

①肉髻：是佛陀头顶的一个肉团，也是佛陀三十二相中的无间顶相。

②"静言"二句：意谓我仔细地揆诸事理，认为你没有发扬光大以前的善行。静言，安静地，仔细地。

[译文]

佛牙精舍旁边还有座小精舍，也用各种宝物装饰。精舍中有尊金佛像，是这个国家的先王按照佛祖真身的高度铸成，肉髻上用珍贵的宝物装饰。后来有个盗贼想要伺机偷走宝物，但是精舍门户众多，防卫严密。盗贼于是挖了条地道，偷偷从精舍下方潜入，准备窃取宝物，不料佛像变高、变远。盗贼最终没能得手，后退感叹说："以前如来修菩萨行的时候，曾经以广大智慧，发下弘誓大愿，上自自身性命，下到国家城池，因为怜悯世间众生，愿将自己的一切施舍。现如今遗留的佛像却怎么这样吝惜宝物呢？我在此静静思考，觉得你没有履行从前的誓愿。"佛像于是低下头来，让他偷去珍宝。这个盗贼得到宝物后，马上拿去找买家，看见宝物的人都在责问盗贼："这是先王所铸金佛像头顶髻上的佛宝，你从哪里得到它，跑来这里贩卖？"于是抓住盗贼，报告了国王，国王问他从哪里得到，盗贼说："佛自己送给我的，我没有偷盗。"国王认为他不诚实，命令使者前去验看，果然佛像还低着头。国王亲眼看到佛祖显灵，信仰更加坚定，没有处罚盗贼，而是重金赎回宝物，再次装饰佛像顶髻，重新放置在头顶上。佛像于是低着头，一直保持到现在。

六、斋僧及采宝

王宫侧建大厨，日营万八千僧食。食时既至，僧徒持钵受馔，既得食已，各还其居。自佛教流被，建斯供养，子孙承统继业至今。十数年来，国中政乱，未有定主，乃废斯业。

国滨海隅，地产珍宝，王亲祠祭，神呈奇货。都人士子，往来求采，称其福报，所获不同。随得珠玑，赋税有科。

[译文]

　　王宫旁边还建有大厨房，每天供应一万八千名僧人的饮食。进餐时间到时，僧人们手持钵盂接受食物，用餐完毕，各自返回居所。自从佛教传入之后，就建造了这个厨房来供养僧人，子子孙孙接续王位，继续这一善业直到现在。最近十多年来，国内政治混乱，没有稳定在位的君主，才荒废了善举。

　　该国位于海边，出产奇珍异宝，国王亲自祭祠后，神灵就会呈献珍奇宝物。城中的居民纷纷前来祈求、采集，根据他们每人福报的大小，得到宝物的数量也不相同。凡是采得的珍宝，都要缴纳赋税。

七、骏迦山与那罗稽罗洲

　　国东南隅有骏（勒邓反）迦山①，岩谷幽峻，神鬼游舍。在昔如来于此说《骏迦经》（旧曰《楞伽经》，讹也）。

　　国南浮海数千里，至那罗稽罗洲②。洲人卑小，长余三尺，人身鸟喙。既无谷稼，唯食椰子。

　　那罗稽罗洲西浮海数千里，孤岛东崖有石佛像，高百余尺，东面坐，以月爱珠③为肉髻。月将回照，水即悬流，滂霈崖岭，临注溪壑。时有商侣，遭风飘浪，随波泛滥，遂至孤岛。海咸不可以饮，渴乏者久之。是时月十五日也。像顶流水，众皆获济。以为至诚所感，灵圣拯之，于即留停，遂经数日。每月隐高岩，其水不流。时商主曰："未必为济我曹而流水也。尝闻月爱珠，月光照即水流注耳。将非佛像顶上有此宝耶？"遂登崖而视之，乃以月爱殊为像肉髻。当见其人，说其始末。

国西浮海数千里,至大宝洲,无人居止,唯神栖宅。静夜遥望,光烛山水。商人往之者多矣,咸无所得。

自达罗毗荼国北,入林野中,历孤城,过小邑,凶人结党,作害羁旅,行二千余里,至恭建那补罗国(南印度境)。

[注释]

①駮迦山:有人认为这是斯里兰卡南部的亚当峰,为印度教徒、佛教徒、伊斯兰教徒的圣地。 ②那罗稽罗洲:具体方位不详,应该是印度洋上某个岛屿。 ③月爱珠:传说中的珍宝,由月光凝结而成,在月光照射时才放出光芒和冰冷的气。

[译文]

该国东南部有駮迦山,山谷幽深险峻,神鬼在此游荡居住。以前如来在这里讲说《駮迦经》(过去称为《楞伽经》,错了)。

从僧伽罗国向南,航行几千里,到达那罗稽罗洲。洲上的居民身材矮小,只有三尺多高,长着人的身躯、鸟的嘴形。没有农作物,只能吃椰子。

从那罗稽罗洲向西,航行几千里,在一座孤岛东边的山崖上有一尊石佛像,高达一百多尺,面向东方而坐,用月爱珠制成佛像肉髻。每当月相转圆时,光芒反射,山泉就如瀑布般流下,冲刷山崖峻岭,注满溪谷。曾经有群商人,海中遭遇风浪,随波逐流,来到孤岛。海水苦咸不能饮用,又渴又累,经过很长时间。正当这个月的十五日,佛像顶上流下泉水,众人得以活命。大伙认为是自己的至诚感动了神灵,得到了拯救,随即留了下来,住了一些日子。每逢月亮被高山遮蔽,就没有泉水流淌。这时,商人首领说:"恐怕不是因为神灵救济我们,才有泉水流下。我曾经听人说过,当月光照在月爱珠上,就会有水流出。难道佛像顶上装有这个宝物?"于是登上山查看,果然佛像的肉髻是用月爱珠制成的。我见过这位商人首领,亲耳听他讲了这件事。

从僧伽罗国向西,航行几千里,到达大宝洲,这里无人居住,是神灵的栖身之所。深夜远远望去,光芒照亮山水。很多商人前去寻宝,却一无所获。

从达罗毗荼国往北,进入森林荒野之中,经过孤城、小邑,途中恶人结成匪帮,危害来往客商。行进二千多里后,到达恭建那补罗国(在南印度境内)。

恭建那补罗国

恭建那补罗国①周五千余里。国大都城周三十余里。土地膏腴,稼穑滋盛。气序温暑,风俗躁烈。形貌黧黑,情性犷暴。好学业,尚德艺。伽蓝百余所,僧徒万余人,大小二乘兼功综习。天祠数百,异道杂居。

王宫城侧有大伽蓝,僧徒三百余人,实唯俊彦也。其伽蓝大精舍高百余尺,中有一切义成太子宝冠,高减二尺,饰以宝珍,盛以宝函。每至斋日,出置高座,香花供养,时放光明。

城侧大伽蓝中有精舍,高五十余尺,中有刻檀慈氏菩萨像,高十余尺。或至斋日,神光照烛,是闻二百亿罗汉之所造也。

城北不远,有多罗树林,周三十余里。其叶长广,其色光润,诸国书写，莫不采用。林中有窣堵波，是过去四佛坐及经行遗迹之所。其侧则有闻二百亿罗汉遗身舍利窣堵波也。

城东不远，有窣堵波，基已倾陷，余高三丈。闻诸先志曰：此中有如来舍利。或至斋日，时烛灵光。在昔如来于此说法，现神通力，度诸群生。

城西南不远，有窣堵波，高百余尺，无忧王之所建也。是闻二百亿罗汉于此现大神通，化度众生。傍有伽蓝，唯余基趾，是彼罗汉之所建也。

从此西北入大林野，猛兽暴害，群盗凶残。行二千四五百里，至摩诃剌侘国（南印度境）。

[注释]

①恭建那补罗国：故址在今印度南部果阿地区以西通加巴德腊河流域一带。

[译文]

恭建那补罗国方圆五千多里。该国的大都城方圆三十多里。土地肥沃，庄稼生长茂盛。气候炎热，民风暴躁刚烈。长相外貌黝黑，情性粗犷凶暴。喜好学习，崇尚道德技艺。佛寺有一百多座，僧人有一万多名，对于大小二乘佛法都在学习修持。天祠有几百座，各派外道混杂居住。

国王的宫城旁边有座大佛寺，僧人有三百多名，全是杰出俊才。佛寺的大精舍高达一百多尺，其中藏有一切义成太子的宝冠，高度接近二尺，用珍宝装饰，盛放在宝盒之中。每逢斋日，取出宝冠放在高座之上，燃香献花加以供养，常常放射出光芒。

城边的大佛寺里有座精舍，高有五十多尺，里面有尊刻檀慈氏菩萨像，高有十多尺。每到斋日，神光照耀，是由闻二百亿罗汉建造的。

城北不远处有片多罗树林，方圆三十多里。树叶又宽又长，色泽光亮莹润，各国书写的材料，全都使用这种叶子。林中有座佛塔，是过去四佛打坐和散步场所的遗迹。塔旁有闻二百亿罗汉的遗身舍利塔。

城东不远处有座佛塔，塔基已经塌陷，残存高度有三丈。听年长者说：塔中藏有如来舍利。常常在斋日期间，放射灵光。以前如来曾在这里说法，显现大神通，救度众生。

城西南方不远处有座佛塔，高达一百多尺，由无忧王建造。当初闻二百亿罗汉在这里显示大神通，度化生灵。旁边有座佛寺，只剩下残基，也是闻二百亿罗汉建造的。

从这里向西北方，进入大片森林旷野，有猛兽危害生灵，匪徒成群结队杀人越货。行走二千四五百里，到达摩诃剌侘国（在南印度境内）。

摩诃剌侘国

摩诃剌侘国①周六千余里。国大都城西临大河，周三十余里。土地沃壤，稼穑殷盛。气序温暑，风俗淳质。其形伟大，其性傲逸，有恩必报，有怨必复。人或陵辱，殉命以雠。窘急投分②，忘身以济。将复怨也，必先告之。各被坚甲，然后争锋。临阵逐北，不杀已降。兵将失利，无所刑罚，赐之女服，感激自死。国养勇士，有数百人。每将决战，饮酒酣醉，一人摧锋，万夫挫锐。遇人肆害，国刑不加，每出游行，击鼓前导。复饲暴象，凡数百头，将欲阵战，亦先饮酒，群驰蹈践，前无坚敌。其王恃此人象，轻陵邻国。王，刹帝利种也，名补罗稽舍③，谋猷弘远，仁慈广被。臣下事之，尽其忠矣。今戒日大王东征西伐，远宾迩肃，唯此国人独不臣伏。屡率五印度甲兵及募召诸国烈将，躬往讨伐，犹未克胜。其兵也如此，其俗也如彼。人知好学，邪正兼崇。伽蓝百余所，僧徒五千余人，大小二乘兼功综习。天祠百所，异道甚多。

[注释]

①摩诃剌侘国：故址在今印度孟买西北一带。　②投分：意气相合的人，知心朋友。　③补罗稽舍：印度历史上著名的统治者补罗稽舍二世，约610～642年在位。

[译文]

摩诃剌侘国方圆六千多里。该国的大都城西面濒临大河，方圆三十多里。土地肥沃，庄稼生长茂盛。气候炎热，民风淳厚质朴。人们身材高大，性格倨傲旷达，受到恩惠必然报答，遭逢仇怨一定报复。一旦被人欺侮，拼了性命也要复仇。亲朋好友陷入困境，舍身忘我前去帮助。准备复仇的时候，一定先告诉对方。各自身披甲胄，然后再争高下。打仗时追逐逃军，不妄杀投降的人。兵将打了败仗，也不会惩罚，而是赐给女人的衣服，让他羞愧自杀。国家豢养的勇士有几百人。每当将要决战之际，先喝得大醉，其中一人首先冲锋陷阵，敌方万人锐气顿挫。如果有勇士伤害别人，国家不施加刑罚，只是每次出外游行，都由此人在前面敲鼓作为向导。还养了凶暴的大象有几百头，准备打仗之前，也是先让大象喝酒，战场上象群奔跑蹈践，所向无敌。该国国王仰仗着勇士和猛象，轻侮欺凌邻国。国王属于刹帝利种姓，名叫补罗稽舍。此王深谋远虑，志向远大，仁厚慈爱，惠及百姓。所以臣子们侍奉他，都能精忠报国。如今戒日王东征西伐，远近各国全部臣服，只有该国人不肯归附。戒日王多次率领五印度的军队连同募召自各国的猛将，亲自前往征讨，仍然不能取胜。这个国家的军队如此，民风却大不相同。这儿的人都懂得崇尚学问，信奉佛法和外道。佛寺有一百多座，僧人有五千多名，对于大小二乘佛法全都学习修持。天祠有一百座，各派外道很多。

一、附近诸迹

大城内外五窣堵波，并过去四佛坐及经行遗迹之所，无忧王建也。自余石砖诸窣堵波，其数甚多，难用备举。

城南不远有故伽蓝，中有观自在菩萨石像，灵鉴潜被，愿求多果。

[译文]

大城的内外有五座佛塔，都是过去四佛打坐以及散步场所的遗迹，是无忧王建造的。其他的石、砖佛塔数量众多，难以一一列举。

城南面不远处有旧佛寺，寺里有尊观自在菩萨的石像，冥冥中自有灵验，前去乞求，大多如愿。

二、阿折罗伽蓝及石窟

国东境有大山，叠岭连障，重峦绝巘。爰有伽蓝，基于幽谷，高堂邃宇，疏崖枕峰；重阁层台，背岩而壑，阿折罗①（唐言所行）阿罗汉所建。罗汉，西印度人也。其母既终，观生何趣②，见于此国,受女人身。罗汉遂来至此,将欲导化,随机摄受③。入里乞食,至母生家,女子持食来施,乳便流汁,亲属既见,以为不祥。罗汉说本因缘,女子便证圣果。罗汉感生育之恩,怀业缘之致,将酬厚德,建此伽蓝。

伽蓝大精舍高百余尺,中有石佛像,高七十余尺,上有石盖七重,虚悬无缀,盖间相去各三尺余。闻诸先志曰:斯乃罗汉愿力之所持也。或曰神通之力;或曰药术之功。考厥实录,未详其致。精舍四周雕镂石壁,作如来在昔修菩萨行诸因地④事。证圣果之祯祥,入寂灭之灵应,巨细无遗,备尽镌镂。伽蓝门外南北左右,各一石象。闻之土俗曰:此象时大声吼,地为震动。昔陈那菩萨多止此伽蓝。

自此西行千余里,渡耐秣陀河,至跋禄羯咕(昌叶反)婆国(南印度境)。

[注释]

①阿折罗:印度著名的阿旃陀石窟寺,位于今印度南部德干高原文达雅山的悬崖上。　②趣:也就是道,是说众生死后不同的趋向。　③摄受:指佛以慈悲的光明拯救苦难的众生。　④因地:修行佛道的位,修菩萨行的位是因地。

[译文]

　　该国东部边境上有座大山,层峦叠嶂,山势陡峭。有座佛寺正建在深谷之中,殿堂高大,屋宇深邃,开凿山崖,倚枕山峰;亭台楼阁,密密层层,背靠崖壁,面临峡谷,是由阿折罗(大唐称为所行)阿罗汉修建的。

罗汉是西印度人。他的母亲死后,他想知道母亲投生哪一道。发现母亲转世该国,投生为女人。罗汉于是来到这里,准备度化他的母亲,根据机缘加以引导。罗汉进入市里乞讨,来到母亲投生的人家,这个女子拿着食物前来施舍,乳房就流下乳汁。亲属们看到,认为很不吉利。罗汉讲说了前世因缘,此女子马上证得圣果。罗汉感念母亲的生育大恩,怀念因缘造就的母子关系,为了报答这份厚恩,于是建造了这座佛寺。

佛寺的大精舍高达一百多尺,里面有尊石质佛像,高有七十多尺,佛像上面有七层石伞,悬浮空中,并无连接,各伞之间相距有三尺多。听年长者说:这是靠罗汉的愿力支撑的结果。有人说是神通的力量;也有人说是药物、法术的效果。参考文字记载,也没有说明原因。精舍四周的石壁,雕刻各种图形,都是如来以前在修菩萨行时,为了取得因地之位,而做的种种善事。如来证得圣果时显示的各种祥瑞,将要涅槃时出现的各种感应,大小事迹,包罗无遗,全都雕刻在石壁上。佛寺门外南北左右四方,各有一尊石象。听当地人说:石象们有时会放声吼叫,大地为之震动。当初陈那菩萨也常常住在这个佛寺里。

从这里向西走一千多里,渡过耐秣陀河,来到跋禄羯呫婆国(在南印度境内)。

跋禄羯呫婆国

跋禄羯呫婆国①周二千四五百里。国大都城周二十余里。土地咸卤,草木稀疏,煮海为盐,利海为业。气序暑热,回风飘起。土俗浇薄,人性诡诈,不知学艺,邪正兼信。伽蓝十余所,僧徒三百余人,习学大乘上座部法。天祠十余所,异道杂居。

从此西北行二千余里,至摩腊婆国(即南罗罗国,南印度境)。

[注释]

①跋禄羯呫婆国:都城故址在今纳巴达河口的布罗奇,著名海港。

[译文]

跋禄羯呫婆国方圆二千四五百里。该国的大都城方圆二十多里。土壤盐碱,草木稀少,熬煮海水制盐,依靠海洋为生。气候炎热,经常突然刮起旋风。民风刻薄,性情诡诈,不懂得学习技艺,外道、佛教都有信仰。佛寺有十多座,僧人有三百多名,研习受大乘影响的小乘佛教上座部法。天祠有十多座,各派外道混杂居住。

从这里向西北方走二千多里,到达摩腊婆国(也就是南罗罗国,在南印度境内)。

摩腊婆国

摩腊婆国[①]周六千余里。国大都城周三十余里,据莫醯河[②]东南。土地膏腴,稼穑殷盛。草木荣茂,花果繁实。特宜宿麦,多食饼麨。人性善顺,大抵聪敏,言辞雅亮,学艺优深。五印度境,两国重学,西南摩腊婆国,东北摩揭陀国,贵德尚仁,明敏强学。而此国也,邪正杂信。伽蓝数百所,僧徒二万余人,习学小乘正量部法。天祠数百,异道实众,多是涂灰之侣也。

[注释]

①摩腊婆国:约相当于今印度孟买邦卡奇湾以东到中央邦马尔瓦一带地区。 ②莫醯河:即莫诃河,或者在今柏瓦尔河上游。

[译文]

摩腊婆国方圆六千多里。该国的大都城方圆三十多里,位于莫醯河东南方。土地肥沃,农作物繁盛。草木生长茂密,鲜花水果众多。特别适宜种植冬小麦,以面饼为主食。居民性情善良和顺,多数人聪明机智,言谈文雅清晰,学问技艺水平很高。在五印度境内,有两个国家重视学问,一个是西南部的摩腊婆国,一个是东北部的摩揭陀国,崇尚德行仁义,聪明机智,勤于学习。在这个国家,外道和佛教都有人信仰。佛寺有几百座,僧人有二万多名,研习小乘佛教正量部法。天祠有几百座,外道人数众多,多数属于涂灰外道。

一、戒日王遗事

国志曰:六十年前,王号尸罗阿迭多①(唐言戒日),机慧高明,才学赡敏,爱育四生,敬崇三宝。始自诞灵,洎乎没齿②,貌无瞋色,手不害生。象马饮水,漉而后饲,恐伤水性也。其仁慈如此。在位五十余年,野兽狎人。举国黎庶,咸不杀害。居宫之侧,建立精舍,穷诸工巧,备尽庄严,中作七佛世尊之像。每岁恒设无遮大会,招集四方僧徒,修施四事供养,或以三衣道具,或以七宝珍奇,奕世相承,美业无替。

[注释]

①尸罗阿迭多:这个戒日王不是曲女城的戒日王,而是伐腊毗国国王

尸罗阿迭多一世,也称为法日王。　②没齿:终身。

[译文]

　　据该国史书记载:六十年前,国王名叫尸罗阿迭多(大唐称为戒日),此王机智聪慧,学问出众,爱护百姓,崇敬佛教。从出生之后,直到晚年,从来没有表现出怒气,也从不伤害生灵。大象、马匹喝的水,都要经过滤后再提供,唯恐杀死水中的生物。他的仁慈达到了这样的程度。国王在位的五十多年里,野兽与人类很亲近。全国上下的人都不会杀生害命。他在所居住王宫的旁边建造了精舍,极尽工艺的巧妙,全力加以修饰,精舍里有过去七佛的佛像。每年都要召开无遮大会,招集各地僧人信徒,施舍财物,供养四事,或者布施三种僧衣,或者布施七宝珍奇。这一传统世代延续,这一善业从未间断。

二、贤爱破邪论故事

　　大城西北二十余里,至婆罗门邑,傍有陷坑,秋夏淫滞,弥淹旬日,虽纳众流,而无积水。其傍又建小窣堵波。闻诸先志曰:昔者大慢①婆罗门生身陷入地狱之处。昔此邑中有婆罗门,生知博物,学冠时彦。内外典籍,究极幽微,历数玄文,若视诸掌,风范清高,令问遐被。王甚珍敬,国人宗重。门人千数,味道②钦风。每而言曰:"吾为世出,述圣导凡。先贤后哲,无与我比。彼大自在天、婆薮天③、那罗延天、佛世尊者,人皆风靡,祖述其道,莫不图形,竞修祇敬。我今德逾于彼,名擅于时,不有所异,其何以显?"遂用赤栴檀刻作大自在天、婆薮天、那罗延天④、佛世尊等像,为座四足,凡有所至,负以自随,其慢傲也如此。时西印度有苾刍跋陀罗缕支（唐言贤爱），妙极因明，深穷异论，道风淳粹，戒香郁烈，少欲知足，无求于物。闻而叹曰："惜哉，时无人矣！令彼愚夫，敢行凶德⑤。"于是荷锡远游，来至此国，以其宿心，具白于王。王见弊服，心未之敬，然高其志，强为之礼。遂设论座，告婆罗门。婆罗门闻而笑曰："彼何人斯，敢怀此志？"命其徒属，来就论场，数百千众，前后侍听。贤爱服弊故衣，敷草而坐。彼婆罗门踞所持座，非斥正法，敷述邪宗。苾刍清辩若流，循环往复。婆罗门久而谢屈。王乃谓曰："久滥虚名，罔上惑众，先典有记，论负当戮。"欲以炉铁，令其坐上。婆罗门窘迫，乃归命求救。贤爱愍之，乃请王曰："大王仁礼远洽，颂声载途，当布慈育，勿行残酷，恕其不逮，唯所去就。"王令乘驴巡告城邑。婆罗门耻其戮辱，发愤欧血。苾刍闻已，往慰之曰："尔学苞内外，声闻遐迩，荣辱之事，进退当明。夫名者何实乎？"婆罗门愤恚，深詈苾刍。谤毁大乘，轻蔑先圣。言声未静，地便拆裂，生身坠陷，遗迹斯在。

　　自此西南入海交，西北行二千四五百里，至阿吒厘国（南印度境）。

[注释]

　　①大慢：极为傲慢。　②味道：玩味于道的意思。　③婆薮天：通常称为毗湿奴，印度教的主神之一。　④那罗延天：梵天王的异名。　⑤凶德：恶行悖德。

[译文]

　　从大都城向西北方走二十多里，来到婆罗门镇，镇旁有一个大陷坑，夏秋雨季，雨水十天半月都不停息，虽然坑内容纳所有来水，但是却从不聚积。坑旁又有座小佛塔。听年长者说：这是当年傲慢的婆罗门活生生身陷地狱的所在。以前这座镇子里有位婆罗门，从小就很聪明，知识渊博，在才俊中数他学问最大。佛教外道典籍都研究得极其细致入微，天文历法也了如指掌，风度仪态清俊高雅，闻名遐迩。国王对他极为珍重尊敬，百姓对他也非常崇拜。他的门徒上千，都在品味他的学问，钦慕他的风范。他常常自夸说："我是为了这个世界才出生的，身负传播圣贤学问，指导教化世俗之人的使命。无论是以前的圣人，还是后来的贤者，没有人能和我相提并论。人们对于大自在天、婆薮天、那罗延天、佛世尊都很钦佩，遵循他们的学说，他们没有不被描画形象，竞相顶礼膜拜。我如今德行早已超越了他们，名冠当世，和他们没有什么不一样的，怎样才能使我更加凸显呢？"于是他用红色檀木雕刻了大自在天、婆薮天、那罗延天、佛世尊的形象，作为座椅的四脚，他但凡到哪里去，都带着这只座椅，他的傲慢由此可见。当时西印度有位和尚，名叫跋陀罗缕支（大唐称为贤爱），极为通晓因明学，深刻了解外道理论，道行深厚，德操完美，戒行整肃，美名远扬，清心寡欲，知足常乐，无欲无求。听闻此事，慨叹说："可惜呀，世上没有杰出人物了！竟然让如此愚蠢之人胆大妄为，目中无人。"于是手持锡杖，云游外乡，来到这个国家，将自己的心愿，禀告了国王。国王见他衣衫褴褛，内心并不很尊敬，但是钦佩他的志向，勉强给予礼遇。于是设置辩论的座席，派人转告婆罗门。婆罗门听了笑着说："这是什么样的人，还有如此志向？"命令他的门徒，前来辩论场所，当时有成百上千人，前后簇拥，在一边聆听。贤爱仍旧穿着破衣烂衫，地上铺些草坐在上面。那个婆罗门坐在他带来的檀木椅子上，非难排斥佛法，铺陈阐述异端邪说。和尚的辩论说理清晰，宛如高山流水滔滔不绝，反反复复诘问不已。时间长了，婆罗门只好承认失败。国王于是对他说："你长久以来浪得虚名，欺君罔上，愚惑百姓，国家早有法度，辩论失败就该杀头。"国王准备烧红铁炉，让他坐在上面。婆罗门身陷困境，无奈只得向和尚屈服求救。贤爱怜悯他，于是请求国王说："大王仁义礼治远近皆知，赞颂之声充满路途，应该施以仁慈教化，不要执行杀戮酷刑，饶恕他的过错吧，让他自己走吧。"国王下令让婆罗门骑着驴子，遍游城乡，宣告此事。婆罗门耻于受到的侮辱，心中愤怒，口吐鲜血。和尚听说了，前去安慰他说："你学问高深，精通佛教外道，名声远扬，对于荣辱之事，应该能够处置得当。名声这种东西，有什么实际意义呢？"婆罗门恼羞成怒，破口大骂和尚，诽谤大乘佛法，污蔑过去的圣人。话音未落，地上便生出裂口，婆罗门活生生地坠落在里面，遗迹至今仍在。

自这里向西南方进入海湾，再向西北方走二千四五百里，到达阿吒厘国（在南印度境内）。

阿吒厘国

阿吒厘国周六千余里。国大都城周二十余里。居人殷盛，珍宝盈积，稼穑虽备，兴贩为业。土地沙卤，花果稀少。出胡椒树，树叶若蜀椒也。出熏陆香①树，树叶若棠梨也。气序热，多风埃。人性浇薄，贵财贱德。文字语言，仪形法则，大同摩腊婆国。多不信福，纵有信者，宗事天神。祠馆十余所，异道杂居。

从摩腊婆国西北行三日，至契吒国（南印度境）。

[注释]

①熏陆香：或称乳香，一种十分珍贵的香料。

[译文]

阿吒厘国方圆六千多里。该国的大都城方圆二十多里。人口众多，珍宝富集，虽然具有从事农业的条件，但人们主要以经商作为职业。土地主要是沙碛盐碱，鲜花水果极少。生长胡椒树，树叶像蜀椒树叶子。还生长熏陆香树，树叶像棠梨树叶子。气候炎热，风沙很多。性情轻浮鄙薄，重视钱财，忽视道德。文字语言，礼仪法度，与摩腊婆国基本一样。多数人不信仰福报，即使有相信的人，也只是尊奉外道天神。天祠有十多座，各派外道混杂居住。

从摩腊婆国向西北走三天路程，到达契吒国（在南印度境内）。

契吒国

契吒国①周三千余里。国大都城周二十余里。人户殷盛，家室富饶。无大君长，役属摩腊婆国，风土物产，遂同其俗。伽蓝十余所，僧徒千余人，大小二乘兼功习学。天祠数十，外道众多。

从此北行千余里，至伐腊毗国（即北罗罗国，南印度境）。

[注释]

①契吒国：故址当在今印度卡奇湾北岸的卡奇地区。但卡奇地区分布有大小不等的沼泽，与玄奘的叙述不同，可能得自传闻。

[译文]

契吒国方圆三千多里。该国的大都城方圆二十多里。人口众多,人民富裕。没有最高君主,附属于摩腊婆国,气候土壤物产状况,与摩腊婆国相同。佛寺有十几座,僧人有一千多人,对于大小二乘佛教都有人学习。天祠有几十座,外道人数众多。

从这里向北走一千多里,来到伐腊毗国(也就是北罗罗国,在南印度境内)。

伐腊毗国

伐腊毗国①周六千余里。国大都城周三十余里。土地所产,气序所宜,风俗人性,同摩腊婆国。居人殷盛,家室富饶,积财百亿者,乃有百余室矣。远方奇货,多聚其国。伽蓝百余所,僧徒六千余人,多学小乘正量部法。天祠数百,异道实多。

[注释]

①伐腊毗国:故址在今印度西部卡提阿瓦半岛。

[译文]

伐腊毗国方圆六千多里。该国的大都城方圆三十多里。土壤状况、农作物生长、气候条件、风俗习惯、人民禀性,与摩腊婆国相同。人口众多,人民富裕,家中积蓄超过百亿的有一百多家。遥远地区的珍稀物品,大多汇聚在这个国家。佛寺有一百多座,僧人有六千多名,多数人学习小乘佛教正量部法。天祠有几百座,各派外道很多。

一、附近遗迹

如来在世,屡游此国,故无忧王于佛所止,皆树旌表,建窣堵波。过去三佛坐及经行说法之处,遗迹相间。

[译文]

如来在世的时候,多次来到该国,因此,无忧王在佛祖曾经待过的地方,都建立标志,起造佛塔。过去三佛打坐以及散步和说法场所的遗迹分布其间。

二、常睿王崇佛

今王,刹帝利种也,即昔摩腊婆国尸罗阿迭多王之侄、今羯若鞠阇国尸罗阿迭多王之子婿,号杜鲁婆跋吒①(唐言常睿)。情性躁急,智谋浅近。然而淳信三宝,岁设大会七日,以殊珍上味,供养僧众。三衣医药之价,七宝奇贵之珍,既以总施,倍价酬赎。贵德尚贤,遵道重学,远方高僧,特加礼敬。

[注释]

①杜鲁婆跋吒:意思是常胄,即梅特拉迦王朝第十一代国王常军二世,又名幼日王,约629~640年在位。

[译文]

当今国王是刹帝利种姓,也就是以前摩腊婆国尸罗阿迭多王的侄儿、现如今羯若鞠阇国尸罗阿迭多王的女婿,号称杜鲁婆跋吒(大唐称为常睿）王。这位国王性情急躁，智力不高，谋略短浅。然而虔心信仰佛教，每年都要召开七天的大会，拿珍馐美味，供养众多僧人。他将三衣、药物、七宝、珍宝统统施舍给僧人们，然后再用成倍的高价赎回。珍视高僧大德，尊重饱学之士，对于来自远方的高僧，尤其敬重礼遇。

三、阿折罗伽蓝

去城不远，有大伽蓝，阿折罗阿罗汉之所建立，德慧、坚慧菩萨之所游止，于中制论，并盛流布。

自此西北行七百余里，至阿难陀补罗国（西印度境）。

[译文]

离都城不远的地方有座大佛寺，是由阿折罗阿罗汉建造的，德慧、坚慧菩萨曾经来到这里，在寺里写作论著，并且广泛传播。

从这里向西北方走七百多里，来到阿难陀补罗国（在西印度境内）。

阿难陀补罗国

阿难陀补罗国[①]周二千余里，国大都城周二十余里。人户殷盛，家室富饶。无大君长，役属摩腊婆国。土宜气序，文字法则，遂亦同焉。伽蓝十余所，僧徒减千人，习学小乘正量部法。天祠数十，异道杂居。

从伐腊毗国西行五百余里，至苏剌侘国（西印度境）。

[注释]

①阿难陀补罗国：故址在今印度西部卡提阿瓦半岛东北，沙巴马提河上游以西的瓦特纳加尔一带。

[译文]

阿难陀补罗国方圆二千多里，该国的大都城方圆二十多里。人口众多，人民富裕。没有最高君主，附属于摩腊婆国。土壤气候，语言文字、典章制度与摩腊婆国相同。佛寺有十几座，僧人不到一千名，研习小乘佛教正量部法。天祠有几十座，各派外道混杂居住。

从伐腊毗国向西走五百多里，到达苏剌侘国（在西印度境内）。

苏剌侘国

苏剌侘国①周四千余里。国大都城②周三十余里，西据莫醯河。居人殷盛，家产富饶。役属伐腊毗国。地土咸卤，花果希少。寒暑虽均，风飘不静。土俗浇薄，人性轻躁。不好学艺，邪正兼信。伽蓝五十余所，僧徒三千余人，多学大乘上座部法。天祠百余所，异道杂居。国当西海之路，人皆资海之利，兴贩为业，贸迁有无。

去城不远，有郁鄯多山③。山顶有伽蓝，房宇廊庑，多疏崖岭。林树郁茂，泉流交境，圣贤之所游止，灵仙之所集往。

从伐腊毗国北行千八百余里，至瞿折罗国（西印度境）。

[注释]

①苏刺侘国：故址在今印度西部卡提阿瓦半岛南部的卡奇湾上，以港口城市苏拉特为中心。 ②大都城：故址在今印度拉贾斯坦邦朱纳格尔，古称讫哩纳加罗，意为山城。 ③郁鄯多山：即今讫尔纳山，这里是耆那教的圣地，为该教圣人涅密纳塔的诞生地，除此之外，还有许多佛教遗迹。

[译文]

苏刺侘国方圆四千多里。该国的大都城方圆三十多里，西面濒临莫醯河。人口众多，人民富裕。附属于伐腊毗国。土壤是盐碱地，鲜花水果很少。寒暑季节长度相当，常年刮风。风俗奸猾轻浮，性情易怒急躁。不喜欢学习技艺，外道和佛教都有人信仰。佛寺有五十多座，僧人有三千多名，多数人研习受大乘影响的小乘佛教上座部法。天祠有一百多座，各派外道混杂居住。该国位于通向西海的交通要道上，人们都依赖大海带来的利益，以商贸为职业，互通有无。

离都城不远处有座郁鄯多山。山顶有座佛寺，房屋亭廊，散落在山岭之中。森林郁郁葱葱，山泉河流交错流淌，是古代圣贤们曾经游览，神灵仙人过去居住过的地方。

从伐腊毗国向北走一千八百多里，到达瞿折罗国（在西印度境内）。

瞿折罗国

瞿折罗国①周五千余里。国大都城号毗罗摩罗②，周三十余里。土宜风俗，同苏刺侘国。居人殷盛，家产富饶。多事外道，少信佛法。伽蓝一所，僧百余人，习学小乘教说一切有部。天祠数十，异道杂居。王，刹帝利种也，年在弱冠，智勇高远，深信佛法，高尚异能。

从此东南行二千八百余里，至邬阇衍那国（南印度境）。

[注释]

①瞿折罗国：故址在今印度拉贾斯坦邦一带。　②毗罗摩罗：故址在今印度拉贾斯坦邦巴尔梅尔。

[译文]

瞿折罗国方圆五千多里。该国的大都城被称为毗罗摩罗，方圆三十多里。土壤、气候、风俗，与苏剌侘国相同。人口众多，人民富裕。多数信奉外道，少数崇奉佛法。有佛寺一座，僧人有一百多名，研习小乘佛教说一切有部教法。天祠有几十座，各派外道混居在内。国王是刹帝利种姓，年纪有二十岁左右，聪明睿智，英勇善战，虔诚信仰佛法，极为尊重有特殊才能的人。

从这里向东南方走二千八百多里，到达邬阇衍那国（在南印度境内）。

邬阇衍那国

邬阇衍那国①周六千余里。国大都城周三十余里。土宜风俗，同苏剌侘国。居人殷盛，家室富饶。伽蓝数十所，多以圮坏，存者三五。僧徒三百余人，大小二乘，兼功习学。天祠数十，异道杂居。王，婆罗门种也，博览邪书，不信正法。

去城不远有窣堵波，无忧王作地狱之处。

从此东北行千余里至掷枳陀国（南印度境）。

[注释]

①邬阇衍那国：故址相当于今印度中央邦西部。

[译文]

邬阇衍那国方圆六千多里。该国的大都城方圆三十多里。土壤、气候、风俗，与苏剌侘国相同。人口众多，人民富裕。佛寺有几十座，多数已经毁坏，保存下来的也就三五座。僧人有三百多名，大小二乘教法都得到研习。天祠有几十座，各派外道混杂居住。国王是婆罗门种姓，阅读了很多外道经典，不信仰佛法。

距离都城不远处有座塔，是无忧王建造地狱的地方。

从这里向东北方走一千多里，来到掷枳陀国（在南印度境内）。

掷枳陀国

掷枳陀国①周四千余里。国大都城周十五六里。土称沃壤，稼穑滋植，宜菽麦，多花果。气序调畅，人性善顺。多信外道，少敬佛法。伽蓝数十，少有僧徒。天祠十余所，外道千余人。王，婆罗门种也，笃信三宝，尊重有德，诸方博达之士，多集此国。

从此北行九百余里,至摩醯湿伐罗补罗国(中印度境)。

[注释]

①掷枳陀国:故址相当于今印度中央邦北部的彭德尔甘德地区。

[译文]

掷枳陀国方圆四千多里。该国的大都城方圆十五六里。土地肥沃,庄稼生长茂盛,适宜豆麦,盛产鲜花水果。气候温和舒适,人民性情善良温顺。多数信奉外道,少数崇奉佛法。有佛寺几十座,僧人很少。天祠有十几座,外道信徒一千多人。国王是婆罗门种姓,虔诚信奉佛教,尊重有德之人,四面八方博学通达之人,大多聚集在这个国家。

从这里向北走九百多里,来到摩醯湿伐罗补罗国(在中印度境内)。

摩醯湿伐罗补罗国

摩醯湿伐罗补罗国①周三千余里。国大都城周三十余里。土宜风俗,同邬阇衍那国。宗敬外道,不信佛法。天祠数十,多是涂灰之侣。王,婆罗门种也,不甚敬信佛法。

从此还至瞿折罗国,复北行荒野险碛,经千九百余里,渡信度大河,至信度国(西印度境)。

[注释]

①摩醯湿伐罗补罗国:意译大自在城,故址相当于今印度拉贾斯坦邦

东部的瓜廖尔一带。

[译文]

　　摩醯湿伐罗补罗国方圆三千多里。该国的大都城方圆三十多里。土壤、气候、风俗，与邬阇衍那国相同。崇奉外道，不信仰佛教。有天祠几十座，多数是涂灰外道。国王是婆罗门种姓，不太敬重信仰佛教。

　　从这里回到瞿折罗国，再向北，经过荒凉原野、危险沙碛，走一千九百多里，渡过信度河，到达信度国（在西印度境内）。

信 度 国

　　信度国①周七千余里。国大都城号毗苫婆补罗②，周三十余里。宜谷稼，丰宿麦，出金、银、鍮石，宜牛、羊、橐驼、骡畜之属。橐驼卑小，唯有一峰。多出赤盐，色如赤石，白盐、黑盐及白石盐等，异域远方，以之为药。人性刚烈而质直，数斗诤，多诽谗。学不好博，深信佛法。伽蓝数百所，僧徒万余人，并学小乘正量部法，大抵懈怠，性行弊秽；其有精勤贤善之徒，独处闲寂，远迹山林，夙夜匪懈，多证圣果。天祠三十余所，异道杂居。王，戍陀罗种也，性淳质，敬佛法。如来在昔颇游此国，故无忧王于圣迹处建窣堵波数十所。乌波毱多大阿罗汉屡游此国，演法开导，所止之处，皆旌遗迹，或建僧伽蓝，或树窣堵波，往往间起，可略而言。

　　信度河侧千余里陂泽间，有数百千户，于此宅居。其性刚烈，唯杀是务。牧牛自活，无所系命。若男若女，无遗无贱，剃须发，服袈裟，像类苾刍，而行俗事，专执小见③，非斥大乘。闻诸先志曰：昔此地民庶安忍，但事凶残。时有罗汉愍其颠坠，为化彼故，乘虚而来，现大神通，示希有事，令众信受，渐导言教。诸人敬悦，愿奉指诲。罗汉知众心顺，为授三归④，息其凶暴，悉断生杀。剃发染衣，恭行法教。年代浸远，世易时移，守善既亏，余风不殄，虽服法衣，尝无戒善。子孙奕世，习以成俗。

从此东行九百余里，渡信度河东岸，至茂罗三部卢国（西印度境）。

[注释]

①信度国：故址相当于今巴基斯坦旁遮普省的西南部一带，濒临印度河。　②毗苦婆补罗：故址可能在今巴基斯坦信德省苏库尔地区阿洛尔以东约8千米处的古城乌奇。　③小见：小乘佛教的见解。　④三归：三皈依，意思是对佛、法、僧的皈依。

[译文]

信度国方圆七千多里。该国的大都城被称为毗苦婆补罗，方圆三十多里。适宜种植农作物，盛产冬小麦，出产金、银、鍮石，宜于牛、羊、骆驼、骡等牲畜生长。这里的骆驼身材矮小，只长了一只驼峰。盛产赤盐，颜色像红石头，还出产白盐、黑盐以及白石盐等，其他地方都拿来做药材。人民性情刚烈，而又朴实正直，日常口角很多，互相诽谤辱骂。学问不追求广博，虔诚信仰佛法。有佛寺几百座，僧人有一万多名，都在研习小乘佛教正量部法，多数人修行懈怠，品行不端；那些专心致志、勤于修炼的贤明良善之人，独自居住在清净的地方，隐遁在山林之中，夜以继日，毫不松懈，都能证得圣果。有天祠三十多座，各派外道混杂居住。国王出自戍陀罗种姓,性情淳厚质朴,崇敬佛法。如来以前常常游历该国,所以无忧王在有如来圣迹的地方建造了几十座佛塔。乌波毱多大罗汉多次来到该国,讲说佛法,引导民众,他所待过的地方,都标明了遗址,或者建造佛寺,或者建造佛塔,相隔不远,就不用多说了。

信度河边绵延一千多里沼泽中,有成百上千户人家,在此造房居住。这些人性情刚烈,喜好杀戮。依靠放牛为生,没有其他谋生之道。不分男女,不论贵贱,都剃净毛发,身穿袈裟,打扮得像和尚,但行为却与俗人一样,坚信小乘教法,排斥指责大乘教法。根据以前的记载说:从前这里的人民性格残忍,专干恶事。有位罗汉可怜他们身处堕落之中,为了教化他们,从空中飞来,展示出大神通,演示了世间不见的事情,获取了众人信任,逐渐以言传身教开导他们。那些人心悦诚服,愿意遵循他的教诲。罗汉知道众人一心向佛,对他们讲了三归,平息他们心中的戾气,让他们不再杀戮。他们剃去头发,穿上僧衣,恭恭敬敬遵行佛法。年代久远,时光流逝,他们已不再遵守佛门教诲,但是古代的传统仍然存留,虽然身披法衣,可是不再守戒行善。子孙世代相传,就变成了这样的习俗。

从这里向东走九百多里,渡过信度河,到东岸,就抵达茂罗三部卢国(在西印度境内)。

茂罗三部卢国

茂罗三部卢国[①]周四千余里。国大都城周三十余里。居人殷盛,家室富饶。役属磔迦国。土田良沃,气序调顺。风俗质直,好学尚德。多事天神,少信佛法。伽蓝十余所,多已圮坏,少有僧徒,学无专习。天祠八所，异道杂居。有日天祠，庄严甚丽，其日天像铸以黄金，饰以奇宝。灵鉴幽通，神功潜被，女乐递奏，明炬继日，香花供养，初无废绝。五印度国诸王豪族，莫不于此舍施珍宝，建立福舍，以饮食医药给济贫病。诸国之人来此求愿，常有千数。天祠四周，池沼花林，甚可游赏。

从此东北行七百余里，至钵伐多国（北印度境）。

[注释]

①茂罗三部卢国：故址在今巴基斯坦旁遮普省中部。

[译文]

茂罗三部卢国方圆四千多里。该国的大都城方圆三十多里。人口众多，人民富裕。附属于磔迦国。土地肥沃，风调雨顺。民风质朴率直，爱好学问，崇尚美德。多数人信奉天神，少数人信仰佛教。佛寺有十多座，多数已经毁坏，只有很少的僧人，并不专修某一派佛法。天祠有八座，各派异道混杂居住。有一座日天祠，建造得庄严华丽，祠中日天神像是用黄金铸成，并装饰了奇珍异宝。神灵感应，暗中保佑，有女乐轮班演奏，燃烧火烛，夜以继日，用香花供养，从不间断。五印度的各国王族豪门，都向这里施舍奇珍异宝，建造福舍，用饮食医药接济贫病之人。各个国家的人来到此处求愿的，数量经常超过千人。天祠四面，分布大小湖泊，密布鲜花树林，是游览玩赏的好去处。

从这里向东北方走七百多里，来到钵伐多国（在北印度境内）。

钵伐多国

钵伐多国①周五千余里。国大都城周二十余里。居人殷盛,役属磔迦国。多旱稻,宜宿麦。气序调适,风俗质直。人性躁急,言含鄙辞。学艺深博,邪正杂信。伽蓝十余所,僧徒千余人,大小二乘,兼功习学。四窣堵波,无忧王之所建也。天祠二十,异道杂居。

城侧有大伽蓝,僧徒百余人,并学大乘教,即是昔慎那弗呾罗②(唐言最胜子)论师于此制《瑜伽师地释论》,亦是贤爱论师、德光论师本出家处。此大伽蓝为天火所烧,摧残荒圮。

从信度国西南行千五六百里,至阿点婆翅罗国(西印度境)。

[注释]

①钵伐多国:意为山岳,都城故址在今克什米尔南部城市查谟,也有人认为在今巴基斯坦旁遮普省的哈拉巴。 ②慎那弗呾罗:唯识宗十大论师之一。

[译文]

钵伐多国方圆五千多里。该国的大都城方圆二十多里。人口众多,附属于磔迦国。盛产旱稻,也适宜种植冬小麦。气候宜人,风俗朴实率直。性情急躁,言语粗鲁。学问博大精深,佛教和外道都有人信仰。有佛寺十多座,僧人有一千多人,大小二乘佛法都得到修习。有四座佛塔,都是无忧王建造的。天祠有二十座，各派外道混杂居住。

都城边上有座大佛寺，僧人有一百多名，全部研习大乘教法，过去慎那弗呾罗（大唐称为最胜子）论师曾在这里写作《瑜伽师地释论》，同时还是贤爱论师、德光论师出家为僧的地方。这座大佛寺被天火烧毁，仅剩残垣断壁。

从信度国向西南方走一千五六百里，到达阿点婆翅罗国（在西印度境内）。

阿点婆翅罗国

阿点婆翅罗国①周五千余里。国大都城号竭齰湿伐罗②，周三十余里。僻在西境，临信度河，邻大海滨。屋宇庄严，多有珍宝。近无君长，统属信度国。地下湿，土斥卤③。秽草荒茂，畴垄少垦，谷稼虽备，宿麦特丰。气序微寒，风飙劲烈。宜牛、羊、橐驼、骡畜之类。人性暴急，不好习学。语言微异中印度。其俗淳质，敬崇三宝。伽蓝八十余所，僧徒五千余人，多学小乘正量部法。天祠十所，多是涂灰外道④之所居止。

城中有大自在天祠，祠宇雕饰，天像灵鉴。涂灰外道，游舍其中。在昔如来颇游此国，说法度人，导凡利俗，故无忧王于圣迹处建六窣堵波焉。

从此西行减二千里，至狼揭罗国（西印度境）。

[注释]

①阿点婆翅罗国：故址在今巴基斯坦南部印度河口一带。 ②揭（hé）齽（jì）湿伐罗：该城故址可能是今巴基斯坦的卡拉奇。 ③斥卤：指盐碱地。 ④涂灰外道：印度教大自在天派教徒。

[译文]

阿点婆翅罗国方圆五千多里。该国的大都城被称为揭齽湿伐罗，方圆有三十多里。在西部地区，位置偏僻，濒临印度河，坐落在大海边。房屋造得很漂亮，装饰了不少珍宝。近年没有了自己的君主，附属于信度国。土地低平湿润，盐碱众多。到处野草疯长，开垦的田地很少，虽有各种农作物，种的最多的还是冬小麦。气候略微寒凉，狂风呼啸。适宜牛、羊、橐驼、骡一类的牲畜生长。居民性情粗暴急躁，不喜欢学习。语言与中印度稍有差异。民风质朴，信奉佛教。有佛寺八十多座，僧人有五千多名，多数研习小乘佛教正量部教法。天祠有十座，居住的多数是涂灰外道。

都城里有座大自在天祠，天祠雕饰华美，神像很有灵异。涂灰外道们都住在祠中。以前如来常常来到这个国家，讲说佛法，度化众人，引导百姓，造福众生，所以无忧王在有佛祖圣迹的地方建造了六座佛塔。

从这里向西走不到二千里，就到达狼揭罗国（在西印度境内）。

狼揭罗国

狼揭罗国①东西南北各数千里。国大都城周三十余里，号窣菟黎湿伐罗②。土地沃润，稼穑滋盛。气序风俗，同阿点婆翅罗国。居人殷盛，多诸珍宝。临大海滨，入西女国之路也。无大君长，据川自立，不相承命，役属波剌斯国。文字大同印度，语言少异。邪正兼信。伽蓝百余所，僧徒六千余人，大小二乘，兼功习学。天祠数百所，涂灰外道，其徒极众。城中有大自在天祠，庄严壮丽，涂灰外道之所宗事。

自此西北至波剌斯国（虽非印度之国，路次付见。旧日波斯，略也）。

[注释]

①狼揭罗国：故址相当于今巴基斯坦俾路支省东南部一带。 ②窣菟黎湿伐罗：这是大自在天的尊号，以此命城，故址可能在今巴基斯坦俾路支省的胡兹达尔和基拉特之间的拉柯利安地区的大故城废墟。

[译文]

狼揭罗国东西南北各有几千里远。该国的大都城方圆三十多里，被称为窣菟黎湿伐罗。土地肥沃湿润，农作物生长茂盛。气候风俗与阿点婆翅罗国相同。人口众多，盛产奇珍异宝。濒临大海边上，位于进入西女国的交通要道上。没有自己的君主，往往占据领地割据，互不听命，都附属于波剌斯国。文字与印度大体一样，语言略有差异。佛教和外道都有人信仰。佛寺有一百多座，僧人有六千多人，对于大小二乘教法全都有人研习。天祠有几百座，居住的是涂灰外道，信徒数量极大。城里有一座大自在天祠，建造得庄严华丽，得到了涂灰外道的高度尊崇。

从这里向西北行进，到达波剌斯国（它虽然不是印度境内的国家，但在路途中听说，就记在这里。过去称为波斯，是略译）。

波剌斯国

波剌斯国①周数万里。国大都城号苏剌萨傥那②，周四十余里。川土既多，气序亦异，大抵温也。引水为田，人户富饶。出金、银、鍮石、颇胝、水精、奇珍异宝。工织大锦、细褐、氍毹③之类，多善马、橐驼。货用大银钱。人性躁暴，俗无礼义。文字语言异于诸国，无学艺，多工伎，凡诸造作，邻境所重。婚姻杂乱，死多弃尸。其形伟大，齐发露头，衣皮褐，服锦氍。户课赋税，人四银钱。天祠甚多，提那跋④外道之徒为所宗也。伽蓝二三，僧徒数百，并学小乘教说一切有部法。释迦佛钵在此王宫。

国东境有鹤秣城⑤，内城不广，外郭周六十余里。居人众，家产富。

西北接拂懔国⑥，境壤风俗，同波剌斯。形貌语言，稍有乖异。多珍宝，亦富饶也。

拂懔国西南海岛有西女国⑦，皆是女人，略无男子。多诸珍货，附拂懔国，故拂懔王岁遣丈夫配焉。其俗产男皆不举也。

自阿点婆翅罗国北行七百余里，至臂多势罗国（西印度境）。

[注释]

①波剌斯国：即波斯，其地相当于今西亚的伊朗。玄奘时代，该国正处于萨珊波斯王朝末年。玄奘对它的记载有自己的特点。　②苏剌萨傥

那：意译神的居所。　③氍(qú)毹(shū)：毛织的布或地毯。　④提那跋：意译太阳。通常认为这是古代流行于伊朗和中亚地区的琐罗亚斯德教，也就是祆教，即拜火教。南北朝时传入中国，隋唐之际特别兴盛。　⑤鹤秣城：即现代伊朗名城霍尔木兹，为重要港口。　⑥拂懔国：也作拂菻，是中古波斯语和粟特语对于"罗马"一词的音讹，是隋唐时期对东罗马帝国及其所属亚洲领土的称呼。　⑦西女国：西方的女国，传说很多，方位各异。

[译文]

波剌斯国方圆有几万里。该国的大都城称为苏剌萨傥那，方圆四十多里。疆域广阔，气候多样，总体温暖。开渠引水灌溉田地，人民富裕。出产金、银、鍮石、颇胝、水晶以及各种奇珍异宝。擅长织造大锦、细褐、氍毹一类的纺织品，盛产好马、橐驼。货币使用的是大银钱。居民性情暴躁，习俗不讲究礼义。文字语言和其他国家都不一样，学者很少，工匠众多，这里生产的各种工艺品都受到邻国的珍视。婚姻关系杂乱，人死之后往往弃尸荒野。人们都长得高大魁梧，留着齐发，露出额头，穿着皮制短衣和彩色细毛布的衣服。按户缴纳赋税，人头税每人四个银钱。天祠有很多，尊奉的都是提那跋外道信徒。佛寺有两三座，僧人有几百名，全都研习小乘佛教说一切有部教法。释迦牟尼的佛钵就保存在该国的王宫中。

该国东部边境上有座鹤秣城，内城不是很广，外城方圆却有六十多里。人口众多，百姓富裕。

该国西北与拂懔国接壤，拂懔国的风俗土产与波剌斯国相同。相貌语言则略有差异。盛产珍宝，也很富饶。

拂懔国西南方的海岛上有个西女国，国中都是女人，没有男子。奇珍异宝众多，附属于拂懔国，因此拂懔国王每年都派男子前往西女国婚配。

当地的风俗是生下男孩绝不养育。

从阿点婆翅罗国向北方走七百多里，到达臂多势罗国（在西印度境内）。

臂多势罗国

臂多势罗国①周三千余里。国大都城周二十余里。居人殷盛，无大君长，役属信度国。土地沙卤，寒风凄劲。多宿麦，少花果。而风俗犷暴，语异中印度。不好艺学，然知淳信。伽蓝五十余所，僧徒三千余人，并学小乘正量部法。天祠二十余所，并涂灰外道也。

城北十五里大林中，有窣堵波，高数百尺，无忧王所建也。中有舍利，时放光明。是如来昔作仙人，为国王所害之处。此东不远有故伽蓝，是昔大迦多延那②大阿罗汉之所建立。其傍则有过去四佛坐及经行遗迹之处，建窣堵波以为旌表。

从此东北行三百余里，至阿軬荼国（西印度境）。

[注释]

①臂多势罗国：故址相当于今巴基斯坦信德省南部。　②大迦多延那：据说是佛的十大弟子之一摩诃迦旃延（议论第一）的儿子，随母姓。

[译文]

臂多势罗国方圆三千多里。该国的大都城方圆二十多里。居民人口众多,没有君主,附属于信度国。土地以沙碛盐碱为主,寒风凛冽。盛产冬小麦,鲜花水果很少。民风粗犷凶暴,语言和中印度不同。不喜欢学习,但是信仰纯正。有佛寺五十多座,僧人有三千多人,都在研习小乘佛教正量部法。天祠有二十多座,全是涂灰外道居住在内。

都城向北十五里的大森林里有座塔,高达几百尺,是由无忧王兴建的。塔中供奉了舍利,常常放射光芒。这是过去如来做仙人被国王杀害的地方。塔东不远处有座佛寺,是以前由大迦多延那大阿罗汉建造的。寺旁有过去四佛打坐以及散步场所的遗迹,这里建造了佛塔作为标志。

从这里向东北方走三百多里,到达阿軬荼国(在西印度境内)。

阿軬荼国

阿軬荼国[①]周二千四五百里。国大都城周二十余里。无大君长,役属信度国。土宜稼穑,宿麦特丰,花果少,草木疏。气序风寒,人性犷烈。言辞朴质,不尚学业。然于三宝,守心淳信。伽蓝二十余所,僧徒二千余人,多学小乘正量部法。天祠五所,并涂灰外道也。

城东北不远,大竹林中,伽蓝余址。是如来昔于此处听诸苾刍著瓯缚屣[②](唐言靴)。傍有窣堵波,无忧王所建也,基虽倾陷,尚高百余尺。其傍精舍,有青石立佛像,每至斋日,或放神光。次南八百余步,林中有窣堵波,无忧王之所建也。如来昔日止此,夜寒,乃以三衣重复,至明旦,开诸苾刍著复纳衣。此林之中有佛经行之处，又有诸窣堵波，鳞次相望，并过去四佛坐处也。其窣堵波中有如来发、爪，每至斋日，多放光明。

从此东北行九百余里，至伐剌拿国（西印度境）。

[注释]

①阿軬（fàn）荼国：该国约在今巴基斯坦信德省北部。 ②巫缚屣：原语不可知，据玄奘所注，可知为靴。推测可能是"用带子系牢便鞋"之意。

[译文]

阿軬荼国方圆二千四五百里。该国的大都城方圆二十多里。没有最高君主，附属于信度国。土地适宜农作物种植，冬小麦最多，鲜花、水果稀少，绿草、树木不多。气候多风寒冷，居民性情粗犷暴烈，言谈朴实无华，不崇尚学术。但对于佛教则虔诚信仰。佛寺有二十多座，僧人有二千多人，大多学习小乘佛教正量部法。天祠有五座，都是涂灰外道信徒。

都城东北不远处的大竹林里，有佛寺遗迹。那是过去如来在这里允许僧人们穿巫缚屣（大唐称为靴子）的地方。旁边有座佛塔，是由无忧王建造的，塔基虽然下陷，高度仍有一百多尺。塔旁的精舍中，有一尊青石质地的立佛像，每逢斋日，往往放射神奇光芒。再向南走八百多步，树林里有座塔，是无忧王建造的。以前如来曾经在此休息，夜间寒冷，于是用三层衣服包裹身体，清晨，就撤销了禁止比丘们同时穿几套法衣的禁令。这片树林里有佛曾经散步的地方，还有许多佛塔，鳞次栉比，这些都是过去四佛打坐过的所在。佛塔中供奉有如来的头发、指甲，每逢斋日，常常放射光芒。

从这里向东北走九百多里，到达伐剌拿国（在西印度境内）。

伐剌拿国

伐剌拿国①周四千余里。国大都城周二十余里。居人殷盛,役属迦毕试国。地多山林,稼穑时播。气序微寒,风俗犷烈。性急暴,志鄙弊。语言少同中印度。邪正兼崇,不好学艺。伽蓝数十,荒圮已多,僧徒三百余人,并学大乘法教。天祠五所,多涂灰外道也。

城南不远有故伽蓝,如来在昔于此说法,示教利喜,开悟含生②。其侧有过去四佛坐及经行遗迹之处。

闻诸土俗曰:从此国西接稽疆那国③,居大山川间,别立主,无大君长。多羊、马,有善马者,其形殊大,诸国希种,邻境所宝。

复此西北,逾大山,涉广川,历小城邑,行二千余里,出印度境,至漕矩吒国(亦谓漕利国)。

[注释]

①伐剌拿国:大约位于今巴基斯坦西北边境省德拉伊斯梅尔汗专区的班努附近。 ②含生:含有生命者,与含录同。这里指人类。 ③稽疆那国:传说中的国家,位置难以确定。

[译文]

伐剌拿国方圆四千多里。该国的大都城方圆二十多里。人口众多,附属于迦毕试国。当地山岭连绵，林木茂密，按时播种农作物。气候稍微寒冷，民风粗犷暴烈。性情急躁，志向低微。语言与中印度大体相同。同时信仰外道、佛教，不喜欢学术、技艺。有几十座佛寺，多数已经荒废，有僧人三百多名，都在研习大乘佛法。天祠有五座，多数是涂灰外道派信徒。

都城南边不远处有座旧佛寺，如来以前曾经在这里讲法，开示修行道路，教人弃恶扬善，以利诱导人心，赞颂善行善人，帮助众生觉悟。寺旁有过去四佛打坐和散步场所的遗迹。

听各位当地人讲：该国的西部毗连稽疆那国，位于大山谷中，各有各的首领，没有君主帝王。盛产羊、马，所出产的好马，体型尤其高大，各国将它视为稀有品种，极为珍视。

再从这里向西北，越过高山，渡过大河，经过小城池，走二千多里，离开印度境内，到达漕矩吒国（也叫作漕利国）。

大唐西域记卷第十二

三藏法师玄奘奉诏 译
大总持寺沙门辩机 撰

（二十二国）

漕矩吒国

漕矩吒国，周七千余里。国大都城号鹤悉那①，周三十余里。或都鹤萨罗城②，周三十余里，并坚峻险固也。山川隐轸，畴垄爽垲。谷稼时播，宿麦滋丰。草木扶疏，花果茂盛。宜郁金香，出兴瞿③草，草生罗摩印度川。鹤萨罗城中踊泉流派，国人利之，以溉田也。气序寒烈，霜雪繁多。人性轻躁，情多诡诈，好学艺，多技术，聪而不明，日诵数万言。文字言辞，异于诸国。多饰虚谈，少成事实。虽祀百神，敬崇三宝。伽蓝数百所，僧徒万余人，并皆习学大乘法教。今王淳信，累叶承统。务兴胜福，敏而好学。无忧王所建窣堵波十余所。天祠数十，异道杂居。计多外道，其徒极盛，宗事稠（锄句反，下同）那天④。其天神昔自迦毕试国阿路猱山徙居此国南界稠那呬罗山中，作威作福，为暴为恶，信求者遂愿，轻蔑者招殃。故远近宗仰，上下祇惧。邻国异俗君臣僚庶，每岁嘉辰不期而会，或赍金银奇宝，或以牛马驯畜，竞兴贡奉，俱伸诚素。所以金银布地，羊马满谷，无敢觊觎，唯修施奉。宗事外道，克心苦行。天神授其咒术，外道遵行多效，治疗疾病，颇蒙痊愈。

从此北行五百余里，至弗栗恃萨傥那国。

[注释]

①鹤悉那：故址在今阿富汗东部加兹尼。　②鹤萨罗城：故址在今阿富

汗加兹尼以西的赫尔曼德河流域。　③兴瞿："五辛"之一，韭、蒜一类的植物，可以食用。　④稠（chú）那天：婆罗门教中的太阳神。

[译文]

  漕矩吒国方圆七千多里。该国的大都城名叫鹤悉那，方圆三十多里。有时还以鹤萨罗城为国都，方圆三十多里，两座城同样坚固高大，险要稳固。山脉河流地势很高，农田土质干爽。按时令种植庄稼，冬小麦产量很高。草丛树林密布，花卉水果生长茂盛。适宜培育郁金香，出产兴瞿草，这种草长在罗摩印度河谷。鹤萨罗城内泉水涌出，被人们用来灌溉农田。气候极为寒冷，霜雪频繁。居民生性轻浮急躁，打交道常常互相欺骗，喜好学问技艺，掌握多种技能，头脑灵活却悟性不够，每天诵经好几万字。文字语言和其他国家不同。往往高谈阔论，很少干成实事。虽然祭祀各位神灵，但仍信仰佛教。佛寺有几百座，僧人有一万多名，全部学习大乘佛教。当今的国君一心向佛，家族世世代代继承王统。致力于慈善事业，聪明好学。无忧王建造的佛塔有十多座。另有天祠几十座，各派外道混杂其中。外道的派别众多，教徒数量庞大，侍奉的是稠那天神。这位天神以前从迦毕试国的阿路猱山移居到该国南边的稠那呬罗山中，作威作福，凶暴恶毒，信仰祈求他的人会满足心愿，轻视鄙薄他的人会招致灾祸。所以，不分远近的人们全都信奉崇拜他，君臣黎民对他满怀恐惧。邻国外邦的国王大臣、士庶百姓在每年的良辰吉日，都会主动前来相聚，有的带着金银珍宝，有的赶着牛马牲畜，竞相奉献天神，表达自己的一片诚心。因此那里金银遍地堆放，羊马充斥山谷，没有人敢窥伺偷窃，只有恭恭敬敬地奉献祭祀。那些信仰外道的人刻苦修行。天神传授给他们咒术，外道信徒按照所传施法很有效果，治疗疾病，多数都能痊愈。

  从该国向北走五百多里，来到弗栗恃萨傥那国。

弗栗恃萨傥那国

　　弗栗恃萨傥那国①，东西二千余里，南北千余里。国大都城号护苾那②，周二十余里。土宜风俗，同漕矩吒国。语言有异。气序寒劲，人性犷烈。王，突厥种也，深信三宝，尚学遵德。

　　从此国东北，逾山涉川，越迦毕试国边城小邑，凡数十所，至大雪山婆罗犀那③大岭。岭极崇峻，危隥㩻倾④。蹊径盘迂，岩岫回互⑤。或入深谷，或上高崖，盛夏合冻，凿冰而度。行经三日，方至岭上。寒风凄烈，积雪弥谷，行旅经涉，莫能伫足。飞隼翱翔，不能越度，足趾步履，然后翻飞，下望诸山，若观培塿⑥。赡部洲中，斯岭特高。其巅无树，唯多石峰，攒立丛倚，森然若林。又三日行，方得下岭，至安呾罗缚国。

[注释]

　　①弗栗恃萨傥那国：约在今阿富汗喀布尔河流域。　②护苾那：故址约在今阿富汗喀布尔以北50千米处的胡皮安。　③婆罗犀那：在今阿富汗东北部的卡瓦可山口。　④㩻(qī)倾：不正。　⑤回互：回还交错。　⑥培(pǒu)塿(lǒu)：小土丘。

[译文]

　　弗栗恃萨傥那国国境东西长二千多里，南北宽一千多里。该国的大都城叫作护苾那，方圆二十多里。物产风俗与漕矩吒国相同，语言不同。气候非常寒冷，居民性情暴烈。国王是突厥族人，虔诚信仰佛教，崇尚学问，尊重有道高僧。

从该国东北方向，翻越大山，渡过河流，经过迦毕试国边境的几十个小城市，来到大雪山中的婆罗犀那大岭。这座山岭极其高大，险峻的山坡崎岖倾斜，山中小路曲折盘旋，山上的岩石回还交错。一会儿走入深谷，一会儿登上高崖，盛夏季节，冰封雪冻，只能凿冰开路，得以前行。行走三日以后，才能登上峰顶。寒风凄冷猛烈，积雪堆满山谷，行人路过这里，不能停留休息。山鹰飞翔至此，也无法飞越高山，只能靠脚趾爬上山顶，然后振翅飞翔，在山巅向下看其他山峰，一座座犹如小土堆。在整个赡部洲中，只有这座山最为高大。山顶不长树木，只有石峰林立，聚集依靠，山势阴森好似密林。再经过三天的路程，才能走下山岭，来到安呾罗缚国。

安呾罗缚国

安呾罗缚国①，睹货逻国故地，周三千余里。国大都城周十四五里。无大君长，役属突厥。山阜连属，川田隘狭。气序寒烈，风雪凄劲。丰稼穑，宜花果。人性犷暴，俗无纲纪。不知罪福，不尚习学。唯修神祠，少信佛法。伽蓝三所，僧徒数十，然皆遵习大众部法。有一窣堵波，无忧王建也。

从此西北，入谷逾岭，度诸小城，行四百余里，至阔悉多国。

[注释]

①安呾罗缚国：即卷一的安呾逻缚国。故址在今卡瓦克山口以西的印达拉布。

[译文]

安呾罗缚国原为睹货逻国属国，方圆三千多里。该国的大都城方圆十四五里。国中没有君主，附属于突厥。山脉丘陵连绵不绝，平原上的农田十分狭小。气候极为寒冷，大风强劲，暴雪猛烈。农作物茂盛，适宜花草水果生长。居民性情野蛮粗暴，没有纲常法纪。不知道罪过、福德的道理，不崇尚研习佛学。只是一味地崇拜神祠，很少有人信奉佛法。国内只有佛寺三座，僧人有几十名，但都遵奉大众部法。有一座塔是无忧王建造的。

从这里向西北方，进入山谷，翻越大山，经过一些小城，行走四百多里，来到阔悉多国。

阔悉多国

阔悉多国①，睹货逻国故地也，周减千里。国大都城周十余里。无大君长，役属突厥。山多川狭，风而且寒。谷稼丰，花果盛。人性犷暴，俗无法度。伽蓝三所，僧徒鲜少。

从此西北，逾山越谷，度诸城邑，行三百余里，至活国。

[注释]

①阔悉多国：约在今塔里寒和印达拉布之间的查勒霍斯特。

[译文]

  阔悉多国原为睹货逻国属国，方圆不足一千里。该国的大都城方圆十多里。国中没有君主，附属于突厥。山岭众多，平原狭窄，多风寒冷。农作物产量高，鲜花水果繁盛。居民性情野蛮粗暴，不讲法纪。国内有三座佛寺，僧人很少。

  从这里向西北方，翻越高山，穿过峡谷，经过若干城池，行走三百多里，来到活国。

活　国

  活国①，睹货逻国故地也，周二千余里。国大都城周二十余里。无别君长，役属突厥。土地平坦，谷稼时播。草木荣茂，花果具繁。气序和畅，风俗淳质。人性躁烈，衣服毡褐。多信三宝，少事诸神。伽蓝十余所，僧徒数百人，大小二乘，兼功综习。其王突厥也，管铁门已南诸小国，迁徙鸟居，不常其邑。

  从此东入葱岭。葱岭者，据赡部洲中，南接大雪山，北至热海、千泉，西至活国，东至乌铩国，东西南北各数千里。崖岭数百重，幽谷险峻，恒积冰雪，寒风劲烈。地多出葱，故谓葱岭。又以山崖葱翠，遂以名焉。

  东行百余里，至瞢健国。

[注释]

①活国：故址在今阿富汗东北部的昆都士。

[译文]

活国原来是睹货逻国的属国，方圆二千多里。该国的大都城方圆二十多里。没有拥立君主，附属于突厥。土地平坦，农作物按时播种。草丛树木生长繁茂，鲜花水果种类众多。气候温和舒畅，民风淳厚质朴。居民性情急躁刚烈，用毛料做衣服。多数人信仰佛教，少数人侍奉外道神灵。国内有十几座佛寺，有几百名僧人，大、小二乘学说都得到研习。国王也是突厥人，管辖铁门关以南的各个小国，像候鸟般冬夏迁徙，没有固定的住所。

从这里向东进入葱岭。葱岭，位于赡部洲的中央，南面连接大雪山，北面到达热海、千泉，西达活国，东至乌铩国，东西南北方向各有数千里之遥。山岭连绵有数百层，山谷幽深险峻，常年冰天雪地，寒风凛冽。当地盛产葱类植物，所以叫作葱岭。还因为山色葱绿，所以有了这一名字。

向东走一百多里，抵达瞢健国。

瞢健国至钵利曷国五国

瞢健国①，睹货逻国故地也，周四百余里。国大都城周十五六里。土宜风俗，大同活国。无大君长，役属突厥。北至阿利尼国。

阿利尼国②，睹货逻国故地也，带缚刍河两岸，周三百余里。国大都城周十四五里。土宜风俗，大同活国。东至曷逻胡国。

曷逻胡国③，睹货逻国故地也，北临缚刍河，周二百余里。国大都城周十四五里。土宜风俗，大同活国。

从曹健国东，逾峻岭，越洞谷，历数川城，行三百余里，至讫栗瑟摩国。

讫栗瑟摩国④，睹货逻国故地也，东西十余里，南北三百余里。国大都城周十五六里。土宜风俗，大同曹健国。但其人性暴愚恶有异。东北至钵利曷国。

钵利曷国⑤，睹货逻国故地也，东西百余里，南北三百余里。国大都城周二十余里。土宜风俗，大同讫栗瑟摩国。

从讫栗瑟摩国东，逾山越川，行三百余里，至呬摩呾罗国。

[注释]

①曹健国：故址可能在今阿富汗东北部的巴达赫尚境内。 ②阿利尼国：故址可能在今阿富汗哈兹拉特·伊芒附近。 ③曷逻胡国：故址可能在今阿富汗东北部阿姆河与科克查河之间。 ④讫栗瑟摩国：故址在今阿富汗东北部的基希姆附近地区。 ⑤钵利曷国：故址在今阿富汗东北部的基希姆以北的科克查河岸边。

[译文]

曹健国原来是睹货逻国的属国，方圆四百多里。该国的大都城方圆十五六里。物产风俗，与活国大体一致。没有自己的国君，附属于突厥。向北走抵达阿利尼国。

阿利尼国原来是睹货逻国的属国，地跨缚刍河两岸，方圆三百多里。该国的大都城方圆十四五里。物产风俗，与活国大体一致。向东走抵达曷逻胡国。

曷逻胡国原来是睹货逻国的属国，北面濒临缚刍河，方圆二百多里。

该国的大都城方圆十四五里。物产风俗,与活国大体一致。

从曹健国向东,翻越高山,穿过深谷,经过几座平原上的城池,行走三百多里,抵达讫栗瑟摩国。

讫栗瑟摩国原来是睹货逻国的属国,国境东西长十多里,南北宽三百多里。该国的大都城方圆十五六里。物产风俗,与曹健国大体一致。然而那里人性情粗暴愚蠢凶恶,这点与曹健国不同。向东北方走,抵达钵利曷国。

钵利曷国原来是睹货逻国的属国,国境东西长一百多里,南北宽三百多里。该国的大都城方圆二十多里。物产风俗,与讫栗瑟摩国大体一致。

从讫栗瑟摩国向东,翻越大山,经过平原,走三百多里,抵达呬摩呾罗国。

呬摩呾罗国

呬摩呾罗国[①],睹货逻国故地也,周三千余里。山川逦迤,土地沃壤。宜谷稼,多宿麦,百卉滋茂,众果具繁。气序寒烈,人性暴急,不识罪福,形貌鄙陋。举措威仪,衣毡皮褐,颇同突厥。其妇人首冠木角,高三尺余,前有两岐,表夫父母;上岐表父,下岐表母,随先丧亡,除去一岐,舅姑俱没,角冠全弃。其先强国,王,释种也。葱岭之西,多见臣伏。境邻突厥,遂染其俗,又为侵掠,自守其境。故此国人,流离异域,数十坚城,各别立主,穹庐毳帐[②],迁徙往来。西接讫栗瑟摩国。

东谷行二百余里,至钵铎创那国。

[注释]

①呬摩呾罗国:故址可能在今阿富汗基希姆以东的达莱姆。 ②穹庐毳(cuì)帐:这里指各式帐篷。

[译文]

呬摩呾罗国原来是睹货逻国的属国,方圆三千多里。山脉连绵不绝,土地肥沃。适宜农作物生长,主要种植冬小麦,百花盛开,水果繁多。气候极其寒冷,居民性情粗暴急躁,不懂得罪过、福德,长相粗鄙丑陋。日常行为举止、仪表风度,穿着的毛皮、粗布,都与突厥一样。该国妇女头上戴着木角,高有三尺多,前面分为两叉,代表丈夫的父母亲;上叉表示父亲,下叉表示母亲,两人中谁先亡故,就除去一叉,公婆全部过世,就摘掉角帽。这个国家以前是个强国,国王是释种王族。葱岭以西的国家,多数臣服于它。该国与突厥接壤,于是受到突厥风俗的影响,又遭到突厥的侵略袭扰,独自守卫疆土。因此,这个国家的人民,流落异国他乡。设防坚固的城池有几十个,各自拥立城主,居住在各式各样的帐篷中,四处迁徙不定。西境毗邻讫栗瑟摩国。

向东在山谷里行走二百多里,抵达钵铎创那国。

钵铎创那国

钵铎创那国①,睹货逻国故地也,周二千余里。国大都城据山崖上,周六七里。山川逦迤,沙石弥漫。土宜菽麦,多蒲萄、胡桃、梨、柰等果。气序寒烈，人性刚猛。俗无礼法，不知学艺。其貌鄙陋，多衣毡褐。伽蓝三四所，僧徒寡少。王性淳质，深信三宝。

从此东南，山谷中行二百余里，至淫薄健国。

[注释]

①钵铎创那国：故址在今阿富汗东北角的巴达赫尚地区。

[译文]

钵铎创那国原来是睹货逻国的属国，方圆二千多里。该国的大都城建筑在山崖之上，方圆六七里。境内山脉平原交错连绵，到处布满沙石。土地适宜种植豆类、麦子，盛产葡萄、胡桃、梨、沙果等水果。气候极为寒冷，居民性情刚烈勇猛。不讲究礼仪法度，不知道学问、技艺。相貌粗鄙丑陋，大多穿着毛料粗布。国内有三四座佛寺，僧人很少。国王生性淳厚质朴，虔诚信仰佛教。

从这里向东南方向，在山谷里行走二百多里，抵达淫薄健国。

淫薄健国

淫薄健国①，睹货逻国故地也，周千余里。国大都城周十余里。山岭连属，川田隘狭。土地所产，气序所宜，人性之差，同钵铎创那，但言语少异。王性苛暴，不明善恶。

从此东南，逾岭越谷，峡路危险，行三百余里，至屈（居勿反）浪拿国。

[注释]

①淫薄健国：故址可能在今阿富汗的哲尔姆一带。

[译文]

淫薄健国原来是睹货逻国的属国，方圆一千多里。该国的大都城方圆十多里。山脉连绵，平地农田狭小。土地物产，气候状况，人民性情，与钵铎创那国一样，只是语言略有差别。国王性情严苛凶暴，不分好坏。

从这里向东南方向，翻过山岭，穿过峡谷，山谷中的小路非常危险，行走三百多里，抵达屈浪拿国。

屈浪拿国

屈浪拿国①，睹货逻国故地也，周二千余里。土地山川，气序时候，同淫薄健国。俗无法度，人性鄙暴，多不营福，少信佛法。其貌丑弊，多服毡褐。有山岩，中多出金精②，琢析其石，然后得之。伽蓝既少，僧徒亦寡。其王淳质，敬崇三宝。

从此东北，登山入谷，途路艰险，行五百余里，至达摩悉铁帝国（亦名镬侃，又谓护蜜）。

[注释]

①屈浪拿国：都城在今阿富汗的拉杰瓦尔德。　②金精：水晶。

[译文]

屈浪拿国原来是睹货逻国的属国,方圆二千多里。土壤物产、气候状况与淫薄健国相同。从不讲究求法度,居民性情粗鄙暴烈,多数人不求福德,很少有人信仰佛法。这里的人相貌丑陋,大多穿着毛料粗布衣。有一座山峰,山中盛产水晶,凿开石头,就能获得。佛寺很少,僧人也不多。国王淳厚质朴,虔诚信仰佛教。

从这里向东北方向,翻过高山,进入深谷,途路艰险,行走五百多里,抵达达摩悉铁帝国(也叫作镬侃,还称为护蜜)。

达摩悉铁帝国

达摩悉铁帝国①,在两山间,睹货逻国故地也。东西千五六百余里,南北广四五里,狭则不逾一里。临缚刍河,盘纡曲折,堆阜高下,沙石流漫,寒风凄烈。唯植麦、豆,少树林,乏花果。多出善马,马形虽小,而耐驰涉。俗无礼义,人性犷暴。形貌鄙陋,衣服毡褐,眼多碧绿,异于诸国。伽蓝十余所,僧徒寡少。

昏驮多城②,国之都也。中有伽蓝,此国先王之所建立。疏崖奠谷,式建堂宇。此国之先,未被佛教,但事邪神,数百年前,肇弘法化。初,此国王爱子婴疾,徒究医术,有加无瘳。王乃躬往天祠,礼请求救。时彼祠主为神下语:"必当痊复,良无他虑。"王闻喜慰,回驾而归,路逢沙门,容止可观,骇其形服,问所从至。此沙门者,已证圣果,欲弘佛法,故此仪形。而报王曰:"我如来弟子，所谓苾刍也。"王既忧心，即先问曰："我子婴疾，生死未分。"沙门曰："王先灵可起，爱子难济。"王曰："天神谓其不死，沙门言其当终，诡俗之人，言何可信？"迟至宫中，爱子已死。匿不发丧，更问神主，犹曰："不死，疹疾当瘳。"王便发怒，缚神主而数曰："汝曹群居长恶，妄行威福。我子已死，尚云当瘳，此而谬惑，孰不可忍？宜戮神主，殄灭灵庙。"于是杀神主，除神像，投缚刍河。回驾而还，又遇沙门，见而敬悦，稽首谢曰："曩无明导，伫足邪途，浇弊虽久，沿革在兹，愿能垂顾，降临居室。"沙门受请，随至中宫。葬子既已，谓沙门曰："人世纠纷，生死流转，我子婴疾，问其去留，神而妄言，当必痊差。先承指告，果无虚说。斯则其法可奉，唯垂哀愍，导此迷徒。"遂请沙门揆度伽蓝，依其规矩，而便建立。自尔之后，佛教方隆。故伽蓝中精舍，为罗汉建也。伽蓝大精舍中有石佛像，像上悬金铜圆盖，众宝庄严。人有旋绕，盖亦随转，人止盖止，莫测灵鉴。闻诸耆旧曰：或云圣人愿力所持，或谓机关秘术所致。观其堂宇，石壁坚峻，考厥众议，莫知实录。

逾此国大山，北至尸弃尼国。

[注释]

①达摩悉铁帝国：故址在今阿富汗东北端的瓦罕地区。　②昏驮多城：通常认为故址在今阿富汗喷赤河南岸的汗杜德。

[译文]

达摩悉铁帝国位于两座山峰之间，原来是睹货逻国的属国。该国疆域东西长一千五六百多里，南北宽四五里，狭窄的地方不足一里。濒临缚刍河，地势婉转曲折，山丘高低起伏，遍布沙石，漫无边际，寒风凛冽。只能种植麦子、豆类，树木、花果稀少。盛产好马，马的体形虽然矮小，却善于长途跋涉。习惯上不讲礼义，居民性情粗犷暴烈。相貌粗鄙丑陋，穿着毛料衣服，多数人眼睛呈碧绿色，与其他国家迥然不同。国内有佛寺十多座，僧人很少。

昏驮多城是国都。城里建有佛寺，是由该国的先王建造。当时开凿山崖，建造庙宇殿堂。这个国家的祖先，最初不信佛教，只崇奉邪神，直到几百年前，才开始接受佛法。当初，该国国王的爱子得了病，虽然遍寻名医，病情有增无减。国王于是亲自前往天祠，礼拜求救。那时，神祠的祠主替神传话说："病一定会好，不必胡思乱想。"国王听后欣喜宽慰，摆驾回宫，路上碰到一位沙门，容貌举止不同凡响，国王对他的外貌衣饰感到惊讶，就问他从哪里来。这位沙门实际上已经证得圣果，正想弘扬佛法，所以显示出这样的形貌。他回答国王说："我是如来的弟子，就是所谓的比丘。"国王内心忧虑急迫，就首先询问："我的儿子得了病，目前生死难料。"沙门说："陛下祖先的神灵可以唤起，可是您爱子的病却很难痊愈。"国王说："天神说他不会死，你却讲他一定死，你是个谲诈平庸的人，你的话怎么能信呢？"国王返回宫中，爱子已经死去。国王隐匿不办丧事，又去问祠主，祠主还说："不会死，病一定会好。"国王于是发怒，绑起祠主斥责他："你们这些人聚集在一起为非作歹，妄自作威作福。我的儿子已经死了，还说病会好，像这样欺瞒荒谬，谁能忍受？应该杀了祠主，摧毁神庙。"于是杀了祠主，撤掉神像，投入缚刍河中。国王返回宫中的路上又遇到沙门，一见面就极为恭敬，心悦诚服，行礼谢罪说："从前没有得到贤明之士的指导，人生误入歧途，虽然陋习沿袭了很久,除旧布新正在眼前,希望您能看得起我,光临寒舍。"沙门接受了邀请,跟随国王来到内宫。国王埋葬了儿子以后,对沙门说:"人世间纷纷扰扰,生生死死相续不绝,我的儿子得了病,向祠主寻问生死吉凶,神却胡说八道,告诉我一定痊愈。但是您事先早已告诉我结果,果然不假。这就说明佛法可以遵从,请您大发慈悲,引导我们这些迷途之人。"于是请求沙门设计佛寺,按照他的规划,建造了佛寺。从那以后,佛教才开始兴盛。所以佛寺中有一座精舍,是专为这位罗汉建造的。寺中大精舍内有一尊石质佛像,佛像上面悬挂着金、铜质地的圆盖,并用各种珍宝加以装饰。人们如果绕佛像旋转,圆盖也随着旋转,人一旦停下来,圆盖也立即停止转动,非常灵验,神秘莫测。听老人们说:有人讲这是因为圣人法力导致的,有人讲是凭着机关设计的秘密技术导致的。但观察房屋的结构,四面都是石砌的坚固墙体,再用各种说法加以考察比较,不知道哪种说法是真的。

翻过该国的大山,向北抵达尸弃尼国。

尸弃尼国

尸弃尼国[①],周二千余里。国大都城周五六里。山川连属,沙石遍野。多宿麦,少谷稼,林树稀疏,花果寡少。气序寒烈,风俗犷勇,忍于杀戮,务于盗窃,不知礼义,不识善恶。迷未来祸福,惧现世灾殃。形貌鄙陋,皮褐为服。文字同睹货逻国,语言有异。

越达摩悉铁帝国大山之南,至商弥国。

[注释]

①尸弃尼国：故址在今阿富汗舒格南地区。

[译文]

尸弃尼国方圆二千多里。该国的大都城方圆五六里。国内山地平原连绵起伏，沙石漫山遍野。盛产冬麦，其他谷物很少，林木生长稀疏，鲜花水果极少。气候寒冷，民风粗犷勇猛，喜好杀戮，专门从事盗窃，不懂得礼义，分不清善恶。对于来世的祸福迷惑不解，一味担心眼前的灾祸。相貌粗鄙丑陋，以毛皮粗布做衣服。文字与睹货逻国相同，语言不同。

翻过达摩悉铁帝国的大山向南，抵达商弥国。

商弥国

商弥国①，周二千五六百里。山川相间，堆阜高下。谷稼备植，菽麦弥丰，多蒲萄，出雌黄，凿崖析石，然后得之。山神暴恶，屡为灾害，祀祭后入，平吉往来。若不祈祷，风雹奋发。气序寒，风俗急。人性淳质，俗无礼义，智谋寡狭，伎能浅薄。文字同睹货逻国，语言别异。多衣毡褐。其王，释种也，崇重佛法，国人从化，莫不淳信。伽蓝二所，僧徒寡少。

[注释]

①商弥国：故址在今巴基斯坦北部的奇特拉尔和马斯图吉之间。

[译文]

商弥国方圆二千五六百里。国内大山、平原相间分布，山丘高低起伏。种植各类谷物，豆子、麦子最多，盛产葡萄，出产雌黄，凿开山崖石头，就能得到。山神残暴凶恶，常常制造灾害，经过祭祀之后进山，就能够平安往来。如果不进行祭祀，就会狂风冰雹大作。气候寒冷，民风急躁。百姓性情淳厚质朴，不讲究礼义，缺乏智慧谋略，技艺水平底下。文字与睹货逻国相同，语言则不同。多数人穿着毛料衣服。国王出自释种家族，尊崇重视佛法，人民也跟随国王信仰佛教，无人不虔诚。国内有佛寺二座，僧人很少。

波谜罗川

国境东北，逾山越谷，经危履险，行七百余里，至波谜罗川①。东西千余里，南北百余里，狭隘之处不逾十里。据两雪山间，故寒风凄劲，春夏飞雪，昼夜飘风。地咸卤，多砾石。播植不滋，草木稀少，遂致空荒，绝无人止。波谜罗川中有大龙池②，东西三百余里，南北五十余里，据大葱岭内，当赡部洲中，其地最高也。水乃澄清皎镜，莫测其深，色带青黑，味甚甘美。潜居则鲛③、螭④、鱼、龙、鼋⑤、鼍⑥、龟、鳖，浮游乃鸳鸯、鸿雁、驾鹅、鹖⑦、𫛢，诸鸟大卵，遗䄅⑧荒野，或草泽间，或沙渚上。池西派一大流，西至达摩悉铁帝国东界，与缚刍河合而西流，故此已右，水皆西流。池东派一大流，东北至佉沙国西界，与徙多河合而东流，故此已左，水皆东流。波谜罗川南越山，有钵露罗国，多金银，金色如火。

自此川中东南，登山履险，路无人里，唯多冰雪，行五百余里，至朅盘陀国。

[注释]

①波谜罗川：指帕米尔高原。 ②大龙池：帕米尔高原上的卡拉库尔湖，也叫大帕米尔湖。 ③鲛：古代指鲨鱼，这里泛指大鱼。 ④螭（chī）：没有角的龙。 ⑤鼋（yuán）：大鳖。 ⑥鼍（tuó）：扬子鳄。 ⑦鹔（sù）：雁的一种。 ⑧㲉（què）：鸟卵，蛋壳。

[译文]

自商弥国国境东北方向，翻过高山，穿越峡谷，历经艰难险阻，行走七百多里，到达波谜罗川。这里东西长一千多里，南北宽一百多里，狭窄的地方不超过十里。地处两座大雪山之间，因此寒风刺骨，春夏两季大雪飞扬，昼夜狂风不止。土质都是盐碱地，遍地砾石。庄稼难以生长，草木非常稀少，导致此地空旷荒芜，渺无人烟。波谜罗川中，有大龙池，湖泊东西长三百多里，南北宽五十多里，位于大葱岭内部，在赡部洲的中央，这里地势最高。湖水清澈如镜，深不见底，水色呈青黑色，味道极为甜美。水中生活着鲛、螭、鱼、龙、鼋、鼍、龟、鳖，湖面上游荡着鸳鸯、鸿雁、驾鹅、鹔、鸨，各种鸟生的大蛋、蛋壳遍布荒野，有的在草丛中，有的在沙滩上。湖泊西面流出一条大河，向西流淌到达摩悉铁帝国的东部边界上，和缚刍河相汇合，再向西流，所以从这里往右的河水都流向西。湖泊东面流出一条大河，向东北方流淌到佉沙国的西部边界，和徙多河相汇合，再往东流，所以从这里往左的河水都流向东。从波谜罗川向南，翻越高山，有个钵露罗国，盛产金银，金的颜色像火焰。

自波谜罗川向东南方向，攀登山岭，经历险阻，路途中不见人烟，到处都是冰天雪地，行走五百多里，到达揭盘陀国。

朅盘陀国

朅盘陀国①,周二千余里。国大都城基大石岭,背徙多河②,周二十余里。山岭连属,川原隘狭。谷稼俭少,菽麦丰多,林树稀,花果少。原隰丘墟,城邑空旷。俗无礼义,人寡学艺。性既犷暴,力亦骁勇。容貌丑弊,衣服毡褐。文字语言,大同佉沙国。然知淳信,敬崇佛法。伽蓝十余所,僧徒五百余人,习学小乘教说一切有部。

[注释]

①朅盘陀国:都城故址在今中国新疆维吾尔自治区塔什库尔干塔吉克自治县。 ②徙多河:此处指的是叶尔羌河。

[译文]

朅盘陀国方圆二千多里。该国的大都城建造在大石岭上,背靠徙多河,方圆二十多里。山脉连绵,平地窄小。很少种植谷物,豆子、麦子产量大,树木稀疏,鲜花水果很少。原野荒凉,城池空旷无人。民众不懂礼义,很少有人学习技艺。居民性情粗犷凶暴,身强力壮,极为勇猛。容貌丑陋,穿着毛布衣服。文字、语言,与佉沙国大体一样。但是信仰坚定,敬重崇拜佛教。国内有佛寺十多座,有僧人五百多名,研习的是小乘教说一切有部。

一、建国传说

今王淳质，敬重三宝，仪容闲雅，笃志好学。建国已来，多历年所。其自称云是至那提婆瞿呾罗（唐言汉日天种）。此国之先，葱岭中荒川也。昔波利斯国王娶妇汉土，迎归至此，时属兵乱，东西路绝，遂以王女置于孤峰，峰极危峻，梯崖而上，下设周卫，警昼巡夜。时经三月，寇贼方静，欲趣归路，女已有娠。使臣惶惧，谓徒属曰："王命迎妇，属斯寇乱，野次荒川，朝不谋夕。吾王德感，妖氛已静，今将归国，王妇有娠。顾此为忧，不知死地，宜推首恶，或以后诛。"讯问喧哗，莫究其实。时彼侍儿谓使臣曰："勿相尤也，乃神会耳。每日正中，有一丈夫从日轮中乘马会此。"使臣曰："若然者，何以雪罪？归必见诛，留亦来讨，进退若是，何所宜行？"佥曰："斯事不细，谁就深诛？待罪境外，且推旦夕。"于是即石峰上筑宫起馆，周三百余步。环宫筑城，立女为主，建官垂宪。至期产男，容貌妍丽。母摄政事，子称尊号。飞行虚空，控驭风云，威德遐被，声教远洽，邻域异国，莫不称臣。其王寿终，葬在此城东南百余里大山岩石室中。其尸干腊，今犹不坏，状羸瘠人，俨然如睡，时易衣服，恒置香花。子孙奕世，以迄于今。以其先祖之出，母则汉土之人，父乃日天之种，故其自称汉日天种。然其王族，貌同中国，首饰方冠，身衣胡服。

[译文]

当今国王淳厚质朴，敬重佛教，仪态举止安闲文雅，专心致志，研究学问。从该国建立以来，已经经过了许多年。王族自称是至那提婆瞿呾罗

（大唐称为汉日天种）。这个国家的祖先原来居住在葱岭里的荒野中。以前，波利斯国王派人从汉地迎娶妻子，迎接回国来到这里，正值发生战乱，东西方交通断绝，就把汉地君王的女儿安置在一座孤立的山峰上暂住，山峰极为险峻，要攀登悬崖才能上去，山下四面设置警卫，日夜巡查。时间过去三个月，匪乱被平定，正准备启程回国，发现汉地王女已经怀孕。使臣惊恐万分，对随从们说："国王命令我们迎接新娘，碰到这里强盗作乱，只能在荒郊野外停驻，朝不保夕。仰仗我王威德感化，战乱平息，现在正要回国，国王的新娘却怀了孕。此事令人忧心忡忡，担心死无葬身之地，应该找出大胆作恶的首犯，或许能逃脱死罪。"于是，审讯按问，争吵不休，最终也搞不清真相。此时有个侍童对使臣说："不要互相埋怨了，是神与王后交合。每天中午时分，会有一高大的男子从太阳里骑着马来到这里与王后相会。"使臣说："如果真是这样，又凭什么洗雪罪责呢？回去一定被杀，待在这儿也会有军队来讨伐，如此进退两难，该怎么办呢？"众人都说："这件事非同小可，有谁愿意顶罪被杀呀？不如暂时留在国外，拖延时日，静观待变。"于是，就在石峰顶上建造宫室，方圆三百多步。围绕宫殿筑起城墙，拥立王后作为国君，设置官职，颁布法令。到了日子生下一个男孩，容貌秀丽。母后代理国政，王子做了国王。这位国王能够在空中飞行，腾云驾雾，威德传布四方，教化遍及国外，异域邻国都向他称臣。国王死了以后，埋葬在这座城东南方一百多里的高山石室之中。他的尸体风干后，到现在都没有腐烂，样子就像干瘦的人熟睡在那里。人们不时给他更换衣服，一直供放鲜花。子孙世代相传，直到今天。因为他们祖先的身世，母亲是汉地的人，父亲是太阳神，所以自称为"汉日天种"。然而，该国的王族长相与汉人相同，头上戴着方冠，身穿胡人的衣服。

二、童受伽蓝

后嗣陵夷，见迫强国。无忧王命世，即其宫中建窣堵波。其王于后迁居宫东北隅，以其故宫，为尊者童受论师建僧伽蓝，台阁高广，佛像威严。尊者，呾叉始罗国人也，幼而颖悟，早离俗尘，游心典籍，栖神玄旨，日诵三万二千言，兼书三万二千字。故能学冠时彦，名高当世，立正法，摧邪见，高论清举，无难不酬，五印度国咸见推高。其所制论凡数十部，并盛宣行，莫不玩习，即经部本师也。当此之时，东有马鸣，南有提婆，西有龙猛，北有童受，号为四日照世。故此国王闻尊者盛德，兴兵动众，伐呾叉始罗国，胁而得之，建此伽蓝，式昭瞻仰。

[译文]

后代逐渐衰落，被强国欺凌。无忧王在位的时候，就在他们的宫中建造了佛塔。该国国王后来移居王宫的东北角，将原来的王宫为尊者童受论师改建成佛寺。寺内楼阁高大宽广，佛像威严庄重。尊者本是呾叉始罗国人，从小聪慧颖悟，很早就脱离尘世，一心钻研佛典，悉心揣摩玄妙佛理，每天诵读三万二千字，书写三万二千字。因此，在学界脱颖而出，声名显赫，树立佛教正法，破除外道邪见，论词高深清雅，没有能难得倒他的问题，五印度各国全都对他极为推崇。他写作论著有几十部，广泛流传，人人学习，他就是经量部根本上师。在那时，东有马鸣，南有提婆，西有龙猛，北有童受，号称"四日照世"。该国国王听到尊者是得道高僧，为此发动军马，讨伐呾叉始罗国，用武力得到尊者，建造了这座佛寺，让世人礼拜瞻仰。

三、二石室入定罗汉

城东南行三百余里，至大石崖，有二石室，各一罗汉于中入灭尽定。端然而坐，难以动摇，形若羸人，肤骸不朽，已经七百余岁，其须发恒长，故众僧年别为剃发易衣。

[译文]

从该城向东南方行走三百多里，来到大石崖下，山上有二间石窟，每个石窟中都有一位罗汉入灭尽定。罗汉端端正正坐在那里，难以晃动，形状就像干瘦的人，骨肉并未腐朽，已经七百多年了，他们的胡须、头发仍在生长，所以僧人们每年都为他们剃除须发，更换衣服。

四、奔穰舍罗

大崖东北，逾岭履险，行二百余里，至奔（逋论反）穰舍罗（唐言福舍）。葱岭东冈，四山之中，地方百余顷，正中垫下。冬夏积雪，风寒飘劲。畴垄舄卤，稼穑不滋，既无林树，唯有细草。时虽暑热，而多风雪，人徒才入，云雾已兴，商旅往来，苦斯艰险。闻诸耆旧曰：昔有贾客，其徒万余，橐驼数千，赍货逐利，遭风遇雪，人畜俱丧。时朅盘陀国有大罗汉，遥观见之，愍其危厄，欲运神通，拯斯沦溺；适来至此，商人已丧。于是收诸珍宝，集其所有，构立馆舍，储积资财，买地邻国，鬻户边城，以赈往来。故今行人商旅，咸蒙周给。

从此东下葱岭东冈，登危岭，越洞谷，溪径险阻，风雪相继，行八百余里，出葱岭，至乌铩国。

[译文]

　　从大石崖东北方向，翻过大山，经历险阻，行走二百多里，来到奔穰舍罗（大唐称为福舍）。在葱岭东面的群山中，有块地方方圆一百多顷，位置居中下陷。四季积雪，寒风凛冽。土地盐碱，不长庄稼，没有森林，只有细草。即使是炎热夏季，这里也狂风大雪，行人刚一进山，就云雾缭绕，商旅往来，备感艰辛。听各位年长者说：以前有位商人，带着一万多伙计，几千头骆驼，满载货物经商逐利，遭遇了狂风暴雪，人畜全部死亡。当时揭盘陀国有位大罗汉，远远地看到了这一景象，怜悯他们的遭遇，想要运用神通，拯救他们脱难；刚刚赶到这里，商人已经丧命。于是收取了他们的珍宝，集中他们所有的财物，建造馆舍，积蓄财产，向邻国购买了土地，雇佣边境城市中的人工作，以此接济往来行人。因此，现在的行人商旅都能得到周济供给。

　　从这里向东，走下葱岭东坡，攀登绝岭，穿过深谷，狭窄的小路极为艰险，途中风雪不断，行走八百多里，才走出葱岭，到达乌铩国。

乌铩国

　　乌铩国[①]，周千余里。国大都城周十余里，南临徙多河。地土沃壤，稼穑殷盛，林树郁茂，花果具繁。多出杂玉，则有白玉、黳玉[②]、青玉。气序和，风雨顺。俗寡礼义，人性刚犷，多诡诈，少廉耻。文字语言，少同佉沙国。容貌丑弊，衣服皮褐。然能崇信，敬奉佛法。伽蓝十余所，僧徒减千人，习学小乘教说一切有部。自数百年，王族绝嗣，无别君长，役属朅盘陀国。

城西二百余里，至大山。山气巃嵸③，触石兴云，崖𪩘④峥嵘，将崩未坠。其巅窣堵波，郁然奇制也。闻诸土俗曰：数百年前，山崖崩圮，中有苾刍，瞑目而坐，躯量伟大，形容枯槁，须发下垂，被肩蒙面。有田猎者见已白王，王躬观礼。都人士子，不召而至，焚香散花，竞修供养。王曰："斯何人哉？若此伟也！"有苾刍对曰："此须发垂长而服袈裟，乃入灭心定阿罗汉也。夫入灭心定者，先有期限，或言闻揵椎声，或言待日光照，有兹警察，便从定起；若无警察，寂然不动，定力持身，遂无坏灭。段食⑤之体，出定便谢。宜以酥油灌注，令得滋润。然后鼓击，警悟定心。"王曰："俞乎？"乃击揵椎。其声才振，而此罗汉豁然高视，久之乃曰："尔辈何人？形容卑小，被服袈裟？"对曰："我苾刍也。"曰："然，我师迦叶波如来今何所在？"对曰："入大涅槃，其来已久。"闻而闭目，怅若有怀，寻重问曰："释迦如来出兴世耶？"对曰："诞灵导世，已从寂灭。"闻复俯首，久之乃起，升虚空，现神变，化火焚身，遗骸坠地。王收其骨，起窣堵波。

从此北行，山碛旷野五百余里，至佉沙国（旧谓疏勒者，乃称其城号也。正音宜云室利讫栗多底。疏勒之言，犹为讹也）。

[注释]

①乌铩国：故址在今新疆维吾尔自治区莎车县。 ②瑿（yī）玉：墨玉。 ③巃（lóng）嵸（sǒng）：高耸。 ④𪩘（yǎn）：山崖。 ⑤段

食：指人们常吃的食物。

[译文]

　　乌铩国方圆一千多里。该国的大都城方圆十多里，南面濒临徙多河。土地肥沃，庄稼繁盛，林木茂密，花果繁多。盛产各类玉石，有白玉、黑玉、青玉。气候温和，风调雨顺。缺少礼义，居民性情刚猛粗犷，社会风气诡诈，寡廉鲜耻。文字语言与佉沙国大体相同。相貌丑陋，穿着皮质衣服。但是信仰坚定，尊奉佛教。国内有佛寺十多处，僧人不到一千人，研习小乘佛教说一切有部。几百年来，王系已经断绝，没有君主，附属于揭盘陀国。

　　都城以西二百多里处有座大山。山峰之间，雾气升腾，触碰岩石，便会云雾聚集，岩石高峻，像要崩塌，但并未坠落。山峰上有座佛塔，形制非常奇特。听当地人说：几百年前，山崖崩塌，中间有个和尚，闭目端坐，身材魁梧高大，面容干枯憔悴，头发、眉毛很长，垂下来蒙住脸，披在肩上。有位猎人看到后禀告了国王，国王亲自前来瞻仰。都城里的各界人士主动跟随前往，焚香散花，争相供养。国王说："这是什么人，长得如此高大？"有个僧人回答说："这位须发飘然下垂又身着袈裟的人，乃是入灭心定的罗汉。进入灭心定的人，有一定的时限，有人说听到揵椎的声响，有人说等到日光照耀，有了此类警讯，他就会从入定中出来。如果没有警讯，他便纹丝不动，用定力维持身体，永远不会毁灭。依靠食物供养的身体，一旦出定就会死亡。应该以酥油浇灌他的身体，使其滋润。然后在旁边鼓击，唤醒他的定心。"国王说："真是这样吗？"于是敲击揵椎。刚发出声音，这位罗汉突然睁开眼睛，许久，才发问："你们是什么人？身材如此矮小，还穿着袈裟？"僧人回答说："我们是和尚。"罗汉问："我的老师迦叶波如来如今在什么地方？"僧人回答说："他已入大涅槃,时间很久了。"罗汉听了闭起双眼,神色失落,若有所思,过了一会儿又问:"释迦如来出世了吗?"僧人回答说:"圣灵降生,引导世人,如今早已寂灭。"罗汉听了低头不语,过了很长时间,站起身来,升入空中,展示了神通变化,变化出神火焚烧自己的身体,遗骸坠落在地。国王收取他的遗骨,建起了佛塔。

从这里向北,在山岭、沙地、旷野中行走五百多里,到达佉沙国(过去称为疏勒,乃是它都城的名字。正确的读音应该是室利讫栗多底。疏勒的说法,是错的)。

佉沙国

佉沙国①,周五千余里。多沙碛,少壤土。稼穑殷盛,花果繁茂。出细毡褐,工织细毡氍毹。气候和畅,风雨顺序。人性犷暴,俗多诡诈,礼义轻薄,学艺肤浅。其俗生子,押头匾匿②,容貌粗鄙,文身绿睛。而其文字,取则印度,虽有删讹,颇存体势。语言辞调,异于诸国。淳信佛法,勤营福利。伽蓝数百所,僧徒万余人,习学小乘教说一切有部。不究其理,多讽其文,故诵通三藏及《毗婆沙》者多矣。

从此东南行五百余里,济徙多河,逾大沙岭,至斫句迦国(旧日沮渠)。

[注释]

①佉沙国：自汉至唐皆作疏勒国。故址在今以新疆维吾尔自治区喀什市为中心的区域。　②匾匦（tī）：薄或者不圆。

[译文]

佉沙国方圆五千多里。境内沙石众多，农田很少。庄稼生长茂盛，花果品种繁多。出产细毛毡，特别善于织造精细的毛毡毯。气候温和舒畅，风调雨顺。居民性情粗犷暴躁，流行欺诈，轻视礼义，学问技艺很肤浅。当地有这样的风俗，生下儿子要用木板将头夹扁，相貌粗笨，刺有文身，眼睛碧绿。他们的文字取法于印度，虽然有所删改，但是保留了印度文字的基本特点。语言声调和其他国家都不一样。虔诚信仰佛教，一心一意追求福德。国内有佛寺几百座，僧人超过一万人，研习小乘佛教说一切有部。从不推究佛学原理，多数只是念诵经文，因此能够通篇背诵三藏以及《毗婆沙》的人有很多。

从这里向东南方，行走五百多里，渡过徙多河，翻越大沙岭，到达斫句迦国（过去称为沮渠）。

斫句迦国

斫句迦国①，周千余里。国大都城周十余里，坚峻险固，编户殷盛。山阜连属，砾石弥漫，临带两河，颇以耕植。蒲萄、梨、柰，其果实繁。时风寒，人躁暴，俗唯诡诈，公行劫盗。文字同瞿萨旦那国，言语有异。礼义轻薄，学艺浅近。淳信三宝，好乐福利。伽蓝数十，毁坏已多，僧徒百余人，习学大乘教。

国南境有大山,崖岭嵯峨,峰峦重叠;草木凌寒,春秋一贯;溪涧浚濑②,飞流四注;崖龛石室,棋布岩林。印度果人③,多运神通,轻举远游,栖止于此。诸阿罗汉寂灭者众,以故多有窣堵波也,今犹现有三阿罗汉,居岩穴中,入灭心定,形若羸人,须发恒长,故诸沙门时往为剃。而此国中大乘经典部数尤多,佛法至处,莫斯为盛也。十万颂为部者,凡有十数;自兹已降,其流实广。

从此而东,逾岭越谷,行八百余里,至瞿萨旦那国(唐言地乳,即其俗之雅言也。俗语谓之涣那国,匈奴谓之于遁,诸胡谓之豁旦,印度谓之屈丹。旧曰于阗,讹也)。

[注释]

①斫句迦国:故址在今新疆维吾尔自治区叶城县西南约55千米处的奇盘庄。 ②浚(jùn)濑(lài):水流深而湍流。 ③果人:佛教谓通过修行得证果位者,有三层次,一佛,二辟支佛,三阿罗汉。

[译文]

斫句迦国方圆一千多里。该国的大都城方圆十多里,城池坚固,易守难攻,居民人口众多。山冈连绵不绝,沙石一望无际,濒临河水两岸的土地都得以开垦种植。葡萄、梨、沙果各类水果繁多。气候多风寒冷,居民性情暴躁,当地风俗习惯欺诈,公开拦路抢劫。文字与瞿萨旦那国一样,语言略有差别。轻视礼义,技艺水平不高。虔诚信仰佛教,热衷于积累福德。国内有佛寺几十座,多数已经毁坏,僧人只有一百多名,研习的是大乘教法。

该国南境有座大山,峰峦耸立,山崖重叠;草木都很耐寒,从春到秋生长不衰;山间溪水湍急,水花飞溅;山上石窟众多,密密麻麻。印度的得证"果位"者常常运用神通,从远方飞行到这里,栖居在石窟之中。由于有众多阿罗汉在此寂灭,所以留下了大量的佛塔,如今还有三位阿罗汉,住在山洞里,修灭心定,他们的形状就像干枯瘦弱的人,胡须、头发始终在生长,于是其他僧人时常前去为他们剪剃。在这个国家里藏有的大乘经典部数特别多,要说佛法传播的地方,以这里最为兴盛。以十万颂为一部计算,有十几部;不足十万颂的经典流传更广。

从这儿向东,翻岭越谷,行走八百多里,抵达瞿萨旦那国(大唐称为地乳,就是根据当地的雅言来称呼。俗语称为涣那国,匈奴称为于遁,胡人称为豁旦,印度人称为屈丹。过去叫作于阗,错了)。

瞿萨旦那国

瞿萨旦那国①,周四千余里。沙碛太半,壤土隘狭。宜谷稼,多众果。出氍毹、细毡,工纺绩绁紬②。又产白玉、黳玉。气序和畅,飘风飞埃。俗知礼义,人性温恭。好学典艺,博达技能。众庶富乐,编户安业。国尚乐音,人好歌舞。少服毛褐毡裘,多衣绁紬白氎。仪形有礼,风则有纪。文字宪章,聿尊印度,微改体势,粗有沿革。语异诸国。崇尚佛法,伽蓝百有余所,僧徒五千余人,并多习学大乘法教。

[注释]

①瞿萨旦那国:又作于阗,故址在今新疆维吾尔自治区和田地区及其

周边。　②絁（shī）紬（chōu）：丝织品中比较粗劣的粗绸子。

[译文]

瞿萨旦那国方圆四千多里。多数国土被沙漠覆盖，农田狭小。适宜种植农作物，盛产多种水果。出产毛毯、毛毡，善于织造粗绸。还出产白玉、黑玉。气候温和舒畅，风沙较多。知晓礼义，居民性情温和礼让。喜欢学习经典，掌握多种技艺。老百姓富庶欢乐，人民安居乐业。该国崇尚音乐，人们喜好歌舞。少数人穿着毛皮质地的衣服，多数人穿着粗绸、白毡衣服。举止动作彬彬有礼，一举一动符合法纪。文字规则效法印度，稍有改动，基本承袭印度。语言和各国不同。国内崇尚佛法，有佛寺一百多座，僧人有五千多名，都在研习大乘法教。

一、建国传说

王甚骁武，敬重佛法，自云毗沙门天之祚胤也。昔者此国虚旷无人，毗沙门天于此栖止。无忧王太子在呾叉始罗国被抉目已，无忧王怒谴辅佐，迁其豪族，出雪山北，居荒谷间。迁人逐物，至此西界，推举酋豪，尊立为王。当是时也，东土帝子蒙谴流徙，居此东界，群下劝进，又自称王。岁月已积，风教不通。各因田猎，遇会荒泽，更问宗绪，因而争长。忿形辞语，便欲交兵。或有谏曰："今何遽乎？因猎决战，未尽兵锋。宜归治兵，期而后集。"

于是回驾而返，各归其国，校习戎马，督励士卒。至期兵会，旗鼓相望。旦日合战，西主不利，因而逐北，遂斩其首。东主乘胜，抚集亡国，迁都中地，方建城郭。忧其无土，恐难成功，宣告远近，谁识地理。时有涂灰外道，负大瓠，盛满水而自进曰："我知地理。"遂以其水屈曲遗流，周而复始，因即疾驱，忽而不见。依彼水迹，峙其基堵，遂得兴功，即斯国治，今王所都于此城也。城非崇峻，攻击难克，自古已来，未能有胜。其王迁都作邑，建国安人，功绩已成，齿耋云暮，未有胤嗣，恐绝宗绪。乃往毗沙门天神所祈祷请嗣，神像额上，剖出婴孩，捧以回驾，国人称庆。既不饮乳，恐其不寿，寻诣神祠，重请育养。神前之地忽然隆起，其状如乳，神童饮吮，遂至成立。智勇光前，风教遐被，遂营神祠，宗先祖也。自兹已降，奕世相承，传国君临，不失其绪。故今神庙多诸珍宝，拜祠享祭，无替于时。地乳所育，因为国号。

[译文]

　　国王非常骁勇威武，敬重佛法，自称是毗沙门天神的后代。以前，这个国家一片空旷，无人居住，毗沙门天在这里居住。无忧王的太子在呾叉始罗国被挖去眼睛以后，无忧王盛怒，罢免了太子的辅臣，流放了当地的豪门大族，把他们赶到大雪山以北的荒山野谷中居住。被贬谪的人随着水草来到本地区的西界，他们推举出一位首领，将他拥立为国王。正在那时，东方皇帝的儿子也被贬斥流放到这里，居住该地的东界，随从劝他称王，他便自立为王。虽然过了很长时间，两个国家却没有往来。后来，两位国王因为打猎，在荒野中相遇，互相询问王族世系，进而争长道短，产生矛盾。怒容满面，言辞激烈，就要开战。有人劝说："现在何必匆忙交战？因为打猎而交兵，没有动用全部军力。应该回国整军备战，约定日期再来决战。"

　　于是二王起驾，各自回国，整点操练部队，督促鼓励将士。到了决战的日子两军相会，双方旗鼓相当。第二天交战，西王战败，东王追击，将西王斩首。东王乘胜推进，安抚西国百姓，计划迁都到中部地区，正要兴建城池，担心没有黏土，恐怕工程难以竣工。于是，诏告四方远近，征召熟知地理的人才。那时有位涂灰外道背着一只大葫芦，里面盛满水，毛遂自荐地说："我懂得地理。"然后将葫芦里的水弯弯曲曲倒在地上，倒了一圈，重新开始。忽然间急速飞跑起来，转瞬即逝。按照水流的痕迹，人们建起了城基，最终得以完工，这就是现在的国都，当今国王也以此城做首都。城池并不高大险峻，但却难以攻克，从古至今，没有人能够取胜。这位国王迁移国都，建造城池，建立新国家，安抚众百姓，功业完成之后，年纪已经很大了，只是还没有后代，担心王族绝嗣。于是前往毗沙门天神神庙中祈祷求子，神像的额头裂开口子，生出一个婴儿，国王抱着孩子回宫，举国上下一片欢庆。但是孩子不吃人乳，国王担心他夭折，很快又返回神庙祈祷，请求神灵养育。神像前的土地忽然间隆起，形状就像乳房，神童吮吸地上的乳汁，逐渐长大成人。王子机智勇武超过他的前辈，声名远播，于是建造了神祠，将神奉为自己的祖先。从此以后，世代相传，统治该国，从未断绝王嗣。因此，现在的神祠里堆满了各种奇珍异宝，历代国王祭拜供奉，从未间断。由于先王是靠"地乳"养育的，所以就以"地乳"作为国号。

二、毗卢折那伽蓝

王城南十余里有大伽蓝，此国先王为毗卢折那（唐言遍照）阿罗汉建也。昔者，此国佛法未被，而阿罗汉自迦湿弥罗国至此林中，宴坐习定。时有见者，骇其容服，具以其状上白于王。王遂躬往，观其容止，曰："尔何人乎，独在幽林？"罗汉曰："我如来弟子，闲居习定。王宜树福，弘赞佛教，建伽蓝，召僧众。"王曰：

"如来者，有何德，有何神，而汝鸟栖，勤苦奉教？"曰："如来慈愍四生，诱导三界，或显或隐，示生示灭。遵其法者，出离生死，迷其教者，羁缠爱网。"王曰："诚如所说，事高言议，既云大圣，为我现形；既得瞻仰，当为建立，馨心归信，弘扬教法。"罗汉曰："王建伽蓝，功成感应。"王苟从其请，建僧伽蓝，远近咸集，法会称庆，而未有揵椎扣击召集。王谓罗汉曰："伽蓝已成，佛在何所？"罗汉曰："王当至诚，圣鉴不远。"王遂礼请，忽见空中佛像下降，授王揵椎，因即诚信，弘扬佛教。

[译文]

　　从都城向南十多里，有座大佛寺，是该国的先王为毗卢折那（大唐称为遍照）阿罗汉建造的。从前，这个国家没有信仰佛法的时候，阿罗汉自迦湿弥罗国来到这片树林里，打坐修行。看见他的人对他的容貌服饰感到惊讶，就把这一情况原原本本报告了国王。国王于是亲自前往，瞻仰他的容貌举止，问道："你是什么人，独自一人待在树林里？"罗汉说："我是如来的弟子，脱离尘世，修行禅定。陛下应该积修福德，弘扬支持佛教，建造佛寺，召集僧人。"国王说："如来有什么样的德行，是何方神圣，值得你像鸟儿般栖居树林，辛辛苦苦地遵奉他的教导？"罗汉回答说："如来悲悯世间一切众生，开导教化三界人神，有时显现真身，有时暗中显灵，展示万物生生灭灭的大道理。遵奉佛法的人，逃离生死羁绊，不信佛法的人，深陷爱欲罗网。"国王说："真像你说的那样，就应该事实胜于雄辩；既然如来自称大圣，希望为我现出真身；假如能够瞻仰佛的面容，我一定为他建造庙宇，一心皈依佛教，弘扬佛法。"罗汉说："陛下先去建造佛寺，寺成之时必定会有感应。"国王暂且听从了他的要求，建造了佛寺，远近各地的人聚集于此，召开法会以示庆贺，但是还没有敲击揵椎召集大众。国王对罗汉说："佛寺造好了，佛在哪里呢？"罗汉说："陛下应当诚心诚意，佛祖自然会显灵。"国王于是礼拜祈请，忽然看到空中降下佛像，将揵椎授予国王。国王从此一心向佛，全力弘扬佛教。

三、瞿室䩭伽山

王城西南二十余里，有瞿室䩭伽山①（唐言牛角），山峰两起，岩隒四绝，于崖谷间建一伽蓝，其中佛像时烛光明。昔如来曾至此处，为诸天、人略说法要，悬记此地，当建国土，敬崇遗法，遵习大乘。

牛角山岩有大石室，中有阿罗汉入灭心定，待慈氏佛，数百年间，供养无替。近者崖崩，掩塞门径，国王兴兵，欲除崩石，即黑蜂群飞，毒螫人众，以故至今石门不开。

[注释]

①瞿室䩭伽山：据说是卡拉喀什河下游约8千米处乌杰特村对岸约1.6千米的乌卢加特山支脉的山岩。

[译文]

都城西南方二十多里的地方，有座瞿室䩭伽山（大唐称为牛角）。两座山峰高耸矗立，四面被重重叠叠的岩石阻绝，在山崖峡谷之间建造有一座佛寺，寺中的佛像不时放射光芒。以前，如来曾经到过这里，为天人大众讲说佛法概要，预言这里将要建立国家，礼敬崇拜佛法，遵奉研习大乘教义。

牛角山的山岩上有个大石窟，里面有位罗汉修持灭心定，等待慈氏菩萨降临,几百年间,不断来人供养。近年,山崖崩塌,堵塞了进出的通道,国王于是发兵前往,想要清除落石,不料有黑蜂结群飞来,以毒刺蜇伤众人,因此至今石门也打不开。

四、地迦婆缚那伽蓝

王城西南十余里,有地迦婆缚那①伽蓝。中有夹纻立佛像,本从屈支国而来至止。昔此国中有臣被谴,寓居屈支,恒礼此像。后蒙还国,倾心遥敬,夜分之后,像忽自至,其人舍宅,建此伽蓝。

[注释]

①地迦婆缚那:故址在今新疆维吾尔自治区和田地区姚头冈西南约6.5千米处。

[译文]

都城西南方十多里的地方,有座地迦婆缚那佛寺。寺中有尊苎麻立佛像,原本是从屈支国来到这里,就留了下来。以前,该国有位大臣遭到贬谪,寄居在屈支国,始终礼拜这尊佛像。后来遇赦回国,仍然全心全意远远礼拜,一日夜半时分,佛像忽然自动前来,那位大臣施舍自家宅邸,建造了这座佛寺。

五、勃伽夷城

王城西行三百余里,至勃伽夷城①。中有佛坐像,高七尺余,相好允备②,威肃嶷然,首戴宝冠,光明时照。闻诸土俗曰:本在迦湿弥罗国,请移至此。昔有罗汉,其沙弥弟子临命终时,求酥米饼③。罗汉以天眼观,见瞿萨旦那国有此味焉,运神通力,至此求获。沙弥唼已，愿生其国，果遂宿心，得为王子。既嗣位已，威摄遐迩，遂逾雪山，伐迦湿弥罗国。迦湿弥罗国王整集戎马，欲御边寇。时阿罗汉谏王："勿斗兵也，我能退之。"寻为瞿萨旦那王说诸法要。王初未信，尚欲兴兵。罗汉遂取此王先身沙弥时衣，而以示之。王既见衣，得宿命智，与迦湿弥罗王谢咎交欢，释兵而返。奉迎沙弥时所供养佛像，随军礼请，像至此地，不可转移，环建伽蓝，式招僧侣，舍宝冠置像顶，今所冠者，即先王所施也。

[注释]

①勃伽夷城：在今新疆维吾尔自治区皮山县东南的装桂牙附近。②相好允备：形容佛陀相貌庄严美妙。 ③酢米饼：指发酵的米或米粉做成的饼。

[译文]

从都城向西行走三百多里，来到勃伽夷城。城中有一尊佛的坐像，高度有七尺多，法相庄严，威严肃穆，屹然端坐，头戴宝冠，光芒四射。听当地人说：佛像原来在迦湿弥罗国，后被礼请迁移前来。从前有位罗汉，他的沙弥弟子临终之时，想吃酢米饼。罗汉用天眼观看，发现瞿萨旦那国有这个食物，于是施展神通，来到这里求取了酢米饼。沙弥吃完，发愿要投生在这个国家，后来实现了夙愿，成为王子。王子继位之后，威震四方，于是翻越雪山，征伐迦湿弥罗国。迦湿弥罗国国王召集军马，抵抗外敌入侵。当时，罗汉劝阻说："不必兴兵打仗，我有办法退兵。"罗汉随即为瞿萨旦那王讲说佛法精要。国王最初并不相信，还想作战。罗汉于是拿出国王前世做沙弥时的衣服，让他看。国王看见衣服，获得宿命通，就向迦湿弥罗王谢罪道歉，重归于好，罢兵回国。国王迎回做沙弥时经常礼拜的佛像，跟随大军回还，不断礼拜，佛像到达这里，无法挪移前行，只好环绕着佛像建造了寺庙，招募僧人入寺，施舍宝冠戴在佛像头顶，现在佛像上戴的宝冠正是先王施舍的那顶。

六、鼠壤坟传说

王城西百五六十里，大沙碛正路中，有堆阜，并鼠壤坟也。闻之土俗曰：此沙碛中，鼠大如猬，其毛则金银异色，为其群之酋长，每出穴游止，则群鼠为从。昔者，匈奴率数十万众，寇掠边城，至鼠坟侧屯军。时瞿萨旦那王率数万兵，恐力不敌，素知碛中鼠奇，而未神也，洎乎寇至，无所求救，君臣震恐，莫知图计，苟复设祭，焚香请鼠，冀其有灵，少加军力。其夜瞿萨旦那王梦见大鼠曰："敬欲相助，愿早治兵。旦日合战，必当克胜。"瞿萨旦那王知有灵佑，遂整戎马，申令将士，未明而行，长驱掩袭。匈奴之闻也，莫不惧焉。方欲驾乘被铠，而诸马鞍、人服、弓弦、甲縫，凡厥带系，鼠皆啮断。兵寇既临，面缚受戮。于是杀其将，虏其兵，匈奴震摄，以为神灵所佑也。瞿萨旦那王感鼠厚恩，建祠设祭，奕世遵敬，特深珍异。故上自君王，下至黎庶，咸修祀祭，以求福佑。行次其穴，下乘而趋，拜以致敬，祭以祈福。或衣服弓矢，或香花肴膳，亦既输诚，多蒙福利。若无享祭，则逢灾变。

[译文]

从都城向西走一百五六十里，在大沙漠里的大路中，有不少土丘，都是由老鼠挖出的土堆积而成的。听当地人说：这个大沙漠里的老鼠有刺猬那么大，鼠毛金银相间的是鼠群的酋长，每当老鼠王出洞游走的时候，大群老鼠就跟随着它。以前，匈奴率领几十万大军，劫掠边境，来到鼠坟附近驻扎。那时，瞿萨旦那国王率领数万军队迎战，担心军力不足，难以抵抗。他早就知道沙漠中的老鼠不同寻常，但没有把它们当作神物对待。待到敌人大军压境，无人施以援手，君臣上下极为害怕，无计可施，只好备礼祭拜，焚香祷告，祈请老鼠帮助，希望老鼠灵异，稍微增加一些军力。那天夜里，瞿萨旦那王梦见大鼠王说："我愿意帮助陛下，请您尽早整顿军马。明早交战，必然大获全胜。"瞿萨旦那王知道有鼠神暗中保佑，于是整顿军马，传令将士，不到天亮发兵出战，长途偷袭敌军。匈奴发现大军降临，无不惊慌失措。正要上马披甲，准备迎敌，不料所有的马鞍、军装、弓弦、甲链，凡是有系带的东西，都被老鼠咬断。敌军已到眼前，只能束手就擒，任其杀戮。于是，瞿萨旦那军队杀死了匈奴主将，俘虏了匈奴士兵，匈奴震惊惶惧，认为对方得到了神灵保佑。瞿萨旦那王感谢老鼠的大恩大德，就建造了神祠进行祭祀，世世代代遵奉鼠神，对他们尤其珍重。所以上自君王，下至百姓，全都祭祀礼敬鼠神，祈求福德护佑。每每经过老鼠洞，都要下马步行，礼拜致敬，祭祀祈福。有的献上衣服、弓箭，有的献上香花、食品，虔心祈求，都能获得好处。如果不进行祭祀，便会遭遇灾祸。

七、娑摩若僧伽蓝

王城西五六里，有娑摩若[①]僧伽蓝。中有窣堵波，高百余尺，甚多灵瑞，时烛神光。昔有罗汉自远方来，止此林中，以神通力，放大光明。时王夜在重阁，遥见林中光明照曜，于是历问，佥曰："有一沙门，自远而至，宴坐林中，示现神通。"王遂命驾，躬往观察。既睹明贤，乃心祗敬，钦风不已，请至中宫。沙门曰："物有所宜，志其所在。幽林薮泽，情之所赏；高堂邃宇，非我攸闻。"王益敬仰，深加宗重，为建伽蓝，起窣堵波。沙门受请，遂止其中。顷之，王感获舍利数百粒，甚庆悦，窃自念曰："舍利来应，何其晚欤？早得置之窣堵波下，岂非胜迹？"寻诣伽蓝，具白沙门。罗汉曰："王无忧也，今为置之。宜以金银铜铁大石函等，以次周盛。"王命匠人，不日功毕，载诸宝舆，送至伽蓝。是时也，王宫导从、庶僚凡百，观送舍利者，动以万计。罗汉乃以右手举窣堵波，置诸掌中，谓王曰："可以藏下也。"遂坎地安函，其功斯毕，于是下窣堵波，无所倾损。观睹之徒，叹未曾有，信佛之心弥笃，敬法之志斯坚。王谓群官曰："我尝闻佛力难思，神通难究。或分身百亿，或应迹人天；举世界于掌内，众生无动静之想，演法性于常音，众生有随类之悟②。斯则神力不共，智慧绝言。其灵已隐，其教犹传。餐和饮泽，味道钦风，尚获斯灵，深赖其福。勉哉，凡百！宜深崇敬，佛法幽深，于是明矣。"

[注释]

①娑摩若：故址在今姚头冈西约1.6千米处。　②随类之悟：意思是虽然每个人的情况不同，但都能受佛的教化而悟道。

[译文]

从都城向西走五六里，有座娑摩若佛寺。寺中有座塔，高达一百多尺，灵异祥瑞很多，经常放射神光。以前有位罗汉从远方来，住在这片林中，运用神通力，放射出耀眼光芒。当天夜里，国王正在高楼之上，远远看到树林里光芒照耀,于是一一询问臣下,都说:"有一位和尚,来自远方,在树林里打坐,显示他的神通。"国王于是下令摆驾亲自前去观察。看见这位圣贤后,内心产生敬仰之情,极为钦佩羡慕,将他邀请到内宫。和尚说:"万物都有各自生长的地方,人的志向各不相同。树林幽幽,原野茫茫,才是我喜爱的地方;庙堂高峻,殿宇森森,不是我愿意居处的所在。"国王更加敬仰,愈发尊重,替他建造了佛寺,立起佛塔。和尚接受了邀请,就居住在寺里。不久,国王感动神灵,获得了几百粒舍利,非常高兴,暗自思索:"舍利感受到我的虔诚而来,怎么来得这么晚呢?之前如果得到舍利,安放在佛塔之下,难道不是一大胜迹吗?"他随即前来佛寺,将此事告诉了和尚。罗汉说:"陛下不必担忧,现在我就为您安放舍利。您要用金、银、铜、铁、石制的盒子逐一装入舍利。"国王命令工匠制作,没几天就做好了,用宝车装载着舍利匣,送到寺里。这时,王官的随从、官员有上百人,观看礼送舍利的人超过万人。罗汉于是用右手举起佛塔,放在手掌里,对国王说:"可以将舍利安放下去了。"于是工匠挖开地面安放了宝函,工程完工,罗汉放下佛塔,没有一丝倾斜损坏。周围观看的人惊叹从未见过这一奇事,信仰佛教之心更加虔诚,敬重佛法之志更加坚定。国王对百官说:"我曾经听说佛陀的神力不可思议,难以理解神通的究竟。有时会化身为百亿之众,有时又会感应人天,显示神迹;将世界团转于手掌之内,而万物生灵并不会有撼动的感觉,使用通俗的言辞说法,天下众生却因他的因材施教得以悟道。如此的神力举世无二,智慧空前绝后。他虽然圣灵已经隐没,但是教法仍在流传。我们受到佛的教化、哺育,就如同品尝美味佳肴、饮用甘露一般领略佛法,仰慕佛陀的风范。今天能得到舍利灵宝,完全是仰赖佛祖的恩赐。努力吧,各位!应该发自内心地崇敬,佛法的幽深奥妙,大家都已经看到了吧。"

八、麻射僧伽蓝及蚕种之传入

王城东南五六里,有麻射僧伽蓝,此国先王妃所立也。昔者,此国未知桑蚕,闻东国有也,命使以求。时东国君秘而不赐,严敕关防,无令桑蚕种出也。瞿萨旦那王乃卑辞下礼,求婚东国;国君有怀远之志,遂允其请。瞿萨旦那王命使迎妇,而诫曰:"尔致辞东国君女,我国素无丝绵桑蚕之种,可以持来,自为裳服。"女闻其言,密求其种,以桑蚕之子置帽絮中,既至关防,主者遍索,唯王女帽不敢以验。遂入瞿萨旦那国,止麻射伽蓝故地,方备仪礼,奉迎入宫,以桑蚕种留于此地。阳春告始,乃植其桑,蚕月既临,复事采养。初至也,尚以杂叶饲之,自时厥后,桑树连阴。王妃乃刻石为制,不令伤杀;蚕蛾飞尽,乃得治茧。敢有犯违,明神不佑。遂为先蚕建此伽蓝。数株枯桑,云是本种之树也。故今此国有蚕不杀,窃有取丝者,来年辄不宜蚕。

[译文]

从都城向东南方走五六里,有座麻射佛寺,是由该国的先王妃建造的。最初,这个国家不知道种桑养蚕,听说东方国家有,派遣使者前去求取。但东国国君保守桑蚕的秘密,不与赏赐,并且严令边关,不许桑蚕种子出境。瞿萨旦那国王于是用谦卑的言辞、厚重的聘礼前去东国求婚;东国国君有招徕远方国家的意愿,就答应了他的请求。瞿萨旦那王派使者迎娶王妃,告诫说:"你对东国公主讲,我们国家向来不懂丝织技术,没有桑蚕种子,她可以把种子带来,才好自制衣服。"公主听了这话,秘密收集了种子,并把桑蚕种子藏在帽子的棉絮里,到达边关,长官搜查了各处,唯独公主的帽子不敢检查,于是蚕种流入瞿萨旦那国。公主在后来建起了麻射佛寺的地方停留,国王才准备了仪仗,以礼迎接入宫,将桑蚕种子留在这里。春暖花开,种下了桑树,蚕月来临时,再采摘桑叶养蚕。起初,还用其他树叶喂养,经过一段时间后,桑树长大,茂密连阴。王妃就在石头上刻下规定,不许杀伤蚕蛾;蚕蛾全部飞走,才能取茧缫丝。有人胆敢违反禁令,神明不再保佑。于是为蚕神建造了这座庙。庙里有几棵枯萎的桑树,据说是最早的种子长成的树。所以直到如今,该国不许扑杀蚕蛾,有偷盗蚕丝的情况出现,第二年就不适合养蚕了。

九、龙鼓传说

城东南百余里有大河,西北流,国人利之,以用溉田。其后断流,王深怪异。于是命驾问罗汉僧曰:"大河之水,国人取给,今忽断流,其咎安在?为政有不平,德有不洽乎?不然,垂谴何重也?"罗汉曰:"大王治国,政化清和。河水断流,龙所为耳。宜速祠求,当复昔利。"王因回驾,祠祭河龙。忽有一女凌波而至,曰:"我夫早丧,主命无从,所以河水绝流,农人失利。王于国内选一贵臣,配我为夫,水流如昔。"王曰:"敬闻,任所欲耳。"龙遂目悦国之大臣。王既回驾,谓群下曰:"大臣者,国之重镇;农务者,人之命食。国失镇则危,人绝食则死。危死之事,何所宜行?"大臣越席,跪而对曰:"久已虚薄,谬当重任。常思报国,未遇其时,今而预选,敢塞深责。苟利万姓,何吝一臣?臣者,国之佐;人者,国之本。愿大王不再思也。幸为修福,建僧伽蓝。"王允所求,功成不日。其臣又请早入龙宫，于是举国僚庶，鼓乐饮饯。其臣乃衣素服，乘白马，与王辞诀，敬谢国人。驱马入河，履水不溺，济乎中流，麾鞭画水，水为中开，自兹没矣。顷之，白马浮出，负一栴檀大鼓，封一函书。其书大略曰："大王不遗细微，谬参神选，愿多营福，益国滋臣。以此大鼓，悬城东南，若有寇至，鼓先声震。"河水遂流，至今利用。岁月浸远，龙鼓久无。旧悬之处，今仍有鼓。池侧伽蓝，荒圮无僧。

[译文]

　　都城东南方一百多里处有条大河，流向西北，该国百姓利用河水灌溉农田。但是后来河水断流，国王感到非常奇怪。于是摆驾前往罗汉处询问："这条大河的河水，百姓们一直在使用，现在忽然断流，问题出在哪里？是因为我施政不公平，德行没有惠及百姓吗？否则，天降的灾祸为何如此严重？"罗汉说："陛下治理国家，政治清明，万众归心。河水出现断流是由于河中的龙在作怪。应该马上祭祀祈求，就会恢复往日的便利。"国王随即返回，祭祀河龙。忽然间，有一位女子脚踩波浪飘然而至说："我的夫君死得早，家中无人做主，所以河水断流，农民失去了依靠的便利。国王应在国内挑选一位尊贵的大臣，将他许配给我做丈夫，河水自然会恢复如初。"国王说："我知道了您的要求，会满足您的愿望。"龙女用目光示意她看中的大臣。国王摆驾回宫，对大臣们说："大臣，是国家的栋梁；农民，生产百姓赖以生存的粮食。国家失去栋梁就会危险，人民没有食物就会饿死。危险、死亡都是大事，要怎么办才好呢？"大臣离开席位，下跪回奏："很久以来我尸位素餐，难当重任。常常思考报效国家，没有碰到合适的机会，如今被龙女选中，不敢逃避这重大的责任。只要对百姓有利，何必在乎一位大臣？为臣子的，只是国家的帮手；人民，才是国家的根本，希望大王不要再犹豫不决。请陛下为我修福德，建造一座佛寺。"国王答应了他的要求，很快建起了寺庙。那位大臣又请求及早前往龙宫，于是全国的官员百姓吹奏音乐，举行宴会为大臣饯行。大臣穿着白色的衣服，骑着白马，和国王诀别，感谢国人的盛情。策马进入河中，马踩着河水前行却不沉没，走到河中央，大臣用马鞭划水，河水从中间分开，继而没入水中。不一会儿，白马从水中浮出，背上驮着一面檀木大鼓和一封书信。书信的大意是说："大王不嫌弃微臣，使我能被龙女选中。希望您能更多地营造福德，利益国家，惠及百姓。请将这面大鼓悬挂都城东南，一旦有敌人入侵，大鼓会首先震响。"河水于是再度涌流，到今天仍被人们利用。这件事发生的时间已经极为久远了，龙鼓早已不在。原来悬鼓的地方，现在另外安放了一只。池边的佛寺已经荒废，没有了僧人。

十、古战场

王城东三百余里大荒泽中，数十顷地，绝无蘖草，其土赤黑。闻诸耆旧曰：败军之地也。昔者，东国军师百万西伐，此时瞿萨旦那王亦整齐戎马数十万众，东御强敌，至于此地，两军相遇，因即合战。西兵失利，乘胜残杀，虏其王，杀其将，诛戮士卒，无复孑遗，流血染地，其迹斯在。

[译文]

都城向东三百多里的巨大荒凉沼泽地占地几十顷，寸草不生，土色红黑。听年长者们说：这是西军战败的地方。以前，东国百万大军攻伐西国，这时瞿萨旦那王也发动几十万之众的军马，东进抵御强敌，来到这个地方，两军在此相遇，随即爆发大战。西兵战败，东军乘胜追杀，俘虏了西国国王，斩杀西国大将，诛杀士兵，不留活口，鲜血浸染大地，遗迹至今仍然存在。

十一、媲摩城雕檀佛像

战地东行三十余里，至媲摩城①。有雕檀立佛像，高二丈余。甚多灵应，时烛光明。凡有疾病，随其痛处，金薄帖像，实时痊复，虚心请愿，多亦遂求。闻之土俗曰：此像，昔佛在世，憍赏弥国邬陀衍那王所作也。佛去世后，自彼凌空至此国北曷劳落迦城中。初，此城人安乐富饶，深著邪见，而不珍敬，传其自来，神而不贵。后有罗汉礼拜此像，国人惊骇，异其容服，驰以白王。王乃下令，宜以沙土坌此异人。时阿罗汉身蒙沙土，糊口绝粮。时有一人，心甚不忍，昔常恭敬，尊礼此像，及见罗汉，密以馔之。罗汉将去，谓其人曰："却后七日，当雨沙土，填满此城，略无遗类。尔宜知之，早图出计。犹其坌我，获斯殃耳。"语已便去，忽然不见。其人入城，具告亲故，或有闻者，莫不嗤笑。至第二日，大风忽发，吹去秽壤，雨杂宝满衢路，人更詈所告者。此人心知必然，窃开孔道，出城外而穴之。第七日夜，宵分之后，雨沙土满城中。其人从孔道出，东趣此国，止媲摩城。其人才至，其像亦来，即此供养，不敢迁移。闻诸先记曰：释迦法尽，像入龙宫。今曷劳落迦城为大堆阜，诸国君王、异方豪右，多欲发掘，取其宝物。适至其侧，猛风暴发，烟云四合，道路迷失。

[注释]

①媲摩城：故址在今新疆维吾尔自治区策勒县以北。

[译文]

从战场遗迹向东走三十多里，来到媲摩城。城中有尊檀木雕刻的立佛像，高度超过二丈，很有灵验，经常放射光芒。但凡有病的人，根据自己疼痛的部位，用金箔贴在佛像相应位置上，立刻痊愈，诚心祈求，愿望大多也能被满足。听当地人说：这尊佛像是以前佛陀在世时，由憍赏弥国的邬陀衍那王制作的。佛陀去世以后，佛像从那里腾空飞来，坐落在该国北部的曷劳落迦城里。当初，这座城里的人生活安乐富裕，但是痴迷于外道邪见，对佛像并不尊重，在他们看来，佛像是自己主动前来，虽然神奇却不值得珍视。后来有位罗汉礼拜这尊佛像，国中百姓极为惊讶，并对罗汉的容貌服饰感到奇怪，马上去报告了国王。国王于是下令，用沙土堆埋这个怪人。那时，罗汉身上堆满了沙土，口粮断绝。有一个人心中非常不忍，他过去经常恭敬礼拜佛像，看到罗汉蒙难，悄悄地提供饮食。罗汉临走前，对这个人说："我离开七天后，天上就会降下沙土，掩埋这座城池，没有人能活下来。你知道了这件事，应该早早准备脱身。正是因为他们用沙土埋我，所以才遭到灾祸。"话说完就离去了，转瞬间消失不见。那个人进了城，将此事转告亲朋好友，听到此事的人没有不嘲笑他的。到了第二天，狂风大作，吹去城里的尘土，从空中降下的各种宝物堆满了街道，人们更加痛骂提供这个消息的人。此人内心明白灾祸不远，偷偷挖掘了一条地道，通向城外，并且还挖好一个避风的地洞。第七天晚上，午夜之后，天上落下的沙土填满了城池。那人从地道里逃出，向东来到这个国家，居住在媲摩城中。这人刚到，佛像也来了，于是就在这里供养佛像，不敢移动。据先前的记载说：佛法消亡之后，佛像将会进入龙宫。现在曷劳落迦城已经成为大土堆，各国君王、四方豪强，都想发掘沙丘，获取城中宝物。每当他们来到沙丘附近，就会突然刮起狂风，烟雾弥漫，迷失道路。

十二、尼壤城

媲摩川东入沙碛，行二百余里，至尼壤城①，周三四里，在大泽中。泽地热湿，难以履涉；芦草荒茂，无复途径，唯趣城路，仅得通行。故往来者莫不由此城焉。而瞿萨旦那以为东境之关防也。

[注释]

①尼壤城：故址在今新疆维吾尔自治区民丰县以北约 105 千米处的沙漠中。

[译文]

从媲摩川向东进入沙漠，行走二百多里，到达尼壤城，该城方圆三四里，位于大沼泽地里。沼泽地又热又湿，难以通行；芦苇野草生长茂密，没有道路，只有一条通往尼壤城的道路可以通行。所以南来北往的行人必须经过这里。瞿萨旦那国也就在这里建立了东部边境的关卡。

大流沙以东行程

从此东行入大流沙，沙则流漫，聚散随风，人行无迹，遂多迷路。四远茫茫,莫知所指,是以往来聚遗骸以记之。乏水草,多热风;风起则人畜惛迷,因以成病。时闻歌啸,或闻号哭。视听之间,恍然不知所至,由此屡有丧亡,盖鬼魅之所致也。

行四百余里,至睹货逻故国。国久空旷,城皆荒芜。

从此东行六百余里,至折摩驮那故国①,即沮末地也。城郭岿然,人烟断绝。

复此东北行千余里,至纳缚波故国②,即楼兰地也。

[注释]

①折摩驮那故国:故址在今新疆维吾尔自治区且末县附近。 ②纳缚波故国:故址在今新疆维吾尔自治区若羌县境内。

[译文]

从这里向东行走,进入大流沙中,黄沙四处弥漫,随风力吹动时而聚集,时而飞散,人们经过不会留下痕迹,所以很容易迷路。四周茫茫一片,辨不清方向,因此过路的客商堆起骸骨作为标志。缺少水草,热风肆虐;热风刮起的时候,人畜浑浑噩噩,从而得病。常常听到歌唱呼啸的声音,有时还有嚎叫痛苦的声响。幻听幻视,恍恍惚惚不知道声音来自何方,因此常常有人命丧沙漠,这都是鬼怪作祟导致的结果。

行走四百多里,来到睹货逻故国。这里早已空旷无人,城池全部荒废。

从这里向东走六百多里,来到折摩驮那故国,也就是沮末国。这里虽然城郭矗立,可是渺无人烟。

再从这里向东北方走一千多里,来到纳缚波故国,也就是楼兰国。

跋 文

推表山川，考采境壤，详国俗之刚柔，系水土之风气①，动静②无常，取舍不同，事难穷验，非可仰说。随所游至，略书梗概，举其闻见，记诸慕化。斯故日入已来，咸沐惠泽，风行所及，皆仰至德。混同天下，一之宇内，岂徒单车出使③，通驿万里者哉！

[注释]

①风气：指风土气候。　②动静：指各地的自然环境、居民性格等。　③单车出使：独自一人出使境外。

[译文]

本书的主要内容是讲述山脉河流，辨别国境范围，详细记载各国民风的刚烈、柔顺，全面列举各地水土气候，居民个性、举止的差异，根据各自的特点加以取舍，所有的记载虽然难以一一加以验证，但都没有信口开河、妄自臆测。而是基于游历所到之处，简略地记录当地的概况，叙述所见所闻，记载各国钦慕大唐，一心向化的情况。从日落之处向东的广大地域，全都沐浴在大唐盛德的恩惠之下，煦风吹拂的一切地方，全都敬仰大唐天子的美德教化。天下归心天朝的盛事,陛下一统华夷的伟业,哪里是我一个人远出西域,经行万里可以比拟的呢!

记　赞

　　大矣哉，法王之应世也！灵化潜运，神道虚通。尽形识于沙界①，绝起谢②于尘劫。形识尽，虽应生而不生；起谢绝，示寂灭而无灭。岂实迦维降神，娑罗潜化而已。固知应物效灵，感缘垂迹。嗣种刹利，绍胤释迦，继域中之尊，擅方外之道。于是舍金轮而临制法界③，摛玉毫而光抚含生。道洽十方，智周万物。虽出希夷④之外，将庇视听之中。三转法轮⑤于大千，一音⑥振辩于群有。八万门⑦之区别，十二部之综要。是以声教之所沾被，驰骛福林⑧；风轨之所鼓扇，载驱寿域⑨。圣贤之业盛矣，天人之义备矣！然忘动寂于坚固之林⑩，遗去来于幻化之境，莫继乎有待，匪遂乎无物。尊者迦叶妙选应真，将报佛恩，集斯法宝。四含总其源流，三藏括其枢要。虽部执兹兴，而大宝斯在。越自降生，洎乎潜化，圣迹千变，神瑞万殊。不尽之灵逾显，无为之教弥新。备存经诰，详著记传。然尚群言纷纠，异议舛驰，原始要终，罕能正说。此指事之实录，尚众论之若斯，况正法幽玄，至理冲邈，研核奥旨，文多阙焉。是以前修令德，继轨逸经之学；后进英彦，踵武缺简之文。大义郁而未彰，微言阙而无问。

法教流渐，多历年所，始自炎汉，迄于圣代。传译盛业，流美联晖。玄道未摅，真宗犹昧，匪圣教之行藏，固王化之由致。我大唐临训天下，作孚海外，考圣人之遗则，正先王之旧典。阐兹像教，郁为大训，道不虚行，弘在明德。遂使三乘奥义，郁于千载之下；十力遗灵，阒于万里之外。神道无方，圣教有寄，待缘斯显，其言信矣。

[注释]

①沙界：形容像恒河沙那么多的世界。　②起谢：指事物的生与灭。　③法界：这里泛指各种事物。　④希夷：无声无色。语出《老子》："视之不见名曰夷，听之不闻名曰希。"　⑤三转法轮：指佛陀在鹿野苑所做示、劝、证三转。　⑥一音：指如来说法。　⑦八万门：八万四千法门的简称。　⑧福林：福德的树林。　⑨寿域：居民长寿的地区，比喻为太平盛世。　⑩坚固之林：指娑罗树林。

[译文]

伟大啊，佛祖降生人世！圣灵的教化在暗中运行，神圣的佛法悄然流布。穷尽了无数世界中的身心，杜绝了亘古以来的一切生死。穷尽身心，应该产生的也不会产生；杜绝生死，显示了寂灭实际上并未寂灭。所以佛陀并不是仅仅在迦维罗卫城降生，在娑罗林中入灭那么简单。佛祖响应事物展现神灵，感知机缘留下圣迹。他是刹帝利种姓，释迦族的后裔，作为尊贵王位的继承人，却醉心于出世学说。于是，他放弃了世间王位，创立了佛法圣教，佛光普照，惠及苍生。佛法遍及四面八方，佛智囊括世间万物。佛法虽然超越于虚寂玄妙之外，但是涵盖一切视听所及。在世间三转法轮，独自讲演佛法引导众生。用八万四千门类划分整个佛法，以十二部经汇总佛学要旨。因此，凡是被佛教的教化所惠及的，驰骋翱翔于福德之林；被圣法的风范仪轨所规范影响的，奔驰在长寿之地。圣贤的事业是多么兴盛啊，天、人的道义已经完备！然而，佛陀最终在坚固林中忘却了动静，在幻化境中舍弃了来去，归于寂灭。人间再也没有佛祖的继承人，不再有人深入研究佛理了。尊者迦叶认真选择罗汉，为的是报答佛祖的恩典，将佛经汇集编纂。四部《阿含经》总括了佛教源流，经、律、论三藏涵盖了佛法精华。虽然有各个部派的纷争，然而经典就在那里。自从佛祖降生，直至涅槃，圣迹千变万化，神瑞层出不穷。无穷的灵迹更加显现，佛学教义日新月异。这一切都保存在经典之中，详细记载在记传之内。然而仍旧众说纷纭，歧义别见迭出，最初的事情原委，很少有人能做出正确的回答。这仅仅是具体事件的记录，尚且意见不一，更何况佛法玄妙高深，至高的真理抽象缥缈，想要研究佛学的核心旨意，文献的残缺已经很多了。所以以前贤明有德的人，相继遵循翻译佛经的道路；后世的英才俊杰，仍在研究前代的残缺经文。重要的道理仍然未被揭示，微妙的言辞多数无人问津。

佛法传入中国，已经过去许多岁月，从汉朝开始，一直到当今大唐。翻译佛经的伟大事业，如同日月光芒相继，流芳不绝。但是，佛法的大道没有完全得到阐发，真正的主旨依旧晦暗不明，这不是圣教已经衰退，而是前朝的王化不足导致的结果。我大唐天朝一统华夷，威信远播海外，致力于研究圣人的遗教训示，匡正前朝的制度典章。阐发佛教的教化之功，遵奉为至高的训诫，大道不会陨落，弘扬美好品行。从而使得三乘的深奥道理，在千年之后再度兴盛；佛祖的众多智慧灵验，在万里之外重新显现。神圣教法的流布不分区域，伟大佛教的法嗣继承不绝，机缘会际，自然显扬，这话千真万确。

夫玄奘法师者，疏清流于雷泽①，派洪源于妫川②。体上德之祯祥，蕴中和之淳粹，履道合德，居贞荤行。福树囊因，命偶昌运。拔迹俗尘，闲居学肆，奉先师之雅训，仰前哲之令德。负笈从学，游方请业，周流燕、赵之地，历览鲁、卫之郊，背三河而入秦中，步三蜀而抵吴会。达学髦彦，遍效请益之勤；冠世英贤，屡申求法之志。侧闻余论，考厥众谋，竞觉专门之义，俱嫉异道之学。情发讨源，志存详考。属四海之有截，会八表之无虞，以贞观三年仲秋朔旦，褰裳遵路，杖锡遐征。资皇化而问道，乘冥佑而孤游。出铁门、石门之厄，逾凌山、雪山之险，骤移灰管③，达于印度。宣国风于殊俗，喻大化于异域。亲承梵学，询谋哲人。宿疑则览文明发，奥旨则博问高才，启灵府而究理，廓神衷而体道。闻所未闻，得所未得，为道场之益友，诚法门之匠人者也。是知道风昭著，德行高明，学蕴三冬，声驰万里。印度学人咸仰盛德，既曰经笥④，亦称法将。小乘学徒，号木叉提婆（唐言解脱天），大乘法众，号摩诃耶那提婆（唐言大乘天），斯乃高其德而传徽号，敬其人而议嘉名。至若三轮奥义，三请微言，深究源流，妙穷枝叶，奂然慧悟，怡然理顺，质疑之义，详诸别录。既而精义通玄，清风载扇，学已博矣，德已盛矣。于是乎历览山川，徘徊郊邑，出茅城而入鹿苑，游杖林而憩鸡园，回眺迦维之国，流目拘尸之城。降生故基，与川原而膴膴⑤；潜灵旧趾，对郊阜而茫茫。览神迹而增怀，仰玄风而永叹，匪唯《麦秀》悲殷，《黍离》愍周而已。是用详释迦之故事，举印度之茂实，颇采风壤，存记异说。岁月遄迈，寒暑屡迁，有怀乐土，无忘返迹。请得如来肉舍利一百五十粒；金佛像一躯，通光座高尺有六寸，拟摩揭陀国前正觉山龙窟影像；金佛像一躯，通光座高三尺三寸，拟婆罗疬斯国鹿野苑初转法轮像；刻檀佛像一躯，通光座高尺有五寸，拟憍赏弥国出爱王思慕如来刻檀写真像；刻檀佛像一躯，通光座高二尺九寸，拟劫比他国如来自天宫降履宝阶像；银佛像一躯，通光座高四尺，拟摩揭陀国鹫峰山说《法华》等经像；金佛像一躯，通光座高三尺五寸，拟那揭罗曷国伏毒龙所留影像；刻檀佛像一躯，通光座高尺有三寸，拟吠舍厘国巡城行化像；大乘经二百二十四部，大乘论一百九十二部，上座部经律论一十四部，大众部经律论一十五部，三弥底部经律论一十五部，弥沙塞部经律论二十二部，迦叶臂耶部经律论一十七部，法密部经律论四十二部，说一切有部经律论六十七部，因论三十六部，声论一十三部，凡五百二十夹，总六百五十七部。将弘至教，越践畏途，薄言旋轫，载驰归驾。出舍卫之故国，背伽耶之旧郊，逾葱岭之危隥，越沙碛之险路。十九年春正月，达于京邑，谒帝雒阳。肃承明诏，载令宣译，爰召学人，共成胜业。法云再荫，慧日重明。黄图流鹫山之化，赤县演龙宫之教。像运之兴，斯为盛矣。法师妙穷梵学，式赞深经，览文如已，转音犹响，敬顺圣旨，不加文饰，方言不通，梵语无译，务存陶冶，取正典谟，推而考之，恐乖实矣。

[注释]

①雷泽：舜帝的故乡。　②妫川：这里是陈氏发源地。　③灰管：古时以葭莩之灰置于律管，用以观测气候，后代指时序、节候。　④经笥（sì）：原指藏经的箱子，后比喻博通经书的人。　⑤膴（wǔ）膴：肥沃。

[译文]

玄奘法师的先祖发源于舜的故乡雷泽，从妫川分出本支陈氏世系。他表现了至高德行的吉祥征兆，蕴含着中允平和的美好素质。遵行正道，德操高尚，品行端正。因为前世的积累福德，今生幸运地生在昌明盛世。法师的行为举止超凡脱俗，长期身处佛门净地学习，遵守导师的谆谆教诲，仰慕前贤的高风亮节。身背书箱四处求学，游历天下拜师求教，遍履燕、赵故地，行经鲁、卫旧邦，离开三河之地进入关中，跋涉三蜀之地到达吴越。面对学识卓越的时俊达人，无不虚心请教；幸遇名冠天下的英才贤者，不断表明求法志愿。法师从旁了解了他人的观点，研究了大家的看法，认为所有人只是专注于维护各自派别的主张，全都排斥贬低别人的学说。于是，他急切地想知道佛学的本源，立志详细地研究佛教的真谛。恰逢天下归于一统，四面八方安定宁静，就在贞观三年八月初一，法师整点行装，出发上路，手持锡杖，启程远行。凭借天朝皇上德化的影响寻路前往，依靠圣教神佛的护佑孤身远行。经历了铁门、石门难关，翻越凌山、雪山险阻，岁月寒暑，终于到达印度。向远方各族宣扬大唐的风教，向外邦异国传播圣朝的王化。亲自学习梵文，向大师们请教佛学奥义。以前心中的疑惑在阅读佛学经典后豁然开朗，深奥的佛学教义在高人指点后晓畅通达，开启了心智，参悟了佛理，增长了智慧，认识了真理。听到了从未听闻的道理，得到了从未得到的学问，成为佛教界的真正朋友，确实是佛门中的良师巨匠。从中可以知道法师的风范声名远播，德行高尚显赫，在印度学习年深日久，获得的声誉名满天下。印度学者全都钦佩敬仰他的盛德，尊称他是"满载佛经的宝箱"，也叫作"佛学界的大将"。小乘佛教信徒赞美他是"木叉提婆"（大唐称为解脱天），大乘佛教信徒遵奉他为"摩诃耶那提婆"（大唐称为大乘天），这是因为高度评价他的德行而赠予的尊号，敬重他的行为而赋予的美名。至于讲说佛陀身、口、意三业的深奥佛理，佛弟子再三请求佛陀开示的微言大义，无不深入探究其源流，全面领悟其细节，悟性超人，说理流畅，他问难商榷的文字，详载于其他著述。法师精通了解了佛学原理之后，美名风范传遍各地，此时的他学问极其广博，德行臻于隆盛。于是他开始游历名山大川，造访城乡各地，走出茅宫城，又进鹿野苑，游览杖林山，憩息鸡园寺，回望迦维国，眺望拘尸城。在佛祖降生的旧地，只看到肥沃的平原；佛陀修行的故址，空留茫茫丘阜。凭吊圣人的遗迹不免感慨万千，思慕高妙的风范连声赞叹不已，这不仅仅是像《麦秀》篇悲叹殷商，或者像《黍离》诗惋惜西周的感情。法师为的是详细记载释迦的故事，列举印度的史实，搜集了许多风土资料，保存了大量奇闻异事。光阴似箭，日月如梭，法师虽然留恋佛国乐土，但是仍念念不忘家乡故国。他在印度请来如来肉舍利一百五十粒；金质佛像一尊，连同光座高有一尺六寸，模仿摩揭陀国前正觉山龙窟内影像；金质佛像一尊，连同光座高有三尺三寸，模仿婆罗疤斯国鹿野苑初转法轮像；檀木雕刻佛像一尊，连同光座高有一尺五寸，模仿憍赏弥国出爱王思念如来刻檀写真像；檀木雕刻佛像一尊，连同光座高有二尺九寸，模仿劫比他国如来从天宫降临宝阶之像；银质佛像一尊，连同光座高有四尺，模仿摩揭陀国鹫峰山说《妙法莲华经》等经像；金质佛像一尊，连同光座高有三尺五寸，模仿那揭罗曷国降伏毒龙时所留影像；檀木雕刻佛像一尊，连同光座高有一尺三寸，模仿吠舍厘国巡城行化的佛；尚有大乘经二百二十四部，大乘论一百九十二部，上座部经律论十四部，大众部经律论十五部，三弥底部经律论十五部，弥沙塞部经律论二十二部，迦叶臂耶部经律论十七部，法密部经律论四十二部，说一切有部经律论六十七部，因论三十六部，声论十三部，一共五百二十夹，总计六百五十七部。法师为了弘扬至高无上的圣教，踏上艰难险阻的归途，调转方向，满载回国。离开了舍卫国故地，远离伽耶城旧址，翻越葱岭险峻的山坡，穿过沙漠艰险的道路。于贞观十九年正月，回到了京师，前往洛阳拜见皇上。恭敬地领受圣上的诏书，遵照圣命翻译佛经，召集天下学者，共同赞襄大业。佛法的祥云再度荫蔽天下，智慧的阳光重新普照大地。京畿之地传播着灵鹫山的教化，赤县神州演说着印度龙宫的佛法。佛教的兴旺达到了顶点。法师精通梵文，赞赏佛经的深奥，阅读梵文佛经就像是自己撰写那样熟悉，翻译之后仍然韵味无穷，恭敬地秉承圣旨，译文不加辞藻修饰，一旦汉语中没有对应的译名，梵文原意难以表达，一定要经过反复揣摩，斟酌经典，推求考证，唯恐译文不符合经典之义。

有搢绅先生[①]，动色相趣，俨然而进曰："夫印度之为国也，灵圣之所降集，贤懿之所挺生。书称天书，语为天语。文辞婉密，音韵循环，或一言贯多义，或一义综多言，声有抑扬，调裁清浊。梵文深致，译寄明人，经旨冲玄，义资盛德。若其裁以笔削，调以宫商，实所未安，诚非谠论[②]。传经深旨，务从易晓，苟不违本，斯则为善。文过则艳，质甚则野。谠而不文，辩而不质，则可无大过矣，始可与言译也。李老曰：'美言者则不信，信言者则不美。'韩子曰：'理正者直其言，言饰者昧其理。'是知垂训范物，义本玄同，庶祛蒙滞，将存利喜，违本从文，所害滋甚。率由旧章，法王之至诚也。"缁素佥曰："俞乎，斯言谠矣！昔孔子在位听讼，文辞有与人共者，弗独有也。至于修《春秋》，笔则笔，削则削，游夏之徒③，孔门文学，尝不能赞一辞焉。法师之译经，亦犹是也。非如童寿④逍遥之集文，任生、肇、融、睿⑤之笔削。况乎园方为圆之世，斫雕从朴⑥之时，其可增损圣旨，绮藻经文者欤？"

[注释]

①搢绅先生：做官的人。 ②谠论：正直的言论。 ③游夏之徒：指孔子的学生子游、子夏。 ④童寿：即鸠摩罗什，中国佛教四大译经家之一。 ⑤生、肇、融、睿：指鸠摩罗什的四大弟子道生、僧肇、道融、僧睿。 ⑥斫雕从朴：返璞归真的意思。

[译文]

有位官员神色激动，严肃地说："印度这个国家是圣灵降落凡间，贤达生长荟萃的地方。他们的文字叫天书，语言叫天语。文辞婉转细密，声音往复循环，或者一个词包含多种意义，或者一个意思以多个词汇表达，声调抑扬顿挫，发音清浊有别。梵文文意深奥，需要聪明人才能翻译，佛经的主旨玄妙高深，只有盛德高人才能阐发义理。如果进行删改，以我朝的音调加以调整，确实不够妥当，肯定不是正确的见解。翻译佛经中所蕴含的深奥意蕴，必须晓畅明白，只要不违背愿意，就是很好的了。过分讲究修辞就显得艳俗，过分朴实无华又变得粗俗。忠实原文却不华丽，立论清晰却不粗鄙，这样就不会有明显的错误，这时才能说是翻译。老子说：'言辞华丽并不可信，言之凿凿不会华美。'韩非子说：'说理正确必定直抒胸臆，文过饰非一定混淆真理。'因此可知，圣人留下训诫，规范事物，所讲道理是一样的。除去含混迷茫，必然得到因获益而产生的喜悦，抛弃文本原意，追求华美辞藻，造成的危害会更严重。遵循佛经原文的本义，这是佛陀的重要训诫。"僧俗人等都说："完全正确，这真是慷慨正直的话呀！从前，孔子做官听取诉讼，判决案件，所使用的文案用词和别人的都一样，从不别出心裁。但是到了编纂《春秋》的时候，该写的写，该删的删，即使像子游、子夏这些孔子门人中以文学见长的人，也不能够修改一句。玄奘法师翻译佛经，也是这个样子。并不像童寿当初在逍遥园翻译佛经时那样，任由自己的学生道生、僧肇、道融、僧睿随意修改。何况现在正是将棱角削去使其圆融，凿去雕饰返璞归真的时代，哪里能够做随意增减神圣佛经的原意，使经文变得辞藻华美的事呢？"

辩机远承轻举之胤，少怀高蹈之节，年方志学①，抽簪②革服，为大总持寺萨婆多部道岳法师③弟子。虽遇匠石，朽木难雕；幸入法流，脂膏不润④。徒饱食而终日，诚面墙⑤而卒岁。幸藉时来，属斯嘉会。负燕雀之资，厕鹓鸿⑥之末。爰命庸才，撰斯方志。学非博古，文无丽藻，磨钝励朽，力疲曳蹇。恭承志记，伦次其文，尚书给笔札而撰录焉。浅智褊能，多所阙漏。或有盈辞，尚无刊落。昔司马子长，良史之才也，序《太史公书》，仍父子继业，或名而不字，或县而不郡。故曰：一人之精，思繁文重，盖不暇也。其况下愚之智，而能详备哉？若其风土习俗之差，封疆物产之记，性智区品，炎凉节候，则备写优薄，审存根实。至于胡戎姓氏，颇称其国。印度风化，清浊群分，略书梗概，备如前序。宾仪、嘉礼、户口、胜兵、染衣之士，非所详记。然佛以神通接物，灵化垂训，故曰：神道洞玄，则理绝人区；灵化幽显，则事出天外。是以诸佛降祥之域，先圣流美之墟，略举遗灵，粗申记注。境路盘纡，疆场回互，行次即书，不存编比。故诸印度，无分境壤，散书国末，略指封域。书行者，亲游践也；举至者，传闻记也。或直书其事，或曲畅其文。优而柔之，推而述之，务从实录，进诚皇极。二十年秋七月，绝笔杀青⑦；文成油素，尘黩圣鉴，讵称天规⑧！然则冒远穷遐，实资朝化；怀奇纂异，诚赖皇灵。逐日八荒，匪专夸父之力；凿空千里，徒闻博望之功？鹫山徙于中州，鹿苑掩于外囿。想千载如目击，览万里若躬游，夐古⑨之所不闻，前载之所未记。至德焘覆，殊俗来王；淳风遐扇，幽荒无外。庶斯地志，补阙《山经》。颁左史之书事，备职方⑩之遍举。

[注释]

①年方志学：指十五岁。语出《论语·为政》："子曰：吾十有五而志于学，三十而立，四十而不惑，五十而知天命，六十而耳顺，七十而从心所欲，不逾矩。" ②抽簪：原意为弃官归隐，这里比喻出家。 ③道岳法师：隋唐时代的高僧，俗姓孟。 ④脂膏不润：比喻人长期处于有利的环境中，却没有很好地利用而得到好处。 ⑤面墙：自谦语，不学。 ⑥鹓（yuān）鸿：鹓雏和鸿鹄，是凤凰一类的神鸟。 ⑦杀青：古人著书，初稿书于青皮，易于改抹，改定后再削去青皮，书于竹白。后泛指缮成定本或校刻付印。 ⑧天规：天子的法则、要求。 ⑨夐（xiòng）古：远古。 ⑩职方：古代的官职，负责管理地图和四方朝贡。

[译文]

辩机是先祖修仙悟道之人的后代，我从小心怀避世修行的节操，十五岁时，剃发出家，身披僧服，成为大总持寺萨婆多部道岳法师的弟子。虽然遇到大师，但是我朽木不可雕也；虽然有幸进入佛门，但是如同身在油膏之中却难以浸润般进步有限。只是饱食终日，就像整天面对空墙，学识浅陋。幸运的是遇到这样的好机缘，参与如此盛会。我只有燕雀一样渺小的资质，勉强追随在鹓雏、鸿鹄身后。凭着我这样的庸才，撰写这部方志。学问做不到博古通今，文章也没有华丽辞藻，就像研磨钝刀来雕刻朽木，筋疲力尽，步履蹒跚。小心翼翼地根据记录，整理编排成书，用尚书供给的纸撰述誊录。才智浅薄，能力有限，遗漏的地方很多，可能有些废话冗词，还没有来得及删削。以前的司马迁是杰出的史学家，编写《史记》，乃是子承父业，就这样还有写了名忘了字，记了县丢了郡的错误。所以说：一个人精力有限，思绪繁杂，篇幅巨大，难免挂一漏万。更不用说像我这样资质愚钝，哪能做到记载详细，叙述完备呢？至于各国风俗习惯的差别，疆域物产的描述，性情、智力的区分，炎热寒凉的气候，全都仔细分析了优劣，审慎地核实真相。关于胡人的姓氏，多数使用国号，印度的民风教化，分为清浊两类，简单地记载总体情况，就像序文中所提到的那样。接待仪式、欢庆礼节、百姓户口、军队数量、佛教僧人等，就不做详细记载了。佛陀用神通接触世间万物，用神奇的教化引导芸芸众生，所以说：神圣的大道理深远玄妙，佛教的理论绝非人间能轻易理解；圣灵的教化或明或暗，感化训导来自天外。所以对于诸佛显示祥瑞的地方，先圣留下圣迹的所在，都要概略地列举出遗迹，简单地标明位置。行经的道路蜿蜒曲折，各国的疆域犬牙交错，只是根据旅行的顺序加以记载，再一一重新编排。因此，关于五印度各国，不会仔细区别疆域所属，只是在各国的末尾简约地指出所属的范围。凡是注明"行"字就表明亲身到达过；使用"至"字说明仅仅得自传闻。有时直截了当记叙事实，有时委婉行文传递深意。筛选之后再来斟酌，认真推敲再来撰述，一切从实际情况出发,把翔实可靠的文献呈献给皇上。贞观二十年秋七月,收笔撰成;誊写在白绢之上,唯恐玷污了圣上的慧眼,不敢臆测符合皇上的意图!然而,能够甘冒艰险,游历远方,靠的是天朝声名远扬;考察奇闻,记述异事,凭借了皇上威灵护佑。追逐着太阳,远赴蛮荒之地,并不是依仗着夸父个人之力;开拓西域之地,联通千里之遥,难道只是张骞个人的功业?灵鹫山迁徙到了中原,鹿野苑变为皇家外苑。回想千年的历史仿佛历历在目,神游万里的行程犹如身临其境,这是亘古未闻的盛事,前代未载的壮举。至高无上的美德遍布天下,殊方异域的国家前来归附;淳厚的德风吹拂四方,遥远荒僻之处无一例外。这本地志,或者可能补充《山经》的不足。可以为史官提供史料,还可为职方司以资参考。